الموسوعة الوافية

في

شرح القانون المدني

الموسوعة الوافية

في

شرح القانون المدني

بمذاهب الفقه وأحكام القضاء الحديثة

في مصر والأقطار العربية

المستشار

أنور العمروسي

رئيس محكمة الاستئناف

العليا(سابقاً)

تنقيح ومراجعة

المستشار

أمجد العمروسي

رئيس محكمة الاستئناف

الأستاذ

أشرف أحمد عبد الوهاب

المحامي بالإستئناف العالى

الجزء الخامس (مادة 627 - 746)

الطبعة الخامسة

2013-2012

شركة ناس للطباعة

23 ش رشدي - بجوار محكمة عابدين - القاهرة

31 ش بيرم التونسي - بجوار محاكم جنوب القاهرة - السيدة زينب

01228508866 - 01228508844

دار العدالة

85 شارع محمد فريد- الدور(5)-عابدين-القاهرة

م/0223955271-01002551699/ ف - 0223916135/ت

www.Eladalah.com

الموسوعة الوافية
فى شرح
القانون المدني

إعداد :

المستشار / أنور العمروسي

تنقيح المستشار/ أمجد أنور العمروسى

الأستاذ/ أشرف أحمد عبد الوهاب

الطبعة الخامسة مزيدة ومنقحة

٢٠١٣/٢٠١٢

رقم الإيداع :

٢٠١٢ / ٤٩٥٢

دار العدالة

٨٥ شارع محمد فريد - الدور (٥) - القاهرة

Tel:
(+202) 23916135

Fax:
(+202) 23955271

mob:
0100 255 16 99

WWW.Eladalah.com
E-mail: Ashar200960@yahoo.com

شركة ناس للطباعة

٢٣ ش رشدى - عابدين - القاهرة

Tel:
(+202) 23925376
(+202) 23952230
(+202) 23952231

mob:
0122 850 88 66
0122 850 88 44

E-mail :
nas_2002ag@yahoo.com

بسم الـلـه الرحمن الرحيم

قال الـلـه سبحانه وتعالى:
"الـلـهُ لاَ إِلَهَ إِلاَّ هُوَ الْحَيُّ الْقَيُّومُ لاَ تَأْخُذُهُ سِنَةٌ وَلاَ نَوْمٌ لَّهُ مَـا فِي السَّـمَاوَاتِ وَمَـا فِي الأَرْضِ مَن ذَا الَّذِي يَشْفَعُ عِنْدَهُ إِلاَّ بِإِذْنِهِ يَعْلَمُ مَا بَيْنَ أَيْدِيهِمْ وَمَا خَلْفَهُمْ وَلاَ يُحِيطُـونَ بِشَيْءٍ مِّـنْ عِلْمِهِ إِلاَّ بِمَا شَاء وَسِعَ كُرْسِيُّهُ السَّمَاوَاتِ وَالأَرْضَ وَلاَ يَؤُودُهُ حِفْظُهُمَا وَهُوَ الْعَلِيُّ الْعَظِيمُ"

صدق الـلـه العظيم

" سورة البقرة أية 255"

مقدمة

لقد كان رحيل شيخ القانونيين (الدكاترة) عبد الرازق أحمد السنهوري ، أثر في إختفاء هرمه الكبير (الوسيط) ... تاركاً بذلك في المكتبة القانونية في مصر والبلاد العربية فراغاً كبيراً في أهم فروع القانون الخاص . وهو القانون المدني .. وأحست بهذا الفراغ أجيال متعاقبة من رجال القضاء والمحاماة والقانون .. لم يسعدها الحظ بشرف الالتقاء بقائد الفكر، والإستماع إلى محاضراته .

وفي محاولة للإعتراف من هذا المعين المعطاء .. فقد أعددت هذه الموسوعة جاعلاً (الوسيط) أهم ركائزه ، وخير مراجعه ، وإقتفيت كذلك أثر من ساروا على دربه ، وترسموا خطاه من المؤلفين والباحثين .

ومن أجل هذا فقد استعنت بعديد من كتب الفقه ، وبعشرات من رسائل الدكتوراه ، وبمئات من المقالات والأبحاث التى تتناول الفروع المختلفة من موضوعات القانون المدني ، حتى يكون الكتاب وافياً بالغرض الذى أعد من أجله ، وهو تيسير سبيل الرجوع إلى مختلف النظريات الفقهية في مصر والبلاد العربية توصلاً لسهولة المقارنة .. ولذا كان لتشريعات وفقه وقضاء البلاد العربية وبخاصة : ليبيا - وسوريا - والعراق - والسودان - والكويت - والأردن - ولبنان نصيب وافر في مراجع هذا الكتاب ومصادره.

كما ضمنته أيضاً أهم المبادئ القضائية الحديثة حتى عام 2010 التى أرست قواعدها المحاكم المصرية والعربية . تيسيراً لمهمة القاضى والمحامي والباحث في الوصول إلى الرأي الصحيح ، والمبدأ المستقر .

راجياً من ذلك أن أكون - بهذا الجهد المتواضع - قد أسهمت في إلقاء بعض الضوء على أهم قوانيننا إرتباطاً بالحياة والمعاملات .

والله وحده المستعان ... وهو نعم المولى ونعم النصير ،،،

مادة [627]

مادة [627]

(1) إذا إنقضت المزارعة قبل إنقضاء مدتها ، وجب علي المؤجر أن يرد للمستأجر أو لورثته ما أنفقه المستأجر علي المحصول الذي لم يتم نضجه مع تعويض عادل عما قام به المستأجر من العمل .

(2) ومع ذلك إذا إنتهت المزارعة بموت المستأجر ، جاز لورثته عوضا عن إستعمال حقهم في إسترداد النفقات المتقدم ذكرها أن يحلوا محل مورثهم حتي ينضج المحصول ما داموا يستطيعون القيام بذلك علي الوجه المرضي .

النصوص العربية المقابلة :

هذه المادة تقابل في نصوص القانون المدني بالأقطار العربية ، المواد التالية :

مادة 626 ليبي و 594 سوري و 813 عراقي .

الأعمال التحضيرية :

إذا إنقضت المزارعة قبل إنهاء مدتها ، صفيت الشركة علي أساس أن يرد المؤجر للمستأجر أو لورثته جميع النفقات التي صرفها علي المحصول الذي لم يتم نضجه ، مع تعويض عادل عن العمل ، أما المحصول الناضج فيحصد ويقسم ويزيد المشرع .

حكما جديداً يقضي بأنه في حالة إنتهاء المزارعة بموت المستأجر يكون للورثة الخيار بين تقاضي ما تقدم ذكره أو الحلول محل مورثهم في العمل حتي ينضج المحصول ويحصد ، فيأخذوا حصتهم منه ، ماداموا يستطيعون القيام بالعمل علي الوجه المرضي .

(مجموعة الأعمال التحضيرية للقانون المدني-4- ص 644و645)

رأي الفقه :

تنتهي المزارعة قبل إنقضاء مدتها إما لسبب يرجع إلي المؤجر كإخلال هذا بإلتزاماته ، فيطلب المزارع الفسخ مع التعويض ، وإما لسبب يرجع إلي المستأجر كأن يخل هذا بإلتزاماته أو يموت أو يعجر عن الزراعة علي الوجه الذي بيناه فيما تقدم .

فإذا إنتهت قبل إنقضاء مدتها لأي سبب ، وجبت تصفية الحساب بين الطرفين علي الوجه المبين بالمذكرة الإيضاحية .

غير أنه في حالة إنتهاء المزارعة بموت المزارع ، أجاز القانون للورثة بدلا من أن يستردوا النفقات والأجر العادل عن العمل أن يطلبوا الحلول محل مورثهم فيستمروا في الزراعة حتي ينضج المحصول الذي لم ينضج ، وليقتسموه

مادة [627]

مع المؤجر بالنسبة التي إقتسموا بها المحصول الذي نضج . ويشترط لجواز ذلك أن يكون بين الورثة من يستطيع القيام بالزراعة علي الوجه المرضي ، فإن وجد وطلب الورثة الإستمرار في المزارعة لم يجز للمؤجر أن يرفض ذلك .

ويقاس علي حالة موت المزارع عجزه عن العمل لمرض أو لشيخوخة أو لسفر أو لغير ذلك من الأعذار ، فإنه يجوز أيضا في هذه الحالة بدلا من أن يسترد المزارع النفقات والأجر العادل عن العمل أن يعرض علي المؤجر من أفراد أسرته من يكون قادرا عن أن يحل محله ويقوم بالزراعة علي الوجه المرضي وعند ذلك يبقي المزارع في الأرض ممثلا بأفراد أسرته حتي ينضج المحصول فيقتسمه مع المؤجر . أما إذا كانت أسرة المزارع في حال لا يتحقق معها إستغلال الأرض إستغلالا مرضيا ، فلا مناص عند ذلك من إنتهاء المزارعة ، ويسترد المزارع النفقات التي صرفها وأجرا عادلا عن العمل .

(الوسيط-6- مجلد للدكتور السنهوري -1397 ومابعدها والمراجع السابقة)

من أحكام القضاء الحديثة :

1- إذا كان الثابت من الحكم الإبتدائي الذي أحال إليه الحكم المطعون فيه في بيان وقائع النزاع أن أجرة الفدان الذي يزرع قطناً هي ثلاثة قناطير وأن سعر القنطار من القطن 72.5 ريالا وهو ما ورد في صحيفة إستئناف المطعون عليهم - وكان الحكم المطعون فيه قد إعتبر أن أجرة الفدان الذي يزرع قطناً 45 جنيها، دون أن يبين المصدر الذي إستقى منه هذا السعر، وقضى في الدعوى على أساس هذا التقدير، مما يعجز هذه المحكمة عن التقرير بصحة أو عدم صحة ذلك، فإنه يكون معيباً بالقصور.

[الطعن رقم 56 - لسنــة 37 ق - تاريخ الجلسة 07 / 12 / 1971]

2- نص القانون رقم 148 لسنة 1962 - الذي أنشأ لجان الفصل في المنازعات الزراعية والذي كان نافذا أثناء نظر الدعوى أمام محكمة الموضوع - في البند "أ" من المادة الثالثة منه على أن هذه اللجان تختص بنظر المنازعات الناشئة عن تطبيق أحكام المادة 39 مكررا "أ" من قانون الإصلاح الزراعي. وإذ كان المناط في هذا الإختصاص أن يكون عقد الإيجار خاضعا لأحكام الإمتداد القانوني المنصوص عليه في تلك المادة، فإن لجان الفصل في المنازعات الزراعية تكون - لما تقدم - غير مختصة بنظر المنازعات المتعلقة بإمتداد عقود إيجار الحدائق ويمتنع تبعا لذلك إعمال حكم المادة الخامسة من القانون رقم 148 لسنة 1962 المشار إليه والتي تستوجب أن يطرح على تلك اللجان المنازعات المنصوص عليها في المادة الثالثة من القانون وأن تصدر قراراتها فيها قبل الإلتجاء إلى الجهات القضائية.

[الطعن رقم 330 - لسنــة 38 ق - تاريخ الجلسة 07 / 04 / 1974]

3- متى كانت الأشجار التي غرسها المطعون عليه - المستأجر - في الأرض المؤجرة لا تعتبر من الأموال المصادرة، فإن الدعوى التي رفعها بطلب التعويض عنها

مادة [627]

لا تندرج تحت المنازعات المحددة في المادة التاسعة من القانون رقم 598 لسنة 1953 - بشأن أموال أسرة محمد على المصادرة - والتي تختص اللجنة المنصوص عليها في هذا القانون بالفصل فيها، وبالتالي فإن جهة القضاء العادي تكون هي المختصة بنظر هذه الدعوى كما أنه لا يكون هناك محل لأن يقدم المطعون عليه بياناً عن هذه الأموال طبقاً للمادة الأولى من القانون المذكور ولا يكون حق المطعون عليه في التعويض عنها قد سقط طبقاً للمادة الثانية عشرة استنادا إلى أنه لم يقدم طلباً عنه إلى اللجنة سالفة الذكر في الميعاد الذى حدده القانون، أما المادة الخامسة فلا مجال لتطبيقها على الدعوى لأنها تنظم الأحكام الواجب إتباعها بالنسبة للحقوق التي نشأت للغير عن تصرفات صدرت من الأشخاص الذين كانوا يمتلكون الأموال المصادرة.

[الطعن رقم 192 - لسنة 41 ق - تاريخ الجلسة 23 / 12 / 1975]

4-إذ يبين من الأوراق أن المطعون عليه يطالب بالتعويض عن الأشجار تأسيساً على أنه قام بغرسها في الأرض التي كان يستأجرها من المالك السابق ولما آلت ملكية هذه الأرض إلى الدولة بقرار 8/11/1953 - الصادر من مجلس قيادة الثورة بمصادرة أموال أسرة محمد على - وتولى الإصلاح الزراعي إدارتها حرر عقد إيجار مع المطعون عليه عن هذه الأرض ثم بيعت إلى شركة المقطم التي حلت محلها الشركة الطاعنة وأن الشركة الأخيرة تسلمت جزءاً من الأرض المذكورة بما عليها من أشجار، مما مفاده أن المطعون عليه يستند في ملكيته لهذه الأشجار إلى عقد الإيجار. ولما كان الحكم الإبتدائي المؤيد لأسبابه بالحكم المطعون فيه قد إستخلص للأسباب السائغة التي أوردها أن المؤجر الأصلي كان يعلم بما أحدثه المطعون عليه من غراس في الأرض المؤجرة وأنه ليس في الأوراق ما يدل على أنه إعترض على زراعتها، فإنه يكون للمطعون عليه أن يطالب بالتعويض عن هذه الأشجار عند إنقضاء عقد الإيجار عملاً بحكم المادة 592/1 من القانون المدني ولا يكون هناك وجه لما تدعيه الطاعنة من أن هذه الأشجار قد إنتقلت ملكيتها إلى الدولة مع الأرض المصادرة التي كان يستأجرها المطعون عليه بالتطبيق لنص المادة 922/1 من القانون المدني.

[الطعن رقم 192 - لسنة 41 ق - تاريخ الجلسة 23 / 12 / 1975]

5- لم يستثن المشرع عقود إيجار أراضي الحدائق والمشاتل من أحكام الامتداد القانوني كما استثناها من تحديد حد أقصى للأجرة بسبعة أمثال الضريبة، إذ أنه وعلى ما هو ظاهر من المذكرات الإيضاحية لقانون الإصلاح الزراعي والقوانين المتعاقبة التي نصت على امتداد عقود إيجار الأراضي الزراعية إنما يهدف إلى حماية صغار الزراع الذين يعتمدون بصفة رئيسية في معاشهم على ما تدره الأطيان المؤجرة من ريع وأن قوانين الامتداد ما صدرت إلا لتطبق على عقود إيجار الأراضي التي تزرع بمحاصيل حقلية عادية دون الحدائق والمشاتل التي يعتبر استئجارها أقرب إلى الاستغلال التجاري منه إلى الاستغلال الزراعي.

[الطعن رقم 80 - لسنة 44 ق - تاريخ الجلسة 18 / 01 / 1978]

مادة [628]

إيجار الوقف

مادة [628]

(1) للناظر ولاية إيجار الوقف .

(2) فلا يملكها الموقوف عليه ولو إنحصر فيه الإستحقاق إلا إذا كان متولياً من قبل الواقف أو مأذوناً ممن له ولاية الإجارة من ناظر أو من قاض .

النصوص العربية المقابلة :

هذه المادة تقابل في نصوص القانون المدني بالأقطار العربية ، المواد التالية :

مادة 627 ليبي و 595 سوري .

الأعمال التحضيرية :

ينظر - لاحقا - التعليق بالأعمال التحضيرية الوارد علي نص المادة 634 مدني .

رأي الفقه :

نص المادة مدني مأخوذ من المادة 681 مرشد الحيران لمحمد قدري باشا التي يجري نصها بأن :"للناظر ولاية إجارة الوقف ، فلا يمكلها الموقوف عليها إلا إذا كان متوليا من قبل الواقف أو مأذونا ممن له ولاية الإجارة من ناظر أو قاض " وقد نص فقهاء الإسلامية علي أن إجارة مستغلات الوقف لا يملكه إلا الناظر ، فلا يملكها الموقوف عليهم ولو كان واحداً وإنحصر الإستحقاق فيه ، علي ما عليه الفتوي .

فالذي يملك إيجار الوقف هو الناظر وحده . ويشترط ألا يكون قد نصب ناظرا لعمل معين غير الإجارة تنتهي نظارته به ، كما إذا عين شخص ناظراً علي وقف لإسترداد عين من أعيانه تحت يد الغير وحفظها عنده علي ذمة الوقف دون أن يكون له الحق في إيجارها .

ولا يملك إيجار الوقف الموقوف عليه أي المستحق فيه ، ولو كان المستحق واحدا وإنحصر فيه الإستحقاق ، ذلك أنه وإن كان له في هذه الحالة ريع الوقف لا يملك إدراته فلا يملك إيجاره ، والذي يملك ذلك هو الناظر دون غيره ، وقد يكون المستحق متولياً لا بصفته مستحقاً ، وقد يأذن الناظر أو القاضي للمستحق في إجارة الوقف فتجوز إجارته ، لا بصفته مستحقا بل بصفته وكيلا عن الناظر أو متوليا من القاضي .

وإذا أجر الناظر الوقف ، صحت إجارته ، وتبقي سارية حتي ولو مات الناظر أو عزل قبل إنقضاء مدة الإجارة ، وفي هذه الحالة يسري الإيجار في حق الناظر الذي يأتي بعده ، وهو حكم يتفق مع القواعد العامة .

مادة [628]

(الوسيط-6- مجلد للدكتور السنهوري -ص1407 ومابعدها والمراجع السابقة)

من أحكام القضاء الحديثة :

1- لناظر الوقف الحق في طلب إخلاء المستأجر ولا تتوقف ممارسته لهذا الحق علي استئذان القاضي حتي ولو كان الإخلاء يترتب عليه إزالته مبان ليقيم بناء جديدا ويجعل من المكان المؤجر منورا أو ممراً أو حديقة حسبما يشاء وفقاً للرسومات الهندسية ولرخصة البناء مما يكون تحت نظر المحكمة عند طلب الإخلاء لهذا السبب .

(جلسة 1955/11/2 مجموعة القواعد القانونية 25 عاما- جزء 86 ص 1228)

2- ولاية ناظر الوقف علي إيجار أعيانه هي من المسائل المتعلقة بأصله ، ولم تكن تحكمها نصوص القانون المدني القديم .

(نقض – جلسة 1949/6/25- مجموعة المكتب الفني – السنة 10-ص488)

وحيث إن مما ينعاه الطاعنان على الحكم المطعون فيه الخطأ في تطبيق القانون ، وفي بيان ذلك يقولان إن الحكم قضى بإستحقاق المطعون ضده لمعاش من ريع الوقف في حين أنه لا ينطبق عليه شرط الواقف بإعتباره موظفاً عاماً .

وحيث إن هذا النعى سديد ، ذلك بأنه من المقرر في قضاء هذه المحكمة – أن المادة العاشرة من القانون رقم 48 لسنة 1946 بأحكام الوقف لم ترسم طريقاً خاصاً لإستظهار المعنى الذى أراده الواقف من كلامه وأطلقت للقاضى فهم غرض الواقف من عباراته على ألا يخرج بشرط الواقف عن معناه الظاهر إلى معنى آخر يخالفه ، وكان المراد من كلام الواقف مجموع كلامه في كتاب وقفه لا خصوص كلمه بعينها أو عبارة بذاتها ، بل ينظر إلى ما تضمنه كتابه كله كوحدة متكاملة ويعمل به على أنه إرادة منه وإتجه إليه مقصوده ، بإعتبار أن شرط الواقف كنص الشارع في الفهم والدلالة .

(الطعن 724 لسنة 69ق " أحوال شخصية " جلسة 2000/4/24 لم يشر بعد)

(الطعن 421 لسنة 69ق " أحوال شخصية " جلسة 2000/2/28 لم ينشر بعد)

(الطعن 484 لسنة 69ق " أحوال شخصية " جلسة 2000/3/27 لم ينشر بعد)

(الطعن 415 لسنة 69ق " أحوال شخصية " جلسة 2000/3/27 لم ينشر بعد)

مادة [629]

مادة [629]

ولاية قبض الأجرة للناظر لا للموقوف عليه إلا إن أذن له الناظر في قبضها.

النصوص العربية المقابلة :

هذه المادة تقابل في نصوص القانون المدني بالأقطار العربية ، المواد التالية:

مادة 628 ليبي و596 سوري .

الأعمال التحضيرية :

يراجع – لاحقا – التعليق بالأعمال التحضيرية الوارد علي نص المادة 634 مدني .

رأي الفقه :

نص المادة 629 مدني مأخوذ من نص المادة 682 من مرشد الحيران ، ونري منه أن الذي يملك قبض الأجرة قبضا مبرئاً للذمة هو ناظر الوقف . فلا يجوز للمستأجر أن يعطي الأجرة لغيره ، ولو كان هذا الغير هو المستحق في الوقف وقد إنحصر فيه الإستحقاق فهذا المستحق إنما يستحق الوقف ولا يملك إدارته ، وقبض الأجرة عمل من أعمال الإدارة فلا يملكه ، وإذا إذن له الناظر في قبض الأجرة جاز له قبضها ولكن كوكيل عن الناظر ، وإذا دفع المستأجر الأجرة لغير ناظر الوقف لم يكن هذا الدفع مبرئاً لذمته ، وجاز للناظر أن يرجع عليه بالأجرة ، وللمستأجر أن يرجع علي من دفع له .

وللناظر ولاية قبض الأجرة حتي لو كان المؤجر غيره ، كأن كان المؤجر ناظراً سبقه .

ولكن ليس للناظر المعزول قبض الأجرة ولو كان عن إيجار عقده بنفسه وقت أن كان ناظراً، بل للناظر الذي حل محله قبض هذه الأجرة ، فلو دفعها للناظر المعزول أجبر علي دفعها مرة ثانية للناظر المنصوب ورجع بها علي الناظر المعزول . ويجب أن يعلم الناظر بعزله حتي ينعزل ، وعلي ذلك تكون جميع التصرفات التي باشرها بعد العزل وقبل العلم به صحيحة متي كان مسلطاً عليها شرعاً .

ويجوز للناظرقبض الأجرة معجلة ، بشرط ألا يجاوز المقبوض مقدما حدود الناظر في الإيجار ، بمعني ألا تزيد الأجرة المقبوضة مقدما علي مجموع أجرة الثلاث سنوات الجائز للناظر أن يؤجر فيها الأعيان الموقوفة ، فإذا ما اصيب المستحق بضرر من قبض الناظر الأجرة معجلا فى هذه الحدود فله الرجوع على الناظر أو على تركته ولا يجبر المستأجر على دفع الأجرة مرة ثانية الا إذا ثبت أن المستأجر كان سيء النية ومتواطئاً مع الناظر .

ويجوز إيجار الوقف لأى مستأجر يتعاقد معه الناظر مع مراعاة القيود المتعلقة بالأجرة والمدة فيجوز إذن مع مراعاة هذه القيود ان يستأجر الوقف مستحق فيه وبذلك يكون المستحق مديناً للوقف بالأجرة ودائناً له بمقدار إستحقاقه وقد تقع المقاصة بين الدينين إذا توافرت شروطها .

(الوسيط-6- 2- مجلد للدكتور السنهوري – ص1410 ومابعدها والمراجع السابقة)

مادة [630]

مادة [630]

(1) لا يجوز الناظر أن يستأجر الوقف ولو بأجر المثل (2)ويجوز له أن يؤجر الوقف لأصوله وفروعه على أن يكون ذلك بأجر المثل .

النصوص العربية المقابلة :

هذه المادة تقابل فى نصوص القانون المدنى بالأقطار العربية المواد التالية:

مادة 629 ليبى و597سورى .

الأعمال التحضيرية :

ينظر – لاحقاً – التعليق بالأعمال التحضيرية الوارد على نص المادة 634مدنى .

رأى الفقة :

يتبين من نص المادة 630 مدنى ان هناك فريقين من الاشخاص بخضعان لأحكام خاصة فى استئجار الوقف :

الأول – ناظر الوقف نفسه (او ولده الذى هو فى ولايته) فهذا ليس له ان يستأجر ولو باجر المثل بل ولو باكثر من اجر المثل ويعللون . ذلك بان الناظر هو المؤجر فلو جاز له استئجار الوقف لكان مستأجراً من نفسه فعلقت به التهمة والواحد لا يتولى طرفى العقد الا فى مسائل مخصوصة ليست هذه منها ولهذا لوقبل الإجارة من القاضى صحت لإنتفاء ما ذكره أما لو إستأجر الناظر أعيان الوقف من نفسه لا من القاضى فإن الإيجار يكون باطلا ويجبر على الإخلاء مع دفع أجر المثل عن المدة التى بقى فيها بأعيان الوقف مع التعويض إن كان له مقتض وكذلك يجوز عز له من النظارة على الوقف.

الثانى – أصول ناظر الوقف وفروعه وهؤلاء يجوز لهم استئجار الوقف من الناظر بشرط ان يدفعوا أجر المثل فلا يجوز الغبن اليسير وذلك نفياً للتهمة وهذا هو القول الصاحبين وبه أخذ التقنين المدنى أما الأمام أبو حنيفه فيقول وجوب أن تكون الأجرة أكثر من أجر المثل وقد أخذت بهذا القول قبل صدور التقنين المدنى الجديد – المحكمة فعليا الشرعية فقضت بأنه من موجبات عزل ناظر الوقف إجارته لمن لا يتقبل شهادته له من أصوله وفروعه بدون ان يكون للإجارة خير للوقف ولو كان باجر المثل .

أما أقارب ناظر الوقف غير الأصول والفروع كالاخ والعم والخال وابن الاخ وابن العم وابن الخال فتصح الإجارة لم كما تصح لغير الأقارب أصلا ان كانت باجر المثل أو بغبن يسير .

مادة [630]

ونرى مما تقدم تدرجا ملحوظا فناظر الوقف لايصح له إستئجار الوقف اصلا اما أصوله وفروعه فيصح لهم استئجار الوقف بشرط ان يدفعوا أجر المثل وأما الأقارب الآخرون وغير الأقارب فيصح لهم إستئجار الوقف باجر المثل أو بغبن يسير ولايصح الغبن الفاحش إلا إذا كان المؤجر هو المستحق الوحيد الذى له ولاية التصرف فى الوقف .

(الوسيط-6- 2- مجلد للدكتور السنهوري ـص1414 ومابعدها والمراجع السابقة)

من أحكام القضاء الحديثة :

1- مؤدى نص المادتين 628و630 من القانون المدني ان ولاية إجارة الوقف تكون للناظر عليه الذى يتولى ادارته ولا يملكها المستحق ولو إنحصر فيه الإستحقاق الا بإذن من القاضى أو الناظر كما انه لايجوز للناظر ان يستأجر الوقف لانه يكون فى حكم المستأجر من نفسه فيقع باطلا .

(جلسة 1974/2/18 – مجموعة المكتب الفني – السنة 25 110-ص358)

2- النص في الفقرة الأولى من المادة 630 مدني صريح على أنه ليس لناظر الوقف أن يستأجر أعيان الوقف ولو كان الإستئجار بأجر المثل بل ولو بأكثر من أجر المثل، درءاً لمظنة التهمة، إذ أن الناظر هو المؤجر ولو أجيز له استئجار الوقف لكان مستأجراً من نفسه.

(الطعن رقم 5 - لسنة 41 ق - تاريخ الجلسة 16 / 11 / 1977)

مادة [631]

مادة [631]

لا تصح إجارة الوقف بالغبن الفاحش إلا إذا كان المؤجر هو المستحق الوحيد الذى له ولاية التصرف فى الوقف فتجوز إجارته بالغبن الفاحش فى حق نفسه لا فى حق من يلية من المستحقين .

النصوص العربية المقابلة :

هذه المادة تقابل فى نصوص القانون المدنى بالأقطار العربية المواد التالية :

مادة 630ليبى و598سورى .

الأعمال التحضيرية :

يراجع – لاحقا – التعليق بالأعمال التحضيرية الوارد على نص المادة 634مدنى .

رأى الفقة :

لايجوز للناظر إيجار الوقف بغبن فاحش والغبن الفاحش فى الشريعة الإسلامية هو ما يزيد على الخمس .

ويجب ان يكون فى الأجرة غبن فاحش كما يجب الا تكون مجهلة فإذا اجر الناظر ارض الوقف وجعل الأجرة تقصيب وتصليحها كان ذلك موجبا للجهالة فى مقدار الأجرة لان ما يصرف على التقصيب والتصليح فى كل سنة غير مقدر فالعقد ولا هو معروف عادة لإختلافه بإختلاف حالة الأطيان المراد تصليحها وبإختلاف الزمان وبختلاف ما يستعمل فى التصليح من الماشية والالات وذلك موجب لفساد الإجارة .

ويستثنى من عدم جواز ان يكون بالأجرة غبن فاحش أن يكون الناظر الذى اجر العين الغبن هو المستحق الوحيد فى الوقف لأن الضرر فى هذه الحالة لاينال احد غيره وقد قبله ونزل عن حقه فى تكمله الأجرة فيصح ذلك ولكن إذا تعدد الضرر إلى غيره بان مات قبل أن ينتهى الإيجار كان الناظر الذى يليه ان يطلب تكملة الأجرة من وقت موته مراعاة لحق المستحقين التالين وهو ما نصت عليه صراحة المادة 631 مدنى .

واذ اجر الناظر الفاحش فغير الإستثناء المتقدم، لم يقع العقد باطلا بل يطلب الناظر من المستأجر تكمله الأجرة إلى اجر المثل من وقت العقد ولا يكفى ان يكمل الأجرة إلى أربعة أخماس أجرالمثل فان رفض المستأجر ذلك جاز للناظر طلب فسخ العقد ومما يوجب عزل الناظر ان يؤجر الوقف بغبن فاحش هو معتمد ذلك فإن كان غير معتمد بل اجر بغبن فاحش لسلامة نيته وكان مأموناً جاز للقاضى ان يبقيه فى وظيفته ولا يملك المستحقون ان يرفعوا دعوى على

مادة [631]

المستأجر مباشرة بتكملة الأجرة للغبن وانما يملكون طلب عزل الناظر الذى اجر بغبن فاحش فإذا عزل ونصب ناظر جديد طلب هذا من المستأجر تكملة الأجرة واذ ا بقى الناظر ولم يعزل لسلامة نيته ولانه مامون فالظاهر انه بصفته ممثلا للوقف تكون له صفة فى رفع دعوى تكملة الأجرة ولو كان هو الذى صدر منه الإيجار .

(الوسيط-6- 2- مجلد للدكتور السنهوري -ص1416 ومابعدها والمراجع السابقة)

من أحكام القضاء الحديثة :

1- القول بأن ناظر الوقف له ان يؤجر اعيانه ولو بغبن فاحش انما هو خاص بتحديد العلاقة بين المستأجر وبين الناظر المؤجر له ومن يخلفه فالنظر ولا يتعدى ذلك إلى المستحقين ولا يسرى عليهم لأن الناظر إذا كان بتقاضى أجراً يعتبر مسئولاً أمامهم عن تقصيره وفقاً للقواعد الخاصة بعقد الوكالة وإذن فمتى كان الواقع هو ناظر الوقف الذى يتقاضى أجراً قد اجر أعيان الوقف بغبن فاحش فان الحكم المطعون فيه اذ لم يعتد بهذه الأجرة فى علاقة الناظر بالمستحق والزمه باجر المثل لايكون قد خالف القانون .

(جلسة 1955/12/8 مجموعة القواعد القانونية 25 عاما - ص 1228)

2- النزاع فى لزوم إجارة الوقف بدعوى الغبن فيه هو بطبيعته نزاع مدنى صرف يخضع لحكم القانون المدنى ولم يكن فى نصوص القانون المدنى القديم ما يفسد الابجار بسبب الغبن على ماجرى به قضاء هذه المحكمة .

(جلسة 1959/6/25- مجموعة المكتب الفني - السنة 10- مدني -ص 488)

3- اختلف فقهاء الشريعة الإسلامية فيما إذا كان متولى الوقف يضمن الغبن الفاحش إذا أجر عقار الوقف باقل من اجر المثل أو لايضمنه فقال بعض المتقدمين انه لايضمنه وانما يلزم المستأجر اجر المثل وقال البعض من هؤلاء أن المتولى يلزمه أجر المثل وذهب رأى ثالث إلى أن المتولى يضمن نصفه ونصفه الآخر يضمنه المستأجر بينما ذهب غالبية المتأخرين إلى أن المتولى يضمن الغبن الفاحش ولو كان متعمداً وعلى قول البعض عما لما به لان ذلك منه يكون جناية تستوجب عزله وهذا الرأى الأخير هو ما تأخذ به محكمة النقض لو كان الناظر بغير اجر اذ يعتبر تأجيره اعيان الوقف بالغبن الفاحش وهو معتمد أو عالم به تقصيراً جسيماً فيسال عنه دائما، إقتصرت المادة 631 من القانون المدنى على تقرير ان إجارة الوقف بالغبن الفاحش لاتصح دون تبين مسئولية ناظر الوقف عن هذا الغبن كما خلت المواد الآخرى الواردة فى القانون المدنى فى الباب الخاص بإيجار الوقف من تحديد هذه المسئولية لأن موضعها خارج عن نطاق هذا الباب .

مادة [631]

(نقض -جلسة1968/4/25- المرجع السابق - السنة 19-ص876)

4- لئن إختلف فقهاء الشريعة الإسلامية فيما إذا كان متولى الوقف (الناظر) يضمن الغبن الفاحش إذا اجر عقار الوقف بل قل من أجر المثل أو لا يضمنه الا ان الرأى الراجع الذى أخذت به محكمة النقض هو أن متولى الوقف (الناظر) يضمن الغبن الفاحش لو كان متعمدا أو عالما به وذلك إذا كان الناظر بغير اجر اذ يعتبر تأجيره اعيان الوقف بالغبن الفاحش هو معتمد أو عالم به تقصيرا جسيما يسال عنه دائما كما ان المادة 704 من القانون المدنى تقضى بان الوكيل بل أجر يقتصر واجبه على العناية التى يبذلها فى أعماله الخاصة فى حين ان الوكيل باجر يجب أن يبذل دائما فى تنفيذ الوكالة عناية الرجل المعتاد إذا كان حكم الابتدائى الذى ايده الحكم المطعون فيه وأخذ بأسبابه قد إنتهى لى ان الأجرة المحددة بعقود الإيجار تقل كثيرا عن أجرة المثل لأطيان الوقف وهو ما ينطوى على تفريط من الناظر يجعله مسئولاً عن تعويض المستحقين وأنه لم يبذل عناية الرجل المعتاد إذا لم يؤجر هذه الأطيان يعجزللوصول إلى الأجرة المذكورة وذلك دون ان يستظهر الحكم إذا كان ناظر الوقف يعمل بأجر وبدون أجر وما إذا كان التفريط الذى نسبه إليه يصل إلى حد تعمده لغبن الفاحش أو علمه به على النحو الذى يجعله ضامناً دائماً أم أن تفريطه ذاك هو من قبيل التقصير اليسير الذى لا يسأل عنه إلا إذا كان يعمل فى الوقف بأجر - إذا كان ذلك فان الحكم يكون قد شابه قصور يعجز محكمة النقض عن ممارسة وظيفتها فى مراقبة صحة تطبيق القانون .

(نقض - جلسة 1974/2/18- المرجع السابق - السنة 25ص358)

مادة [632]

مادة [632]

(1) في إيجاره الوقف تكون العبرة في تقدير اجر المثل بالوقت الذى أبرم فيه عقد الإيجار ولا يعتد بالتغيير الحاصل بعد ذلك وإذا اجر الناظر الوقف بالغبن الفاحش وجب على المستأجر تكملة الأجرة إلى أجر المثل وإلا فسخ العقد .

النصوص العربية المقابلة :

هذه المادة تقابل في نصوص القانون المدني بالأقطار العربية المواد التالية :

مادة 631 ليبى و599سورى .

الأعمال التحضيرية:

يراجع – لاحقاً – التعليق بالأعمال التحضيرية الوارد على نص المادة 634 مدنى .

رأى الفقة :

تقدير أجر المثل لمعرفة ما إذا كان في الأجرة غبن فاحش أو غبن يسير إنما يكون وقت إبرام عقد الإيجار ولا يعتد بما يطرأ على اجر المثل بعد ذلك من نقص أو زيادة (م1/632مدنى) فإذا اجر الناظر باجر المثل وقت إبرام العقد وفي اثناء الإجارة تغير هذا الاجر نقصا أو زيادة فان نقص أجر المثل مما كان عليه وقت الإيجار الزم المستأجر بدفع الأجرة المتفق عليها ولا يجاب إلى إنقاص الأجرة ولا إلى فسخ العقد لما يترتب على ذلك من الضرر بالوقف ولا الناظر لا يملك الإقالة إلا إذا كان فيها خير للوقف وأن زاد أجر المثل فلا يلتفت إلى الزيادة اليسيرة وهى التى تدخل تحت تقويم المقومين (أو لا تزيد على خمس المبلغ المتفق عليه) أما إذا كانت الزيادة فاحشة ولم تكن نتيجة تعنت بأن يقصد أحد الناس الإضرار بالمستأجر فيعرض أجرة كبيرة بل كان هذا نتيجة طبيعة لكثرة الرغبات في العين المؤجرة فان هذه الزيادة لا يعتد بها ايضا وتبقى الأجرة على حالها إلى إنتهاء المدة وهذا ما يقتضى به صريح النص في القانون المدني الجديد (م1/632مدنى) وقد أخذ التقنين المدني الجديد في هذا برأى مرجوح في الشريعة الإسلامية مراعاة للإستقرار ولكن الرأى الراجح في الشريعة الإسلامية هو أنه يعتد بهذه الزيادة مراعاة لمصلحة الوقف ويخير المستأجر بين قبول الزيادة وفسخ العقد ولقد أخذ القضاء في ظل التقنين المدني القديم بالرأى المرجو فلم يعتد بزيادة أجر المثل أثناء مدة الإيجار ولا شك في أن هذا الرأى هو الذى يحقق استقرار التعامل وقد احسن التقنين المدني الجديد صنعا في الاخذ به بنص صريح .

مادة [632]

ويتبين من نص المادة 632 مدني انه لا يجوز للناظر إيجار الوقف لمدة تزيد على ثلاث سنوات ويستوى فى ذلك أن تكون العين المؤجرة من المباني أو من الأراضى الزراعية .

والشريعة الإسلامية تميز بين ما إذا كانت العين من المباني أو من الأراضي والقول المعول عليه فيها ألا تزيد مدة الإجارة على سنة في الدار والحانوت ، على ثلاث سنين في الأراضي ، إلا إذا كانت المصلحة تقتضي الزيادة في إجارة الدار والحانوت أو النقص في إجارة الأرض . غير أن المادة 632 مدني تقضي بعدم جواز التمييز بين المباني والأراضي في إيجار الوقف ولمدة تزيد على ثلاث سنوات ، ومن ثم يجوز إيجار المباني لمدة تزيد على سنة ، كما يجوز إيجار الأراضي لمدة تقل عن ثلاث سنوات ، وذلك فيما عدا الأراضي الزراعية فلا يجوز إيجارها لمدة تقل عن ثلاث سنوات ، وذلك فيما عدا الأراضي الزراعية فلا يجوز إيجارها لمدة تقل عن ثلاث سنوات وفقا لأحكام إيجار الوقف ، فيجب إذن أن تكون مدة إيجارها ثلاث سنوات دائما .

المهم ألا تزيد مدة إيجار العين الموقوفة ، مبني كانت أو أرضا، عن ثلاث سنوات ويستوي أن يكون ذلك بعقد واحد أو بعقود مترادفة ، فلا يجوز إيجار الوقف لمدة أربع سنوات في عقد واحد ، كما لا يجوز إيجاره في عقدين مترادفين يتخللهما وقت قصير ، ويكون العقد الأول مدته سنتان ، والعقد الثاني مدته سنتان أيضا تبدآن بعد السنتين الأوليين . فهذه طريقة للتحايل على القانون تفادي بها الناظر أن يبرم عقدا واحدا مدته أربع سنوات ، كذلك يعتبر تحايلا على القانون أن يبرم الناظر عقدا لمدة ثلاث سنوات ومجددة قبل إنقضاء مدته الأولى بوقت طويل لمدة ثلاث سنوات أخري. ولكن إذا جدد الإيجار قبل انتهائه بمدة قصيرة تقدر حسب الظروف ، جاز ذلك ولو كانت المدة السابقة والمدة الجديدة تزيدان معا على ثلاث سنوات ، إذا كان هذا التجديد يستدعيه حسن الإدارة وإذا حدد الإيجار قبل نهاية مدته لم يجز إنقاص مجموع المدة إلى ثلاث سنوات إذا لم ترفع الدعوى بذلك إلا بعد البدء في تنفيذ الإيجار الجديد . وإذا أجر الناظر العين الموقوفة لمدة سنة تمتد سنة بعد أخري إذا لم ينبه أحد الطرفين على الآخر بالإخلاء قبل إنقضاء السنة بشهرين مثلا ، جاز ذلك ، حتى لو بقي المستأجر في العين مدة أكثر من ثلاث سنوات لأن تنبيها بالإخلاء لم يصدر من أي من الطرفين ، كذلك إذا أجر الناظر العين الموقوفة دون أن يعين مدة ، على أن تدفع الأجرة كل شهر أو كل سنة ، فإعتبرت المدة شهراً أو سنة بحسب مواعيد دفع الأجرة على أن ينتهي الإيجار إذا نبه أحد الطرفين على الإخلاء في

مادة [632]

المواعيد القانونية، فإن ذلك يجوز حتي لو بقي المستأجر في العين أكثر من ثلاث سنوات بسبب عدم صدور التنبية بالإخلاء .

وتراعي في كل ما تقدم أحكام قانون إيجار الأماكن وقانون الإصلاح الزراعي من حيث إمتداد الإيجار بحكم القانون بعد إنقضاء مدته الأصلية .

فإذا أجر الناظر الوقف لمدة تزيد علي ثلاث ، سواء أكان ذلك بطريق مكشوف أو بطريق مستتر تحايلا علي القانون، لم يقع العقد باطلا ولكن تنقص مدته إلى ثلاث سنوات ، ولما كان الناظر بعمله هذا قد تجاوز حدود سلطته فإنه يمكن طلب عزله أو ضم ناظر إليه ، فإذا عزل أو أنضم إليه ناظر آخر ، كان الذي يطلب إنقاص المدة هو الناظر الجديد الذي يخلفه أو الناظر المنضم إليه بحسب الأحوال . وليس ما يمنع . في نظر الدكتور السنهوري – من أن يطلب ذلك الناظر نفسه حسن النية لأن إنما يمثل الوقف سواء في إبرام الإيجار أو في طلب إنقاص المدة ، فيكون الوقف هو الذي يطلب إنقاص المدة وهو من حقه .

أما المستحقون فليس لهم سوي دعوي مباشرة بطلب عزل الناظر وتعيين آخر بدلا منه من الجهة المختصة ، والناظر الجديد هو الذي يملك إنقاص المدة ، ذلك ان المستحقين ليسوا طرفا في عقد الإيجار وإنما يجوز لهم أن يطلبوا من المحكمة عزل الناظر الذي جاوز حدود سلطته متعمدا وتعيين آخر مكانه .

(الوسيط-6- 2- مجلد للدكتور السنهوري –ص1421 ومابعدها والمراجع السابقة)

من أحكام القضاء الحديثة :

1-يلتزم المحتكر بمقتضى المواد 1003، 1004، 1005 من القانون المدني بأداء المقابل المتفق عليه إلى المحكر وعلى أن يكون هذا المقابل مستحق الدفع في نهاية كل سنة ما لم ينص عقد التحكير على غير ذلك وبزيادة المقابل وفقاً لأجر المثل وصقع المكان وذلك بخلاف إيجار الوقف إذ العبرة فيه بأجرة المثل وفقاً لنص المادة 632 من القانون المدني بالوقت الذي أبرم فيه عقد الإيجار فلا يقيد بما يستجد من ظروف اقتصادية بعد ذلك ترفع من قيمة المقابل.

[الطعن رقم 1074 – لسنة 53 ق – تاريخ الجلسة 20 / 06 / 1984]

مادة [633]

مادة [633]

(1) لا يجوز للناظر بغير إذن القاضي أن يؤجر الوقف مدة تزيد علي ثلاث سنين ولو كان ذلك بعقود مترادفة ، فإذا عقدت الإجارة لمدة أطول إنقضت المدة إلي ثلاث سنين .

(2) أو مع ذلك إذا كان الناظر هو الواقف والمستحق الوحيد ، جاز له أن يؤجر الوقف مدة تزيد علي ثلاث سنين بلا حاجة إلي إذن القاضي ، وهذا دون اخلال بحق الناظر الذي يخلفه في طلب إنقاص المدة إلي ثلاث سنين .

النصوص العربية المقابلة :

هذه المادة تقابل في نصوص القانون المدني بالأقطار العربية ، المواد التالية :

مادة 632 ليبي و 600 سوري .

الأعمال التحضيرية :

يراجع – لاحقا- التعليق بالأعمال التحضيرية الوارد علي نص المادة 634 مدني .

رأي الفقه :

هناك إستثناءان نصت عليهما المادة 633 مدني يجوز فيهما إيجار الوقف لمدة تزيد علي ثلاث سنوات .

الأول – نصت عليه الفقرة الأولي منها ، ومؤداه أنه يجوز للناظر أن يؤجر الوقف لمدة تزيد علي ثلاث سنوات إذا إذن القاضي له في ذلك . ويإذن القاضي إذا وجد مسوغ للإذن ، ويقع ذلك غالبا إذا كانت العين الموقوفة مخربه ، ولا يجد الناظر من يصلحها ويعمرها إلا بشرط إستئجارها لمدة طويلة – وتنص المادة 677 من مرشد الحيران – في هذا الصدد – علي مايلي : " لا يجوز لغير إضطرار إجارة دار الوقف أو أرضه إجارة طويلة ولو بعقود مترادفة ، فإن إضطر إلي ذلك لحاجة عمارة الوقف بأن تخرب ولم يكن له ريع يعمر به ، جاز لهذه الضرورة إجارتها بإذن القاضي مدة طويلة بقدر ما تعمر به " ، فلا يجوز الإيجار لمدة طويلة مرة أخري إلا بإذن جديد .

الثاني – نصت عليه الفقرة الثانية من المادة 633 مدني ، ومؤداه أنه إذا كان الناظر هو المستحق الوحيد جاز له أن يؤجر أعيان الوقف لمدة تزيد علي ثلاث سنوات بلا حاجة إلي إذن القاضي ، فالضرر من زيادة المدة لا ينال أحدا غيره وقد قبله فيصح ذلك ، ولكن إذا تعدي الضرر إلي غيره بأن مات قبل أن ينتهي الإيجار ، كان للناظر الذي يليه أن يطلب إنقاص المدة إلي ثلاث سنوات مراعاة لحق المستحقين التالين .

مادة [633]

وإذا كان ناظر الوقف هو الواقف نفسه ، سواء كان هو المستحق الوحيد أو لم يكن فإن يجوز له أن يؤجر الوقف لمدة تزيد علي ثلاث سنوات بلا حاجة إلي إذن القاضي . والأصل في ذلك أنه يجوز، في الشريعة الإسلامية ، أن يؤجر الواقف أعيان وقفه أكثر من ثلاث سنوات ، بل له أن يعين مدة إجارة وقفه في كتاب الوقف فإن عينها لم يكن الناظر مخالفته إلا إذا رخص الواقف في ذلك لمنفعة الوقف كأن يشترط عدم إيجار أعيان وقفه لمدة تزيد علي سنة إلا إذا كانت مصلحة الوقف في مدة أطول من ذلك ، ففي هذه الحالة يجوز للناظر الإيجار لمدة أطول دون الرجوع إلي القاضي . أما إذا لم يرخص الواقف في الإستثناء فلا يجوز للناظر الإيجار لمدة أطول من السنة حتي لو تحققت مصلحة الوقف في ذلك ويجب عليه الرجوع إلي القاضي وهو الذي يؤجرها للمدة التي يري فيها مصلحة الوقف .

(الوسيط-6- 2- مجلد للدكتور السنهوري -ص1429 ومابعدها والمراجع السابقة)

من أحكام القضاء الحديثة:

1- إذا كان الناظر هو المستحق الوحيد ولم يمنعه الواقف من ذلك ، جاز له أن يؤجر أعيان الوقف لمدة تزيد علي ثلاث سنوات ويسري الإيجار ما دامت نظارته باقية ، فإذا ما إنتهت جاز للناظر والذي يخلفه إذا لم تكن الإجارة قد إنقضت وكانت المدة الباقية منها أكثر من ثلاث سنوات أن ينقص المدة إلي ثلاث سنوات .

(جلسة 1959/6/25 – مجموعة المكتب الفني – السنة 10 مدني ص 488)

مادة [634]

مادة [634]

تسري أحكام عقد الإيجار علي إجارة الوقف إلا إذا تعارضت مع النصوص السابقة .

النصوص العربية المقابلة :

هذه المادة تقابل في نصوص القانون المدني بالأقطار العربية ، المواد التالية :

مادة 633 ليبي و 601 سوري .

الأعمال التحضيرية :

1- هذه النصوص لا مقابل لها في التقنين الحالي . فلم يعرض هذا التقنين لإيجار الوقف علي أهميته العملية ، بل ترك الأمر للقضاء ، وطبق القضاء أحكام الشريعة الإسلامية في ذلك . وقنن المشرع هذه الأحكام كما طبقها القضاء ، فعرض لمن له الحق في إيجار الوقف ومن له الحق في استئجاره ، وكيف تقدر أجرة الوقف ولاية مدة يجوز الإيجار . وذكر أن أحكام عقد الإيجار تسري علي إيجاره الوقف فيما لم تتعارض فيه مع هذه الأحكام (م850 من المشروع) .

2- أما من له حق إيجار الوقف فهو الناظر (م841 فقرة أولي من المشروع ولا ينتهي الإيجار بموته أو بعزله ، بل يسري إيجاره الصحيح علي الناظر الذي يأتي بعده (م849 من المشروع) ، أما المستحق ولو إنحصر فيه الإستحقاق فلا يملك الإيجار إلا إذا إذن له في ذلك الواقف أو الناظر أو القاضي والناظر هو الذي يقبض الأجرة حتي لو كان المؤجر غيره ، إلا إذا أذن الناظر في القبض لغيره (م842 من المشروع) .

3- أما من له حق استئجار الوقف فمن يتعاقد معه الناظر علي الإيجار ولو كان مستحقا في الوقف بشرط ألا يكون هو الناظر ، فإنه لا يجوز أن يتعاقد مع نفسه في استئجار الوقف ولو بأجر المثل . أما إذا كان المستأجر أحدا من أصوله أو فروعه (أو ممن لا تقبل شهادتهم له) فيجوز علي أن يكون الإيجار بأجر المثل (م843 –844 من المشروع) . ولم ينقل المشرع المادة 693 من مرشد الحيران ونصها ما يأتي :

"إذا إنقضت مدة الإجارة تؤجر بأجر المثل لمن يرغب فيها ولو كان غير المستأجر ، ما لم يكن للمستأجر الأول حق القرار في العين المستأجرة ، فإن كان له حق القرار من بناء أو غراس قائم بحق فهو أولي بالإجارة من غيره بشرط أن أجر المثل ، فيكون المستأجر الذي بني أو غرس في أرض الوقف خاضعا للأحكام العامة في عقد الإيجار .

مادة [634]

4- وأجرة الوقف يجب ألا يكون فيها غبن فاحش ، فلا يجوز أو تقبل عن أربعة أخماس أجر المثل ، بل يجب أن تكون أجر المثل في بعض الأحوال كما تقدم وينطبق هذا الحكم حتي لو كان المؤجر هو المستحق الوحيد الذي له ولاية التصرف في الوقف ، لجواز أن يخل بحق المستحق الذي يأتي بعده . وإذا عقد إيجار بغبن فاحش خير المستأجر بين الفسخ ودفع أجر المثل , ويستطيع الناظر الذي صدر منه الإيجار أن يطالب بذلك(م845 من المشروع) ، ولم ينقل أحكام الشريعة الإسلامية في حالة ما إذا نقص أجر المثل أو زاد قبل إنتهاء الإيجار (م690-692 من مرشد الحيران) ، وآثر استقرار التعامل يجعل الأجرة المتفق عليها هي التي تستوي إلي أن ينتهي الإيجار .

5- أما مدة الإيجار فيراعي فيها شرط الواقف . فإن عين مدة وجب التقيد بها ، إلا إذا كان في مجاوزتها ضرورة أو نفع للوقف ، فيجوز للناظر في هذه الحالة حتي أن يستإذن القاضي في الإيجار لمدة أطوال إذا لم يكن مأذونا في ذلك من قبل في كتاب الوقف . وإذا لم يحدد الواقف المدة ، فالمباني لا يزيد إيجارها عن سنة إلا إذا كانت الزيادة تقضيها المصلحة ويترك ذلك لتقدير الناظر . والأراضي لا يزيد إيجارها علي ثلاث سنوات ، إلا إذا كانت المصلحة تقتضي النقص وفقا لتقدير الناظر (م 846-847 من المشروع) ، ولا تزيد مدة الإيجار في كل حال علي ثلاث سنوات ولو بعقود مترادفة . فإذا زادت أنقصت إلي ثلاث . ومع ذلك يجوز الإيجار لمدة أطول من ثلاث سنوات في حالتين : (أ) إذا إذن القاضي ويإذن للضرورة كما لو كان الوقف محتاجا للعمارة (ب) إذا كان الناظر هو المستحق الوحيد ، ويسري الإيجار ما دامت نظارته باقية ، فإن إنتهت جاز للناظر الذي يخلفه ، إذا لم يكن الإيجار قد إنقضي ، أن ينقص المدة إلي ثلاث سنوات (م848 من المشروع).

(مجموعة الأعمال التحضيرية للقانون المدني – الجزء 4-ص662و663)

من أحكام القضاء الحديثة :

1-إذا كان الحكم الإبتدائي الذي أيده الحكم المطعون فيه وأخذ بأسبابه قد إنتهى إلى أن الأجرة المحددة بعقود الإيجار تقل كثيراً عن أجرة المثل لأطيان الوقف، وهو ما ينطوي على تفريط من الناظر يجعله مسئولاً عن تعويض المستحقين، وإنه لم يبذل عناية الرجل المعتاد إذ لم يؤجر هذه الأطيان مجزأة للوصول إلى الأجرة المذكورة، وذلك دون أن يستظهر الحكم ما إذا كان ناظر الوقف يعمل بأجر أو بدون أجر، وما إذا كان التفريط الذي نسبه إليه يصل إلى حد تعمده الغبن الفاحش أو علمه به على النحو الذي يجعله ضامناً دائماً أم أن تفريطه ذاك هو من قبيل التقصير اليسير الذي لا يسأل عنه إلا إذا كان يعمل في الوقف بأجر.

مادة [634]

إذ كان ذلك، فإن الحكم يكون قد شابه قصور يعجز محكمة النقض عن ممارسة وظيفتها في مراقبة صحة تطبيق القانون.

[الطعن رقم 97 - لسنــة 38 ق - تاريخ الجلسة 23 / 10 / 1973]

2- لئن إختلف فقهاء الشريعة الإسلامية فيما إذا كان متولي الوقف "الناظر" يضمن الغبن الفاحش إذا أجر عقار الوقف بأقل من أجر المثل أو لا يضمنه إلا أن الرأي الراجح الذي أخذت به محكمة النقض هو أن متولي الوقف (الناظر) يضمن الغبن الفاحش لو كان متعمداً أو عالماً به، وذلك إذا كان الناظر بغير أجر، إذ يعتبر تأجيره أعيان الوقف بالغبن الفاحش وهو متعمد أو عالم به تقصيراً جسيماً يسأل عنه دائماً. كما أن المادة 704 من القانون المدني تقضي بأن الوكيل بلا أجر يقتصر واجبه على العناية التي يبذلها في أعماله الخاصة في حين أن الوكيل بأجر يجب أن يبذل دائماً في تنفيذ الوكالة عناية الرجل المعتاد.

[الطعن رقم 97 - لسنــة 38 ق - تاريخ الجلسة 23 / 10 / 1973]

3- مؤدى نصوص القانون رقم 180 لسنة 1952 بحل الأوقاف على غير الخيرات أن الأوقاف الأهلية أعتبرت جميعهاً منقضية وأصبحت أموالهاً ملكاً حراً للواقف أو المستحق على النحو المبين في تلك النصوص، وإلى أن يتم تسليم هذه الأموال إليهم فإنها تكون تحت يد الناظر لحفظها وإدارتها، وتكون للناظر في هذه الفترة صفة الحارس، ويمتنع عليه بصفته هذه أن يستأجر تلك الأموال من المستحقين، وإنما يجوز له ذلك بعد أن يتم تسليمها إليهم.

[الطعن رقم 385 - لسنــة 38 ق - تاريخ الجلسة 18 / 02 / 1974]

4-إذ كان الحكمان السابقان قد قطعا بأن الأطيان المؤجرة للطاعن بمعرفة الناظر السابق - كانت وقفاً وأنتهى الحكم الصادر في الدعوى...إلى أن عقود الإيجار الصادرة للطاعن من المستحقين عن تلك الأطيان غير صحيحة لإنعدام ولايتهم في تأجيرها إذ ناط القانون ولاية إدارتها إلى ناظر الوقف السابق بوصفة حارساً عليها ومن ثم إعتبر الإجارة الصادرة منه هي الإجارة الصحيحة وقد تأيد هذا الحكم إستئنافياً فحاز قوة الأمر المقضي وإذ خالف الحكم المطعون فيه هذا النظر وأقام قضاءه على أن عقد إيجار الأطيان وأمر الأداء المعارض فيه قد صدرا بإسم - الناظر السابق - بصفته الشخصية وليس بصفته ناظراً على الوقف أو حارساً على أعيانه يكون قد خالف حجية الأحكام المتقدم ذكرها و هي تسمو على النظام العام، وقد أدت هذه المخالفة إلى الخطأ في تطبيق القانون إذ مد نطاق الحراسة المفروضة على الأموال والممتلكات الخاصة بالناظر السابق إلى أمر الأداء الصادر بالإيجار المتأخر عن الأطيان التي يتولى إدارتها بصفته حارساً عليها بعد إنتهاء وقفها. وقبل حلول إدارة الأموال التي آلت إلى الدولة محل هذا الحارس في تجديد السير في المعارضة المرفوعة عن أمر الأداء المشار إليه وفي طلب الحكم بسقوط الخصومة فيها.

[الطعن رقم 510 - لسنــة 43 ق - تاريخ الجلسة 30 / 03 / 1977]

مادة [634]

باب خاص في

قضاء النقض في الإيجارات

الفصل الأول

مبادئ النقض في إيجار الأماكن

عقد الإيجار :

تعريف عقد الإيجار :

عقد الإيجار من عقود المعاوضة . الأجرة فيه مقابل الإنتفاع. مناط إستحقاقها . تمكين المستأجر من الإنتفاع بالعين المؤجرة .

(الطعن رقم 823 لسنة 67ق ـ جلسة 2004/11/3)

(نقض جلسة 1986/5/29 ـ مجموعة المكتب الفني ـ س37 ع1 ص627)

عقد الإيجار . عقد رضائي .خضوعه لمبدأ سلطان الإرادة في حدود ما فرضه القانون من قيود . مؤداه .

(الطعن رقم 823 لسنة 67ق ـ جلسة 2004/11/3)

(نقض جلسة 1993/4/11 ـ مجموعة المكتب الفني ـ س44 ع2 ص50)

إنعقاد عقد الإيجار :

عقود الإيجار التى تبرمها المجالس المحلية للمدن والمراكز المملوكة للدولة . إنعقادها بتمام التصديق عليها من المجلس المحلي للمحافظة وإعتمادها وفقاً للقانون . المواد 28، 33 /هـ ، 8/51 ق43 لسنة 1979 .

(الطعن رقم 2964 لسنة 62ق ـ جلسة 2004/12/12)

(نقض جلسة 1995/4/26 ـ مجموعة المكتب الفني ـ س46 ع1 ص708)

إنقضاء العلاقة الإيجارية قضاء أو رضاء . إتفاق طرفيها على تجديدها . إعتبار هذا التجديد إيجاراً جديداً لا إمتداداً للإيجار الأصلى ولو كان بنفس شروطه .

(الطعن رقم 1949 لسنة 74ق ـ جلسة 2005/5/4)

(نقض جلسة 1989/11/22 ـ مجموعة المكتب الفني ـ س40 ع3 ص1373)

إثبات عقد الإيجار :

تمسك الطاعن بأن إيصال سداد أجرة شقة النزاع الصادر للمطعون ضده الثالث من أحد الملاك السابقين للعقار حرر بالتواطؤ بينهما بعد شرائه العقار وتدليله على ذلك بالمستندات . دفاع جوهري . قضاء الحكم المطعون فيه برفض دعوى الإخلاء وبثبوت العلاقة الإيجارية إستناداً إلى إيصال سداد الأجرة سالف البيان وإقرار مصدره أمام المحكمة بإستلام قيمته من المطعون ضده الثالث رغم ثبوت توقيعه على الإخطار المرسل من الملاك السابقين للعقار للمطعون ضده الأول ـ

مادة [634]

المستأجر الأصلى - بحوالة العقد للطاعن ودون أن يعنى ببحث الدفاع سالف البيان ودلالة ما قدم من مستندات . قصور وفساد في الإستدلال .

(الطعن رقم 873 لسنة 67ق - جلسة 2005/1/6)

تمسك الطاعن بثبوت العلاقة الإيجارية بينه وبين المطعون ضده وأنه يشغل عين التداعى بوصفه مستأجراً لها وتدليله على ذلك بالمستندات . دفاعه جوهري . قضاء الحكم المطعون فيه بالطرد إستناداً إلى صدور حكم نهائي ببراءة المطعون ضده من تهمة تقاضى مبالغ مالية خارج نطاق عقد الإيجار بعد صدور القانون 4 لسنة 1996 بإعتباره أصلح له دون أن يبحث أثر هذا الحكم في ثبوت أو نفى العلاقة الإيجارية والرد على دفاع الطاعن سالف البيان ودلالة ما قدمه من مستندات . قصور .

(الطعن رقم 795 لسنة 74ق - جلسة 2005/2/3)

تمسك الطاعن بنشوء علاقة إيجارية جديدة بينه وبين المطعون ضدها عن الشقة محل النزاع بموجب عقد إيجار وقعته والدته نيابة عن الورثة وتدليله على ذلك بصورتي إيصالى سداد الأجرة صادرين من وكيل المطعون ضدها بإسم الورثة . دفاع جوهري . قضاء الحكم المطعون فيه بالإخلاء تأسيساً على إقامة المستأجرة الأصلية بشقة النزاع بمفردها حتى وفاتها وتردد الطاعن عليها قبل الوفاة دون أن يواجه الدفاع سالف البيان بما يصلح رداً عليه . قصور .

(الطعن رقم 1949 لسنة 74ق - جلسة 2005/5/4)

نفاذ عقد الإيجار :

تقادم دعوى عدم نفاذ عقد الإيجار :

التقادم الثلاثى المنصوص عليه في المادة 243 مدني .قصره على الدعوى البوليصية. عدم سريانه على الدعوى المقامة من المالك على الشيوع بطلب عدم نفاذ عقد الإيجار الذى يعقده أحد الشركاء في حقه . خضوع الأخيرة للتقادم العادي المنصوص عليه في المادة 374 مدني .

(الطعن رقم 2519 لسنة 74ق - جلس 2005/4/6)

الوكالة في عقد الإيجار :

الوكالة المستترة . ماهيتها . أن يعبر الوكيل إسمه للأصيل ويبرم العقد بصفته أصيلاً لا بصفته وكيلاً . أثرها . إنصراف أثر العقد إلى الأصيل شأنها شأن الوكالة السافرة . حالاته . المادتان 106، 713 مدني . مخالفة ذلك . خطأ .

سريان عقد الإيجار في حق المالك الجديد :

حوالة عقد الإيجار :

مادة [634]

حوالة عقد الإيجار للمشترى من البائع وقبول المستأجر للحوالة أو إعلانه بها . أثره . جواز إحالة المؤجر حقه في عقد الإيجار إلى الغير . للمحال إليه الحق في مقاضاة للمستأجر في شأن الحقوق المحال بها دون حاجة لإختصام المؤجر . علة ذلك .

(الطعن رقم 2473 لسنة 73ق - جلسة 2004/11/18)

(نقض جلسة 1995/1/12 - مجموعة المكتب الفنى - س46 ع1 ص148)

نفاذ حوالة عقد الإيجار فى حق المستأجر وإلتزامه بدفع الأجرة للمحال إليه منوط بإعلانه بالحوالة أو بقبولها أو بسداده الأجرة للمحال إليه . نفاذها في حقه . أثره . لا تبرأ ذمته من أجرة العين المؤجرة إلا بالوفاء بها إلى المحال إليه .

(الطعن رقم 2473 لسنة 73ق - جلسة 2004/11/18)

(نقض جلسة 1995/1/12 - مجموعة المكتب الفنى - س46 ع1 ص148)

فسخ عقد الإيجار :

الإتفاق على إعتبار العقد مفسوخاً من تلقاء نفسه دون تنبيه أو إنذار عند عدم الوفاء بالإلتزامات الناشئة عنه . يسلب القاضى كل سلطة تقديرية في صدد الفسخ . مناطه . تحقق المحكمة من توافر شرط الفسخ الإتفاقي ووجوب إعماله . سلطة القاضى في التثبت من إنطباق الشرط على عبارة العقد ومراقبة الظروف الخارجية التى تحول دون إعماله . وجوب تجاوزه عنه عندما أسقط الدائن حقه فيه بقبوله الوفاء بطريقة تتعارض مع إرادة الفسخ فلا يبقى سوى التمسك بالفسخ القضائي المنصوص عليه بالمادة 157 مدني .

(الطعن رقم 73 لسنة 74ق - جلسة 2004/11/18)

(نقض جلسة 1996/12/10 - مجموعة المكتب الفني - س47 ع2 ص1491)

تمسك الطاعنتين بتنازل المطعون ضده عن حقه في إستعمال الشرط الصريح الفاسخ الوارد بعقد الإيجار سند الدعوى وتدليهما على ذلك بإنذار موجه من المطعون ضده إليهما يكلفهما فيه بسداد فروق الأجرة عن المدة المطالب بها وقيامها على أثر ذلك بسداد تلك المبالغ وطلبهما إعمال أحكام الفسخ القضائي . دفاع جوهري . قضاء الحكم المطعون فيه بالفسخ مغفلاً ذلك الدفاع ودلالة الإنذار سالف البيان. خطأ وقصور .

(الطعن رقم 73 لسنة 74ق - جلسة 2004/11/18)

فسخ العقد . ليس لأحد طرفيه الإنفراد به دون رضاء الآخر . التقايل من العقد وقوعه بإتفاق طرفيه صراحة أو ضمناً بصدور وقائع منهما تدل على ذلك .

(الطعن رقم2519 لسنة 74 - جلسة2005/5/6)

(الطعن رقم 126 لسنة 61 - جلسة 1991/10/28)

مادة [634]

تقادم دعوى فسخ عقد الإيجار:

الدعوى بفسخ عقد الإيجار . ماهيتها .تقادمها بمضي خمسة عشرة سنة .سريان التقادم من وقت نشأة الحق في رفعها . علة ذلك .

(الطعن رقم 2582 لسنة 73 - جلسة 2004/11/28)

(الطعن رقم 1566 لسنة 70 - جلسة 2001/6/20)

تمسك الطاعنة بسقوط حق المطعون ضدهم أولاً في رفع دعوى فسخ عقد إيجار عين النزاع وتنازلهم الضمني عن الحق في طلب الإخلاء بمضي أكثر من خمسة عشر عاماً من تاريخ التنازل إلى وقت رفع الدعوى وعدم إعتراضهم على ذلك لإقامتهم بذات عقار النزاع وتدليها على ذلك بالمستندات .دفاعه جوهري . إغفال الحكم المطعون فيه هذا الدفاع ودلالة ما قدم من مستندات وقضاؤه بالفسخ والإخلاء . خطأ وقصور .

(الطعن رقم 2582 لسنة 73ق - جلسة 2004/11/28)

إنتهاء عقد الإيجار :

طلب إنهاء عقد الإيجار لوفاة المستأجر وعدم وجود من يستمر العقد لصالحه هو حق مقرر لمصلحة المؤجر . جواز إثبات النزول عنه صراحة أو ضمناً بكافة الطرق .

(الطعن رقم 46 لسنة 74ق - جلسة 2004/10/24)

(نقض جلسة 1991/12/24 - مجموعة المكتب الفني - س43 ع2 ص1397)

إغفال الحكم المطعون فيه دفاع الطاعنة بسقوط حق المطعون ضدها في إنهاء العقد للتنازل الضمني عنه لتقاضي مورثها "المؤجر" منها شخصياً الأجرة بعد وفاة مورثها وتقديمها الإيصالات الدالة على ذلك . قصور .

(الطعن رقم 46 لسنة 74ق - جلسة 2004/10/24)

دعوى الطرد للغصب :

دعوى الطرد للغصب . تعلقها بأصل الحق . الغرض منها حماية الحق في إستعمال الشئ وإستغلاله بإسترداده من واضع اليد عليه بغير حق سواء كان وضع يده إبتداء بغير سند أو كان بسبب قانون ثم زال السبب وإستمر واضعاً يده عليه .

(الطعن رقم 2114 لسنة 74ق- جلسة 2005/5/22)

بعض أنواع الإيجار:

إيجار ملك الغير :

إيجار ملك الغير . صحيح فيما بين المؤجر والمستأجر.غير نافذ في حق المالك الحقيقي.إقامة الغير دعوى بشأن ملكية العين المؤجرة . أثره . إعتبار ذلك

مادة [634]

تعرضاً قانونياً للمستأجر يبيح له حبس الأجرة تحت يده حتى يدفع المؤجر التعرض .

(الطعن رقم 29 لسنة 74ق - جلسة 2005/1/6)

(نقض جلسة 1995/10/22 - مجموعة المكتب الفني - س46 ع2 ص1030)

الإيجار الصادر من غير المالك أو من له حق التعامل في منفعته . صحيح بين طرفيه . عدم نفاذه في حق مالكه أو من له الحق في الإنتفاع به ما لم يجز الإجارة صاحب الحق في التأجير .

(الطعن رقم 2575 لسنة 73ق - جلسة 2005/2/27)

(نقض جلسة 1984/12/27 - مجموعة المكتب الفني - س35 ع2 ص2263)

الإيجارالصادر من غير المالك .عدم نفاذه في حق المالك إلا بإجازته .تمسك المستأجر بإجازة المالك للعقد وعدم إعتراضه عليه .دفاع جوهري . إلتفات الحكم عن بحثه وتمحيصه . قصور .

(الطعن رقم 2575 لسنة 73ق - جلسة 2005/2/27)

(الطعن رقم 1145 لسنة 70ق - جلسة 2001/4/22)

إيجار عقار القاصر :

عقد الإيجار الذى يبرمه الوصى والوارد على عين خالية دون إذن المحكمة . نشوؤه صحيحاً منتجاً لآثاره خلال هذه المدة . وروده على مكان خاضع لقوانين إيجار الأماكن. أثره . إمتداده إلى أجل غير مسمى . مؤداه . لا يجوز للقاصر طلب عدم نفاذ العقد بعد إنتهاء مدته الإتفاقية أو بطلانه بعد مرور سنة من بلوغه سن الرشد . علة ذلك . مخالفة الحكم المطعون فيه هذا النظر . خطأ .

(الطعن رقم 917 لسنة 67ق - جلسة 2005/2/2)

(نقض جلسة 1996/3/11 - مجموعة المكتب الفني - س47 ع1 ص448)

تصرفات صاحب الوضع الظاهر :

تمسك الطاعن بنفاذ عقد إيجار عين النزاع في حق مالك العقار - مورث المطعون ضدهم الخمسة الأول - وفي مواجهة جميع الورثة لصدوره من شقيقهم - المطعون ضده الخامس - المالك الظاهر وعدم إعتراض أي منهم عليه طوال ست سنوات وإقامة بعضهم بذات العقار والآخرين بذات البلدة وطلبه إحالة الدعوى للتحقيق لإثبات ذلك . دفاع جوهري . إعراض الحكم المطعون فيه عن بحث وتمحيص هذا الدفاع ورفضه إحالة الدعوى للتحقيق دون مسوغ للتحقق من توافر شروط الوضع الظاهر وإجازة المالك لعقد الإيجار حال حياته . قصور وإخلال بحق الدفاع .

(الطعن رقم 2575 لسنة 73ق - جلسة 2005/2/27)

مادة [634]

تمسك الطاعنين بقيام نجل المطعون ضدها الأولى بإدارة العقار المملوك لها وتحصيل أجرته وظهوره عليه بمظهر المالك وإسهام المطعون ضدهما بخطئهما في تأكيد هذا الإعتقاد مما دفع الطاعن الثاني إلى التعاقد معه على إستئجار شقة النزاع بإعتباره المالك وتدليهما على ذلك بالمستندات وتقرير خبير الدعوى . دفاع جوهري . قضاء الحكم المطعون فيه بالإخلاء إستناداً إلى صدور عقد الإيجار من غير مالك وعدم نفاذه في حق المالكة الأصلية لعدم إجازتها له صراحة أو ضمناً دون أو يواجه الدفاع سالف البيان والرد بما يصلح له . قصور.

(الطعن رقم 4670 لسنة 74ق - جلسة 2005/3/17)

حقوق وإلتزامات طرفي عقد الإيجار :

إلتزامات المؤجر :

الإلتزام بتمكين المستأجر من الإنتفاع بالعين المؤجرة :

الأجرة التى يتعين على المستأجر الوفاء بها لتوقى الحكم بالإخلاء. المرجع في بيانها للقانون الذى يحددها . أساس الإلتزام بها . خضوعه للقواعد العامة . الحيلولة بين المستأجر والإنتفاع بالعين المؤجرة. أثره . عدم إستحقاق المؤجر للأجرة وسقوط حقه في طلب الإخلاء .

(الطعن رقم 823 لسنة 67- ق جلسة 2004/11/3)

(الطعن رقم 2278 لسنة 64 ق جلسة 12/ 1998/3)

إخلال المؤجر بإلتزامه بتمكين المستأجر من الإنتفاع بالعين المؤجرة . أثره . حق المستأجر في طلب إنقاص الأجرة بمقدار ما نقص من الإنتفاع . علة ذلك .

حظر إبرام أكثر من عقد إيجار للمبنى أو الوحدة منه :

حظر إبرام أكثر من عقد إيجار واحد للمبنى أو للوحدة منه . مخالفة ذلك . أثره . بطلان العقود اللاحقة للعقد الأول بطلاناً مطلقاً متعلقاً بالنظام العام سواء علم المستأجر اللاحق بصدور العقد الأول أو لم يعلم به . م4/24 ق49 لسنة 1977 . لا محل لإعمال نص المادة 573 مدني بشأن المفاضلة بين هذه العقود .

(الطعن رقم 614 لسنة 67ق - جلسة 2004/10/21)

التعرف على عقد الإيجار الأسبق في التاريخ . يكون بالتاريخ المعطى للعقد عند عدم المنازعة في صحته . لا يغير من ذلك عدم إثبات تاريخ هذا العقد . علة ذلك .

(الطعن رقم 614 لسنة 67ق - جلسة 2004/10/21)

إلتزامات المستأجر :

الإلتزام بالوفاء بالأجرة :

مادة [634]

علم المستأجر ببيع العقار إلى مشتر سجل عقد شرائه وإنتقلت إليه الملكية . أثره . إلتزامه بدفع الأجرة إليه .

(الطعن رقم 4872 لسنة 65ق - جلسة 2005/1/6)

(الطعن جلسة 1992/1/19 - مجموعة المكتب الفني - س43 ع2 ص1164)

الوفاء بالدين . الأصل فيه أن يكون في محل الدين. عدم إشتراط الوفاء بالأجرة في موطن المؤجر . تقاعس الأخير عن السعي إلى موطن المستأجر لإقتضاء الأجرة عند حلول الأجل وتمسك المستأجر بأن يكون الوفاء بها في موطنه . مؤداه . عدم إعتبار المستاجر مخلاً بإلتزامه بالوفاء بالأجرة . المادتان 2/347 م 2/586 مدني .

أعباء الترميم والصيانة :

أعباء الترميم والصيانة . توزيعها بين المالك والمستأجر بنسب متفاوتة حسب تاريخ إنشاء المبنى . م9 ق136 لسنة 1981 .مخالفة ذلك . خطأ .

(الطعن رقم 950 لسنة 74ق - جلسة 2005/5/18)

(الطعن رقم 4443 لسنة 63ق - جلسة 1999/7/1)

ثانياً : تشريعات إيجار الأماكن :

نطاق سريانها :

قانون إيجار الأماكن . سريانه على الأماكن المعدة لإستغلالها في عمل تجاري أو صناعي أو مزوالة مهنة حرة . شرطه . أن يكون الإيجار وارداً عليها بصفة أصلية .

(الطعن رقم 5507 لسنة 73ق - جلسة 2005/1/6)

(الطعن رقم 1363 لسنة 68ق - جلسة 1999/5/23)

عقود الإيجار . الأصل . خضوعها للأحكام العامة في القانون المدني . صدور تشريعات خاصة . وجوب تطبيقها دون التوسع في تفسيرها .

(الطعن رقم 1517 لسنة 73ق - جلسة 2005/1/26)

(الطعن رقم 8652 لسنة 64ق - جلسة 1996/4/8)

القواعد العامة في القانون المدني . وجوب تطبيقها على ما يبرم في ظلها من عقود . الإستثناء . وجود نص في التشريعات الإستثنائية الخاصة بإيجار الأماكن.

(الطعن رقم 1577 لسنة 67ق - جلسة 2005/4/20)

(الطعن رقم 1178 لسنة 55ق - جلسة 1990/3/18)

ما يخرج عن نطاق سريانها:

الأماكن التى تشغل بسبب العمل :

مادة [634]

المساكن التى تشغل بسبب العمل . عدم سريان الإمتداد القانوني على عقود إستئجارها ولو لم تكن ملحقة بالمرافق أو المنشآت .

(الطعن رقم 2964 لسنة 62ق - جلسة 2004/12/12)

(نقض جلسة 1990/1/31 مجموعة المكتب الفني - س41 ع1 ص389)

الأماكن التى تشغل بطريق الإستيلاء :

تمسك الطاعن بنشوء علاقة إيجارية بينه بصفته وبين المطعون ضدهم التسعة الأول وطلبه إحالة الدعوى للتحقيق لإثبات ذلك . دفاع جوهري . إغفال الحكم المطعون فيه هذا الدفاع وقضاؤه بالإخلاء تأسيساً على أن شغله العين كان بموجب قرار وزاري بالإستيلاء عليها وخلو الأوراق من وجود عقد إيجار وبما لا يصلح رداً سائغاً على دفاع الطاعن . قصور وإخلال بحق الدفاع .

(الطعن رقم 129 لسنة 72ق - جلسة 2005/6/8)

الأجرة في ظل تشريعات إيجار الأماكن :

من ملحقات الأجرة :

مقابل إستهلاك المياه :

عدم إلتزام المستأجر بقيمة إستهلاك المياه إلا ما يخص الوحدة التى يشغلها من إستهلاك فعلي . م33 ق49 لسنة 1977 .

(الطعن رقم 1690 لسنة 74ق - جلسة 2005/5/4)

(الطعن رقم 1224 لسنة 72ق - جلسة 2003/3/19)

الضرائب العقارية الأصلية والإضافية :

ملحقات الأجرة القانونية كالضرائب العقارية والرسوم . عدم إحتسابها ضمن الأجرة القانونية الواجب مضاعفتها وزيادتها وفقاً لأحكام المادة 3 ق6 لسنة 1997 ولائحته التنفيذية .

(الطعن رقم 2093 لسنة 73ق - جلسة 2005/4/27)

تمسك الطاعن ببطلان التكليف بالوفاء الموجه إليه من المطعون ضدها لمطالبتها بقيمة الضريبة العقارية محل النزاع بعد مضاعفتها وزيادتها بالقانون رقم 6 لسنة 1997 .قضاء الحكم المطعون فيه بالإخلاء إستناداً إلى هذا التكليف الباطل .خطأ . علة ذلك .

(الطعن رقم 2093 لسنة 73ق - جلسة 2005/4/27)

الأصل تحمل المؤجر سداد الضرائب العقارية المستحقة على العين المؤجرة ما لم يتفق على غير ذلك .567/3، 4 مدني .

(الطعنان رقما 1730 ، 2147 لسنة 74ق - جلسة 2005/5/18)

مادة [634]

الأجرة القانونية .شمولها القيمة الإيجارية مضافاً إليها مقدار الضرائب التى لا يشملها الإعفاء المقرر بق 169 لسنة 1961 . مسئولية مالك العقار أمام الإدارة الضريبية عن الوفاء بها . ق56لسنة 1954 . تحمل المستأجر وحده بها بإعتبارها قيمة مضافة على القيمة الإيجارية وفقاً للقوانين أرقام 169 لسنة 1961 و46 لسنة 1962 و7 لسنة 1965 .

عدم وفاء المستأجر بهذه الضرائب . خضوعه لأحكام التأخر فى الوفاء بلأجرة . لازمه. وجوب بحث المحكمة النزاع فى مقدار أو الملزم بأدائها.

(لطعن رقم 1508 لسنة 67 ق - جلسة 2005/5/19)

(الطعن رقم 1442 لسنة 70 ق -جلسة 2002/11/21)

الامتداد القانونى لعقد الإيجار :

عقد الايجار . عدم انتهائه بوفاة المستأجر أو تركه العين المؤجرة . امتداده لصالح زوجه أو أولاده أ والديه وأوقاربه نسبا حتى الدرجة الثالثة . م 21ق 52 لسنة 1969 .إلتزام المؤجر بتحرير عقد إيجار لهم .

(الطعن رقم 2634 لسنة 73ق - جلسة 2004/12/1)

(الطعن رقم 1758 لسنة 72ق - جلسة 2003/5/26)

تمسك الطاعنين بإقامتهما بعين النزاع مع المستأجر الأصلى حتى وفاته عام 1974 بما يضحى معه العقد ممتداً إليهما وفقاً لأحكام الإمتداد القانوني ونصوص القانون 52 لسنة 1969 الذى يحكم الواقعة . دفاع جوهري. قضاء الحكم المطعون فه بالإخلاء ورفض الدعوى تأسيساً على عدم ثبوت إقامة الطاعنة الأولى مع والدتها حتى وفاتها عام 1996 وبعدم دستورية نص المادة 29 ق49 لسنة 1977 فيما تضمنته من إمتداد عقد الإيجار للأحفاد بالنسبة للطاعن الثاني مغفلاً دفاع الطاعنين سالف البيان . خطأ وقصور .

(الطعن رقم 2634 لسنة 73ق - جلسة 2004/12/1)

(الطعن رقم 1758 لسنة 72ق - جلسة 2003/5/26)

عقد إيجار المسكن .لا ينتهى بوفاة المستأجر أو تركه له . إمتداده لصالح زوجه أو أولاده أو والديه المقيمين معه إقامة مستقرة حتى الوفاة أو الترك. الإنقطاع العارض عن الإقامة مهما إستطالت مدته . لا يحول دون توافرها . لا يغير من ذلك إستعمال المستأجر رخصة تأجير العين المؤجرة من الباطن مفروشة فى الحالات إلى يجيزها القانون . علة ذلك .

(الطعن رقم 929 لسنة 74ق - جلسة 2005/2/13)

(الطعن رقم 1216 لسنة 72ق - جلسة 2003/3/23)

إنتهاء عقد إيجار الأجنبي :

مادة [634]

عقود التأجير لغير المصريين . إستمرارها المدة المحددة قانوناً لإقامتهم بالبلاد . إنتهاء مدة الإقامة أياً كان سبب إنهائها . أثره . إنتهاء عقد الإيجار . م17 ق136 لسنة 1981 . وفاة المستأجر الأجنبي تنتهى بها حتماً مدة إقامته . قصر إستمرار العقد على الزوجة المصرية وأولادها منه المقيمين معه بالعين المؤجرة ولم يغادروا البلاد نهائياً .

(الطعن رقم 1724 لسنة 59ق – جلسة 2005/4/24)

(الطعن رقم 1348 لسنة 67ق – جلسة 2001/5/24)

عقد إيجار المسكن المبرم لصالح أجنبي . م17 ق136 لسنة 1981 . قصر الإنتفاع بميزة الإمتداد القانوني للعقد على من عددهم النص دون غيرهم وبالشروط المحددة به .

(الطعن رقم 1724 لسنة 59ق – جلسة 2005/4/24)

(الطعن رقم 1348 لسنة 67ق – جلسة 2001/5/24)

دعوى الإخلاء :

حق المؤجر في طلب الإخلاء . حق شخصي . جواز التنازل عنه بعد وقوع المخالفة . صراحة أو ضمناً بإتخاذ موقف لا تدع ظروف الحال شكاً في دلالته على حقيقة المقصود منه . لمحكمة الموضوع السلطة التامة في تقدير الظروف الملابسة التى تحيط بتراخى المؤجر في طلب الإخلاء . شرطه . أن يكون تقديرها سائغاً .

(الطعن رقم 2582 لسنة 73ق – جلسة 2004/11/28)

(الطعن رقم 2505 لسنة 69ق – جلسة 2001/2/5)

الحكم بالإخلاء . وجوب إشتماله على ما ينبئ عن تمحيص كل دفاع أدلى به أمام المحكمة بتعسف المؤجر في إستعمال حقه بطلب الإخلاء والظروف والملابسات التى تبرر ذلك في ضوء ما يقتضيه تنفيذ العقود من حسن نية . علة ذلك . المواد 4، 5، 148، 157، مدني .

(الطعن رقم 871 لسنة 74ق – جلسة 2005/2/27)

(الطعن رقم 8388 لسنة 64ق – جلسة 2000/5/8)

أسباب الإخلاء :

أسباب الإخلاء الواردة على سبيل الحصر في تشريعات الإيجار الإستثنائية . تعلقها بالنظام العام . أثره . وجوب تحقق محكمة الموضوع من قيام سبب الإخلاء من تلقاء نفسها .

الإخلاء لعدم سداد الأجرة :

مادة [634]

عدم إيراد المشرع بياناً لمبررات التأخير في الوفاء بالأجرة المنصوص عليها في المادة 18/ب ق136 لسنة 1981 أثره ز إعمال المحاكم للنص المذكور وفقاً لما يقتضيه العقل .

(الطعن رقم 3109 لسنة 74ق - جلسة 2005/3/16)

(الطعن رقم 2231 لسنة 71ق - جلسة 2002/6/10)

التكليف بالوفاء :

تكليف المستأجر بالوفاء بالأجرة . شرط أساسي لقبول دعوى الإخلاء للتأخير في سدادها .خلو الدعوى منه أو وقوعه باطلاً أو صدوره ممن لا حق له في توجيهه . أثره .عدم قبول الدعوى . وجوب صدوره من المؤجر الأصلي .

(الطعن رقم 2473 لسنة 73ق - جلسة 2004/11/18)

(نقض جلسة 1995/1/12 - مجموعة المكتب الفني - س46 ع1 ص148)

الأماكن المؤجرة مفروشة . إستثناؤها من أحكام الإمتداد القانوني . خضوعها لحكم المادة 18 من القانون 136 لسنة 1981 بصدد تحديد أسباب الإخلاء . مؤدى ذلك . وجوب تكليف المستأجر بالوفاء خلال المدة المحددة .

(الطعن رقم 2636لسنة 73ق - جلسة 2005/1/6)

(نقض جلسة 1997/3/9 - مجموعة المكتب الفني - س48 ع1 ص484)

إقامة الحكم المطعون فيه قضاءه بالإخلاء إستناداً إلى أن عين النزاع مؤجرة مفروشة ولا تخضع لأحكام قوانين الإيجار وإنما لقواعد القانون الدني التى لا ترخص للمستأجر توقى الإخلاء بالسداد اللاحق على رفع الدعوى . خطأ . حجبه عن بحث واقعة السداد الثابتة بمستندات الطاعن وأثر ذلك على صحة التكليف بالوفاء .

(الطعن رقم 2636لسنة 73ق - جلسة 2005/1/6)

المنازعة في الأجرة :

تمسك الطاعن بوجود منازعة جدية حول مقدار الأجرة بعد تعديلها بموجب إتفاق لاحق على عقد الإيجار وإختلافها عن الأجرة المطالب بها في الدعوى المتخذة سابقة للتكرار . دفاع جوهري . إلتفات الحكم المطعون فيه عن هذا الدفاع وقضاؤه بالفسخ والإخلاء إستناداً إلى ثبوت تكرارتأخر الطاعن عن الوفاء بالأجرة في الدعوى السابقة وإعتداده بالأجرة الواردة بالإتفاق اللاحق دون أن يحسم المنازعة الجدية حول مقدار الأجرة المستحقة قانوناً بالزيادة المقررة 6 لسنة 1997 . خطأ وقصور .

(الطعن رقم 534 لسنة 74ق - جلسة 2004/11/26)

مادة [634]

إقامة الحكم المطعون فيه قضاءه برفض طلب إخلاء المطعون ضدهم من العين محل النزاع إستناداً إلى وفائهم بالأجرة الواردة في التكليف بالوفاء وملحقاتها وما يكفى المصاريف والنفقات الفعلية دون التحقق من وفائهم بما إستجد في ذمتهم من أجرة حتى قفل باب المرافعة أمام الإستئناف فضلاً عن المصاريف والنفقات الفعلية ، ولم يعرض لمنازعة الطاعنين بشأن خصم المطعون ضدهم لرسوم إيداع الأجرة . خطأ وقصور .

(الطعن رقم 1200 لسنة 67ق – جلسة 2005/2/3)

ثبوت أن عين النزاع أنشئت في الفترة من عام 1944 حتى عام 1952 ولم تحدد أجرتها بمعرفة لجان تقدير الأجرة . المنازعة في عدم مطابقة أجرتها للأجرة الثابتة في عقد الإيجار . مؤداه . وجوب تحديدها وفقاً للقانون 121 لسنة 1947 المنشأة في ظله . إعتداد الحكم المطعون فيه بتقرير الخبير الأول من تحديد أجرة عين النزاع أخذاً من كشف الضرائب العقارية دون تقرير لجنة الخبراء رغم كون الأول لا يعد دليلاً على الأجرة القانونية ولا يصلح أساساً لحساب الزيادة المقررة بالقانون 6 لسنة 1997 وإرتكانه في قضائه بالإخلاء على عدم موالاة الوفاء بالأجرة حتى إقفال باب المرافعة . خطأ حجبه عن حسم المنازعة حول الأجرة القانونية والزيادات المقررة وصولاً للمستحق منها في ذمة الطاعن .

(الطعن رقم 1236 لسنة 74ق – جلسة 2005/5/5)

توقى الحكم بالإخلاء :

الوفاء بقسط من الأجرة . قرينة على الوفاء بالأقساط السابقة عليه ما لم يقم الدليل على عكس ذلك . م587 مدني . تمسك الخصم بها . مؤداه. وجوب بيان محكمة الموضوع إطلاعها عليها وبحثها . إغفال ذلك .قصور .

(الطعن رقم 888 لسنة 74ق – جلسة 2005/3/16)

(الطعن رقم 1729 لسنة 69ق – جلسة 2000/5/21)

الإخلاء لتكرار التأخير في الوفاء بالأجرة :

تكرار التأخير في الوفاء بالأجرة الموجب للإخلاء . شرطه . عدم وجود مبررات مقبولة للتأخير في الدعوى اللاحقة .

(الطعن رقم 47 لسنة 73ق – جلسة 2004/12/2)

(الطعن رقم 1526 لسنة 72ق – جلسة 2003/4/17)

المبرر لتكرار التأخير في الوفاء بالأجرة . واقع . إستقلال محكمة الموضوع بتقديره .

(الطعن رقم 47 لسنة 73ق – جلسة 2004/12/2)

مادة [634]

(الطعن رقم 1526 لسنة 72ق - جلسة 2003/4/17)

الأعذار التى يبديها المستأجر في التأخير في الوفاء بالأجرة . دفاع جوهري يتوقف عليها الفصل في الدعوى . علة ذلك . قبول المحكمة عذر المستأجر . إعتباره مبرراً لتكرار التأخير في الوفاء بالأجرة فلا يحكم بالإخلاء للتكرار . رفض المحكمة هذا العذر .أثره . إنتفاء المبررللتأخير . وجوب الحكم بالإخلاء . شرطه . أن تبين المحكمة الدليل الذى إستندت إليه في رفضها للعذر وإلا كان حكمها قاصر البيان .

(الطعن رقم 863 لسنة 74ق - جلسة 2005/3/17)

(الطعن رقم 47 لسنة 73ق - جلسة 2004/12/2)

التنازل والترك والتأجير من الباطن :

تعبير المستأجر عن إرادته في التخلى عن العين المؤجرة . جواز أن يكون صريحاً أو ضمنياً . تنازلهم عن الإيجار لأحد أقاربه . تعبير صريح عن التخلى ينتج أثره دون توقف على إعلان المؤجر به أو قبوله له .

(الطعن رقم 2067 لسنة 73ق - جلسة 2004/12/2)

(الطعن رقم 3439 لسنة 62ق - جلسة 2001/5/21)

التنازل عن عقد الإيجار . ماهيته. حوالة المستأجر الأصلى حقوقه وإلتزاماته المستمدة من عقد الإيجار إلى آخر يحل محله فيها .

(الطعنان رقما 1345 ، 1658 لسنة 73ق - جلسة 2005/1/9)

(نقض جلسة 1992/6/7 - مجموعة المكتب الفني - س43 ع1 ص796)

التنازل عن الإيجار . أثره. للمتنازل إليه الرجوع بدعوى مباشرة على المؤجر بكل ما كان للمستأجر الأصلى من حقوق في الإجارة .

(الطعنان رقما 1345 ، 1658 لسنة 73ق - جلسة 2005/1/9)

(نقض جلسة 1976/3/30- مجموعة المكتب الفني - س27 ع1 ص556)

ترك المستأجر العين المؤجرة لزوجته قبل تطليقها . أثره . عدم إعتباره طرفاً في عقد الإيجار . علة ذلك .

(الطعن رقم 2067 لسنة 73ق - جلسة 2004/12/2)

إقامة المستفيد من إمتداد عقد الإيجار بالخارج بسبب العمل .لا ينهض بذاته دليلاً على تخليه عن العين المؤجرة طالما لم يكشف عن إرادته في ترك العين .

(الطعن رقم 2584 لسنة 73ق - جلسة 2004/12/12)

(نقض جلسة 1989/11/15 - مجموعة المكتب الفني - س40 ع3 ص107)

مادة [634]

تصريح المالك للمستأجر بالتأجير من الباطن . إختلافه عن حقه المستمد من نصوص القانون . موافقة المالك . أثرها . إطلاق يد المستأجر في التأجير من الباطن .

ترخيص المالك للمستأجر بالتأجير من الباطن أو التنازل عن الإيجار .وجوب إثباته بالكتابة أو ما يقوم مقامها .التنازل الضمني عن الشرط المانع من التأجير من الباطن أو التنازل عن الإيجار والتنازل عن الحق في طلب الإخلاء لتحقق هذين السببين . جواز إثباته بكافة طرق الإثبات .

(الطعنين رقمي 561 ، 813 لسنة 74ق - جلسة 2004/1/26)

(نقض جلسة 1991/12/5 - مجموعة المكتب الفني - س42 ع2 ص1770)

الإخلاء للتأجير من الباطن أو التنازل أو الترك . م18/ج ق136 لسنة 1981 . شرطه. صدور تصرف من المستأجر نافذ ولازم له يكشف عن تخليه عن حقه في الإنتفاع بالعين المؤجرة بتنازله عنه للغير من الباطن أو بإتخاذه تصرفاً لا تدع ظروف الحال شكاً في إنصراف قصده إلى الإستغناء عنه نهائياً .مؤداه . الإيواء والإستضافة وإشراك الغير في النشاط أو توكيله في إدارة العمل . لا تعد كذلك .

(الطعن رقم 925 لسنة 74ق - جلسة 2005/2/2)

(الطعن رقم 1502 لسنة 71ق - جلسة 2002/4/18)

ثبوت قيام المستأجر بتأجير العين المؤجرة له من الباطن أو تنازله عنها أو تركها للغير . أثره . وجوب القضاء بالفسخ والإخلاء .ليس للمحكمة سلطة تقديرية في الفسخ .علة ذلك .

(الطعن رقم 10639 لسنة 66ق - جلسة 2005/4/24)

(نقض جلسة 1996/1/7 - مجموعة المكتب الفني -س47 ع1 ص119)

التأجير من الباطن . ماهيته. وجوب أن يكون لقاء أجرة متفق عليها . عبء إثباته على عاتق مدعيه .

(الطعن رقم 10639 لسنة 66ق - جلسة 2005/4/24)

(نقض جلسة 1996/3/10 - مجموعة المكتب الفني - س 47 ع3 ص443)

عقد الإيجار من الباطن . لا ينشئ علاقة مباشرة بين المستأجر من الباطن والمالك إلا بالنسبة للأجرة ولو كان مصرحاً بالتأجير من الباطن .

(الطعن رقم 2029 لسنة72ق - جلسة 2005/5/25)

(نقض جلسة 1994/2/24 - مجموعة المكتب الفني -س45 ع1 ص420)

التأجير من الباطن مفروشاً بموافقة المالك :

مادة [634]

تمسك الطاعنة بموافقة المؤجر الأصلي وورثته ـ المطعون ضدهم ـ الضمنية بالتصريح لها بالتأجير من الباطن مفروشاً بعد صدور حكم المحكمة الدستورية وتدليلها على ذلك بالمستندات .دفاع جوهري . إطراح الحكم المطعون فيه هذا الدفاع ودلالة ما قدم من مستندات وقضاؤه بالإخلاء إستناداً إلى خلو عقد الإيجار من التصريح للمستأجر الأصلي بالتأجير مفروشاً .خطأ وقصور .

(الطعن رقم 2808 لسنة 71ق ـ جلسة 2004/10/24)

الإخلاء للتغيير وإساءة إستعمال العين المؤجرة :

الحكم القضاء النهائي المثبت لإستعمال العين المؤجرة بصورة أضرت بسلامة المبنى لا يقيد السلطة التقديرية للقاضى في الإستجابة لطلب الإخلاء أو رفضه وفق ظروف كل حالة وملابساتها . علة ذلك .

(الطعن رقم 871 لسنة 74ق ـ جلسة 2005/2/27)

(الطعن رقم 8388 لسنة 64ق ـ جلسة 2005/5/8)

حجية الحكم بثبوت الضرر لا يتصور أن يتسع ليشمل بحث ما إذا كان المؤجر متعسفاً في طلب الإخلاء من عدمه .

(الطعن رقم 871 لسنة 74ق ـ جلسة 2005/2/27)

(الطعن رقم 8388 لسنة 64ق ـ جلسة 2005/5/8)

تمسك الطاعن بأن إقامة "سندرة" بعين النزاع لم يترتب عليها ضرراً يؤثر على سلامة العقار وتدليله على ذلك بالمستندات . إطراح الحكم المطعون فيه هذا الدفاع ودلالة ما قدم من مستندات وقضاؤه بالإخلاء إستناداً إلى أنه ليس لمحكمة الموضوع المطروح عليها طلب الإخلاء سلطة تقديرية طالما أن الضرر الناشئ عن إساءة الإستعمال قد ثبت بحكم قضائي نهائي . خطأ وقصور .

(الطعن رقم 871 لسنة 74ق ـ جلسة 2005/2/27)

إخلاء المكان المؤجر لإستعماله بطريقة مقلقة للراحة أو ضارة بسلامة المبنى أو بالصحة العامة أو في أغراض منافية للآداب . شرطه . الإخلاء إستناداً إلى مجرد صدور حكم جنائي بالإدانة لإدارة محل بدون ترخيص .خطأ. علة ذلك .

(الطعن رقم 1349 لسنة67ق ـ جلسة 2005/6/8)

(نقض جلسة 1983/3/7 ـ مجموعة المكتب الفني ـ س34 ع1 ص645)

أثر الحكم بعدم دستورية بعض مواد قانون إيجار الأماكن :

المنشآت الطبية (م5)

ق51 لسنة 1981 بتنظيم المنشآت الطبية :

صدور القانون رقم 136 لسنة 1981 في تاريخ لاحق للقانون 51 لسنة 1981 بتنظيم المنشآت الطبية وعموم نص المادة 20 منه وإطلاقها . أثره . سريانها

مادة [634]

على حالة التنازل عن المنشآت الطبية متى إستوفت الشروط المقررة قانوناً . علة ذلك .

(الطعن رقم 721 لسنة 63ق - جلسة 1999/8/30)

(الطعن رقم 3088 لسنة 59ق - جلسة 2003/1/13)

(الطعن رقم 4919 لسنة 66ق - جلسة 2003/4/3)

تمسك الطاعنات بإستئجار مورثهن العين محل النزاع بقصد إستعمالها عيادة طبية وبوفاته إمتد عقد إيجارها إليهن وأنهن أنبن المطعون ضدهما الأخيرين في إدارتها والعمل بها لحسابهن وتدليلهن على ذلك بالمستندات . دفاع جوهري . قضاء الحكم المطعون فيه بالإخلاء تأسيساً على تخلى الطاعنات عن حقهن في الإنتفاع بالعين وتأجيرها من الباطن إلى المطعون ضدهما الأخيرين دون أن يعرض لدفاعهن سالف البيان ودلالة ما قدمنه من مستندات. قصور .

(الطعن رقم 925 لسنة 74ق - جلسة 2005/2/2)

مكتب المحاماة(م2/55)

ق17 لسنة 1983 الخاص بالمحاماة :

القضاء بعدم دستورية م2/55 من قانون المحاماة رقم 17 لسنة 1983 فيما تضمنه من جواز تنازل المحامي عن إيجار المكتب لمزاولة مهنة غير المحاماة ومن إستثناء تنازل المحامين فيما بينهم من الخضوع لحكم المادة20 ق136 لسنة 1981 .لا يؤثر على الأصل العام من جواز تنازل المحامين فيما بينهم عن العين المؤجرة . علة ذلك .

(الطعون أرقام 6827 ، 7772 ، 7658 لسنة 64ق- جلسة 1995/12/28)

تمسك الطاعن أمام محكمة الموضوع بإمتداد عقد إيجار عين النزاع له ولمورث المطعون ضدهم خامساً إستناداً إلى مشاركتهما للمستأجر الأصلى في مزاولة مهنة المحاماة لتنازل الأخير عنها . دفاع جوهري قد يتغير به وجه الرأي في الدعوى . إغفال الحكم المطعون فيه الرد عليه والقضاء بفسخ عقد الإيجار لعدم دستورية م2/55 من قانون المحاماة رقم 17 لسنة 1983 . خطأ تطبيق القانون .

(الطعون أرقام 6827 ، 7772 ، 7658 لسنة 64ق- جلسة 1995/12/28)

لا مناط من سريان القانون رقم168 لسنة 1961 علي العين المؤجرة طالما كان الثابت إنتهاء البناء فيها وإعدادها للسكني بعد 1958/6/12 تاريخ العمل بالقانون رقم 55 لسنة 1958 علي ما أفصحت عنه الفقرتان الثانية والخامسة من المادة الأولي من القانون 168 لسنة 1961 .

(نقض - جلسة 1976/1/7- الطعن 71 لسنة 42ق- لم ينشر بعد)

مادة [634]

القضاء نهائيا برفض دعوى المطعون عليه الثاني (المستأجر) قبل الطاعن برد فروق الأجرة الزائدة وبإلزام المطعون عليه الأول بردها تأسيساً علي أنه أجر العين بإعتباره أصيلا وليس وكيلا عن الطاعن ، إكتسابه قوة الأمر المقضي في مسألة الوكالة ، مانع من التنازع بشأنها في دعوى الطاعن بإخلاء المطعون عليهما من تلك العين .

(نقض – جلسة 1976/1/31- الطعن 479 لسنة 48ق- لم ينشر بعد)

ورد عقد الإيجار علي أرض فضاء ، خضوعه للقواعد العامة في الإيجار دون قوانين إيجار الأماكن . ولا يغير من ذلك أن تكون الأرض مسورة أو عليها مبان لم تكن محل إعتبار في التعاقد .

(نقض – جلسة 1976/12/29- الطعن 448 لسنة 42- لم ينشر بعد)

العقود التي تبرمها شركات القطاع العام مع أشخاص القانون الخاص لا تعتبر عقود إدارية ، مثال ذلك عقد إيجار المحل .

(نقض – جلسة 1978/2/8- الطعن 514 لسنة 44ق- لم ينشر بعد)

دعوى تجديد الأجرة القانونية للأماكن التي إمتدت عقود إيجارها بعد إنتهاء مدتها الأصلية ، غير قابلة لتقدير قيمتها ، جواز إستئناف الحكم الصادر فيه .

(نقض – جلسة 1977/12/28- الطعن 316 لسنة 41ق- لم ينشر بعد)

تجديد أجرة الأماكن ، تعلقها بالنظام العام ، نزول المستأجر عن حقوقه في هذا الخصوص باطل لا تلحقه الإجازة الصريحة أو الضمنية ، وجوب رد ما حصل زائداً عن الأجرة القانونية .

(نقض – جلسة 5/ /1977 – الطعن 460 لسنة 42ق- لم ينشر بعد)

العبرة في تحديد قيمة الأرض عند تقدير الأجرة القانونية للعقار هي بثمن المثل وقت البناء .

(نقض – جلسة 1977/1/19- الطعن 138 لسنة 43ق- لم ينشر بعد)

الإصلاحات والتحسينات التي يدخلها المؤجر قبل التأجير وكذلك كل ميزة يوليها المؤجر للمستأجر . وجوب تقويمها وإضافة مقابل الإنتفاع بها إلي أجرة الأساس . م 4 ق 121 لسنة 1947 خضوع هذا التقويم لرقابة القضاء الأجرة المتفق عليها أو أجرة المثل للأماكن المؤجرة مفروشة أو بقصد إستغلالها مفروشة جواز زيادتها إلي 70% عدم جواز الجمع بين هذه الزيادة الـ 20% لأصحاب المهن غير التجارية .

(نقض – جلسة 1976/2/18- الطعن 168 لسنة 42ق- لم ينشر بعد)

(الطعن رقم 168 لسنة 42ق جلسة 1976/2/18)

مادة [634]

(أ) المقصود بإستغلال المكان المؤجر مفروشا في معني م 4 ق 121 لسنة 1947 . الطعن رقم 118 لسنة 42 ق جلسة 1976/2/18 .

مؤدي نص المادة الرابعة من القانون رقم 111 لسنة 1947- وعلي ما جري به قضاء هذه المحكمة أن الإصلاحات والتحسينات التي يدخلها المؤجر في العين المؤجرة قبل التأجير تقوم ويضاف ما يقابل إنتفاع المستأجر بها إلي الأجرة التي تحدد علي الأسس التي قررها القانون ، وقد يتفق علي ذلك المؤجر والمستأجر في عقد الإيجار ذاته أو في إتفاق لاحق ، ويعتبر في حكم التحسينات كل ميزة يوليها المؤجر للمستأجر كما لو كان محروماً من حق التأجير من الباطن ثم رخص له المؤجر بذلك ، فإن هذه الميزة تقوم وتضاف قيمتها إلي الأجرة المحددة في شهر أبريل سنة 1941 ويتكون من مجموعها أجرة الأساس ، علي أن يخضع هذا التقويم لرقابة المحكمة ، فإذا تحددت أجرة الأساس علي النحو السالف وجب لتعيين الحد الأقصي لأجور الأماكن المنشأة .

قبل أول يناير سنة 1944 زيادة الأجرة بنسب مئوية تختلف بإختلاف وجود إستعمال الأماكن والطريقة التي تستغل بها ، وقد جعلها القانون بنسبة 30% لأصحاب المهن التجارية ما لم تكن تلك الأماكن مؤجرة بقصد إستغلالها مفروشة أو أجرت مفروشة كما جاء في نص هاتين الحالتين بزيادة الأجرة المتفق عليها أو أجرة المثل إلي 70% - ولا يجوز الجمع بين هذه الزيادة وزيادة الـ 30% آنفه الذكر .

(نقض – جلسة 1976/2/18- الطعن 168 لسنة 42ق- لم ينشر بعد)

(الطعن رقم 168 لسنة 42ق جلسة 1976/2/18)

المقصود بإستغلال المكان المؤجر مفروشاً – في معني المادة4 من القانون رقم 121 لسنة 1947- وجود إتفاق عليه من المؤجر والمستأجر ويكون التأجير دون أثاث ليفرشه المستأجر بنفسه ويستغله مفروشاً فتستحق علاوة 70% عندئذ سواء إنتفع المستأجر بهذه الرخصة أو لم ينتفع ، وسواء أجرة من الباطن مفروشاً أو غير مفروش .

(نقض – جلسة 1976/2/18- الطعن 168 لسنة 42ق- لم ينشر بعد)

(الطعن رقم 168 لسنة 42ق جلسة 1976/2/18)

الإعتراض علي كيفية تحديد الخبير لأجرة المثل ووسيلة إثباتها ، عدم جواز إثارته لأول مرة أمام محكمة النقض .

(نقض – جلسة 1977/2/26 – الطعن رقم 874 لسنة 43ق- لم ينشر بعد)

مادة [634]

في تقدير القيمة الإيجارية ، وجوب الاعتداد بقيمة الأرض وفقاً لثمن المثل وقت البناء ، لا عبرة بثمن شراء الأرض- تقدير قيمة المباني بسعر السوق وقت البناء .

(نقض - جلسة 1978/5/3- الطعن رقم 517 لسنة 44ق- لم ينشر بعد)

أجره المثل ، ماهيتها عدم إشتراط التطابق التام في الموقع وعدد الحجرات بين شقة النزاع وعين المثل ، لمحكمة الموضوع سلطة تقدير التماثل بينها مع مراعاه الفروق المؤثرة علي تحديد الأجرة .

(نقض - جلسة 1978/4/12- الطعن رقم 49 لسنة 44ق- لم ينشر بعد)

إن دعوى تخفيض الأجرة يصح رفعها في أي وقت ولم بعد إنقضاء العلاقة الإيجارية ما دام لم يسقط الحق في رفعها بالتقادم ، وكذلك دعوى ما دفع زائدا عن الأجرة القانونية .

(نقض جلسة 1964/5/14- مجموعة المكتب الفني - السنة 15- مدني ص663)

لا تثريب علي المدعي إن هو جمع في دعوى واحدة بين طلبين يقوم أحدهما علي الآخر ويعتبر نتيجة لازمة له - ولما كانت الدعوى بطلب إسترداد ما دفع زائداً عن الأجرة القانونية مترتبة علي طلب التخفيض ، فإنه يجوز رفعها مستقلة بدعوى مبتدأه أو بالتبع لدعوى تخفيض ، كما يصح رفعها ولو بعد إنتهاء العلاقة الإيجارية .

(نقض - جلسة 1977/4/6- الطعن 555 لسنة 42ق - لم ينشر بعد)

الأجرة التي حصلها المؤجر بالزيادة علي الأجرة القانونية ، جواز ردها فوراً أو إستقطاعها من الأجرة الحالية أو المستقبلة .

(نقض- جلس 5/ /1977 الطعن 460 لسنة42ق- لم ينشر بعد)

الإيداع (للأجرة) الذي لم يسبقه عرض حقيقي لا يعد وفاء مبرئاً للذمة.

(نقض - جلسة 1977/1/5 الطعن 460لسنة 42ق- لم ينشربعد)

الحكم بإخلاء المستأجر لتكرار إمتناعه أو تراخيه في الوفاء بأجرة بغير مبرر - المقصود بالتكرار ، كفاية وقوع فعل واحد بعد صدور القانون رقم 52 لسنة 1969 سبقته أفعال تكرار أخري .

(نقض - جلسة 1928/2/5 - الطعن 668 لسنة لم ينشر بعد)

وفاء المستأجر قبل إنقضاء المدة المتفق عليها في العقد أثره إنتقال الإجارة إلي الورثة الشرعيين .

(نقض - جلسة 1977/12/28- الطعن 146 لسنة 43ق- لم ينشر بعد)

وفاء المستأجر خلال فترة الإمتداد القانوني للعقد في ظل القانوني 121 لسنة 1947 ، أثره قصر الإنتفاع بالإجارة علي المقيمين مع المستأجر إقامة مستقرة

مادة [634]

معتاده ولو كانوا من غير الورثة ، لمحكمة الموضوع تقدير كون الإقامة مستقرة من عدمه .

(نقض - جلسة 1977/10/28- الطعن 146 لسنة 42ق- لم ينشر بعد)

مؤدي نص المادة 23/جـ من قانون إيجار الأماكن وتنظيم العلاقة بين المؤجرين والمستأجرين رقم 56 لسنة 1969 أن التشريع الإستثنائي بعد أن سلب المؤجر الحق الذي تخوله إياه القواعد العامة في مطالبة المستأجر بإخلاء العين المؤجرة عند إنتهاء مدة العقد مقرراً مبدأ إمتداد عقود الإيجار إمتدادا تلقائياً . أجاز للمؤجر طلب الإخلاء إذا أخل المستأجر بإلتزاماته المتعلقة بإستعمال العين المؤجرة المشار إليه بالمواد 531 ، 580 ،583 من القانون المدني . ولئن كان المستفاد من هذا النص - وعلي ما جري به قضاء هذه المحكمة - (1) أن للمؤجر الحق في طلب إخلاء المستأجر بمجرد إستعمال المكان المؤجر إستعمالا ينافي شروط العقد . إعتبارا بأن هذا النص جاء خلوا مما يقيد سلطة القاضي التقديرية في الفسخ ولم يفرض عليه الحكم بالإخلاء إذا توافر سبب من أسبابه التي حددت شروطها فيه . وإذا كان مفاد ما تنص عليها المادة 579 من القانون المدني أنه متي تعين - الإستعمال المحدد الذي أو جرت العين من أجله وجب علي المستأجر أن يقتصر عليه والا يعمد إلي تغيره ألا بعد حصوله علي إذن من المؤجر . علي أن يستثني الحالة التي لا يترتب علي هذا التغيير في نوع الإستعمال ضرر المؤجر ، فتبقي عند ذلك حكمة التنفيذ ويصبح التغيير جائزا ولا يغير من ذلك أن يختص العقد حظراً صريحاً لتغيير الإستعمال . لأن تمسك المؤجر بهذا النص المانع رغم ثبوت إنقضاء العقد يجعله متعسفا في إستعمال حقه فيطلب الفسخ ، لما كان ما تقدم كان الحكم المطعون فيه قد إعتبر أن مجرد تغيير إستعمال العين المؤجرة يجبر الإخلاء حتي ولو لم ينجم ضرر المالك . وحجب نفسه بذلك عن الرد علي دفاع الطاعنين بأن ضررا لم يلحق المطعون عليهما من جراء . ذلك التغيير ، وكان ما انتهي الحكم إليه يتجافي ومقصود الشارع من المادة 23 سالفة الذكر ، فأنه يكون اخطأ في تطبيق القانون ودأبه القصور في التسبيب .

(نقض - جلسة1976/1/14- الطعن 234لسنة 41ق- لم ينشر بعد)

المشاركة السكنية مع المستأجر يجب أن تكون منذ بداية الإجارة ، للمشارك حق البقاء في العين ولو تركها المستأجر الذي أبرم العقد باسمه .

(نقض- جلسة 1978/25- الطعن رقم 204 لسنة 44ق- لم ينشر بعد)

إيواء المستأجر وإستضافته لآخر ، لا يعد ذلك تأجيرا من الباطن .

(نقض - جلسة 1978/3/15- الطعن رقم 736 لسنة 44ق- لم ينشر بعد)

مادة [634]

المقيمون مع المستأجر الأصلي في العين المؤجرة منذ بداية العقد أو بعده ، عدم جواز إعتبارهم مستأجرين أصليين ، علة ذلك عدم جواز مطالبتهم بأجرة العين طالما ينفردوا بشغلها بعد ترك المستأجر لها .

(نقض- جلسة 1978/3/29- الطعن رقم 320 لسنة 44ق- لم ينشر بعد)

حق المؤجر في الإخلاء للتأجير من الباطن ينشأ بمجرد وقوع المخالفة ولا ينقضي بإزالتها .

(نقض- جلسة 1978/1/11 – الطعن رقم 47 لسنة 44ق لم ينشر بعد)

إلتزام المستأجر بمراعاة شروط العقد المعقولة له دون الشروط التعسفية جواز مخالف الشروط المعقولة مناطه عدم الإضرار بالمؤجر .

(نقض جلسة 1978/1/18- الطعن رقم 233 لسنة 44ق- لم ينشر بعد)

جواز قيام المستأجر بتأجير العين مفروشة لأغراض السياحة وغيرها القانون 52 لسنة 1069 قصره علي مناطق معينة بالنسبة للسائحين- التأجير للطلبه قصره علي من يتلقي العلم داخل الجمهورية بعيداً عن موطن الأسرة .

(نقض – جلسة 1977//2/7- الطعن رقم 551 لسنة 42-لم ينشر بعد)

الأماكن المؤجرة مفروشة ، عدم خضوع أجرتها للتحديد القانوني شرط ذلك ألا يكون القصد منها للتحايل علي أحكام الأجرة القانونية ، لمحكمة الموضوع تقدير جدية أو صورية الفرش ، جواز إثبات الصورية بكافة الطرق .

(نقض- جلسة 1978/1/8 – الطعن رقم 186 لسنة 44ق- لم ينشر بعد)

الأماكن المؤجرة مفروشة ، عدم خضوع أجرتها للتحديد القانوني شرطه ألا يكون القصد منها هو التحايل علي أحكام القانون- محكمة الموضوع تقدر جدية أو صورية لفرش ، جواز إثبات الصورية بكافة طرق الإثبات .

(نقض – جلسة 1978/2/8- الطعن رقم 286 لسنة 44ق – لم ينشر بعد)

إلتزام مؤجري الأماكن المفروشة بتعديل أوضاعها ، المادة 29ق52 لسنة 1969 ، جواز نزول المستأجر عن رخصة التأجير المفروش خلال السنة المحددة بها – إنقضاء المدة دون تعديل الأوضاع ، أثره وجوب رد العين إلي المؤجر .

(نقض – جلسة 1978/2/8-الطعن رقم 488 لسنة 44ق- لم ينشر بعد)

الإعفاءات الضريبية المقررة بالقانون رقم 169 لسنة 1961 ، وجوب احتسابها علي أساس الإيجار الشهري الاجمالي المدون بدفاتر الحصر والتقدير ، لا عبرة بالأجرة الفعلية بالعقد أو بما يدفعه المستأجر .

(نقض- جلسة 1927/3/23- الطعن رقم 537 لسنة 43ق- لم ينشر بعد)

مادة [634]

قواعد تحديد الأجرة القانونية للأماكن (ق121 لسنة 1947) ، تعلقها بالنظام العام ، بطلان الإتفاق علي أجرة تزيد علي المقرر قانونا ، جواز إقامة الدعوي بذلك ولو إنقضاء العلاقة الإيجارية ما لم يسقط الحق في رفعها بالتقادم .

(نقض - جلسة 1970/4/26- الطعن رقم 224 لسنة44ق- لم ينشر بعد)

إن مؤدي نص المادة 1/5 من القانون رقم 52 لسنة 1969 بشأن إيجار الأماكن وتنظيم العلاقة بين المؤجرين والمستأجرين أن المشرع قد حظر علي كل من المالك والمستأجر أن يحتفظ بأكثر من مسكن واحد في البلد الواحد دون مبرر مشروع يقتضيه ، ولئن رتبت المادة 44 من ذات القانون جزاء جنائيا يوقع علي كل من يخالف حكم المادة الخامسة سالفة الذكر ، سواء كان مستأجراً أم مالكاً ، إلا أن ذلك لا ينفي أحقية كل صاحب مصلحة سواء كان مالكا للعقار المراد الإخلاء منه أو طالب استئجار فيه لاعمال الجزاء المدني بإخلاء المخالف ، وإلا كان ذلك تجافياً عن الحكمة التي تغياها الحظر - طبقا لما أوردته المذكرة الإيضاحية - من الحرص علي توفير المساكن ، وكأن لا محل للقول بأن أسباب إخلاء المستأجر قد وردت علي سبيل الحصر في المادة 23 من القانون رقم 52 لسنة 1969 وليس من بينها مخالفة ذلك الحظر ، لأن ما أوردته هذه المادة تحديد الحالات التي يجوز للمؤجر وحده من أجلها طلب إخلاء العين من المستأجر ، وهي حالات تغاير حالة مخالفة حظر إحتجاز أكثر من مسكن واحد في البلد الواحد والتي لا يتعلق بها حق المؤجر بإعتباره مؤجراً فحسب ، بل يفيد منها كل ذي مصلحة ، سواء كان طالب استئجار أو مالكا ، ولذلك خصت هذه الحالة بنص مستقل ، إذ كان ذلك ، وكان ما يذهب إليه الطاعن من قصر الجزاء المدني علي مجرد رفع الدعوى بتخيير المخالف في الاحتفاظ بأحد المساكن التي يشغلها لا يسانده النص ، وكان المناط في الدعوى بهذه المثابة ليس فسخ العقد ، وإنما الإخلاء استجابة لنص قانوني ملزم يقضي بمنع شغل أكثر من مسكن لشخص واحد بغير مقتض وهو ما يتصور بالنسبة للمالك المخالف أو المستأجر علي سواء .

لما كان ما تقدم ، وكان يبين من مدونات الحكم المطعون فيه أن المطعون أقامت دعواها بطلب إخلاء شقة النزاع مؤسسة إياها علي حاجتها إليها لتقطن وأولادها القصر بعد تهجيرهم إجباريا من بورسعيد إلي دمياط وعلي عدم وجود سكن خاص لها بهذه المدينة الأخيرة ، فإن مصلحتها القانونية في الدعوى تكون متحققه ويكون الحكم (بالإخلاء والتسليم) قد وافق صحيح القانون .

(جلسة 1975/12/31- مجموعة المكتب الفني - السنة 26 مدني-ص1767)

مادة [634]

إذ كانت المنازعات الناشئة عن تطبيق القانونين رقمي 46 لسنة 1962 و 7 لسنة 1965 لا تعتبر - وعلي ما جري به قضاء هذه المحكمة (نقض - جلسة 1973/3/27 - مجموعة المكتب الفني - السنة 24-ص490) - منازعات إيجارية لأن كلا منهما لم يدمج في قانون إيجار الأماكن رقم 121 لسنة 1947 بل بقيت أحكامها خارجة عنه مستقلة بذاتها ، فإن الأحكام الإبتدائية الصادرة التطبيق لأحكام ذلك القانونين تكون خاضعة للقواعد العامة من حيث جواز الطعن فيها ، لأن العبرة في تكييف المنازعة بأنها منازعة إيجارية ليست بتكييف الخصوم علي ما تقضي به المحكمة .

جري قضاء محكمة النقض علي انه متي كانت الثابت أن النزاع يدور حول تحديد الأجرة القانونية للعين المؤجرة ، وكان الإتفاق علي أجرة تجاوز الحد الأقصي المقرر قانونا يعتبر باطلا ، وكانت المادة 1/38 من قانون المرافعات السابق - الذي صدرت الأحكام الإبتدائية في ظله- تقتضي بتقدير قيمة الدعوى بصحة الإيجار بإعتبار مجموع الأجرة عن مدته كلها ، وكانت عقود الإيجار موضوع النزاع قد إمتدت تلقائياً - بعد إنتهاء مدتها المنصوص عليها فيها - إلي مدة غير محدودة طبقاً لأحكام قانون إيجار الأماكن ، فإن مجموع الأجرة لهذه المدة لا يكون محددا ، وتكون الدعاوى غير قابلة لتقدير قيمتها ، وبالتالي تعتبر قيمتها زائدة عن مائتين وخمسين جنيها في معني المادة 44 من قانون المرافعات السابق وتكون الأحكام الصادرة فيها جائزا استئنافها ، وإذ انتهي الحكم المطعون فيه إلي هذه النتيجة ، فإن النعي عليه يكون علي غير أساس .

إن مؤدي نص المادة 1/2 من القانون رقم 7 لسنة 1965 أنه وإن كان القانون رقم 46 لسنة 1962 قد ناط باللجان المشكلة طبقاً لأحكامه تحديد أجور الأماكن الخاضعة له إلا أنه بالنظر لما لمسه المشرع - وعلي ما جاء بالمذكرة الإيضاحية - من بطء عمل هذه اللجان مما أدي إلي مغالاه الكثير من الملاك في تقدير الأجرة وإستمرار المستأجرين في دفع الأجرة المرتفعة وقتا طويلا حتي تنتهي اللجان من عملها ، قد استهدف تلافي عيوب التطبيق العمل لأحكام القانون رقم 46 لسن 1912 فنص علي أن يكون تحديد الأجرة القانونية لهذه الأماكن علي أساس أن الأجرة المتعاقد عليها مخفضة بمعدل خمسة وثلاثين في المائة بالنسبة للحالات التي مازالت قائمة عند صدوره ، سواء أمام لجان التقدير أو مجالس المراجعة والتي لم يصدر في شأنها تقدير نهائي غير قابل للطعن ، علي أن يقوم هذا التحديد الحكمي مقام تقرير اللجان ويكون أثر رجعي من بدء التعاقد ، مما مفاده أن القرارات غير النهائية للجان التقدير التي أدركها القانون رقم 7 لسنة 1965 تضحي غير ذات موضوع وعديمة الأثر ، فلا يتعلق بها أي حق

مادة [634]

للمؤجر أو المستأجر يمكن بموجبه تحديد المراكز القانونية بينهما وبالتالي فلا يسوغ القول بإمكان الطعن عليها أو التظلم منها بأي سبيل ، علي أن ذلك لا يخل بداهة بحق طرفي النزاع في اللجوء إلي المحاكم صاحبة الولاية العامة بالفصل في جميع المنازعات إلا ما استثني بنص خاص للمناضلة في صحة إعمال أحكام القانون رقم 7 لسنة 1965 وفي مدي إنطباقه علي عين النزاع .

إن مؤدي ما تقضي به المادة الثانية من التفسير التشريعي رقم 9 لسنة 1965 الذي أصدرته اللجنة التفسيرية العليا لتفسير أحكام القانون رقم 46 لسنة 1962 – وعلي ما جري به قضاء النقض (نقض – جلسة 1972/1/8- مجموعة المكتب الفني – السنة 23- مدني – ص 50) – ألا إختصاص للجان تقدير الإيجارات بتحديد أجرة الأماكن المتعاقد عليها قبل 1965/2/23 متي كان المؤجر قد أخطر عنها تلك اللجان أو ثبت أن الأماكن المؤجرة قد شغلت قبل هذا التاريخ وإذ كان البين من الأوراق أن الإخطار عن الأعيان المؤجرة في تاريخ سابق علي 1965/2/22 الذي جعل منه التفسير التشريعي فيصلا لإختصاص اللجان فإن القرارات الصادرة تكون خارجة عن حدود الولاية التي خولها الشارع للجان تقدير الإيجارات فلا تكون لها أية حجية وتعتبر كأن لم تكن بحيث تكون للمحكمة ذات الولاية إذا ما رفع إليها النزاع أن تنظر فيه كأن لم يسبق عرضه عليها .

إن مؤدي نص الفقرة ج من المادة 3 من القانون رقم 56 لسنة 1954 معدلة بالقانون رقم 549 لسنة 1955 أن المشرع وهو بصدد تقدير الضريبة العقارية عرف التعديلات الجوهرية بأنها تلك التي يكون من شأنها التغيير في معالم العقارات أو من كيفية إستعمالها بحيث تغير من قيمتها الإيجارية تغيرا محسوسا ، وهي مسألة موضوعية تترك لظروف كل حالة في حلتها ، ولئن كان لكل قانون مجاله الذي يحكم الوقائع المنطقية عليه ، إلا أنه ليس ثمة ما يمنع من الإستئناس بالمعايير التي وضعها ذلك النص لبيان المقصود بالتعديلات الجوهرية في المكان المؤجر إعتباراً بأن إستكناه طبيعة التعديلات في العقار سيترتب عليه تعديل الأجرة وتعديل الضريبة في وقت معا . وإذ كان البين من الحكم أنه عني بإبراز أن ذلك التغيير لم يكن مؤثراً في النزاع بنقص أجرة أعيان النزاع عما كانت عليه أجرة ، الدور الكائنة هي به قبل إستحداثها ، فإن النعي علي الحكم الخطأ في تطبيق القانون والفساد في الإستدلال يكون ولا محل له .

(جلسة 1975/12/31- مجموعة المكتب الفني – السنة 26- مدني-ص1725)

المنازعات الناشئة عن تطبيق أحكام القانونين 46 لسنة 1962 و 7 لسنة 1965 لا تعتبر منازعات إيجارية ، لأن كلا منهما لم يدمج في قانون إيجار الأماكن رقم

مادة [634]

121 لسنة 1947 بل بقيت أحكامها خارجه عنه مستقلة بذاتها ، ومن ثم يكون الحكم الإبتدائي الصادر في هذه المنازعات بالتطبيق لأحكام هذين القانونين خاضعا للقواعد العامة من حيث جواز الطعن فيه .

إن مفاد نص المادة الأولى من القانون رقم 46 لسنة 1962 أن مجال سريانه هو : (أولا) الأماكن التي تم إنشاؤها منذ 5 نوفمبر 1961 تاريخ العمل بالقانون رقم 168 لسنة 1961(ثانيا) الأماكن التي تم إنشاؤها قبل 5 نوفمبر 1961 ولكنها بقيت خالية ولم تؤجر أو لم تشغل لاول مرة حتى هذا التاريخ . وإذا كان الثابت في الدعوى أنه لا خلاف بين الطرفين حول عدم تأجير الاعيان المتنازع عليها وعدم شغلها قبل أن يستأجرها المطعون ضدهم ويشغلونها فعلا إبتداء من 1962/9/1 بالنسبة للمطعون ضده الأول و 1962/3/1 بالنسبة للمطعون ضدهما الثاني والثالث ، وإنما إنحصر الخلاف بينهما علي حقيقة الأجرة المتفق عليها والتي تتخذ أساسا للتخفيض الذي قضي به القانون رقم 7 لسنة 1965 ، وكان مقتضي ما تقدم أن الاعيان لم تؤجر ولم تشغل قبل 5 نوفمبر 1961، فإن القانون رقم 46 لسنة 1962 يكون وحده الذي يحكم العلاقة بين الطرفين ويرسم حدودها لا عبره لإقرار المؤجرة في عقود الإيجار بخضوع المساكن المؤجرة للقانون 168 لسنة 1961 ذلك لأنه متي توافرت في المبني شروط سريان القانون رقم 46 لسنة 1962 تعين إخضاع أجرته لأحكامه ، لأن أحكام هذا القانون أحكام آمرة لا يجوز الإتفاق علي مخالفتها .

ويترتب علي خضوع المساكن المؤجرة للقانون رقم 46 لسنة 1962 وعدم صدور تقدير نهائي للأجرة وجوب إعمال المادة الثانية من القانون رقم 7 لسنة 1965 التي تنص علي أن تخفض بنسبة 35% الأجور المتعاقد عليها للأماكن الخاضعة للقانون رقم 46 لسنة 1962 والتي لم يكن قد تم تقدير قيمتها الإيجارية طبقاً لأحكام هذا القانون تقديرا نهائيا غير قابل للطعن فيه أن تسري بأثر رجعي من بدء تنفيذ عقد الإيجار .

الأجرة المتعاقد عليها تتخذ أساسا للتخفيض بنسبة 35% هي الأجرة الأصلية التي تم الإتفاق عليها في العقد منذ بدء الإجارة وقبل أي تخفيض يكون قد أجري عليها ، سواء كان هذا التخفيض طبقاً لقوانين تخفيض الأجرة أو طبقا للقانون رقم 169 لسنة 1961 الخاص بالإعفاءات الضريبية .

(نقض ـ جلسة 1973/2/17ـ المرجع السابق ص271)

المستفاد من أحكام القانون رقم 121 لسنة 1947 بشأن إيجار الأماكن وتنظيم العلاقة بين المؤجرين والمستأجرين والقوانين 199 لسنة 1952 و 55 لسنة 1958و 168 لسنة 1961 التي أدمجت فيه تحت رقم 5 مكررا 1، 2 ، 3 و 4 ، 5 - وعلي ماجري به قضاء النقض - أن الإصلاحات والتحسينات الجديدة التي يكون المؤجر قد أدخلها في العين المؤجرة قبل التأجير تقوم ويضاف ما يقابل إنتفاع المستأجر بها إلي الأجرة التي تحدد علي الأسس التي قررتها تلك القوانين فإذا إتفق الطرفان علي ذلك

مادة [634]

وجب إعمال مالم يثبت أن القصد منه هو التحايل علي أحكام القانون فيكون للقاضي عندئذ سلطة التقدير .

يعتبر في حكم التحسينات التي يدخلها المؤجر في العين المؤجرة كل ميزة جديدة يوليها للمستأجر كما لو كان محروماً من حق التأجير من الباطن مفروضاً فرخص له المؤجر بذلك ، فإن هذه الميزة تقوم تزاد علي الأجرة وفقاً لما تقضي - به المادة الرابعة من القانون رقم 121 لسنة 1947 التي خولت المؤجر الحق في زيادة الأجرة بنسبة 70% في حالة تأجير الأماكن بقصد إستغلالها مفروشة ، وذلك علي تقدير من المشرع بأن الأجرة التي اتخذها أساسا للتحديد إنما هي مقابل إنتفاع المستأجر بالمكان المؤجر في حدود المزايا العادية التي كانت قائمة في التاريخ الذي عينته القوانين سالفة الذكر ، فإذا خول المؤجر المستأجر زيادة في المزايا عما كانت عليه وقتذاك فقد حق تقويمها وإضافة قيمتها إلي أجرة الأساس .

لئن كان المشرع لم يدمج القانون رقم 46 لسنة 1962 في نصوص القانون رقم 121 لسنة 1947 ولم يورد فيه نصا مماثلا لنص المادة الرابعة من القانون الأخيرة ، إلا أنه لما كان القانون 46 لسنة 1962 قد صدر لذات الغرض المقصود من اصدار القانون رقم 121 لسنة 1947 والقوانين المدمجة فيه ، وهو الحد من مغالاة الملاك في تقدير الأجرة ، وكان عدم إدماجه في كشأن القوانين السابقة عليه مرده إلي الرغبة في وضع تنظيم ثابت للعلاقة بين المؤجرين والمستأجرين بما يضمن استقرارها ويغني عن صدرو تشريعات متوالية في هذا الشأن علي نحو ما أفصحت عن مذكرته الإيضاحية فإن النص في مادته الأولي علي تحديد أجرة الأماكن الخاضعة لأحكامه بنسبة معينة من قيمة الأرض والمباني إنما كان يستهدف تحديد الأجرة بالنسبة إلي الإنتفاع العادي ، بحيث إذا خول المؤجر المستأجر علاوة على هذا الإنتفاع ميزة إضافية بأن رخص له فى تأجير المكان من الباطن مفروشا فان هذا الميزة تعتبر فى حكم التحسينات فيجوز للمؤجر ان يتقاضى مقابلا عنها على نحو ما هو مقرر بالنسبة للأماكن الحاضعة للقانون رقم 121 لسنة 1947 والقوانين المتدمجة فيه وقد كيف المشرع عن هذا المقصد عندما اصدار القانون رقم 52 لسنة 1969 بشأن إيجار الأماكن وتنظيم العلاقة ينن المؤجرين والمستأجرين إذا انه وقد حدد الأجرة وفقا لذات الأسس التى كانت مقررة بالقانون رقم 46 لسنة 1962 فانه نص فى المادة 28 منه على انه :"فى جميع الأحوال التى يجوز فيها للمستأجر تأجير مسكنه مفروشاً" يستحق المالك أجرة إضافية تعادل 70% من الأجرة القانونية عن مدة التأجير مفروشا" فدل بذلك على أن تحديد الأجرة وفقاً لنسب معينة سواء فى هذا القانون أو فى القانون السابق عليه لا يعدو أن يكون وسيلة لتحديد أجرة عادلة فى حالة الإنتفاع العادى وأنه ليس ثمة ما يمنع من زيادتها فى مقابل تأجير المكان من الباطن مفروشاً .

(نقض - جلسة 1973/3/2- المرجع الساق -ص384)

مادة [634]

الفصل الثاني
مبادئ النقض
في إيجار الأراضي الزراعية

1- إذ تنص المادة 33 من قانون الإصلاح الزراعي علي أنه لا يجوز أو تزيد أجرة الأرض الزراعية علي سبعة أمثال الضريبة الأصلية المربوطة عليها فإن هذا النص لا يحكم سوي العلاقة الإيجارية التي تقوم بين المالك والمستأجر .

(نقض- جلسة 1968/2/27- مجموعة المكتب الفني -السنة 19 مدني- ص368)

2- لما كانت المادة الخامسة من القانون رقم 148 لسنة 1962 بإنشاء لجان الفصل في المنازعات الزراعية – قبل الغائه بالقانون رقم 54 لسنة 1966 بعد أن قضت بعدم قابلية القرار الذي تصدره اللجنة للطعن فيه قد نصت علي أن ذلك : " لا يحول دون طرح النزاع أمام الجهات القضائية المختصة ولا يجوز لذوي الشأن الإلتجاء إلي الجهات القضائية قبل طرح النزاع علي اللجنة وصدور قرارها فيه " بما مؤداه أن علي المحكمة أن تقضي بعدم قبول الدعوي التي ترفع إليها إبتداء ولا تعتبر الإلتجاء إلي المحكمة بعد صدور قرار اللجنة في واقع الأمر بمثابة تظلم أو طعن فيه وإنما هو إدلاء بطلب يرفع إلي المحكمة للمرة الأولي .

رفع الدعوى – المتعلقة بالمنازعات الزراعية – أمام المحاكم قبل طرح النزاع علي لجنة الفصل في المنازعات الزراعية وصدور قرارها فيها بعد ذلك ، يعتبر أمراً منصبا علي قبول الدعوى أو عدم قبولها ولا يتصل بمسألة من مسائل الإختصاص المتعلق بولاية المحاكم .

(نقض- جلسة 1969/12/16- المرجع السابق- السنة2-ص1276)

3- المشرع وإن كان قد نص في المادة 39 من قانون الإصلاح الزراعي إمتداد عقود الإيجار وحرمان المالك من المطالبة بحق الفسخ إلا أنه أوجب ضمان لحقه ألا يكون المستأجر قد أخل بأي من إلتزاماته عن السنة الزراعية السابقة مباشرة علي الإمتداد أو خلال فترة الإمتداد وهي عبارة عامة تشمل الإخلال بشروط العقد أو بأحكام القانون ، ويدخل في ذلك الوفاء بالأجرة في المواعيد المتفق عليها . وإذ كان ذلك وكان الإخلال بهذا الإلتزام ، كما يتم بالإمتناع عن الوفاء بالأجرة كلها أو بعضها يكون أيضا بالتأخير في الوفاء بها في المواعيد المقررة بالعقد أو القانون ، فإن ما يثيره الطاعن من أن عدم مراعاة المواعيد المحددة في العقد لدفع الأجرة لا يعد إخلالا منه بأي إلتزام طالما أن الوفاء قد تم خلال الفترة التي حددها القانون يكون علي غير أساس.

(نقض – جلسة 1970/2/26- المرجع السابق – السنة 21-ص375)

مادة [634]

4- عقود الإيجار – الخاصة بالأراضى الزراعية – لاتمتد بشروطها بحكم القانون – وعلي ما جري به قضاء النقض- عملا بالمادة 29 مكررا من قانون الإصلاح الزراعي المضافة بالقانون رقم 197 لسنة 1953 إلا إذا تمسك المستأجر بها ، لأن هذا الإمتداد مقرر لمصلحته ، وله أن ينزل عنه متي شاء وإذا كان الثابت أن الطاعن (المستأجر) أنذر المطعون ضدهم الثلاثة الأولين (المؤجرين) في 5 مارس 1952 بعدم تجديد الإيجار الصادر له منهم عن الأرض موضوع النزاع وإن ظل واضعا اليد عليها بما يفيد عدم تمسكه بالإيجار بعد أن إنتهت مدته ، وهو ما يعد معه غاضباً ، ويحق تبعا لذلك مطالبته بريع هذه الأرض دون التقيد بالفئة الإيجارية المحددة في قانون الإصلاح الزراعي .

(نقض- جلسة 1970/2/26- المرجع السابق- السنة 21-ص375)

5- أوجبت المادة 26 من المرسوم بقانون رقم 178 لسنة 1952 بالإصلاح الزارعي بعد تعديلها بالقانون رقم 17 لسنة 1963 ، أن يكون عقد إيجار الأراضي الزراعية وعقد المزارعة ثابتين بالكتابة مهما كانت قيمة أي منهما ، وإذ أضيف إلي الفقرة الأولي من هذه المادة بموجب القانون رقم 52 لسنة 1966 عبارة "وكذلك كل إتفاق علي إستغلال أرض زراعية ولو كان لزرعة واحدة " فإن مؤدي ذلك أن المشرع لم يكن يستلزم قبل صدور القانون رقم 52 لسنة 1966 المشار إليه لإتفاق الزراعة الواحدة ، الإثبات بالكتابة ، وقد تأكد ذلك بما أفصح عن في المذكرة الإيضاحية للمادة 36 مكررا (أ) المشار إليها في تدبير إضافة العبارة المتقدمة الذكر لقوله : "إنها قضت بوجوب أن يكون عقد الإيجار ثابتا بالكتابة ، وكذلك كل إتفاق علي إستغلال لأرض زراعية ولو كان لزرعة ثابتا بالكتابة ، وكذلك حتي لا يلجأ الملاك إلي التحايل لعدم تحرير عقد الإيجار والإدعاء بأنه إتفاق علي إستغلال الأرض لزرعة واحدة .

(نقض – جلسة 1970/11/10- المرجع السابق –ص1117)

6- تقضي المادة 39 مكرر المضافة إلي قانون الإصلاح الزراعي بالقانون رقم 197 لسنة 1952 الذي عمل به من تاريخ نشره في 18 سبتمبر 1952، أن تمتد عقود الإيجار التي تنتهي مدتها بنهاية السنة الزراعية الجارية عند العمل بهذا القانون ، وذلك لمدة سنة زراعية واحدة أخري إذا كان المستأجر يزرع الأرض بنفسه سواء أكان مستأجرا أصليا أو مستأجرا من الباطن ، وفي هذه الحالة تقوم العلاقة مباشرة بين المستأجر من الباطن ، والمالك ، وتقضي المادة الثانية من القرار رقم 2 لسنة 1952(التفسير التشريعي) بأن عقود الإيجار المبرمة قبل صدور قانون الإصلاح الزراعي بين المالك والوسيط والتي لا تنتهي مدتها بنهاية السنة الزراعية الجارية عند صدور القانون المذكور ، تقوم

مادة [634]

العلاقة فيها مباشرة بين المالك وبين المستأجر من الباطن مفاده انه بالنسبة لعقود الإيجار المبرمة قبل صدور القانون 178 لسنة 1952 بالإصلاح الزراعي والواردة في المادتين السالفتين تقوم فيها العلاقة بالإيجارية مباشرة بين المالك والمستأجر من الباطن دون المستأجر الأصلي.

إذ رفض الحكم المطعون فيه القضاء بإبطال العقد الصادر من المستأجر الأصلي للمستأجر من الباطن إعتباراً بأن هذا العقد قد أبرم قبل صدور المرسوم بقانون رقم 178 لسنة 1952 ، فإن النعي عليه بالخطأ في تطبيق القانون يكون غيرسديد .

إذا كان الملاك لم يقدموا الحكم المستعجل الذي يقولون بسبب الطعن إنه صدر ضد المستأجر الأصلي وحده بإنهاء العلاقة الإيجارية بينهم وبينه ، فإنه وقد قامت العلاقة الإيجارية مباشرة بين المالك والمستأجر من الباطن وفقا للمادة 39 مكررا من قانون الإصلاح الزراعي رقم 178 لسنة 1952 والمادة الثانية من القرار رقم 2 لسنة 1952 (التفسير التشريعي) ، فإنه لا يؤثر لهذا الحكم المستعجل علي العلاقة بين الملاك وبين ورثة المستأجر من الباطن أو مورثهم إذ لم يكونوا خصوما ما في هذا الحكم .

(نقض- جلسة 1972/2/22- المرجع السابق السنة 23 مدني ص 221)

7- متي كان الحكم المطعون فيه قد إنتهي إلي التقرير بقيام العلاقة التأجيرية إستخلاصاً من الشهادة الصادرة من الجمعية التعاونية الزراعية ، والدالة علي أنها قامت بتحرير عقد الإيجار بين الطاعن والمطعون عليها بعد أن تحققت من قيام العلاقة التأجيرة بينهما – طبقاً للمادة 1/36 مكرر من المرسوم بقانون رقم 178 لسنة 1952 الخاص بالإصلاح الزراعي المضافة بالقانون رقم 17 لسنة 1963 – وسمعت الشهود من الجيران ، وبعد أن كلفت الطاعن بتحرير العقد بإخطار أرسلته إليه ورفض إستلامه ، وبعد إنقضاء المدة المحددة في المادة المذكور دون أن يذعن لطلبها ، فإنه يكون قد طبق القانون تطبيقا صحيحا .

إذا كان الحكم المطعون فيه قد أسس قضاءه بقيام العلاقة الإيجارية بين الطاعن والمطعون عليها الثاني والثالث علي عقد الإيجار الذي حررته الجمعية التعاونية الزراعية ، وكانت هذه الدعامة كافية بذاتها لحمل قضائه في هذا الخصوص فإن النعي عليه في صدد ما إستخلصه من قيام علاقة إيجارية سابقة بين المطعون عليه الأول والمطعون عليهما الثاني والثالث إستناداً إلي ما أقر به الطاعن ، وما ذكره الشهود يكون – بفرض صحته – غير منتج ولا جدوي فيه .

إذا كان الطاعن قد إستند في طلب تسليمه الأطيان التي اشتراها من المطعون عليهما الثاني والثالث يضعان يدهما عليها دون سند قانوني ، وكان

مادة [634]

الحكم المطعون فيه قد أسس قضاء برفض الدعوى علي أن وضع يدهما يستند إلي عقد الإيجار الذي حررته لها الجمعية التعاونية الزراعية بعد أن إمتنع الطاعن عن تحريره تطبيقاً لنص المادة 1/36 مكررا من المرسوم بقانون رقم 178 لسنة 1952 ، فإن النعي علي ما استطرد إليه الحكم في قيام علاقة إيجارية سابقة علي الشراء بين المطعون عليه الأول والمطعون عليهما الثاني والثالث وإمتدادها بقوة القانون يكون غير منتج .

(نقض - جلسة 1973/4/26- المرجع السابق - السنة 24 مدني ص693)

8- النص في المادة 39 مكررا (أ) من المرسوم بقانون رقم 178 لسنة 1952 بالإصلاح الزراعي معدلة بالقانون رقم 139 لسنة 1962- التي كانت نافذة أثناء قيام الإجارة محل النزاع - علي أن عقود الإيجار تمتد إلي نهاية السنة الزراعية 1965/1964 ، إنما ينصرف إلي عقود إيجار الاراضي الزراعية التي تزرع بالمحاصيل الحقلية العادة . أما عقود إيجار الحدائق فهي لا تخضع لحكم تلك المادة ، لأن التعاقد فيها لا يقع علي منفعة الأرض فحسب وإنما يقع أيضا علي منفعة الأشجار المثمرة القائمة فيها والتي تكبد المالك في سبيل غرسه والعناية بها نفقات كبيرة ، بل أن هذه المنفعة الأخيرة هي - في الواقع - الغاية الحقيقة التي يهدف إليها المستأجر وهي التي علي أساسها تقدر الأجرة عند التعاقد ،ومن اجل ذلك نصت المادة الأولي من التفسير التشريعي رقم واحد لسنة 1953 علي أنه:"لايسري تحديد الحد الأقصي للأجرة بسبعة أمثال الضريبة علي إيجار الحدائق " تقديرا من المشرع أنه ليس من العدل ألا يشارك المالك المستأجر فيما نتيجة الحديقة من ريع يفدق كثيراً ما تغله الأرض الزراعية العادية وإذا انطلقت أجرة الحدائق من قيد التحديد المنصوص عليه في المادة 33 من قانون الإصلاح الزراعي ، فانها تخضع في تقديرها عند التعاقد لظروف العرض والطلب ولحالة الحديقة وطاقة أشجارها في الإثمار ، وهي أمور قد تتغير من آن لآخر فتؤثر علي قيمة الأجرة ارتفاعا أو هبوطا ، ولذلك كان من المتعين أن تتدخل الإدارة بعد إنتهاء مدة الإيجار لتحديد الأجرة الجديدة في ظل الظروف التي سبق بيانها ، والقول بغير ذلك - أي بإمتداد عقود إيجار الحدائق إمتداد قانونيا - يؤدي إلي ثبات هذه العقود عند قيمة الأجرة الأولي المحددة فيها وهو أمر يتعارض مع طبيعة تلك العقود . ولا يغير من هذا النظر أن المشرع لم يستثني العقود المذكورة من أحكام الإمتداد القانوني ، كما استثناها من تحديد حد أقصي للأجرة بسبعة أمثال الضريبة .

(نقض- جلسة 1974/4/2- المرجع السابق - السنة24مدني -ص 642)

مادة [634]

9- لئن كان الأصل أنه إذا إمتد الإيجار بحكم القانون بعد إنقضاء مدتـه ، فإنـه طبقا للقواعـد المقـررة في إمتـداد الإيجـار يمتـد بـنفس شروط الإيجـار الأصـلي فتكون إلتزامات المؤجر هي نفسها إلتزاماته السابقة ، وكذلك تكـون إلتزامـات المستأجر وتبقي التأمينات العينية والشخصية التي تكفل إلتزامات المستأجر في الإيجار الأصلي كافة لهذه الإلتزامات بعد أن امتـد الإيجـار ، إلا أنـه متـي كـان الإمتداد تطبيقا لتشريعات إستثنائية ، فإن الكفيل الذي يكفـل المسـتأجر قبـل صدور هذه التشريعات لاتمتد كفالته لإلتزامات المستأجر عند إمتـداد الإيجـار إلا إذا قبل ذلك لأنه وقت أن كفل المستأجر كان يقصد كفالته في المدة المتفـق عليها في الإيجار ولم يـدخل في حسـابة أو هـذه المـدة سـتمتد بحكـم التشريـع الاستثنائي إذ كان ذلك وكان الطاعن الثالث قد كفـل الطـاعنين الأول والثـاني في سداد أجرة السنتين المتفق عليهما في العقـد وقبـل صـدور القـرار بقـانون رقـم 129 لسنة 1962 وهو تشريع إستثنائي قضي بإمتداد عقـود الإيجـار إلا إذا قبـل ذلك . ولما كان الحكم المطعون فيه قد خـالف هـذا النظـر وإسـتخلص إمتـداد الكفالة أخذا بإمتداد العقد دون أن يعني يبحث دفاع الطاعن الثالث مـن أنـه لم يرتض إمتداد كفالته وهو بحث قد يتغير بـه وجـه الـرأي في الـدعوى ، فإنـه يكون قد خطأ في تطبيق القانون وشابه قصور في التسبيب .

(نقض- جلسة 1975/2/17- المرجع السابق – السنة 26 مدني –ص610)

10- بالرجوع إلي القانون رقـم 52 لسـنة 1966 يبـين ان المشروع قـد أعـاد بـه صياغة النصوص الواردة في الباب الخامس من قانون الإصـلاح الزراعـي الخـاص العلاقة بين مالك الأرض الزراعية ومستأجر ، فأوجب في المادة الثالثة منـه عـلي كل مؤجر أو دائن أيا كانت صفته يحمل سندا بدين علي مستأجر أرض زراعية كالكمبيالات وغيرها إخطار الجمعية التعاونية الزراعية الواقع في دائرتها محـل إقامة المدين ببيـان واف عـن دينـه وقيمتـه وسـببه وتـاريخ إسـتحقاقه خـلال شهرين من تـاريخ العمـل بـه ، ورتـب عـلي عـدم الاخطـار في الموعـد المـذكور سقوط الدين كما نص في المادة الرابعة علي أن تتوالي لجنة الفصل في المنازعات الزراعية المختصة تحقيق الديون التي تم الاخطار عنها ، وتطلـع عـلي سـنداتها وتسمع أقوال الدائنين والمدينين وشهودهم للتحقق من سبب الديون وجـديتها ، فإذا ثبت لها صورية الدين أو قيامه علي سبب غير صحيح قانونا تقضي بعدم الاعتداد بالسند وسقوط الدين . كله وإذ كأن المقصـود مـن ذلـك هـو تحقيـق الديون قائمة في مواجهة مستأجري الأرض الزراعية بصفتهم هذه للحكمة التـي رآها المشرع ، ونقلها الحكم المطعون فيـه قـد انتهـي للأسـباب السـائغة التـي أوردها إلي أن السندات المطالب بقيمتها هي ديـون تجاريـة ، وكـان يبـين مـن

مادة [634]

الأوراق أن حاملها ليس مؤجرا ولا دائنا يعلم أن المدين بها مستأجر لأرض زراعية ، وقضي برفض الدفع بالسقوط تأسيسا علي عدم إلتزام حاملها بواجب الاخطار بها في الموعد المقرر ، ثم بإشهار إفلاسه لتوقفه عن دفعها ، فإنه يكون قد طبق القانون تطبيقاً صحيحاً .

(نقض- جلسة 1975/5/8- المرجع السابق – ص 935)

11- إذ كان القضاء العادي هو صاحب الولاية العامة في نظر المنازعات المدنية والتجارية فإن أي قيد يضعه المشرع للحد من هذه الولاية – ولا يخالف أحكام الدستور – ويعتبر إستثناء واردا علي أصل عام ، ومن ثم يجب عدم التوسع في تفسيره .

ومؤدي نص المادتين الثالثة الرابعة من القانون رقم 52 لسنة 1966 أن المشرع لم يضع علي عاتق الدائن سوي الإلتزام بإخطار الجمعية التعاونية الزراعية بالدين الذي يستحقه في ذمة مدينة الذي يستأجر أرضا زراعية ، ولم يوجب القانون علي الدائن عرض أمر هذا الدين علي لجنة الفصل في المنازعات الزراعية لتحقيقه ، بل ترك هذا الأمر للجمعية التعاونية الزراعية ، ولو شاء المشرع أن يلزم الدائن أمر دينه مباشرة علي لجنة الفصل في المنازعات الزراعية لنص علي ذلك صراحة ، كما فعل بالنص في المادة الخامسة من ذات القانون علي إلزام كل مؤجر بدين في المستقبل مستأجر الأرض الزراعية أن يخطر لجنة الفصل في المنازعات الزراعية بهذا الدين وإذ كان الثابت بالأوراق أن المطعون ضده الثاني الذي أحال الدين إلي الطاعن قد قام بإخطار الجمعية التعاونية الزراعية بالدين موضوع المطالبة في الميعاد القانوني نفاذا للإلتزام الملقي علي عاتقة ، فإنه لا يسوغ أن يضار من إهمال أو تراخي الجمعية في عرض أمر هذا الدين علي لجنة فى الفصل المنازعات الزراعية لتحقيقه ، فإذا إنقضت مدة كافية لكي تعرض الجمعية التعاونية الزراعية أمر الدين علي اللجنة المشار إليها ولكنها لم تفعل ، فإنه يحق للطاعن أن يلجأ إلي جهة القضاء العادي ذات الولاية العامة للمطالبة بدينه ، وإذ قضي الحكم المطعون فيه بعدم قبول الدعوى علي خلاف هذا النظر فإنه يكون قد أخطأ في تطبيق القانون .

(نقض- جلسة 1970/5/2- المرجع السابق – ص 1058)

الموسوعة الوافية في شرح القانون المدني ج5 ———————— دار العدالة

مادة [635]

الفصل الثاني
العارية

مادة [635]

العارية عقد يلتزم به المعير أن يسلم المستعير شيئاً غير قابل للإستهلاك ليستعمله بلا عوض لمدة معينة أو في غرض معين علي أن يرده بعد الإستعمال .

النصوص العربية المقابلة :

هذه المادة تقابل في نصوص القانون المدني بالأقطار العربية ، المواد التالية :

مـادة 634 ليبـي و 602 سـوري و847 عراقـي و 729 لبنـاني و509 سوداني و 1055 تونسي و 830 مغربي .

الأعمال التحضيرية :

يفهم من هذا التعريف أن العارية عقـد رضـائي لا عينـي ، فاستغني فيها عن التسليم بإعتباره ركناً ضرورياً لإنعقـاد العقـد ، وأصبح العقـد ينشـئ إلتزاما بالتسليم (أنظر التقنين الألماني المادة 598والتقنين السويسري المادة 305 والتقنين الصيني المادة 464 والتقنين البولوني المادة 419 والتقنين اللبناني المـادة 729) ، ويفهم منه أيضا :

(1) أن العارية ترد علي الأشياء التي تهلك بالإستعمال سـواء أكانـت منقولا أم عقاراً ، (أنظر التقنين المراكشي المادة 832 والتقنـين اللبنـاني المـادة 731)، (2) وأنها عقد تبرع إذ لو كانت بأجر إنقلبت إيجاراً ، (3) وإنها تخول المسـتعير أن يستعمل الشـئ لا ان يستغله وأن يـده عليـه يـد عارضة ،فالثمار والحيـازة القانونية تكون للمعير (أنظر التقنين الفرنسي المادة 1877 ، والتقنين المـراكشي / المـادة 820 التقنين الأسبـاني المـادة 1741، والتقنـين الهولنـدي المـادة 1778،والتقنين الأرجتيني المادة 2299 ، وتقنين كويبك المادة 1764) ، (4) وأن العقـد يتم بين المستعير والمعير ، سواء أكان المعير مالكا أم غير مالك ، كـالمنتفع والمستأجر والمرتهن الخ ...

(مجموعة الأعمال التحضيرية للقانون المدني – الجزء 4-ص666)

رأي الفقه :

1- يخلص من نص المادة 635 مدني أن عقد العارية محله يكون شيئاً غير قابل للإستهلاك يسلمه المعير للمستعير ليستعمله دون عوض ، علي أن يرده عينا عند نهاية العارية .

مادة [635]

ويمكن أن يستخلص من هذا النص أن خصائص عقد العارية أنه:

(1) عقد رضائي (2) ملزم للجانبين (3) من عقود التبرع دائما .

فالعارية عقد رضائي تتم بإيجاب وقبول بغير حاجة إلي شكله خاص.

وليست بعقد عيني ، لأنه لا يشترط في إنعقادها تسليم الشئ المعار إلي المستعير ، والتسليم ليس ركناً في العارية ، بل هو مجرد إلتزام في ذمة المعير ينشأ بعد أن تنعقد العارية ، ولم يكن الأمر كذلك في التقنين المدني السابق الذي كان يعتبر عقدا عينياً .

والعارية عقد ملزم للجانبين ، فالمعير يلتزم بتسليم الشئ المعار للمستعير ، ويلتزم المستعير بإستعمال الشئ في الغرض المعد له وبالمحافظة عليه برده عند إنتهاء العارية .

والعارية من عقود التبرع حسبما جاء به نص المادة 635 مدني إذ قرر أن إستعمال المعير للشئ المعار يكون :" بلا عوض" . ولو كان هناك عوض للعارية لإنقلبت إيجارياً . والتبرع بالنسبة للمعير والمستعير علي السواء وتتماثل العارية مع الإيجار في أن كلا منهما يلزم صاحب الشئ أن يسلمه لآخر ينتفع به ويرده عند نهاية العقد ، ولكن العارية تكون بغير عوض بينما يكون الإيجار بعوض هو الأجرة .

وتتماثل العارية مع الهبة في أن كلا منهما يلزم صاحب الشئ أن يعطيه لآخر دون مقابل ، ولكن الذي يعطي في العارية هو مجرد الإنتفاع بالشئ ، أما الذي يعطي في الهبة فملكية الشئ ذاتها ، والعارية لا ترتب إلتزاما بنقل حق عيني وترتبه الهبة .

وتتماثل الهبة مع القرض في أن كلا منهما يلزم صاحب الشئ أن يعطيه لآخر علي أن يسترده منه عند نهاية العقد . ولكن الذي يرد في العارية هو عين الشئ ، أما الذي يرد في القرض فهو مثل الشئ لا عينه . ذلك أن العارية لا تنقل ملكية الشئ والقرض ينقلها ، ومن ثم كان القرض من عقود التصرف والعارية من عقود الإدارة ، ووجب رد عين الشئ في العارية ، ولم يجب إلا رد مثله في القرض .

وتتماثل العارية مع الوديعة في أن كلا من المستعير والمودع عنده يتسلم شيئاً للغير بحفظه عنده ويرده إليه عند نهاية العقد ، ولكن المستعير في العارية يتسلم الشئ لينتفع به فالعقد لمصلحته ، أما في الوديعة فالمودع عنده يتسلم الشئ ليحفظه لصاحبه دون أن يستعمله فالعقد ليس لمصلحته بل لمصلحة المودع .

والأصل في العارية أن تكون عقداً مدنيا ، ما لم تكن تابعة لعمل من أعمال التجارة فتعتبر عندئذ عقداً تجاريا . فإذا كانت عقد تجارياً جاز إثباتها بجيمع الطرق ، وتدخل في ذلك البينة والقرائن ، أيا كانت قيمة العارية ولو زادت علي عشرين جنيها . أما إذا كانت العارية عقد مدنيا وجب التقيد بالقواعد المقررة في الإثبات فلا يجوز إثبات العارية إلا بالكتابة أو بما يقوم مقامها إذا زادت قيمة العارية على عشرين جنيها والمهم ان تكون فى يد المعير كتابة تثبت العارية حتى لايصطدم بدعوى المتعير من ان الشىء قد سلم له على سبيل الهبة اليدوية والظاهر يؤيده فى ذلك حائز للشئ كذلك من

مادة [635]

المهم ان يكون فى يد المستعير كتابة تثبت العارية حتى يدفع دعوى المعير فى المطالبة بأجرة أو بتعويض عن الإنتفاع بالشئ إذا ادعى هذا الأخير ان العقد إيجار اوانكر ان هناك عقد عارية .

(الوسيط-6- 2- مجلد للدكتور السنهوري -ص1507 ومابعدها والمراجع السابقة)

2- ليست للعارية فى اركان إنعقادها أحكام خاصة بل تسرى عليها القواعد العامة كسائر العقود الرضائية انما تلزم الإشارة إلى أن محل العارية كما جاء فى تعرضها التشريعى يكون شيئا غير قابل للإستهلاك وعلى ذلك يكون العقد عارية فى كل مرة تلزم المستعير فيه عند إنتهاء العقد برد الشئ بعينة إلى المعير ولو كان ذلك الشىء بحسب نوعه قابلاً للإستهلاك .

ولم يخص الشارع عقد العرية فى شروطه صحته بقواعد خاصة بل يطبق عليها المبادىء العامة للتصرفات القانونية ولم يثر فى الفقه خلاف عند تحديد الأهلية اللازمة للعاقدين فيها هل يكفى أن توجد لديهما أهلية الإدارة ام يجب أن تتوافر عندهما أهلية التصرف أو التبرع فإكتفى بأهلية الإدارة سواء عند المعير أو لدى المستعير الذين لم يروا من الفقهاء فى العارية سوء عقد يقع فى منفعة الشئ ولا يمس أصل الحق فيه وعلى هذا أجازوا للقاصر الماذون بإدارة أمواله أن يعتبرها إلى غيره كما يجوز له أن يستعير المال من غيره وإقتضى أهلية التبرع لدى المعير من نظر منهم إلى صفة المجانية فى هذا العقد وإلى نية التبرع فيه .

ونحن نرجح الرأي الأخير ونفرق فى قانوننا بين المستعير والمعير ونكتفى عند الأول الأول بأهلية الإدارة فيجوز للقاصر المأذون بها أن يستعير كما يجوز ذلك نيابة عنه لوليه أو وصية أو القيم عليه ونتطلب فى الثانى أهلية التبرع فتكون العارية باطلة إذا كان المعير ناقص الأهلية ولو كان مأذوناً بالإدارة حتى لو قام بإبرامها نائبه ولياً كان أو وصياً أو قيما وإن كان من هؤلاء يجوز له إعادة مال المشمول بالولاية أو الوصاية أو القوامة لأداء واجب إنسانى أو عائلى وبإذن المحكمة .

(العقود المسماه- للدكتور محمود جمال الدين زكي – ص 233 وما بعدها)

من أحكام القضاء الحديثة :

1-إذ كان البين من المحرر الذي أشار إليه الحكم المطعون فيه أنه إقرار مأخوذ على المقر الموصوف فيه بأنه تاجر بإستلامه من الطاعنة الأدوات المدونة به على سبيل العارية لإستعمالها في الغرض المعارة من أجله، وكانت عبارات المحرر المذكور لا تفيد المعنى الذي ذهب إليه الحكم المطعون فيه من أن مرتكب الحادث يعمل لحساب الشركة الطاعنة بائعاً متجولاً، فإن الحكم يكون قد خرج في تفسيره عما تحتمله عباراته وجاوز المعنى الظاهر لها مما يعيبه بمخالفة الثابت بالأوراق وفساد الإستدلال.

[الطعن رقم 570 - لسنة 46 ق - تاريخ الجلسة 02 / 06 / 1981]

مادة [636]

إلتزامات المعير

مادة [636]

يلتزم المعير أن يسلم المستعير الشئ المعار بالحالة التى يكون عليهما وقت إنعقاد العارية وأن يتركه للمستعير طول مدة العارية.

النصوص العربية المقابلة :

هذه المادة تقابل فى نصوص القانون المدنى بالأقطار العربية المواد التالية :

مادة 635 ليبى و603سورى ز848عراقى و510سودانى .

الأعمال التحضيرية :

تفرض هذه المادة على المعير إلتزامين (1) الإلتزام بتسليم الشىء إلى المستعير فإذا لم يقم به العير مختارا اكره على ذلك إن كان الوفاء العينى ممكنا والا حكم عليه بالتعويض (2) والإلتزام بترك الشىء للمستعير طوال المدة المحدودة فى العقد وهو يقضى عليه بألا يسترد الشىء قبل الميعاد المتفق عليها والا بتعويض للمستعير فى إستعماله لذلك الشىء بحيث إذا تعرض للمستعير أو طالبة بالرد قبل الميعاد رفضت دعواه وجاز إلزامه بالتعويض .

(مجموعة الأعمال التحضيرية للقانون المدني - الجزء 4-ص668و669)

رأى الفقه :

1- العارية فى التقنين المدنى الجديد عقد رضائى لاعينى فيكون التسليم إلتزاما فى ذمة المعير لاركنا فى العقد.

وتسرى كقاعدة عامة على إلتزام المعير بتسليم الشئ المعار للمستعير القواعد المقررة فى إلتزام المؤجر بتسليم العين المؤجرة للمستأجر وفى إلتزام البائع بتسليم الشىء المبيع للمشترى وفى إلتزام المقرض بتسليم الشى المفترض للمفترض اى قواعد التسليم بوجه عام فحمل التسليم هو الشىء المعار المعين على الوجه المبين فى العقد ويسلم بالحالة التى يكون عليها وقت إنعقاد العارية ويتم التسليم بوضع الشىء المعار تحت تصرف المستعير فى الزمان والمكان المعينين وإذا اخل المعير بإلتزامه بالتسليم جاز للمستعير ان يطالب التنفيذ عينا لأن العارية عقد ملزم للمعير ولا يمنع من ذلك كونها عقد تبرع فان كان الوفاء عيناً غير ممكن جازت المطالبة بالتعويض اما الفسخ فلا مصلحة للمستعير فى طلبه فانه لم يدفع مقابلاً للعارية حتى يسترده بالفسخ فإذا فسخ حرم نفسه من الإنتفاع بالعين وتحمل وحده .

ولما كانت العارية ملكية الشىء المعار إلى المستعير بل يستبقى المعير ملكية الشىء ويسترده عينا عند إنتهاء العارية لذلك إذا هالك الشىء قبل التسليم

مادة [636]

أو بعده بسبب اجنبى كان هلاكا على المالك اى المعير كما هو الحال فى هلاك العين المؤجرة بسبب اجنبى قبل التسليم أو بعده .

وطبقا للمادة 626 مدنى يلتزم المعير بان يترك الشىء المعار للمستعير طول مدة العارية فلا يجوز له إذن ان يطالبة برده قبل إنقضاء مدة العارية الا إذا كان فى حالة من الحالات التى يجيز فيها القانون طلب الرد – فالمادة سالفة الذكر إذن كما تقول المذكرة لإيضاحية للمشروع التمهيدى على المعير إلتزامين : الإلتزام الأول الإيجابى بتسليم الشىء إلى المستعير والإلتزام الثانى إلتزام سلبى بترك الشىء للمستعير طول مدة العارية ويقضى عليه هذا الإلتزام بالايسترد الشىء قبل الميعاد المتفق عيليه والا يتعرض للمستعير فى إستعماله لذلك الشىء بحيث إذا تعرض المستعير أو طالبه بالرد قبل الميعاد رفضت دعواه وجاز إلزامه بالتعويض .

ويلتزم المستعير بالمحافظة على العين وإستعمالها على الوجه المقرر فإذا اخل السمتعير بإلتزامه جاز للمعير ان يطلب فسخ العارية فيتخلل من إلتزامه بعدم المطالبة برد الشىء قبل إنتهاء العارية .

(الوسيط-6- 2- مجلد للدكتور السنهوري -ص522 ومابعدها والمراجع السابقة)

2- تنشىء العارية بعد ان اصبحت عقدا رضائيا إلتزامات فى ذمة كل مدة العارية وثالثا بان يرد إليه ماانفقه من مصروفات ولكنه لايلتزم قبله بالضمان الا فى احوال معينة .

يلتزم المعير ان يسلم المستعير الشىء المعار بالحالة التى يكون عليها وقت إنعقادها العارية فإذا لم يقم المعير بتنفيذ هذا الإلتزام مختارا اكره على ذلك ان كان الوفاء العينى ممكنا وإلا حكم عليه بالتعويض .

وجعل الشارع فى المادة 626 مدنى من الاثر الواقف للاجل إلتزاما سلبياً على عائق المعير كما فعل بالنسبة للمقرض فنص فيها على ان يترك الشىء المعار للمستعير طول مدة العارية وهو يقضى عليه بالا يسترد الشىء قبل الميعاد المتفق عليه وألا يتعرض للمستعير فى إستعماله ذلك الشىء بحيث إذا تعرض للمستعير أو طالبه بالرد قبل الميعاد رفضت دعواه وجاز إلزامه بالتعويض .

(العقود المسماة للدكتور محمود جمال الدين زكي ص237و238)

من أحكام القضاء الحديثة :

1- ليس للمحتكر أن ينازع ناظر الوقف في الملكية مؤسساً منازعته على مجرد وضع يده ما دام هو لم يستلم العين ولم يضع يده عليها إلا بسبب التحكير. شأن

مادة [636]

المحتكر في ذلك كشأن المستأجر والمستعير والمودع لديهم وكل متعاقد آخر لم يضع يده على العين إلا بسبب وقتي من هذا القبيل.

[الطعن رقم 76 - لسنــة 5 ق - تاريخ الجلسة 23 / 04 / 1936]

2-إذا كان طلب الخصم تمكينه من إثبات أو نفي دفاع جوهري بوسيلة من وسائل الإثبات الجائزة قانونا ـ وعلى ما جرى به قضاء هذه المحكمة ـ هو حق له يتعين على محكمة الموضوع إجابته إليه متى كانت هذه الوسيلة منتجة في النزاع ولم يكن في أوراق الدعوى والأدلة الأخرى المطروحة عليها ما يكفى لتكوين عقيدتها فيها.

[الطعن رقم 4981 - لسنــة 67 ق - تاريخ الجلسة 28 / 11 / 1999]

3-إذا كان الثابت في الأوراق أن الطاعن دفع الدعوى - أمام درجتي التقاضي - بعدم قبولها ضده لرفعها على غير ذي صفة مستندا في ذلك إلى أنه لا يعد متبوعا لمحدث الضرر لأنه أعار له سيارته فارتكب بها الأخير الحادث بمفرده، وطلب من محكمة الإستئناف إحالة الدعوى إلى التحقيق لإثبات ذلك حتى تنتفي مسئوليته عن التعويض المحكوم به، وكان الحكم المطعون فيه لم يعرض لهذا الطلب إيرادا له وردا عليه وجعل عمدته في قضائه مجرد ثبوت ملكية الطاعن للسيارة أداة الحادث وأنه سلمها للسائق التابع له وتحت رقابته، ورتب على ذلك تأييده ما قضت به ضده محكمة أول درجة وكان هذا القول من الحكم لا يواجه دفاع الطاعن ولا يحسم القول في شأنه ما طلبه من الإحالة على التحقيق ليثبت أنه أعار السيارة لمرتكب الحادث. لما كان ذلك، وكان يترتب على الإعارة انتقال حراسة الشيء المعار إلى المستعير بما تنتفي معه علاقة التبعية بينهما عملا بمفهوم نص المادة 636 من القانون المدني، وكان الحكم المطعون فيه لم يمكن الطاعن من طلبه المشار إليه رغم أنه ينطوي على دفاع جوهري قد يتغير به وجه الرأي في الدعوى فإنه يكون فضلا عن إخلاله بحق الدفاع قد ران عليه القصور المبطل.

[الطعن رقم 4981 - لسنــة 67 ق - تاريخ الجلسة 28 / 11 / 1999]

مادة [637]

مادة [637]

(1) إذا إضطر المستعير إلى الإنفاق للمحافظة على الشىء أثناء العارية إلتزم المعير أن يرد إليه ما أنفقه من المصروفات .

(2) أما المصروفات النافعة فتتبع فى شأنها الأحكام الخاصة بالمصروفات التى ينفقها من يحوز الشىء هو سيىء النية .

النصوص العربية المقابلة :

هذه المادة تقابل فى نصوص القانون المدنى بالأقطار العربية المواد التالية :

مادة 626 ليبى و849عراقى و749لبنانى و511سودانى .

الأعمال التحضيرية :

لما كانت ملكية العارية وثمارها للمعير وجب عليه ان يتحمل النفقات الضروية للمحافظة على الشىء فإذا إضطر المستعير إلى القيام بهذه النفقات كى يحفظ الشىء إلى ان يرده وجب على المعير أن يرد إليه هذه النفقات مالم يكن المعير قد تسبب بخطئه فى حدوث ما اوجب ضرورة هذه النفقات أما ذا صرف المستعير على الشىء مصروفات نافعة فإنه لايستحق ردها كاملة كما هو شأنه فى المصروفات الضروية وانما يسرى عليه ذلك حكم جائز الشىء سيئ النية (المادة 1432, 1359من المشروع) وذلك لأنه يعلم انه ليس مالكا للشىء وأنه يجوز له أن يقوم بالمصروفات التى ليست إلا نافعه دون أن يعرض نفسه لتحمل تبعة ذلك .

(مجموعة الأعمال التحضيرية للقانون المدني - الجزء 4-ص671)

رأى الفقه :

1- يسترد المستعير - طبقا لنص المادة 637 مدنى - المصروفات الضروية لحفظ الشىء من الهلاك كاملة .

ويقال عادة أن هذا الإلتزام فى ذمة المعير برد المصروفات الضرورية لاينشا عن عقد العارية وانما ينشأ من واقعة مادية هى واقعة الإتفاق ذاتها فهو ليس بإلتزام عقدى ولكنه إلتزام مصدره الاثراء بلاسبب ولكن الأولى ان نربط هذا الإلتزام بعقد العارية اذالنص صريح فى أن المعير يلتزم برد المصروفات الضرورية وهو إنما يلتزم بها وصف أنه معير فعقد العارية إذن هو الذى يرتب هذا الإلتزام فى ذمته .

2- يختلف مدى إلتزام المعير برد ما انفقه المستعير بإختلاف نوع المصروفات فهو يلتزم طبقا للمادة 1/637 مدنى برد كل المصروفات الضرورية .

أما بالنسبة للمصروفات النافعة فلا يلتزم المعير بردها الا فى الا فى حدود إلتزامه برد هذه المصروفات لحائز سئ النية ومعنى هذا أنه يجوز للمعير أن يطلب إزالتها أو أن يرضى ببقائها نظير دفعه أما قيمتها مستحقة للازالة وإما ما زاد فى قيمة العين المعارة بسببها وذلك لأن المستعير يعلم أنه ليس مالكا للشئ وانه لا يجوز له أن يقوم بالمصروفات التى ليست الا نافعة دون أن يعرض نفسه لتحمل تبعة ذلك .

(العقود المسماة- للدكتور محمود جمال الدين زكي -ص238، 239)

مادة [638]

مادة [638]

(1) لا ضمان على المعير فى إستحقاق الشىء المعار إلا أن يكون هناك إتفاق على الضمان أو أن يكون المعير قد تعمدا إخفاء سبب الإستحقاق.

(2) ولا ضمان عليه كذلك فى العيوب الخفية غير أنه إذا تعمد إخفاء العيب أو إذا ضمن سلامة الشىء منه لزمه تعويض للمستعير عن كل ضرر يسببه ذلك .

النصوص العربية المقابلة :

هذه المادة تقابل فى نصوص القانون المدنى بالأقطار العربية المواد التالية : مادة 637 ليبى و604سورى و850عراقى و749لبنانى و1077تونسى و512سودانى.

الأعمال التحضيرية :

نظرا لان المعير متبرع بالنفعة ضيق المشرع من إلتزامه بضمان الإستحقاق أو بضمان العيوب الخفية فجعله غير مسئول عن الاضرار التى تصيب المستعير بسبب إستحقاق الشئ المعار أو بسبب وجود عيب خفى فيه الا إذا كان عالما بسبب الإستحقاق أو بالعيب الخفى وتعمد إخفاءه على المستعير أو إذا ضمن سلامة الشئ من العيوب ويفرض فى ذلك طبعا ان المستعير غير عالم بسبب الإستحقاق أو بالعيب الخفى إذا لو علم فلا محل لمسئولية المعير (انظر المادتين 852, 853من التقنين المراكشى)

ولما كان التضييق فى إلتزام الضمان إلى هذا الحد سببه تبرع المعير فإذا ثبت ان العارية إنما عقدت إستثناء لمصلحة المعير فلا يستفيد المعير من هذا التضييق فى إلتزامه (بوردى لاكانتينرى جزء 13 نبذة 674).

(مجموعة الأعمال التحضيرية للقانون المدني - الجزء 4-ص673و674)

رأى الفقه :

1- الأصل العام - بحسب نص المادة 386 مدنى - هو عدم ضمان المعير لإستحقاق الشئ المعار وعدم ضمانه لما يوجد فيه من عيوب خفية فالعارية عقد تبرع والمفروض ان المعير إنما إلتزم بترك المستعير ينتفع بالشئ لايتمكنه من هذا الإنتفاع والعارية فى هذا كالهبة كلاهما عقد تبرع فان الواهب لا يضمن الإستحقاق ولا العيوب الخفية إلا إذا وجد إتفاق على الضمان أو تعمد الواهب إخفاء سبب الإستحقاق أو إخفاء العيب أو كانت الهبة بعوض على ان المعير يضمن الإستحقاق والعيوب الخفية فى حالتين إستثنائيتين .

مادة [638]

الأولى : إذا كان المعير قد تعمد إخفاء سبب الإستحقاق أو تعمد إخفاء العيب ولا يكفى فى ذلك ان يقرر للمستعير انه يملك حق التصرف فى المنفعة أو ان الشئ غير معيب بل يجب أن يتعمد إخفاء سبب الإستحقاق أو إخفاء العيب ويجب من جهة أخرى أن يكون المستعير غير عالم بسبب الإستحقاق أو بالعيب الخفى إذ لو علم بذلك وقبل العارية بالرغم من علمه يكون قد نزل ضمناً عن حقه .

وعبء الإثبات يقع على المستعير فعليه ان يثبت ان المعير قد تعمد إخفاء سبب الإستحقاق أو تعمد إخفاء العيب ومتى أثبت ذلك رجع على المعير بالتعويض .ولكن فى ضمان العيوب الخفية لايلزم المعير بتعويض المستعير الا عن الضرر الذى يسببه العيب فلا يعوض المستعير إذن عن العيب ذاته اى ان نقص الإنتفاع بالعين بسبب العيب وإنما يعوضه عما سببه العيب من الأضرار .

الثانية : إذا كان المعير قد إتفق مع المستعير على ان يضمن له إستحقاق الشىء أو يضمن سلامته من العيوب ففى هذه الحالة يكون المعير ضامنا ويحدد شروط ضمانه ومدى هذا الضمان ومدى التعويض الإتفاقى الذىتم بينه وبين المستعير ويجب الا يتوسع فى تفسير هذا الإتفاق والشك يفسر لمصلحة المعير لا لانه هو المدين بالضمان فحسب بل ايضا لان الأصل فى العارية عدم الضمان :

(الوسيط-6-2- مجلد للدكتور السنهوري -ص1531 ومابعدها والمراجع السابقة)

2- لايلتزم المعير بالضمان الا بقدر إلتزم الواهب ذلك أنه متبرع مثله فجعله الشارع غير مسئول عن الإستحقاق الشىء المعار أى أن يكون هناك إتفاق على الضمان أو أن يكون المعير قد تعمد إخفاء سبب الإستحقاق وعما به من عيوب خفية إلا إذا تعمد العيب أو إذا ضمن سلامة الشىء منه وتقتصر مسئولية المعير عند ثبوت غشه على تعويض المستعير عن كل ضرر يسببه ذلك ولا تشمل تعويضه عن كل ضرر يلحقه بسبب ذلك وبهذا التعديل لايضمن المعير حتى فى حالة غشه نقص المنفعة الذى يقاسيه المستعير بسبب العيب كما لايضمن الواهب فى هذه الحالة نفسها نقص قيمة المال الموهوب .

ولما كان التضيق فى إلتزام الضمان إلى هذا الحد سببه تبرع المعير فإذا ثبت أن العارية إنما عقدت إستثناء لمصلحة العير فلا يستفيد المعير من هذا التضييق فى إلتزامه .

(العقود المسماة - للدكتور محمود جمال الدين زكي -ص239)

مادة [639]

إلتزامات المستعير

مادة [639]

(1) ليس للمستعير أن يستعمل الشيء المعار الا على الوجه المعين وبالقدر المحدد وذلك طبقا لما بينه العقد أو تقبله طبيعة الشيء أو يعينه العرف ولا يجوز له دون إذن المعير ان ينزل عن الإستعمال للغير ولو على سبيل التبرع .

(2) ولا يكون مسئولاً عما يلحق الشيء من تغيير أو تلف يسببه الإستعمال الذى تبيحه العارية .

النصوص العربية المقابلة :

هذه المادة تقابل فى نصوص القانون المدنى بالأقطار العربية المواد التالية :

مادة 638ليبى و506سورى و851عراقىو735 لبنانى و 1062تونسى و937مغربى و 513سودانى .

الأعمال التحضيرية :

1- يلزم المستعير بان يستعمل الشيء ووفقا للعقد وان يحافظ عليه فاثناء العارية وان يرده بعد إنقضائها .

2- فإذا كان الشيء معارا لإستعمال معين إقتصر حق المستعير على هذا الإستعمال بحيث لو جاوزه إلى غيره إعتبر مجاوزا" لحقه بل مخلا بواجب التقيد بذلك الإستعمال وكذلك الحال لو ان العارية حددت بوقت معين فلا يجوز للمستعير ان يستعمل بعد ذلك الوقت اما إذا لم يعين العقد إستعمالا أو وقتا ما فلا يجوز للمستعير ان يستعمل الشيء الا فيما تقبله طبيعته أو يحدده العرف .

ولما كان حق المستعير مقصوراً على ان يستعمل الشيء دون ان يستغله فلا يجوز له ان يؤجره إلى الغير ولا ان يعيره من باب اولى الا إذا أثبت ان المعير قد ادنه فى ذلك صراحة أو ضمنا .

وما دام المستعير مراعياً حدود الإستعمال الذى يبيحه له الإتفاق فإنه لا يسأل عما يصيب الشيء بسبب ذلك الإستعمال المباح من تغيير أو تلف أو نقصان (إستهلاك تدريجى) لأن ذلك يعتبر ملازماً لطبيعة العارية ويجب على المعير أن يتوقعه .

(مجموعة الأعمال التحضيرية للقانون المدني - الجزء 4-ص676)

رأى الفقه :

1- للمستعير حق إستعمال الشئ المعار إلى أن ينتهى العارية وهذا هو الغرض الأساسى الذى قصد إليه من العقد على انه يتقيد فى إستعمال الشئ المعار بالوجه المعين وبالقدر المحدد ويتبين ذلك أولا من الرجوع إلى العقد فإذا كان المعير قد

مادة [639]

قيد فى العارية نوع الإستعمال أو وقته أو مكانه فليس للمستعير ان يستعمل الشىء المعار فى غير الوجه المبين فى العقد أو فى غير الوقت أو المكان المعين فإذا لم يبين لعقد كيفية الإستعمال وجب الرجوع إلى طبيعة الشىء وتقول المادة 852 مدنى عراقى فى هذا الصدد : " إذا اطلق المعير للمستعير الإنتفاع فى الوقت والمكان وتسوع نوع الإستعمال جاز له ان ينتفع بالعارية فى أى وقت وفى اى مكان وباى إستعمال أراد بشرط ألا يجاوز المعهود المعروف فان جاوزه وهلكت العارية ضمنها "

وما دام المستعير لم يخرج فى إستعمال العارية عن الوجه المعين وبالقدر المحدد فانه لايكون مسئولاً عما يلحق بالشىء المعار من تغيير أو تلف بسبب هذا الإستعمال (م2/639مدنى) وتقول المادة 859 مدنى عراقى فى هذا الصدد : " إذا حدث فى إستعمال العارية عيب يوجب نقصان قيمتها فلا ضمان على المستعير إذا إستعملها إستعمالا معتاداً .

ولما كانت العارية تراعى فيها عادة شخصية المستعير إذا هى تتمخض تبرعا له فقد قضت العبارة الأخيرة من الفقرة الأولى من المادة 639 مدنى بانه لايجوز للمستعير :" دون إذن المعير ان ينزل عن الإستعمال للغير لوعلى سبيل التبرع فلا يجوز إذن للمستعير دون إذن المعير ان يؤجر الشئ المعار أو يرهنه أو يعيره أو ينزل عن إستعماله لشخص اخر باى حال فإذا فعل جاز للمعير فسخ العارية والرجوع عليه بالتعويض .

وإذا حصل المستعير على إذن المعير فأعار الشىء المعار أو اجره أو رهنه فان العلاقة مابين المعير والمستعير من الباطن أو المستأجر أو المرتهن لاتكون علاقة مباشرة بل يتوسط بينهما المستعير كما تقضى القواعد العامة .

(الوسيط-6- 2 مجلد للدكتور السنهوري -ص1535 ومابعدها والمراجع السابقة)

2- يلتزم المستعير اولا بإستعمال الشىء المعار على الوجه المعين وبالقدر المحدد وثانيا بالقيام بمصروفات صيانه الشىء وثالثا بالمحافظة عليه ورابعا برده بالحالة التى يكون عليها .

وبينت المادة 1/639 مدنى حدود حق المستعير فى إستعمال الشىء المعار واوضحت بالتالى مدى إلتزاماته فيه :" ليس للمستعير ان يستعمل الشىء المعار إلا على الوجه المعين وبالقدر المحدد وذلك طبقا لما بينه العقد أو تقبله طبيعة الشىء أو يعينه العرف ولايجوز له دون إذن المعير ان ينزل عن الإستعمال للغير ولو على سبيل التبرع فحق المستعير على الشىء المعار مقيد أو لا بشحصه إذا ليس له إلا أن يستعمله دون أن يستغله فلا يجوز له ان يؤجره إلى الغير ولا ان يعيره من باب اولى ومحدد ثانيا بإتفاق العاقدين أو بما تمليه طبيعة

مادة [639]

الشىء المعار أو بعينه العرف فإذا كان الشىء معارا لإستعمال معين إقتصر حق المستعير على هذا الإستعمال بحيث لو جازوه إلى غيره إعتبر مجاوزا لحقه بل مخلا بواجب التقيد بذلك الإستعمال وكذلك الحال طبيعته أو تحدت بوقت معين فلا يجوز للمستعير ان يستعمال الشىء الا فيما تقبله طبيعته أو يحدده العرف وإذا إستعمل المستعير الشىء المستعار فى غير ما أعد له أو إستعمله بعد الزمن المتفق عليه كان ملزماً مساو لقيمة الأجرة مع تعويض التلف الحاصل من الإفراط فى إستعماله .

وما دام المستعير مراعيا حدود الإستعمال التى بيحها له الإتفاق فانه لايسال عما يصيب ذلك الإستعمال المباح من تغيير أو تلف أو نقصان (إستهلاك تدريجى) لأن ذلك يعتبر ملازماً لطبيعة العارية ويجب على المعير ان يتوقعه .

(العقود المسماه- للدكتور جمال زكي -ص 240و241)

من أحكام القضاء الحديثة :

1- لما كانت المادة 639 من القانون المدني قد نصت على أنه " ..... ليس للمستعين أن يستعمل الشيء المعار إلا على الوجه المعين وبالقدر المحدد , وذلك طبقا لما بينه العقد أو تقبله طبيعة الشيء أو يعينه العرف ولا يجوز له دون إذن المعير أن ينزل عن الاستعمال للغير ولو على سبيل التبرع ولا يكون مسئولا عما يلحق الشيء من تغيير أو تلف بسبب الاستعمال الذي تبيحه العارية " , بما مفاده أن للمستعير استعمال الشيء المعار على الوجه المعين في عقد العارية أو تقبله طبيعة الشيء أو يعينه العرف ولا يكون مسئولا عما يلحق الشيء من تغيير أو تلف بسبب الاستعمال الذي تبيحه العارية وإذ كان الحكم المطعون فيه في مقام الرد على دفاع الطاعن المار بيانه - بانتفاء القصد الجنائي لديه وفى شأن عرض المنقولات على المجني عليها - قد اشترط أن يرد المستعير (الطاعن) الشيء المعار بالحالة التي كان عليها وقت انعقاد العارية , فإنه يكون قد خالف القانون هذا إلى أنه لم يستظهر ما إذا كانت المنقولات المعروضة من الطاعن هي ذات المنقولات التي قد استلمها بموجب عقد العارية أم لا , كما لم يستظهر القصد الجنائي لدى الطاعن وهو ركن أساسي في الجريمة التي دانه بها , فإنه يكون مشوبا - فوق مخالفته للقانون - بالقصور في التسبيب.

[الطعن رقم 14961 - لسنة 64 ق - تاريخ الجلسة 07 / 03 / 1999]

مادة [640]

مادة [640]

(1) إذا إقتضى إستعمال الشئ نفقه من المستعير فليس له إستردادها وهو مكلف بالنفقة اللازمة لصيانة الشىء صيانة معتاده وله ان ينزع من الشىء المعار كل ما يكون قد أضافه إليه على أن يعيد الشئ إلى حالته الأصلية .

النصوص العربية المقابلة :

هذه المادة تقابل فى نصوص القانون المدنى بالأقطار العربية المواد التالية :

مادة 639سورى و606سورى و857عراقى و738لبنانى و515سودانى .

الأعمال التحضيرية :

نفقات الصيانة المعتادة واجبة على المستعير وكذلك تجب عليه النفقات اللازمة لإستعمال الشىء فإذا إتفق على الشىء المعار ما يلزم لا لإعداده للإستعمال فإنه لا يرجع بهذه النفقات الا إذا كانت تلك النفقات غير متكافئة يحال مع إستعمال العارية وكان المستعير قد إضطر للقيام بسبب حاجته إلى الشىء المعار وإعتماده على العارية دون ان يعلم بما يلزم من نفقات لإعداد الشئ للإستعمال فإذا كان المستعير قد أضاف إلى الشئ المعار شيئا آخر ليعده بذلك للإستعمال فله أن ينزع من الشئء المعار مايكون قد اقامه فيه على ان يعيد الشئ إلى حالته الأصلية :

(مجموعة الأعمال التحضيرية للقانون المدني - الجزء 4-ص678و679)

رأى الفقة :

1- قد يقتضى إستعمال الشئ المعار مصروفات فهذه يتحملها المستعير مثال ذلك ان يستعير شخص سيارة أو الة زراعية فمصروفات بنزين السيارة ومصروفات تشغيل الآلة الزراعية تكون كلها على المستعير فإذا إستعار شخص سيارة لرحلة هامة وكانت السيارة فى حاجة إلى إصلاحات جسيمة ليمكن إستعمالها ولم يكن المستعير علىعلم بذلك ولا هو يستطيع تأخير رحلته ، فإضطر للقيام بهذه الإصلاحات فجشمته نفقات لا تتكافأ بحال مع المنفعة التي أفادها من السيارة ، فإنه يرجع بهذه النفقات علي المعير لا بإعتبارها مصروفات ضرورية لأنها ليست ضرورية لحفظ الشئ من الهلاك ولا بإعتبارها مصروفات نافعة إلا لما استطاع الرجوع بها كاملة وإنما بإعتبارها مصروفات غير عادية لإستعمال الشئ المعار .

كذلك يتحمل المستعير مصروفات الصيانة المعتادة ، فتشحيم السيارة وتزيتتها عليه ، وكذلك مؤونة الدواب والمواشي ، وأعمال الصيانة اللازمة للالات الزراعية وما إلي ذلك .

مادة [640]

وقد تقدم القول أن هناك نوعين آخرين من المصروفات : المصروفات الضرورية لحفظ الشئ من الهلاك ، والمصروفات النافعة ، وهذه وتلك غير مصروفات الإستعمال ومصروفات الصيانة التي نحن بصددها ، وقد سبق بيان أحكامها .

وإذا إقتضي إستعمال الشئ المعار أن يضيف المستعير إليه شيئا من عنده ، كما إذا إستعار شخص قاعة لإلقاء سلسلة من المحاضرات فاقتضي الأمر أن يجهز القاعة بأثاث إضافة إليها أو بمقاعد ثابتة في الأرض ، فإن له بعد إنتهاء العارية أن ينزع ما أضافه علي أن يعيد القاعة إلي حالتها الأصلية (م 2/640 مدني) .

وكذلك لو إستعار بسيارة فاشتري لها عجلة جديدة أو بطارية للكهرباء ، فيجوز له عند إنتهاء العارية أن ينزع العجلة أو البطارية .

(الوسيط-6- 2- مجلد للدكتور السنهوري -ص1539و1540 ومابعدها والمراجع السابقة)

2- المستعير ملكف بالنفقة اللازمة لصيانة الشئ صيانة معتادة ، وإذ كان المستأجر يلتزم بصيانة العين المؤجرة ، فأولي أن يلتزم المستعير بصيانة العين المعارة ، وبالتالي لا يرجع بنفقات الصيانة علي المعير ، بل إذا اقتضي إستعمال الشئ نفقة من المستعير فليس له إستردادها ، وينفق هذا الحكم مع صفة التبرع اللاصقة بالعارية ، فإلزام المعير بنفقات لمحض فائدة المستعير غير مقبول عقلا أو عدلا . فيلتزم مستعير الدابة بتقديم الغذاء لها ن كما يلتزم مستعير السيارة بثمن الوقود اللازم لسيرها . ومع ذلك استثني واضعو التقنين الجديد حالة ما تكون تلك النفقات غير متكافئه مجال مع إستعمال العارية ، وكان المستعير قد إضطر للقيام بها بسبب حاجته إلي الشئ المعار وإعتماده علي العارية دون أن يعلم بما يلزم من نفقات لإعداد الشئ للإستعمال ، ولا نري من جانبنا لهذا الإستثناء أساسا قانونيا ، وكان الأولي وضعه بين نصوص المادة 640 مدني بدلا من إيراه تعليقا عليها في المذكرة التفسيرية .

وتنص المادة 2/640 مدني أن للمستعير أن ينزع من الشئ المعار كل ما يكون قد أضافه إليه ، علي ان تعيد الشئ إلي حالته الأصلية ولم يكن الشارع في حاجة إلي هذا النص لإلزام القاضي بالأخذ بمضمون الحكم الذي جاء فيه.

(العقود المسماة - للدكتور جمال زكي -ص 241و242)

مادة [641]

مادة [641]

(1) علي المستعير أن يبذل في المحافظة علي الشئ العناية التي يبذلها في المحافظة علي ماله دون أن ينزل في ذلك عن عناية الرجل المتعاد .

(2) وفي كل حال يكون ضامناً لهلاك الشئ إذا نشأ الهلاك عن حادث مفاجئ أو قوة قاهرة وكان في وسعة أن يتحاشاه بإستعمال شئ من ملكه الخاص ، أو كان بين أن ينقذ شيئا مملوكاً له أو الشئ المعار فإختار أن ينقذ ما يملكه .

النصوص العربية المقابلة :

هذه المادة تقابل في نصوص القانون المدني بالأقطار العربية ، المواد التالية :

مادة 640 ليبي و 607 سوري و 857 عراقي و 734 لبناني و 514 سوداني .

الأعمال التحضيرية :

ذهبت الشرائع في تحديد واجب المستعير في المحافظة علي الشئ المعار مذاهب شتي ، فاكتفي التفنين الفرنسي وما تفرع عنه من تشريعات بأن أوجب علي المستعير عناية رب الأسرة ، أو العناية المعتادة من رجل متوسط العناية (التقنين الفرنسي المادة 1880) والتقنين الإيطالي للمادة 1808 والتقنين الهولندي المادة 1781 فقرة أولي ، وتقنين كويبك المادة 1766 والمشروع الفرنسي الإيطالي المادة 625 وقضت تشريعات أخري بأن المستعير تجيب عليه العناية التي يبذلها عادة في المحافظة علي ماله(التقنين البرتغالي المادتان 1514و1515 والتقنين البرازيلي المادة 1251) ، غير أن العناية التي تعودها المستعير في أحواله قد تزيد أو تنقص عن عناية الرجل المعتاد ، فإن نقصت فإنه يكون من الإجحاف علي الغير وهو متبرع ، أن يتحمل نتائج أخطاء من المستعير لا يرتكبها متوسط الناس عناية ، وهناك فريق ثالث من التشريعات قد راعي أن العارية في مصلحة المستعير وحده فشدد فيما فرضه عليه من عناية ، إذ اقتضاه أكبر عناية ممكنة (التقنين الأرجتيني المادة 2300) ويمكن أن تفسر عبارة التقنين الحالي (المادتان 468-469/569- 570) بأن المشروع المصري أخذ بذلك أيضا .

غير أن المذهب بالغ في الشدة علي المستعير ، إذ أنه يلزم المستعير الذي يمكن أن يكون عادة قليل العناية بما هو - ليس فقط بالعناية التي يبذلها متوسط الناس . بل بأقصى ما يتصور من العناية ، وفي هذا أرهاق له قد يصل إلي حد التعجيز .

مادة [641]

لذلك أخذ المشرع بحل وسط يلزم المستعير كبير العناية مايبذله في المحافظة علي ماله الشخصي ويلزم المستعير متوسط العناية أو قليل العناية بما يبذله الرجل المعتاد من عناية ، فيستفيد المعير بهذا النص إذا كانت عناية المستعير المعتادة فوق المتوسط ولا يضار إذا كانت تلك العناية دون المتوسط .

ولما كان المشرع قد فرض علي المستعير أن يبذل أقصي ما في وسعه من عناية فقد نظر إلي حالة القوة القاهرة أو الحادث المفاجئ الذي يهدد الشئ المستعار بالهلاك ، فأوجب علي المستعير إذا كان في وسعه أن يتفادي هلاك الشئ المستعار بإستعماله شئ من ملكه ، أن يفتدي الأول بالثاني وكذلك إذا كانت القوة القاهرة تهدد بالهلاك أحد الشيئين بحيث لا يستطاع إنفاذ غير واحد من الشيئين فقد أوجب المشرع علي المستعير أن يقدم إنفاذ العارية علي إنقاذ ملكه .

ويفهم من ذلك أن المشرع لا يكتفي في حالة القوة القاهرة والحادث المفاجئ بإشتراط أقصي ما يبذله المستعير عادة من عناية في حفظ ماله ، بل يفرض عليه مقابل تبرع المعير أن يؤثر إنقاذ مال المعير علي إنقاذ مال نفسه.

وكل ذلك نص عليه المشرع بإعتباره مقررا لنية الطرفين ، فيجوز الإتفاق علي ما يخالفة .

(مجموعة الأعمال التحضيرية للقانون المدني – الجزء 4-ص681و682)

رأي الفقه :

1- كانت نظرية تدرج الخطأ gradation des fautes وهي نظرية قديمة مهجورة ، تقسم الخطأ العقدي غير العمد إلي أقسام ثلاثة : خطأ جسيم خطأ يسير وخطأ تافه . وتقسم العقود إلي طوائف ثلاث : عقد لمنفعة الدائن وحده كالوديعة وفيه لا يسأل الودع عند إلا عن الخطأ الجسيم ، وعقد لمنفعة المتعاقدين معا كالإيجار وفيه يسأل المستأجر عن الخطأ اليسير ، وعقد لمنفعة المدين وحده كالعارية وفيه يسأل المستعير حتي عن الخطا التافه. فنظرية تدرج الخطأ تجعل إذن المستعير مسئولاً في المحافظة علي الشئ المعار عن خطئه الجسيم وعن خطئه اليسير وعن خطئه النافةجميعا ، وذلك لأن العقد لمنفعته وهو محض تبرع له .

ولكن هذه النظرية منفذة ، وقد جرت منذ عهد طويل ، وأخذ التقنين الجديد بالنظرية الحديثة ، وهي التي تقسم بالإلتزام إلي الإلتزام بتحقيق غاية وإلتزام يبذل عناية : ففى الإلتزام بتحقيق غاية يكون المدين مسئولاً إذا لم تتحقق ولو لم يثبت خطا فى جانبه لان عدم تحقيق الغاية يعتبر هو الخطا ذاته ولا تنتفى مسئوليته الا بإثبات السبب الاجنبى والسبب الاجنبى لا ينفى الخطا وانما ينفى علاقة السببيه وفى الإلتزام ببذل عناية يكون المدين قد نفذ إلتزامه إذا هو بذل

مادة [641]

العناية التى يتطلبها منه القانون والأصل فهذه العناية ان تكون عناية الرجل المعتاد وقد يزيد أو تنقص طبقا للإتفاق اولنص فى القانون وقد نص القانون فى الإيجار على عناية الرجل المعتاد لان المستأجر يدفع اجرا ونص فى الوديعة بغير اجر على عناية المودع عنده فى المحافظة على ماله دون ان يكلف ازيد من عناية الرجل المعتاد لان المودع عنده متبرع له .

ونري من ذلك أن القانون وضع لقياس العناية المطالبة من المستعير في المحافظة علي الشئ المعار - معيارين أحدهما مادي والآخر شخصي ، وأخذه بالأعلي من هذين المعيارين فالمستعير يجب عليه أولا أن يبذل عناية الرجل المعتاد ، وهذا هو المعيار المادي ، ثم إذا كان هو معروفا بالإفراط في المحافظة علي ماله إلي حد يعلوا عن عناية الرج المعتاد ، وجب عليه أن يرتفع إلي هذا الحد ، وهذا هو المعيار الشخصي أما إذا كان معروفاً بالتفريط في المحافظة علي ماله إلي حد يقل عن عناية الرجل المعتاد ، لم يجز له أن ينزل إلي هذا الحد ، بل يجب أن يلزم المعيار الأعلي وهو عناية الرجل المعتاد . فهو إذن بين المعيارين - المعيار المادي وهو عناية الرجل المعتاد والمعيار الشخصي وهو عنايته في المحافظة علي ماله - يؤخذ بالأعلي منهما كما سبق . والمعير في ذلك ينتفع بحرص المستعير إذا كان معروفا بالإفراط ولا يضار من تقصيره إذا كان معروفا بالتفريط .

ومن ثم يكون المستعير مسئولاً عن هلاك الشئ العار أو تلفه أو تعيبه ، إلا إذا أثبت أنه بذل في المحافظة عليه المطلوبة منه : عناية الرجل المعتاد أو عنايته هو في المحافظة علي ماله فإذا أساء إستعمال الشئ المعار أو استخدامه لغير ما أعد له أو لمدة أطول ، أو أهمل إتخاذاً الحيطة اللازمة لصيانته أو تصرف فيه لشخص آخر دون إذن المعير ، أو عهد في حفظه إلي شخص آخر دون ضرورة تدعو إلي ذلك كان هذا تقصيرا من جانبه يستوجب مسئوليته عن تعويض التلف (م 374 و747 لبناني) . وإن غضب ولم يقدر المستعير علي دفعه فلا مسئولية عليه ، وإذا قصر المستعير قاصراً لم تطلب منه إلا عناية الشخص القاصر . وإذا تعدد المستعيرون لم يكونوا متضامنين في المسئولية ، لأن مسئوليتهم عقدية لا تقصيرية ولم ينص علي التضامن .

والمستعير لا يكون مسئولاً عن القوة القاهرة لو ثبت أنه لم يبذل العناية المطلوبة . ذلك أن القوة القاهرة تنفي علاقة السببية بين الخطأ والضرر ، فيكون الضرر منسوبا إلي سبب أجنبي لا إلي الخطأ المستعير ، ومن ثم لا يكون هذا مسئولاً . وهذه منسوبا إلي سبب أجنبي لا إلي خطأ المستعير ، ومن ثم لا يكون هذا مسئولاً .

مادة [641]

وهذه هي القاعدة العامة في العارية وفي سائر العقود . إلا ان القانون قد أورد في العارية إستثناء لهذه القاعدة أراد فيه التشدد في مسئولية المستعير لأن العارية متمحضة تبرعا له ، فنص عليه في الفقرة الثانية من المادة 2/641 مدني .

وقد كانت القواعد العامة تقضي بعدم مسئولية المستعير في أحوال هلاك الشئ الناشئ عن الحادث المفاجئ أو القوة القاهرة لانتفاء علاقة السببية . ولا شك أن القانون يطلب من المستعير في هذه الأحوال أكثر من عنايته بماله الخاص وأكثر من عناية الرجل المعتاد ، إذ يطلب منه بذل ماله لانفاذ مال الغير . ويبرر ذلك أن المعبر ذو مروءة ، فوجب علي المستعير أن يقابل المروءة بمثلها .

وغني عن البيان أن تقدم من القواعد في مسئولية المستعير لا يتعلق بالنظام العام ، فيجوز الإتفاق علي ما يخالفة .

ومن ثم يجوز الإتفاق علي تشديد مسئولية المستعير ، فيكون مسئولاً حتي عن القوة القاهرة . كما يجوز الإتفاق علي التخفيف من هذه المسئولية ، فلا يكون مسئولاً أصلا إذا وقع الهلاك بقوة قاهرة ، أولا يكون مسئولاً إلا عن عنايته هو في حفظ ماله دون أن يلتزم عناية الرجل المعتاد أولا يكون مسئولاً حتي عن تقصيره فخطؤة من المسئولية عنه إلا إذا كان غشاً أو خطأ جسيما .

(الوسيط-6- 2- مجلد للدكتور السنهوري -ص541 ومابعدها والمراجع السابقة)

2- يلتزم المستعير بالمحافظة علي الشئ المعار ، وقد وجد واضعوا التقنين الجديد أن هذا المذهب بالغ في الشدة علي المستعير ، إذ أنه يلزم المستعير- الذي يمكن أن يكون عادة قليل العناية بما له هو – ليس فقط بالعناية المعتادة التي يبذلها متوسط الناس ، بل أقصي ما يتصور من العناية وفي هذا إرهاق له قد يصل إلي حد التعجيز . ولذلك أخذوا في المادة 1/641 مدني بحل وسط يلزم المستعير كبير العناية بمثل ما يبذله في المحافظة علي ماله الشخصي ، ويلزم المستعير متوسط العناية أو قليل العناية بما يبذله الرجل المعتاد من عناية ، فيستفيد المعير بهذا النص إذا كانت عناية المستعير المعتادة فوق متوسط ، ولا يضار إذا كانت تلك العناية دون المتوسط .

ويترتب علي هذا أن المستعير لا يكون مسئولاً عن هلاك الشئ المعار بغير تقصير منه . ومع ذلك جعله الشارع ضامنا لهلاك الشئ إذا نشأ الهلاك عن حادث مفاجئ أو قوة قاهرة ، وكان في وسعه أن يتحاشاه بإستعمال شئ من ملكه الخاص ، أو كان بين أن ينفذ شيئا مملوكا أو الشئ المعار فإختار أن ينفذ ما يملكه ويفهم من ذلك أن الشارع لا يكفي في حالة القوة القاهرة والحادث المفاجئ بإشتراط أقصي ما يبذله المستعير عادة من عناية في حفظ ماله بل يفرض عليه مقابل تبرع المعير أن يؤثر إنقاذ مال الغير علي إنقاذ مال نفسه . وحكم المادة المادة 2/641 مدني جديد في قانوننا ،وقد نقله الشارع عن المادة 1882 من التقنين الفرنسي .

(العقود المسماة – للدكتور محمود جمال الدين زكي – ص 242و243)

مادة [642]

مادة [642]

(1) متي إنتهت العارية وجب علي المستعير أن يرد الشئ الذي تسلمه بالحالة التي يكون عليها ، وذلك دون إخلال بمسئوليته عن الهلاك أو التلف .
(2)ويجب رد الشئ في المكان الذي يكون المستعير قد تسلمه فيه ما لم يوجد إتفاق يقضي بغير ذلك .

النصوص العربية المقابلة :

هذه المادة تقابل في نصوص القانون المدني بالأقطار العربية المواد التالية :

مادة 641 ليبي و608 سوري و 860 عراقي و 740 لبناني و 844 مغربي و 516 سوداني و1069 تونسي .

الأعمال التحضيرية :

علي المستعير أن يرد الشئ عند إنتهاء العارية بالحالة التي يكون عليها في ذلك الوقت ، غير أنه إذا ثبت أن ما يوجد في الشئ وقت وجوب رده من هلاك أو تلف يرجع إلي تقصير المستعير فيما يجب عليه من عناية طبقاً للمادة 858، فإن المستعير يكون مسئولاً عن ذلك .

وقد أوجب المشرع في العارية أن يكون الرد في المكان الذي حصل فيه التسليم أولا ، ما لم يتفق علي غير ذلك . وهذا بخلاف ما نص عليه في عقد القرض ، إذ أن محل القرض يغلب فيه أن يكون نقودا أو أشياء مثلية تنتقل ملكيتها إلي المقترض ويرد مثلها . أما في العارية فيمكن أن يكون محلها عقارا أو منقول كبير الكلفة في نقله ، فلا يجبر المعير علي تسلمه في مواطن المستعير ، وإنما يكون الرد في المكان الذي حصل فيه التسليم . وهذا ايضا بإعتباره مطابقا لنية الطرفين ، فيجوز الإتفاق علي ما يخالفه .

(مجموعة الأعمال التحضيرية للقانون المدني - الجزء 4-ص1548)

رأي الفقه :

1- إلتزام المستعير برد الشئ المعار تسري فيه القواعد العامة . فيجب عليه أن يرد الشئ ذاته ، لا شيئا غيره ولو كان أكبر قيمة ، ويرد معه ملحقاته وتوابعه وزياداته ، كما لو كان الشئ المعار ماشية فيردها مع نتاجها ، ومصروفات الرد تكون عليه لأنه هو المدين بهذا الإلتزام .

ويرد الشئ المعار في الحالة التي يكون عليها وقت الرد ، غير أنه إذا كان قد هلك أو تلف أو تعيب ، لم تستطع أن يتخلص من المسئولية عن ذلك إلا إذا أثبت أنه قد بذلك العناية المطلوبة منه . أو أثبت أن الهلاك أو التلف أو التعيب كان بسبب أجنبي في غير القرضين المعروفين . أما إذا كان الشئ قد

مادة [642]

ضاع ، فلأن الإلتزام بالرد إلتزام بتحقيق غاية لا إلتزام ببذل عناية بخلاف الإلتزام بالحفظ ، وقد قررنا ذلك في الإيجار ، فإن المستعير يكون مسئولاً عن الضياع إلا إذا أثبت السبب الأجنبي ، ولا يكفي أن يثب أنه بذل العناية المطلوبة.

ويكون الرد عند إنتهاء العارية ، وقبل ذلك لا يجبر المستعير علي الرد .

ويقع الرد في المكان الذي تسلم فيه المستعير الشئ المعار ، مالم يتفق علي غير ذلك (م2/642 مدني) . وكانت القواعد العامة تقضي بأن يكون الرد في مواطن المدين بالإلتزام أي في مواطن المستعير ، كما هي الحال في عقد القرض حيث يلتزم المقترض برد القرض في موطنه . ولكن لوحظ أن العارية قد يكون محلها عقاراً أو منقولا كبير الكلفه في نقله ، فأوجب القانون علي المستعير أن يقوم بنقله إلي المكان الذي تسلمه فيه لرده إلي المعير في هذا المكان .

وللمعير أن يسترد الشئ المعار بدعوى العارية ، وهي دعوى شخصية ترفع ضد المستعير وورثته ولا تتقادم إلا بخمس عشرة سنة ، وله كذلك - إذا كان مالكا- أن يرفع دعوى الملكية ، وهي دعوى عينية ترفع ضد المستعير وضد أي شخص يكون الشئ المعار في حيازته . ولا تسقط دعوى الملكية بالتقادم المسقط ، ولكن يجوز أن تكسب ملكية الشئ المعار إذا إنتقال إلي حائز بالتقادم المكسب الطويل أو التقصير . أما إذا بقي الشئ في يد المستعير أو ورثته ، فالحيازة مشوبة أو القصير . أما إذا بقي الشئ في يد المستعير أو ورثته ، فالحيازة مشوبة بالغموض ، ومن ثم لا تؤدي إلي كسب الملكية إلا إذا غير الحائز نيته وبين في وضوح أنه يجوز الشئ كمالك ، وإذا كان الشئ منقولا وإنتقل إلي حائز حسن النية ملكه هذا بالحيازة .

وفي جميع الأحوال التي يفقد فيها المعير ملكية الشئ يجوز له الرجوع بالتعويض علي المستعير بدعوى العارية . وكذلك يكون المستعير مرتكبا لجريمة خيانة الأمانة إذا هو بدد الشئ العار ، إذ العارية من العقود التي ترد فيها هذه الجريمة .

(الوسيط-6- 2- مجلد للدكتور السنهوري -ص1548 ومابعدها والمراجع السابقة)

2- يلتزم المستعير أخيراً عند إنتهاء العارية برد الشئ الذي تسلمه بالحالة التي يكون عليها . غير انه إذا ثبت أن ما يوجد في الشئ وقت وجوب رده من هلاك أو تلف يرجع إلي تقصير المستعير فيما يجب عليه من عناية طبقا للمادة 641 مدني ، فإن المستعير يكون مسئولاً عن ذلك .

ويجب رد الشئ في المكان الذي يكون المستعير قد تسلمه فيه ما لم يوجد إتفاق يقضي ذلك ، وهذا بخلاف ما نص عليه في عقد القرض ، إذ أن محل يغلب أن يكون نقودا أو أشياء مثلية تنتقل ملكيتها إلي المفترض ويرد مثلها . أما في العارية فيمكن أن يكون محلها عقارا أو منقولا كبير الكلفة في نقله ، فلا يجيز المعير علي تسلمه في موطن المستعير ، وإنما يكون الرد في المكان الذي حصل فيه التسليم .

(العقود المسماة- للدكتور محمود جمال زكي - ص243و244)

مادة [643]

إنتهاء العارية

مادة [643]

(1) تنتهي العارية بإنقضاء الأجل المتفق عليه ، فإذا لم يعين لها أجل إنتهت بإستعمال الشئ فيما أعير من أجله .

(2) فإن لم يكن هناك سبيل لتعيين مدة العارية ، جاز للمعير أن يطلب إنهاءها في أي وقت .

(3) وفي كل حالة يجوز للمستعير ان يرد الشئ المعار قبل إنتهاء العارية ، غير أنه إذا كان هذا الرد يضر المعير فلا يرغم علي قبوله .

النصوص العربية المقابلة :

هذه المادة تقابل في نصوص القانون المدني بالأقطار العربية ، المواد التالية :

مادة 642 ليبي و 609 و 861 عراقي و 740 لبناني و 507 سوداني و 1065 تونسي .

الأعمال التحضيرية :

1- تنتهي العارية بإنقضاء مدتها ، أو بإلغائها أو بموت المستعير .

2- فإذا كانت لها مدة معينة ، أو محددة بإستعمال معين ، إنتهت العارية بإنقضاء تلك المدة أو بإنتهاء ذلك الإستعمال ، اما إذا لم تحدد ، ولم يمكن تحديدها بالإستعمال إعتبر العقد قابلا للإنتهاء بناء علي طلب المعير في أي وقت يشاء . وعلي كل حال فما دام العقد دائما في مصلحة المستعير ، فهو يستطيع أن يتنازل عنه قبل إنتهاء مدته ، فيجوز له ان يرد العارية في أي وقت ، مالم يكن في ذلك إضرار بالمعير ، فلا يجبر عليه .

(مجموعة الأعمال التحضيرية للقانون المدني – جزء 4-ص687)

رأي الفقه :

1- هناك فروض ثلاثة لإنقضاء الأجل :

(1) أن يكون للعارية أجل معين إتفق عليه المتعاقدان ، كما إذا أعار شخص شخصا آخر كتابا أو سيارة لمدة أسبوع ، فتنتهي العارية بإنقضاء الأسبوع ، سواء انتهي المستعير من قراءة الكتاب أو تحقيق الغرض الذي إستعار من أجله السيارة أو لم ينته بعد .

مادة [643]

(2) ألا يكون المتعاقدان قد إتفقا علي أجل معين ، ولكنهما إتفقا علي الغرض الذي أعير من أجله الشئ . فقد يتفقان علي إعارة السيارة ليسافر المستعير بها إلي بلد معين . اما الكتاب فالمفروض – عند عدم الإتفاق علي أجل معين – أن هناك إتفاقا ضمنيا علي أن يكون الغرض من العارية هو أن يقرأ المستعير الكتاب إلي آخره ، ففي هذا الغرض تنتهي العارية بإنتهاء إستعمال الشئ فيما أعير من أجله . فتنتهي عارية السيارة برجوع المستعير من السفر في غير إبطاء لا مبرر له ، وتنتهي عارية الكتاب بإتمام المستعير قراءته في وقت معقول.

(3) ألا يتفق المتعاقدان لا علي أجل ولا علي غرض معين فإذا أعار شخص شخصاً آخر دارا ليسكنها دون أن يعين مدة أو غرضا ، ولم يكن هناك سبيل آخر لتعيين مدة تنتهي بإنقضائها العارية ، فإن العارية في هذه الحالة تنتهي في أي وقت يريده المعير ، بعد إمهال المستعير مدة معقولة للإخلاء ، دون أن يتقيد المعير بالقواعد القانونية المقررة في الإيجار ,ونري من ذلك أن العارية في الغرض الذي نحن بصدده لا تلزم المعير ولا تلزم المستعير ، فيجوز لأي منهما إنهاؤها في أي وقت ولا يعترض علي ذلك بأن إلتزام كل من المتعاقدين معلق علي شرط إداري ، فالشرط هنا فاسخ لا واقف .

(الوسيط-6- 2- مجلد للدكتور السنهوري -ص552 ومابعدها والمراجع السابقة)

2- الأصل أن تنتهي العارية في الوقت الذي يحدد الطرفان . فإن لم يحدداه صراحة أو ضمنا كان للمعير إنهاؤها وقتما يشاء . علي الأجل في العارية ليس ملزما للمستعير ، فله الحق في رد الشئ المعار قبل حلوله ، أما المعير فليس له في القاعدة العامة هذا الحق وإن كان القانون قد خوله له إستثناء من تلك القاعدة ، في بعض حالات خاصة ، وتنتهي العارية في كل الأحوال ، بموت المستعير لأن شخصة ملحوظ في عقدها .

تنتهي العارية بإنقضاء الأجل المتفق عليه ، فإذا لم يعين لها أجل إنتهت بإستعمال الشئ فيما أعير من أجله . العارية عقد مستمر ، مؤقت بمدة معينة أو مخصص بإستعمال محدد ، ففي الحالة الأولي تنتهي العارية بإنقضاء المدة ، وفي الحالة الثانية بإنتهاء الإستعمال المراد منها ، كمن يعبر عربة للسفر بها إلي مكان ما ، جواهر للظهور بها في حفل ما ، فتنتهي العارية بوصول المستعير إلي ذلك المكان أو بخروجه من هذا الحفل . علي أنه إذا حددت العارية بإستعمال

مادة [643]

معين بوقت محدد فإنها تنتهي بإنتهاء الإستعمال الذي أعيرت له . ولو كان ذلك قبل حلول الأجل .

فإن لم يكن هناك سبيل لتعيين مدة العارية جاز للمعير أن يطلب إنهاءها في أي وقت ، وعلي هذا النحو تنفرد إرادة المعير بإنهاء العارية .

وفي كل حال يجوز للمستعير أن يرد الشئ المعيار قبل إنتهاء العارية ، أي يجوز للمستعير أن يرد العارية قبل حلول الأجل المحدد لانتهائها . وحكمة ذلك واضحة لأن الأجل يكون في هذا العقد المستعير وحده ، ومن ثم يجوز له التنازل عنه علي أنه في أحوال نادرة قد لا يكون الأمر كذلك ، ولهذا لا يرغم المعير علي قبول الرد قبل الميعاد إذا كان فيه إضرارا به .

(العقود المسماة – للدكتور محمود جمال زكي –ص244و245)

من أحكام القضاء الحديثة :

1- حدد المشرع في الفقرة الأولى من المادة 643 من القانون المدني حالتين لإنتهاء العارية الأولى أن يتفق المتعاقدان على أجل معين فلا تنتهي إلا بإنتهاء ذلك الأجل، والثانية ألا يكون المتعاقدان قد اتفقا على أجل معين ولكنهما اتفقا على الغرض الذي أُعير من أجُله الشئ فتنتهي العارية في هذه الحالة بإنتهاء استعمال الشئ فيما أُعير من أجله، أما الفقرة الثانية من المادة سالفة الذكر فقد حدد المشرع مجال إعمالها بألا تكون من الحالتين سالفتي الذكر فلا أجل محدد ولا غرض معين فتنتهي العارية في هذه الحالة في أي وقت يريده المُعير بعد إمهال المستعير لمدة معقولة لرد الشئ المعار.

[الطعن رقم 2449 - لسنـة 52 ق - تاريخ الجلسة 24 / 05 / 1989]

مادة [644]

يجوز للمعير ان يطلب في أي وقت إنهاء العارية في الأحوال الآتية :
(أ) إذا عرضت له حاجة عاجلة للشئ لم تكن متوقعة .
(ب) إذا أساء المستعير إستعمال الشئ أو قصر في الإحتياط الواجب المحافظة عليه .
(ج) إذا أعسر المستعير بعد إنعقاد العارية أو كان معسراً قبل ذلك دون علم من الغير .

النصوص العربية المقابلة :

هذه المادة تقابل في نصوص القانون المدني بالأقطار العربية ، المواد التالية :

مادة 643 ليبي و610 سوري و862 عراقي و 742 لبناني و518 سوداني و 1067 تونسي .

الأعمال التحضيرية :

بما أن المعير متبرع ، فإذا عرضت له بعد العارية حاجة إلي الشئ المعار عاجله ولم تكن متوقعة وقت العقد ، فله أن يطلب إلغاء العقد ويسترد العارية إن كان قد سلمها أو يمتنع عن تسليمها إن لم يكن قد فعل ، وذلك لأنه أولي من المستعير بالإنتفاع بماله ، ويكون للقاضي في هذه الحالة تقدير كون حاجة المعير إلي الشئ المعار عاجلة وغير متوقعة (أنظر التقنين الفرنسي المادة 1889 ، وتقنين كويبك المادة 1774 ، وعكس ذلك التقنين النمساوي المادة 976) ، فإذا وجد القاضي أن المعير مقصر في عقد العارية دون تبصر بحاجته إلي الشئ المعار ، أو أن إلغاء العارية يلحق بالمستعير ضرراً يفوق ما يصيب المعير من الضرر ، جاز له أن يرفض إلغاء العارية .

كذلك إذا أساء المستعير إستعمال الشئ أو قصر في الإحتياط الواجب للمحافظة عليه ، جاز للمعير ان يطلب إلغاء العارية جزاء إخلال المستعير بإلتزاماته .

وإذا اعسر المستعير بعد إنعقاد العارية ، جاز كذلك للمعير أن يطلب إلغاء العقد ، فيمتنع عن التسليم إن لم يكن قد فعل ، ويسترد الشئ إن كان قد سلمه دون أن يعلم بالإعسار ، وكذلك إذا كان الإعسار سابقا علي العقد ولم يعلم به المعير إلا بعد التسليم أما إن سلمه بعد العلم بالإعسار فلا يجوز له الإلغاء .

(مجموعة الأعمال التحضيرية للقانون المدني – الجزء 4-ص689و690)

مادة [644]

رأي الفقه :

1- تنتهي العارية بسقوط الأجل ، وأسباب سقوط الأجل ثلاثة ، واحد يرجع إلي المعير ، وهو أن تعرض له حاجة للشئ المعار ، واثنان يرجعان إلي المستعير وهما إعساره وموته .

(1) فقد تعرض للمعير حاجة عاجلة للشئ لم تكن متوقعة ، فيجوز له عندئذ إنهاء العارية قبل إنقضاء أجلها وإسترداد الشئ المعار. ويشترط في الحاجة أن تكون عاجلة غير متوقعة ، فإذا كان المعير يستطيع الإنتظار حتي ينقضي أجل العارية ، أو كان يتوقع هذه الحاجة وقت إنعقاد العارية ، ومع ذلك أقدم علي التعاقد لم يجز له إنهاء العارية قبل إنقضاء أجلها ، بل لو كانت الحاجة عاجلة غير متوقعة ، وكان المعير مقصرا في إبرام العارية دون تبصر بحاجته إلي الشئ المعار ، أو كان إنهاء العارية يلحق المستعير ضررا يفوق ما يصيب المعير من ضرر ، جاز للقاضي ان يرفض الحكم بإنهاء العارية .

(2) وقد يعسر المستعير بعد إنعقاد العارية أو يكون معسرا قبل إنعقادها دون أن يعلم بذلك ،فيجوز للمعير إنهاء العارية قبل إنقضاء أجلها، إذ يكون الأجل قد سقط بالإعسار ، ويمتنع المعير عن تسليم الشئ المعار إن لم يكن قد فعل ، ويسترده إن كان قد سلمه دون أن يعلم بالإعسار . أما إن سلمه بعد العلم بالإعسار ، فلا يجوز له إنهاء العارية .

(3) وتنتهي العارية إذا أساء المستعير إستعمال الشئ أو قصر في الإحتياط الواجب للمحافظة عليه (م 644ب مدني)

وهنا يتجلي في وضوح أن العارية عقد ملزم للجانبين ، لأن الفسخ لا يرد إلا في العقود الملزمة للجانبين ، بل إن العارية عقد ملزم للجانبين حتي لما كانت عقدا عينيا في التقنين المدني القديم . فإن إلتزام المستعير بإستعمال الشئ علي الوجه الواجب وبالمحافظة عليه ، يقابله إلتزام المعير بترك المستعير ينتفع بالشئ المعار طول مدة العارية ، فإذا أخل المستعير بإلتزامه وأساء إستعمال الشئ أو قصر في الإحتياط الواجب للمحافظة عليه ، كان للمعير أن يفسخ العقد ، فيتحلل مع إلتزامه بترك المستعير ينتفع بالشئ طول مدة العارية ويسترده قبل إنقضاء هذه المادة ، وهذا التحليل يستقيم ، بل هو ضروري ، سواء إعتبرت العارية عقداً عينيا كما كانت في التقنين المدني القديم ، أو إعتبرت عقدا رضائياً كما أصبحت في التقنين المدني الجديد .

(الوسيط6-2 للدكتور السنهوري ص 1555 ومابعدها)

2- نصت المادة 644 مدني في عدة حالات يكون فيها للمعير أن يطلب في أي وقت إنهاء العارية ، فلا يتقيد بالأجل المتفق عليها لإنتهائها :

مادة [644]

أ- إذا عرضت له حاجة عاجلة للشئ لم تكن متوقعة . وتفسير هذا أن المعير متبرع ، فإذا عرضت له حاجة عاجلة وغير متوقعة كان أولي من المستعير بالإنتفاع بما له . ويترتب علي ذلك جواز أن يمتنع عن تسليم الشئ المعار إذا لم يكن قد سلمه ، ويكون للقاضي في هذه الحالة تقدير كون حاجة المعير إلي الشئ المعار عاجلة وغير متوقعة ، فإذا وجد القاضي أن المعير مقصر في عقد العارية دون تبصر بحاجته إلي الشئ المعار ، أو أن الغاء العارية يلحق بالمستعير ضررا يفوق ما يصيب المعير من ضرر جاز له أن يرفض إلغاء العارية ، في هذه الحالة الأخيرة عندما يوازن بين ضرر يصب المعير ، وضرر يصيب المستعير- في نظرنا – محل شك كبير .

ب- إذا أساء المستعير إستعمال الشئ أو قصر في الإحتياط الواجب للمحافظة عليه ، وإلغاء العارية في هذه الحالة تطبيق لمبدأ الفسخ إعفاء الشارع من ضرورة نطق القاضي به صوبا لحق من يتبرع بمنفعة ماله.

ج- إذا أعسر المستعير بعد إنعقاد العارية أو كان معسرا قبل ذلك دون علم من المعير. ومن العسير تفهم الحكم في هذا الإستثناء لأن ملكية الشئ المعار تبقي للمعير ، فلا يضار هذا من إعسار المستعير .

(العقود المسماه – للدكتور محمود جمال الدين زكي – ص245و246)

من أحكام القضاء الحديثة :

1-إذ كان الراجح في مذهب الحنفية - وهو رأى الصاحبين وجمهور الفقهاء - أن تبرع الواقف بريع وقفه لازم وأن الموقوف عليه يستحق نصيبه منه على سبيل التبرع اللازم فلا يسوغ منعه أو صرفه إلى غيره إلا طبقاً لكتاب الوقف ويحق له المطالبة به إذا لم يؤده إليه الواقف أو ناظر الوقف، إلا أن المشرع لدى تقنينه أحكام الوقف بالقانون رقم 48 لسنة 1946 أخذ برأي الإمام أبو حنيفة القائم على عدم لزوم الوقف باعتباره من قبيل التبرع غير اللازم شأنه في ذلك شأن الإعارة التي يجوز فيها رجوع المعير عن التبرع بمنفعة العارية في أي وقت شاء، فمنح الواقف بموجب المادة 11 منه الحق في أن يرجع عن وقفه كله أو بعضه وأن يغير في مصارفه وشروطه فيما عدا وقف المسجد ولكنه لم يتعرض لحكم الوقف بعد موت الواقف ومن ثم بقي لازماً كما كان من قبل وفق الراجح في المذهب.

[الطعن رقم 10 - لسنة 50 ق - تاريخ الجلسة 21 / 04 / 1981]

2-النص في المادة 644 من القانون المدني على أنه: "يجوز للمعير أن يطلب في أي وقت إنهاء العارية في الأحوال الآتية: (أ) إذا عرضت له حاجة عاجلة للشيء لم تكن متوقعة ......" يدل على أنه يجوز للمعير إذا جدت له بعد إبرام عقد العارية حاجة الشيء المعار أن يطلب إنهاء العارية قبل انقضاء اجلها بشرطين أولها أن تكون حاجته للشيء عاجلة والثاني ألا تكون متوقعة وقت انعقاد العارية، ويقع على المعير عبء إثبات كون الحاجة للشيء المعار عاجله وغير متوقعة.

[الطعن رقم 2245 -لسنة 55 ق - تاريخ الجلسة 23 / 06 / 2003]

مادة [645]

مادة [645]

تنتهي العارية بموت المستعير ما لم يوجد إتفاق يقضي بغيره .

النصوص العربية المقابلة :

هذه المادة تقابل في نصوص القانون المدني بالأقطار العربية المواد التالية :

مادة 644 ليبي و 611 سوري و 862 عراقي و 752 لبناني و 519 سوداني و 1079 تونسي .

الأعمال التحضيرية :

لما كانت العارية تبرعا فالغالب فيها أن يكون لشخص المستعير إعتبار خاص عن المعير ، فإذا مات المستعير تنتهي العارية ، إلا إذا وجد إتفاق علي غير ذلك ، ومتي إنتهت العارية بموت المستعير ، فإن إلتزامات المستعير كالإلتزام برد العارية وغيره تبقي في تركته وتعتبر دينا عليه .

أما موت المعير فلا ينهي العارية وتبقي في تركته إلتزاماته وحقوقه الناشئة عن العارية .

(مجموعة الأعمال التحضيرية للقانون المدني - الجزء 4-ص691)

رأي الفقه :

1- قد يموت المستعير قبل إنقضاء أجل العارية ، فتنتهي العارية بموته ، لأن شخصيته محل إعتبار في العقد ، وقد قصر المعير أن يعيره هو فلا تنتقل العارية إلي ورثته ، إلا إذا وجد إتفاق علي غير ذلك . والإلتزامات التي تكون قد نشأت في ذمة المستعير بسبب العارية ، كالإلتزام بالرد والإلتزام بتعويض المعير إذا كان المستعير قد قصر في المحافظة علي العارية أو في إستعمالها ، تبقي في تركة المستعير يطالب المعير بها. أما موت المعير فلا ينهي العارية ، وتنتقل حقوق المعير إلي ورثته ، وكذلك تنتقل إلتزاماته في حدود تركته .

(الوسيط-6- للدكتور السنهوري-ص557و558 ومابعدها)

2- لم يتوقع الشارع- في التقنين القديم - أثر موت أحد العاقدين علي العارية إذا طرأ في أثنائها ولعل مرج هذا الإغفال أن المادة 1879 مدني فرنسي لم تجد لها حلا موفقا ، حيث نصت علي أن الإلتزامات التي تنشأ عن العارية تنتقل إلي ورثة كل من المعير والمستعير ، ما لم تكن شخصية المستعير قد دفعت إلي إبرامها له وحده ، فلا يمكن لورثته أن يستمروا في الإنتفاع بالشئ المعار وعيب هذا النص هو جعله أن الأصل في العارية ألا يكون للشخص للمستعير إعتباراً فيها ، مع أن الواقع عكس ذلك ، لهذا يكون الشارع المصري أكثر توفيقا بنص في المادة 645 مدني علي أن : " تنتهي العارية بموت المستعير ما لم يوجد

مادة [645]

إتفاق يقضي بغيرة " ، أما موت المعير فلا ينهي العارية ، وتبقي في تركته إلتزاماته وحقوقه الناشئة عنها .

(العقود المسماة – للدكتور جمال زكي ص 246)

من أحكام القضاء الحديثة :

1- إنهاء العارية قبل إنقضاء أجللها . شرطه . عبء الإثبات . وقوعه على عاتق المعير . م1/644 مدني .

النص في المادة 644 من القانون المدني على أنه " يجوز للمعير أن يطلب في أي وقت إنهاء العارية في الأحوال الآتية : (أ) إذا عرضت له حاجة عاجلة للشئ لم تكن متوقعة .... " يدل على أنه يجوز للمعير إذا وجدت له بعد إبرام عقد العارية حاجة للشئ المعار أن يطلب إنهاء العارية قبل إنقضاء أجلها بشرطين أولها أن تكون حاجته للشئ عاجلة والثاني ألا تكون متوقعة وقت إنعقاد العارية ، ويقع على المعير عبء إثبات كون الحاجة للشئ المعار عاجلة وغير متوقعة .

(الطعن 2245 لسنة 55ق – جلسة 2003/6/23 لم ينشر بعد)

مادة [646]

العقود الواردة علي العمل
الفصل الأول
المقاولة، وإلتزام المرافق العامة
1- عقد المقاولة
مادة [646]

المقاولة عقد يتعهد بمقتضاه أحد المتعاقدين أن يصنع شيئا أو أن يؤدي عملاً لقاء أجر يتعهد به المتعاقد الآخر.

النصوص العربية المقابلة:

هذه المادة تقابل في نصوص القانون المدني بالأقطار العربية، المواد التالية: مادة 645 ليبي و612 سوري و864 عراقي و520 سوداني و624 لبناني و828 تونسي.

الأعمال التحضيرية:

يعرض المشروع، علاوة علي الأحكام العامة، لبعض الصور الخاصة للمقاولة، فهو بعد أن يعرف عقد المقاولة ويذكر صوره المختلفة، مبينا أنه قد يرد علي مقاولات صغيرة أو علي مقاولات كبيرة أو علي مقاولات تتعلق بالمرافق العامة، يعرض للقواعد العامة التي تنطبق علي كل أنواع المقاولات، ثم يتكلم أخيراً عن بعض القواعد الخاصة بأنواع معينة من المقاولات.

ويلاحظ أنه لم يكن ممكنا أن يوضع إلي جانب الأحكام العامة تنظيم خاص لكل الأشكال العملية لعقد المقاولة. ولذلك اكتفي المشروع ببعض صوره الجارية، تاركاً للقاضي أمر تطبيقها وضبطها علي الحالات الخاصة؟ وقد عني المشروع – فيما إعتبره من القواعد العامة ببيان إلتزامات كل من المقاول ورب العمل وأسباب إنتهاء المقاولة، فاستبقي فيها معظم أحكام التقنين الحالة (الملغي) وأضاف إليها أحكاما جديدة. وفي القواعد الخاصة عني ببعض أنواع المقاولات، ولاسيما مقاولات المباني، فأورد بشأنها ما تضمنه التقنين الحالي (الملغي) من مسئولية المهندس المعماري والمقاول بالتضامن عن خلل للبناء في مدة عشرة سنين، ووضع أحكاما منظمة لهذه المسئولية من حيث شروطها وتوزيعها بين المسئولين وإرتفاعها بالقوة القاهرة، وجواز الإنفاق علي الإعفاء منها، وسقوطها بالتقادم.

(مجموعة الأعمال التحضيرية للقانون المدني- جزء 5- ص5 و6)

رأي الفقه:

1- يخلص من التعريف الوارد بنص المادة 646 مدني أن لعقد المقاولة خصائص، وأهمها:

مادة [646]

(1) أن عقد المقاولة عقد رضائي- لا يشترط في انعقاده شكل معين، وأنه عقد ملزم للجانبين، ومن عقود المعارضة.

(2) أن التراضي في عقد المقاولة يقع علي عنصرين اثنين: الشيء المطلوب صنعه أو العمل المطلوب تأديته من المقاول وهو أحد المتعاقدين، والأجر الذي يتعهد به رب العمل وهو المتعاقد الآخر.

(3) أن عقد المقاولة قد انفصل بهذا التعريف عن عقدين آخرين كانا مختلطين به في التقنين المدني الملغي، ولا يزالون مختلطين به في التقنين المدني الفرنسي، وهما: عقد الإيجار وعقد العمل.

ويتميز عقد المقاولة عن بعض العقود التي تلتبس به.

فهو يلتبس مع عقد الإيجار في عقد شائع هو عقد المستهلك مع ملتزم المرافق العامة من ماء ونور وغاز ونقل ...... الخ. فالعقد الذي يبرمه المستهلك مع شركة المياه مثلا- في نظر الفقه المدني- عقد مقاولة واقع علي ما تقوم به الشركة من عمل في توصيل المياه للمستهلك. أما الفقه الإداري فيذهب إلي أن مركز المستهلك من ملتزم المرفق العام ليست له صفة تعاقدية بل هو مركز قانوني.

ويتميز عقد المقاولة عن عقد العمل وإن كانا يردان علي العمل، فالمقاول يتحمل للتبعة ولا يتحملها العامل، والعامل يخضع لتشريعات العمل من حيث ساعات العمل والإجازات والأجر المقدر وإصابات العمل والفصل التعسفي دون المقاول فمعيار الخضوع. لإدارة رب العمل وإشرافه هو المعيار الذي أخذ به للتقنين المدني الجديد في التمييز بين عقد المقاولة وعقد العمل.

ويتميز عقد المقاولة عن الوكالة وإن كان كلاهما يردان علي العمل، ويؤديه كل منهما لمصلحة الغير، ولكنهما يختلفان في أن العمل في عقد المقاولة هو عمل مادي acte meteiel بينما هو في عقد الوكالة تصرف قانوني acte juridique وينبني علي ذلك أن المقاول وهو يؤدي العمل المادي لمصلحة رب العمل لا ينوب عنه وإنما يعمل استقلالا. أما الوكيل وهو يقوم بالتصرف القانوني لمصلحة موكله يكون نائبا عنه ويمثله في التصرف الذي يقوم به فينصرف أثر هذا التصرف إلي الموكل.

والأهمية العملية للتمييز بين المقاولة والوكالة، تظهر فيما يلي:

(أ) أن المقاولة دائما مأجورة، ومتي عين الأجر لا يملك القاضي كقاعدة عامة تعديله. أما الوكالة فقد تكون مأجورة أو غير مأجورة، والأصل فيها أن تكون بغير أجر إلا إذا وجد إتفاق صريح أو ضمني يقضي بأن يكون للوكيل

مادة [646]

أجر، وإذا كانت الوكالة مأجورة كان الأجر خاضعاً لتقدير القاضي (م 709 مدني).

(ب) أن المقاول لا يخضع لإشراف رب العمل وليس تابعاً له، ومن ثم فلا يكون رب العمل مسئولاً عن المقاول مسئولية المتبوع عن التابع. أما الوكيل فيعمل في كثير من الأحيان بإشراف الموكل، وفي هذه الحالة يكون تابعاً له ويكون الموكل مسئولاً عنه مسئولية المتبوع عن التابع.

(جـ) أن التصرفات التي يجريها المقاول لا ينصرف أثرها إلي رب العمل، أما تصرفات الوكيل فإن أثرها ينصرف مباشرة إلي الموكل ولا شيئا منها ينصرف إلي الوكيل.

(د) أن المقاول مضارب، وهو معرض للمكسب والخسارة، وإذا أصيب بضرر بسبب تنفيذ العمل فلا شأن لرب العمل بذلك، ويتحمل المقاول وحده هذا الضرر. أما الوكيل فإنه لا يضارب ولا يعرض نفسه لمكسب أو خسارة. فهو إما أن يقوم بعمله تبرعا وإما أن يأخذ أجرا مناسبا للعمل، وإذا أصيب بضرر بسبب تنفيذ الوكالة فإن الموكل يكون مسئولاً عما أصابه من ضرر دون خطأ منه بسبب تنفيذ الوكالة تنفيذا معتادا (م 711 مدني).

(هـ) المقاولة في الأصل عقد لازم، أما الوكالة فهي في الأصل عقد غير لازم، ويجوز عزل الوكيل أو تنحيه في أي وقت.

(و) أن المقاولة لا تنتهي بموت رب العمل أو بموت المقاول إلا إذا كانت شخصيته محل إعتبار، وتنتهي الوكالة بموت الموكل أو بموت الوكيل.

وقد نلتبس المقاولة بالوكالة وبخاصة في العقود التي تبرم مع أصحاب المهن الحرة كالطبيب والمحامي والأستاذ والمحاسب والمهندس، فالأعمال التي يقوم بها هؤلاء هي أعمال مادية في مجموعها لا تصرفات قانونية، إذ أن علاج الطبيب للمريض ودفاع المحامي عن الخصم وتعليم الأستاذ تلاميذه ووضع المهندس المعماري للتصميمات والرسوم والمقايسات، كل هذه أعمال مادية، وأن أصحابها إذ يقومون بها لمصلحة الغير إنما يربطهم بالغير عقد مقاولة أو عقد عمل وليس عقد وكالة.

فالعقد مع الطبيب هو عقد مقاولة في الغالب إذ هو إتفاق بين الطبيب والمريض علي أن يقوم الأول بعلاج الثاني في مقابل أجر معلوم، فالعلاج عمل مادي ولا ينفي ماديته أن يكون عملا عقليا، فهو إذن ليس بتصرف قانوني، ولكنه مع ذلك إلتزام ببذل عناية وليس بتحقيق غاية، وأنه لوحظت فيه شخصية الطبيب (م 666 مدني)، وأنه غير لازم لا من جانب المريض ولا من جانب

مادة [646]

الطبيب فيستطيع كل منهما أن يرجع فيه. فالرأي الغالب في الفقه أن العقد مع الطبيب هو عقد مقاولة، وإن إعتبرته الأقلية عقدا غير مسمي.

أما العقد مع المحامي فيقع علي خليط من الأعمال المادية والتصرفات القانونية، فتقديم المشورة وتحرير المذكرات والمرافعة الشفوية وتحرير العقود والمستندات أعمال مادية تسري عليها أحكام المقاولة، ورفع الدعاوى والطعون وتوجيه اليمين الحاسمة وردها وعقد الصلح بالمحكمة تصرفات قانونية تسري عليها أحكام الوكالة، وإذا خضع لإشراف عميله (كشركة أو مؤسسة) يكون العقد الذي ينظم هذه العلاقة عقد عمل، وإذا تعارضت أحكام الوكالة مع أحكام المقاولة وجب ترجيح العنصر الغالب في أعمال المحامي وهو عنصر الوكالة وإعمال أحكام الوكالة دون أحكام المقاولة، فأجر المحامي عن أعماله المادية والقانونية مثلا يكون خاضعاً لتقدير القاضي كما تقضي أحكام الوكالة (م 2/709 مدني).

وعلي العكس من ذلك العقد مع المهندس المعماري، فإن هذا العقد يقع هو أيضا علي خليط من الأعمال المادية والتصرفات القانونية، فيجمع بين أحكام المقاولة وأحكام الوكالة، ولكن عنصر المقاولة هو الغالب، فإذا تعارضت الأحكام وجب تطبيق أحكام المقاولة، ومن ثم يكون أجر المهندس المعماري هي وضع التصميم والرسوم وعمل المقايسات والإشراف علي التنفيذ، وقد يقوم ببعض التصرفات القانونية كمحاسبة المقاول وإقرار الحساب، ودفع ما يستحقه المقاول في ذمة رب العمل وتسلم العمل من المقاول علي أجزاء أو جملة واحدة بعد إنجازه، ويكون في هذه التصرفات القانونية نائبا عن رب العمل، ومن ثم تسري أحكام الوكالة.

أما فيما بين المقاولة والبيع، فإنه قد يقع أن يتعاقد شخص مع تجار علي أن يصنع له أثاثاً ويقدم النجار الخشب من عنده وهذا ما يحصل في الغالب، أو أن يتعاقد شخص مع حائك علي أن يصنع له ثوباً ويقدم الحائك القماش من عنده، فهل يبقي العقد في هاتين الحالتين وأمثالهما عقد مقاولة، أم يكون عقد بيع واقع علي شيء مستقبل هو الأثاث بالنسبة إلي النجار، والثوب بالنسبة للحائك؟

ذهب رأي- إلي أن العقد مقاولة دائما والمادة المقدمة ليست إلا تابعة للعمل، وتكون المقاولة في هذه الحالة ملزمة للصانع يصنع الشيء المطلوب فتقع علي العمل، وهي في الوقت ذاته تقع علي الشيء المصنوع فتنقل ملكيته إلي رب العمل ولا تخرج مع ذلك عن نطاق المقاولة.

نقول بأن المقاولة تنقل ملكية الشيء المصنوع إلي رب العمل مع بقائها مقاولة يجعل للمقاولة طبيعة أخرى تختلف تماما عن طبيعتها بإعتبارها عقدا يرد علي العمل ولم يقل أحد قبل ذلك إن المقاولة قد ترد علي الملكية فتنقلها، وهي

مادة [646]

إذا وردت علي الملكية فنقلتها فذلك إنما يكون إما لأنها اندمجت في عقد آخر أو اختلطت بعقد آخر، وهذا العقد الآخر الذي نقل الملكية في نظير مقابل لا يمكن إلا أن يكون بيعا إذا كان المقابل نقودا، أو إلا أن يكون مقايضة إذا كان المقابل غير نقود. ولكن ليس معني ذلك أن تبقي مقاولة محصنة فيما تناولته المادتان 2/647 و648 مدني ولا يوجد ما يمنع من أن تختلط المقاولة بعقد آخر هو الذي يقع علي المادة دون العمل، ويصح القول مع ذلك إن المقاول هو الذي قدم المادة، ويكون له بذلك دوران دور البائع الذي قدم المادة، ودور المقاول الذي قدم العمل.

وذهب رأي ثان- إلي القول بأن العقد هو بيع شيء مستقبل، وهذا الرأي لا يدخل في الإعتبار أن المقاول إنما تعاقد أصلا علي العمل، والمادة إنما جاءت تابعة للعمل. ولو كان المقاول قصد أن يبيع شيئا مصنوعا، لجاز له أن يقدم لرب العمل شيئا يكون قد صنعه قبل العدد، وهو إذا فعل، وقبل منه رب العمل ذلك، فإن ملكية هذا الشيء المصنوع من قبل لا تنتقل بموجب العقد الأصلي، وإنما تنتقل بموجب عقد جديد يكيف علي أن بيع لا لشيء مستقبل بل لشيء حاضر.

وذهب رأي ثالث- إلي أن العقد يكون مقاولة أو بيعا يحسب نسبة قيمة المادة إلي قيمة العمل. فإن كانت قيمة العمل تفوق كثيرا قيمة المادة فالعقد مقاولة، أما إذا كانت قيمة المادة تفوق كثيرا قيمة العمل (كما إذا تعهد شخص بتوريد سيارة بعد أن يقوم فيها ببعض إصلاحات طفيفة) فالعقد ببيع ولكن كثيرا ما يقع أن تكون للمادة قيمة محسوسة إلي جانب قيمة العمل حتى لو كانت أقل قيمة منه، فيصبح العقد في هذه الحالة مزيجا من بيع ومقاولة، سواء كانت أكبر من قيمة العمل أو أصغر، ويقع البيع علي المادة وتسري أحكامه فيما يتعلق بها، وتقع المقاولة علي العمل وينطبق أحكامها عليه.

وتشتبه الوديعة المأجورة بالمقاولة، إذ المودع عنده في هذه الحالة يقوم بعمل لمصلحة الغير، هو حفظ الشيء المودع، لقاء أجر معلوم، فتقترب الوديعة من المقاولة، ولكن المودع عنده حتى في الوديعة المأجورة ليس بمضارب ولا ينبغي الكسب من وراء الأجر بخلاف المقاول. علي أن هناك من الودائع المأجورة ما يقرب من المقاولة إلي حد بعيد، وذلك فيما يدعي بعقود الحفظ contrats de garde المهنية حيث يتخذ الشخص الوديعة المأجورة حرفة له فيكون في هذه الحالة مضاربا يبغي الكسب، وذلك كالمصرف الذي يؤجر خزانته ليودع العميل فيها أشياءه الثمينة location de coffres=forts وكصاحب الجراج العام بالنسبة إلي السيارات التي تودع عنده.

مادة [646]

وهناك عقود مقاولة تتضمن الوديعة، مثل أن يدفع شخص بسيارته إلي جراج لإصلاحها، فصاحب الجراج في تعهده بإصلاح السيارة يبرم عقد مقاولة، وهو في نفس الوقت ذاته يحفظ السيارة في الجراج المدة اللازمة لإصلاحها، فتكون مسئوليته عن سرقة السيارة مسئولية المودع عنده. ومثل ذلك أيضا أن يقدم رب العمل للمقاول المادة التي يستخدمها هذا الأخير في العمل، فيكون العقد مقاولة بالنسبة إلي العمل ووديعة بالنسبة إلي المادة التي قدمها رب العمل. ويذهب كثير من الأحكام في فرنسا إلي أن عقد الوديعة يجتمع في هذه الحالة مع عقد المقاولة وتسري علي كل منهما أحكامه.

ولكن الصحيح أن العقد هنا هو عقد مقاولة فقط، وهي بطبيعتها تتضمن إلتزاما بحفظ الشيء الذي يعمل فيه المقاول بعد تسلمه من رب العمل، ويكون مسئولاً عن ضياعه بإعتباره مقاولا بإعتباره مودعا عنده، إذ مسئوليته تنشأ من عقد المقاولة لا من عقد وديعة مقترن بها. وقد نصت المادة 685 مدني صراحة علي هذا الإلتزام بالحفظ في عقد العمل، فأوجبت علي العامل: "............... (جـ) أن يحرص علي حفظ الأشياء المسلمة إليه لتأدية عمله......".

ويمكن القول بأن هذا الإلتزام موجود أيضا في ذمة المقال إذا ما تسلم شيئا من رب العمل لتأدية عمله. وإنما يوجد عقد الوديعة إذا إنتهي المقاول من عمله ودعا رب العمل إلي تسلم الشيء فلم يتسلمه، وبقي الشيء في حفظ المقاول، فيكون العقد من ذلك الوقت عقد وديعة، أو إذا كان العقد هو في الأصل عقد وديعة كوديعة السيارات في جراج عام ويتضمن القيام بأعمال ثانوية لا تحوله إلي مقاولة لتنظيف العربة وغسلها كل يوم.

ويميز الشركة عن المقاولة هو أن الشريك في الشركة تكون عنده نية الإشتراك في نشاط ذي تبعة هي نية تكوين الشركة، أو إرادة كل شريك بي أن يتعاون مع الشركاء الآخرين في نشاط ينطوي علي قدر من المخاطرة. أما المقاول فليست عنده هذه النية ولا يريد أن يتحمل مع الشركاء تبعة المخاطرة بحيث يساهم في الأرباح وفي الخسارة، بل هو يقدم عملا معينا ويتقاضى أجره علي هذا العمل. إن وجود نية تكوين الشركة- ليكون العقد شركة- أو إنعدام هذه النية-ليكون العقد مقاولة- مسألة واقع يستقل بتقديرها قاضي الموضوع.

والعمل الذي يؤديه المقاول يختلف من مقاولة إلي أخرى إختلافاً بينا ويتنوع تنوعاً كبيراً. ويمكن تقسيم الأعمال التي يؤديها المقاول من نواح مختلفة: من ناحية طبيعة العمل، ومن ناحية حجمه، ومن ناحية نوعه.

(أ) فمن ناحية طبيعة العمل- قد يكون العمل غير متصل بشيء معين، بل هو مجرد عمل مادي (كنقل الأشخاص، والطبع والنشر والإعلان) أو فني

مادة [646]

(كالرسم، والنحت، والنقش، والتصوير، والتمثيل)، أو علمي (كالمرافعة، والعلاج، والمحاسبة)، أو أدبي (كالتأليف، والمحاضرة، والتدريس). وقد يكون العمل متصلا بشيء معين، وهذا الشيء إما أن يكون غير موجود وقت العقد فيصنعه المقاول بعمل فيه (كبناء يرممه أو يعدل فيه أو يهدمه- وكحوائط يدهنها- وكأثاث يحدده- وكسيارة يصلحها).

(ب) ومن ناحية حجم العمل- فإن المقاولات تتدرج من صغيرة إلي كبيرة كالأمثلة السابقة.

(جـ) ومن ناحية جنس العمل- فهناك من المقاولات ما أصبح معروفاً بإسم خاص لإنتشاره، فهناك مقاولات للبناء 0المعينة أساساً بالقواعد العامة لعقد المقاولة).

(الوسيط -7- مجلد 1- للدكتور عبد الرازق السنهوري- طبعة 1964- ص5 وما بعدها)

3- للتفرقة بين المقاولة والوكالة، أهمية من الوجوه التالية:

(1) أن صفة المقاول يترتب عليها غالبا صفة التاجر، ولكن صفة الوكيل لا يترتب عليها ذلك.

(2) أن الأصل في الوكالة أنها بدون مقابل، بخلاف عقد المقاولة فإنه من عقود المعاوضة. ولكن قد يكون الوكيل مأجورا، وحتى في هذه الحالة يكون الأجر خاضعاً لتقدير القاضي (م 709 مدني)، أما أجر المقاول فلا يخضع لذلك.

(3) أن المقاول، خلافا للوكيل، لا يعتبر تابعا بالمعني الوارد في المادة 174 مدني، فلا يترتب علي الرابطة التي تربطه برب العمل أن يكون رب العمل مسئولاً عن الضرر الذي يحدثه بعمله غير المشروع.

(4) أن المقاول يتحمل الخسائر الناجمة عن عمله، ولا يلزم رب العمل بأي تعويض عن الحوادث التي تقع. أما الوكيل فبمقتضى المادة 711 مدني يكون الموكل مسئولاً عما يصيبه من ضرر دون خطأ منه بسبب تنفيذ الوكالة تنفيذا معتاداً.

(5) أن الوكيل يلزم الموكل مباشرة بالأعمال التي يباشرها باسم الموكل في حدود وكالته، ويستطيع الغير الذي تعامل معه أن يرجع علي الموكل أما رب العمل فأجنبي عن التعهدات التي يلتزم بها المقاول، وأنه وإن كان للعمال الذين يستغلون لحساب المقاول في تنفيذ العمل حق مطالبة رب العمل مباشرة بمقتضى المادة 662 مدني، فإن حق المطالبة هذا لا يكون إلا في حدود القدر الذي يكون مدينا به المقاول وقت رفع الدعوى. أما بالنسبة إلي الباقي فإنه يكون بمأمن من دعوى مطالبته.

مادة [646]

وفي التفرقة بين المقاولة والبيع، فإنه لا محل لبحث ذلك إذا كان الأمر متعلقا بعمل يؤدي علي شيء موجود، ولكن محل هذا البحث أن يكون محل العقد صنع شيء جديد، وفي هذه الحالة يمكن التساؤل عما إذا كان هناك بيع شيء مستقبل، والجواب بالنفي إذا كان العامل أو المقاول لا يقدم إلا عمله وكانت المواد مملوكة لرب العمل، ولكن إذا كان المقاول هو الذي يقدم المواد، فقد إختلف الرأي في فرنسا:

فذهب رأي- علي أن العقد يعتبر في هذه الحالة بيعا، وأخذت بهذا الرأي بعض الأحكام هناك.

وذهب رأي آخر- في الأحكام إلي القول بأن هناك عقد مقاولة.

وذهب رأي ثالث- إلي تطبيق قاعدة أن التابع يلحق الأصل- توفيقا بين الرأيين السابقين- فالعقد الذي بمقتضاه يتعهد شخص بأن يصنع شيئا مع تقديم المادة يكون في الغالب بيعا، ولكنه لا يكون كذلك إذا كانت المادة قليلة الأهمية بالنسبة للعمل الذي يؤديه.

ويؤيد الدكتور محمد كامل مرسي الرأي القائل بأنه يوجد في الواقع عقد مختلط مكون من عقدين مختلفين جمعتهما عملية إقتصادية واحدة، فالعقد الذي يقدم فيه العامل المادة هو في نفس الوقت مقاولة وبيع.

(العقود المسماة- جزء 4- الدكتور محمد كامل مرسي- طبعة 1953 ص471 وما بعدها)

من أحكام القضاء الحديثة:

1- متي كان الحكم المطعون فيه قد أقام قضاءه في خصوص تكييف العلاقة بين الطاعن والمطعون عليهما علي ما قرره وكيل الطاعن أمام مكتب العمل من أنه استغني عن خدماتها بعدم حاجة العمل إليهما، وعلي أن الفارق الوحيد بين عقدي العمل والمقاولة هو وجود حق الإدارة والإشراف في العقد الأول وإنعدامه في الثاني، وكانت هذه التقريرات التي عول عليها الحكم المطعون فيه ليس فيها ما يكشف عن حقيقة العلاقة القائمة بين الطرفين وأنها علاقة عمل استكملت عناصرها القانونية مما يعجز محكمة النقض عن مراقبة تطبيق القانون، فإنه يكون معيبا بالقصور بما يستوجب نقضه.

(جلسة 1962/3/31- مجموعة المكتب الفني- السنة 13- مدني- س324)

2- لا يكفي لإعتبار عامل النول اليدوي مقاولا أن يستغل في بيته علي نول خاص به أو جار بإيجار فإذا ثبت إستمرار العلاقة بينه وبين رب العمل بصورة لا يتخللها إنقطاع سوي الإنقطاع العادي، كان العقد عقد عمل.

(نقض- جلسة 1959/6/30- مجلة القانون والإقتصاد- السنة 10- ص44)

مادة [646]

3- عرف المشرع المقاولة في نص المادة 646 مدني بأنها: "عقد يتعهد بمقتضاه أحد المتعاقدين أن يصنع شيئا أو أن يؤدي عملا لقاء أجر يتعهد به المتعاقد الآخر"، وأورد بالمواد التالية إلتزامات المقاول وجعل قواعد المسئولية عن تهدم البناء وسلامته شاملة المهندس المعماري والمقاول علي سواء ما لم يقتصر عمل المهندس علي وضع التصميم فلا يكون مسئولاً إلا عن العيوب التي أتت منه وبين طريقة تحديد أجر كل منهما بما في ذلك أجر المهندس إذا لم يتم العمل بمقتضى التصميم الذي وضعه، فإن المستفاد من ذلك، وعلي ما جاء بالمذكرة الإيضاحية للقانون المدني في هذا الخصوص- أن المشرع أراد تنظيم عقد المقاولة لتلائم قواعده التطور الذي وصلت إليه أعمال المقاولات في صورها المختلفة، وأنه إنما أورد للقواعد المتعلقة بالمهندس المعماري ليعتبر عمله بوضع التصميم والمقايسة ومراقبة التنفيذ من نوع الأعمال المادية المقاولات يندرج في صورها، وأن اختلاط ناحية الفكر بهذه الأعمال لا يمنع من إعتبارها من قبيل الأعمال المادية لا من قبيل التصرفات القانونية فلا يتغير بذلك وصف العقد من المقاولة إلي المقاولة إلي الوكالة مما يوجب تطبيق أحكام المقاولة عليه.

(جلسة 1967/5/16- مجموعة المكتب الفني- السنة 18- مدني- ص1005)

4- تعهد المقاول تنفيذ أعمال البناء في الموعد المتفق عليه إلتزام بتحقيق غاية، وإثبات رب العمل إخلال المقاول بهذا الإلتزام هو إثبات للخطأ الذي تتحقق به المسئولية، ولا تنتفي مسئولية المقاول بإثبات أنه قد بذل ما في وسعه من جهد لتنفيذ إلتزامه.

(نقض- جلسة 1967/12/28- المرجع السابق- ص1916)

5- عرفت المادة 646 من القانون المدني المقاولة بأنها عقد يتعهد بمقتضاه أحد المتعاقدين بأن يصنع شيئا أو أن يؤدي عملا لقاء أجر يتعهد به المتعاقد الآخر وإذا كان يبين مما تم الإتفاق عليه في العقدين- موضوع الدعويين الأصلية والفرعية- أن الطرفين قد أفرغا فيها جميع عناصر عقد المقاولة، إذ وقع التراضي بينهما علي الشيء المطلوب من المطعون عليه صنعه، وهو إقامة المبني والأجر الذي تعهد به الطاعنان بوصفهما رب عمل، ولم يرد بأي منهما ما يدل علي قيام المطعون عليه بالعمل تحت إشراف الطاعنين، أو بوصفه تابعا لهما أو نائبا عنهما، وكان ما تعهد المطعون عليه بالقيام في كلا العقدين لم يتجاوز العمل المادي، وهو محل المقاولة، في حين أن محل الوكالة هو دائما تصرف قانوني- علي ما أفصحت عنه المادة 699 من القانون المدني- فإنه لا يصح إعتبار العقدين سالفي الذكر عقدي وكالة ولا يغير من ذلك كون الطرفين

مادة [646]

بملكان العقار علي الشيوع، إذ ليس من شأن هذه المشاركة أن تغير من صفة العقدين وأن تضفي علي المطعون عليه صفة الوكيل مع صراحة نصوصها في أن نية الطرفين قد اتجهت إلي إبرام عقدي مقاولة- وإذ خالف الحكم المطعون فيه هذا النظر، وكيف العقدين بأنهما عقدا وكالة، وأقام قضاءه في الدعويين الأصلية والفرعية علي هذا الأساس، فإنه يكون قد خالف القانون واخطأ في تطبيقه.

(نقض- جلسة 1972/3/9- المرجع السابق- السنة 23 مدني- ص386)

6- متي كان الحكم قد إنتهي إلي إخلال الطاعن- رب العمل في عقد المقاولة- بإلتزامه من جراء تأخره في الحصول علي رخصة البناء في الوقت المناسب، فإن إعذاره لا يكون واجبا علي الدائن بعد فوات هذا الوقت، إذ لا ضرورة للأعذار بنص المادة 220 من القانون المدني إذ أصبح تنفيذ الإلتزام غير محدد بفعل المدين- وإذ كان الحكم قد قضي بالتعويض المستحق للمطعون عليه دون أن يرد علي ما تمسك به الطاعن في دفاعه من ضرورة إعذاره في هذه الحالة، فإنه لا يكون مشوبا بالقصور.

(نقض- جلسة 1922/6/1- المرجع السابق- ص1062)

7- نظم المشرع عقد المقاول بالمادة 646 وما بعدها من القانون المدني، وأورد بهذه المواد القواعد المتعلقة بالمهندس المعماري بإعتبار عمله في وضع التصميم والمقايسة وفي مراقبة التنفيذ من نوع الأعمال المادية للمقاولات يندرج في صورها، وجعل قواعد المسئولية عن تهدم البناء وسلامته تشمل المهندس المعماري والمقاول علي سواء ما لم يقتصر علي المهندس علي وضع التصميم فلا يكون مسئولاً إلا عن العيوب التي أتت منه، ومن ثم فإن ضمان المهندس المعماري أساسه عقد يبرم بينه وبين رب العمل يستوجب مسئوليته عن أخطاء التصميم أو عيوب التنفيذ.

(نقض- جلسة 1974/11/27- المرجع السابق- السنة 24-مدني- ص1146)

8- نص القانون رقم 236 لسنة 1954 الخاص بتنظيم المناقصات والمزايدات في المادة 11 منه علي سريان أحكامه علي مقاولات الأعمال وفي المادة 11 منه علي سريان أحكامه علي مقاولات الأعمال، وفي المادة 13 علي أن ينظم بقرار من وزير المالية والإقتصاد ما لم ينظمه هذا القانون من أحكام وإجراءات، وقد أصدر الوزير المذكور للقرار رقم 542 لسنة 1957 بلائحة المناقصات والمزايدات التي أجازت المادة 94 منها لجهة الإدارة المتعاقدة أن تسحب العمل من المقاول وتحتجز ما يوجد بمحل العمل من آلات وأدوات ومواد

مادة [646]

ضمانا لحقوقها قبله وأن تبيعها دون أن تسأل عن أي خسارة تلحقه من جراء ذلك البيع.

وإذا كان لا خلاف بين الطرفين في أن عقد رصف الطرق العامة الـذي يربطهما هو عقد مقاولة أشغال عامة، وهو من ثم عقد إداري، وكانت المـادة العاشرة من قانون مجلس الدولة رقم 55 لسنة 1959- الذي رفعت الدعوى في ظله- والمقابلـة للمـادة 10 بنـد 11 مـن القانون الحـالي رقـم 47 لسـنة 1972 تقتضي بأن محكمة القضاء الإداري تختص – دون غيرهـا- بالمنازعـات الخاصة بالعقود الإدارية وهو إختصاص مطلق شامل لأصل تلك المنازعات وما يتفرع عنها، ومن ثم يمتد إختصاصها إلي الطلبات المستعجلة المنعقدة بهذه العقـود، كما يشمل ما يكون قد صدر بشأن العقـد الإداري مـن إجـراءات أو قرارات، وكان الحكم المطعون فيه قد جانب هذا النظر ورفض الدفع بعدم الإختصاص الولائي وإنتهي إلي إختصاص القضاء العادي بالـدعوى وقضي فيها، فإنه يكون قد خالف القانون وأخطأ في تطبيقه في مسألة تتعلق بولاية المحاكم.

(نقض- جلسة 1974/2/12- المرجع السابق- السنة 25- مدني 331)

9- من المقرر - في قضاء هذه المحكمة - أن المشرع بعد أن بين في المادة (26) من قانون المحكمة الدستورية العليا الصادر بالقانون رقم 48 لسنة 1979 الحالات التي تتولى فيها المحكمة تفسير نصوص القوانين والقرارات بقوانين الصادرة من رئيس الجمهورية، نص في المادة (33) منه على أن " يقدم طلب التفسير من وزير العدل بناء على طلب رئيس مجلس الوزراء أو رئيس مجلس الشعب أو المجلس الأعلى للهيئات القضائية...." ومؤدى ذلك أن المشرع قصر الحق في تقديم طلبات التفسير على الجهات المحددة في المادة (33) المشار إليها وذلك عن طريق وزير العدل، لما كان ذلك فإن طلب المدعية تفسير نص المادة (646) من القانون المدني لا يكون قد اتصل بالمحكمة اتصالا مطابقا للأوضاع المقررة قانونا لتقديم طلبات التفسير، ومن ثم يتعين الحكم بعدم قبوله

[الطعن رقم 110 - لسنـة 22 ق - تاريخ الجلسة 09 / 12 / 2001]

مادة [647]

إلتزامات المقاول

مادة [647]

(1) يجوز أن يقتصر المقاول علي التعهد بتقديم عمله علي أن يقدم رب العمل المادة التي يستخدمها أو يستعين بها في القيام بعمله.

(2) كما يجوز أن يتعهد المقاول بتقديم العمل والمادة معا.

النصوص العربية المقابلة:

هذه المادة تقابل في نصوص القانون المدني بالأقطار العربية، المواد التالية: مادة 646 ليبي و613 سوري و865 عراقي و658 لبناني و521 سوداني و872 تونسي.

الأعمال التحضيرية:

ليس علي هذه المادة تعليق بها يحتاج إلي إيراده.

رأي الفقه:

1- يترتب علي عقد المقاولة أن تنشأ إلتزامات في جانب المقاول وإلتزامات مقابلة في جانب رب العمل. وقد يتعاقد المقاول مع مقاول من الباطن لإنجاز بعض الأعمال المعهود بها إليه أو لإنجاز جميع هذه الأعمال.

وإلتزامات المقاول نحو رب العمل ثلاثة:

(1) إنجاز العمل المعهود به إليه بموجب عقد المقاولة.

(2) تسليم العمل بعد إنجازه. (3) ضمان العمل بعد تسليمه.

ويقع كثيرا أن يحتاج العمل المطلوب إنجازه إلي مادة تستخدم في صنعه أو يستعان بها فيه. فالنجار في صنع مكتب أو مكتبة أو أثاث يحتاج إلي الخشب اللازم لصنع ذلك، والحائك في صنع الثوب يحتاج إلي القماش اللازم، وصانع الأسنان يحتاج إلي المادة اللازمة لصنع هذه الأسنان، وهكذا.وهنا يجب التمييز بين فرضين: فإما أن يكون المقاول قد تعهد بتقديم المادة بالإضافة إلي العمل. وإما أن يكون رب العمل هو الذي تعهد بتقديم المادة وإقتصر المقاول علي التعهد بتقديم العمل.

(الوسيط- 7- مجلد 1- الدكتور السنهوري- ص64 وما بعدها)

2- يبين من نص المادة 647 مدني- والنصوص العربية المقابلة لها- أنه يجب علي المقاول أن يقوم بتنفيذ العمل الذي عهد به إليه وفقا لشروط العقد، وأن يعني بالتنفيذ عناية الرجل المعتاد bon pere de famille ويجب أن ينتهي العمل ويسلم في الميعاد المتفق عليه، وإذا لم يكن قد عين ميعاد ففي ميعاد ملائم.وإذا لم يتم المقاول العمل جاز لرب العمل أن يعهد بإتمامه إلي آخر علي نفقة المقاول، إلا إذا كان المقاول قد اختير لشخصه، وإذا لم يتم العمل في الميعاد ألزم

مادة [647]

بالتعويض حتى إذا كان الميعاد المتفق عليه غير كاف، لأنه كان عليه ألا يعد بما لا يستطيع القيام به، وإذا كان مقدار التعويض معينا ألزم به ولو كان العمل لا يمكن إتمامه في الميعاد المحدد.ويجب علي المقاول أن يسلم العمل لرب العمل عند انتهائه، وتختلف صفة هذا الإلتزام بإختلاف ما إذا كانت المادة سلمها رب العمل المقاول، أو قدمها المقاول نفسه. ففي الحالة الأولي تبقي ملكية الشيء لرب العمل، ويكون المقاول بمثابة مودع لديه مع إلتزامه بقلب شكل الشيء أو بإصلاحه أو بترميمه، ويحصل التسليم برد الوديعة، ويكون لرب العمل أن يطلب من القضاء إسترداد ما له بين يدي رب العمل إذا رفض تسليمه. أما إذا كان العامل هو الذي قدم المادة، فإن العقد يكون تبعا ممزوجا بمقاولة. ولما كان المقاول هو مالك المادة فيوجد نقل للملكية لمصلحة رب العمل، ويبقي المقاول مالكا لغاية وقت التسليم، ومادام التسليم لم يحصل فلا يجوز لرب العمل أن يسترد الشيء، لأنه ليس مالكا، وإنما يكون له فقط أن يطلب الحكم علي المقاول بالتعويضات أو أن يجبره علي التسليم بطريق غير مباشر بواسطة التلجئة المالية astreinte.والإلتزام بالتسليم يقتضي دائما الإلتزام برد الأشياء التي تسلمها رب العمل إلي المقاول لتيسير مهمته، مثل الرسوم والنماذج.

(العقود المسماة- الجزء 4- الدكتور محمد كامل مرسي- ص482 وما بعدها)

من أحكام القضاء الحديثة:

عدم تنفيذ المدين لإلتزامه التعاقدي يعتبر في ذاته خطأ يرتب مسئوليته التي لا يدرأها عنه إلا إذا أثبت هو قيام السبب الأجنبي الذي ينتفي به علاقة السببية. فإذا كان يبين من العقد أن المطعون ضده تعهد بتنفيذ جميع أعمال البناء المتفق عليها وتسليم المبني معدا للسكني في الموعد المتفق عليه، وكان هذا الإلتزام هو إلتزام بتحقيق غاية، فإنه متي أثبتت الطاعنة إخلاله بهذا الإلتزام فإنها تكون قد أثبتت الخطأ الذي تتحقق به مسئوليته، ولا يجديه في نفي هذا الخطأ أن يثبت هو أنه قد بذل ما في وسعه من جهد لتنفيذ إلتزامه فلم يستطع مادامت الغاية لم تتحقق؛ ومن ثم فإذا استلزم الحكم المطعون فيه لقيام مسئولية المقاول المطعون ضده ثبوت وقوع خطأ أو إهمال منه في تأخره في تسليم المباني الطاعنة- مع أن هذا التأخير هو الخطأ بذاته- فإن الحكم يكون مخالفاً للقانون.

(جلسة 1967/12/28- مجموعة المكتب الفني- السنة 18- مجني- ص1916)

مادة [648]

مادة [648]

إذا تعهد المقاول بتقديم مادة العمل كلها أو بعضها، كان مسئولاً عن جودتها وعليه ضمانها لرب العمل.

النصوص العربية المقابلة:

هذه المادة تقابل في نصوص القانون المدني بالأقطار العربية، المواد التالية: مادة 647 ليبي و614 سوري و866 عراقي و663 لبناني و873 تونسي و522 سوداني.

الأعمال التحضيرية:

ليس علي هذه المادة تعليق بها يحتاج إلي إيراده.

رأي الفقه:

1- طبق نص المادة قاعدة إعتبار العقد مزيجا من بيع ومقاولة- في حالة تقديم المقاول مادة العمل كلها أو بعضها، وكان للمادة قيمة محسوسة، سواء أكانت قيمة المادة أكثر من قيمة العمل أو أقل، ويقع البيع علي المادة وتسري أحكامه فيما يتعلق بها، وتقع المقاولة علي العمل وتنطبق أحكامها عليه- طبق النص سالف الذكر هذه القاعدة، فجعل المقاول مسئولاً عن جودة المادة وعليه ضمانها لرب العمل. ذلك أن المقاول في هذه الحالة يكون بائعا للمادة، فيضمن ما فيها من عيوب ضمان البائع للعيوب الخفية. والبيع هنا يكون معلقا علي شرط واقف، هو تمام صنع المادة، فيصبح للبيع بائنا وتنفذ آثاره، ومنها نقل الملكية وضمان العيوب الخفية، من وقت أن يتم المقاول عمله ويكسب الشيء المصنوع كل مقوماته الذاتية، أي من وقت أن يصبح الخشب مكتبا أو مكتبة أو أثاثا في حالة التعاقد مع نجار، أو من وقت أن يصبح القماش ثوبا تام الصنع في حالة التعاقد مع حائك، وهكذا. وتسري في ضمان العيوب الخفية الأحكام الملائمة لطبيعة عقد الإستصناع الذي نحن بصدده وهي أحكام عقد البيع، فيكون المقاول ملزما بالضمان إذا لم تتوافر في المادة الصفات التي كفل لرب العمل وجودها فيه، أو كان بالمادة عيب ينقص من قيمتها أو من نفعها بحسب الغاية المقصودة منها، ويضمن المقاول هذا العيب، ولو لم يكن عالما بوجوده

مادة [648]

(م447/ا مدني)، ولا يضمن المقاول العيوب التي كان رب العمل يعرفها وقت تمام صنع الشيء، أو كان يستطيع أن يتبينها بنفسه لو أنه فحص الشيء بعناية الرجل العادي إلا إذا أثبت رب العمل أن المقاول قد أكد له خلو الشيء من هذا العيب، أو أثبت أو المقاول قد تعمد إخفاء العيب غشا منه (م447/2 مدني). ولا يضمن المقاول عيبا جري العرف علي التسامح فيه (م448 مدني). وإذا تسلم رب العمل الشيء، وجب عليه التحقق من حالته بمجرد أن يتمكن من ذلك وفقا للمألوف في التعامل، فإذا كشف عيبا يضمنه المقاول وجب عليه أن يخطره به خلال مدة معقولة، فإن لم يفعل إعتبر قابلا للشيء (م449/1 مدني). أما إذا كان للعيب مما لا يمكن الكشف عنه بالفحص المعتاد تم كشفه رب العمل، وجب عليه أن يخطر به المقاول بمجرد ظهوره، وإلا إعتبر قابلا للشيء بما فيه من عيب (م449/2 مدني). وإذا أخطر رب العمل المقاول بالعيب في الوقت الملائم، كان له أن يرجع بالضمان علي النحو المبين في المادة 444مدني (م450 مدني). وتبقي دعوى الضمان ولو هلك الشيء بأى سبب كان (م 451مدني). وتسقط بالتقادم دعوى الضمان إذا انقضت سنة من وقت تسليم الشيء إلي رب العمل ولو لم يكشف هذا الأخير العيب إلا بعد ذلك، ما لم يقبل المقاول أن يلتزم بالضمان لمدة أطول، علي أنه لا يجوز للمقاول أن يتمسك بالسنة لتمام التقادم إذا ثبت أنه تعمد إخفاء العيب غشا منه (م 452 مدني). وفي اختيار المقاول للمادة التي يقدمها يجب عليه أن يلتزم الشروط، والمواصفات المتفق عليها في خصوص هذه المادة. وإذا لم تكن هناك شروط ومواصفات، وجب علي المقاول أن يتوخى في اختيار المادة أن تكون وافية بالغرض المقصود مستفادا مما هو مبين في العقد أو مما هو ظاهر من طبيعة الشيء أو الغرض الذي أعد له (م 447/1 مدني). وإذا لم يتفق المتعاقدان علي درجة المادة من حيث جودتها، ولم يمكن استخلاص ذلك من العرف أو من أي ظرف آخر إلتزام المقاول بأن يقدم مادة من صنف متوسط (م133/2 مدني).

(الوسيط- 7 مجلد 1- للدكتور السنهوري- ص69 وما بعدها)

2- إذا هلكت مادة العمل بحادث مفاجئ cas fortuit تخلص المقاول من إلتزامه بالتسليم، ولكن عليه، وفقا للقواعد العامة أن يثبت الحادث المفاجئ. ولكن هل يكون رب العمل ملزما بأداء ثمن العمل يتحمل المقاول كل الخسارة إلا إذا كان قد أعذر رب العمل لتسلم الشيء، ثم حصل الهلاك.

مادة [648]

(العقود المسماة- 4- للدكتور محمد كامل مرسي- ص485- وقد نصت الفقرة الأولى من المادة 663 من التقنين اللبناني على أن: "الصانع الذي يقدم المواد يكون ضامناً لثبوتها")

وقد نصت المادة 873 من القانون التونسي على أنه: "إذا كان الأجير ملتزما بمواد الخدمة ضمن نوع ما استعمله منها. وإذا أتى بها المستأجر كان على الأجير إستعمالها على مقتضى قوانين الصناعة بلا تفريط ثم يحاسبه عما استعمله منها ويسلم له الباقي".

من أحكام القضاء الحديثة :

1-إذا كان الحكم الابتدائي إذ قضى بإلزام رب العمل بالتعويض قد أقام قضاءه على ما اتخذه المقاول أساساً لدعواه من أن رب العمل قد فسخ العقد دون تقصير منه إذ هو (المقاول) قد قام بما التزم به من استحضار العمال وأدوات البناء وشيد جزءاً من البناء وأن رب العمل امتنع عن تنفيذ ما تعهد به من تقديم مواد البناء فضلاً عن أنه استغنى عن عمله ووكل البناء إلى غيره دون إنذار سابق أو تكليف له بالوفاء وكان الحكم الاستئنافي إذ قضى بإلغاء الحكم الابتدائي واقتصر على القضاء للمقاول بأجر عما أتمه من بناء قد أقام قضاءه على ما استخلصه من أن العقد لم يرتب للمقاول في ذمة رب العمل تعويضاً إذا امتنع هذا الأخير أو تأخر في تقديم مواد البناء - إن الحكم الاستئنافي إذ ند عن بحث أساس الدعوى على هذا النحو ولم يعن بالرد على ما أورده الحكم الابتدائي من أسباب كان قاصراً قصوراً يستوجب نقضه.

[الطعن رقم 120 - لسنة 18 ق - تاريخ الجلسة 09 / 11 / 1950]

مادة [649]

مادة [649]

(1) إذا كان رب العمل هو الذي قدم المادة، فعلي المقاول أن يحرص عليها ويراعي أصول الفن في إستخدامه لها وأن يؤدي حسابا لرب العمل عما استعملها فيه، ويرد إليه ما بقي منها. فإذا صار شيء من هذه المادة غير صالح للإستعمال بسبب إهماله أو قصور كفايته الفنية، إلتزم برد قيمة هذا الشيء لرب العمل.

(2) وعلي المقاول أن يأتي بما يحتاج إليه في إنجاز العمل من أدوات ومهمات إضافية ويكون ذلك عن نفقته. هذا ما لم يقضى الإتفاق أو عرف الحرفة بغيره.

النصوص العربية المقابلة:

هذه المادة تقابل في نصوص القانون المدني بالأقطار العربية، المواد التالية:

مادة 648 ليبي و615 سوري و867 عراقي و539 و622 لبناني و523 سوداني و868 تونسي.

الأعمال التحضيرية:

ليس علي هذه المادة تعليق بها يحتاج إلي إيراده.

رأي الفقه:

1- المفروض – في نص المادة 649 مدني أن رب العمل هو الذي يقدم المادة للمقاول، فيقدم مثلا القماش للحائك أو الخشب للنجار أو الذهب للصائغ أو الورق للمطبعة أو الأرض لمقاول البناء... الخ.

ويجب علي المقاول في هذه الحالة أن يحافظ علي المادة المسلمة إليه من رب العمل، وأن يبذل في المحافظة عليها عناية الشخص المعتاد، فإن نزل عن هذه العناية كان مسئول عن هلاكها أو نقلها أو ضياعها أو سرقتها. وإذا احتاج الحفظ إلي نفقات، تحملها المقاول، لأنها تعتبر جزءا من النفقات العامة التي أدخلها في حسابه عند تقدير الأجر.

يجب علي المقاول أن يستخدم المادة طبقا لأصول الفن، فيجانب الإفراط والتفريط، ويستعمل منها القدر اللازم لإنجاز العمل المطلوب منه دون نقصان أو زيادة، وأن يؤدي حسابا لرب العمل عما استعمله منها ويرد له الباقي إن وجد. فإن بقي من الخشب أو من القماش أو الذهب أو الورق الذي تسلمه من رب العمل شيء بعد أن أتم صنع الأثاث أو الثوب أو المصاغ أو طبع الكتاب. وجب عليه رده لرب العمل.

مادة [649]

وإذا كشف في أثناء عمله، أو كان يمكن أن يكشف تبعا لمستواه الفني، أن بالمادة عيوبا لا تصلح معها للغرض المقصود، وجب عليه أن يخطر رب العمل فورا بذلك، وإلا كان مسئولاً عن كل ما يترتب علي إهماله من نتائج. كذلك إذا قامت ظروف من شأنها أن تعوق تنفيذ العمل في أحوال ملائمة.

ولما كانت مسئولية المقاول في هذا الخصوص مسئولية عقدية، فإنه إذا تلف الشيء أو ضاع أو هلك، وقع عبء الإثبات علي رب العمل، فعليه أن يثبت أن المقاول لم يبذل في حفظ الشيء عناية الشخص المعتاد، وأن هذا الإهمال هو الذي ترتب عليه تلف الشيء أو ضياعه أو هلاكه. والمقاول من جانبه أن يثبت، حتى يدرأ عن نفسه المسئولية، أنه بذل عناية الشخص المعتاد، أو أن التلف أو الضياع أو الهلاك كان بسبب أجنبي لا يد له فيه، فتنتفي مسئوليته في الحالتين. كذلك المفروض أن المقاول يتوافر علي الكفاية الفنية الكافية وعلي رب العمل يقع عبء إثبات أن المقاول قد تسبب بقصور كفايته الفنية في جعل المادة أو بعض منها غير صالحة للإستعمال. وللمقاول من جانبه أن يدرأ عن نفسه المسئولية أن يثبت أنه قد قام بجميع واجباته بحسب أصول الفن، أو أن صيرورة المادة غير صالحة للإستعمال لا يرجع إلي قصور فني من جانبه، بل يرجع إلي سبب أجنبي.

وإذا حدث الضياع أو التلف بعد أن أعذر المقاول رب العمل لتسلم العمل، فإن مسئولية المقاول تنتفي، ما لم يثبت رب العمل أن الضياع أو التلف كان بسبب خطأ المقاول.

وإذا استعان المقاول بشخص يساعده في إنجاز العمل أو استخدمه في ذلك، فإنه يكون مسئولاً عنه مسئولية المتبوع عن التابع، ولكن مسئوليته هنا عقدية لا تقصيرية.

ويلتزم المقاول بأن ينجز العمل في المدة المتفق عليها أو المدة المعقولة (وفقا لطبيعة العمل وعرف الحرفة وإمكانيات المقاول)، وهو إلتزام بتحقيق غاية وليس إلتزاماً ببذل عناية، فلا يكفي- لإعفاء المقاول من المسئولية عن التأخر- أن يثبت أنه بذل عناية الشخص المعتاد في إنجاز العمل في الميعاد ولكنه لم يتمكن من ذلك، بل يجب عليه حتى تنتفي مسئوليته أن يثبت السبب الأجنبي (القوة القاهرة- الحادث الفجائي- فعل الغير)، فإذا أثبته انتفت مسئوليته لانتفاء علاقة السببية.

وإذا تحققت مسئولية المقاول كان لرب العمل- تطبيقا للقواعد العامة- إما أن يطلب التنفيذ العيني وإما أن يطلب الفسخ مع التعويض في الحالتين إن كان له مقتض، ويجب أن يعذر رب العمل المقاول كما تقضى بذلك القواعد

مادة [649]

العامة. وبشرط أن يكون التنفيذ العيني ممكنا مع حق رب العمل في الالتجاء إلي التهديد المالي إن كان مجديا، وإلا لم يبق أمامه إلا الفسخ مع التعويض. فإذا كانت شخصية المقاول محل إعتبار جاز لرب العمل أن يطلب ترخيصا من القضاء في إتمام العمل بواسطة مقاول آخر علي نفقة المقاول الأول إن كان التنفيذ ممكنا، ويجوز في حالة الاستعجال- ترميم منزل آيل للسقوط- أن يجري رب العمل تنفيذ الإلتزام علي نفقة المقاول بغير ترخيص من القضاء (م 209 مدني). وإذا اختار رب العمل الفسخ لجسامة الإخلال بالإلتزام، فإن القاضي طبقا للقواعد العامة أن يجيب الطلب، كما أن له أن يمهل المقاول حتى يقوم بتنفيذ إلتزامه، كما أن للمقاول أن يعرض- قبل النطق بالفسخ- أن ينفذ إلتزامه فلا يحكم القاضي بالفسخ ولكنه يقضي بالتعويض إن كان له محل.

(الوسيط -7-1 للدكتور السنهوري- ص72 وما بعدها)

2- إذا هلك الشيء بحادث مفاجئ من غير أن يوجد تقصير من جانب المقاول، فإن الهلاك يكون علي رب العمل، ويتخلص المقاول من إلتزامه بالتسليم. وعلي المقاول إثبات الحادث المفاجئ، وفقا للقواعد العامة. فإذا هلك الشيء أو صار غير صالح للإستعمال بسبب إهمال الصانع أو عدم كفايته الفنية كان ضامنا للهلاك وإلتزم برد قيمة الشيء لرب العمل.

ووفقا للقواعد العامة لا يترتب علي التأخير الحاصل بسبب مفاجئ فسخ العقد ولا التعويضات. وعند عدم الإتفاق يكون التعويض بمراعاة الضرر.

ويجوز لرب العمل أن يعهد بالأعمال إلي مقاول آخر علي نفقة من أخل بإلتزاماته، ولكن لابد في ذلك من إذن للقضاء.

ووفقا للقواعد العامة لا يبدأ سريان التعويضات بسبب عدم إنجاز العمل أو عدم التسليم إلا من وقت الإعذار.

(العقود المسماة- الجزء 4- للدكتور كامل مرمي- ص485 وما بعدها)

من أحكام القضاء الحديثة:

1- متى كان الحكم إذ قضي برفض دعوى التعويض التي رفعتها الطاعنة علي المطعون عليهما بسبب تلف أقمشتها عند تبيضها في مصبغتهما، قد أقام قضاءه علي أن العقد المبرم فيما بينها وبين المطعون عليهما هو عقد استصناع وأن مسئولية هذين الأخيرين عن تبيض أقمشة الطاعنة قد انتفت بتسليمها هذه الأقمشة بغير قيد أو شرط وأنه حتى لو كان قد ظهر فيها تلف نتيجة الصياغة، فهو عيب خفي، كان يجب أن ترفع عنه الطاعنة دعوى الضمان- خلال الأجل المقرر- من وقت تحققها منه، وذلك سواء أكان عقد الاستصناع مختلطا أم ليس مختلطا ببيع، وكان الحكم قد خلا من بحث ما تمسكت به الطاعنة من أن تسليمها

مادة [649]

الأقمشة لا يفيد القبول الذي يرفع مسئولية المطعون عليهما لأنها تسلمتها علي دفعات متتالية تشمل كل دفعة أثوابا مغلفة دون فضها في الحال للتحقق من سلامتها كما جري بذلك للعرف الجاري وأنها بادرت بإخبار المطعون عليهما بظهور العيب بها بمجرد ردها من عملائها لوجود احتراق فيها. كذلك لم يبين الحكم ما إذا كان تسلم الطاعنة الأقمشة في الظروف سالفة الذكر فيه معني القبول الذي يرفع مسئولية المطعون عليهما عما يكون قد ظهر فيها من عيب أم غير ذلك، فضلا عن أنه أجري علي الدعوى حكم المادة 324 من القانون المدني ـ القديم ـ الواردة ضمن أحكام العيب الخفي ـ دون أن يقرر تقريرا مدعما بالأسباب المبررة أن العقد يتضمن البيع علاوة علي أنه عقد استصناع اعتمادا علي ما ذهب إليه خطأ من أن حكم المادة المذكورة ينطبق علي عقد الاستصناع سواء أكان مختلطا أم غير مختلط بالبيع، فإن الحكم يكون قد أخطأ في تطبيق القانون كما شابه القصور.

(جلسة 1950/12/14ـ مجموعة القواعد القانونية ـ 25 عاما ـ جزء 1ـ مدني ـ ص216)

2ـ متي كان الحكم المطعون فيه إذ قضي إقرار فسخ عقد المقاولة أقام قضاءه علي ما ثبت للمحكمة من أن المقاول قد عجز عن السير بالعمل سيرا مرضيا، فحق الحكومة فسخ العقد إستنادا إلي نص صريح فيه يخولها هذا الحق، فإن هذا الذي إستند إليه الحكم يكفي لحمله ولا يضيره ما ورد فيه من تقريرات خاطئة أخرى.

(نقض ـ جلسة 1954/4/22ـ المرجع السابق ـ جزء 2ـ ص857)

3ـ إن عدم قيام المقاول بتنفيذ البناء طبقا لما إلتزم به في عقد المقاولة هو واقعة مادية يجوز إثباتها بالبينة والقرائن ولا مخالفة في ذلك لما هو ثابت في العقد إذ لم ينص فيه علي وفاء المقاول بإلتزاماته الواردة فيه.

(نقض ـ جلسة 1967/11/16ـ مجموعة المكتب الفني ـ السنة 18ـ مدنس ـ ص1707)

4ـ الحكم بفسخ عقد المقاولة ينبني عليه انحلاله وإعتباره كأن لم يكن، ولا يكون رجوع المقاول ـ الذي أخل بإلتزامه ـ بقيمة ما استحدثه من أعمال إلا إستنادا إلي مبدأ الإثراء بلا سبب لا إلي العقد الذي فسخ وأصبح لا يصلح أساسا لتقدير هذه القيمة، ولما كان مقتضى مبدأ الإثراء وفقا للمادة 179 من القانون المدني، أن يلتزم المثري بتعويض الدائن عما افتقر به ولكن بقدر ما أثري، أي أنه يلتزم برد أقل القيمتين الإثراء أو الافتقار، وكان تقدير قيمة الزيادة في مال المثري بسبب ما استحدث من بناء يكون وقت تحققه أي وقت استحداث البناء، بينما الوقت الذي يقدر فيه الافتقار هو وقت الحكم، وكان الحكم المطعون فيه قد خالف هذا النظر، وإلتزم في تقدير قيمة ما زاد في مال المطعون عليه ـ رب العمل ـ

مادة [649]

بسبب ما استحدثه الطاعن- المقاول- من أعمال البناء، الحدود الواردة في عقـد المقاولة الذي قضي بفسخه، فإنه يكون قد أخطأ في تطبيق القانون.

(نقض -جلسة 1970/3/17- المرجع السابق- السنة 21- ص450)

5-مؤدى نص المادة 1/649 من ذات القانون " القانون المدنى " انه فى حالة تقديم رب العمل المادة المستخدمة فانه يتعين على المقاول ان يحافظ على المادة المسلمة اليه من رب العمل وان يبذل فى المحافظة عليها عناية الشخص المعتاد فان نزل عن هذه العناية كان ةمسئولا عن هلاكها او تلفها او ضياعها او سرقتها وان مسئولية المقاول فى هذه الحالات مسئولية عقدية ويقع عبء الاثبات على رب العمل ، اذ عليه ان يثبت ان المقاول لم يبذل فى حفظ الشئ عناية الشخص المعتاد وان اهماله فى المحافظة عليه هو الذى ترتب عليه تلف الشئ او ضياعه او هلاكه او سرقته وللاخير من جانبه ان يثبت - حتى يدرا عن نفسه المسئولية - انه بذل عناية الشخص المعتاد وان تلف او الضياع او الهلاك او السرقة كان بسبب اجنبى لا يد له فيه فتنتفى مسئوليته .

[الطعن رقم 3099 -لسنـة 72 ق- تاريخ الجلسة 24 / 12 / 2003]

مادة [650]

مادة [650]

(1) إذا ثبت أثناء سير العمل أن المقاول يقوم به علي وجه معيب أو مناف للعقد، جاز لرب العمل أن ينذرة بأن يعدل من طريقة التنفيذ خلال أجل معلوم يعينه له. فإذا إنقضي الأجل دون أن يرجع المقاول إلي الطريقة الصحيحة، جاز لرب العمل أن يطلب إما فسخ العقد وإما أن يعهد إلي مقاول آخر بإنجاز العمل علي نفقة المقاول الأول طبقا لأحكام المادة 209.

(2) علي أنه يجوز طلب فسخ العقد في الحال دون حاجة إلي تعيين أجل إذا كان إصلاح ما في طريقة التنفيذ من عيب مستحيلاً.

النصوص العربية المقابلة:

هذه المادة تقابل في نصوص القانون المدني بالأقطار العربية، المواد التالية: مادة 649 ليبي و616 سوري و869 عراقي و664 لبناني و524 سوداني.

الأعمال التحضيرية:

ليس علي هذه المادة تعليق بها يحتاج إلي إيراده.

رأي الفقه:

1- يخلص من نص المادة 650 مدني أن رب العمل، وإن لم يكن له حق الإشراف والتوجيه علي المقاول، إذ المقاول يعمل مستقلاً عن رب العمل، وهذا هو الذي يميز المقاولة عن عقد العمل، إلا أن رب العمل من حقه أن يتعهد العمل وهو في يد المقاول ليراقب ما إذا كان يجري طبقا للشروط والمواصفات المتفق عليها، وأن المقاول ينفذ العمل طبقا لأصول الصناعة وعرف أهل الحرفة. فليس رب العمل إذن ملزما بالتربص حتى ينتهي العمل ويقسمه له المقاول، ليري ما إذا كان هذا الأخير قد راعي الشروط والمواصفات وأصول الصناعة في عمله فيقبل العمل، أو لم يراعها فيرفضه. والخير في أن يمكن رب العمل من مراقبة ذلك منذ البداية حتى يوفر علي نفسه وعلي المقاول ذاته الوقت والجهد والمشقة إذا ما تم العمل معيبا أو منافيا لشروط العقد، ثم يرفضه بعد أن يكون قد تم. وهذا ضرب من الرقابة خير من رفض العمل بعد تمامه كعلاج لما فيه من نقص أو عيب.

فإذا لاحظ رب العمل أن مقاول البناء، وهو يقيم البناء، قد أخل ببعض الشروط والمواصفات المتفق عليها بأن لم يدعم مثلا الأساس أو يصل به إلي العمق المكاني أو لم يجعل الحيطان في السمك المتفق عليه، أو لاحظ أن النجار الذي يصنع الأثاث المطلوب لم يراع أصول الصناعة في صنع الوحدات الأولي من الأثاث أو يستخدم خشبا في هذه الوحدات غير الخشب المتفق عليه أو من

مادة [650]

صنف أقل جودة، فلرب العمل في هذه الحالة حق التدخل لمنع المقاول من المضي في عمله المعيب أو المنافي لشروط العقد.

(الوسيط -7- 1 للدكتور السنهوري- ص81 وما بعدها، والعقود المسماة-4- للدكتور كامل مرسي- ص490 وما بعدها)

من أحكام القضاء الحديثة:

1- متي كان الحكم إذ قضي برفض الدعوى التي أقامها المقاول- الطاعن- بطلب تعويض عن إستعمال المطعون عليه أدواته وآلاته بعد سحب العملية منه قد أقام قضاءه علي أن: "المطعون عليه إنما اضطر إلي سحب العملية منه بعد أن تأخر في تنفيذ ما إلتزم به رغم إنذاره أكثر من مرة بوجوب إنجاز العمل في الميعاد المتفق عليه ورغم إمهاله في ذلك مرارا، وأنه بعد أن سحب المطعون عليه العملية منه والتمس الطاعن الترخيص له في إتمام العمل في فترة حددها، قبل المطعون عليه التماسه علي ألا يعد هذا القبول تنازلا منه عن إقرار السحب السابق وأن الطاعن استأنف العمل علي هذا الأساس دون إعتراض من جانبه، وكان العقد المبرم بين الطرفين قد نص في بند منه علي إقرار السحب السابق وأن الطاعن استأنف العمل علي هذا الأساس دون إعتراض من جانبه، وكان العقد المبرم بين الطرفين قد نص في بند منه علي أنه في حالة سحب العمل يكون للمطعون عليه الحق في حجز كل أو بعض الآلات والأدوات التي إستحضرها الطاعن وإستعمالها في إتمام العمل دون أن يكون مسئولاً عن دفع أي أجر عنها، فإن النعي علي الحكم بمخالفته قانون العقد والقصور في التسبيب يكون علي غير أساس.

(جلسة 1951/4/5- مجموعة القواعد القانونية (25 عاما)- الجزء - مدني- ص982)

2- متي كان الواقع هو أن الطاعن وفقا لشروط المقاولة التي رسب عليه كان ملزما أن يقوم بحفر مراوي ومصارف في أرض مورث المطعون عليهم تنفيذا لتصميم يسلم إليه وقدرت فيه المكعبات إلي أربعين ألف متر تحت الزيادة والعجز في حدود 10% وأن يكون له أجر قدر بمبلغ معين عن المتر المكعب، وكان مورث المطعون عليهم قد فسخ عقد المقاولة وأعطاها لمقاول آخر بحجة أن الطاعن تأخر في البدء في العمل، وكان الحكم الابتدائي قد قضي للطاعن بمبلغ معين مقابل ما ضاع عليه من ربح علي أساس قيمة الفرق بين سعر المتر الذي قبله والسعر الذي ارتضاه المقاول الجديد علي إعتبار أن العملية المتفق عليها كانت تقضي حفر أربعين ألف متر مكعب، وكان الحكمان الإستئنافيات المطعون فيهما إذ انقصا قيمة المبلغ المحكوم به للطاعن من محكمة أول درجة قد أقاما قضاءهما علي أن ما يستحقه من تعويض عما فاته من الريح

مادة [650]

يجب أن لا يتعدى فرق السعر عما حفرها فعلا المقاول الجديد إستنادا إلي أن عملية هذا الأخير كانت أصلح للأرض وأوفي بالغرض دون أن يبينا الأسباب التي إستندا إليها في هذا التقرير ودون أن يبينا وجه تعويض الطاعن علي عدد المكعبات التي قام بحفرها المقاول تنفيذا لتصميم آخر، وبذلك يكون الحكمان المطعون فيهما قد خرجا عن ظاهرة نصوص عقد المقاولة المبرم بين الطاعن ومورث المطعون عليهم دون أن يبررا هذا للخروج بأسباب مقبولة. أما القول بأن العملية التي قام بها المقاول الجديد علي أساس آخر كانت أصلح وأوفي بالغرض، هذا القول لا يصح أن يحاج به الطاعن، ذلك لأن محل الإنفاق بينه وبين مورث المطعون عليهم كان عن أربعين ألف متر مكعب تحت العجز والزيادة في حدود 10% وذلك تنفيذا للتصميم الذي سلم إليه من مورث المطعون عليهم ولا يؤثر علي حقه في التعويض أن يكون المقاول الآخر قد قام بالعمل علي أساس تصميم جديد كان من نتيجته نقص عدد المكعبات التي حفرت ومن ثم يتعين نقض الحكمين في هذا الخصوص لإنعدام أساسهما القانوني.

(نقض -جلسة 1952/4/3 – المرجع السابق- ص982)

مادة [651]

مادة [651]

(1) يضمن المهندس المعماري والمقاول متضامنين ما يحدث خلال عشر سنوات من تهدم كل أو جزئي فيها شيدوه من مبان أو أقاموه من منشآت ثابتة أخرى وذلك ولو كان التهدم ناشئا عن عيب في الأرض ذاتها، أو كان رب العمل قد أجاز إقامة المنشآت المعيبة، ما لم يكن المتعاقدان في هذه الحالة قد أرادا أن تبقي هذه المنشآت مدة أقل من عشر سنوات.

(2) ويشمل الضمان المنصوص عليه في الفقرة السابقة ما يوجد في المباني والمنشآت من عيوب يترتب عليها تهديد متانة البناء وسلامته.

(3) ولا تسري هذه المادة علي ما قد يكون للمقاول من حق الرجوع علي المقاولين من الباطن.

النصوص العربية المقابلة:

هذه المادة تقابل في نصوص القانون المدني بالأقطار العربية، المواد التالية:

مادة 650 ليبي و617 سوري و870 عراقي و668 لبناني و525 سوداني و876 تونسي.

الأعمال التحضيرية:

تطلق الفقرة الأولي المادة 500/409 من التقنين الحالي فيها عدا ذكر التضامن، فقد ترك أمره لنص خاص ينظمه تفصيلاً (م 897 من المشروع).

أما الفقرة الثانية فهي مقتبسة من التقنين الأسباني (م 1591) والمشروع الفرنسي الإيطالي (م 522 فقرة أولي) والتقنين التونسي (م 867) والتقنين اللبناني (م 668) وبعض التقنيات الأخرى.

والفقرة الثالثة مأخوذة عن المشروع الفرنسي الإيطالي (م 523) وتحديد المدة التي يبقي فيها المقاولون والمهندسون مسئولين عن خلل البناء لعشر سنوات أخذ به التقنين المصري (500/409) جريا علي نسق التقنين الفرنسي (م 1792). وقد أخذ بهذه المدة أيضاً التقنين الإيطالي (1639) والتقنين الإسباني (م 1531). أما التقنين البرتغالي (1399) وتقنين الإلتزامات السويسري (م 371) والتقنين البرازيلي (م 1245) والتقنين التونسي (م 876) والتقنين اللبناني (م 668) فقد انقضت جميعها المدة خمس سنوات. والتقنين اليابانى يجاري أيضا هذه التقنيات الأخيرة ويجعل المدة أساسا خمس سنوات (م 638) ولكنه يرفعها إلي عشر سنوات إذا كان البناء مقاما من الحجر أو الطوب أو المعدن. أما المشروع الحالي فشأنه شأني المشروع الفرنسي الإيطالي يبقي علي مدة العشر السنين احتفاظا بما إستقر.

مادة [651]

وبعض التقنيات تترك مسئولية المهندس المعماري للقواعد العامة. ولا تقرر مسئولية خاصة إلا للمقاول (أنظر علي الأخص التقنين البرتغالي م1399 والتقنين الأسباني م 1591 والتقنين اليابانى م638 والتقنين البولوني 488. والمشروع الفرنسي الإيطالي لا يتكلم هو أيضا في المادة 522 إلا عن المقاول).

وعلي عكس ذلك توسع بعض التقنيات من دائرة هذه المسئولية الخاصة، تجعلها شاملة أيضا للمهندس الميكانيكي (تقنين الإلتزامات السويسري 371 والتقنين التونسي م876 والتقنين اللبناني م 668). أما المشروع فهو يحافظ علي النطاق التقليدي لهذه المسئولية، فيجعلها شاملة للمهندس المعماري والمقاول، ولا يطبقها علي المهندس الميكانيكي إلا إذا قام بوظيفة المهندس المعماري.

(مجموعة الأعمال التحضيرية للقانون المدني- الجزء 5- ص21 و22)

رأي الفقه:

1- يعرض نص المادة 651 مدني لضمان المهندس المعماري والمقاول التهدم أو العيوب التي تصيب ما أقاماه من مباني أو منشآت ثابتة أخرى.

ونظرا لخطورة تهدم المباني أو تصدعها بالنسبة إلي رب العمل وبالنسبة إلي الغير، شدد المشرع من هذا الضمان حتى يدفع المهندس والمقاول إلي بذل كل عناية ممكنة فيما يشيدانه من المنشآت، فالضمان هنا ضمان خاص مقصور علي دائرة معينة، وهذه الدائرة تتحدد بتحديد طرفي الضمان وسببه. فإذا ما تحقق سبب الضمان وقام بين طرفيه، وجب أن نبين جزاء هذا الضمان، وأن نبين في الوقت ذاته الظروف التي ينتفي أو لا ينتفي فيها الضمان.

وحتى يمكن أن يتحقق الضمان، يجب أن يكون هناك عقد مقاولة محلها منشآت ثابتة، وعلي رأس المنشآت الثابتة المباني من أي نوع كان، ولا يشترط أن يكون المبني قد شيد بالطوب أو بالحجارة، بل يجوز أن يكون مشيدا بالخشب أو بالحصير (كبائن- عشش رأس البر). وإلي جانب المباني توجد منشآت ثابتة أخرى يجوز أن يتحقق في مقاولاتها للضمان (الجمهور- الكباري- القناطر- السدود ... الخ). ويخرج المنقول (السيارات- السفن- العوامات ... الخ).

ويجب أن يكون العقد الواقع علي المنشآت الثابتة هو عقد مقاولة.

والذي يترتب في ذمته الضمان هو المهندس المعماري، والمقاول في عقد المقاولة، فالمهندس المعماري هو الذي يعهد إليه في وضع التصميم والرسوم والنماذج لإقامة المنشآت، وقد يعهد إليه بإدارة العمل والإشراف علي تنفيذه ومراجعة وحسابات المقاول والتصديق عليها وصرف المبالغ المستحقة إليه. والمقاول هو الذي يعهد إليه في إقامة المنشآت الثابتة، يستوي أن يكون هو أو رب العمل أحضر المواد التي أقام بها المنشآت ففي الحالتين يلتزم بالضمان.

مادة [651]

ويجوز تعدد المقاولين (مقاول بناء، ومقاول نجارة- ومقاول أدوات صحية أو كهربائية)، كما يسأل المقاول عمن يستخدمهم في أعماله مسئولية المتبوع عن أعمال تابعة (كما لو كانوا مقاولين من الباطن).

والذي يطالب بالضمان في عقد المقاولة هو رب العمل في هذا العقد، فهو الذي يصاب بالضرر من جراء تهدم البناء أو ظهور عيب في المنشآت يهدد سلامتها أو متانتها، فيرجع بالضمان علي المهندس المعماري أو علي المقاول أو عليهما معا متضامنين. ويحل ورثة رب العمل محله في المطالبة بالضمان، ولدائنيه أن يرفعوا الدعوى غير المباشرة باسمه للمطالبة بالضمان وكذلك يجوز أن يكون الخلف الخاص دائنا بالضمان (كالمشتري أو الموهوب له مثلا). ذلك أن الحق في الرجوع بالضمان قد انتقل مع المبني إلي الخلف الخاص طبقا لنظرية الاستخلاف في الحقوق والإلتزامات، ويجوز للمشتري أن يرجع علي بائعه بضمان العيب، وفي هذه الحالة يكون للبائع- وهو رب العمل- أن يرجع بدوره علي المهندس أو المقاول بالضمان، وله أن يدخلهما ضامنين في دعوى العيب التي يرفعها عليه المشتري. ولا يكون رب العمل دائنا بالضمان إذا كان مقاولا أصلياً تعاقد مع مقاول من الباطن.

ومتي تحقق سبب الضمان الذي يرجع إلي البناء، فإن المقاول الذي قام بالبناء يكون ملتزماً بالضمان. ويكون ملتزما بالضمان أيضاً المهندس المعماري إذا عهد إليه بالإشراف علي التنفيذ وتوجيه العمل، ويكون المقاول والمهندس في هذه الحالة متضامنين في الإلتزام بالضمان (م651/1 مدني). وإذا رجع رب العمل علي المقاول والمهندس معا، أو رجع علي المهندس وحده، كان للمهندس في الحالتين أن يرجع علي المقاول بما رفعه لرب العمل، لأن الخطأ هو خطأ المقاول وقد أشرف المهندس عليه فصار مسئولاً عنه.

(الوسيط - 7-1 - للدكتور السنهوري- ص104 وما بعدها)

3- الأعمال التي تترتب عليها المسئولية بعد تسليم العمل ليست كل الأعمال التي يباشرها المقاول والمهندس المعماري، بل فقط المباني والمنشآت الثابتة الأخرى. وليس من الضروري أن يكون البناء منزلا، فيعتبر من المنشآت الثابتة إنشاؤه بئر أو جسر أو مصرف أو تبليط طريق أو القيام بترميمات كبيرة.

وبمقتضى المادة 651 من القانون المدني المصري يضمن المهندس المعماري والمقاول التهدم الكلي أو الجزئي ولو كان ناشئا عن عيب في الأرض، وعيوب البناء التي يترتب عليها تهديد معانة البناء وسلامته.

فيجب أن يكون هناك عيب يهدد سلامة البناء، أما العيوب الأخرى التي لا تؤثر في سلامته فيتخلص منها المهندس المعماري والمقاول بحصول التسليم.

مادة [651]

ويجب أن يكون العيب خفيا ، فالعيوب الظاهرة التي ما كان للمالك أن يجعلها وقت تسلمه العمل لا ينجم عنها أية مسئولية علي المهندس المعماري أو المقاول.

وبناء علي ما تقدم يكون المهندس المعماري والمقاول مسئولين عن عيوب البناء الناشئة عن إستعمال أدوات أو عدم اتخاذ الاحتياجات المعتادة ضد الحريق.

وعيب التصميم من الحالات التي يسأل عنها المهندس المعماري.

وعدم مراعاة القوانين واللوائح التي ينتج عنها أضرار للجيران أو مخالفة أو إلتزام بالهدم، إذا أهملت مراعاة خط التنظيم أو حصل تجاوز للإرتفاع المرخص فيه، يكون من الأوجه التي يترتب عليها المسئولية.

ولا يخفف من مسئولية المقاول كونه يعمل بثمن بخس.

إن القانون قد ذكر المهندسين المعماريين والمقاولين، ويقصد بهم كل شخص يبرم عقد مقاولة لإقامة بناء أو منشآت ثابتة، وقد جعلهم القانون مسئولين بسبب حرفتهم، فالأعمال التي يؤدونها هي التي ترتب عليهم إلتزام للضمان، ولكن مورد الأدوات لا يكون ملزما بالضمان لأنه بائع.

وقد حافظ القانون المصري الجديد علي النطاق التقليدي لهذه المسئولية فجعلها شاملة للمهندس المعماري والمقاول، ولا يطبقها علي المهندس الميكانيكي إلا إذا قام بوظيفة المهندس المعماري.

(العقود المسماة- الجزء 4- للدكتور كامل مرسي- المرجع السابق ص498 وما بعدها)

3- فإذا تركنا المادة، سواء قدمها المقاول أو صاحب العمل، وإقتصرنا علي العمل الذي قام به المقاول وجدنا أنفسنا أمام ثلاث مسائل رئيسية:

الأول- ضمان المقاول للعمل الذي أنجز وتم تسليمه.

ثانيا- المدة التي يسري خلالها هذا الضمان.

الثالثة- مسئولية المهندس المعماري في هذا الضمان.

وقد إختلف في بيان مصدر مسئولية المقاول والمهندس بعد التسليم، إلي أربعة آراء:

الرأي الأول - يقول بأن هذه المسئولية مصدرها عقد المقاولة، أي أنها مسئولية عقدية بحتة.

الرأي الثاني- يقول بأنها مسئولية عقدية قررها القانون.

الرأي الثالث - يقول بأنها مسئولية تقصيرية.

الرأي الرابع - يقول بأنها مسئولية قانونية بحتة.

مادة [651]

واعتنق الفقه الفرنسي والنقض الفرنسية الرأي الأول (الغالب) القائل بأن مسئولية المقاول والمهندس من طبيعة عقدية طالما أنها ناجمة عن عدم تنفيذهما لإلتزاماتها العقدية.

وفي مصر ذهب الفقه والقضاء أيضا إلي أن هذه المسئولية هي لا شك مسئولية عقدية، لأنها تقوم علي إلتزام عقدي أنشأه عقد المقاولة، وهذا يصدق أيضا علي المقاولات المتعلقة بالمنشآت الثابتة علي الأرض، فهي كسائر المقاولات تنشأ إلتزاما في ذمة المقاول أن تكون المنشآت خالية من العيب، فإذا إنهدم البناء أو ظهر فيه عيب فقد تحققت المسئولية العقدية للمقاول والمهندس.

ويتضح من إستعراض الآراء المختلفة- كما يذهب الأستاذ عنبر المحامي- أن مسئولية المقاول والمهندس المعماري من التهدم والعيوب هي مسئولية بحتة مصدرها القانون وحده، بحيث لا تسري عليها إلا النصوص التي قررتها، تترتب عند الحد الذي تنتهي فيه المسئولية العقدية، فتبدأ عندئذ لتسري حتى نهاية المدة التي حددها القانون للضمان نزولا علي ما تتطلب المصلحة العامة، فضلا عن الحماية الواجبة لرب العمل الذي يجهل في الغالب أمور الفن في البناء بعكس المقاول والمهندس اللذين يتمتعان بدراية وكفاية وخبرة عالية يفتقر إليها رب العمل.

(عقد المقاولة، دراسة مقارنة مع تشريعات الدول العربية- للأستاذ محمد عبد الرحيم عنبر المحامي- طبعة 1977- س155 وما بعدها، والمقاولة- رسالة ماجستير- للأستاذ محمد جابر الدوري المحامي- كلية القانون والسياسة- بغداد- 1975- ص45 وما بعدها)

من أحكام القضاء الحديثة:

1- المسئولية المفترضة لمالك البناء قبل الغير بتعويضه عن الضرر الذي يحدثه تهدمه، لا شأن لها بالمسئولية الفعلية للمقاول الذي أنشأه عن خطأ إقامته دون مراعاة الأصول الفنية في تشييده، لأن المسئولية المفترضة في جانب المالك ضمانه مقررة لمصلحة الغير تقوم بقيام موجبها علي الدوام وليست رخصة بتحلل بها المقاول الذي أخطأ في تشييده، بل يظل مسئولاً قبل المالك طبقا للضمان المقرر في المادة 651 من القانون المدني، كما يكون مسئولاً عما يحدثه تهدمه بخطئه الفعلي من ضرر للمالك أو غيره، وللمالك حق الرجوع عليه إنتهاء بما يلزم بأدائه من تعويض للغير ابتداء.

((جنائي) جلسة 1966/6/6 مجموعة المكتب الفني-السنة 17 جنائي- ص737)

2- إقرار رب العمل في عقد الصلح بتسلمه البناء مقبولا بحالته الظاهرة التي هو عليها ليس من شأنه إعفاء المهندس والمقاول من ضمان العيوب التي

مادة [651]

كانت خفية وقت التسليم ولم يكن يعلمها رب العمل، لأن التسليم ولو كان نهائيا لا يعطي إلا العيوب الظاهرة أو الملزمة لرب العمل وقت التسليم.

(جلسة 1967/4/13- مجموعة المكتب الفني- السنة 18- مدني ص835)

3- مفاد نص المادة 409 من القانون المدني السابق والمادة 651 من القانون المدني الحالي المقابلة للمادة السابقة أن إلتزام المقاول هو إلتزام بنتيجة هي بقاء البناء الذي يشيده سليما ومتينا لمدة عشر سنوات بعد تسليمه، وأن الإخلال بهذا الإلتزام يقوم بمجرد إثبات عدم تحقق تلك النتيجة دون حاجة لإثبات خطأ ما، وأن الضمان الذي يرجع إلي تنفيذ المقاول أعمال البناء يتحقق إذا ظهر وجود العيب في البناء خلال عشر سنوات من وقت التسليم ولو لم تنكشف آثار العيب وتتفاقم أو يقوم التهدم بالفعل إلي بعد إنقضاء هذه المدة.

(نقض- جلسة 1970/6/23- المرجع السابق- السنة 21- س1068، ونقض جلسة 1965/6/10- المرجع السابق- السنة 16- ص736)

4- مؤدي نص المادتين 651 و654 من القانون المدني أن ميعاد سقوط دعاوى ضمان المهندس المعماري والمقاول يبدأ من تاريخ التهدم الفعلي الكلي أو الجزئي في حالة عدم إنكشاف العيب الذي أدي إليه، ومن تاريخ انكشاف العيب دون إنتظار إلي تفاقمه حتى يؤدي إلي تهدم المبني، واضطرار صاحبه إلي هدمه- وإذ كان الثابت من الأوراق أن الطاعن قد علم بعيوب المبني من تاريخ رفع دعوى إثبات الحالة، ولم يثبت أن عيوباً غير تلك التي كشفها خبير تلك الدعوى أدت إلي إضطراره إلي هدم المبني، فإن الحكم إذ قضي بعدم قبول الدعوى لمضي أكثر من ثلاث سنوات بين انكشاف السبب ورفع الدعوى لا يكون قد أخطأ فى تطبيق القانون أو شابه القصور في التسبيب، ولا يؤثر في النتيجة الصحيحة التي إنتهي إليها الحكم المطعون فيه ما قرره من أنه يشترط لتطبيق المادة 654 من القانون المدني حصول تهدم تلقائي وليس هدما بفعل رب العمل.

(نقض- جلسة 1973/5/31- المرجع السابق- السنة 24- ص853)

5- مفاد المادتين 651 و654 من القانون المدني أن المشرع ألزم المقاول في المادة 651 من القانون المدني بضمان سلامة البناء من التهدم الكلي أو الجزئي أو العيوب التي يترتب عليها تهديد متانة البناء وسلامته، وحدد لذلك الضمان إذا حدث سببه خلال هذه المدة، علي أن القانون قد حدد في المادة 654 مدني مدة لتقادم دعوى الضمان المذكور وهي ثلاث سنوات تبدأ من وقت حصول التهدم أو ظهور العيب خلال مدة عشر سنوات من تسلم رب العمل

مادة [651]

البناء، إلا أنه يلزم لسماع دعوى الضمان ألا تمضي ثلاث سنوات علي انكشافه أو حصول التهدم، فإذا انقضت هذه المدة سقطت دعوى الضمان بالتقادم.

من المقرر أن علي صاحب الدفع إثبات دفعه، ومن ثم علي من يتمسك بالتقادم الثلاثي لدعوى ضمان المقاول لعيوب البناء أن يثبت انكشاف العيب في وقت معين ومضي المدة المذكورة بعدئذ.

(نقض- جلسة 1973/11/27- المرجع السابق- ص1146)

6- ضمان المهندس المعماري لتهدم البناء وللعيوب التي تهدد سلامته أساسه المسئولية العقدية المنصوص عليها في المادتين 651 و652 من القانون المدني، فهو ينشأ عن عقد مقاولة يعهد فيه رب العمل إلي المهندس المعماري القيام بعمل لقاء أجر، فإذا تخلف عقد المقاولة فلا يلتزم المهندس المعماري قبل رب العمل بهذا الضمان، وإنما تخضع مسئوليته للقواعد العامة في المسئولية المدنية. وإذ كان الطاعن قد تمسك في دفاعه أمام محكمة الموضوع بأنه لا نربطه بالمطعون ضدها الأولي (وهي صاحبة العمل) أية رابطة عقدية، وأن عمله إقتصر علي حساب تكاليف الإنشاءات الخرسانية كمشورة فنية مجانية قدمها للمرحوم المهندس (............) بناء علي المعلومات الفنية الخاصة بالتربة التي تلقاها منه، وأن مهندسا آخر هو الذي قام بوضع التصميم النهائي للبناء، فإن الحكم المطعون فيه، وقد إنتهي في قضائه إلي أن الطاعن مسئول عن ضمان العيوب التي ظهرت في البناء بإعتباره المهندس المعماري الذي قام بوضع التصميم مع ما ذهب في أسبابه من أن المرحوم المهندس (.........) مورث المطعون ضدهم الثلاثة الآخرين، كلف آخر بعمل رسومات (للفيلا) ودون أن يستظهر الحكم العلاقة بين الطاعنين والمطعون ضدها الأولي لتبين ما إذا كانت ناشئة عن عقد مقاولة، أم عن مجرد مشورة قدمها الطاعن بالمجان عن حساب تكاليف الإنشاءات الخرسانية (للفيلا)، وذلك تحقيقا لدفاع الطاعن الجوهري الذي إن صح لتغير به وجه الرأي في الدعوى، فإنه يكون قد شابه قصور في التسبيب بما يوجب نقضه.

(نقض- جلسة 1975/5/21- المرجع السابق- السنة 36- من 1048)

7-لما كان لا يبين من محضر جلسة المحاكمة ان الطاعن قد دفع بانتفاء مسئوليته كمقاول للبناء لانقضاء فترة الضمان وتسليمه البناء نهائيا دون تحفظات فلا يقبل منه اثارته لأول مرة امام محكمة النقض هذا فضلا عن ان أثر انقضاء مدة الضمان المنصوص عليها فى المادة 651 من القانون المدنى قاصر على المسئولية المدنية ولا يتعداها الى نطاق المسئولية الجنائية .

[الطعن رقم 1776 - لسنة 65 ق - تاريخ الجلسة 14 / 06 / 2004]

8- لا يكفي لقبول الطعن - وعلى ما جرى به قضاء هذه المحكمة - أن يكون المطعون ضده طرفا في الخصومة أمام المحكمة التي أصدرت الحكم المطعون فيه بل يجب أن يكون خصما حقيقيا وجهت إليه طلبات من خصمه أو وجه هو طلبات إليه.

[الطعن رقم 40 - لسنة 68 ق - تاريخ الجلسة 10 / 04 / 2010]

مادة [652]

مادة [652]

إذا إقتصر المهندس المعماري علي وضع التصميم دون أن يكلف الرقابـة علـي التنفيذ، لم يكن مسئولاً إلا عن العيوب التي أتت من التصميم.

النصوص العربية المقابلة:

هذه المادة تقابل في نصوص القانون المدني بالأقطار العربية، المـواد التالية:

مادة 186 ليبي و871 عراقي و562 سوداني 618 سوري و668 لبنـاني و789 أردني جديد.

الأعمال التحضيرية:

ليس علي هذه المادة تعليق بالأعمال التحضيرية يستحق إيراده.

رأي الفقه:

1- نري من نص المادة 652 مدني أن سبب الضمان قد يرجع إلي عيب في التصميم. والتصميم يصنعه عادة مهندس معماري، ولكن لا يوجد مانع مـن أن يصنعه شخص آخر غير مهندس، وكثيرا ما يصنعه المقاول نفسه، وقد يصنعه رب العمل، فإذا وضعه رب العمل وكان معيبا كان هو الملـوم، ولا يرجـع علـي أحد. أما إذا وضعه غيره المهندس أو المقاول أو شخص آخر غيرهما، كما واضـع التصميم هو المسئول عن عيوب التصميم ويجب عليه الضمان.

وعيوب التصميم إما أن ترجع إلي خطأ في أصول الهندسـة المعماريـة، كأن يكون من وضع التصميم لا تتوافر فيـه الكفايـة الفنيـة. وإمـا أن ترجـع عيوب التصميم إلي مخالفة قوانين البناء ولوائحـه، كأن يوضـع التصميم علـي أساس البناء علي رقعة مـن الأرض أكبر ممـا تسمح بـه هـذه النظم، أو علـي أساس أن يكون البناء مرتفعا أكثر ممـا يجـب قانونـا أو علـي أبعـاد تخالـف القوانين واللوائح أو يخرج البناء عن خط التنظيم.

وسواء رجع عيب التصميم إلي أصول الفـن المعمـاري أو إلي مخالفـة القوانين واللوائح، فإن واضـع التصميم- ويكـون غالبـا هـو المهنـدس المعمـاري- يجب عليه الضمان، سواء أشرف علي التنفيذ أو لم يشرف. غير أنه إذا أشرف علي التنفيذ يكون مسئولاً متضامنا مع المقاول في حدود عيوب التنفيـذ، ومستقلاً وحده في الضمان عن عيوب التصميم، ولا يكون المقاول مسئولاً معـه. أمـا إذا لم يشرف علي التنفيذ وإقتصر علي وضع التصميم، فإنـه – كمـا تقـول المـادة 652 سالفة الذكر- يكون ملتزما بالضمان عـن عيوب التصميم وحدها، ولا يضمن عيوب التنفيذ لأنه لم يشرف عليه. ولا يكون المقاول الـذي قـام بالتنفيذ ملتزما بضمان عيوب التصميم إذ التصميم ليس مـن وضعه، ولكـن إذا كـان العيب فـي

مادة [652]

التصميم من الوضوح بحيث لا يخفي علي المقاول، لاسيما إذا كان العيب يتعلق بمخالفة قوانين البناء ولوائحه، وأقدم المقاول علي تنفيذ التصميم بالرغم من العيب الذي فيه، فإنه يكون هو أيضا ملتزما بالضمان، ويكون في إلتزامه هذا متضامنا مع المهندس.

(الوسيط- 7- مجلد 1- للدكتور السنهوري- ص117 وما بعدها)

2- مسئولية المهندس المعماري ليست مقصورة علي عيوب البناء المترتبة علي عيوب التصميم الذي قام به، بل تشمل أيضا الخطأ الذي إرتكبه المقاول في تنفيذ التصميم، إلا إذا إقتصرت مهمة المهندس علي وضع التصميم ولم يكن من ضمنها الرقابة علي تنفيذه.

وإذا أدار المهندس الأعمال بإتباع تصميم وضعه شخص آخر أو تصميم المالك، فإنه يكون مسئولاً عن عيوب التصميم لأنه قد تبناه.

ويسأل المهندس عن أخطاء المقاول حتى إذا لم يكن هو الذي اختاره.

وإذا كانت مسئولية المقاول والمهندس المعماري عقدية، فيمكن إذن الإعفاء منها بثبوت القوة القاهرة أو الحادث المفاجئ.

ويمتاز نص المادة 652 مدني بميزة التوفيق بين الحلول التي قررتها محكمة الاستئناف المختلطة في بعض الحالات العملية، من ذلك استبعاد مسئولية المقاول المكلف تغطية الطريق بالأسفلت إذا كان العيب الحادث في غطاء الأسفلت ناجما عن هبوط الشارع بسبب خلل في مجاري المياه الممتدة في باطن الأرض، وكذلك استبعاد مسئولية المقاول الذي استعمل موادا وأدوات انعقد الإجماع علي جودتها إذا كان من الثابت أن الخلل الحادث بسببها راجع إلي الأحوال الجوية الخاصة بالقطر المصري. علي أن هذا التطبيق محل للمناقشة.

وفي طائفة أخرى من الأحكام قررت المحكمة إلقاء مسئولية تهدم البناء تحت تأثير ضغط مياه المطر علي عاتق المقاول، حتى لو كانت هذه الأمطار وافرة لدرجة غير عادية، خصوصا إذا كان البناء منخفضا بجوار الشارع.

كما أن المحكمة رفضت تمسك المقاول بالقوة القاهرة للتخلص من المسئولية بسبب هبوط أرصفة مقامة علي جوانب النيل. وقد قصد المشرع بالذات هذه الطائفة الأخيرة من الأحكام، فذكر في النص إلي جانب موقع الأرض حركتها الذاتية.

وقد رأت لجنة مراجعة المشروع تعديل المادة بما يجعل الإثبات علي المهندس والمقاول بأن التهدم والعيب الذي ظهر يرجع إلي سبب أجنبي لابد لهما فيه.

(العقود المسماة- الجزء 4- للدكتور كامل مرسي- ص500 وما بعدها)

مادة [652]

3- إن سبب الضمان- في تطبيق نص المادة 652 مدني- يرجع إلي عيب في التصميم. وإذا كان التصميم يضعه عادة مهندس معماري أو يحتم القانون ذلك أحيانا، ولكن لا يوجد مانع من أن يضعه شخص آخر غير مهندس، وكثيرا ما يضعه المقاول نفسه، وقد يضعه رب العمل. فإذا كان قد وضعه رب العمل وكان معيبا فهو الملوم، ولا يرجع علي أحد، ولكن قد يشترك معه المقاول في المسئولية إذا كان هذا الأخير علي علم بالخطأ أو العيب وأقره أو كان الخطأ أو العيب من الوضوح بحيث لا يخفي علي مجرب مثله.

أما إذا وضعه غيرهم، أي غير المقاول والمهندس ورب العمل، كان واضع التصميم هو المسئول عن عيوب التصميم ويجب عليه الضمان.

ويسأل المهندس عن عيوب التصميم ولو لم يكن هو واضعه إذا كان قد تبناه وقام بالإشراف علي تنفيذه.

وإذا كان المقاول هو الذي وضع التصميم فإنه يكون مسئولاً عن عيوبه وعن عيوب التنفيذ جميعا، ولكن مسئوليته عن عيوب التصميم تكون بالقدر الذي تسمح به المقدرة الفنية لشخص في مستواه. وإذا تبني التصميم وتحمل مسئوليته فإنه يكون مسئولاً عما فيه من عيوب.

وعيوب التصميم إما أن ترجع إلي خطأ في أصول الهندسة المعمارية، كأن يكون من وضع التصميم لا تتوافر فيه الكفاية الفنية اللازمة، أو لم يبذل العناية الكافية فيجئ التصميم معيبا من الناحية الفنية. وإما أن ترجع عيوب التصميم إلي مخالفة قوانين للبناء ولوائحه كأن يوضع التصميم علي أساس البناء علي مساحة من الأرض أو علي إرتفاع أكبر مما تسمح به هذه النظم أو علي أبعاد تخالف القوانين أو يخرج البناء علي خط التنظيم وغير ذلك من العيوب.

وسواء رجع عيب التصميم إلي أصول الفن المعماري أو إلي مخالفة القوانين واللوائح فإن واضع التصميم- يكون غالبا هو المهندس المعماري- يجب عليه الضمان سواء أشرف علي التنفيذ أو لم يشرف علي التنفيذ أيضا يكون مسئولاً مسئولية مزدوجة عن عيوب التصميم وعيوب التنفيذ، فيكون متضامنا مع المقاول في حدود عيوب التنفيذ، ومستقلا وحده في الضمان عن عيوب التصميم، ولا يكون المقاول مسئولاً معه فيها، إلا إذا كانت عيوب التصميم من الوضوح بحيث لا تخفي علي المقاول، لاسيما العيوب المتعلقة بمخالفة قوانين ولوائح التنظيم، وأقدم المقاول علي تنفيذ التصميم بالرغم من هذه العيوب، فإنه (أي المقاول) يكون هو أيضا ملتزما بالضمان متضامنا مع المهندس.

وقد سبق أن أوضحنا أن القضاء الفرنسي يذهب إلي أن هذه المسئولية تقصيرية، لأن عقد المقاول ينتهي بإنقضاء الإلتزامات المتولدة عنه.

كما ذكرنا أن الفقه في فرنسا وفي مصر، وكذا القضاء في مصر يكادان يجمعان علي أنها مسئولية عقدية.

مادة [652]

وذهبنا (الأستاذ عنبر) مع رأي مغاير يقول إنها مسئولية مقررة بموجب القانون، أي مسئولية قانونية قائمة بذاتها، مستقلة بأحكامها عن المسئولية العقدية، وتنشأ مباشرة عن نص القانون وحده، وأنها تبتدئ في السريان من النقطة التي تنتهي عندها المسئولية العقدية، ولا ينطبق عليها إلا النصوص التي أنشأتها.

ذلك أن المسئولية العقدية وليدة الإرادة الحرة المبصرة، وقيامها يقتضي توافر أهلية العاقد وقت التعاقد، لأنه - كما يقول بعض الشراح- تعويض الطرف الآخر عن عدم الوفاء. وذهب شراح آخرون إلى أبعد من ذلك، فيقررون وجوب توافر الأهلية لا وقت إبرام العقد الذي ينشئ الإلتزام الأصلي فحسب، بل حتى وقت الإخلال بهذا الإلتزام الذي يترتب عليه الإلتزام بالتعويض.

أما بالنسبة لمسئولية المقاول والمهندس عن التهدم كليا أو جزئيا أو العيوب التي تظهر في المباني بعد الإنجاز والتسليم، فحيث أن المدة المحددة قانونا لهذه المسئولية لا تعتبر مدة تقادم ولا مدة سقوط وإنما مدة تجربة لإختبار متانة المباني وسلامتها، فإنها تسري على ناقصي الأهلية، وهذا يعني أن هذه المسئولية ليست عقدية لأن من شروط تحقق الأهلية، وهذا يعني أن هذه المسئولية ليست عقدية لأن من شروط تحقق المسئولية العقدية توافر أهلية العاقد، وهي لا تتحقق إذا كان العاقد ناقص الأهلية.

ومن حيث جسامة الخطأ الموجب للمسئولية، فإن المسئولية العقدية لا تقوم إلا على أساس الخطأ العقدي أي الإخلال بالإلتزام الناشئ عن العقد، ولا يسأل المدين فيها عن الخطأ الذي يتسامح فيه عادة (التافه أو اليسير جدا).

ومن حيث عبء الإثبات فإن الدائن في المسئولية العقدية يكلف بإثبات خطأ المدين عن طريق إثبات. وجود العقد الصحيح، وحلول وقت الوفاء بالإلتزام، وعدم الوفاء بالإلتزام، والاعذار (الإنذار) في الحالات الموجبة له.

أما في مسئولية المقاول والمهندس عن التهدم أو العيوب التي تظهر بعد الإنجاز والتسليم، فلا يكفي أن يثبت الدائن وجود العقد السابق الذي إنتهي بالتسليم وإنما عليه أن يثبت وقوع التهدم أو ظهور العيب.

(عقد المقاولة للأستاذ محمد عبد الرحيم عنبر المحامي- المرجع السابق- ص1802 وما بعدها)

من أحكام القضاء الحديثة:

1- لئن كان الأصل أن المقاول الذي يعمل بإشراف رب العمل الذي جعل نفسه مكان المهندس المعماري لا يسأل عن تهدم البناء أو عن العيوب التي يترتب عليها تهديد متانة البناء، وسلامته إذا كان ذلك ناشئا عن الخطأ في التصميم الذي وضعه رب العمل، إلا أن المقاول يشترك في المسئولية مع صاحب العمل إذا كان على علم بالخطأ في التصميم وأقره، أو كان ذلك الخطأ من الوضوح بحيث لا يخفي أمره على المقاول المجرب.

(جلسة 1965/4/21- مجموعة المكتب الفني- السنة 16- مدني- ص81)

مادة [653]

مادة [653]

يكون باطلا كل شرط يقصد به إعفاء المهندس المعماري والمقاول من الضمان أو الحد منه.

النصوص العربية المقابلة:

هذه المادة تقابل في نصوص القانون المدني بالأقطار العربية، المواد التالية:

مادة 652 ليبي و619 سوري و870 عراقي و527 سوداني و669 لبناني و879 تونسي و790 أردني جديد.

الأعمال التحضيرية:

ليس على هذه المادة تعليق- بالأعمال التحضيرية- يستحق التنويه به.

رأي الفقه:

1- أراد المشرع أن يدعم الحماية التي منحها رب العمل، فجعل أحكام الضمان- في عقد المقاولة- من النظام العام، على خلاف القواعد العامة فيه، لا يجوز الإنفاق على محوها أو على التخفيف منها. وقد ذكر ذلك أمام لجنة مجلس الشيوخ عندما إعترض على النص، فقيل في الدفاع عنه: "إنه لو حذف هذا النص سيلجأ المهندسون والمقاولون إلى تضمن عقودهم نصوصا تعفيهم من المسئولية، والمراد بالمادة حماية طبقة لا يفهمون في مسائل البناء.

ويخلص من نص المادة 653 مدني أنه لا يجوز الإنفاق مقدما على الإعفاء من الضمان أو على الحد منه، فلا يجوز أن يشترط المقاول أو المهندس في عقد المقارنة أنه بمجرد تسلم رب العمل للبناء تبرأ ذمة المقاول أو المهندس من الضمان عن جميع العيوب الظاهرة والخفية على السواء. وكما لا يجوز الإنفاق على الإعفاء من الضمان، كذلك لا يجوز الإنفاق على الحد منه، فلا يجوز الإنفاق، فلا يجوز مثلا إشتراط أن يكون الضمان لمدة خمس سنوات من وقت تسلم العمل بدلا من عشر سنوات، أو إشتراط أن يقتصر الضمان على عيوب معينة، أو ألا يشمل الضمان عيوبا معينة، فكل هذه إتفاقات باطلة لمخالفتها للنظام العام، ويرجع رب العمل بالضمان كاملا عن جميع العيوب لكل مدة عشر سنوات بالرغم من أي إتفاق مخالف.

(تراجع حكم النقض الصادر بجلسة 1973/11/27 المعلق به على نص المادة 651 مدني)

ولكن لا يوجد ما يمنع من تشديد الضمان، إذ أن الضمان إنما قصد به حماية رب العمل، فليس هناك ما يحول دون أن يقوي رب العمل هذه الحماية بإتفاق خاص، فيجوز إشتراط أن يبقى للضمان عن العيوب مدة تزيد على عشر سنوات بحسب جسامة المنشآت ودقة العمل بها، كما يجوز الإتفاق على أن

مادة [653]

الضمان يشمل العيوب الظاهرة لمدة عشر سنوات أو أقل أو أكثر، بـل يجوز الإتفاق علي ضمان المقاول أو المهندس للقوة القاهرة.

والمفروض أن الإتفاق علي الإعفاء من الضمان أو علي الحـد منه إنمـا هو سابق علي تحقق سبب الضمان، فإنه في ذلك الوقت يكون هناك معني لحماية رب العمل، إذ قد يقوده عـدم خبرته إلي الإستهانة بقيمة الضمان، ويغليه المهندس أو المقاول- وهو الجانب الأقوى- علي أمره فيدفعه إلي قبـول الإعفاء من الضمان أو الحد منه.

أما بعد تحقق سبب الضمان، وتبين رب العمل خطورة العيوب التي إنكشفت، فهو حر في ذلك، وقد ثبت حقه في الضمان، أن ينزل عن هذا الحق أو بعضه، نزولا صريحا أو ضمنيا.

فإذا انكشف عيب في البناء يتحقق به الضمان، جـاز لـرب العمـل أن ينزل صراحة عن حقه في الرجوع علي المقاول أو المهندس بسبب هذا العيب. وقد يحمل سكوت رب العمل عن الرجوع بالضمان مدة طويلة بعد انكشاف العيب نزولا ضمنيا عن حقه، ولو كانت هـذه المـدة أقل مـن ثـلاث سنوات، وهي المدة التي تتقادم بها دعوى الضمان، متي اقترن هذا السكوت بملابسات قاطعـة في أن رب العمـل قصـد بسكوته النزول عـن الضمان، ومـن هـذه الملابسات أن يدفع رب العمـل للمقاول أو المهنـدس أجـره دون تحفظ أو أن يقوم بإصلاح العيب دون تحفظ ودون إثبات الحالة ودون أن يدفعه إلي ذلك ضرورة الاستعجال.

وقد يتهدم جزء من البناء ويظهر في باقيه عيب، فيرجع رب العمـل بالضمان فيما يتعلق بالتهدم، ولا يرجع بالضمان فيما يتعلـق بالعيب، فهنا يكون رب العمل قد نزل عن الضمان نزولا جزئيا، في التهدم دون العيب.

(الوسيط- 7- 1- للدكتور السنهوري- المرجع السابق- ص139 وما بعدها)

2- في فرنسـا، بحـث الشراح والمحـاكم مـا إذا كانـت شروط عـدم المسئولية تعتبر صحيحة، وقالوا إنه إذا كانت مسئولية المهندسين المعماريين والمقاولين لا تزول إذا كان التنفيذ بناء علي أوامر المالك، فإنه يجب أن تبقي إذا تضمن العقد شرطا بعدم الضمان، فمسئوليتهم إنما قررها القانون لحماية الملاك من العيوب التي لا يستطيعون بسبب عدم خبرتهم أن يتبنوها، فضلا عن أنها قد تصبح من الشروط الدارجة أو المألوفة، وتقدم كضمان، والنظام العام يقتضي أن يكون البناء متينا. علي أنه وإن كان الشراح والمحاكم ضد إشتراطات عدم مسئولية المهندسين المعماريين والمقـاولين، فـإنهم قالوا بوجـود حالات تخفف من تلك المسئولية، منها:

مادة [653]

(أ) إذا كان المالك ذا خبرة فنية كالتي لدي المهندس المعماري، فإنه في حالة وجود شرط عـدم الضمان يستطيع أن يعرف مـدي إلتزامـه ولا يكون للحماية القانونية صفة النظام العام.

(ب) يجوز استبعاد المسئولية لمـدة أقـل مـن المـدة التي نص عليها القانون. وتقضي محكمة النقض الفرنسية بأنه لا توجد مخالفـة للنظـام العـام إذا نقصت مدة المسئولية. ولكن ليس معني ذلك أنه لا يجوز للطرفين إنقـاص المدة لزمن قصير بحيث تنعدم المسئولية، ولكن معني ذلك أنه يجرؤ للطرفين إنقاص مدة الضمان للوقت اللازم لتبين العيوب التي يسأل عنها المهندس والمقاول.

(العقود المسماة- 4- لدكتور كامل مرسي- المرجع السابق- ص504 وما بعدها)

3- الحكمة من وضع المادة 563 مدني ظاهرة، وهـي تفـادي الشروط المجحفة التي يضعها المقاولون وشركات البناء في عقود مطبوعة، فلا يتنبه لها الجمهور، ثم يفاجئ رب العمل بسقوط حقه في الضمان تطبيقا لشرط مطبوع لم يلتفت إليه، فاحتاط المشرع لـذلك بالنص صراحـة علي بطلان شرط عـدم الضمان أو الحد منه، وهذا يتفق مـع مـا قررته المـادة 651 مدني مـن قيـام المسئولية ولو كان رب العمل قد أجاز إقامة المنشآت المعيبة، لأنه لا يمكن إعتباره في مستوي المهندس أو المقاول من الناحية الفنية.

(التقنين المدني الجديد- للدكتور محمد علي فريد- الطبعة 2- 1955- ص467)

4- إن الضمان بوجه عـام- عـدا ضمان المقاول والمهندس للمنشآت الثابتة- لا تعتبر أحكامه من النظام العام، فالأول يجوز الإتفاق علي ما يخالف أحكامه تخفيفا أو تشديدا أو محوا بإتفاق خاص، أمـا الثاني- أي ضمان المقاول والمهندس- فتعتبر أحكامه عن النظام العـام بنـص صريح جميـع التشريعـات العربية، ولا يوجد في فرنسا نص مماثل ولكن العمل جري عليه.

ويبرر ذلك أن رب العمل لا يكون عادة ذا خبرة فنية في أعمال البناء بعكس المقاول أو المهندس المعماري، ولذلك حماه القانون منهما هذه الحماية الخاصة التي رأينا في تحديد مدة طويلة لاختيار متانة البناء وصلابته.

هذا، فضلا عن أن المقاول والمهندس هما الجانب الأقوى في عقد المقاولة بسبب هـذه الخبرة الفنية، ويستطيعان أن يضيعها بسهولة هـذه الحماية علي رب العمـل لـو جاز لهما

إشتراط عدم المسئولية أو التخفيف منها بأن يدرجا في عقد المقاولة، هذا الشرط، فيصبح من الشروط المألوفة في هذه العقود، كما هو الشـأن في عقود الإيجار المطبوعة التي يوقعها المستأجر دون أن يقرأ أو يدرس أو يفهم محتوياتها،

مادة [653]

وكأنها شروط إذعان كعقود المياه، والغاز، والتليفون مع أن عقد المقاولة وعقد الإيجار كليهما من العقود الرضائية التي لابد فيها من إيجاب وقبول.

ولقد ورد في مناقشات لجنة القانون المدني المصري في مجلس الشيوخ عند نظر المادة 652 مدني أن البعض قد إعترض علي النص علي أن هذا البطلان من النظام العام، فقيل تبريراً لذلك أنه لو حذف هذا النص سيلجأ المهندسون والمقاولون إلي تضمين عقودهم نصوصا تعفيهم من المسئولية، والمراد بالمادة حماية طبقا لا يفهمون في مسائل البناء.

يضاف إلي ذلك خطور إنهيار المباني علي سلامة أرواح الناس، سواء أكانوا أصحابها أو مستأجرين أو جيرانها أو من المارة في الشوارع بجوارها أو العاملين في ترميمها أو إصلاح بعض ما بها من عيوب، وهؤلاء طائفة كبيرة لو أحصيناهم في كل كارثة من الكوارث التي نسمع أو نقرأ عنها بين حين وآخر.

لكل هذه الأسباب أراد المشرع أن يدعم هذه الحماية الضرورية فجعلها من النظام العام حتى لا تضيع أرواح الناس أو أموالهم هباء نتيجة عبث بعض المستهترين أو خربي الذمة من المقاولين والمهندسين المعماريين، أو حتى تهاونهم في الشعور بالمسئولية الخطيرة الملقاة علي عاتقهم.

ويخلص من النصوص المتقدمة أنه لا يجوز الإتفاق مقدماً علي الإعفاء من هذا الضمان أو الحد منه، فلا يجوز مطلقا أن يشترط المقاول أو المهندس في عقد المقاولة أنه بمجرد تسلم رب العمل للبناء تبرأ ذمة المقاول أو المهندس من الضمان عن جميع العيوب الظاهرة والخفية. كذلك لا يجوز الإتفاق علي الحد من هذا الضمان فلا يجوز مثلا الإشتراط لمدة تقل عن المدة المقررة في القانون، أو الإشتراط علي التنازل مقدما عن دعوى هذا الضمان، لأن معني ذلك التنازل عن الضمان ذاته، أو قصر الضمان علي عيوب معينة دون غيرها... إلي غير ذلك من الشروط المشابهة، فكل هذه الإتفاقات باطلة بصريح النصوص الواردة في جميع التشريعات العربية علي إختلاف صيغها لمخالفتها للنظام العام، فبعضها يذكر البطلان بلفظ التصريح (جميعا عند التشريع التونسي)، والبعض الآخر منها يذكر أنه (لا يعمل) (كالتشريع التونسى) ولكن المضى واحد وبالتالى يكون لرب العمل أن يرجع بالضمان كاملا عن جميع العيوب، وعن التهدم بجميع أنواعه، في المدة المنصوص عليها في تلك القوانين، رغم كل إتفاق مخالف مهما كان صريحا أو ضمنيا، كلياً أو جزئياً، مخففاً أو معفياً من المسئولية عن النطاق المرسوم في القانون.

ولكن لا يمنع ذلك من تشديد الضمان إذ أن الضمان قصد به حماية رب العمل، إذ أن أحكام القانون هي الحد الأدنى الذي رآه المشرع لهذه الحماية وليس

مادة [653]

الحد الأقصى، فيجوز مثلا الإشتراط علي أن يبقي الضمان أكثر من المدة المقررة في القانون، أو أن يشمل الضمان العيوب الظاهرة أيضا، لأن القانون كفل حماية العيوب الخفية وحدها، بل يجوز الإتفاق علي ضمان المقاول أو المهندس للقوة القاهرة.

(عقد المقاولة- للأستاذ محمد عبد الرحيم عنبر- المرجع السابق- ص221 وما بعدها)

من أحكام القضاء الحديثة:

1- تسلم رب العمل البناء تسلما نهائيا غير مقيد بتحفظ ما من شأنه أن يغطي ما بالمبني من عيوب كانت ظاهرة وقت حصول هذا التسلم أو معروفة لرب العمل، أما ما عدا ذلك من العيوب مما كان خفيا لم يستطع صاحب البناء كشفه عند تسلمه البناء فإن التسليم لا يغطيه ولا يسقط ضمان المقاول والمهندس عنه؛ فإذا كان الحكم المطعون فيه قد إنتهي إلي أن العيب الموجب لضمان المقاول ناشئ عن خطئه في إرساء الأساسات علي أرض طفلية غير صالحة للتأسيس عليها وعدم النزول بهذه الأساسات إلي الطبقة العملية الصالحة لذلك وأن التسليم لا ينفي ضمان المقاول لهذا العيب، لأنه لا يكون قد خالف القانون، لأن هذا العيب يعتبر من غير شك من العيوب الخفية التي لا يغطيها التسليم.

ويكفي لقيام الضمان المقرر في المادة 651 مدني حصول تهدم بالمبني ولو كان ناشئا عن عيب في الأرض ذاتها، ويحسب الحكم إقامة قضائه بمسئولية المقاول طبقا لهذه المادة علي حدوث هذا التهدم خلال مدة الضمان.

وإلتزام المقاول والمهندس الوارد في المادة 651 من القانون المدني هو إلتزام بنتيجة هي بقاء البناء الذي يشيدانه سليما ومتيناً لمدة عشر سنوات بعد تسليمه، ومن ثم يثبت الإخلال بهذا الإلتزام بمجرد عدم تحقق تلك النتيجة دون حاجة لإثبات خطأ ما.

(جلسة 1965/6/10- مجموعة المكتب الفني- السنة 16- مدني – ص736)

2- مقتضى ما نصت عليه المادتان 651 و653 من القانون المدني أن كل شرط في عقد الصلح يقصد به إعفاء المهندس والمقاول من ضمان ما لم يكن قد انكشف وقت إبرامه من العيوب التي يشملها الضمان يكون باطلا ولا يعقد به، إذ لا يجوز نزول رب العمل مقدما وقبل تحقق سبب الضمان عن حقه في الرجوع به.

وإقرار رب العمل في عقد الصلح بتسلمه البناء مقبولا بحالته الظاهرة التي هو عليها ليس من شأنه إعفاء المهندس والمقاول من ضمان العيوب التي كانت خفية وقت التسليم ولم يكن يعلمها رب العمل، لأن التسليم ولو كان نهائيا لا يغطي إلا العيوب الظاهرة أو الملزمة لرب العمل وقت التسليم.

(نقض- جلسة 1967/4/13- المرجع السابق- السنة 18 مدني- ص835)

مادة [654]

مادة [654]

تسقط دعاوى الضمان المتقدمة بإنقضاء ثلاث سنوات من وقت حصول التهدم أو إنكشاف العيب.

النصوص العربية المقابلة:

هذه المادة تقابل في نصوص القانون المدني بالأقطار العربية، المواد التالية:

مادة 653 ليبي و620 سوري و870 عراقي و668 لبناني و528 سوداني و791 أردني جديد و876 تونسي.

الأعمال التحضيرية:

إقتبس المشروع الفكرة الأساسية في التمييز الوارد بهذا النص عن المشروع الفرنسي الإيطالي م 521 فقرة 2 و522 فقرة أولى (في نهايتها).

وقد ترتب على عدم وجود نص في التقنين الحالي يطابق الفترة الثانية من هذه المادة، أن محكمة الاستئناف المختلطة قررت أن دعوى المسئولية قبل المقاول بناء على نص المادة 500 من التقنين المختلط يجوز رفعها بعد مضي العشر السنين المقررة بالنص، ولا يسقط الحق في إقامتها إلا بمضي خمس عشرة سنة من يوم وقوع الحادث ويترتب على ذلك أنه لو حدث الخلل في السنة العاشرة فإن الدعوى تبقى جائزة حتى تمر أربع وعشرون سنة من تاريخ تسلم العمل وقد يكون الداعي إلى تقرير هذا الحل هو الرغبة في ترك وقت كاف لرب العمل الذي يكتشف العيب في آخر لحظة، حتى ينجح في دعواه قبل المقاول، على أن هذه النتيجة تتعارض تماما مع ما رأيناه من ميل التقنينات الحديثة إلى تقصير المدة التي يبقى فيها كل من المقاول والمهندس مسئولا، ولذلك يكتفي المشروع بتحديد مدة سنتين يجوز رفع الدعوى خلالهما، وذلك قياسا على ما قرره المشروع الفرنسي الإيطالي (م522).

(مجموعة الأعمال التحضيرية للقانون المدني- جزء ص 31)

رأي الفقه:

1- يخلص من نص المادة 654 مدني أن رب العمل يستطيع أن يرفع دعوى الضمان في ثلاث سنوات، يبدأ سريانها من وقت انكشاف العيب أو حصول التهدم. فإذا انكشف العيب أو حصل التهدم بعد خمس سنوات مثلا من وقت تسلمه البناء، كان أمامه ثلاث سنوات أخرى لرفع دعوى الضمان، أي إلى إنقضاء ثماني سنوات من وقت تسلم البناء، كان أمامه ثلاث سنوات أخرى لرفع دعوى الضمان، فيكون قد إنقضى ثلاث عشرة سنة من وقت تسلم البناء، وهذه هي أقصى مدة يمكن أن تنقضي من وقت التسلم إلى وقت رفع دعوى الضمان،

مادة [654]

فإذا انقضت مدة التقادم ولم ترفع دعوى الضمان، فإن هذه الدعوى تكون قد سقطت بالتقادم ولا يجوز سماعها.

ولما كانت هذه المدة مدة تقادم، فإنها يرد عليها أسباب الإنقطاع، فتنقطع برفع الدعوى الموضوعية، وتنقطع أيضا بإقرار المقاول أو المهندس بحق رب العمل في الضمان. أما وقت التقادم فلا يرد هنا، وذلك لأن المدة لا تزيد علي خمس سنوات، ولا يقف التقادم إلا إذا كانت مدته تزيد علي خمس سنوات طبقا لنص الفقرة الثانية من المادة 382 مدني.

(يراجع التعليق علي المادة 382 مدني الوارد بالجزء الأول من كتابنا (التعليق علي نصوص القانون المدني المعدل) ص1054 وما بعدها)

ودعوى الضمان تقوم علي المسئولية العقدية فيما بين رب العمل من جهة والمهندس أو المقاول من جهة أخرى. أما بالنسبة إلي الغير فليست هناك رابطة عقدية. فإذا إنهدم البناء مثلا وأصاب أحد المارة بضرر، كان للمضرور أن يرجع بالتعويض علي حارس البناء (رب العمل) بموجب المسئولية التقصيرية الناجمة عن حراسة البناء، وهي مبنية علي خطأ مفترض، وكان للمضرور أيضا أن يرجع بالتعويض علي المقاول أو المهندس، ولكن بشرط أن يثبت في جانب المسئول خطأ تقوم عليه المسئولية التقصيرية. وإذا رجع رب العمل علي المقاول أو المهندس فإنه يرجع بدعوى الضمان، بشرط أن يحصل التهدم في خلال العشر سنوات التالية لتسلم البناء، وأن يرفع دعوى الضمان في خلال ثلاث سنوات من وقت حصول التهدم.

فيرجع الجار علي المقاول أو المهندس إذا لحقه ضرر من البناء، بشرط أن يثبت الجار خطأ في جانب المقاول أو المهندس طبقا لأحكام المسئولية التقصيرية، ولا يوجه دعواه إلي مالك البناء.

(الوسيط - 7- 1- للدكتور السنهوري- المرجع السابق- ص127 وما بعدها)

2- تنتقل دعوى المسئولية عند كل إنتقال للعقار، لأنها تعتبر ملحقة بالبناء أو المنشأة، فتتبعها في أي يد وجد البناء، إلا إذا إتفق علي غير ذلك وقت إنتقال الملكية، فمشتري العقار

يجوز له إذن أن يرفع دعوى المسئولية خلال عشر سنوات بدلا من المالك السابق الذي كان له هذا الحق، حتى لو كان إنتقال الملكية لا يتضمن الضمان، لأن شرط عدم الضمان الغرض منه أن يجعل ناقل الملكية بمنأى من كل رجوع، لا حرمان المشتري الدعوى التي كان للبائع حق رفعها علي المقاول والتي أصبحت لا تفيده لعدم وجود المصلحة.

مادة [654]

وإنه وإن كان المهندس المعماري والمقاول مسئولين بالتضامن تجـاه المالك، فإنه يجوز لكل منهما أن يرجع علي الآخر إذا كان العيب في البناء سببه خطأ أحدهما.

وللغير الذي يصيبه ضرر من إنهيار البناء أو حـدوث خلـل فيـه أو أي سبب آخر أن يرجع علي المهندس والمقاول.

والأصل أن مسئولية المقـاول ترتفع بتسـليم الشيء الموضوع إلي رب العمل وقبوله إياه، لأن تسلمه المصنوع وقبوله إياه دليل علي أن الصـانع قـام بعمله علي الوجه المطلوب، ولكن إذا كان المقاول هو الـذي قـدم المـواد، فـإن العقد يتضمن بيعا، ولذلك يجوز الرجوع عليه- كما في البيع- بضمان العيوب الخفية.

3- تجنب التفرقة بين أمرين يحدث الالتباس بينهما، وهما:

(أ) تقادم الضمان ذاته، أي المدة التي يجب أن يحدث فيها التهـدم أو يكتشف فيها العيب.

(ب) وتقادم دعوى الضمان التي تحمي حق الضمان، أي المـدة التـي يجب أن ترفع خلالها هذه الدعوى.

وقد إختلفت التشريعـات العربيـة في تقادم الضمان ذاتـه، فجعلـه أغلبها عشر سنوات ما عدا التقنين اللبناني والتقنين التونسي، فهي فيهما خمـس سنوات.

كما إختلفت تلك التشريعات أيضا في تقادم دعوى الضمان، فهي ثلاث سنوات في القانون المدني المصري وفي القانون المدني السوري وفي القانون المـدني الليبي، وهي سنة في القانون المـدني العراقـي والقانون المـدني الأردني الجديد، وثلاثون يوما في قانون الموجبات والعقود اللبناني.

ومؤدي النص المصري (م 654 مدني) والنصوص العربية المقابلـة- علـي ما بينها من خلاف في مدة تقـادم الـدعوى- أن رب العمل يستطيع أن يرفع دعوى الضمان خلال ثلاث سنوات تبدأ من وقت انكشاف العيب أو حصـول التهدم في أوائل العشر سنوات بعد التسليم الفعلي لا يكون لرب العمل حينئذ إلا ثلاث سنوات المقررة لرفع الدعوى الـ 13 عاما.

ويكفي أن ينكشف العيب أو يحصل التهدم حتى يكون ذلك قرينـة علي العلم به ولو لم يتم العلم به فعلا. ويثبت وقت انكشاف العيـب أو حصول التهدم بجميع طـرق الإثبـات بإعتبـاره واقعـة ماديـة. ولكـن لا يكفي لإثبات العلم أن يسكن رب العمل المبنـي أو أن يقوم بتأجيره للغير، فقـد لا يظهر العيب أو يحصل التهدم إلا بعد مدة طويلة.

إذا ظهر العيب وأخطر رب العمل المقاول أو المهندس المعمـاري بـه، فإن تراخيه في رفع دعوى الضمان بعد ذلك لا يعد نـزولا منـه عنهـا مادامـت مدة تقادم الدعوى لم تنقص.

ولما كانت هذه المدة مدة تقادم فإنها تقبل الإنقطاع، فتنقطع مـثلا برفع الدعوى الموضوعية ولو لمحكمة غير مختصة لأن المطالبة القضائية بوجـه عـام تقطع التقادم، ولكن -الدعوى المستعجلة لا تقطع التقادم (الوسيط- 7- للدكتور السنهوري-

مادة [654]

ص130)، وتنقطع أيضا بإقرار المقاول أو المهندس بحق رب العمل في الضمان، كما لو رهنا له عقارا أو منقولا في مقابل هذا الضمان.

ولكنها لا تقبل الإيقاف، لأن المدة لا تزيد علي خمس سنوات في التقنين المصري.

(عقد المقاولة- للأستاذ عبد الرحيم عنبر- المرجع السابق- ص207 وما بعدها)

من أحكام القضاء الحديثة:

1- الأصل المقرر في القانون أن من يشترك في أعمال الهدم والبناء لا يسأل إلا عن نتائج خطئه الشخصي، فصاحب البناء لا يعتبر مسئولاً جنائيا أو مدنيا عما يصيب الناس من الأضرار الناتجة عن هدم البناء بسبب عدم اتخاذ الاحتياطات المعقولة إلا إذا كان العمل جاريا تحت ملاحظته وإشرافه الخاص، فإذا تعهد كله أو بعضه إلي مقاول مختص يقوم بمثل هذا العمل عادة تحت مسئوليته فهو الذي يسأل عن نتائج خطئه.

(جنائي- جلسة 1968/11/4 مجموعة المكتب الفني- السنة 19جنائي –
ص904)

4- إن العقد المبرم هو عقد مقاولة مما ينطبق عليه أحكام المادة 865 مدني عراقي والكشف المستعجل والكشف الجاري من قبل المحكمة بتاريخ 1966/10/1، إضافة إلى إقرار المدعي عليه (المقاول) بإنذاره الجوابي بالعيب الموجود في الكاشي، الأمر الذي يترتب عليه إنقطاع مدة التقادم.

(محكمة بداءة (الابتدائية) بغداد- جلسة 1966/12/31- القضية 35 سنة
1964- مجلة القضاء المراقبة- السنة 24-1969- العدد 1- ص158 وما بعدها)

إن ما إستندت إليه المحكمة بموجب المادة 870 من القانون المدني والذي غير وارد بعد أن أسقط المقاول نفسه حقه بالتمسك بمدة السنة (الخاصة بتقادم الدعوى في القانون المدني العراقي) الواردة في المادة المذكورة، حيث تعهد بالكتاب المرقم 277 والمؤرخ في 1969/7/24 الذي تضمن ما يلي: (أرجو التفضل بالموافقة علي إرسال من تنسبونه مع مهندسينا لغرض الكشف علي الغرفة (غرفة الضخ)، ونحن علي إستعداد لإصلاح أية عيوب إن وجدت خلال مدة تعهدنا لمدة خمس سنوات من تاريخ إستلام المشروع)، وأن المميز (الطاعن) لم يستلم غرفة الضخ للواطئ عند إستلام المشروع بموجب شهادة الإستلام المؤرخة في 1969/2/20؛ إذا فلا تقادم في هذه الدعوى.

(محكمة التمييز المراقبة- جلسة 1974/2/26- هيئة عامة أولي- رقم 211-
سنة 1973- مجلة القضاء العراقية- السنة 29- العدد 3و4- ص 158و 159)

مادة [655]

إلتزامات رب العمل

مادة [655]

متى أتم المقاول العمل ووضعه تحت تصرف رب العمل وجب علي هـذا أن يبادر إلي تسلمه في أقرب وقت ممكن بحسب الجاري في المعاملات، فإذا إمتنع دون سبب مشروع في التسلم رغم دعوته إلي ذلك بإنذار رسمي، إعتبر أن العمل قد سلم إليه.

النصوص العربية المقابلة:

هذه المادة تقابل في نصوص القانون المدني بالأقطار العربية، المواد التالية:

مادة 654 ليبي و621 سوري و873 و874 عراقي و670 لبناني و529 سوداني و792 أردني جديد.

الأعمال التحضيرية:

ليس علي هذه المادة تعليق بالأعمال التحضيرية يمكن التنويه به.

رأي الفقه:

1 - يلتـزم رب العمـل بتسـلمه (العمـل) بعـد إنجـازه، والتسـلم هنا يشتمل علي معني أوسـع عمـا هـو عليـه في البيـع والإيجـار، فهو مـن جهة- كالتسلم في البيع والإيجار- الاستيلاء علي العمل بعد أن وضعه المقاول تحت تصرفه بحيث لا يوجد عائق من الاستيلاء عليه، وهذا هو التسـلم بمعناه المألوف، وهو من جهة أخرى- وهذا هو المعني الزائد- تقبل العمل والموافقة عليه بعد فحصه. وهذا المعني الزائد تقتضيه طبيعة المقاولة، فهي تقع علي عمل لم يكن قد بدأ وقت إبرام العقد أي لم يكن موجودا، فوجب عند إنجازه أن يستوثق رب العمل من موافقته لأصول الصنعة والشروط المتفق عليها، ويكون ذلك بفحصه فالموافقة عليه. خلافاً للحال في البيع والإيجار حيث تكون العين فيهما-غالباً- عينـا بالـذات معروفة للمشتري أو للمستأجر، ولا يقـتضي الأمر أكثر من تسلمها دون حاجة للتقبل.

ولما كان التسلم يتضمن التقبل- في المقاولة- فيشترط حتى يكون رب العمل ملتزما بتسلمه أن يكون العمل للشروط المتفق عليها، فإن لم تكن هناك شروط فطبقا لما تقضي به أصول الصنعة لنوع العمل محل المقاولة يحل محـل الشروط المتفق عليها أو يكملها إذا كانت ناقصة. وإذا وقع خلاف بين الطرفين فيما إذا كان العمل موافقا أو غير موافق، جاز لأي منهما أن يطلب ندب خبير علي نفقته لمعاينـة العمـل وتحرير محضر بنتيجـة المعاينـة، وإذا رفع الأمـر للقضاء، كان هذا المحضر محلة إعتبار عند القاضي، إذا رأى أن يكتفي به ولم

مادة [655]

يعارض الطرف الآخر فعل وإلا عين خبيرا آخر، أو قضي وفقا لما يتبين له من ظروف القضية ومستنداتها.

ويجب أن تكون المخالفة للشروط أو لأصول الصنعة التي تبرر عدم إلتزام رب العمل بالتسلم جسيمه إلي حد أنه لا يجوز عدلا إلزامه بالتسلم، فإذا لم تبلغ المخالفة هذا الحد من الجسامة بقي رب العمل ملتزما بالتسلم، وإنما يكون له الحق إما في طلب تخفيض الأجرة بما يتناسب مع أهمية المخالفة، أو في طلب تعويض عن الضرر الذي أصابه من جراء المخالفة، وفي جميع الأحوال يجوز للمقاول إذا كان العمل يمكن إصلاحه أن يقوم بهذا الإصلاح في مدة مناسبة، كما يجوز لرب العمل أن يلزم المقاول بذلك إذا كان الإصلاح لا يتكلف نفقات باهظة.

ويقع التسلم عادة في الزمان والمكان اللذين يقع فيهما التسليم، إذ التسليم هو وضع العمل تحت تصرف رب العمل دون عائق، والتسلم هو إستيلاء رب العمل عليه بعد أن يوضع تحت تصرفه وفقا لطبيعته.

ويجوز أن يكون التسلم مجزءاً إذا كان العمل مكونا من أجزاء متميزة، أو كان الأجر محدداً بسعر الوحدة، فيجوز لكل من المقاول أن يطلب المعاينة والتسلم عقب إنجاز كل جزء (أو قطعة).

يترتب علي التقبل النتائج التالية:

(1) أن ملكية الشيء المصنوع تنتقل إذا كان المقاول هو الذي ورد المادة التي استخدمها في العمل إلي رب العمل من وقت التقبل.

(2) أن دفع الأجرة يستحق عند تقبل العمل، إلا إذا قضي الإنفاق أو العرف بغير ذلك.

(3) أن تحمل تبعة العمل تنتقل من المقاول إلي رب العمل من وقت التسلم أو التقبل.

(4) أن المقاول لا يضمن العيوب الظاهرة من وقت التقبل، وهي العيوب التي كان يمكن كشفها بالفحص العادي.

وإذا لم يقم رب العمل بإلتزامه من تسلم العمل وتقبله في الميعاد القانوني، كان للمقاول أن يجبره علي تنفيذ إلتزامه عيناً، ويجوز أن يلجأ في ذلك إلي وسيلة التهديد المالي. فما علي المقاول- طبقا لمفهوم نص العبارة الأخيرة للمادة 655 من القانون المدني- بعد أن ينجز العمل ويضعه تحت تصرف رب العمل دون عائق، إذا رأي أن هذا الأخير قد تلكأ في معاينة العمل ليتقبله ويتسلمه أن يعذره بالتسلم عن طريق إنذار رسمي علي يد محضر ويحدد ميعادا لذلك، فإذا مضي الميعاد إعتبر رب العمل قد تسلم العمل حكما حتى لو لم يتسلمه

مادة [655]

حقيقة. ويترتب علي هذا التسلم الحكمي جميع النتائج التي تترتب علي التسلم الحقيقي، فتنتقل ملكية الشيء المصنوع إلي رب العمل، ويستحق دفع الأجر، وينتقل تحمل التبعة إلي رب العمل وتبرأ ذمة المقاول من العيوب الظاهرة، ويبدأ سريان ميعاد ضمان العيوب الخفية.

ويمكن- فوق ذلك وتطبيقا للقواعد العامة- أن يلجأ المقاول إلي العرض الحقيقي، وقد رسمت طريقة المواد من 334 إلي 337 مدني.

(تراجع تلك المواد والتعليق عليها بالجزء الأول من هذا الكتاب- ص986 وما بعدها)

وغني عن البيان أن للمقاول- بعد بيع الشيء- أن يستوفي أجره من الثمن وكذلك التعويضات المستحقة ويودع الباقي خزانة المحكمة.

وقد يقع أن يكون للمقاول مصلحة عند إمتناع رب العمل عن تنفيذ إلتزامه من تسلم العمل في فسخ العقد (بيع الشيء المصنوع لآخر بثمن أعلي)، وفي هذه الحالة يجوز له- بعد إعذار رب العمل بالتسلم- أن يطلب من القضاء فسخ عقد المقاولة حتى يتحلل من واجب التسليم، ويستطيع بعد ذلك أن يحقق لنفسه هذه الصفقة الرابحة.

(الوسيط- 7-1- للدكتور السنهوري- المرجع السابق- ص146 وما بعدها)

2- المادة 655 من التقنين المدني تطبيق محض القواعد العامة، فرب العمل ملتزم بتسلم العمل عند إنجازه وفقا لشروط المقاولة. فإذا دعي إلي تسلمه فإمتنع دون إبداء سبب مشروع، إعتبر أن العمل قد سلم إليه، ومؤدي ذلك بعد سريان مدة العشر سنوات المحددة للضمان من تاريخ الإنذار بالتسلم. وقد إشترط المشرع أن تكون الدعوى إلي التسلم بإنذار رسمي حسماً للمنازعات، فلا يكفي في ذلك الإعذار بطريق البريد.

(التقنين المدني الجديد- للدكتور محمد علي عرفة- المرجع السابق ص468، والعقود المسماة- للدكتور كامل مرسي- المرجع السابق ص513 وما بعدها)

3- متي أتم المقاول العمل، ووضعه تحت تصرف رب العمل، وجب علي الأخير أن يبادر إلي تسلمه في أقرب وقت ممكن بحسب الجاري في المعاملات، فإذا إمتنع دون سبب مشروع عن التسلم رغم دعوته إلي ذلك بإنذار رسمي، إعتبر أن العمل سلم إليه.

والتسلم هنا يشتمل علي معني أبعد من التسلم في البيع والإيجار علي نحو تقتضيه طبيعة عقد المقاولة، إذ أن الإتفاق يتم علي شئ لم يكن موجوداً، فيجب أن يستوثق رب العمل بعد إنجاز الشيء وإتمامه من أنه موافق للشروط المتفق عليها ولأصول الصنعة، ويكون ذلك بفحصه ثم الموافقة عليه، وهذا يسمي القبول والتقبل للشيء موضوع عقد المقاولة. أما في البيع والإيجار فالعين

مادة [655]

المبيعة أو المؤجرة تكون غالباً عيناً معينة بالذات ومعروفة للمشتري أو المستأجر، ولا يقتضي الأمر أكثر من تسلمها دون حاجة إلي القبول أو التقبل.

والتسلم بالإنتفاع يفيد ضمناً التقبل، إذ كما يكون التقبل صراحة يكون أيضا ضمناً بإستعمال الشيء مدة طويلة دون أية تحفظات أو بإدماجه في شيء آخر كل ذلك دون إبداء أية تحفظات مناسبة في هذا الشأن.

(عقد المقاولة- للأستاذ عبد الرحيم عنبر- المرجع السابق- ص221 وما بعدها)

من أحكام القضاء الحديثة:

1 - تسلم رب العمل الشيء المصنوع (أثواباً من الأقمشة) علي دفعات متتالية تشمل كل دفعة منها أثوابا مغلفة دون فضها في الحال للتحقق من سلامتها، هذا التسليم يجب الرجوع فيه إلي العرف التجاري لتبين ما إذا كان يفيد معني القبول الذي يرفع مسئولية الصانع أم لا، وأن أحكام العيب الخفي التي نص عليها في القانون المدني في باب البيع لا تنطبق في حالة عقد الاستصناع غير المختلط بالبيع وهو العقد الذي يقوم فيه رب العمل بتقديم جميع الأدوات اللازمة.

(جلسة 1950/12/14مجموعة القواعد القانونية-25 عاما- مدني- الجزء 2- ص153)

مادة [656]

مادة [656]

يستحق دفع الأجرة عند تسلم العمل، إلا إذا قضي العرف أو الإتفاق بغير ذلك.

النصوص العربية المقابلة:

هذه المادة تقابل في نصوص القانون المدني بالأقطار العربية، المواد التالية:

مادة 655 ليبي و662 سوري و876 عراقي و530 سوداني و336 و673 لبناني و882 تونسي.

الأعمال التحضيرية:

ليس علي هذه تعليق بالأعمال التحضيرية يمكن التنويه به.

رأي الفقه:

1- دفع الأجر- وفقا لنص المادة 656 مدني- يكون في الموعد المحدد في الإتفاق إذا كان هناك إتفاق علي ذلك، ويغلب أن يكون في عقد المقاولة إتفاق علي مواعيد دفع الأجر، وكثيراً ما يتفق علي أن يدفع رب العمل جزءا من الأجر مقدماً قبل البدء في العمل، ثم يدفع باقي الأجر علي أقساط يؤدي كل قسط منها عقب إتمام جزء معين من العمل أو عقب إنقضاء فترة معينة من الوقت.

فإذا لم يوجد إتفاق علي ميعاد معين أو مواعيد العينة، وكان هناك عرف للصنعة يحدد مواعيد دفع الأجر، وجب إتباع ما يقضي به العرف، وأكثر ما يجري به العرف في المقاولات الصغيرة أن يكون دفع الأجر عند تسلم العمل، وفي المقاولات الكبيرة أن يكون الدفع علي أقساط بحسب ما يتم إنجازه من العمل.

فإذا لم يوجد ولا عرف، فقد وجب تطبيق القواعد العامة التي توجب أن يتم الوفاء فورا بمجرد ترتب الإلتزام نهائيا في ذمة المدين، ما لم يوجد إتفاق أو نص يقضي بغير ذلك (م 1/346 مدني).

علي أن دفع الأجرة عند تسلم العمل مشروط فيه أن يكون العمل مطابقا للمواصفات والشروط المتفق عليها ولأصول الفن لهذا النوع من العمل. ويبقي الأجر في ذمة رب العمل واجبا دفعه في الميعاد، وإذا تأخر رب العمل في الدفع بقي الأجر في ذمته قائما حتى يسقط بالتقادم.ولا يوجد نص خاص بعين المكان الذي يجب فيه دفع الأجر، فلم يبق إلا تطبيق القواعد العامة، وهذه تقضي بأن يكون الدفع في المكان المتفق عليه، فإن لم يوجد إنفاق كان الدفع في المكان الذي يقضي به العرف. وأكثر ما يقضي به العرف أن يكون الدفع في المكان الذي يتم فيه تسليم العمل.وللمقاول أن يحبس ما تحت يده من العمل حتى يستوفي ما هو مستحق له من الأجر، ولا فرق في ذلك بين منقول وعقار، وتسري علي حق الحبس القواعد العامة.

مادة [656]

(الوسيط- 7-1- للدكتور السنهوري- ص197 وما بعدها، والعقود المسماة-4- للدكتور كامل مرسي- ص519 وما بعدها)

2- الأجر ركن من أركان عقد المقاولة، لابد من وجوده فيه لأنه عقد معاوضه، وإلا إعتبر العقد من عقود التبرع. علي أنه ليس هناك ضرورة لوجود إتفاق صريح علي مقدار الأجر، بل ولا علي وجود الأجر في حد ذاته، وإنما الضرورة تنصب علي عدم نية التبرع صراحة أو ضمناً.وإذا كان وجود الأجر ضروريا في عقد المقاولة وإلا إعتبر تبرعا أو عقدا غير مسمي أو عقدا باطلا حسب كل حالة، فليس من الضروري تعيين مقداره، بخلاف ركني العمل والتراضي فإن فقدان أيهما يجعل العقد باطلا.ويختلف أجر المقاول عن أجر الوكيل في هذا الصدد، إذ أن أجر الوكيل خاضع لتقدير القاضي ولو كان مقداره متفقا عليه بين الطرفين.إن المقاولة قد تكون مزيجا من عقد المقاولة والوكالة، أي من الأعمال المادية والتصرفات القانونية، كما هي الحال مع المحامي والمهندس المعماري، فيكون العقد مقاولة فيما يتعلق بالأعمال المادية ووكالة فيما يتعلق بالتصرفات القانونية، ومن ثم تطبق أحكام المقاولة في الجزء المتعلق بالأعمال المادية، وهذه لا يجوز فيها إنفراد أي من الطرفين بتعديل الأجر إلا طبقا لأحكام عقد المقاولة، وتطبق أحكام الوكالة في الجزء المتعلق بالتصرفات القانونية والأجر فيها يخضع لتقدير القاضي، ولو تم الإنفاق علي تقديره بين الطرفين. فإذا تعذر تعيين أي جزء من الأجر لأعمال المقاولة وأي جزء منه لأعمال الوكالة نظر إلي العنصر الغالب، فيكون العقد وكالة بالنسبة للمحامي ويجوز تخفيض أجره، ومقاولة بالنسبة إلي المقاول أو المهندس ولا يجوز تخفيض أجر أيهما.وإذا لم يحدد الأجر سلفا وجب الرجوع في تحديده إلي قيمة العمل ونفقات المقاول ومؤدي ذلك أنه عند الخلاف يعين القاضي مقدار الأجر مسترشدا بعنصرين:

(1) قيمة العمل الذي أتمه المقاول

(2) ما تكبده المقاول من نفقات في إنجازه.

هذا، ويسترشد القاضي بوجه خاص بالعرف الجاري في الصنعة في تحديد قيمة العمل.

(عقد المقاول- للأستاذ عبد الرحيم عنبر- المرجع السابق- ص232 وما بعدها)

من أحكام القضاء الحديثة :

1-من المقرر ـ على ما جرى به قضاء هذه المحكمة ـ أنه وإن كان الأصل في العقود أن تكون لازمة بمعنى عدم إمكان انفراد أحد العاقدين بتعديل العقد دون رضاء المتعاقد الآخر, إلا أنه ليس ثمة ما يمنع من الاتفاق بينهما على تعديل العقد, وكما قد يتم ذلك بإيجاب وقبول صريحين يصح أن يكون ضمنياً, وأن على محكمة الموضوع إن هي قالت بأن التعديل الضمني لم يتم أن تورد من الوقائع والظروف ما اعتبرته كاشفا عن إرادتيّ طرفيّ العقد في هذا الصدد وأن تقيم قضاءها على أسباب سائغة, وأن عليها أن تستظهر مدلول المحررات المتنازع عليها مما تضمنته عباراتها على

مادة [656]

ضوء الظروف التي أحاطت بتحريرها وما يكون قد تقدمها من اتفاقات عن موضوع التعاقد ذاته إذ ذلك هو من تحصيل فهم الواقع. لما كان ذلك وكان البين بالأوراق أن الطاعن تمسك أمام محكمة الموضوع بالاتفاق على تعديل الأسعار التي تضمنها عقد المقاولة واستدل على ذلك بما تضمنته المستندات المنوّه عنها بوجه النعي وكان الحكم المطعون فيه قد رفض هذا الدفاع على ما أورده في مدوناته" أن الخطاب الذي يشير إلى المستأنف ـ الطاعن ـ لم يرد به ذكر على الإطلاق لموضوع تعديل الأسعار أو الإشارة إلى ذلك المعنى, وإنما انصب على طلب سرعة الانتهاء من إنشاء الدور السادس والسابع وتحديد للمبالغ التي تسلمها المستأنف وما تبقى بحسب الحساب..", وكان هذا الذي أورده الحكم يدل على أن المحكمة استلزمت لتعديل الأسعار المتفق عليها في عقد المقاولة أن يتم ذلك بإيجاب وقبول صريحين رغم أنه يصح إذا كان ضمنيا, وأنها لم تستظهر مدلول إيصاليّ السداد المؤرخين 1981/1/8، 1983/3/14 مما تضمنته عبارات الإيصال الأول من أن الطاعن تسلم مبلغ أربعة وتسعين ألف جنيه والباقي له مائة وثمانية وثلاثين ألف جنيه فتكون جملة أجر المقاولة مبلغ مائتين واثنين وثلاثين ألف جنيه, بينما تضمن الخطاب الثاني ـ بعد استئناف العمل الذي كان قد توقف كطلب المطعون ضده الأول ـ أن الطاعن تسلم مبلغ خمسة آلاف جنيه ليكون جملة ما قبضه مبلغ مائتين واثنين وثلاثين ألف جنيه ويكون الباقي خمسة وعشرين ألف جنيه وهو ما يزيد عن أجر المقاولة وفقاً للأسعار الواردة بالعقد بما ينبئ عن تعديل تلك الأسعار بعد توقف العمل بالمبنى, كما لم تستظهر المحكمة ما تضمنه الخطاب الأول الصادر من المطعون ضده الأول ـ والذي يقرر الطاعن أن تاريخه 1981/1/22 ـ من طلبه وقف العمل حتى الدور الخامس فقط وأن أجر المقاولة عن ذلك مبلغ مائة وسبعة وثمانين ألف جنيه تسلم منها الطاعن مبلغ مائة واثنين وستين ألف جنيه يضاف إليها قيمة القرض الذي يسعى لإنهاء إجراءاته ومقداره خمسة وعشرين ألف جنيه، وما تضمنه الخطاب الثاني ـ الذي قرر الطاعن أن تاريخه 1984/3/20ـ من إعادة سرد بيانات الحساب السابق وطلب المطعون ضده الأول الانتهاء من إقامة الدورين السادس والسابع وأنه سيحاول سداد دفعة أخرى ليصبح المدفوع مائتي ألف جنيه ويكون الباقي المستحق للطاعن مبلغ خمسين ألف جنيه وهو ما يزيد عن أجر المقاولة المتفق عليه وفقاً للعقد والمحدد في إيصالات السداد المقدمة من المطعون ضدهم, كما لم يعرض الحكم لدفاع الطاعن بأن المطعون ضده الأول سلمه شيكاً بمبلغ ثلاثة وثمانين ألف جنيه قبل تنازله عن دعوى الحساب التي أقامها على المطعون ضدهم وبعد تصفية الحساب بين الطرفين, ولم تستجب المحكمة لطلب الطاعن إعادة المهمة إلى الخبير لتحقيق هذا الدفاع رغم أنه دفاع جوهري يترتب عليه ـ إذا ما حقق ـ تغيير وجه الرأي في الدعوى فإن الحكم المطعون فيه يكون قد خالف القانون وأخطأ في تطبيقه وشابه قصور في التسبيب وإخلال بحق الدفاع.

[الطعن رقم 8101 - لسنـة 64 ق - تاريخ الجلسة 13 / 02 / 1996]

مادة [657]

مادة [657]

(1) إذا أبرم عقد بمقتضى مقايسة علي أساس الوحدة وتبين في أثناء العمل أن من الضروري تنفيذ التصميم المتفق عليه مجاوزة المقايسة المقدرة مجاوزة محسوسة، وجب علي المقاول أن يخطر في الحال رب العمل بذلك مبينا مقدار ما يتوقعه من زيادة في الثمن، فإن لم يفعل سقط حقه في إسترداد ما جاز به قيمة المقايسة من نفقات.

(2) فإذا كانت المجاوزة التي يقتضيها تنفيذ التصميم جسيمة جاز لرب العمل أن يتحلل من العقد ويقف التنفيذ علي أن يكون ذلك دون إبطاء مع إيفاء المقاول ما أنجزه من الأعمال، مقدرة وفقاً لشروط العقد، دون أن يعوضه عما كان يستطيع كسبه لو أنه أتم العمل.

النصوص العربية المقابلة:

هذه المادة تقابل في نصوص القانون المدني بالأقطار العربية، المواد التالية:

مادة 656 ليبي و623 سوري و879 عراقي و531 سوداني و794 أردني جديد.

الأعمال التحضيرية:

ليس علي هذه المادة تعليق- بالأعمال التحضيرية- يستحق التنويه به.

رأي الفقه:

1- يتبين من نص المادة 657 مدني أن هناك شروطا ثلاثة يجب توافرها حتى ينطبق:

الأول- أن يكون الأجر في المقاولة متفقا عليه بمقتضى مقايسة علي أساس الوحدة.

الثاني- مجاوز المقايسة مجاوزة محسوسة لسبب لم يكن معروفا وقت العقد. والمقصود بمجاوزة المقايسة مجاوزة محسوسة مجاوزة كميات الأعمال المقدرة في المقايسة، لا مجاوزة أسعارها.فإذا كانت المجاوزة متوقعة عند إبرام عقد المقاولة أو كان من الممكن توقعها زاد الأجر بمقدار هذه المجاوزة ولا خيار لرب العمل.

الثالث- أن يخطر المقاول بمجرد تنبيه للزيادة رب العمل بذلك- ولو يشترط النص شكلا خاصا لهذا الإخطار، ولا ميعاداً معيناً يجب أن يتم فيه، ولذلك يجوز أن يكون الإخطار علي يد محضر، أو بكتاب مسجل، أو بكتاب عادي، أو شفويا. وعلي المقاول عبء إثبات أن الإخطار قد تم.ويجب أن يتم الإخطار فور تبين المقاول للزيادة، فإذا سكت علي الإخطار بعد تنبيه الزيادة مدة لا مبرر لها،

مادة [657]

حمل ذلك علي أنه قد نزل نزولا ضمنيا عـن حقـه في إسـترداد قيمـة الزيادة، وبقي الأجر كما جاء في المقايسة دون تعديل.

فإذا لم يخطر المقاول رب العمـل بالمجـاوزة، أو أبطـأ في إخطـاره دون مبرر، أو لم يذكر في الإخطار مقدار ما يتوقعه من الزيادة أو في القليل الأسـس التي تقوم عليها المجاوزة المتوقعة، سقط حقـه في إسـترداد مـا جـاوز بـه قيمـة المقايسة من نفقات، وبقـي الأجـر كـما جـاء في المقايسة دون تعـديل، وذلـك بالرغم من وقوع مجاوزة محسوسة لما هو مقدر في المقايسة.

ويترتب علي تـوافر هـذه الشروط الثلاثة التمييـز بـين مـا إذا كانـت المجاوزة المحسوسة غير جسيمة، أم أنها جسيمة.

لم تعرض المـادة 657 مـدني للمجـاوزة غـير الجسـيمة صراحـة، ولكـن مفهوم المخالفة من نص الفقرة الثانية من هذه المـادة يستخلص منـه أن رب العمل لا يستطيع أن يتحلل من عقد المقاولة بسبب المجاوزة المحسوسة غير الجسيمة، وبأنه تجنب زيادة الأجر بما يتناسب مع هذه المجاوزة، شاء رب العمل أو أبي.

وتقدير مـا إذا كانت المجاوزة المحسوسـة جسـيمة أو غـير جسيمة، مسألة واقعة يبت فيها قاضي الموضوع دون معقب عليه من محكمة النقض.

أما إذا كانت المجاوزة جسيمة فقد تكلفت الفقرة الثانية مـن المـادة 657 مدني ببيان الحكم في ذلك، وخلاصته أن رب العمل يكون بالخيار بين أمرين:

الأمر الأول- أن يبقي مقيدا بالمقاولة، ويطلب مـن المقـاول إتمـام العمـل، وفي هذه الحالة يزيد الأجر بما يتناسب مع الزيادة الجسيمة، ويبقي عقد المقاولـة نافذا بجميع شروطه، فيما عدا الأجر فإنه يزيد الزيادة المناسبة.

الأمر الثاني- أن يتحلل رب العمل من المقاولة إذا رأي أن الزيادة الجسـيمة في الأجر مرهقة له، وفي هذه الحالة يطلب مـن المقـاول وقف العمـل، عـلي أن يكون ذلك دون إبطاء لا مبرر له، كان للمقاول أن يمضي في العمل، ويفترض أن رب العمل قد اختار الأمر أي إبقاء المقاولة مع الزيادة في الأجر. والطلب الذي يتقدم به رب العمل لوقف التنفيذ لا يشترط فيه شكل خاص، فقد يكون عـلي يـد محضر أو مكتوبا أو شفويا، ولكن عبء إثبات التقدم بهذا الطلب يقع علي رب العمل. فإذا تقدم رب العمل بهذا الطلب، وجب علي المقاول أن يقف تنفيذ العمل ويتحلل رب العمل من المقاولة. ولكـن يجـب عليـه أن يعـوض المقاول بإبقائه قيمة ما أنجزه من الأعمال مقدرة وفقـا لشروط العقـد دون أن يعوضه عما كان يستطيع كسبه أو أنه أتم العمل، فيرد للمقاول قيمة ما أنجزه من الأعمال إلي يوم إخطاره بوقف العمل، وتقدر هـذه القيمـة لا بحسـب مـا هو مقدر طبقا لما جاء في المقايسة.

(الوسيط- 7-1- للدكتور السنهوري- ص162 وما بعدها)

مادة [657]

2- نقل المشرع الحكم الوارد في المادة 657 مدني عن التقنين البولوني (م 491منه).

ولا نظير لهذا النص في التقنين المدني القديم، وهو (النص) عرض لحالة تقع في العمل بصدد مقاولات المباني علي أساس المتر المربع مثلا عند مجاوزة الكميات المقدرة في المقايسة مجاوزة محسوسة لتنفيذ التصميم المتفق عليه. فيتعين علي المقاول قبل أن يقدم علي شراء الكميات الإضافية أن يخطر رب العمل بما يتوقع من زيادة في الثمن ليحصل علي موافقته علي تجاوز القيمة الواردة بالمقايسة، فإذا أهمل في الإخطار وأقدم علي التنفيذ سقط حقه في إسترداد النفقات الزائدة.

وتقرر الفقرة الثانية أن لرب العمل حق وقف التنفيذ، علي أن يخطر المقاول برغبته في ذلك دون إبطاء. وفي هذه الحالة يقتصر إلتزام رب العمل علي الوفاء بقيمة ما أنجزه للمقاول من الأعمال وفقا لشروط العقد، دون إلزامه بما يجاوز هذه القيمة من مصروفات أنفقها المقاول. فقد تكون قيمة هذه المصروفات مجاوزة للمتوقع من قيمة المقايسة نفسها، والأمر لم يسفر إلا عن تنفيذ المقاولة تنفيذا جزئيا فلا يكون رب العمل مسئولاً عن مجاوزة المصروفات المقررة في المقايسة.

(التقنين المدني الجديد- للدكتور محمد علي عرفة- المرجع السابق ص468 و469، والعقود المسماة- 4- الدكتور محمد كامل مرسي- المرجع السابق- ص520 و521)

3- استثناء من القاعدة العامة التي تقضي بعدم جواز تعديل أو مراجعة الأجر المتفق عليه في المقاولة توجد ثلاث صور يجوز تعديل الأجر فيها:**الأولى**- الإتفاق علي أجر بمقتضى مقايسة علي أساس الوحدة، فتجوز زيادة الأجر بشروط معينة إذا اضطر المقاول إلي مجاوزة محسوسة.

الثانية- الإتفاق علي أجر إجمالي علي أساس تصميم معين، فيجوز في هذه الحالة زيادة الأجرة إذا حصل في التصميم تعديل أو إضافة، وكان ذلك بناء علي طلب رب العمل أو خطئه، أو إذا انهار التوازن الإقتصادي بين إلتزامات كل من رب العمل والمقاول بسبب حوادث استثنائية عامة.

الثالثة- يجوز إنقاص أجر المهندس المعماري إذا لم يتم العمل بمقتضى التصميم الذي وضعه.فهناك شروط ثلاثة لانطباق نص المادة 657 مدني.هذا النص يقرر أحكاما تتفق مع النية المحتملة للمتعاقدين، فهو من هذه الناحية لا يخرج عن القواعد العامة.

مادة [657]

(1) أن يكون الأجر في المقاولة متفقا عليه بمقتضى مقايسة علي أساس الوحدة وإلا فلا ينطبق النص، كما لو كان الإتفاق علي أجر إجمالي أو كان مقدار الأجر غير متفق عليه أصلا.

(2) مجاوزة المقايسة مجاوزة محسوسة لسبب لم يكن معروفا وقت انعقاد العقد. والمقصود هنا هو مجاوزة كميات الأعمال المقدرة في المقايسة لا مجاوزة أسعارها، ذلك أن المجاوزة في الأسعار لا يعتد بها.ولا يكفي أن تكون الزيادة في كميات الأعمال محسوسة، بل يجب ألا تكون موقعة وقت العقد، إنما تتبين في أثناء العمل.

(3) أن يخطر المقاول رب العمل بمجرد تنبيه للزيادة. ولم يشترط النص شكلا خاصا لهذا الإخطار ولا ميعادا معينا يجب أن يتم فيه، ولكن ينبغي أن يقع فور تبين المقاول للزيادة. فإذا سكت المقاول عنه في هذه الحالة حمل ذلك علي أنه نزل نزولا ضمنيا عن حقه في إسترداد قيمة الزيادة، وينبغي أن يشتمل الإخطار علي مقدار ما يتوقعه المقاول من زيادة الكم وما يترتب عليها من زيادة في الأجر.ويلتزم مما ذكر في الإخطار دون الزيادة الفعلية بعد ذلك، ولذلك يحسن بالمقاول أن يحتاط ويكتفي في الإخطار بذكر الأسس التي تقوم عليها الزيادة المتوقعة دون أن يذكر رقما معينا لهذه المجاوزة تاركا ذلك لما يسفر عنه تنفيذ العمل من نتيجة فعلية.

وإذا كانت المجاوزة جسيمة، جاز لرب العمل أن يتحلل من العقد، ويقف التنفيذ علي أن يكون ذلك دون إبطاء مع إبقاء المقاول قيمة ما أنجزه من الأعمال مقدرة وفقا لشروط العقد دون أن يعوضه عما يستطيع كسبه لو أنه أتم العمل.ومؤدي هذا أن يكون لرب العمل الخيار بين أمرين:

أولهما- أن يبقي مقيدا بالمقاولة بكل شروطها، ويطلب إتمام العمل، وفي هذه الحالة يزيد الأجر بما يتناسب مع الزيادة الجسيمة.

ثانيهما- أن يتحلل رب العمل من المقاولة إذا رأي أن الزيادة الجسيمة في الأجر مرهقة له. وفي هذه الحالة يطلب دون إبطاء وقف العمل. فإذا أبطأ في هذا الطلب بدون مبرر؛ كان للمقاول أن يمضي في العمل، ويفترض أن رب العمل قد اختار الأمر الأول. وهذا الطلب ليس له أيضا شكل خاص. وحكمة عدم تعويضه المقاول عما كان يكسبه لو أتم العمل أنه قد اضطر للتحلل من العقد بسبب الزيادة المرهقة في الأجر لا بمحض إرادته.

من أحكام القضاء الحديثة :

1-النص في الفقرة الأولى من المادة 657 من القانون المدني على أنه "...." يدل على أن الحكمة التي توخاها المشرع من الإخطار هي عدم مفاجأة رب

مادة [657]

العمل بمجاوزة المقايسة المقدرة مجاوزة لم يكن يتوقعها ولم يدخلها في حسابه.
فإذا كان يعلم بهذه المجاوزة أو يتوقعها عند التعاقد فلا حاجة لوجوب
الإخطار المشار إليه - ويبقى للمقاول الحق في استرداد ما جاوز به قيمة
المقايسة من نفقات على أساس سعر الوحدة المتفق عليه في العقد - لما كان
ذلك، وكان الثابت بالعقد المؤرخ 1966/3/28 - المودع بملف الطعن - أنه
تضمن إسناد التركة المطعون ضدها للطاعن القيام بتوريد وتركيب الطبقة
العازلة في أربع عمارات بمنطقة الشيخ هارون بأسوان - كما ورد بجدول
المقايسة المرفق - إتفاق الطرفين على أن الكميات الواردة بها قابلة للزيادة
والعجز والإضافة والإلغاء - وهو ما يفيد أن رب العمل كان يتوقع مجاوزة
المقايسة المقدرة عند التنفيذ وإذ كان البين من الحكم المطعون فيه أنه أشار في
مدوناته إلى هذا الجدول وإلى ما تضمنه من اتفاق الطرفين على أن الكميات
الواردة به قابلة للزيادة أو العجز وإلى أن المعاينة الميدانية التي أجراها الخبير
أثبتت أن الأعمال المنفذة تمت كلها في نطاق العمارات الأربع محل التعاقد
فإنه إذ استلزم لاستحقاق الطاعن ما جاوزه به قيمة المقايسة من نفقات
وجوب إخطار الشركة المطعون ضدها - يكون قد أخطأ في تطبيق القانون
وتأويله بما يستوجب نقضه.

[الطعن رقم 1164 - لسنة 48 ق - تاريخ الجلسة 12 / 03 / 1984]

مادة [658]

مادة [658]

(1) إذا أبرم العقد بأجر إجمالي علي أساس تصميم إتفق عليه مع رب العمل، فليس للمقاول يطالب بأية زيادة في الأجر ولو حدث في هذا التصميم تعديل أو إضافة إلا أن يكون ذلك راجعا إلي خطأ من رب العمل أو يكون مأذونا به منه وإتفق مع المقاول علي أجره.

(2) ويجب أن يحصل هذا الإتفاق كتابة، إلا إذا كان العقد الأصلى ذاته قد إتفق عليه مشافهة.

(3) وليس للمقاول إذا إرتفعت أسعار المواد الأولية وأجور الأيدي العاملة أو غيرها من التكاليف أن يستند إلي ذلك فيطلب زيادة في الأجر ولو بلغ هذا الإرتفاع حداً يجعل تنفيذ العقد عسيرا.

(4) علي أنه إذا انهار التوازن الإقتصادي بين إلتزامات كل من رب العمل والمقاول بسبب حوادث استثنائية عامة لم تكن في الحسبان وقت التعاقد، وتداعي بذلك الأساس الذي قام عليه التقدير المالي لعقد المقاولة جاز للقاضي أن يحكم بزيادة الأجر أو بفسخ العقد.

النصوص العربية المقابلة:

هذه المادة تقابل في نصوص القانون المدني بالأقطار العربية، المواد التالية:

مادة 657 ليبي و624 سوري و877 و878 عراقي و675 لبناني و532 سوداني و884 تونسي و795 أردني جديد.

الأعمال التحضيرية:

الفقرة الأولي: تطابق مضمون المادة 418/ 510 من التقنين الحالي مع تحديد اقتبسه المشرع من التقنين الفرنسي (م 793) والقضاء المصري (انظر علي الأخص أحكام محكمة الاستئناف المختلطة 22 أبريل سنة 1896 ب 8ص 235- 19 نوفمبر سنة 1896 ب9 ص35- 4 فبراير سنة 1904 ب16 ص125).

أما الفقرة الثانية: فهي مقتبسة أيضا من المادة 1793 من التقنين الفرنسي وهي تقر ما جري عليه القضاء المصري من أنه لا يجوز للمقاول أن يثبت بالبينة أو بالقرائن إذن رب العمل له في إقامة أعمال إضافية (انظر علي الأخص: محكمة الاستئناف المختلطة 12 أبريل سنة 1905 ب17 ص206- 25 نوفمبر 1909 ب22 ص26- محكمة استئناف مصر الأهلية 10 يونيه سنة 1936 المحاماة 17 ص412 رقم 197).

والفقرة الثالثة- تطابق أيضا أحكام القضاء المصري محكمة الاستئناف المختلطة 24 مايو سنة 1899 ب11 ص235- 21 مارس سنة 1906 ب18 ص157.

مادة [658]

والفقرة الرابعة: هي تطبيق لنظرية الظروف الطارئة في حالة عقد المقاولة. وقد سبق أن قرر المشروع هذه النظرية بصفة عامة في المادة 213 فقرة 2 منه.

والمعيار الذي يقرره النص)إختلال التوازن الإقتصادي بين الإلتزامات اختلالا تاما بسبب حوادث لم تكن منظورة وقت التعاقد) هو من الدقة بحيث يحد من تدخل القاضي وفي الوقت نفسه من المرونة بحيث يسمح له بمراعاة ظروف كل حالة.

(مجموعة الأعمال التحضيرية للقانون المدني- الجزء 5- ص42)

رأي الفقه:

1- حتى يدخل عقد المقاولة في تطبيق نص المادة 1/658 مدني، يجب توافر شروط ثلاثة:

(1) أن يكون الأجر قد حدد بمبلغ إجمالي لا يزيد ولا ينقص.

(2) أن تكون المقاولة علي أساس تصميم متفق عليه، وذلك حتى تتبين حدود العمل علي وجه كامل واضح نهائي، في رسوم (وهذا هو الغالب) أو غير ذلك في وصف كامل لجميع الأعمال المطلوبة مفصل ودقيق.

(3) أن يكون عقد المقاولة مبرما بين رب العمل الأصلي والمقاول- فإذا أبرم بين مقاول أصلي ومقاول من الباطن ففيما بينهما لا تسري المادة 658 مدني وإنما تسري القواعد العامة.

ومتي توافرت هذه الشروط الثلاثة، فقد دخلنا في نطاق تطبيق المادة 658 مدني، ولا يهم بعد ذلك أن تكون المقاولة محلها إقامة بناء أو غير كصنع أثاث، أو أن يكون محلها عملا كبيرا كصنع سفينة أو عملا صغيرا (كصنع مكتب أو مكتبة)، فنص المادة 658 مدني مطلق لا يفرق بين فرض وآخر.

وهناك فرضان استثنائيان تجوز فيهما زيادة الأجر:

الأول- تعديل التصميم بسبب خطأ من رب العمل أو بناء علي إتفاق معه- فقد رأينا أو المادة 1/658 مدني لا تجيز زيادة الأجر الجزافي ولو حدث في التصميم تعديل أو إضافة، إلا أن يكون ذلك راجعا إلي خطأ رب العمل، أو يكون مأذونا به منه وإتفق مع المقاول علي أجره (كأن قدم له أرضا لا يملكها).

الثاني- زيادة التكاليف زيادة فاحشة ينها معها التوازن الإقتصادي بين إلتزامات كل من رب العمل والمقاول- إن نص الفقرتين الثالثة والرابعة من

مادة [658]

المادة 658 مدني تطبيق واضح في عقد المقاولة لنظرية الحوادث الطارئة التي تقرر مبدأها في المادة 2/147 مدني.

(يراجع التعليق الوارد علي هذه المادة بالجزء الأول من كتابنا (التعليق علي نصوص القانون المدني المعدل- ص368 وما بعدها)

وشروط تطبيق نظرية الظروف الطارئة في الصورة التي نحن بصددها هي نفس شروط تطبيق النظرية فى مبدأها العام.

وشروط تطبيق نظرية الظروف الطارئة في الصورتين- هي:

(1) أن يكون العقد متراخيا، وهو شرط غالب لا شرط ضروري، ولاشك أن هذا الشرط متوافر في عقد المقاولة، فهناك فترة من الزمن تفصل بين إبرام المقاولة وتنفيذها.

(2) أن تجد بعد صدور العقد حوادث إستثنائية عامة، وهذا ما تنص عليه صراحة الفقرة الرابعة من المادة 658 مدني (حرب- إضراب مفاجئ- تسعيرة رسمية أو إلغاؤها- استيلاء إداري- وباء ينتشر- تشريع مفاجئ).

(3) أن تكون هذه الحوادث استثنائية ليس في الوسع توقعها (م 4/658 مدني).

(4) أن تجعل هذه الحوادث تنفيذ الإلتزام مرهقاً لا مستحيلاً (م4/658 مدني).

وإذا كانت شروط نظرية الظروف الطارئة في مبدأها تتفق مع شروط النظرية في تطبيقها الخاص بعقد المقاولة، فإن الجزاء يختلف قليلا في التطبيق الخاص عنه في المبدأ العام، ففي المبدأ العام يجوز للقاضي، تبعا للظروف وبعد الموازنة بين مصلحة الطرفين، أن يرد الإلتزام المرهق إلي الحد المعقول، ويقع باطلا كل إتفاق علي خلاف ذلك، فالقاضي مطلق اليد في معالجة الموقف الذي يواجهه، فهو قد يري أن الظروف لا تقتضي إنقاص الإلتزام المرهق ولا زيادة الإلتزام المقابل، بل يقف تنفيذ العقد حتى يزول الحادث الطارئ، وقد يري زيادة الإلتزام المقابل، وقد يري إنقاص الإلتزام المرهق وإذا جاز للقاضي أن يقف تنفيذ الإلتزام المرهق أو ينقص منه أو يزيد في الإلتزام المقابل، فإنه لا يجوز له فسخ العقد، فالإلتزام المرهق يبقي ولا ينقضي ولكن يرد إلي الحد المعقول، فتتوزع بذلك تبعة الحادث الطارئ بين المدين والدائن، ولا يتحملها الدائن وحده بفسخ العقد (م 2/147 مدني).

أما في التطبيق الخاص بعقد المقاولة الذي نحن بصدده، فإن الفقرة الرابعة من المادة 658 مدني تقول: "جاز للقاضي أن يحكم بزيادة الأجر أو

مادة [658]

بفسخ العقد". فالنص إذن يجيز هنا فسخ العقد، حيث لا يجوز ذلك في المبدأ العام للنظرية. والقاضي يحكم بفسخ عقد المقاولة إذا رأي مبررا لذلك.

ولما كان وقف تنفيذ المقاولة لا يتعارض مع نصوص المادة 658 مدني، فإنه يمكن القول بأن القاضي قد لا يري داعيا لفسخ المقاولة ولا لزيادة الأجر، ويكتفي بوقف تنفيذ المقاولة حتى يزول الحادث الطارئ.

ويلاحظ أن الجزاء المتقدم يعتبر من النظام العام، فلا يجوز للمتعاقدين أن يتفقا مقدما علي ما يخالفه، كأن ينزل المقاول مثلا في عقد المقاولة عن حقه في التمسك بنظرية الظروف الطارئة، فمثل هذا النزول يكون باطلا لا يعتد به. وقد ورد ذلك صريحا في المادة 2/147 مدني التي تقرر المبدأ العام، ولم يرد في المادة 658 مدني، ولكن لما كانت المادة الأخيرة ليست إلا تطبيقا للمادة الأولي، فإنه يجب إعتبار أحكام كل من المادتين متعلقة بالنظام العام.

(الوسيط- 7-1- للدكتور السنهوري- المرجع السابق- ص169 وما بعدها)

2- المعيار الذي يقرره نص المادة 698 مدني هو إنهيار التوازن الإقتصادي بين إلتزامات كل من رب العمل والمقاول بسبب حوادث استثنائية عامة لم تكن في الحسبان وقت التعاقد، هو من الدقة بحيث يحد من تدخل القاضي وفي الوقت نفسه من المرونة بحيث يسمح له بمراعاة ظروف كل حالة، علي أنه لما كان عقد المقاولة من العقود التي يظهر فيها بالذات فائدة الأخذ بهذه النظرية، فقد آثر القانون الجديد أن يقررها صراحة بنص خاص في باب المقاولة، وهو في ذلك يجاري التقنين البولوني (م 269 و490 /2).

(العقود المسماة- 4- الدكتور كامل مرسي- المرجع السابق- ص522 وما بعدها)

3- تطابق الفقرتان الأولي والثالثة من المادة 658 مدني مضمون المادة 418 / 510 من التقنين القديم، مع بيان أوفي إلي بيان المقصود، وهو حرمان المقاول الذي تحمل المقاولة بسعر جزائي من مطالبة رب العمل بأية زيادة في الأجر، لأي سبب كان، ما لم يوافق علي الزيادة المطلوبة، أو يثبت أنها راجعة إلي خطئه.

أما الفقرة الثانية، فتقر ما جري عليه القضاء المصري من أنه لا يجوز للمقاول أن يثبت بالبينة أو بالقرائن، إذن رب العمل له في إقامة أعمال إضافية.

أما الفقرة الرابعة، وهي أهم ما ورد في هذا النص، فليست إلا تطبيقا لنظرية الظروف الطارئة في حالة عقد المقاولة. وقد سبق أن قرر المشرع هذه النظرية بصفة عامة في المادة 147 فقرة 2 ولكنه أثر أن يقررها صراحة بنص خاص في باب المقاولة لأنها من العقود التي تظهر فيها بالذات فائدة الأخذ بهذه النظرية.

مادة [658]

(التقنين المدني الجديد- الدكتور محمد علي عرفه- المرجع السابق- ص470 و471)

4- نري من نص المادة 658 مدني أن هناك شروطا ثلاثة تحدد نطاق تطبيقه، هي:

(1) أن يكون الأجر قد حدد بمبلغ إجمالي لا يزيد ولا ينقص، وهي حالة تختلف عن حالة تحديد الأجر بحسب مقايسة علي أساس سعر الوحدة، ذلك إن الأجر هنا (أي في تطبيق المادة 658 مدني) يحدد كله إجمالا، فقد أراد رب العمل أن يحدده نهائيا ومسبقا، فإذا كان الطرفان قد إتفقا علي أن هذا التحديد مبدئيا، ثم يزاد أو ينقص بعد تمام العمل، فإنه لا يكون تحديدا نهائيا، ولا ينطبق النص.

(2) أن تكون المقاولة علي أساس تصميم متفق عليه وموجود وقت العقد حتى تتبين معالم العمل وحدوده علي وجه واضح، وكامل، ونهائي، أي يشمل جميع الأعمال المطلوبة لا جزء أو أجزاء منها منه، فلا ينطبق النص أيضا.

(3) أن يكون عقد المقاولة مبرما بين رب العمل، والمقاول الأصلي. فإذا أبرم بين رب العمل ومقاول من الباطن فلا ينطبق النص كذلك وإنما تسري القواعد العامة بينهما (أي بين رب العمل والمقاول من الباطن)، فهذه الحماية مقررة لرب العمل، وهو مادة رجل غير فني من المقاول الأصلي، وهو رجل فني ومقتدر عادة.

ومتى توافرت هذه الشروط فإن نص المادة 658 مدني ينطبق، بغض النظر عن أن يكون محل المقاولة بناء أو منقولا أو عملا صغيرا.

وإذا تم تحديد الأجر الإجمالي علي النحو سالف الذكر وبالشروط المتقدمة، فإنه لا يكون قابلا للتعديل بالزيادة أو بالنقص في حالة إتمام العمل كله حتى لو أدخل المقاول تعديلا في التصميم ولو كان تعديلا هاما ونافعا، بل ولو كان ضروريا.

ولكن، هناك فرضان استثنائيان يجوز فيهما تعديل الأجرة بالزيادة.

الأول- تعديل التصميم بسبب خطأ من رب العمل أو بناء علي إتفاق معه- وهذا الإتفاق يجب أن يكون كتابة إذا كان العقد الأصلي مكتوبا. والكتابة هنا ليست لازمة إلا للإثبات ومن ثم يغني عنها مبدأ الثبوت بالكتابة المعزز بالبينة والقرائن. وكذلك تغني عن الكتابة البينة والقرائن إذا وجد مانع أدبي أو مادي يحول دون الحصول علي الكتابة أو فقد المقاول سنده المكتوب لسبب لا يد له فيه. والكتابة لازمة لا للإتفاق علي الزيادة في الأجر فحسب، بل لبيان مقدار هذه الزيادة، وإن كان نص الفقرة الثانية من المادة 658 مدني مصري يوهم

مادة [658]

إشتراط الكتابة مقصور علي الإتفاق علي مقدار الزيادة في الأجر دون الإتفاق علي التعديل في ذاته.

الثاني- زيادة التكاليف زيادة فاحشة ينهار معها التوازن الإقتصادي بين إلتزامات كل من رب العمل والمقاول.

وشروط تطبيق نظرية الظروف الطارئة هنا هي نفس شروط النظرية في مهيأها العام.

(عقد المقاولة- للأستاذ عنبر- المرجع السابق- ص239 وما بعدها)

من أحكام القضاء الحديثة:

1- مفاد نص المادتين 2/147 و4/658 من القانون المدني أنه إذا حدث بعد صدور العقد حوادث استثنائية عامة يترتب عليها إرتفاع أسعار المواد الأولية أو أجور العمال أو زيادة تكاليف العمل وكان ذلك بسبب حادث استثنائي غير متوقع عند التعاقد وترتب عليه أن أصبح تنفيذ العقد مرهقا، فإنه يكون القاضي وبصفة خاصة في عقد المقاولة فسخ هذا العقد أو زيادة أجر المقاول المتفق عليه بما يؤدي إلي رد الإلتزام المرهق إلي الحد المعقول.

(جلسة 1970/11/24- مجموعة المكتب الفني- السنة 21-مدني – ص1149)

مادة [659]

مادة [659]

إذا لم يحدد الأجر سلفا وجب الرجوع في تحديده إلي قيمة العمـل ونفقـات المقاول.

النصوص العربية المقابلة:

هذه المادة تقابل في نصوص القانون المدني بالأقطار العربية، المواد التالية:

مادة 658 ليبي و625 سوري و880 عراقي و534 سوداني و622 لبنـاني و796 أردني جديد و835 تونسي.

الأعمال التحضيرية:

ليس علي هذه المادة تعليق بالأعمال التحضيرية- يستحق التنويه به.

رأي الفقه:

1- يخلص من نص المادة 659 مدني أن تعيين مقـدار الأجـر- في هـذه الحالة يقوم علي عنصرين. قيمة العمل الـذي أتمـه المقاول- ومـا تكبده مـن نفقات في إنجازه. وعند الخلاف بـين القاضي مقدار الأجـر مسترشداً بهذين العنصرين، ويسترشد بوجه خاص بالعرف الجاري في الصنعة في تحديد قيمـة العمل، ويدخل في الحساب طبيعة العمل، فقـد يكون مقعداً في حاجـة إلي مهارة فنية كبيرة، وقد يتضمن تبعات جساماً ومسئوليات يتعرض لها المقاول ويـدخل طبعـا في الحسـاب كميـة العمـل، والوقت الـذي استغرقه إنجـازه، ومؤهلات المقاول وكفايته الفنية وسمعته. وتشمل نفقات المقاول أثمان المواد التي استخدمت في العمل، وأجور العمال وغير ذلك من النفقات التـي صرفهـا فعلا إنجاز. وقد يتكفـل عـرف المهنـة بتحديـد مقـدار الأجـر فالحائـك أجـره متعارف عليه في السوق، تبعا لسمعته ومهارته، وأجـر الطبيب يتحدد تبعـا لعرف مهنة الطب ويسترشد في ذلك بسمعة الطبيب ومهارته الفنيـة وطبيعـة العلاج أو العملية الجراحية وثروة المريض.

وتعيين القاضي مقدار الأجر هو فصل في مسألة موضوعية، فـلا رقابـة عليه لمحكمة النقض.

وسواء إتفق المتعاقدان علي مقدار الأجر أو تكفل القاضي بتعيين هذا المقدار، فإن للأجر توابع يجب أن تضاف إليه، ويلتزم رب العمـل بـدفعها كمـا يلتزم بدفع الأجر نفسه.

فنفقات دفع الأجر، إذا كان دفعه يقتضي نفقـات خاصة تكون علي رب العمل، مثل ذلك أن يكون مشترطا أن يكون الدفع بطريق حوالة بريديـة أو بواسطة تحويل علي مصرف، فتكون مصروفات الحوالة أو التحويل علي رب العمل، كذلك نفقات فحص حساب المقاول وتسوية الحساب، سـواء عهد رب العمل بذلك إلي مهندس معماري أو إلي أي شخص آخر تكون علي رب العمل.

مادة [659]

أما فوائد الأجر فتسري في شأنها القواعد العامة، فلا تكون هذه الفوائد مستحقة في ذمة رب العمل إلا من وقت المطالبة القضائية بها (م 226 مدني)، ولا شأن لتسليم العمل في ذلك، فقد تستحق الفوائد قبل تسليم العمل إذا كان الأجر مستحقا قبل التسليم وطالب المقاول به هو وفوائده مطالبة قضائية، وقد تستحق الفوائد بعد تسليم العمل إذا لم يطالب لها المقاول مطالبة قضائية إلا بعد التسليم.

(الوسيط- 7-1- للدكتور السنهوري- المرجع السابق- ص157 وما بعدها)

2- مؤدى نص المادة 659 مدني أنه عند الخلاف يعين القاضي مقدار الأجر مسترشدا بعنصرين:

أولهما- قيمة العمل الذي أتمه المقاول.

ثانيهما- ما تكبده المقاول من نفقات في إنجازه.

هذا، ويسترشد القاضي بوجه خاص بالعرف الجاري في الصنعة في تحديد قيمة العمل.

ويدخل في الحساب طبيعة العمل، فقد يكون معقدا في حاجة إلي مهارة فنية كبيرة. وقد يتضمن تبعات جساما، ومسئوليات تبهظ كاهل المقاول. كما يدخل في الحساب كمية العمل والوقت الذي إستغرقه إنجازه، ومؤهلات المقاول وكفايته الفنية ومركزه العلمي أو سمعته الفنية أو غير ذلك من ظروف، وتشمل نفقات المقاول أثمان المواد التي إستخدمت في العمل، وأجور العمال، وغير ذلك من النفقات التي تم صرفها فعلاً.

(عقد المقاولة- للأستاذ عنبر- المرجع السابق- ص214، 215، العقود المسماة- 4- الدكتور كامل مرسي- المرجع السابق- ص525 و52)

من أحكام القضاء الحديثة :

1- مفاد نص المادتين 95، 659 من القانون المدني - وعلى ما جرى به قضاء هذه المحكمة - أنه إذا إتفق الطرفان على جميع المسائل الجوهرية واحتفظا بمسائل تفصيلية يتفقان عليها فيما بعد ولم يشترطا أن العقد لا يتم عند عدم الإتفاق عليها اعتبر العقد قد تم، وإذا قام بينهما خلاف على المسائل التي ارجىء الإتفاق عليها كان لهما أن يلجئا إلى المحكمة للفصل فيه، ومن ثم فإنه في حالة عدم تحديد مقدار الأجر مقدماً فإنه يوجب على المحكمة تعيينه مسترشدة في ذلك بالعرف الجاري في الصنعة وما يكون قد سبقه أو عاصره من إتفاقات وعلى أن تدخل في حسابها قيمة العمل وما تكبده من نفقات في سبيل إنجازه والوقت الذي إستغرقه والمؤهلات والكفاية الفنية والسمعة وأسعار المواد التي إستخدمت وأجور العمال وغير ذلك من النفقات وتقدير عناصر الأجر عند الإتفاق عليها أو تقدير مدى توافر الإرهاق الذي يهدد بخسارة فادحة أو عدم توافره هو من مسائل الواقع التي يستقل بتقديرها قاضي الموضوع دون رقابة عليه في ذلك من محكمة النقض ما دام استخلاصه سائغاً ومستمداً مما له أصله الثابت بالأوراق.

[الطعن رقم 2361 - لسنة 59 ق - تاريخ الجلسة 15 / 06 / 1994]

مادة [660]

مادة [660]

(1) يستحق المهندس المعماري أجرا مستقلا عن وضع التصميم وعمل المقايسة وآخر عن إدارة الأعمال.

(2) فإن لم يحدد العقد هذه الأجور وجب تقديرها وفقا للعرف الجاري.

(3) غير أنه إذا لم يتم العمل بمقتضى التصميم الـذي وضعه المهندس وجـب تقدير الأجر بحسب الزمن الذي إستغرقه وضع التصميم مـع مراعاة طبيعـة هذا العمل.

النصوص العربية المقابلة:

هذه المادة تقابل في نصوص القانون المدني بالأقطار العربية، المواد التالية:

الأعمال التحضيرية:

ليس علي هذه المادة تعليق- بالأعمال التحضيرية- يستحق التنويه به.

رأي الفقه:

1- العقد مع المهندس المعماري يقع في الأصل علي أعمال مادية هـي وضع التصميم والرسوم وعمل المقايسات، وإدارة الأعمال والإشراف علـي التنفيذ، وقد يقوم المهندس المعماري ببعض التصرفات القانونية، كعقد صفقات لحساب رب العمل وإقرار حساب المقاول وتسلم العمل منه. فإذا إقتصر العقد علي أعمال مادية بمحض مقاولة، وإذا اختلطت بالأعمال المادية تصرفات قانونية كان العقد خليطا من مقاولة ووكالة، ومـن ثـم تسري أحكـام المقاولة والوكالة، ولكن عنصر المقاولة هـو الغالب، فإذا تعارضت الأحكـام وجب تطبيق أحكام المقاولة، فلا يكون أجر المهنـدس خاضعا لتقـدير القاضي كأجر الوكيل، ولا ينتهي بموت رب العمل، كما كان ينتهي لو أنه كان وكالة.

لكن- مع ذلك- فالمفروض أن المهندس يفعل بأجر، لأنه ذو مهنة حرة يتعيش منها، والمفروض في كل ذي مهنة حرة أنه يعمل بأجر، والأصل في عمل المهندس الذي يؤجر علمه هو وضع التصميم وعمل المقايسة، فإذا جمع إلي ذلك الإشراف علي التنفيذ وإدارة الأعمال، كان له أجر آخـر علـي هـذا العمل، وقد نصت علي ذلك صراحة الفقرة الأولي من المادة 660 مدني.

والذي يقع غالبا أن رب العمل يتفق مع المهندس علـي مقـدار أجـره، فالإنفاق هو الذي يحدد في هذه الحالة مقدار الأجر، فإذا حدد علـي هذا النحو لم يجز تخفيضه بدعوى أنه مبالغ فيه، وذلك بخلاف أجر الوكيل فإنـه يجوز تخفيضه 0م 709 /2 مدني). ولا يجوز تخفيض أجر المهندس المتفق عليه،

مادة [660]

حتى لو تضمنت الأعمال التي يقوم بها تصرفات قانونية فيكون وكيلا عن رب العمل في هذه التصرفات.

والغالب أن الإتفاق يحدد أجرا للمهندس علي وضع التصميم والمقايسة، وأجرا آخر مستقلاً علي إدارة الأعمال والإشراف علي التنفيذ، هذا إذا كان ذلك معهوداً به إلي المهندس. أما إذا عهد إليه بعمل دون آخر، فالإتفاق يحدد بداهة أجرا واحدا علي هذا العمل. ولا يوجد ما يمنع إذا عهد إلي المهندس بالعملين معاً، أن يحدد الإتفاق أجراً واحدا للعملين دون تحديد نصيب كل من العملين في الأجر.

وقد يحدد الإتفاق أجر المهندس بمبلغ إجمالي أو يحدده بنسبة معينة من قيمة الأعمال، وفي هذه الحالة الأخيرة تكون العبرة بقيمة الأعمال الفعلية لا بالقيمة المقدرة في المقايسة.

(الوسيط- 7-1- الدكتور السنهوري- ص186 وما بعدها)

2- العقد مع المهندس المعماري إذا كان يقع في الأصل علي أعمال مادية هي وضع التصميم والرسوم وعمل المقايسات وإدارة الأعمال والإشراف علي التنفيذ فإنه قد يقوم ببعض التصرفات القانونية كعقد صفقات لحساب رب العمل، وإقرار حساب المقاول، وتسلم العمل منه.

فإذا إقتصر العقد مع المهندس علي الأعمال المادية وحدها، كان محض مقاولة، وإذا اختلطت الأعمال المادية فيه تصرفات قانونية كان العقد خليطا من المقاولة والوكالة، ومن ثم تسري أحكامهما. فإذا تعارضت أحكامهما وجب تطبيق أحكام المقاولة لأنها الغالبة، فلا يكون أجر المهندس خاضعا لتقدير القاضي كما في الوكالة، ولا ينتهي العقد بموت رب العمل كما في الوكالة.

وسواء تمحض العقد مع عقد مقاولة أو إختلطت به وكالة، فالمفروض أنه يعمل بأجر لأنه يتعلق بمهنته التي يتعيش منها، وإذا تضمن العقد أعمال إدارة وإشراف علي التنفيذ فضلا عن وضع التصميم كان له أجر عن كل عنصر منها، وكذلك الشأن إذا اختلطت به تصرفات قانونية.

وهذا الفرض قابل لإثبات العكس، فقد يستخلص من الظروف أن عمل المهندس من قبيل التبرع أو لسبب آخر غير المقاولة، كأن يدخل بالتصميم الذي وضعه في مسابقة، أو للحصول علي عمل أو علي صفقة أو لعرضه علي رب العمل كإيجاب منه يتطلب القبول لكي يصبح عقدا بتمام التراضي.

والأغلب أن يقع الإتفاق علي أجر المهندس، فالإنفاق في هذه الحالة هو الذي يحدد أجره، ولم يجز تخفيضه ولو كان مبالغاً فيه، لأن العقد مقاولة لا

مادة [660]

وكالة كما تقدم، بل ولا يجوز تخفيضه ولو اختلطت بأعمال المقاولة في العقد تصرفات قانونية، لأن المقاولة هي العنصر الغالب فيه.

وليس هناك ما يمنع من أن يحدد في العقد أجر إجمالي عن كل الأعمال التي توكل إلي المهندس دون تحديد نصيب كل منهما، وقد يقع أن يحدد أجر لكل عمل منها علي حدة. وقد يحدد الأجر بنسبة معينة من قيمة الأعمال التي يقوم بها، وفي الحالة الأخيرة تكون العبرة بالأعمال الفعلية التي يقوم بها لا الأعمال الواردة في العقد الموكول إليه بها، إلا إذا نص في العقد علي قيمة الأعمال الواردة في العقد لا تلك التي يقوم بها، وفي هذه الحالة يمكن تقدير أجره مقدماً قبل أن يقوم بتنفيذ تلك الأعمال حسب المقايسة التي يضعها قبل البدء في العمل، ولا عبرة عندئذ بقيمة الأعمال التي يقوم بها فعلا. علي أنه إذا ثبت بعد التنفيذ أن المهندس قد بالغ في تقدير قيمة الأعمال في المقايسة لكي يزيد بذلك من أجره أنقصت القيمة المقدرة إلي المقدار المناسب مع إلزامه بالتعويض عن أي ضرر يلحق رب العمل من جراء هذا الغش.

(عقد المقاولة- للأستاذ عنبر- المرجع السابق- ص248 وما بعدها، والعقود المسماة-4- للدكتور كامل مرسي- المرجع السابق- ص526 وما بعدها)

من أحكام القضاء الحديثة :

1- متى قام الحكم بتحديد نطاق الالتزام في عقد المقاولة، ورفض دعوى الطاعن (المهندس المعماري) فيما يجاوز هذا النطاق الذي استوفى عنه أجره كما استوفى زيادة عليه أجر تصميم وتنفيذ عمل آخر دون أن يقوم ببحث دفاع الطاعن بشأن تحلل المطعون ضدها (رب العمل) من تنفيذ ما يجاوز حد الإلزام فإنه لا يكون قد خالف نص المادة 663 مدني أو شابه قصور في التسبيب.

[الطعن رقم 223 -لسنة 33 ق - تاريخ الجلسة 16 / 05 / 1967]

2- إن المشرع إذ جمع العقود المسماة في الكتاب الثاني من القانون المدني، ونظم أحكام عقد المقاولة في الفصل الأول من الباب الخاص بالعقود الواردة على العمل منفصلاً عن عقد الإيجار وقد كان وارداً في القانون المدني القديم في باب الإيجار تحت عنوان "إيجار الأشخاص وأهل الصنائع"، وعرف المشرع المقاولة في نص المادة 646 بأنها "عقد يتعهد بمقتضاه أحد المتعاقدين أن يصنع شيئاً أو أن يؤدي عملاً لقاء أجر يتعهد به المتعاقد الآخر". وأورد بالمواد التالية إلتزامات المقاول وجعل قواعد المسئولية عن تهدم البناء وسلامته شاملة المهندس المعماري والمقاول على سواء ما لم يقتصر عمل المهندس على وضع التصميم فلا يكون مسئولاً إلا عن العيوب التي أتت منه، وبين طريقة تحديد أجر كل

مادة [660]

منهما بما في ذلك أجر المهندس إذا لم يتم العمل بمقتضى التصميم الذي وضعه، فإن المستفاد من ذلك وعلى ما جاء بالمذكرة الإيضاحية للقانون المدني في هذا الخصوص - أن المشرع أراد تنظيم عقد المقاولة لتلائم قواعده التطور الذي وصلت إليه أعمال المقاولات في صورها المختلفة، وأنه إنما أورد القواعد المتعلقة بالمهندس المعماري ليعتبر عمله بوضع التصميم والمقايسة ومراقبة التنفيذ من نوع الأعمال المادية للمقاولات يندرج في صورها، وأن اختلاط ناحية الفكر بهذه الأعمال لا يمنع من اعتبارها من قبيل الأعمال المادية لا من قبيل التصرفات القانونية فلا يتغير بذلك وصف العقد من المقاولة إلى الوكالة مما يوجب تطبيق أحكام المقاولة عليه.

[الطعن رقم 223 -لسنة 33 ق- تاريخ الجلسة 16 / 05 / 1967]

3- ضمان المهندس المعماري لتهدم البناء وللعيوب التي تهدد سلامته أساسه المسئولية العقدية المنصوص عليها في المادتين 651 و652 من القانون المدني، فهو ينشأ عن عقد مقاولة يعهد فيه رب العمل إلى المهندس المعماري القيام بعمل لقاء أجر، فإذا تخلف عقد المقاولة فلا يلتزم المهندس المعماري قبل رب العمل بهذا الضمان، وإنما تخضع مسئوليته للقواعد العامة في المسئولية المدنية. وإذ كان الطاعن قد تمسك في دفاعه أمام محكمة الموضوع بأنه لا تربطه بالمطعون ضدها الأولى - وهي صاحبة العمل - أية رابطة عقدية وأن عمله اقتصر على حساب تكاليف الإنشاءات الخرسانية كمشورة فنية مجانية قدمها للمرحوم المهندس... ... ... بناء على المعلومات الفنية الخاصة بالتربة التي تلقاها منه وأن مهندساً آخر هو الذي قام بوضع التصميم النهائي للبناء، فإن الحكم المطعون فيه، وقد انتهى في قضائه إلى أن الطاعن مسئول عن ضمان العيوب التي ظهرت في البناء باعتباره المهندس المعماري الذي قام بوضع التصميم مع ما ذهب في أسبابه من أن المرحوم المهندس... ... ... مورث المطعون ضدها الثلاثة الآخرين كلف آخر بعمل رسومات "الفيلا" ودون أن يستظهر الحكم العلاقة بين الطاعنين والمطعون ضدها الأولى ليستبين ما إذا كانت ناشئة عن عقد مقاولة، أم عن مجرد مشورة قدمها الطاعن بالمجان عن حساب تكاليف الإنشاءات الخراسانية "للفيلا" وذلك تحقيقاً لدفاع الطاعن الجوهري، الذي إن صح لتغير به وجه الرأي في الدعوى، فإنه يكون قد شابه قصور في التسبيب.

[الطعن رقم 241 - لسنة 40 ق-تاريخ الجلسة 21 / 05 / 1975]

مادة [661]

المقاولة من الباطن

مادة [661]

(1) يجوز للمقاول أن يكل تنفيذ العمل في جملته أو في جزء منه إلي مقاول من الباطن إذا لم يمنعه من ذلك شرط في العقد أو لم تكن طبيعة العمل تفترض الإعتماد عن كفايته الشخصية.

(2) ولكنه يبقي في هذه الحالة مسئولاً عن المقاول من الباطن قبل رب العمل.

النصوص العربية المقابلة:

هذه المادة تقابل في نصوص القانون المدني بالأقطار العربية، المواد التالية:

مادة 660 ليبي و627 سوري و882 عراقي و536 سوداني و635 لبناني و798 أردني جديد.

الأعمال التحضيرية:

يجاري هذا النص المادة 413 / 505 من التقنين الحالي مع شيء من التجديد والتفصيل. والتقنين البولوني (م 480) يتمشى في حق المقاولة من الباطن إلي أبعد من ذلك، فيقرر أن: "للمقاول الحق في أن يكلف شخصا آخر بتنفيذ العمل، طالما أن طبيعة العقد أو الإلتزام ذاته لم تكن توجب عليه شخصيا للقيام به أو إدارته". أما المشروع فإنه يقف عند الحكم الوارد بالنص، وهو مقتبس من المادة 364 فقرة 2 من تقنين الإلتزامات السويسري. كما أن المشروع الفرنسي الإيطالي (م 517) يأخذ ضمنا بهذا الحكم، علي أنه، عند قيام الشك، يحرم المقاول من حق المقاولة من الباطن إلا إذا أذن له رب العمل بذلك.

(مجموعة الأعمال التحضيرية للقانون المدني- الجزء 5- ص50)

رأي الفقه:

يخلص من نص المادة 661 مدني أن المقاول أن يقاول من الباطن في كل العمل أو في جزء منه، ما لم يوجد شرط يمنعه من ذلك. والشرط إما أن يكون صريحا وإما أن يكون ضمنيا يستخلص من الظروف نفسها، فإذا قاول شخص رساما أو طبيبا أو مهندسا، فإنه يغلب أن يستخلص من الظروف أن رب العمل قد اعتمد علي كفاية المقاول الشخصية، فلا يجوز لهذا الأخير يقاول من الباطن، كأن يعهد بالعمل أو ببعضه إلي رسام آخر أو طبيب آخر أو مهندس آخر يقوم به مكانه، حتى لو لم يكن منصوصا صراحة في عقد المقاولة علي المنع من المقاولة من الباطن. وإذا قام شك في أن هناك شرطا مانعا ضمنيا، فسر الشك في معني المنع، فيحرم علي المقاول المقاولة من الباطن إلا إذا أذن له رب العمل في ذلك.

مادة [661]

ولا يمنع الشرط المانع- صريحا كان أو ضمنيا- المقاول من أن يستعين بأشخاص آخرين- فنيين كانوا أو غير فنيين- في إنجاز العمل، مادام هؤلاء الأشخاص ليسوا مقاولين من الباطن بل كانوا مستخدمين عند المقاول بعقد عمل لا بعقد مقاولة.

ويجوز لرب العمل أن يتنازل عنه رب العمل، فيتحلل منه المقاول ويكون له الحق في المقاولة من الباطن، وإذا تنازل رب العمل فلا يجوز له الرجوع بعد ذلك في تنازله، سواء حصل التنازل قبل مخالفة المقاول للشرط المانع أو بعد مخالفته إياه.

وإذا وجد الشرط المانع – صريحا كان أو ضمنيا- وجب علي المقاول مراعاته وإلا كان معرضا للجزاء الذي تقضي به القواعد العامة، يطلب التنفيذ العيني، وشخصيا، كما يجوز له طلب الفسخ مع التعويض في الحالتين، وللمقاول من الباطن الرجوع علي المقاول الأصلي بالتعويض عما أصابه من ضرر بسبب عدم إلغاؤه بإلتزاماته المستمدة من عقد المقاولة من الباطن.

فإذا لم يكن هناك شرط مانع كانت المقاولة من الباطن صحيحة ونافذة في رب العمل. ويلجأ المقاول إلي المقاولة من الباطن مادة في المقاولات الكبيرة، حيث تتعدد الأعمال وتتشعب، فيعهد المقاول الأصلي لمقاولين من الباطن، إذا كان العمل بناء مثلا، بالأعمال الصحية وبالتجارة وبالبلاط وبالبياض وبغير ذلك من الأعمال المختلفة التي تشتمل عليها المقاولة، ويقوم المقاول الأصلي بالتنسيق بين أعمال المقاولين من الباطن.

ويترتب علي المقاولة من الباطن قيام علاقات متنوعة، يمكن حصرها فيما يلي:

(1) علاقة المقاول الأصلي بالمقاول من الباطن: تكون العلاقة بينهما علاقة رب عمل بمقاول، ينظمها عقد المقاولة من الباطن، ومن ثم يكون هناك عقدا مقاولة، عقد المقاولة الأصلي يحكم العلاقة بين رب العمل والمقاول الأصلي، وعقد المقاولة يحكم العلاقة بين المقاول الأصلي والمقاول من الباطن. وليس من الضروري أن يكون العقدان متطابقين أو متقاربين، بل يغلب أن يكونا مختلفين من وجوه كثيرة كمقدار الأجرة وشروط العقد، فقد تكون الأجرة في المقاولة من الباطن أقل أو أعلي من الأجرة في المقاولة الأصلية، وقد يوجد الشرط المانع في المقاولة الأصلية ولا يوجد في المقاولة من الباطن، وقد يوضع في المقاولة من الباطن شرط جزائي، ولا يوضع هذا الشرط في المقاولة الأصلية.

مادة [661]

(2) **علاقة المقاول الأصلي برب العمل** ينظم هذه العلاقة عقد المقاولة الأصلي، ولا شأن لرب العمل بعقد المقاولة من الباطن، فهذا العقد لا يكسبه حقا ولا يرتب في ذمته إلتزاما، لأنه يعتبر بالنسبة إليه من الغير، فيما عدا ما نص عليه القانون من رجوع المقاول علي رب العمل بالأجرة في حدود معينة ستأتي بحثها.

ومسئولية المقاول الأصلي عن المقاول من الباطن ليست مسئولية المتبوع عن أعمال تابعة، فإن المقاول من الباطن يعمل بعمل مستقلا عن المقاول الأصلي ولا يعتبر تابعا له، وإنما هي مسئولية عقدية تنشأ من العقد الأصلي، وتقوم علي افتراض أن كل الأعمال والأخطاء التي تصدر من المقاول من الباطن تعتبر بالنسبة إلي رب العمل أعمالا وأخطاء صدرت من المقاول الأصلي، فيكون هذا مسئولاً عنها قبله.

(3) **علاقة رب العمل بالمقاول من الباطن:** الأصل ألا تقوم علاقة مباشرة بين رب العمل والمقاول من الباطن إذ لا يربطهما أي تعاقد، فالتعاقد إنما يربط رب العمل بالمقاول الأصلي ويربط المقاول من الباطن وإنما تكون العلاقة بين رب العمل والمقاول من الباطن علاقة غير مباشرة، إذ يتوسطهما المقاول الأصلي، فلا يطالب رب العمل المقاول من الباطن مباشرة بإلتزاماته، بل الذي يطالب بهذه الإلتزامات المقاول الأصلي.

(الوسيط- 7-1- للدكتور السنهوري- المرجع السابق- ص208 وما بعدها)

2- عقد المقاولة من الباطن هو العقد الذي بمقتضاه يتعامل المقاول الذي عهد إليه بتنفيذ عمل، مع مقاول آخر، من أجل تنفيذ هذا العمل كله أو جزء منه، فالمقاول لا تكون له صفة المقاول إلا مع رب العمل، إما بالنسبة إلي من تعامل معه (أي المقاول الثاني) فتكون له صفة رب العمل. ويلجأ إلي المقاولة من الباطن- عادة- في العمليات الجسيمة التي تتناول أعمالا مختلفة، فالمقاول الذي يقبل المقاولة يتفق مع مقاولين من الباطن للقيام بتنفيذ الأجزاء المتعددة المتعلقة بحرف مختلفة، ويحتفظ بالإشراف وتنسيق الأعمال.

(العقود المسماة- 4- الدكتور كامل مرسي- المرجع السابق- ص529)

3- يجاري المشرع في نص المادة 661 مدني النص القديم، فلا يحرم المقاول من حق المقاولة من الباطن إلا إذا منع من ذلك بشرط في العقد أو تبين من طبيعة العمل أن كفايته الشخصية لم تكن محل إعتبار. وعند قيام الشك يحرم المقاول من هذا الحق، إلا إذا أذن له رب العمل في ذلك.

ويبقي المقاول الأصلي مسئولاً دائما عما يرتكبه المقاول من الباطن من أخطاء تلحق ضررا برب العمل.

مادة [661]

(التقنين المدني الجديد- للدكتور محمد علي عرفه- المرجع السابق- ص471 و472)

4- المقاول من الباطن يعمل مستقلا عن المقاول الأصلي، ويختلف أيضا عن العامل الذي يعمل بتوجيه المقاول الأصلي وتحت إشرافه لانتفاء عنصر التبعية.

وللمقاول – بصريح نص المادة 66 مدني- أن يقاول من الباطن في كل العمل أو جزء منه، ما لم يمنعه من ذلك مانع.

والشرط المانع نوعان:

(1) شرط صريح أو ضمني في العقد.

(2) إذا كانت طبيعة العمل تفترض الاعتماد علي كفاية أو شخصية المقاول بصريح النص، كما لو كان المقاول طبيبا أو محاميا أو رساما أو مهندسا الخ، وهذا النوع لا يستلزم وجود نص صريح أو ضمني بشأنه. وبصريح النص يكفي أي الشرطين ليتوفر المانع لإستعمال كلمة (أو) لا (و) العطف.

وإذا قام شك حول وجود الشرط المانع فسر الشك في جانب المنع، لأنه الأغلب الأعم.

والشرط المانع- الصريح أو الضمني- لا يحول بين المقاول وبين أن يستعين بأشخاص آخرين فنيين أو عمالا في إنجاز العمل مادام هؤلاء ليسوا مقاولين من الباطن، أي تابعون للمقاول، ومرتبطون معه بعقد عمل لا بعقد مقاولة.

وإذا وجد في العقد الشرط المانع، الصريح أو الضمني، يجوز لرب العمل في أي وقت أن يتنازل عنه، فيكون للمقاول الحق في المقاولة من الباطن.

وإذا تنازل رب العمل عن الشرط المانع لم يجز له الرجوع بعد ذلك من تنازله سواء حصل التنازل قبل مخالفة المقاول للشرط أو بعدها.

وإذا وجد الشرط المانع- الصريح أو الضمني- وخالفه المقاول، جاز لرب العمل أن يطلب من المقاول الأصلي تنفيذ إلتزامه عينا بأن يجبره علي أن يقوم هو بالعمل دون المقاول من الباطن.

كما يجوز لرب العمل أن يطلب فسخ عقد المقاول الأصلي تأسيسا علي عدم قيامه بإلتزاماته، ولكن المحكمة ليست ملزمة حتما بإجابته إلي طلبه، بل لها أن تكتفي بإلزام المقاول الأصلي بالتنفيذ .

ولرب العمل – سواء طلب التنفيذ أن الفسخ- أن يطلب تعويضا إذا كان قد أصابه ضرر، والمسئول عن التعويض في الحالتين هو المقاول الأصلي وحده دون المقاول من الباطن، ولهذا الأخير أيضا أن يطلب لنفسه تعويضا من المقاول الأصلي عن عدم تنفيذ عقد المقاولة من الباطن إذا كان قد أصابه ضرر من ذلك.

مادة [661]

(عقد المقاولة ـ للأستاذ عنبر ـ المرجع السابق ـ ص247 وما بعدها)

من أحكام القضاء الحديثة :

1-إن المقاول من الباطن يعتبر في القانون رقم 64 لسنة 1936 الخاص بإصابات العمل من أصحاب العمل. وإذن فعلاقة المقاول من الباطن بالعامل المصاب إذا كان من أعضاء أسرته الذين قد يلزم بأن يعولهم لا تخضع لأحكام هذا القانون بمقتضى المادة الثانية منه، وبالتالي لا تخضع لهذه الأحكام علاقة المقاول الأصلي بذلك العامل. إذ القانون في هذه الحالة لا يجعل المقاول الأصلي مسئولاً إلا على اعتباره مجرد ضامن للمقاول من الباطن. وبناء على ذلك فإنه كلما كانت المسئولية عن المقاول من الباطن منتفية للقرابة فإن مسئولية المقاول الأصلي تكون لا محل لها.

[الطعن رقم 18 ـ لسنة 10 ق ـ تاريخ الجلسة 13 / 06 / 1940]

2-ومن حيث أن السبب الأول للطعن مردود بأن المادة 19 من عقد المقاولة المبرم بين الجمعية الطاعنة وهيئة .... تنص على أنه لا يجوز للمقاول أن يتنازل أو يقاول من الباطن كلاً أو جزءاً من العقد بدون الحصول على قبول كتابي من الهيئة مقدماً ويجب أن يكون مصدقاً على التوقيعات الواردة في التنازل من مكتب التوثيق المختص, وطبقاً لهذا النص تكون إلتزامات الجمعية مع الهيئة إلتزامات شخصية لا يجوز للجمعية أن تحل غيرها فيها أو أن تتعاقد بشأنها مع الغير من الباطن إلا بموافقة الهيئة, فإذا حدث التنازل عن العقد دون موافقة الهيئة فلا يحتج به على الهيئة, ولا تنشأ بينها وبين المتعاقد أية علاقة عقدية وإنما تبقى الجمعية مسئولة وحدها في مواجهة الهيئة. ولا يغير من ذلك إخطار الجمعية للهيئة في 1975/6/21 بأنها فوضت المطعون ضده الأول في القيام بتنفيذ العملية وأن له حق التعامل مع الهيئة في كل ما يتعلق بها نيابة عن الجمعية لأن هذا التفويض يعتبر توكيلاً للمطعون ضده الأول في تنفيذ العقد نيابة عن الجمعية أي بإسم الجمعية ولحسابها ولا يخول للمطعون ضده الأول المطالبة بحقوق شخصية له من العقد وهذا ما أكدته الهيئة في ردها على الجمعية بتاريخ 1975/6/30 بقولها أن الجمعية هي جهة التعامل مع الهيئة في كل ما يتعلق بهذه العملية كما لا يغير مما تقدم ما نصت عليه المادة 6 من القانون رقم 110 لسنة 1975 بشأن الجمعيات التعاونية الإنتاجية من أن تتولى الجمعية مباشرة كل ما يحقق خدمة المصالح المشتركة لأعضائها وعلى الأخص تهيئة فرص العمل لأعضائها لأن المستفاد من هذا النص هو أن تقوم الجمعية بتنفيذ ما يعهد إليها به من عمليات بنفسها أي عن طريق أعضائها المقاولين وفي هذه الحالة يقوم الأعضاء بالعمل باسم الجمعية ولحسابها ولا تكون لهم علاقة تعاقدية مباشرة مع

مادة [661]

الهيئة, أو أن تعهد الجمعية ببعض أعمالها إلى أعضائها بطريق التنازل وفي هذه الحالة يتعين الحصول مقدماً على موافقة كتابية من الهيئة حتى يحق لهم مطالبة الإدارة مباشرة أي بإسمهم ولحسابهم بأداء قيمة ما ينفذونه من أعمال.

[الطعن رقم 1094 - لسنة 29 ق- تاريخ الجلسة 25 / 06 / 1985]

3-يدل النص في المادة 661 من القانون المدني على أن المقاول الأصلي يبقى ملتزماً نحو صاحب العمل، والتزاماته تنشأ من عقد المقاولة الأصلي لا من عقد المقاولة من الباطن، فيلتزم نحو صاحب العمل بإنجاز العمل محل المقاولة الأصلي، ويدخل في ذلك العمل الذي أنجزه المقاول من الباطن، فإذا أخل المقاول من الباطن بالتزامه من إنجاز العمل طبقاً للشروط والمواصفات المتفق عليها ولأصول الصنعة، كان المقاول الأصلي مسئولاً عن ذلك نحو صاحب العمل، ومسئولية المقاول الأصلي عن المقاول من الباطن مسئولية عقدية تنشأ من عقد المقاولة الأصلي، وتقوم على افتراض أن كل الأعمال والأخطاء التي تصدر من المقاول من الباطن تعتبر بالنسبة إلى صاحب العمل أعمالاً وأخطاء صدرت من المقاول الأصلي، فيكون هذا مسئولا عنها قبله.

[الطعن رقم 4843 -لسنة 67 ق-تاريخ الجلسة 11 / 01 / 1999]

4-لما كان واقع الدعوى أن الطاعنة قد اتفقت مع الشركة المطعون ضدها الثانية بموجب عقد مقاولة مؤرخ 1984/2/7 والمقدم صورته منها أمام محكمة أول درجة على أن تقوم الشركة المطعون ضدها الثانية بإنشاء العمارات المبينة بالعقد لصالح الطاعنة وتضمن البند الثامن منه التزاماً عليها هو القيام بالعمل المتفق عليه بنفسها وحظر عليها أن تسند تنفيذه في جملته أو في جزء منه إلى مقاول من الباطن وإلا كان الجزاء الفسخ ولعدم قيام المقاول الأصلي بتنفيذ العملية في الميعاد المتفق عليه في العقد فقد سحبت الطاعنة العملية منه بعدما أنذرته رسمياً بذلك وتحفظت على المنقولات الموجودة بالموقع والمملوكة له ضماناً لحقوقها قبله، وإذ لم يطبق الحكم العقد آنف الذكر على موضوع النزاع رغم وجوب إعماله وطبق عقد المقاولة من الباطن والذي لم تكن الطاعنة طرفاً فيه وخلص إلى أن المنقولات الموجودة بالموقع ملكاً للمطعون عليه الأول - المقاول من الباطن - وقضى له بتسليمها فضلاً عن مبلغ التعويض فإنه يكون مشوباً بالقصور في التسبيب مما جره إلى الخطأ في تطبيق القانون.

[الطعن رقم 5601 -لسنة 66 ق- تاريخ الجلسة 27 / 01 / 1999]

مادة [661]

5- لما كان واقع الدعوى أن الطاعنة قد اتفقت مع الشركة المطعون ضدها الثانية بموجب عقد مقاولة مؤرخ 1984/2/7 والمقدم صورته منها أمام محكمة أول درجة على أن تقوم الشركة المطعون ضدها الثانية بإنشاء العمارات المبينة بالعقد لصالح الطاعنة وتضمن البند الثامن منه التزاماً عليها هو القيام بالعمل المتفق عليه بنفسها وحظر عليها أن تسند تنفيذه في جملته أو في جزء منه إلى مقاول من الباطن وإلا كان الجزاء الفسخ ولعدم قيام المقاول الأصلي بتنفيذ العملية في الميعاد المتفق عليه في العقد فقد سحبت الطاعنة العملية منه بعدما أنذرته رسمياً بذلك وتحفظت على المنقولات الموجودة بالموقع والمملوكة له ضماناً لحقوقها قبله، وإذ لم يطبق الحكم العقد آنف الذكر على موضوع النزاع رغم وجوب إعماله وطبق عقد المقاولة من الباطن والذي لم تكن الطاعنة طرفاً فيه وخلص إلى أن المنقولات الموجودة بالموقع ملكاً للمطعون عليه الأول - المقاول من الباطن - وقضى له بتسليمها فضلاً عن مبلغ التعويض فإنه يكون مشوباً بالقصور في التسبيب مما جره إلى الخطأ في تطبيق القانون.

[الطعن رقم 5591 -لسنة 66 ق -تاريخ الجلسة 27 / 01 / 1999]

مادة [662]

مادة [662]

(1) يكون للمقاولين من الباطن وللعمال الذين يشتغلون لحساب المقاول في تنفيذ العمل، حق مطالبة رب العمل مباشرة بما لا يجاوز القدر الذي يكون مدينا به للمقاول الأصلي من وقت رفع الدعوى. ويكون لعمال المقاولين من الباطن مثل هذا الحق قبل كل من المقاول الأصلي ورب العمل.

(2) ولهم في حالة توقيع الحجز من أحدهم تحت يد رب العمل أو المقاول الأصلي إمتياز علي المبالغ المستحقة للمقاول الأصلي أو للمقاول من الباطن وقت توقيع الحجز، ويكون الإمتياز لكل منهم بنسبة حقه. ويجوز أداء هذه المبالغ إليهم مباشرة.

(3) وحقوق المقاولين من الباطن والعمال المقررة بمقتضى هذه المادة، مقدمة علي حقوق من ينزل له المقاول عن دينه قبل رب العمل.

النصوص العربية المقابلة:

هذه المادة تقابل في نصوص القانون المدني بالأقطار العربية، المواد التالية:

مادة 661 ليبي و628 سوري و883 عراقي و537 سوداني و678 لبناني 799 أردني جديد.

الأعمال التحضيرية:

يطابق هذا النص المادتين 414، 415 / 506، 507 من التقنين الحالي مع تعديل يسير قضي به المشروع علي النزاع الذي أثاره وجود كلمة الحجز في النص الحالي، والمشروع يؤيد أحكام محكمة الاستئناف المختلطة (12أبريل سنة 1916 ب28 ص253) حيث لم تقصر تطبيق المادة علي حالة حجز ما للمدين لدي الغير، بل طبقتها في حالة الدعوى المباشرة التي يرفعها المقاول من الباطن علي رب العمل.

والفقرة الثالثة تقر ما جري عليه قضاء محكمة الاستئناف المختلطة(27 مارس سنة 1901 ب13 ص216، 18 مايو سنة 1915 ب27 ص335).

(مجموعة الأعمال التحضيرية للقانون المدني- الجزء 5- ص53)

رأي الفقه:

1- يقرر نص المادة 662 مدني أن الدائنين في المطالبة هم المقاولون، وعمال المقاولون، وعمال المقاول من الباطن.

فالمقاول من الباطن يكون طرفا في المقاولة، وهو دائن يطالب في حدود الأجر المستحق له في ذمة المقاول الأصلي وما يتبع الأجر من نفقات وثمن مهمات وأدوات وفوائد، والطرف الآخر في هذه المطالبة (أي الطرف المدين)

مادة [662]

هو رب العمل، ولا يطالبه المقاول من الباطن إلا بالقدر الذي يكون رب العمل مدينا به للمقاول الأصلي بموجب عقد المقاولة الأصلي وقت رفع الدعوى المباشرة عليه من المقاول من الباطن. فإذا فرضنا أن المقاول من الباطن دائن للمقاول الأصلي بأربعمائة جنيه، وأن المقاول الأصلي دائن لرب العمل بخمسمائة جنيه، فإن المقاول من الباطن يطالب بموجب الدعوى المباشرة رب العمل بأربعمائة. أما إذا كان المقاول الأصلي دائنا لرب العمل بثلاثمائة، فإن المقاول من الباطن لا يطالب رب العمل إلا بثلاثمائة.

والعامل الذي يعمل عند المقاول مرتبطا بعقد عمل يكون طرفا في المطالبة، سواء قام المقاول بالعمل كله بنفسه أو قاول علي بعضه من الباطن، ففي جميع الأحوال يستطيع عامل المقاول أن يرجع في حدود الأجر المستحق له وكل حق آخر له في ذمة المقاول بموجب عقد العمل، علي رب العمل بما هو مستحق في ذمة هذا الأخير للمقاول بموجب عقد المقاولة وقت رفع الدعوى المباشرة من العامل علي رب العمل.

والعامل الذي يعمل عند المقاول من الباطن مرتبطا بعقد عمل يكون طرفا في المطالبة؛ ويرجع في حدود ما هو مستحق في ذمة المقاول من الباطن بموجب عقد العمل: (1) علي المقاول الأصلي بإعتباره رب عمل بالنسبة إلي المقاول من الباطن، فهو مدين مدينه. ويرجع بما هو مستحق في ذمة المقاول الأصلي للمقاول من الباطن بموجب عقد المقاولة من الباطن وقت رفع الدعوى المباشرة من العامل علي المقاول الأصلي (2) علي رب العمل بإعتباره رب العمل للمقاول الأصلي، فهو مدين مدين مدينه، ويرجع بما هو مستحق في ذمة رب العمل للمقاول الأصلي بموجب عقد المقاولة الأصلي وقت رفع الدعوى المباشرة من العامل علي رب العمل، وهذا ما نصت عليه العبارة الأخيرة من الفقرة الأولي من المادة 662 مدني، إذ تقول: "ويكون لعمال المقاولين من الباطن مثل هذا الحق قبل كل من المقاول الأصلي ورب العمل".

أما إذا كان المقاول من الباطن قاول هو أيضا بدوره من الباطن، فالمقاول من الباطن الثاني يرجع بالدعوى المباشرة علي المقاول الأصلي بإعتباره رب عمل للمقاول من الباطن الأول، ولكنه لا يرجع بالدعوى المباشرة علي رب العمل، إذ أن نصوص المادة 662 مدني سالفة الذكر لا تعطي الدعوى المباشرة للمقاول من الباطن إلا علي رب العمل الذي قاول مقاوله وهو هنا المقاول الأصلي، وعمال المقاول من الباطن الثاني يرجعون بالدعوى المباشرة علي المقاول من الباطن الأول وهو مدين مدينهم وعلي المقاول الأصلي وهو

مادة [662]

مدين مدين مدينهم دون رب العمل فهو ليس إلا مدين مدين مدين مدينهم، ونصوص المادة 662 مدني تقصر علي ذلك بالنسبة إلي العمال.

وإذا رجع المقاول من الباطن أو أحد العمال بالدعوى المباشرة علي رب العمل، فإن رجوع أي منهما يكون بما هو مستحق في ذمة رب العمل للمقاول الأصلي وقت رفع الدعوى المباشرة.

فقبل رفع هذه الدعوى وقبل إنذار رب العمل بالوفاء، يجوز للمقاول الأصلي أن يتصرف في حقه المترتب في ذمة رب العمل بجميع أنواع التصرفات، ويكون هذا التصرف سارياً في حق المقاول من الباطن أو العامل، يستطيع المقاول الأصلي أن يستوفي هذا الحق من رب العمل كله أو بعضه، ويكون هذا الوفاء ساريا في حق المقاول من الباطن أو العامل، ولو كانت المخالصة غير ثابتة التاريخ وذلك تطبيقا لأحكام المادة 395 /2 مدني. وتقع المقاصة بين ما للمقاول الأصلي في ذمة رب العمل وما عليه له إذا كان ذلك سابقا علي تاريخ الإنذار بالوفاء، ويستطيع المقاول الأصلي كذلك أن يبرئ ذمة رب العمل مادام الإبراء يكون صادرا قبل الإنذار بالوفاء.

إن المقاول من الباطن أو العامل متي رفع الدعوى المباشرة علي رب العمل أمكنه أن يحصل من طريق هذه الدعوى علي جميع ما هو مستحق في ذمة رب العمل للمقاول الأصلي وقت الإنذار بالوفاء، وذلك في حدود ما هو مستحق له في ذمة المقاول الأصلي، فيتوقى بذلك مزاحمة سائر دائني المقاول الأصلي، وهذه هي المزية الكبرى للدعوى المباشرة.

ويستطيع أيضا أن يحصل علي هذه المزية فيتجنب مزاحمة دائني المقاول الأصلي لو أنه- بدلا من رفع الدعوى غير المباشرة- أوقع حجزا تحت يد رب العمل علي ما في ذمة هذا الأخير للمقاول الأصلي، فإنه في هذه الحالة يكون له حق إمتياز يتقدم به علي سائر دائني المقاول الأصلي، ومحل هذا الإمتياز هو المبلغ الذي يكون في ذمة رب العمل للمقاول الأصلي وقت توقيع الحجز، والحق الممتاز هو للمقاول من الباطن أو العامل في ذمة المقاول الأصلي، فيتقاضى المقاول من الباطن أو العامل حقه الممتاز من المبالغ التي في ذمة رب العمل للمقاول الأصلي وقت توقيع الحجز متقدما علي سائر دائني المقاول الأصلي فلا يستطيع هؤلاء أن يزاحموه، وهو ما تنص عليه الفقرة الثانية من المادة 662 مدني. فقبل توقيع الحجز تحت يد رب العمل، يستطيع رب العمل أن يوفي المقاول الأصلي ما لهذا في ذمته ولكن من وقت توقيع الحجز تحت يده، يجب أن يوفي أولا حقوق المقاولين من الباطن والعمال، مقدما إياهم علي سائر دائني المقاول الأصلي، حتى لو حجز هؤلاء تحت يده. فإذا لم يف ما

مادة [662]

في ذمته للمقاول الأصلي بحقوق المقاولين من الباطن والعمال، قسم هؤلاء الدين بينهم قسمة غرماء كل بنسبة حقه، ولم يأخذ سائر دائني المقاول الأصلي شيئا حتى لو كانوا قد حجزوا هم أيضا تحت يد رب العمل، ويجوز لرب العمل دون انتظار لاستصدار أمر من القاضي أن يؤدي هذه المبالغ مباشرة للمقاولين من الباطن والعمال.

وإذا تنازل المقاول الأصلي عن حقه في ذمة رب العمل عن طريق حوالة الحق، وكانت القواعد العامة تقضي بأن هذه الحوالة تسري في حق المقاول من الباطن أو العامل إذا صارت نافذة في حق الغير (بقبول المحال عليه أو بإعلانه) قبل إنذار رب العمل بالوفاء في حالة إستعمال الدعوى المباشرة، وقبل توقيع الحجز في حالة إستعمال حق الإمتياز.

ولكن يؤخذ من نص الفقرة الأخيرة من المادة 662 مدني أن الحوالة لا تسري في حق المقاول من الباطن أو العامل، ولو كان نفاذها سابقا علي الإنذار بالوفاء أو علي توقيع الحجز، بل يقدم في جميع الأحوال حق المقاول من الباطن أو العامل علي حق المحال له. ويقطع في صحة هذا التفسير ما قضت به الدوائر المجتمعة لمحكمة الاستئناف المختلطة- في ظل التقنين المدني القديم- من تقديم المقاول من الباطن علي المحال له حتى لو كانت الحوالة سابقة علي الحجز.

(الوسيط- 7-1- للدكتور السنهوري- المرجع السابق- ص225 وما بعدها)

2- نص المادة 662 مدني مخالف للمبادئ العامة، لأن العمال ليسوا دائنين لرب العمل الذي لم يتعاملوا معه، والغرض من النص هو أنه عندما يفكر العمال الذين استخدمهم المقاول في الرجوع علي رب العمل يكون المقاول فغي غالب الأحوال مفلسا أو معسرا، فإذا إقتصر حق العمال علي رفع الدعوى غير المباشرة، فإن ما يقتضي به في هذه الدعوى يشاركهم فيه سائر دائني المقاول الذين رفعوا الدعوى باسمه، وبما أن ذلك لا يكون عدلا، لأن دين المقاول قبل رب العمل هو مقابل عمل للعمال، لذلك خولهم القانون حق رفع الدعوى المباشرة.

وهذا النص يؤيد أحكام محكمة الاستئناف المختلطة، حيث لم تقصر تطبيق المادة علي حالة حجز ما للمدين لدي الغير، بل طبقتها في حالة الدعوى المباشرة التي رفعها المقاول من الباطن علي رب العمل.

والفقرة الثالثة من المادة 662 مدني تقر ما جري عليه قضاء محكمة الاستئناف المختلطة.

والذين لهم حق رفع الدعوى المباشرة هم بناء علي نص المادة 662 مدني المقاولون من الباطن والعمال الذين يشتغلون لحساب المقاول في تنفيذ

مادة [662]

العمل، فلا يجوز لمن يوردون الأدوات حق رفعها، إلا إذا كان المورد في نفس الوقت يشتغل كعامل لحساب المقاول في تنفيذ العمل، وبشرط أن يكون التوريد تابعاً، فعندئذ يعتبر العملان وحدة تنجز، وللعامل الذي ينقل الأدوات حق رفع الدعوى المباشرة.

ولعمال المقاولين من الباطن حق رفع الدعوى المباشرة علي كل من المقاول الأصلي ورب العمل.

(العقود المسماة- 7-1- للدكتور كامل مرسي- المرجع السابق- ص531 وما بعدها)

3- أدخل المشرع بنص المادة 612 من التقنين المدني تعديلا علي الأحكام الواردة بالمادتين (414 / 506 و415/ 507) المقابلتين في التقنين المدني القديم، فقضى بأن حقوق المقاولين من الباطن ومن في حكمهم قبل رب العمل تتحدد بوقت رفع الدعوى لا بوقت الحجز كما ورد في النص القديم (م 414 / 506). وبذلك قضي المشرع علي النزاع الذي أثاره وجود كلمة (الحجز) في النص القديم، فلا يقتصر تطبيق المادة علي حالة توقيع حجز ما للمدين لدي الغير، بل تطبق أيضا في حالة رفع الدعوى المباشرة من المقاول من الباطن علي رب العمل. وهذا ما جري به قضاء محكمة الاستئناف المختلطة.

كما تقر الفقرة الثالثة ما إستقر عليه قضاء هذه المحكمة من تقديم حقوق المقاولين من الباطن والعمال علي حق المحال إليه بدين المقاول الأصلي عند التزاحم، فلا تسري في هذا الصدد القواعد المبررة في شأن تزاحم الحجز مع الحوالة.

(التقنين المدني- للدكتور محمد علي عرفة- المرجع السابق- ص473)

4- حكمة الاستثناء الذي أورده نص المادة 662 مدني أن القانون لو إقتصر لهؤلاء (المقاولين من الباطن والعمال) علي الدعوى غير المباشرة التي يزاحم فيها سائر دائني المقاول الأصلي، فإن هذه الدعوى تكون غالبا غير مجدية وخاصة أن المقاول من الباطن والعمال لا يرجعون علي رب العمل عادة إلا إذا كان المقاول الأصلي معسراً.

وبهذا النص أصبح المقاول من الباطن طرفاً في المقاولة، فهو دائن يطالب في حدود الأجر المستحق له في ذمة المقاول الأصلي وملحقاته بما فيها الفوائد.

ولكن لا يطالب المقاول من الباطن رب العمل إلا بالقدر الذي يكون الأخير مدنيا به للمقاول الأصلي بموجب عقد المقاولة الأصلي وقت رفع الدعوى المباشرة عليه من المقاول من الباطن.

مادة [662]

والعامل الذي يعمل عند المقاول الأصلي بموجب عقد عمل يكون أيضا طرفاً في هذه المطالبة، سواء قام المقاول الأصلي بالعمل كله بنفسه أو قاول علي بعضه من الباطن، ويرجع هو كذلك في حدود الأجر المستحق له وكل حق آخر في ذمة المقاول بموجب عقد العمل وفي حدود ما في ذمة رب العمل للمقاول الأصلي بموجب عقد المقاولة.

والعامل الذي يعمل عند المقاول من الباطن بموجب عقد عمل يكون هو الآخر طرفا في هذه المطالبة، بل تكون لهذا الأخير دعويان:

(أولاهما) علي المقاول الأصلي بإعتباره رب العمل للمقاول من الباطن.

و**(الثانية)** علي رب العمل بإعتباره رب العمل للمقاول الأصلي.

أما إذا كان المقاول من الباطن قد قاول هو أيضا بدوره من الباطن، فالمقاول من الباطن الثاني يرجع بالدعوى المباشرة علي المقاول الأصلي بإعتبار الأخير رب عمل للمقاول من الباطن الثاني، ولكنه لا يرجع بالدعوى المباشرة علي رب العمل إذ أن النصوص العربية المقابلة لا تعطي الدعوى المباشرة للمقاول من الباطن إلا علي رب العمل الذي قاول مقاولة (المقاول الأصلي).

ولكن عمال المقاول من الباطن الثاني لهم هذا الحق قبل المقاول من الباطن الأول بإعتباره مديناً لمدينهم، وقبل المقاول الأصلي لأنه مدين مدينهم.

وهذا النص قاصرا علي العمال، فهو لا ينطبق علي موردي المقاول الأصلي، ومن ثم فليس لهؤلاء دعوى مباشرة علي رب العمل بأثمان ما وردوه للمقاول الأصلي ولا حق إمتياز إلا إذا قضي الإتفاق أو دفتر الشروط بخلاف ذلك، ويكون هذا الشرط كفالة للمقاول لصالح دائنيه الآخرين.

ولا يجوز لرب العمل أن يشترط علي المقاول الأصلي عدم رجوع المقاول من الباطن أو العمال عليه بالدعوى المباشرة، لأن هؤلاء الآخرين من الغير بالنسبة لهذا الإتفاق من جهة، ولأن حقهم هذا مستمد من القانون من جهة أخرى.

وهذا الحق لا يقيد رب العمل قبل إنذاره أو قبل رفع الدعوى. وعلي ذلك يجوز للمقاول الأصلي أن يتصرف في حقه المترتب في ذمة رب العمل بجميع أنواع التصرفات قبل هذا التاريخ، ويسري هذا التصرف في حق المقاول من الباطن، والعمال، بصريح النص المدني لهذا الحق، ولو كانت المخالصة غير ثابتة التاريخ إعمالا لحكم المادة 395 / 2 مدني مصري وما يقابلها في التشريعات العربية الأخرى، بل لو كان رب العمل عالما بحقوق المقاول من الباطن وعمال المقاول الأصلي، مادام لم ينذرا رب العمل بالوفاء.

مادة [662]

وحق المقاول من الباطن وعمال المقاول الأصلي مقدمة علي من ينـزل له المقاول الأصلي عن دينه قبل رب العمل بموجب حوالة حق ولو كان نفاذها سابقا علي الإنذار بالوفاء أو علي توقيع الحجز، بل يقدم في جميع الأحوال حق المقاول من الباطن والعمال علي حق المحال أو المتنـازل لـه، ويقطـع في صـحة هذا التفسير أن المذكرة الإيضاحية للمشروع التمهيدي للقانون المدني تقـول في صدد الفقرة الثالثة من المادة سالفة الذكر: "والفقرة الثالثة تقرر ما جري عليه قضاء محكمة الاستئناف المختلطة".

(عقد المقاولة- للأستاذ عنبر- المرجع السابق- ص253 وما بعدها)

من أحكام القضاء الحديثة :

1- إن نصوص قوانين العمل جعلت صاحب العمل مسئولاً وجهاً لوجه أمام العمال سواء توسط في ذلك مقاول أو متعهد توريد عمال، وحملته كل المسئوليات عن العمال ولو وفدوا إليه عن طريق المتعهد بل ضمنته إياه وصيرتهما مسئولين أمام العمال آخذة في ذلك بأن العمال في "عمل" هم عمال "صاحب العمل" لا عمال صاحب المقاولة في توريدهم. وجاءت المادة 662 من القانون المدني الجديد مؤيدة لهذا النظر.

[الطعن رقم 355 - لسنـة 1 ق - تاريخ الجلسة 07 / 02 / 1950]

2- إن النص في الفقرة الثالثة من المادة 662 من القانون المدني على أن: "وحقوق المقاولين من الباطن والعمال المقررة بمقتضى هذه المادة مقدمة على حقوق من ينزل له المقاول عن دينه قبل رب العمل" يقتضى أن تكون ذمة رب العمل مشغولة بدين للمقاول الأصلي ناشئ عن عقد المقاولة، وألا يكون قد تم الوفاء به للمحال إليه. أما إذا كان هذا الأخير قد اقتضى الحق المحال فعندئذ تجب التفرقة بين حالتين: "الأولى" أن يكون هذا الوفاء قد تم قبل أن يوقع المقاول من الباطن الحجز تحت يد رب العمل على المبالغ المستحقة للمقاول الأصلي وقبل أن ينذر المقاول من الباطن رب العمل بعدم الوفاء بدين المقاول المذكور، ففي هذه الحالة يكون الوفاء للمحال إليه مبرئاً لذمة رب العمل وسارياً في حق المقاول من الباطن، والحالة الثانية أن يكون الوفاء لاحقاً للحجز أو الإنذار فلا يسرى - عندئذ - في حق المقاول من الباطن، ويكون له - رغم ذلك - أن يستوفى حقه قبل المقاول الأصلي بما كان لهذا الأخير وقت الحجز أو الإنذار في ذمة رب العمل، ولو كان نزول المقاول الأصلي عن حقه للغير سابقاً على الحجز أو الإنذار.

[الطعن رقم 81- لسنـة 43 ق- تاريخ الجلسة 10/ 04/ 1979]

مادة [663]

إنقضاء المقاولة

مادة [663]

(1) لرب العمل أن يتحلل من العقد ويقف التنفيذ في أي وقت قبل إتمامه، علي أن يعوض المقاول عن جميع ما أنفقه من المصروفات، وما أنجزه من الأعمال، وما كان يستطيع كسبه لو أنه أتم العمل.

(2) علي أنه يجوز للمحكمة أن تخفض التعويض المستحق عما فات المقاول من كسب إذا كانت الظروف تجعل هذا التخفيض عادلا، ويتعين عليها بوجه خاص أن تنقص منه ما يكون المقاول قد إقتصده من جراء تحلل رب العمل من العقد وما يكون قد كسبه بإستخدام وقته في أمر آخر.

النصوص العربية المقابلة:

هذه المادة تقابل في نصوص القانون المدني بالأقطار العربية، المواد التالية:

مادة 662 ليبي و629 سوري و885 عراقي و538 سوداني و634 لبناني.

الأعمال التحضيرية:

تطابق الفقرة الأولي نص المادة 407 / 495 من التقنين الحالي مع تحديد أدخله المشروع عليها.

أما الفقرة الثانية، فقد قررها المشروع اقتباسا من بعض التقنيات الحديثة مع مراعاة ما ورد في أحكام محكمة الاستئناف الأهلية (19 مايو سنة 1892 الحقوق 9ص 148- 20 مايو سنة 1933 المحاماة 14 قسم ثان ص92 رقم 48) والمختلطة (25 مايو سنة 1899 ب11 ص251).

وفي مجموع المادة قارن: التقنين الألماني (م 649) والمشروع الفرنسي الإيطالي (م 525) والتقنين البولوني (م 496) والتقنين التونسي (م 869) والتقنين اللبناني (م 674) والبرازيلي (م 1247) وكذلك بعض التقنيات القديمة كـالتقنين الفرنسي (م1794) والتقنين الإيطالي (م 1641) والتقنين الهولندي (م 1647) والتقنين الإسباني (م 1594) والتقنين البرتغالي (م 1402).

والتقنين الياباني يقرر في المادة 641 منه أنه لرب العمل أن يفسخ العقد في أي وقت يشاء طالما لم ينته المقاول من إتمامه، بشرط دفع التعويضات المناسبة. ولكن المادة 635 من التقنين ذاته تعرض لحالة فيها يجوز لرب العمل ترك الصفقة دون أي تعويض، فهي تقرر أنه "إذا إستحال علي رب العمل أن يحقق الغرض المنشود من المقاولة بسبب عيوب الشيء موضوع العقد جاز له الفسخ إلا في حالة المباني أو المنشآت الثابتة الأخرى".

مادة [663]

(مجموعة الأعمال التحضيرية للقانون المدني- جزء 5- ص56)

رأي الفقه:

1- يتبين من نص المادة 663 مدني أن لـرب العمـل أن يتحلـل بإرادتـه المنفردة من عقد المقاولة لأسباب قد تطرأ في الفـترة مـن الـزمن التـي لابـد أن تمضي بين إبرام العقد وإتمام تنفيذه. فقد يري رب العمـل بعـد وضـع المقاولـة موضع التنفيذ أن من الخير له العـدول عنهـا والرجـوع في العقـد، وقـد تتغـير الظـروف التـي أبـرم فيهـا العقـد كـأن تكـون المقاولـة متعلقـة ببنـاء عـمارة للإستغلال، ثم تصدر قوانين تقيد الأجور فتصبح الصفقة غير رابحة، وقد يكـون رب العمل قد اعتمد علي موارد يدفع منها أجر المقاولة فتتخلف هـذه المـوارد أو تقـتصر عـن دفـع الأجـر، وقـد يصـاب رب العمـل في أثنـاء تنفيـذ المقاولـة بخسارة تجعله عاجزا عن المضي في تمويل المقاولة، وقد يصبح العمل المطلـوب أداؤه غير مجد لرب العمل. فأجاز القـانون لسـبب مـن هـذه الأسـباب أو لأي سبب آخر يبـدو وجيهـا في نظـر رب العمـل أن يرجـع هـذا الأخـير في العقـد، ويتحلل من المقاولة، علي أن يعوض المقاول ما تكلفه من نفقات وما فاته مـن كسب، وهذا خير له من المضي في العمل إلي نهايته والإنفاق في غير فائدة.

ويبدو لأول وهلة أن النص يقرر مبدأ يخرج به علي القواعـد العامـة، إذ رب العمل يتحلل بإرادته وحده من عقد ملزم له، والقاعدة المقررة هـي أن (العقد شريعة المتعاقدين، فلا يجوز نقضـه ولا تعديلـه إلا بإتفـاق الطـرفين أو للأسباب التي يقررهـا القـانون) (م 147 / 1 مـدني)، ومـن حيـث الجـزاء عـلي رجوع رب العمل في العقد، فإن النص يؤول في النهاية إلي أنه تطبيـق للقواعـد العامة بما يساير طبيعة عقد المقاولة بالنسبة إلي المقاول، أمـا بالنسـبة إلي رب العمل فالأمر يختلف، فإن هذا له مصلحة محققة في أن يتم العمل وهـو مـن أجل هذا قد أبرم عقد المقاولة، ومن ثم لم يجز القـانون للمقـاول أن يرجـع في عقد المقاولة بإرادته المنفردة كما أجاز ذلك لرب العمل، بل جعل لهـذا الأخـير الحق في إجبار المقاول علي التنفيذ العيني دون أن يقتصر علي التنفيذ بطريـق التعويض.

بقي أن الفقرة الثانيـة مـن المـادة 663 مـدني تجيـز تخفـيض التعـويض المستحق عما فات المقاول من كسب، بل وتوجب إنقاص هذا التعويض بمقدار ما يكون المقاول قد اقتصده من جراء عدم إتمام تنفيذ العقد ومـا يكـون قـد كسـبه بإستخدام وقته في أمر آخر. وليس في هذا إلا تطبيـق للقواعـد العامـة. فإنـه عنـد حساب الخسارة التي تحملها المقاول من جراء عدم إتمام تنفيذ المقاولة، يجب أن يستنزل ما لم يتحمله فعلا عن هذه الخسارة بسبب وقف تنفيذ المقاولـة، وعـدم المضي في إنجاز العمل وفي حساب الكسب الذي فات المقـاول، يجـب أن يسـتنزل

مادة [663]

كذلك ما لم يفته فعلا إذا كان قد استخدم وقته في أمر آخر عليه بكسب معين والذي يقطع في ذلك أن القضاء –في عهد التقنين المدني القديم الذي لم يشتمل علي نص مماثل للفقرة سالفة الذكر- كان يجري هذا الحكم بإعتباره مجرد تطبيق للقواعد العامة.

فما يشترط –إذن- لإمكان التحلل من المقاولة بإرادة منفردة؟

يتبين من نص المادة 663 مدني أن هناك شروطا أربعة لإمكان التحلل من المقاولة بإرادة منفردة.

الأول- أن يكون العمل محل المقاولة لم يتم، فإن كان قد تم لم تعد هناك فائدة من إمكان التحلل من عقد المقاولة، لأن رب العمل –إذ ذاك- يلتزم بدفع الأجر كاملا علي سبيل التعويض، فأولي أن يدفعه أجرا علي عقد تم تنفيذه، ويثبت الحق في التحلل من المقاولة منذ إبرام العقد حتى ولو لم يبدأ العمل.

الثاني- أن يكون الطرف الذي يتحلل من العقد هو رب العمل، فالمقاول ليس له الحق في التحلل من المقاولة بإرادته المنفردة، بل يبقي ملزما بتنفيذها إلي النهاية، ويجوز لرب العمل إجباره علي التنفيذ العيني دون أن يقتصر علي مطالبته بالتعويض، لأن مصلحته في التنفيذ العيني دون التعويض، وينتقل إلي خلفه العام والخاص.

الثالث- أن يكون تحلل رب العمل من المقاولة راجعا إلي مشيئته هو لا إلي خطأ المقاول، ذلك أن المقاول إذا إرتكب خطأ، فسبيل رب العمل ليس التحلل من المقاولة، بل بطلب فسخها إذا كان هذا الخطأ يبرر الفسخ، وفي هذه الحالة يكون المقاول هو المسئول عن تعويض رب العمل عن الضرر الذي أصابه بسبب الفسخ، ولا يرجع المقاول بتعويض كامل علي رب العمل كما كان يرجع لو أن رب العمل تحلل بإرادته المنفردة، بل يرجع عليه بمبدأ الإثراء بلا سبب.

الرابع- ألا يشترط المقاول علي رب العمل عدم جواز التحلل من العقد، ذلك لأن حق رب العمل في التحلل من العقد ليس من النظام العام فيجوز الإنفاق علي ما يخالف هذه القاعدة، كما أنه يجوز الإنفاق علي حق رب العمل في التحلل من المقاولة دون تعويض المقاول أو بتعويضه بقدر ما أثري به علي حسابه.

كيف يقع التحلل من المقاولة:

يقع التحلل من المقاولة بإخطار رب العمل المقاول برغبته في الرجوع في المقاولة. والتكييف القانوني للتحلل هو أنه تصرف قانوني (إرادة) صادر من جانب واحد. ولم يشترط القانون شكلا خاصا للرجوع ولا ميعادا معينا له،

مادة [663]

فوجب القول بأن الرجوع يكون في صورة إخطار يعلن به رب العمل إرادتـه في التحلل من العقد. وقد يكون الإخطار في ورقة رسمية علـي يـد محضر، وقد يكون في كتاب مسجل أو غير مسجل، وقد يكون شفويا، ولكـن عـبء إثبـات الإخطار- وهو تصرف قانوني- يقع علي رب العمل، فـإذا كانـت المقاولة تزيد علي عشرة جنيهات وجب إثباته بالكتابة أو بما يقوم مقامها، وإلا جاز الإثبـات بالبينة والقرائن. ويجوز الرجوع في أي وقت منـذ إبـرام المقاولـة إلـي مـا قبل إعذار المقاول لرب العمل بتسلم العمل.

ويتم الرجوع عن المقاولة بمجرد وصول الإخطار إلي علم المقاول، طبقا للقواعد العامة المقررة في إنتاج الإرادة لأثرها.

النتائج المترتبة علي التحلل من المقاول:

فإذا وقع لإخطار علي الوجه المتقدم، ترتيب النتائج التالية:

أولا- ينتهي عقد المقاولة بـالرجوع فيـه، فـلا يلـزم رب العمل بـدفع الأجر، ولا يلزم المقاول بإنجاز العمل.

ثانيا- يلتزم رب العمل بتعـويض المقـاول عن جميـع مـا أنفقـه مـن المصروفات وما أنجزه من الأعمال، وما يستطيع كسبه لـو أنـه أتم العمـل، ومصدر هذا الإلتزام هو القانون، لا عقد المقاولة فقد إنتهي.

فيلتزم رب العمل:

(1) بتعويض المقاول عـما أنفقـه مـن المصروفات وعـما أنجـزه مـن الأعمال، ويدخل في ذلك أجور العمال والنفقات الفعلية التي صرفها في إنجـاز الأعمال والقيمـة الفعليـة للمـواد التـي قـدمها لإستخدامها في العمل. وعلـي المقاول أن يسلم لرب العمل ما أنجز من العمل.

(2) بتعويض المقاول عما كان يستطيع كسبه لو أنه أتم العمل.

(3) بتعويض المقاول عما عسي أن يكون قد أصابه مـن ضرر أدبي مـن جراء منعه من إتمام العمل. ذلك أن المقاول قد تكون له مصلحة أدبية في إتمام العمل، كأن يكون عملا فنيا يفيد في سمعته (المثال- المؤلف).

ثالثا- أن ما جاءت به الفقرة الثانية من المادة 663 مدني مـن أحكـام ليس إلا تطبيقا للقواعد العامة، فقد تقوم ظروف تجعل مـن العدل تخفيض التعويض المستحق عما فات المقاول من كسب.

(الوسيط-7-1- للدكتور السنهوري- المرجع السابق- ص240 وما بعدها)

2- ينتهي عقد المقاولة بتأدية كل الإلتزامات الناتجة عنه، بأن تم العمل كله وسلم قبل دفعه ثمنه. ولكن تبقي بعض قبوله حيث يظل المقاول مسئولاً عن

مادة [663]

عيوب عمله، إما بالتطبيق لقواعد البيع حيث يمكن إعتباره بائعا، وإما بناء علي النص الوارد في المادة 651 مدني.

وما تقرره المادة 663 مدني هو استثناء من قاعدة أنه لا يجوز فسخ الإتفاق إلا بموافقة طرفيه. ولكن يبرر هذا الاستثناء أن من فسخ العقد ضد إرادته يعوض عن كل الخسارة التي يسببها له عدم تنفيذ العقد.

ويطبق النص سواء أكانت المواد يقدمها رب العمل أم كان المقاول هو الذي يقدمها.

وحق التحلل من العقد هو حق شخصي لا يجوز أن يستعمله دائنو رب العمل، ولكنه ينتقل إلي الورثة.

ولا تخول المادة حق التحلل للمقاول، فالمادة صريحة، والحكم كما تقدم هو حكم استثنائي لا يجوز التوسع فيه.

ويجب علي رب العمل الذي يتحلل من العقد أن يدفع للمقاول جميع ما أنفقه من المصروفات وأن يعوضه عما أنجز من الأعمال وعن الكسب الذي كان يستطيع الحصول عليه لو أنه أتم العمل مع مراعاة ما جاء في الفقرة الثانية من المادة 663 مدني.

(العقود المسماة-4- الدكتور كامل مرسي- المرجع السابق- ص535 وما بعدها)

3- اقتبس المشرع الفقرة الثانية من المادة 633 من التقنين الألماني (م 649)، أما الفقرة الأولي فهي تطابق المادة 407/ 495 من التقنين القديم.

ويتضح من هذا النص أن المقاولة عقد غير لازم بالنسبة لرب العمل، فيجوز له أن يتحلل منه في أي وقت شاء بشرط عدم الإضرار بالمقاول، وذلك يقتضي تعويضه عن كل ما أنفقه إنجاز ما تم من الأعمال، علاوة علي ضمان ما فاته من كسب بسبب وقف العمل.

علي أنه ينبغي عدم الإفراط في حساب رب العمل إذا كان قد اضطر إلي وقف العمل تحت ضغط الظروف، كما أن المقاول لا يستحق من النفقات إلا ما يكون قد صرفه فعلا، فإن كان قد استحضر بعض المهمات والمواد اللازمة لإتمام العمل دون البعض الآخر، فلا يستحق إلا قيمة ما اشتراه فعلا، فإن كان قد استحضر بعض المهمات والمواد بسبب وقف العمل خصم ثمنها من قيمة التعويض، ومما يدعو إلي التخفيض أيضا تمكن المقاول من إستخدام وقته في تنفيذ عمل آخر، وهذه الأحكام كلها مطابقة للقواعد العامة في تقدير التعويض.

(التقنين المدني- المرجع السابق- للدكتور عرفه- ص 474و 475)

4- أن الدائن لا يستطيع أن يطالب بتعويض الأضرار التي كان في استطاعته أن يتوقاها ببذل جهد معقول، فذلك يفرض عليه إلتزاما بتخفيف

مادة [663]

المضار" ووفقا لهذا الإلتزام لا يجوز للمقاول أن يمضي في تنفيذ العمل بعد علمه بإصرار رب العمل علي التحلل من العقد وجحوده له، وذلك إذا كان من شأن هذا الإستمرار أن يزيد فى الأضرار التي تصيبه، فإن إستمر في التنفيذ رغم ذلك لم يحق له تقاضي تعويض عن هذه الأضرار علي أساس أنه كان في وسعه توقيها.

(شرح أحكام عقد المقاولة- للدكتور محمد لبيب شنب- طبعة 1962- ص189، وبحثه: الجحو المبتسر- مجلة العلوم القانونية والإقتصادية -السنة 2- ص293 و294)

5- يتبين من نص المادة 663 مدني والنصوص العربية المقابلة أنها تطبيق للقواعد العامة ليس إلا، وأنها مسايرة لطبيعة عقد المقاولة.

كما يتضح أن لرب العمل الحق في أن يتحلل بإرادته المنفردة من عقد المقاولة لأسباب قد تطرأ في الفترة من الزمن التي لابد أن تمضي بين إبرام العقد وإتمام تنفيذه لأسباب يرى رب العمل معها أن الفسخ لصالحه كتغير الظروف العامة أو الخاصة برب العمل ، أو إصابة رب العمل بأضرار من جراء التأخير أو لانتفاء الغرض من الشيء أو العمل محل المقاولة ... الخ، فأجاز القانون في كل من هذه الأسباب أن يرجع عن العقد، ويتحلل منه علي أن يعوض المقاول ما تكلفه من نفقات وما فاته من كسب، وهذا خير له من المضي في عمل لا جدوى منه ولا غناء فيه بعد إتمامه.

ويبدو لأول وهلة أن النص يقرر خروجا علي القواعد العامة، إذ أنه يبيح لأحد طرفي عقد – ملزم للجانبين- أن يتحلل من عقد ملزم له طبقا لقاعدة عامة أصيلة وراسخة هي أن: "العقد شريعة المتعاقدين......الخ" نصت عليها المادة 147 / 1 مدني، ولكن عندما نتأمل الجزاء المقرر علي رب العمل لقاء تحلله بإرادته المنفردة من هذا العقد، وهو تعويض المقاول عما تكبده من خسارة وما فاته من كسب، نري أن ذلك يؤدي إلي أن رب العمل، وقد أجاز له القانون التحلل من التنفيذ العيني قد ألزمه بالتنفيذ بطريق التعويض، فهو تعويض كامل بعنصريه: ما تجشمه المقاول من خسارة وما فاته من كسب. هذا، فضلاً عن أنه لا مصلحة في هذه الحالة للمقاول أن يطلب التنفيذ العيني الذي أقفل في وجهه، بل إنه إذا ثبت أن للمقاول مصلحة أدبية في إتمام المقاولة، فإن القانون يسمح بتعويضه عنها طبقاً للقواعد العامة إذ قد تتأثر سمعة المقاول بهذا التحلل كأن يكون عملا فنيا له قيمته، فالنص بهذه المثابة يؤول في النهاية إلي أنه تطبيق للقواعد العامة بما يساير طبيعة عقد المقاولة.

ويصل بعض الفقهاء المصريين إلي أن هذه النتيجة ذاتها عن طريق نظرية الجحود المبتسر للعقد.

مادة [663]

أما بالنسبة لرب العمل فالأمر يختلف، فلما كانت له مصلحة محققة في العمل أبرم عقد المقاولة، ومن ثم لم يجز القانون للمقاول أن يرجع في عقد المقاولة بإرادته، كما أجاز ذلك لرب العمل، بل جعل لهذا الأخير الحق في إجبار المقاول على التنفيذ العيني دون أن يقتصر على طلب التنفيذ بطريق التعويض.

إن الفقرة الثانية من المادة سالفة البيان- والمواد المقابلة لها في التشريعات العربية- تجيز تخفيض التعويض المستحق بمقدار ما يكون المقاول قد اقتصده من جراء عدم إتمام التنفيذ وما يكون قد كسبه بإستخدام وقته في أمر آخر، وليس هذا سوى تطبيق للقواعد العامة أيضا.

ويشترط- حتى يستطيع رب العمل أن يتحلل بإرادته المنفردة من عقد المقاولة – الشروط الآتية:

(1) ألا يكون العمل محل المقاولة قد تم، لأنه إذا كان قد تم فلا فائدة من التحلل منه، ويثبت الحق في التحلل حتى قبل بدء التنفيذ، فذلك أيسر لرب العمل، إذ يكون التعويض أقل، ويبقى الحق قائما حتى إتمام العمل وإعذار رب العمل بتسلمه، فعندئذ يسقط هذا الحق.

(2) هذا الحق مقرر لرب العمل وحده، وهو حق شخصي متروك لمحض تقديره فلا يجوز لدائنيه أن يستعملوه، ولكنه حق ينتقل من رب العمل إلى الخلف الخاص، والخلف العام، وإذا تعدد الورثة كان لأصحاب الغالبية في العمل (ثلاثة أرباع) أن يستعملوا هذا الحق إذا إستندوا إلى أسباب قوية على أن يعلنوا قرارهم إلى باقي الورثة، ولمن يخالف ذلك من الأقلية حق الرجوع إلى المحكمة في الوقت المحدد قانوناً للتصرف في الملكية الشائعة، وللمحكمة أن تقدر تبعا للظروف ما إذا كان التحلل من المقاولة واجبا.

وكذلك يجوز للخلف الخاص أن يتحلل من المقاولة. أما إذا باع رب العمل الأرض التي يقام عليها البناء بعقد مقاولة فإن المشتري للأرض لا ينتقل إليه عقد المقاولة إلا إذا إتفق على ذلك، وفي حالة الإنفاق عليه جاز للمشتري ما كان للبائع بإعتباره رب عمل جديد محل رب العمل القديم.

(3) أن يكون تحلل رب العمل من المقاولة راجعا إلى إرادته هو لا إلى خطأ المقاول، ذلك أن خطأ المقاول لا يكون سببا للتحلل من العقد، وإنما يكون سببا لطلب الفسخ. وفي هذه الحالة – إذا توافرت شروطها القانونية- يكون المقاول هو الملتزم بتعويض رب العمل عن الضرر الذي أصابه ولا يرجع المقاول على رب العمل بالتعويض المقرر في حالة التحلل بل يرجع عليه بمبدأ الإثراء بلا سبب إذا توافرت شروطه. هذا، بالإضافة إلى حق رب العمل في طلب التنفيذ العيني، وإصلاح الخطأ إلى جانب التعويض.

مادة [663]

(4) ألا يشترط المقاول علي رب العمل عدم جواز التحلل من العقد، ذلك لأنه حق غير متعلق بالنظام العام ويجوز الإتفاق علي منعه، بل إنه في هذه الحالة يستطيع المقاول- فضلا عن منع التحلل- أن يلزم رب العمل بالمضي في تنفيذ العقد إلي أن يتم، إذ قد تكون له مصلحة أدبية في إتمام العمل.

(عقد المقاولة – للأستاذ عنبر- المرجع السابق- ص259 وما بعدها)

من أحكام القضاء الحديثة:

1- إذا كان الحكم لا نهائي إذ قضي بإلزام رب العمل بالتعويض قد أقام قضاءه علي ما اتخذ المقاول أساسا لدعواه من أن رب العمل قد فسخ العقد دون تقصير منه، إذ هو (المقاول) قد قام بما إلتزم به من استحضار العمال وأدوات البناء وشيد جزءا من البناء وأن رب العمل إمتنع عن تنفيذ ما تعهد به من تقديم مواد البناء، فضلا علي أنه استغني عن عمله ووكل البناء إلي غيره دون إنذار سابق أو تكليف له بالوفاء، وكان الحكم الاستئنائي إذ قضي بإلغاء الحكم الابتدائي وإقتصر علي القضاء للمقاول بأجر عما أتمه من بناء قد أقام قضاءه علي ما أستخلصه من أن العقد لم يرتب للمقاول في ذمة رب العمل تعويضا إذا إمتنع هذا الأخير أو تأخر في تقديم مواد البناء- فإن الحكم الاستئنائي إذ ند عن بحث أساس الدعوى علي هذا النحو، لم يعن بالرد علي ما أورده الحكم الابتدائي من أسباب، كان قاصرا قصورا يستوجب نقضه.

(جلسة 1950/11/9- مجموعة المكتب الفني- السنة 2- مدني- ص300)

2- متي كان الواقع هو أن الطاعن وفقا لشروط المقاولة التي رست عليه كان ملزما أن يقوم بحفر مراوي ومصارف في أرض مورث المطعون عليهم تنفيذا لتصميم سلم إليه وقدرت فيه المكعبات الواجب حفرها بأربعة وخمسين ألف متر مكعب، ونص في الإتفاق المبرم بين الطرفين علي أن الطاعن قابل تخفيض هذه المكعبات إلي أربعين ألف متر تحت الزيادة والعجز في حدود 10% وأن يكون له أجر قدر بمبلغ معين قدر عن المتر المكعب، وكان مورث المطعون عليهم قد فسخ عقد المقاولة وأعطاها لمقاول آخر بحجة أن الطاعن تأخر في البدء في العمل، وكان الحكم الابتدائي قد قضي للطاعن بمبلغ مقابل ما ضاع عليه من ربح علي أساس قيمة الفرق بين سعر المتر الذي قبله والسعر الذي ارتضاه المقاول الجديد علي إعتبار أن العملية المتفق عليها كان تقتضي حفر أربعين ألف متر مكعب، وكان الحكمان الاستئنافيان إذ انقصا قيمة المبلغ المحكوم به للطاعن من محكمة أول درجة قد أقاما قضاءهما علي أن ما يستحقه الطاعن من تعويض عما فاته من الربح يجب أن لا يتعدى فرق السعر عن 21175 مترا مكعبا وهي ما حفرها فعلا المقاول إستنادا إلي أن عملية هذا الأخير كانت أصلح

مادة [663]

للأرض وأوفى بالغرض دون أن يبينا الأسباب التي إستندا إليها في هذا التقرير، ودون أن يبينا قصر تعويض الطاعن علي عدد المكعبات التي قام بحفرها المقاول الجديد تنفيذا لتصميم آخر وبذلك يكون الحكمان المطعون عليهما قد خرجا علي ظاهر نصوص عقد المقاولة المبرم بين الطاعن ومورث المطعون عليهم دون أن يبررا هذا الخروج بأسباب مقبولة، أما القول بأن العملية التي قام بها المقاول الجديد علي أساس آخر كانت أصلح وأوفى بالغرض، هذا القول لا يصح أن يحاج به الطاعن، ذلك لأن محل الإتفاق بينه وبين مورث المطعون عليهم كان عن أربعين ألف متر مكعب تحت العجز والزيادة في حدود 10% وذلك تنفيذا للتصميم الذي سلم إليه من مورث المطعون عليهم، ولا يؤثر على حقه في التعويض أن يكون المقاول الآخر قد قام بالعمل علي أساس تصميم جديد كان من نتيجته نقص عدد المكعبات التي حفرت، ومن ثم يتعين نقض الحكمين في هذا الخصوص لإنعدام أساسهما القانوني.

(نقض- جلسة 1952/4/3 – المرجع السابق- السنة 3- ص854)

3- الأصل في عقد المقاولة أنه عقد لازم وأنه طبقا لنص المادة 663 من القانون المدني يجب علي رب العمل إذا تحلل من العقد وأوقف التنفيذ قبل إتمامه أن يعوض المقاول، ولكن يجوز الخروج علي هذا الأصل المقرر لمصلحة المتعاقدين بإتفاقهما علي حق رب العمل في التحلل من تنفيذ العقد كله أو بعضها دون دفع تعويض للمقاول أو بإتفاقهما علي تحديد نطاق الإلزام في جزء من العمل ليخرج الجزء الباقي عن نطاق الإلزام بالتنفيذ العيني أو بطريق التعويض، ويتعين إعمال هذه القواعد علي التعاقد الذي يبرمه رب العمل مع المهندس المعماري بإعتباره من عقود المقاولة.

متي كان الحكم المطعون فيه بتحديد نطاق الإلتزام في عقد المقاولة، ورفض دعوى الطاعن (المهندس المعماري) فيما يجاوز هذا النطاق الذي إستوفي عنه أجره، كما استوفي زيادة عليه أجر تصميم وتنفيذ عمل آخر دون أن يقوم بحث دفاع الطاعن بشأن تحلل المطعون ضدها (رب العمل) من تنفيذ ما يجاوز حد الإلزام فإنه لا يكون قد خالف نص المادة 663 مدني أو شابه قصور في التسبيب.

(نقض- جلسة 1967/5/16- المرجع السابق- السنة 18 ص 1005)

مادة [664]

مادة [664]

ينقضي عقد المقاولة بإستحالة تنفيذ العمل المعقود عليه.

النصوص العربية المقابلة:

هذه المادة تقابل في نصوص القانون المدني بالأقطار العربية، المواد التالية:

مادة 663 ليبي و630 سوري و886 عراقي و539 سوداني و643 لبناني و801 أردني جديد و883 تونسي.

الأعمال التحضيرية:

لما كان عقد المقاولة من العقود التي يظهر فيها بالذات فائدة الأخذ بهذه النظرية فقد آثر المشرع أن يقررها صراحة بنص خاص في باب المقاولة. وهو في ذلك يجاري التقنين البولوني (م 269 ، 490 فقرة 2)، والمعيار الذي يقرره النص "اختلال التوازن الإقتصادي بين الإلتزامات اختلالا تاما بسبب حوادث لم تكن منظورة وقت التعاقد، هو من الدقة بحيث يحد من تدخل القاضي. وفي الوقت نفسه من المرونة بحيث يسمح له بمراعاة ظروف كل حالة".

انظر تقنين الإلتزامات السويسري (م 378) والتقنين البولوني (م492) والتقنين التونسي (م 883).

(مجموعة الأعمال التحضيرية للقانون المدني- الجزء 5- ص58)

رأي الفقه:

1- قد ينتهي عقد المقاولة قبل تنفيذه إنتهاء غير مألوف، ولكنه إنتهاء يتفق مع القواعد العامة. وأهم هذه الأسباب هي:

إستحالة التنفيذ – والفسخ- والتقابل.

وقد عرض القانون المدني للسبب الأول منها صراحة في المادة 664 مدني، وإكتفي- في السببين الآخرين- بتطبيق القواعد العامة. ومع ذلك فليس هذا النص (م 664 مدني) إلا تطبيقاً للمبدأ العام في إنقضاء الإلتزام الذي تقرره المادة 373 مدني[1] فإذا أثبت المقاول أن العمل المعهود به إليه قد أصبح مستحيلا لسبب أجنبي إنقضى إلتزام المقاول بإستحالة التنفيذ لسبب أجنبي، وإنقضى إلتزام رب العمل المقابل له وانفسخ عقد المقاولة من تلقاء نفسه. ومتي إنتهي عقد المقاولة بالإنفساخ علي هذا الوجه استحق المقاول تعويضا لا بموجب

---

[1] يراجع التعليق علي تلك المادة بكتابنا (التعليق علي نصوص القانون المدني المعدل) جزء 1- ص1037.

مادة [664]

المقاولة فقد انتهت، ولكن بموجب مبدأ الإثراء بلا سبب (يراجع ـ لاحقا ـ نص المادة 667 مدني والتعليق عليها).

أما فكان لإنفساخ ينهي العقد قبل تنفيذه. ويجوز طلب فسخ المقاولة إذا أخل أحد المتعاقدين بتنفيذ أحد إلتزاماته، وفقا للقواعد المقررة في فسخ العقود الملزمة للجانبين. فإذا أخل المقاول بحد إلتزاماته، كأن لم ينجز العمل بالطريقة المتفق عليها، أو التي تقضي بها أصول الصنعة، أو تأخر في تسلم العمل، أو ظهر في العمل عيب خفي واجب الضمان، جاز لرب العمل أن يطلب فسخ العقد، والمحكمة تقدر هذا الطلب، فإن أجابته فسخ عقد المقاولة وإعتبر كأن لم يكن، وإذا أخل رب العمل بأحد إلتزاماته كأن إمتنع عن تمكين المقاول من إنجاز العمل أو من نقل العمل وتسلمه أو من دفع الأجر، جاز للمقاول هو أيضا أن يطلب فسخ العقد.

وقد ينتهي عقد المقاولة قبل تنفيذه بالتقابل، فيتفق المقاول ورب العمل علي أن يتحلل كل منهما من العقد بإرادتهما المشتركة، وكما انعقدت المقاولة بتراضي الطرفين فإنها تنتهي كذلك بتراضيهما، ويغلب أن يسوي المتعاقدان الحساب فيما بينهما بإتفاق بضمانه التقابل، فإذا سكتا عن ذلك فإن المبادئ العامة، وأخصها مبدأ الإثراء بلا سبب، تتكفل بتسوية الحساب.

(الوسيط-7-1- الدكتور السنهوري- المرجع السابق- ص236 وما بعدها)

2- إذا إمتنع التنفيذ حادث مفاجئ ينقضي عقد المقاولة ولا يكون هناك محل للتعويضات.

وإذا كانت الأعمال تستلزم ترخيصا إداريا، فعدم الترخيص يعتبر إستحالة قهرية للتنفيذ.

ونزع ملكية الأرض التي كان يجب أن يقوم عليها العمل يكون سببا لإنقضاء العقد.

ووفقا للقواعد العامة لا يترتب علي الحادث المفاجئ إنقضاء العقد إذا وقع بسبب خطأ الطرف الذي يحتج به. وقد حكم في فرنسا بأنه ليس للمقاول أن يرفض القيام بالعمل بحجة أنه لم يمنح الترخيص الإداري إذا كان رفض الترخيص سببه أنه طلب الترخيص وإعانة مالية علي ألا يجزأ الطلب.

(العقود المسماة-4- للدكتور كامل مرسي- المرجع السابق- ص538 وما بعدها

3- قد ينتهي عقد المقاولة قبل تنفيذه، ولكنه إنتهاء يتفق مع القواعد العامة- **وأهم أسباب ذلك الإنتهاء:**

إستحالة التنفيذ- فسخ العقد- التقابل.

مادة [664]

ولم يعرض القانون المدني لهذه الأسباب مكتفيا بتطبيق القواعد العامة، فيما عدا السبب الأول وهو إستحالة التنفيذ، فقد نص عليه صراحة في القانون.

ومن أمثلة إستحالة تنفيذ العقد علي المقاول لسبب أجنبي أن يكون العمل رسما فنيا لا يقوم به إلا هو ثم أصيب بمرض أو حادث أفقده يده التي يرسم بها، أو عينه التي يبصر بها، أو كان العمل إجراء عملية جراحية لا تحتمل الإبطاء فأصيب الطبيب بمرض مفاجئ يمنعه من إجرائها، أو كان العمل إعطاء دروس فمرض المدرس مرضا منعه من إعطائها حتى وقت الامتحان، أو كان العمل إقامة بناء من نوع معين من مواد البناء يستورد من الخارج فقامت حرب عالمية أو أهلية منعت استيراده، أو إقامة البناء ليكون جاهزا في تاريخ معين لإقامة معرض، فقامت أسباب أجنبية يستحل معها علي المقاول إقامته قبل التاريخ المحدد. ففي كل هذه الأمثلة وأشباهها ينقضي إلتزام المقاول بإستحالة التنفيذ لسبب أجنبي، وينقضي إلتزام رب العمل المقابل له، وينفسخ عقد المقاولة.

متي إنتهي عقد المقاولة بالإنفساخ علي هذا الوجه استحق المقاول تعويضا لا بموجب عقد المقاولة الذي إنتهي ولكن بموجب الإثراء بلا سبب.

(عقد المقاولة- للأستاذ عنبر- المرجع السابق- ص257 وما بعدها)

من أحكام القضاء الحديثة :

1- لا ضرورة للإعذار إذا أصبح تنفيذ الإلتزام غير ممكن وغير مجد بفعل المدين، وإذ كان يبين من الحكم المطعون فيه أنه اعتبر الأخطاء الفنية التي وقع فيها المقاول مما لا يمكن تداركه فإن مفاد ذلك أن الإلتزام المترتب على عقد المقاولة قد أصبح غير ممكن تنفيذه، ومن ثم فإن الحكم المطعون فيه إذ قضى بفسخ العقد وبالتعويض دون سبق إعذار المدين بالتنفيذ العيني لا يكون قد خالف القانون.

[الطعن رقم 431 - لسنة 31 ق - تاريخ الجلسة 05 / 04 / 1966]

مادة [665]

مادة [665]

(1) إذا هلك الشيء بسبب حادث مفاجئ قبل تسليمه لرب العمل فليس للمقاول أن يطلب لا ثمن عمله ولا برد نفقاته، ويكون هلاك المادة علي من قام بتوريدها من الطرفين.

(2) أما إذا كان المقاول قد أعذر أن يسلم الشئ أو كان هلاك الشئ أو تلفه قبل التسليم راجعاً إلى خطئه وجب عليه أن يعوض رب العمل عما يكون هذا قد ورده من مادة للعمل.

(3) فإذا كان رب العمل هو الذي أعذر أن يتسلم الشيء، أو كان هلاك الشيء أو تلفه راجعاً إلي خطأ منه أو إلي عيب في المادة التي قام بتوريدها، كان هلاك المادة عليه وكان للمقاول الحق في الأجر وفي التعويض عند الإقتضاء.

النصوص العربية المقابلة:

هذه المادة تقابل في نصوص القانون المدني بالأقطار العربية، المواد التالية:

مادة 664 ليبي و 631 سوري و887 عراقي و540 سوداني و671 و672 لبناني.

الأعمال التحضيرية:

ليس علي هذه المادة تعليق- بالأعمال التحضيرية- يستحق التنويه به.

رأي الفقه:

1- إذا وقع الهلاك بخطأ المقاول- أو ما يعادل الخطأ بأن يعذر رب العمل المقاول أن يسلم الشيء فلا يسلمه- فإن الفقرة الثانية من المادة 665 مدني تجعل الهلاك علي المقاول لأن خطأه هو الذي سبب الهلاك. فإذا كان المقاول هو الذي قدم الخشب أو القماش، ثم هلك الأثاث بخطئه أو بعد أن أعذر بالتسليم، فإنه لا يأخذ أجرا علي عمله ولا يسترد نفقاته، ولا يرجع بقيمة الخشب أو القماش علي رب العمل، ويدفع تعويضا لرب العمل عما أصابه من الضرر من جراء هذا الخطأ وإذا كان رب العمل هو الذي ورد الخشب أو القماش، فإن المقاول وقد هلك الشيء بخطئه أو بعد أن أعذر بالتسليم لا يأخذ أجرا علي عمله ولا يسترد نفقاته، ويرجع فوق ذلك رب العمل عليه بقيمة الخشب أو القماش وبالتعويض عن كل ضرر آخر أصابه من جراء خطأ المقاول.

أما إذا كان الهلاك بخطأ رب العمل- أو ما يعدل الخطأ، بأن يكون رب العمل قد أعذر ليتسلم الشيء، فلم يفعل أو كان سبب الهلاك عيبا في المادة التي وردها للمقاول- فإن الفقرة الثالثة من المادة 665 مدني تجعل الهلاك علي رب العمل لأن خطأه هو الذي سبب الهلاك. فإن كان المقاول هو الذي قدم الخشب أو

مادة [665]

القماش، ثم هلك الأثاث أو الثوب بخطئه أو بعد أن أعذر بالتسلم، فإنه يجبر علي دفع الأجر كاملا للمقاول كما لو كان قد تسلم الشيء، ويتحمل هو وحده الخسارة الناجمة عن الهلاك وإذا كان رب العمل هو الذي ورد الخشب أو القماش، فإنه، وقد هلك الشيء بخطئه أو بعد أن أعذر بالتسلم أو كان الهلاك بسبب عيب في الخشب أو للقماش الذي ورده، يتحمل وحده هنا أيضا الخسارة، ويجب عليه أن يدفع الأجر كاملا للمقاول، ولا يرجع بشيء عليه من الخشب أو القماش الذي ورده له.

أما إذا كان الشيء لم يسلم إلي رب العمل ولم يعذر المقاول رب العمل أن يتسلمه، وهلك قبل التسليم بقوة قاهرة أو حادث فجائي أثبته المقاول، أما إذا حصل الهلاك بعد التسليم أو بعد إعذار رب العمل أن يتسلم، فالذي يتحمل التبعة هو رب العمل، سواء كان هو الذي قدم المادة أم كان المقاول هو الذي قدمها. ويجب علي رب العمل أن يدفع الأجر كاملا للمقاول.

فلو أن المقاول هو الذي قدم الخشب لصنع الأثاث أو القماش لصنع الثوب، فمادام رب العمل لم يتسلم الأثاث أو الثوب ولم يتقبل العمل، فإن تبعه الهلاك كلها تقع علي المقاول. فهو لا يأخذ أجر عمله ولا ما أنفقه فيه، لأن رب العمل لم يفد من هذا العمل شيئا. وهو أيضا يتحمل تبعة هلاك المادة التي قدمها، فلا يستطيع أن يرجع بقيمة الخشب أو القماش علي رب العمل، لأنه لم يسلم الشيء إليه.

أما إذا كان رب العمل هو الذي قدم الخشب لصنع الأثاث أو القماش لصنع الثوب، فإن تبعة الهلاك تقع علي المقاول أيضا فيما يتعلق بأجر عمله ونفقاته، ولا يستطيع أن يطالب بها رب العمل، لأن هذا الأخير لم يفد شيئا من عمل المقاول، فلا يتحمل لا الأجر ولا النفقات. أما المادة التي قدمها رب العمل من خشب أن قماش فهو الذي يتحمل تبعة هلاكها لأنه يبقي مالكا لها وهي في يد المقاول، والشيء يهلك علي مالكه كما تقضي القواعد العامة؟

تلك أحكام تبعة الهلاك بقوة قاهرة أو حادث مفاجئ كما عنتها الفقرة الأولي من المادة 665 مدني.

(الوسيط -7-1- للدكتور السنهوري- المرجع السابق- ص94 وما بعدها)

2- أدخل المشرع علي النص المقابل في التقنين القديم تعديلا شكليا يقربه من نصوص التقنيات الحديثة.

وتقرر المادة 665 مدني أن تبعة هلاك العمل مرتبطة بالتسليم، فالهلاك قبل التسليم علي المقاول، أما الهلاك للتسليم فيتحمل المالك تبعته، ويكون للمقاول الحق في طلب أجرته ونفقاته.

مادة [665]

ولكن رب العمل يتحمل تبعة الهلاك، ولو قبل التسليم، في الحالة التي يعذر فيها أن يتسلم الشيء فلا يسارع إلي تسلمه، وكذلك في الحالة التي يكون فيها هلاك الشيء راجعا إلي خطأ منه أو إلي عيب في مادة العمل التي قدمها، وفي هذه الحالات يجوز الحكم علي رب العمل بالتعويض.

(التقنين المدني- للدكتور محمد علي عرفه- المرجع السابق- ص476. العقود المسماة-4- للدكتور محمد كامل مرسي- المرجع السابق ص539 وما بعدها)

من أحكام القضاء الحديثة :

1- لا ضرورة للإعذار إذا أصبح تنفيذ الإلتزام غير ممكن وغير مجد بفعل المدين، وإذ كان يبين من الحكم المطعون فيه أنه اعتبر الأخطاء الفنية التي وقع فيها المقاول مما لا يمكن تداركه فإن مفاد ذلك أن الإلتزام المترتب على عقد المقاولة قد أصبح غير ممكن تنفيذه، ومن ثم فإن الحكم المطعون فيه إذ قضى بفسخ العقد وبالتعويض دون سبق إعذار المدين بالتنفيذ العيني لا يكون قد خالف القانون.

[الطعن رقم 431 - لسنة 31 ق - تاريخ الجلسة 05 / 04 / 1966]

مادة [666]

مادة [666]

ينقضى عقد المقاولة بموت المقاول إذا كانت مؤهلاته الشخصية محل إعتبار في التعاقد. فإن لم تكن محل إعتبار فلا ينتهي العقد من تلقاء نفسه ولا يجوز لرب العمل فسخه في غير الحالات التي تطبق فيها المادة 663 إلا إذا لم تتوافر في ورثة المقاول الضمانات الكافية لحسن تنفيذ العمل.

النصوص العربية المقابلة:

هذه المادة تقابل في نصوص القانون المدني بالأقطار العربية، المواد التالية:

مادة 605 ليبي و632 سوري و888 عراقي و541 سوداني و643 لبناني و804 أردني جديد.

الأعمال التحضيرية:

ليس علي هذه المادة تعليق -بالأعمال التحضيرية- يستحق التنويه به.

رأي الفقه:

1- يخلص من نص المادة 666 مدني- والمادة التالية 667 مدني- أن موت المقاول ينهي- في بعض الحالات- عقد المقاولة. أما موت رب العمل فلم تعرض له النصوص.

فبالنسبة لموت رب العمل- تطبق القواعد العامة. ولما كانت شخصية العمل ليست في العادة محل إعتبار في عقد المقاولة، فإن موت رب العمل لا ينهي المقاولة، بل يبقي العقد قائماً ما بين المقاول وورثة رب العمل وقد حلوا محله، فيبقي هؤلاء مرتبطين بعد مورثهم، لهم كل حقوقه وعليهم كل إلتزاماته، وذلك دون نظر لما إذا كانت المقاولة مفيدة الورثة فائدتها للمورث، ودون نظر لما إذا كان الورثة يستنسبون العمل محل المقاولة. فقد يكون هذا العمل بناء عمارة كبيرة، ولا يرغب ورثة رب العمل في استثمار أموال التركة في مثل هذه العمارة، أن يؤثرون اقتسام هذه الأموال، ومع ذلك يبقون ملتزمين بدفع الأجر كاملا للمقاول، ولهم الحق في أن يطلبوا منه إنجاز العمل وتسليمه وضمانه.

وبديهي أن إلتزامهم بدفع الأجر للمقاول يكون في حدود أموال التركة ومن هذه الأموال، ويصبحون بعد إقامة العمارة مالكين لها في الشيوع كل بقدر حصته في التركة.

وإنما يجوز لورثة رب العمل ما كان يجوز لرب العمل نفسه لو أنه كان حيا، وهو أن يتحللوا من المقاولة قبل إتمامها طبقا لأحكام المادة 663 مدني، علي أن يدفعوا للمقاول من أموال التركة جميع ما أنفقه من المصروفات وما أنجزه من الأعمال وما كان يستطيع كسبه لو أنه أتم العمل.

مادة [666]

أما بالنسبة لموت المقاول- ويلحق به أن يصبح عاجزا عن إتمام العمل لسبب لا يد له فيه، كأن يصاب بما يجعل تنفيذ العمل مستحيلا عليه (رساما- طبيبا- مهندسا)، فقد تقدم أن المقاولة تنفسخ كما كانت تنفسخ بموت المقاول، ويأخذ العجز عن العمل حكم الموت، ويستوي أن يكون المقاول قد بدأ في تنفيذ العمل ثم أصبح عاجزا، أو أصبح عاجزا بعد إبرام المقاولة وقبل البدء في تنفيذ العمل.

ويجب التمييز – عند موت المقاول أو عجزه- **بين حالتين:**

الأولى- أن تكون مؤهلات المقاول الشخصية محل إعتبار في التعاقد.

والثانية- ألا تكون هذه المؤهلات محل إعتبار.

والمقصود بالمؤهلات الشخصية كل صفات المقاول الشخصية التي تكون ذات تأثير في حسن تنفيذ العمل (الكفاية الفنية- الأمانة- حسن المعاملة- التخصص في نوع العمل محل المقاولة- التجربة العملية).

والبت فيما إذا كانت مؤهلات المقاول الشخصية محل إعتبار في التعاقد مسألة واقع لقاضي الموضوع فيها الرأي الأعلى.

على أنه يستخلص من النصوص أن رجال الفن كالرسامين والنحاتين والموسيقيين والمغنين، وأصاب المهن الحرة كالمهندسين والأطباء والمحامين والمحاسبين، كل هؤلاء تعتبر مؤهلاتهم الشخصية محل إعتبار في التعاقد. أما العمال والصناع كالنقاشين والسباكين والنجارين، فالأصل فيهم أن مؤهلاتهم الشخصية محل إعتبار في التعاقد إلا إذا قام دليل أو عرف يقضي بغير ذلك.

فإذا كانت مؤهلات المقاول الشخصية محل إعتبار في التعاقد، ومات المقاول فإن عقد المقاولة ينتهي من تلقاء نفسه بحكم القانون بمجرد موت المقاول، دون حاجة لفسخه من جانب رب العمل ولا من ناحية ورثة المقاول، ويفهم ذلك بطريق الدلالة العكسية لما نصت عليه المادة 666 مدني.

وإذا أراد الطرفان المضي في التنفيذ، فلابد من عقد جديد بإيجاب وقبول جديدين بين رب العمل والورثة، ويكون تاريخ العقد من وقت الإتفاق الجديد لا من وقت المقاولة الأصلية.

وتنفسخ المقاولة بموت المقاول –أو عجزه- سواء أكان هو الذي قدم المادة المستخدمة في العمل أو رب العمل، وسواء أكانت المقاولة أصلية أم مقاولة من الباطن، وسواء أكان الأجر جزئيا أم بسعر الوحدة، وأيا كان محل المقاولة بناء أو إنشاء أو أي شيء آخر.

أما إذا كانت مؤهلات المقاول الشخصية ليست محل إعتبار، فإنه طبقا للفقرة الأخيرة من المادة 666 مدني لا ينتهي العقد من تلقاء نفسه ولا يجوز

مادة [666]

لرب العمل فسخه في غير الحالات التي تطبق فيها المادة 663 من القانون المدني.

(الوسيط –7-1- للدكتور السنهوري- المرجع السابق- ص253 وما بعدها)

2- لم يعرض نص المادة 666 مدني- والمادة التالية لها- ولا المواد المقابلة لهما في التشريعات العربية لموت رب العمل، فلا يبقى إلا تطبيق القواعد العامة، لأن شخصية رب العمل ليست في العادة محل إعتبار في عقد المقاولة. ولذلك فإنه لا ينهي عقد المقاولة، ويحل ورثته محله فيه في كل حقوقه وإلتزاماته دون ما نظر لما إذا كانت المقاولة ذات فائدة لهم بقدر ما كانت لمورثهم أم لا.

وبديهي أن إلتزامهم بدفع الأجر للمقاول يكون في حدود أموال التركة ومن هذه الأموال.

وإنما يجوز لهم ما كان لرب العمل نفسه لو كان حيا، وهو أن يتحللوا من المقاولة قبل إتمامها بالشروط والأوضاع التي كانت لمورثهم.

ويلحق بالوفاء عجز المقاول، وله حكمها.

ويجب التمييز – في موت المقاول- بين حالتين:

الأولى- أن تكون مؤهلات المقاول الشخصية محل إعتبار في التعاقد، في هذه الحالة ينقضي العقد.

والمقصود بالمؤهلات الشخصية كل الصفات التي تكون ذات تأثير في حسن تنفيذ العمل كسمعة المقاول، وكفايته الفنية، وأمانته، وحسن معاملته، ومؤهلاته العملية، وتخصصه في نوع العمل، ونجاحه فيما قام به من قبل من أعمال تكسبه تجربة لا تتوافر لغيره.

وتوافر هذه الحالة من عدمه مسألة واقع، لقاضي الموضوع الرأي الأعلى فيها.

والثانية- ألا تكون مؤهلات المقاول الشخصية محل إعتبار في التعاقد، ويكون ذلك في المقاولات التي يكون محلها عملا عاديا أو عملا بسيطا في صنعته أو عملا لا يحتاج إلي مهارة فنية خاصة ويستطيع أن يقوم به أي شخص من الحرفة، سواء أكان العمل كبيرا أم صغيرا.

وفي هذه الحالة يجب التمييز بين حالتين:

(أ) إذا لم تتوافر في ورثة المقاول الضمانات الكافية لحسن تنفيذ العمل، كأن لا يكون فيهم من يعمل في نفس حرفته، أو ليس في مثل درجته من المران والكفاية والمستوي، أو ليس لديهم من الضمانات وغير ذلك مما يبعث الطمأنينة

مادة [666]

في نفس رب العمل، وفي هذه الحالة يحكم بفسخ العقد، وللقاضي تقدير كل حالة يحكم بفسخ العقد، وللقاضي تقدير كل حالة بإعتبارها مسألة واقع.

(ب) إذا توافرت في ورثة المقاول الضمانات الكافية لحسن تنفيذ العمل في هذه الحالة لا يمكن أن يجاب رب العمل ولا ورثة المقاول إلي طلب الفسخ، بل يكون ورثة المقاول ملزمين بالمضي في تنفيذ العقد، وتنتقل إليهم إلتزاماته في حدود التركة. ولكن هذا لا يمنع رب العمل من إستعمال حقه في التحلل من العقد بإرادته المنفردة.

(عقد مقاول- للأستاذ عنبر- المرجع السابق- ص264 وما بعدها، والعقود المسماة-4- للدكتور كامل مرسي- المرجع السابق- ص546 وما بعدها)

مادة [667]

مادة [667]

(1) إذا إنقضي العقد بموت المقاول؛ وجب علي رب العمل أن يدفع للتركة قيمة ما تم من الأعمال وما انفق لتنفيذ ما لم يتم، وذلك بقـدر النفـع الـذي يعود عليه من هذه الأعمال والنفقات.

(2) ويجوز لـرب العمـل في نظيـر ذلـك أن يطالـب بتسليم المـواد التي تـم إعدادها والرسوم التي بدئ في تنفيذها، علي أن يدفع عنها تعويضاً عادلا.

(3) وتسري هذه الأحكام أيضا إذا بدا المقاول في تنفيذ العمل ثم أصبح عاجزاً عن إتمامه لسبب لا يد له فيه.

النصوص العربية المقابلة:

هذه المادة تقابل في نصوص القانون المدني بالأقطار العربية، المـواد التالية: مادة 666 ليبي و633 سوري و889 عراقي و542 سـوداني و644 لبنـاني و805 أردني جديد.

الأعمال التحضيرية:

ليس علي هذه المادة تعليق- بالأعمال التحضيرية- يستحق التنويه به.

رأي الفقه:

1- يترتب علي فسخ – أو إنفسـاخ- المقاولـة، بمـوت المقـاول، إنقضـاء الإلتزامات التي كانت قد ترتبت عليها. فإن كانت وفاة المقاول قبل البـدء في تنفيذ العمل، فإن أحدا لا يرجع علي الآخـر بشيء، فـإذا كـان التنفيـذ قـد بـدأ وتطلب إنفاق مصروفات والقيام بأعمال، فإن رب العمل يلتزم بأن يدفع التركة أقل القيمتين: قيمة ما أنفقه المقاول في العمل الذي أتمه، وقيمة ما إسـتفاد بـه رب العمل من هذا العمل، وفقاً لمبدأ الإثراء بلا سبب.ويترتب أيضا أنه لو كـان رب العمل هو الذي قدم المادة، ثم انقضت المقاولة بالفسخ أو الإنفساخ لموت المقاول فإن مؤدي القواعد العامة أن ملكية المادة تبقي للورثة، علي حين أن المادة 667 / 2 مدني أجازت لرب العمل في هذه إجبار الورثة علي أن يسلموه المواد التي تم تصنيعها أو التي بدئ في تنفيذها بعد أن يـدفع لهـم التعويض العادل.

(الوسيط- 7-1- للدكتور السنهوري- المرجع السابق- ص261 وما بعدها)

2- يقرر التقنين الجديد- كالتقنين القديم- إنتهاء المقاولة بموت المقاول أو عجزه عن العمل بسبب لا يد له فيه. ويلتزم رب العمل في هذه الحالة بأن يـدفع للمقاول أو للتركة أقل القيمتين: ما أنفقه المقاول في استحضار المهمات والأدوات وتنفيذ ما أنجزه مـن الأعمـال، أو مـا عـاد علـي رب العمـل مـن نفـع مـن هـذه النفقات.ويزيد التقنين الجديد علي هذه الأحكام حكما جديدا، مـؤداه أنـه يجـوز لرب العمل في نظير إلتزامه المتقدم أن يطالب بتسليم المـواد التي تـم إعدادها

مادة [667]

والرسوم التي بدئ في تنفيذها، في مقابل تعويض عادل. فإذا إمتنع المقاول أو الورثة عن تسليمه شيئا من ذلك، كان له بدوره أن يمتنع عن دفع شيء لهم حتى ينفذوا ما هو مطلوب منهم.علي أن هذه الأحكام لا تسري إلا إذا كانت شخصية المقاول محل عند التعاقد، كما إذا أبرم العقد مع أحد رجال الفن أو مع أحد المهندسين أو من يمثلهم. وتفترض هذه الصفة أيضا في العقود التي تبرم مع العمال أو الصناع. أما في المقاولات الكبيرة، فيكون المفروض أن اسم المقاول في السوق، لا صفاته الشخصية، هي محل الإعتبار. وفي هذه الحالة لا يتأثر العقد بموت المقاول، إلا إذا ثبت عدم كفاية ورثته للإستمرار في تنفيذ العمل.

(التقنين المدني- للدكتور عرفه- المرجع السابق- ص477 و478)

3- ككل عقد لا ينتهي عقد الوكالة بإفلاس أحد المتعاقدين، وإنما يمكن الرجوع بتعويضات إذا ترتب علي الإفلاس عدم تنفيذ العقد.وإذا أفلس المقاول الذي قدم المادة قبل تسلم العمل، فإن الشيء المصنوع يكون خاضعاً لدعوى دائنيه، لأنه يكون ملكا له، فلا يستطيع رب العمل المطالبة بإستحقاقه إياه، ولو كان قد دفع مقدماً مبلغاً علي الحساب، وحتى لو كان قد دفع كل الثمن.

(العقود المسماة-4- الدكتور كامل مرسي- المرجع السابق- وما بعدها)

ملحوظة: أشارت بعض المؤلفات الفقهية إلي عدة أنواع من عقود المقاولات الخاصة، ومنها:

(1) عقد نشر المصنفات. (2) عقد الإعلان.

(3) عقد العرض المسرحي. (4) عقد مقاولة الحفلات أو الألعاب.

(5) عقد طبع بين الناشر وإحدى المطابع.

وتخضع تلك العقود- بوجه عام- إلي القواعد التي سيقت في عقد المقاولة المتقدمة، وإن كانت هذه العقود الأخيرة لها بعض الخصائص الرئيسية، إلا أن القانون المني لم يتناولها خاصة بالتنظيم، إذ كان هذا المؤلف- بأجزائه الخمسة- قد إقتصر علي أن يعد تعليقا علي نصوص القانون المدني، فقد اكتفيا بهذه الإشارة، ليرجع كل من يعنيه الأمر إلي أحكام تلك العقود الخاصة من المقاولات في مصادرها.

مادة [668]

إلتزام المرافق العامة

مادة [668]

إلتزام المرافق العامة عقد الغرض منه إدارة مرفق عام ذي صفة إقتصادية، ويكون هذا العقد بين جهة الإدارة المختصة بتنظيم هذا المرفق وبين فرد أو شركة يعهد إليها بإستغلال المرفق فترة معينة من الزمن.

النصوص العربية المقابلة:

هذه المادة تقابل في نصوص القانون المدني بالأقطار العربية، المواد التالية:

مادة 667 ليبي و634 سوري و891 عراقي و543 سوداني.

الأعمال التحضيرية:

إستند المشروع في تقريره للأحكام التي أخذ بها إلى بعض الحقائق الثابتة، وعلى الأخص إلى وجود مرافق عامة أجازت السلطة العامة للأفراد إستغلالها بمقتضى عقود إلتزام تضمنها شروطاً لتنظيم علاقة الملتزم بعملائه، وإلى أن من المجمع عليه الآن في القضاء المصري والفرنسي وقضاء معظم البلاد الأجنبية أن هذه الشروط ملزمة للفرد أو الشركة التي يعقد إليها بإستغلال المرفق العام كما هي ملزمة للعملاء. وقد حاولوا تبرير هذه القوة الإلزامية في أول الأمر عن طريق الإلتجاء إلى فكرة الإشتراط لمصلحة الغير (محكمة الاستئناف المختلطة 17 مايو سنة 1894 ب6 ص339- 20 ديسمبر سنة 1894 ب7 ص46...). ولكن من المتفق عليه الآن أن الإحترام الواجب لهذه الشروط إنما يرجع إلى ما لها من طبيعة اللائحة الإدارية.

والأحكام التي أوردها المشرع في هذا الفرع إنما تبني على هذه الحقائق الثابتة والنتائج القانونية المترتبة عليها وهي تكسب المبادئ العامة في التقنين المدني شيئا من المرونة حتى تتمشى مع هذه الحقائق. وعلى هذا النحو يصل هذا الفرع من المشروع بين التقنين الإداري الناشئ والأسس العامة في التقنين المدني، كما هو الحال بالنسبة للفصل الخاص بعقد العمل، فهو يصل بين التشريع الصناعي الذي لا يزال في بداية عهده في مصر والأساس القانوني العام في التقنين المدني.

ولما عرض موضوع إلتزام المرافق العامة على لجنة القانون المدني بمجلس الشيوخ اقترح حذف المواد من 668 إلى 673 وهي الخاصة بإلتزام المرافق العامة لأن محله الطبيعي القانون الإداري ولأن من المتوقع أن تكون المنازعات المتعلقة به من إختصاص القضاء الإداري ولأن تعيين هذا الإلتزام يتطلب توفير الانسجام مع التقنين الإداري المصري- ولم تر اللجنة الأخذ بهذا

مادة [668]

الاقتراح، لأن المشروع تعرض لجانب محدود من صلة المنتفعين بـالملتزم، وهـذا الجانب مدني الصيغة. وقد إستقر قضاء المحاكم المصرية علي خضـوع الجانـب المتقدم ذكره لقواعد القانون المدني.

(مجموعة الأعمال التحضيرية للقانون المدني- جزء 5- ص68 و69 و70)

رأي الفقه:

1- يتبين من نص المـادة 668 مـدني أن عقـد إلتـزام المرفـق العـام لـه عناصر تميزه عن سائر العقود- ويمكن حصرها في ثلاثة.

(1) أن يكـون عقـد إلتـزام المرفـق مبرمـا بـين جهـة الإدارة المختصـة بتنظيمه وبين فرد أو شركة يعهد إليها بإستغلال المرفق. فالتعاقد الأول لابد أن يكون الجهة الإدارية التي أنشأت المرفق العام وقامت بتنظيمه. وتكـون هـذه الجهة هي الدولة، أو أحد الأشخاص الإداريـة المحليـة: المحافظـة أو المدينـة أو القرية. والمتعاقد الآخر يكون في الغالب شركة، وقد يكون فـردا، والمهـم أنـه لا يعتبر بتعاقده علي إدارة المرفق من أشخاص القانون العام أي موظفا عاما، بـل يعتبر من أشخاص القانون الخاص.

(2) أن يكون محل العقـد إدارة مرفـق العـام وإسـتغلاله- ويجـب أن يكون هذا المرفق، كما يقول النص فيما رأينا: "ذا صفة إقتصادية"، فيكـون مـن المرافق الإقتصادية الصناعية أو التجارية، لا من المرافق الإدارية البحتـة. وأكـثر ما يمنح الإلتزام في مرافق النور والمـاء والغـاز والكهربـاء والمواصـلات بمختلـف أنواعها. أما المرافق الإدارية البحتة، كالدفاع والأمن والعدالة والصحة والتعلـيم فلا تدار بطريق الإلتزام وإنما تدار إدارة مباشرة.

(3) أن يكون لعقد إلتزام المرفق العام مدة معينة، أو كما تقول المادة 668 مدني "فترة مـن الـزمن"، فـلا يجوز أن يكـون العقـد أبـديا، أو لمـدة غـير معينة، أو لمدة معينة بالغة في الطول، بل يجب أن تكون المدة بحيـث تسـمح للسلطة الإدارية بتغيير طريقـة إدارة المرفـق مـع تطـور الظـروف، وفي الوقت ذاته تسمح للملتزم أن يقتضي من إستغلال المرفـق مـا يكـافئ نفقاتـه وفوائـد رأس المال الذي استثمره. وقد حدد القانون رقم 129 لسنة 1947 المدة بثلاثـين يوماً (م 1 و8).

والحقوق التي ينشئها عقد الإلتزام الملتزم، ويمكن حصرها في أربعة:

(1) الإنفراد بإستغلال المرفق العام عن طريق الإحتكار أو عـن طريـق الإمتياز، ويغلب أن يمنح عقد الإلتـزام الملتـزم حـق الإنفـراد بإسـتغلال المرفـق العام، فلا يجوز لغيره أن يسـتغل هـذا المرفـق، وهـذا هـو الإحتكـار القـانوني، ويكون ذلك في المرافق العامة التـي لا تحتمـل المنافسـة إذ يكـون فيهـا ضـياع

مادة [668]

للأموال والجهود (السكك الحديدية في بعض المناطق- النور والغاز والكهرباء- الترام- الأتوبيس).

(2) تمكين الملتزم من أن يقوم بـالأعمال اللازمة لإدارة المرفـق وإستغلاله، فتمنحه السلطة الإدارية الترخيصات اللازمة، وتسمح له بإستعمال الطريق العام أو الأموال العامة التـي يلـزم إستعمالها لإدارة المرفق، وتخولـه سلطات إدارية للقيام بالإنشاءات اللازمة للمرفق (حـق نزع الملكيـة- حق تحرير محاضر المخالفات- تقرير نفقات أو قروض بآجال بعيدة).

(3) تقاضي رسوم من المنتفعين بالمرفق، أي العملاء المستهلكين مقابـل إنتفاعهم، وهذا المقابل لا يعتبر أجرة تسري عليها أحكام القانون المدني، ولكنـه يعتبر رسماً تسري عليه أحكام القانون الإداري، ومن ثم يكون للسلطة الإداريـة وحدها حق تقرير رسوم الإنتفاع بالمرافق العامة.

(4) الحق في التوازن المالي للمرفق، والأصل أن الملتزم المرفق العـام لا يخلو من المخاطرة، فالملتزم يسعى للـربح ويتحمـل الخسـارة- إلا أن التوازن المالي للمرفق يختل في حالتين:

(أ) أن يواجه الملتزم في إدارته للمرفق عملاً السلطة الإدارية تقلب بـه الميزان المالي للمرفق (كإنخفاض الأسعار الـذي يسبب خسـارة فادحة تصيب الملتزم)، فللملتزم أن يرجع على السلطة الإداريـة بمـا يعيد هـذا التوازن، لأن هذه السلطة هي التي بفعلها أخلت به.

(ب) ظروف طارئة لم تكن في الحسبان، لا تنسب لا إلى مـانح الإلتـزام ولا إلى الملتزم، وتجعل إستغلال المرفق بالشروط المقررة وبالأسعار المحددة من جانب السلطة العامة مرهقا للملتزم بحيث يتهدده بخسارة فادحة. وبموجب نظرية الظروف الطارئة هذه يحق للملتزم أن يعيد التـوازن للمرفق، بتعـديل شروط إستغلاله أو برفع الأسعار حتى لا يتحمل وحده كل الخسـارة التـي نجمت عن هذه الظروف الطارئة.

فعند الإلتزام يوجب على الملتزم أن يؤدي الخدمات التي يتكون منها المرفق إلى العملاء وفي بعض الحالات يوجب عقد الإلتزام على الملتزم أيضا أن يقوم بالإنشاءات اللازمة لتسيير المرفق وإدارته وإستغلاله. فيترتب إذن في ذمة الملتزم بموجب عقد الإلتزام، إلتزامان:

الأول- القيام بالإنشاءات اللازمة لتسيير المرفق، إذ كثيرا مـا يحتاج المرفق إلى إنشاءات لازمة لتسييره، وهي منشآت يجعلها عقد الإلتزام عـادة على الملتزم لما يتكلفه من نفقات باهظة في المنشآت اللازمة لتسييره.

مادة [668]

الثاني- القيام بإدارة المرفق، وهو الإلتزام الجوهري الذي يترتب في ذمة الملتزم ومن أجله منح الإلتزام، ويتضمن ذلك أن يكفل للمرفق الإستمرار والإنتظام ومسايرة التطور وأن على الملتزم أن يتقيد بالأسعار التي وضعتها السلطة العامة بما يلحقها من تعديلات تقتضيها المصلحة العامة، وأن يكفل المساواة بين العملاء فلا يميز أحدا منهم على الآخر.

ويخضع الملزم لرقابة مانح الإلتزام وإشرافه، سواء نص عقد الإلتزام على ذلك أم لم ينص.

والرأي الراجح أن عقد الإلتزام عقد إداري برغم أنه يتكون من توافق إرادتين (إرادة السلطة الإدارية وإرادة الملتزم)، وأنه لا يخضع في جميع مشتملاته لقواعد القانون المدني، بل يخضع القانون الإداري في نواحيه المتعلقة بتنظيم المرفق وإدارته وأسعاره المقررة.

ويترتب على أن عقد الإلتزام عقد إداري (أو تصرف مركب كما يقول ريجيه) فلا تسري القواعد المدنية في جميع نواحيه، أنه يجب التمييز في هذا العقد بين طائفتين من النصوص: نصوص قانونية، ونصوص تنظيمية:

(1) فالنصوص التعاقدية تخضع لقواعد القانون المدني، فلا يجوز نقضها ولا تعديلها إلا بإتفاق المتعاقدين، وهي النصوص التي ينشئها عقد الإلتزام من حقوق وإلتزامات شخصية (مدة الإلتزام- إسترداد- الإلتزامات المالية المتقابلة المترتبة في ذمة كل من الملتزم ومانح الإلتزام).

(2) أما النصوص التنظيمية – فهي التي تتعلق بتنظيم المرفق في ذاته، ووضع طرق مرسومة لإدارته بما يكفل له الإستمرار والإنتظام ومسايرة التطور وتقرير أسعار موحدة يتقاضاها الملتزم من العملاء بحيث لا يمتاز عميل على آخر، وتقرير حق السلطة الإدارية في إستمرار المرفق قبل إنقضاء مدته إذا اقتضت المصلحة العامة ذلك. هذه النصوص التنظيمية لها حكم القانون، تملك السلطة الإدارية بمحض سلطانها ومن غير موافقة الملتزم نقضها أو تعديلها بما يتفق مع المصلحة العامة. وهذه الولاية في النقض والتعديل تخلص للسلطة الإدارية بإعتبارها المهيمنة على المصلحة العامة التي يحققها المرفق، ومصدر هذه الولاية هي المبادئ المقررة في القانون الإداري.

(الوسيط- 7-1- للدكتور السنهوري- المرجع السابق- ص279 وما بعدها)

2- إلتزام المرافق العامة، أو إمتياز المرافق العامة، هو عقد إداري، فالجهة الإدارية هي دائما أحد طرفيه، وموضوعه هو إدارة مرفق عام ذي صفة إقتصادية أي القيام بأداء خدمة عامة للجمهور بطريقة منتظمة ومستمرة كالنقل بالترام أو توريد الماء أو الكهرباء.

مادة [668]

وبذلك يفترق الإلتزام عن عقد التوريد الذي بمقتضاه يتعهد شخص بتوريد أشياء منقولة لإحدى المصالح العامة مقابل ثمن متفق عليه، كما يفترق عن عقد مقاولة الأشغال العامة الـذي بمقتضاه يتعهد شخص بالقيـام ببنـاء منشـآت ثابتـة (كخـزان- أو نفـق- أو طريـق عـام- أو أبنيـة- أو ترميمها- أو صيانتها) لحساب إحدى جهات الإدارة مقابل أجر متفق عليه.

ويتحمل الملتزم بنفقات العمل الـذي مـنح إمتيـازه وكـذلك بمخاطرة وتتعهد الجهة الإدارية في بعض عقود الإلتزام بدفع إعانة سنوية أو بضمان حد أدنى للأرباح.

وقد تشترط الجهة الإدارية أن يدفع لها الملتزم إنارة سنوية، ولا يجـوز النزول عن الإلتزام بغير إذن الجهة الإدارية، لأنها إنما تعاقدت مع الملتزم لثقتها به.

وللملتزم أن يحصل مـن الجمهـور مقابـل مـا يقدمـه مـن الخـدمات، ولكن تحدد تعريفه ما يحصله تشرف عليه الجهـة الإداريـة، ويحـدد القانون عادة أرباح الملتزم.

ويكون مـنح الإلتـزام عـادة لـمدة طويلـة، وعنـد إنتهـاء الأجـل يعـود الإلتزام إلى الجهة الإدارية التي منحته.

ويجوز النص في عقد الإلتزام على أن الجهة الإداريـة حـق شرائـه قبـل إنتهاء الأجل.

(العقود المسماة- 4- للدكتور كامل مرسي- المرجع السابق- ص578 و579)

3- لم يتعـرض التقنيـن القـديم لتنظيم المقـاولات المتعلقـة بـالمرافق العامة، لكون هذا التنظيم أوثق صلة بالتقنين الإداري منه بالتقنين المدني. ومن المقرر أن العقود التي تعقدها السلطات العامة لتنظيم المرافق العامة، تختلف حتما في كثير من النواحي عن العقود التي يعقدها الأفراد فيما بينهم، فمن الواجب إذن إصدار تشريع خاص لتنظيم العلاقات بين ملتزمي المرافق العامـة والمنتفعين بها، وتحديد موقف السلطة العامة قبل المقاول الذي تمنحه إمتياز إستغلال مرفق عـام، ولن تجـدي المحاولـة التي أقـدم عليهـا المشرع في هذا التقنين في سد الفراغ الموجود في هذا الصدد.

(التقنين المدني- للدكتور عرفه- المرجع السابق- ص478، وقرن المرفق العام وضوابط تحديد- بحث- المستشار حلمي بطرس- مجلة إدارة قضايا الحكومة- السنة 1- العدد 1- ص101)

مادة [668]

من أحكام القضاء الحديثة:

1- القاعدة في عقود إلتزام المرافق العامة هي أن الملتزم يـدير المرفق لحسابه وعلى نفقته وتحت مسئوليته، وتبعا لذلك فإن جميع الديون التي تترتـب عـلى ذمة الملتزم أثناء قيامه بإدارة المرفق يعد إلتزاما عليه وحده، ومن ثم فلا شـأن لجهة الإدارة مانحة الإلتزام بها، فإذا هي أنهت الإلتزام بالإسقاط وعـاد المرفق إليها، فإنها لا تلتزم بشيء من هـذه الديون مـا لم يـنص في عقد الإلتزام عـلى إلتزامها بها، ذلك أن الملتزم لا يعتبر في قيامه بإدارة المرفق لحسابه وكيلا عن جهة الإدارة، كما أنها لا تعتبر خلفا خاصاً أو عاماً له.

(جلسة 1962/11/1 ـ مجموعة المكتب الفني ـ السنة 13 مدني ـ ص952)

2- الأصل أن إلتـزام المرافـق العامـة أن الملتـزم يـدير المرافـق لحسـابه وتحت مسئوليته، وجميع الإلتزامات تترتب في ذمته أثناء قيامـه هـو بـإدارة المرفـق، وتعتبر إلتزاما عليه وحده، ولا شأن لجهة الإدارة مانحة الإلتزام بها، ما لم يـنص في عقد الإلتزام أو في غيره علي تحملها بها، وإسقاط الإلتزام أو انتهـاؤه مـن شأنه أن يضـع حـدا فاصـلا بـين إدارة الملتـزم أو الحراسـة الإداريـة وبـين إدارة الدولة للمرفق، ومن ثم فإنه لا يعتبر خلفا خاصا أو عاما للشركة التي أسـقط عنها الإلتزام أو إنتهي إلتزامها.

(نقض ـ جلسة 1971/1/6 ـ المرجع السابق ـ السنة 22 ـ ص22)

3- إسقاط الإلتزام من شأنه ـ وعلى ما جـري بـه قضـاء الـنقض ـ أن يضـع حـدا فاصلا بين إدارة الملتزم وإدارة الدولة للمرفق، وإذ كانت مؤسسة النقل العـام لمدينة القاهرة هي التـي آلـت إليهـا إدارة مرفـق النقـل العـام للركـاب بـإلتزام والترلي باس لمدينة القاهرة الذي كانت تتولاه شركة ترام القاهرة قبـل إسـقاط إلتزامها بمقتضى القانون رقم 123 لسنة 1961، فإنها بهذا الإعتبار لا يكون لهـا وضع في الخصومة القائمة بشأن إستحقاقات مورث المطعـون عليهم وفصله الذي تم أثناء إدارة الشركة للمرهق ومن قبل إسقاط الإلتزام عنهـا، ولا يغير من ذلك النص في المـادة الخامسة مـن القانون رقـم 123 لسـنة 1961 في شـأن إسقاط الإلتزام الممنوح للشركة علي أن تشكل بقرار من وزير الشئون البلديـة والقروية التنفيذي لجنة تختص بتحديد وتقييم جميع إلتزامات الشركة الناشئة عن إستغلال المرفق والحقوق التي لا تؤول دون مقابل طبقا للمادة الأولي مـن هذا القانون، وتخصم هـذه الإلتزامـات مـن الحقـوق، إذ أن هـذه التصـفية المجردة لا تجعل المؤسسة ضامنة أو مسئولة عـن إلتزامات الشركة، إذ قضي الحكم المطعون فيه بإلزام المؤسسة بالمبلغ المحكوم بها لأنها إستولت عـلي جميع أموال تلك الشركة وموجوداتهـا ومنشـآتها ومركباتهـا، فإنـه يكـون قـد خالف القانون وأخطأ في تطبيقه.

مادة [668]

(نقض- جلسة 1966/12/31- المرجع السابق- السنة 17- ص1974)

4- مفاد نص الفقرتين الأولى والثانية من المادة الخامسة من القانون رقم 19 لسنة 1949 الخاص بمجلس الدولة- الذي رفعت الدعوى في ظله- أن المنازعات الخاصة بعقود الإلتزام والأشغال العامة وعقود التوريد الإدارية التي تنشأ بين الحكومة والطرف الآخر في العقد، كما يخص بنظرها القضاء العادي والقضاء الإداري على السواء، وأن إقامتها أمام إحدى هاتين الجهتين يترتب عليه عدم جواز رفعها أمام الجهة الأخرى، ولما صدر قانون مجلس الدولة رقم 165 لسنة 955 نص في المادة العاشرة منه على أن: "يفصل مجلس الدولة بهيئة قضاء إداري دون غيره في المنازعات الخاصة بعقود الإلتزام والأشغال العامة والتوريد أو بأي عقد إداري آخر"، وفي المادة 73 من الباب الخامس الخاص بالأحكام الوقتية على أن جميع الدعاوى المنظورة الآن أمام جهات مجلس الدولة، تظل أمام تلك الجهات حتى يتم الفصل فيها نهائيا، كما أن القرار بالقانون رقم 55 لسنة 1959 في شأن تنظيم مجلس الدولة إستبقى في المادة العاشرة منه الإختصاص السابق، ونص في المادة الثانية من قانون الإصدار على نفس الحكم الذي كان وارداً في المادة 73 آنفة الذكر وإذ كانت الدعوى الصادر فيها الحكم المطعون فيه فقد رفعت بطلب التعويض عن إخلال المطعون عليه بإلتزاماته المترتبة على عقد المقاولة المبرم بينه وبين الوزارة الطاعنة، وكان هذا الحكم قد قضى بعدم الإختصاص بنظرها، فإنه يكون قد خالف القانون.

(نقض- جلسة 1974/2/21- المرجع السابق- السنة 25- مدني- ص410)

5-من المقرر في قضاء هذه المحكمة أن المادة 672 من القانون المدني تنص على أن "كل انحراف أو غلط يقع عند تطبيق الأسعار على العقود الفردية يكون قابلا للتصحيح، فإذا وقع الانحراف أو الغلط ضد مصلحة العميل كان له الحق في استرداد ما دفعه زيادة على الأسعار المقررة. وإذا وقع ضد مصلحة الملتزم بالمرفق العام كان له الحق في استكمال ما نقص من الأسعار المقررة وكانت المادة 668 مدني قد عرفت التزام المرافق العامة بأنه عقد الغرض منه إدارة مرفق عام ذي صبغة اقتصادية ويكون هذا العقد بين جهة الإدارة المختصة بتنظيم هذا المرفق وبين فرد أو شركة يعهد إليها باستغلال المرفق فترة معينة من الزمن. وكانت الشركة المطعون ضدها لا يربطها بالدولة ثمة عقد وإنما هي منشأة بموجب قانون عهدت إليها الدولة حسب هذا القانون الاختصاص بتوزيع وبيع الطاقة الكهربائية للغير فإنها بهذه المثابة لا تعد ملتزما بمرفق عام ولا يسري من ثم على العلاقة بينها وبين المنتفعين التقادم الحولي المنصوص عليه في المادة 672 من القانون سالف الذكر.

[الطعن رقم 1782 - لسنة 67 ق - تاريخ الجلسة 24 / 02 / 2010]

مادة [669]

مادة [669]

ملتزم المرفق العام يتعهد بمقتضى العقد الذي يبرمه مع عميله بأن يؤدي لهذا العميل علي الوجه المألوف، الخدمات المقابلة للأجر الذي يقبضه وفقا للشروط المنصوص عليها في عقد الإلتزام وملحقاته، والشروط التي تقتضيها طبيعة العمل ويقتضيها ما ينظم هذا العمل من القوانين.

النصوص العربية المقابلة:

هذه المادة تقابل في نصوص القانون المدني بالأقطار العربية، المواد التالية:

مادة 668 ليبي و635 سوري و892 عراقي و54 سوداني.

الأعمال التحضيرية:

ليس علي هذه المادة تعليق- بالأعمال التحضيرية- يستحق أن ينوه به.

رأي الفقه:

1- إختلف في تكييف العقد بين الملتزم والعميل، فأكثر فقهاء القانون الإداري يذهبون إلي أنه ليس بعقد، بل هو إرادة منفردة من جانب العمل بموجبها يخضع لمركز منظم هو المركز الذي ينظمه عقد الإلتزام وملحقاته بما يشتمل عليه من شروط تنظيم المرفق وإدارته، وتنظمه الشروط التي تقتضيها طبيعة المرفق، ويقضيها ما ينظم هذا المرفق من القوانين ولكن بعض فقهاء القانون الإداري وفقهاء القانون المدني يذهبون إلي العقد الذي يبرمه العميل مع الملتزم هو عقد لا إرادة منفردة، إذ لابد فيه من إيجاب وقبول، وهو عقد مدني يخضع لقواعد القانون في تكوينه وفي آثاره، ولكنه يتميز عن العقد المدني المألوف بأنه يخضع لنظام مقرر وضعه العقد الإداري الذي أبرم بين السلطة الإدارية والملتزم أي عقد الإلتزام. ويترتب علي ذلك أن العقد المدني بين العميل والملتزم يخضع لعقد الإلتزام التنظيمي.

وهذا الرأي الأخير هو الذي ذهب إليه التقنين المدني المصري الجديد، كما يظهر ذلك من نص المادة 669 منه وعن أعماله التحضيرية.

فالعقد المبرم بين العميل والملتزم ينشئ حقوقا شخصية لكل من الطرفين كما هو الأمر في سائر العقود المدنية، فيكون للعميل الحق في أن تؤدي له خدمات المرفق علي الوجه المألوف، ويكون للملتزم الحق في تقاضي أجر هذه الخدمات من العميل، ويخضع هذا العقد، كما يقول نص المادة 669 مدني، للشروط المنصوص عليها في عقد الإلتزام وملحقاته، والشروط التي تقتضيها طبيعة العمل، ويقتضيها ما ينظم هذا العمل من القوانين.

مادة [669]

ولما كان العقد بين العميل والملتزم يخضع للنظام المقرر في عقد الإلتزام، فإنه يخضع تبعا لذلك لمبادئ عامة يقوم عليها عقد الإلتزام نفسه. وهذه المبادئ فرضتها نصوص التقنين المدني وأوجبت العمل بها، سواء تضمنها عقد الإلتزام أو لم يتضمنها، بل حتى لو نص عقد الإلتزام علي خلافها، فهي مبادئ تعتبر من النظام العام، وتفرض نفسها علي كل من عقد الإلتزام والعقد بين العميل والملتزم، وتتعلق هذه المبادئ بالأسعار التي يتقاضاها الملتزم، من العملاء، وبكفالة إستمرار المرفق وإنتظامه ومسايرته للتطور، وبكفالة المساواة بين العملاء.

(الوسيط- 7-1- للدكتور السنهوري- المرجع السابق- ص298 وما بعدها)

من أحكام القضاء الحديثة :

1- إن المادة 167 من قانون العقوبات قد وردت في الباب الثالث عشر من الكتاب الثاني تحت عنوان تعطيل المواصلات وحلت محل المادة 145 من قانون العقوبات الصادر في سنة 1904 التي كانت تنص على عقاب من يعطل عمداً سير قطار على السكة الحديد دون تفريق بين القطارات المملوكة للحكومة وبين القطارات لشركة من الشركات التي التزمت القيام بمرفق النقل العام عن طريق قطارات تسير على سكك حديدية لها في مناطق محددة من الجمهورية المصرية بمقتضى عقود التزام بينها وبين الحكومة، وقد رأى المشرع في النص الجديد أن تكون الحماية شاملة لكل وسائل النقل العامة من مائية أو برية أو جوية، فنص على عقوبة من يعرض سلامتها للخطر أو يعطل سيرها عمداً، وكشف في نص المادة 166 السابقة على هذه المادة بأن ما يعنيه من وصف وسائل النقل العامة هو إبراز ما يجب أن يحققه الملتزم بتلك الوسائل المشمولة بالحماية من خدمات للجمهور بلا تفريق وعلى أساس المساواة التامة بين الأفراد بغض النظر عمن يملك تلك الوسائل سواء أكانت الحكومة أم شركة أم فرد من الأفراد، ومما يوضح قصد الشارع ما جاء في المادة 166 من قانون العقوبات في شأن الخطوط التليفونية "تسري أحكام المواد الثلاثة السابقة على الخطوط التليفونية التي تنشئها الحكومة أو ترخص بإنشائها لمنفعة عامة". وهذا المعنى ذاته هو الذي أشار إليه المشرع المصري في المادتين 668 و669 من القانون المدني في باب التزام المرافق العامة، وإذن فالقول بأنه يشترط لتطبيق المادة 167 من قانون العقوبات أن تكون وسائل النقل المعرضة للخطر مملوكة للدولة أو للأشخاص الاعتبارية العامة يكون على غير أساس.

[الطعن رقم 2392 -لسنة 23 ق - تاريخ الجلسة 23 / 02 / 1954]

مادة [670]

مادة [670]

(1) إذا كان ملتزم المرفق محتكرا له إحتكارا قانونيا أو فعليا، وجب عليه أن يحقق المساواة التامة بين عملائه سواء في الخدمات العامة أو في تقاضي الأجور.

(2) ولا تحول المساواة دون أن تكون هناك معاملة خاصة تنطوي علي تخفيض الأجور أو الإعفاء منها، علي أن ينتفع بهذه المعاملة من يطلب ذلك ممن توافرت فيه شروط يعينها الملتزم بوجه عام. ولكن المساواة تحرم علي الملتزم أن يمنح أحد عملائه ميزات يرفض منحها للآخرين.

(3) وكل تمييز يمنح علي خلاف ما تقضي به الفقرة السابقة، يوجب علي الملتزم أن يعوض الضرر الذي قد يصيب الغير من جراء ما يترتب علي هذا التمييز من إخلال بالتوازن الطبيعي في المنافسة المشروعة.

النصوص العربية المقابلة:

هذه المادة تقابل في نصوص القانون المدني بالأقطار العربية، المواد التالية:

مادة 669 ليبي و636 سوري و893 عراقي و545 سوداني.

الأعمال التحضيرية:

يقرر هذا النص مبدأ المساواة بين العملاء، وهو مبدأ يسبق القضاء المصري أن قرره بصفة قاطعة، وإن كانت محكمة الاستئناف المختلطة قد أشارت إليه في بعض أحكامها (25 مايو سنة 1889 ب11 ص249- 26 يونيه سنة 1918 ب30ص499). فقد حكمت مثلا بأنه "لا يجوز للشركة التي تتولى مرفقا عاما أن ترفض طلبات الإشتراك المقدمة من الجمهور أو أن تنتهي إشتراكات قائمة إلا بناء علي أسباب جدية". كذلك قررت أنه "علي الملتزم بمرفق متعلق بتوزيع الغاز أو الكهرباء...". علي أن المبدأ مقرر وثابت منذ أمد طويل في البلاد الصناعية الهامة، وربما كان من أولي مظاهر تدخل السلطات في تنظيم المرافق العامة، وإنتقال هذه المرافق من طور التنظيم الحر إلي تنظيم تشرف عليه السلطة التامة بين العملاء، سواء في الخدمات أوفي تقاضي الأجور.

وقد طبق هذا المبدأ أولا في شركات السكك الجديدة. فقد كانت هذه الشركات في الولايات المتحدة تفرق في المعاملة بين عملائها مما أدي إلي إصدار قانون 4 فبراير سنة 1887 الذي أنشأ مجلسا كان من أولي واجباته القضاء هلي هذه المعارقات. وفي سنة 1906 منح هذا المجلس سلطات واسعة فيما يتعلق بتحديد الأسعار ومنع أي تمييز في المعاملة، علي أن يباشر سلطته

مادة [670]

هذه تحت رقابة القضاء. وعلي هذا النمط أنشئت في ولايات الاتحاد الأمريكي مجالس تتولى الإشراف علي المرافق العامة وتحديد الأسعار تحت إشراف السلطة القضائية وكذلك أنشأ قانون 21 يونيه سنة 1873 في إنجلترا مجلسا للسكك الحديدية يتولى تنظيم قوائم الأسعار مع العناية بمنع الميزات غير المشروعة التي تمنحها الشركات لبعض العملاء. كما أنه في فرنسا يعتبر القضاء الفرنسي، هذا المبدأ من المبادئ الأساسية، فلا يجيز الملتزم المرفق العام أن تسن إحتكاره ليميز بعض العملاء علي الآخرين ويخل بذلك المنافسة الحرة. وكثيرا ما قررت عقود الإلتزام ذلك صراحة في فرنسا، وحكم القضاء بالتعويض في حالة الإخلال بالمبدأ (جوسران jossorand ، عقد النقل، الطبعة الثانية 1926، ن 180 و225)، وأيدت محكمة النقض الفرنسية هذا القضاء في كثير من أحكامها (19 يونيه سنة 1850 دالوز 1850- 1= 197 و7 يوليه سنة 1852 دالوز 1852 -1- 204 و31 ديسمبر سنة 1866 دالوز 1867-1- 156 و21 أبريل سنة 1868 دالوز 1868 -1- 222 و18 يناير سنة 1870 دالوز 1870 -1- 267 و3فبراير سنة 1870 دالوز 1871-1- 269). ولم تعتد الأحكام المختلفة بالصعوبة القائمة من حيث تقدير الضرر الواقع في هذه الحالة، بل إن بعضها قرر وجوب لهذا الإشكال علي حساب الشركة لأنها تسببت في الضرر (استئناف باريس 13 أبريل سنة 1867 دالوز 1869 -1- 371).

علي أن المبدأ لم يقتصر علي مرفق السكة الحديدية، بل إمتد إلي كل إلتزامات المرافق العامة، وأصبح مقررا أن من واجب الملتزم، كما من واجب السلطة التي تمنح الإمتياز، أن تتحقق المساواة التامة بين العملاء.

(مجموعة الأعمال التحضيرية لقانون المدني- جزء 5- ص78 و79 و80 و81)

رأي الفقه:

1- يغلب أن يكون ملتزم المرفق العام محتكرا للمرفق، إما إحتكارا قانونيا بأن يكون هو وحده الذي يدير المرفق ويستغله بموجب عقد الإلتزام. وإما إحتكارا فعليا بأن تتعهد السلطة الإدارية ألا تمنح لغيره من المنافسين له التسهيلات التي تمنحها إياه، كالترخيصات اللازمة والإعلانات وما إلي ذلك.

وأي تمييز فردي يؤثر به الملتزم أحد العملاء هو تمييز غير مشروع يمنح علي خلاف ما تقضي به المادة 670 /2 مدني، يوجب علي الملتزم أن يعوض الضرر الذي قد يصيب الغير من جراء ما يترتب علي هذا التمييز من خلال التوازن الطبيعي في المنافسة المشروعة.

ومبدأ المساواة بين العملاء من المبادئ المقررة في القانون الإداري، وهو مبدأ مقرر وثابت منذ أمد طويل في البلاد الصناعية بوجه خاص.

مادة [670]

إلا أنه لا تحول المساواة دون أن تكون هناك معاملـة خاصـة تنطوي علي تخفيض الأجور أو الإعفاء منها، علي أن ينتفع بهذه المعاملة مـن يطلب ذلك ممن توافرت فيه شروط يعينها الملتزم بوجه عام، ولكن المسـاواة تحـرم علي الملتزم أن يمنح أحد عملائه ميزات يرفض منحها للآخرين.

إن ما بين العميل والملتزم عقد مدني يرتب للعميل حقوقا ذاتية تجاه الملتزم هي ألا يدفع أكثر مـن الأجـر الـذي قررتـه السـلطة الإداريـة في حـدود القانون ونظام المرفق العـام، وأن يكفـل لـه الملتـزم إستمرار خـدمات المرفـق وإنتظامها ومسايرتها للتطور، وأن يحقق لـه المسـاواة التامـة بينـه وبين سـائر عملاء المرفق، بل إن هذه الحقوق الذاتية يستمدها العميل، ليس فحسب من العقد المبرم بينه وبين الملتزم، بـل أيضـا مـن عقـد الإلتـزام المبرم بـين الملتـزم والسلطة الإدارية، ثم مـن القـوانين التـي تـنظم إلتـزام المرافـق العامـة، ومـن المبادئ العامة المقررة في القانون الإداري. وعلي ذلك يمكـن القـول إن العميـل المرفق حقوقا ذاتيـة مصـدرها العقـد، وعنـد سـكوت العقـد يكـون مصـدرها القانون. وعلي أساس هذا الحق الذاتي يجوز لعميل المرفق أن يرفع دعوى أمـام القضاء المدني يطالب فيها الملتزم بحقه وفقا للقواعد المقررة في القانون المـدني.

فيجوز له:

(1) أن يطلب التنفيذ العيني، فإذا كان يـدفع أجـرا لخـدمات المرفـق يزيد علي الأجر القانوني، جاز لـه أن يطلب إنقاص الأجـر إلي الحـد المسـموح بـه قانونا وإسترداد ما دفعه زائداً علي ذلك مـع الفوائد بالسعر القانوني مـن وقـت المطالبة القضائية بها، ويجوز الالتجاء للوصول إلي التنفيذ العينـي إلي طريقـة التهديد المدني.

(2) أن يطلب التعويض، عن كل ضرر أصاب العميل من جراء الإخلال بحقوقه (م 670 / 3 مدني).

(3) أن يطلب فسخ العقد بينه وبين الملتزم وفقا للقواعد العامة المقررة في فسخ العقـود، وتقـدر المحكمـة وجاهـة هـذا الطلـب. ولكـن ينـدر أن يلجـأ العميل إلي طلب الفسخ، لأن الخدمات التي يقدمها لـه الملتزم خدمات ضرورية له، والملتزم هو المحتكر لها إمـا إحتكارا قانونيا وإما إحتكارا فعليا، ومن ثم يكون الغالب هـو أن يطلب العميـل تنفيـذ العقـد تنفيـذا عينيـا مـع التعويض عـن الضرر. وإلي جانب هذا الجزاء المدني، يوجد جزاء إداري تقرره القواعد العامـة في قضاء الإلغاء في القـانون الإداري أمـام القضاء يطلب الحكـم بإعتبار القـرار الإداري باطلا وبإلغائه، وسواء أكان قرارا إداريا إيجابيا أم سلبيا. فلطلب التنفيذ العيني أمام المحاكم المدنية أو التعويض أو الفسخ يجب أن يكون للعميل حق ذاتي، أما في تقاضي أمام القضاء الإداري للمطالبـة بإلغاء القـرار الإداري الباطـل

مادة [670]

لا يلزم أن له حق ذاتي، بل يكفي أن تكون له مصلحة جدية ولو كانت هذه المصلحة أدبية.

(الوسيط-7-1- للدكتور السنهوري- المرجع السابق- ص315 وما بعدها)

2- يقرر نص المادة 670 مدني ثابتاً منذ أمد طويل في البلاد الصناعية الهامة، كالولايات المتحدة وإنجلترا وفرنسا، وهو يقضي علي ملتزم المرفق بوجوب مراعاة المساواة التامة بين العملاء، سواء من حيث الخدمات أن من حيث الخدمات أن من حيث الأجور، فلا يجوز لملتزم المرفق العام أن يستغل ليمنح بعض العملاء. ميزات من شأنها أن تخل بالمنافسة الحرة، ويعتبر القضاء الفرنسي هذا المبدأ من المبادئ الأساسية التي يترتب علي الإخلال بها الحكم بالتعويض علي الشركة التي تسببت في الضرر.ويمتد هذا المبدأ إلي كل إلتزامات المرافق العامة كالسكك الحديدية والمياه والغاز والكهرباء، فلا يجوز للملتزم مثلا أن يرفض طلبات الإشتراك المقسمة من الجمهور، أو أن ينهي إشتراكات قائمة إلا بناء علي أسباب جدية بل عليه أن يؤدي خدماته لكل من يطلبها، وعليه أيضا أن يحقق المساواة العامة بين العملاء بأن يمتنع عن أي تمييز في المعاملة بينهم، إلا في الحالات التي يكون التمييز فيها عاما فلا يوجب التعويض.

(التقنين المدني- للدكتور محمد علي عرفه- المرجع السابق- ص479 و480)

من أحكام القضاء الحديثة:

1- الملزم بأداء المرفق العام هو بربطه بالحكومة عقد إلتزام يكون الغرض منه إدارة مرفق عام ذي صفة إقتصادية لفترة معينة من الزمن، ومن ثم فلا يعد المجلس البلدي "ملتزما" إذا ما أدار المرفق إدارة مباشرة لأن المجلس البلدي شخص من أشخاص القانون العام وفرع السلطة العامة عهد إليه القانون رقم 144 لسنة 1945 ببعض إختصاصات الدولة في شأن المرافق العامة.

(جلسة 1962/11/8- مجموعة المكتب الفني- السنة 13 مدني- ص1000)

مادة [671]

مادة [671]

(1) يكون لتعريفات الأسعار التى قررتها السلطة العامة قوة القانون بالنسبة إلى العقود التى يبرمها الملتزم مع عملائه فلا يجوز للمتعاقدين أن يتفقا على ما يخالفها .

(2) ويجوز إعادة النظر في هذه القوائم وتعديلها فإذا عدلت الأسعار المعمول بها وصدق على التعديل سرت الأسعار الجديدة دون أثر رجعي من الوقت الذى عينه قرار التصديق لسريانها وما يكون جارياً وقت التعديل من إشتراكات في المرفق العام يسرى عليه هذا التعديل من زيادة أو نقص في الأجور وذلك فيما بقى من المدة بعد التاريخ المعين لسريان الأسعار الجديدة.

النصوص العربية المقابلة:

هذه المادة تقابل في نصوص القانون المدني بالأقطار العربية المواد التالية:

مادة 670 و 671 ليبي و637 و638 سوري و895 و896 عراقي و546 سوداني.

الأعمال التحضيرية:

ليس علي هذه المادة تعليق ـ بالأعمال التحضيرية ـ يستحق أن ينوه به

رأي الفقه :

1ـ إن مصدر القوة الإلزامية للأسعار التي يتقاضاها الملتزم من عملاء المرفق ليس هو العقد بين الملتزم والعميل، بل ليس هو العقد ما بين الملتزم والسلطة الإدارية أي عقد الإلتزام وإنما هو السلطة الإدارية وحدها ويترتبا علي ذلك أن الأسعار لا تكون لها قوة ملزمة، ولا يتقيد بها العميل إذا لم تقررها السلطة الإدارية أو تصادق عليها، أخذاً بمبدأ أساسي هو مبدأ أن الإحترام واجب للأسعار التي يؤديها عملاء المرفق العام، ومهما كان تدخل الملتزم في تحديدها أو مناقشتها، إنما يرجع إلي إقرار السلطة العامة لها، وهو مبدأ مقرر في فرنسا وفي إنجلترا وأمريكا . فإذا قررت السلطة العامة الأسعار أو صدقت عليها، تكون لقوائم هذه الأسعار قوة اللائحة الإدارية وآثارها، أي تكون لها قوة القانون في جميع العقود التي يبرمها الملتزم مع عملاء المرفق الحاليين منهم واللاحقين. وإذا عدلت السلطة العامة الأسعار بالزيادة أو بالنقص سري ذلك التعديل بأثر فوري.

(الوسيط- 7-1- للدكتور السنهوري- المرجع السابق- ص302 وما بعدها)

مادة [671]

من أحكام القضاء الحديثة:

1- متـي كـان يبـين مـن الأوراق أن شركـة ميـاه الإسكندرية منحـت بإتفاق سنة 1879 إلتزام مرفـق توصيل الميـاه المكررة والعكـرة ذات الضغط المعتاد ولم يتضمن هذا العقد إلتزاما بتوريد مياه ذات ضغط عال ثم إتفقت الشركـة مـع بعـض الشركـات الأخرى عـلي إمـدادها بميـاه ذات ضغط عـال لإستخدامها في عمليات معينة وتعاقدت معها مصلحة السكك الحديديـة عـلي الإنتفاع من هذه الخدمة بالحصول عـلي الميـاه ذات الضغط العـالي، فـإن هـذه الخدمة المغايرة لما نص عليه في عقد الإلتـزام والتـي لم تنشـأ إلا بعـد انعقاده تعتبر خارجـة عـما ورد في عقـد الإلتزام، ويكـون للشركـة المـذكورة أن تحـدد المقابل الذي تتقاضاه ويعتبر إتفاقها إتفاقاً خاصاً فردياً يخضع للقانون المـدني ولا يحتاج إلي سابق موافقة من السلطة العامة مانحة بالإلتزام.

مادة [672]

مادة [672]

(1) كل إنحراف أو غلط يقع عند تطبيق تعريفه الأسعار علي العقود الفردية يكون قابلا للتصحيح.

(2) فإذا وقع الإنحراف أو الغلط ضد مصلحة العميل، كان له الحق في إسترداد ما دفعه زيادة علي الأسعار المقررة. وإذا وقع ضد مصلحة الملتزم بالمرفق العام، كان له الحق في استكمال ما نقص من الأسعار المقررة، ويكون باطلا كل إتفاق يخالف ذلك، ويسقط الحق في الحالتين بإنقضاء سنة من وقت قبض الأجور التي لا تتفق مع الأسعار المقررة.

النصوص العربية المقابلة:

هذه المادة تقابل في نصوص القانون المدني بالأقطار العربية، المواد التالية:

الأعمال التحضيرية:

ليس علي هذه المادة تعليق - بالأعمال التحضيرية- يستحق أن ينوه به.

رأي الفقه:

1- يترتب علي أنه لا يجوز الإتفاق علي ما يخالف الأسعار التي قررتها السلطة العامة، أنه إذا إنحرف المتعاقدان عن هذه الأسعار أنفيا علي ما يخالفها زيادة أو نقصا، كان الإتفاق باطلا ووجب التقيد بالأسعار المقررة. ومن باب أولي إذا وقع غلط في تطبيق الأسعار المقررة، فزاد السعر أو نقص نتيجة لهذا الغلط عما هو مقرر، لم يعتد بذلك ووجب بتصحيح الغلط والرجوع إلي السعر المقرر (م 672 / 1 مدني).

فإذا وقع الإنحراف أو الغلط ضد مصلحة العميل، بأن دفع هذا سعر أزيد من السعر المقرر، كان له أن يسترد الزيادة، حتى لو كان هناك إتفاق علي خلاف ذلك. أما إذا وقع الإنحراف أو الغلط ضد مصلحة الملتزم بأن دفع العميل سعر أقل من السعر المقرر، كان الملتزم أن يستكمل من العميل ما نقص عن السعر المقرر، ولو كان هناك إتفاق علي خلاف ذلك. ويتقادم حق العميل في إسترداد الزيادة، وحق الملتزم في استكمال النقص بمضي سنة من وقت قبض الملتزم للأجرة التي وقع فيها إنحراف أو غلط (م 672 / 2 مدني).

(الوسيط -7-1- للدكتور السنهوري- المرجع السابق- ص307 ما بعدها)

2- تقرر المادة 672 مدني ما جري عليه القضاء والفقه في فرنسا من أن السلطة العامة هي المصدر الذي تستمد منه تعريفات الأسعار قوتها مهما كان تدخل الملتزم في تحديدها أو مناقشتها. وهذا المبدأ مقرر أيضا في التقنين

مادة [672]

الإنجليزي والأمريكي (أنظر: جسران، عقد النقل، وجيز النظرية العامة للعقود الإدارية جـ2).

ويتفرع عن هذا المبدأ حرمان ملتزم المرفق العام من أن يعدل بإرادته وحدها قائمة الأسعار. بل ينبغي لذلك الحصول على تصديق جهة الإدارة على أي تعديل تجريه الشركة حتى ولو كان داخل الحدود المقررة بعقد الإلتزام، إذ لابد من أن تراقب السلطة العامة التعديل الحاصل وتتبين مدى تمشيه مع الحدود المقررة بعقد الإلتزام قبل أن تصدق عليه، وهذه حماية واجبة للجمهور الذي ليس لديه من المستندات والوسائل ما يمكنه من التحقق من مشروعية التعديل. على أن يجوز مع ذلك أن تلجأ الشركة صاحبة الإمتياز إلى القضاء إذا ما رفضت السلطة العامة أن تصدق على تعديل مشروع.

وعلى هذا النحو قطع المشرع برأي في مسألة أثيرت أمام القضاء المختلط وإختلفت فيها وجهات (انظر: إسكندرية المختلطة 16 يونيه 1973 جازيت 333/196/13، واستئناف مختلط 1924/3/31 جازيت 339/217/14).

(التقنين المدني- للدكتور محمد علي عرفة- المرجع السابق- ص481 و482)

من أحكام القضاء الحديثة:

1- تنص المادة 672 من القانون المدني على أن: "........"، ومفاد هذا النص أنه لا ينطبق على العلاقة بين الملتزم والمنتفع، وأن حكم التقادم المنصوص عنه في المادة المذكورة استثناء عن القواعد العامة في التقادم لا يجوز التوسع في تفسيره أو القياس عليه، ومن ثم فإن الحكم المطعون فيه إذ طبق حكم المادة 672 من القانون المدني على العلاقة بين المنتفع بالتيار الكهربائي والمجلس البلدي- وهو لا يعد ملتزما- يكون قد أخطأ في تطبيق القانون.

(جلسة 1962/11/8- مجموعة الكتب الفني- السنة 13- مدني- ص1001)

2- من المقرر في قضاء هذه المحكمة أن المادة 672 من القانون المدني تنص على أن "كل انحراف أو غلط يقع عند تطبيق الأسعار على العقود الفردية يكون قابلا للتصحيح، فإذا وقع الانحراف أو الغلط ضد مصلحة العميل كان له الحق في استرداد ما دفعه زيادة على الأسعار المقررة. وإذا وقع ضد مصلحة الملتزم بالمرفق العام كان له الحق في استكمال ما نقص من الأسعار المقررة وكانت المادة 668 مدني قد عرفت التزام المرافق العامة بأنه عقد الغرض منه إدارة مرفق عام ذي صبغة اقتصادية ويكون هذا العقد بين جهة الإدارة المختصة بتنظيم هذا المرفق وبين فرد أو شركة يعهد إليها باستغلال المرفق فترة معينة من الزمن. وكانت الشركة المطعون ضدها لا يربطها بالدولة ثمة عقد وإنما هي منشأة بموجب قانون عهدت إليها الدولة حسب هذا القانون الاختصاص بتوزيع وبيع الطاقة الكهربائية للغير فإنها بهذه المثابة لا تعد ملتزما بمرفق عام ولا يسري من ثم على العلاقة بينها وبين المنتفعين التقادم الحولي المنصوص عليه في المادة 672 من القانون سالف الذكر.

[الطعن رقم 1782 - لسنة 67 ق - تاريخ الجلسة 24 / 02 / 2010]

مادة [673]

مادة [673]

(1)علي عملاء المرافق المتعلقة بتوزيع المياه والغاز والكهرباء والقوي المحركة وما شابه ذلك، أن يتحملوا ما يلازم أدوات المرافق عادة من عطل أو خلل لمدة قصيرة، كهذا الذي تقتضيه صيانة الأدوات التي يدار بها المرفق.

(2) وللملتزمى هذه المرافق أن يدفعوا مسئوليتهم عما يصيب المرفق من عطل أو خلل يزيد علي المألوف في مدته أو في جلساته إذا أثبتوا أن ذلك يرجع إلي قوة قاهرة خارجة عن إدارة المرفق أو إلي حادث مفاجئ وقع في هذه الإدارة دون أن يكون في وسع أية إدارة يقظة غير مقترن أن تتوقع حصوله أو أن تدرأ نتائجه ويعتبر الإضراب حادثا مفاجئا إذا إستطاع الملتزم إقامة الدليل علي أن وقوع الإضراب كان دون خطأ منه، وأنه لم يكن في وسعه أن يستبدل بالعمال المضربين غيرهم أو أن يتلاقى نتيجة أضرابهم بأية وسيلة أخرى.

النصوص العربية المقابلة:

هذه المادة تقابل في نصوص القانون المدني بالأقطار العربية، المواد التالية:

مادة 672 ليبي و639 و899 عراقي و548 سوداني.

الأعمال التحضيرية:

ليس هذا النص سوي تطبيق للمبادئ العامة في المسئولية علي المقاولات المتعلقة بالمرافق العامة.

قارن فيما يتعلق بالفقرة الثالثة، محكمة الإسكندرية الجزئية المختلطة 10 يناير سنة 1920 جازيت 10 ن 70 ص48.

أما الفقرة الرابعة فالمحكمة في وضعها ظاهرة وهي تبدو من قراءة أسباب حكم محكمة الإسكندرية الابتدائية المختلطة في 16 يونيه سنة 1923 (جازيت 13ن 333 ص196) في النزاع الذي كان قائماً بين بلدية الإسكندرية وشركة مياه الإسكندرية، فقد جاء في أسباب هذا الحكم أن الجمهور لا يستطيع مناقشة الشروط المجحفة الواردة في العقود المطبوعة التي تفرضها شركات الإحتكار وليس له خيار في القبول أو الرفض، إذ الأمر يتعلق بمرفق حيوي تحتكره الشركة.

(مجموعة الأعمال التحضيرية للقانون المدني- جزء 5- ص93،91، 94)

رأي الفقه:

1- يتبين من نص المادة 673 مدني أن الملتزم مسئول عن إستمرار المرفق العام وإنتظامه لا بموجب العقد بينه وبين العميل فحسب، ولا بموجب عقد الإلتزام فحسب، بل أيضا بموجب نص القانون والمبادئ العامة المقررة في

مادة [673]

القانون الإداري، وتعتبر هذه المسئولية من النظام العام، فلا يجوز الإتفاق علي تخفيضها أو علي الإعفاء منها أخذا بالقواعد العامة التي تقرر بأنه لا يجوز الإتفاق علي مخالفة ما هو متعلق بالنظام العام.

وإذا وقع عطل أو خلل في تأدية المرفق لخدماته، وكان مألوفا ولمدة قصيرة، فإن ذلك لا يعتبر إخلالا من الملتزم بواجباته، ولا محل لمسئوليته عنه (م 673 / 1 مدني).

أما إذا كان العطل أو الخلل يزيد علي المألوف في مدته أو في جسامته، فإن هذا يعد إخلالاً من الملتزم بواجباته، ويكون مسئولاً عنه، لا تجاه السلطة الإدارية فحسب، بل أيضا تجاه عملاء المرفق. ولا يستطيع أن يدفع المسئولية عنه بإثبات أنه بذل عناية الشخص المعتاد في إدارة المرفق ولم يرتكب خطأ أو تقصيرا، فإن العطل أو الخلل الذي يزيد علي المألوف هو ذاته الخطأ، وإنما يستطيع دفع المسئولية بإثباته القوة أو الحادث المفاجئ.

(الوسيط-7-1- للدكتور السنهوري- المرجع السابق-ص311 وما بعدها، والعقود المسماة-4- للدكتور كامل مرسي- المرجع السابق- ص599 وما بعدها)

مادة [674]

الفصل الثاني

عقد العمل

مادة [674]

عقد العمل هو الذي يتعهد فيه أحد المتعاقدين بأن يعمل في خدمة المتعاقد الآخر وتحت إدارته أو إشرافه مقابل أجر يتعهد به المتعاقد الآخر.

النصوص العربية المقابلة:

هذه المادة تقابل في نصوص القانون المدني بالأقطار العربية، المواد التالية:

مادة 673 ليبي و900 عراقي و640 سوري و549 سوداني و624 لبناني و828 تونسي.

الأعمال التحضيرية:

ويشمل الجزء التمهيدي من هذه المجموعة، وهو خاص بالقواعد العامة في تقنين العمل، قسما يعرض لتطبيق المبادئ الأساسية في التقنين المدني علي تنظيم العمل، والواقع أنه يكفي الإطلاع علي هذا القسم من المجموعة، لتبين أهمية الموضوعات التي تعرض علي القاضي، فلا يجد لها حلا في التشريعات الخاصة بالعمل، ويلجأ بشأنها إلي قواعد التقنين المدني، علي أن ذلك أمر طبيعي، لأن التشريعات الخاصة بالعمل، مهما تعددت، لن يستطيع التعرض لكل الحالات العملية.

لذلك عتي هذا المشروع بالنص علي المسائل الأساسية في تنظيم عقد العمل، وإكتفي بالنسبة إلي المسائل الأخرى بالإحالة إلي التشريعات الخاصة بالعمل.

وقد كان للاتجاهات التي وردت في هذه المجموعة من أحكام القضاء الدولي في مسائل العمل أثر كبير في وضع أحكام هذا الجزء من المشروع، بل إن الكثير من نصوصه هو مجرد تقرير للاتجاه السائد أو الغالب في القضاء الدولي كما هو وارد بالمجموعة، علي أن المشروع مع ذلك اقتبس بعض أحكامه من التقنيات الحديثة، وعلي الأخص التقنين البولوني وتقنين الإلتزامات السويسري وكذلك المشروع الفرنسي الإيطالي.

وقد صد هذا الجزء من المشروع بعد تعريفه لعقد العمل، بنص يقضي بألا تسري أحكامه إلا "بالقدر الذي لا تتعارض يه صراحة أو ضمنا مع التشريعات الخاصة التي تتعلق بالعمل" وقد أحال المشرع إلي تلك التشريعات الخاصة في بيان طوائف العمال الذين لا تسري عليهم هذه الأحكام...

مادة [674]

ثم سار المشرع في تنظيم عقد العمل علي النهج الذي أتبعـه في سـائر العقود، فبين أركان العقد، ونص علي أنه لا يشترط فيه أي شـكل خـاص، وأورد أحكاما مفصلة في تعيين مدة العقد وأجر العمل- ثم رتب علي العقد أحكامـه، فنص علي بعض إلتزامات العامل وبعض إلتزامات رب العمل وأوجب علي كـل منهما، فضلا عن هذه الإلتزامات، أن يقوم بالإلتزامـات التـي تفرضها القوانين الخاصة. وأخيرا عني المشرع بأسباب إنتهاء العمل، وبوجه خاص بفسخ العقد غير المحددة مدته، ونص علي وجوب الإخطار قبـل الفسـخ، وأحـال في طريقـة الإخطار ومدته إلي القوانين الخاصة. ثم نص علي التعويض في حالة الفسـخ دون مراعاة ميعاد الإخطار وحالات الفسخ التعسفي.

(مجموعة الأعمال التحضيرية للقانون المدني- جزء 5- ص103 و104)

رأي الفقه:

1- بمقتضى التعرف الـوارد في المـادة 674 مـن القـانون المـدني المصري الجديد يجب أن يكون العامل تحـت إدارة رب العمـل أو إشـرافه، وهـذا هـو الذي يميزه عن غيره من العقود.

ولا يشترط لهذه الإدارة أو الإشراف أن يكون رب العمـل والعامـل في مكان واحد، بل يصح أن يكون العامل في مكان آخر، وهذا لا يمنع رب العمل من الإشراف عليه أو تزويده بالتعليمات اللازمة.

ولفظ (عامل) عامل ينتظم جميع من يستخدمهم رب العمل، بصرف النظر عن مقدار الأجر أو نوع العمل، سواء أكان يدويا أم كان عقليـا. فالمـدير الفني للمصنع، ولو تناول أجرا كبيرا، وكان مـن ذوي المـؤهلات العليـا، يعتبر عاملاً.

(العقود المسماة-4- للدكتور كامل مرسي- ص13)

2- من تعريف التقنين المـدني لعقـد العمل في المـادة 674 نستخلص وجود عنصرين جوهريين يجب توافرهما في عقـد العمل بحيـث يميزانـه عـن غيره من العقود التي قد تشتبه به، هما: عنصر الأجر المقابـل للعمـل، وعنصر التبعية في العمل الذي يخضع العامل لإدارة وإشراف صاحب العمل.

فلا يتصور وجود عقد العمل إلا إذا كان العمل مأجورا، فهذا العقـد من عقود المعارضات، والنص صريـح في التقنين المـدني وفي تقنين العمل علـي حصول العامل علي أجر مقابل عمله. ولذلك إذا تخلـف عنصر الأجـر في شـأن عمل متعاقد عليه، فلا يكون العقد عقد عمل وإنما عقدا مـن عقـود التبرعـات أو من عقود الخدمات المجانية.

مادة [674]

ويعتبر العقد عنصرا جوهريا في عقد العمل أيا كانت صورته وكيفية تحديده أو حسابه وطريقة دفعه.

ويفترض عقد العمل وجود العامل في مركز تابع بالنسبة إلي صاحب العمل. وواضح أن التبعية المقصودة هنا هي التبعية القانونية تعني خضوع العامل في أداء العمل لإدارة وإشراف أو سلطة صاحب العمل، وهو ما يقابله تمتع صاحب العمل بحق توجيه العامل فيما يقوم به من عمل وإصدار أوامره إليه في شأنه ومراقبته في تنفيذ ذلك وتوقيع جزاءات عليه في حال المخالفة.

والقضاء المصري يجري علي الوقوف عند التبعية القانونية وحدها دون التبعية الإقتصادية.

وليس من اللازم أن تكون التبعية القانونية تبعية فنية، بل يكفي أن تكون تبعية إدارية أو تنظيمية.

(أصول قانون العمل- عقد العمل- للدكتور حسن كبيره- طبعة 3- 1979 ص147 وما بعدها)

3- من نص المادة 674 من التقنين المدني تكون عناصر عقد العمل ثلاثة:

الأجر، وهو محل إلتزام أحد المتعاقدين. والعمل، وهو محل إلتزام العاقد الآخر. والتبعية، وهي العلاقة التي ينشئها العقد بينهما. وعقد العمل في أكثر الصور ذيوعا عقد مستمر يعتبر الزمن عنصرا رابعا فيه.

ويتفق التعريف المنصوص عليه في المادة 674 مدني- في جوهره مع التعريف الوارد في المادة الأولي من القانون 41 لسنة 1944 الذي هو تعريف ركيك في صياغته لعدم صحة عبارتها الأخيرة، كما أن في عبارتها الأولي تكرارا لا لزوم له، فكون العامل تحت إدارة صاحب العمل مرادف لكونه تحت سلطته وتغني إحداهما عن الأخرى. وقد تلافى المشرع هذه العيوب في المادة 1/1 من القانون رقم 317 لسنة 1952، ثم من بعده في المادة 42 من القانون رقم 91 لسنة 1959.

(عقد العمل- للدكتور محمود جمال الدين زكي- طبعة 1956- ص41 وما بعدها)

4- من التعريف الوارد بنص المادة 674 من القانون المدني، وبنص المادة 42 من القانون 91 لسنة 1959 نتبين أن طرفي العقد هما العامل من جهة وصاحب العمل من جهة أخرى، ولا أهمية للإختلاف اللفظي بين النصين الذي يتمثل في تسمية القانون المدني للمتعاقد مع العامل، "المتعاقد الآخر" بينما يسميه قانون العمل "صاحب العمل".

مادة [674]

كما يبدو أيضا من التعريفين أن لعقد العمل ثلاث عناصر رئيسية، هي العمل وهو محل إلتزام أحد المتعاقدين. والأجر، وهو محل إلتزام المتعاقد الآخر. والتبعية، وتتمثل في خضوع العامل لرقابة وإشراف صاحب العمل.

(شرح قانون العمل- للدكتور عبد الودود يحيي- ص67 وما بعدها)

5- تعريف المادة 674 من القانون المدني والمادة 42 من القانون رقم 91 لسنة 1959 وإن إختلفا في ألفاظهما إلا أنهما يفيدان معني واحد، وهو أن عقد العمل إتفاق يقصد به أن يقوم شخص بأداء عمل لحساب شخص آخر وتحت إدارته وإشرافه في مقابل أجر.

ومن هذا التعريف يتبين أن عقد العمل يتصف بالخصائص التالية:

(1) هو عقد رضائي ينعقد بمجرد تبادل التعبير عن إرادتين متطابقتين.

(2) وهو عقد ملزم للجانبين، إذ يترتب منذ إبرامه إلتزامات علي عاتق كل من طرفيه أهمها الإلتزامات بأداء العمل بالنسبة للعامل، والإلتزام بدفع الأجر بالنسبة لصاحب العمل.

(3) وعقد العمل من عقود المعارضة إذ يأخذ كل من طرفيه مقابلا لما يعطي، فالعامل يقدم العمل ويأخذ أجرا في مقابل ذلك، ورب العمل يدفع الأجر وينتفع بالعمل عوضا عنه.

(4) وهو عقد من العقود المستمرة أو من عقود المدة في أغلب حالاته، إذ يلتزم العامل بتقديم عمله لمدة من الزمان معينة أو غير معينة بحيث يكون الزمن ضروريا لقياس العمل.

(5) ويدخل عقد العمل، بالنظر إلي محل الأداء الرئيسي المقصود منه، ضمن العقود الواردة علي العمل، ويتميز العمل فيه بأنه عمل تابع أو خاضع يتم تحت إشراف وسلطة من يطلبه.

(شرح قانون العمل- للدكتور محمد لبيب شنب- طبعة 3- 1976- ص70 وما بعدها)

6- يتضح من نص المادة 674 مدني ونص المادة 42 من المادة 91 لسنة 1959 وجود عنصرين جوهريين يتوافران في عقد العمل.

الأول- هو عنصر الأجر الذي يتقاضاه لقاء عمله.

الثاني- هو عنصر التبعية في العمل الذي يخضع العامل يتقاضاه لإدارة أو إشراف صاحب العمل.

والعنصر الأول هو الذي يفرق بين عقد العمل وبين ما يشتبه به من عقود الخدمات المجانية.

والعنصر الثاني هو الذي يميز عقد العمل عما يشتبه به من عقود المعارضات.

مادة [674]

(شرح قانون العمل- للدكتور ايهاب حسن إسماعيل- ص80 وما بعدها)

7- من التعريف الوارد في كل من المادتين 674 مدني و42 من القانون 91 لسنة 1959 يمكن إستخلاص الخصائص الجوهرية لعقد العمل التي تميزه عن غيره من أنواع العقود الأخرى، وهما خصيصتا التبعية والأجر. فيجب أن يكون العامل تابعا لرب العمل، بمعني أن يكون خاضعا لرقابته وإشرافه ويجب أن يكون العمل الذي يؤديه العامل في خدمة رب العمل عمل مأجور.

فيبين من التعريف ضرورة أن يكون العامل تابعا لرب العمل أي خاضعا لرقابته وتحت سلطته وإشرافه. وهذا يعني أن العامل يتعين عليه أن يكون مطيعا لرب العمل، كذلك فإن لرب العمل الحق في إصدار الأوامر اللازمة لحسن سير العمل. والمقصود بالتبعية وفقا لما قلنا الآن هو التبعية القانونية لا التبعية الإقتصادية، والتبعية القانونية هي التي أبان عنها المشرع في المادة 674 مدني وفي المادة 42 من قانون العمل بأن عقد العمل هو الذي يعمل فيه أحد المتعاقدين تحت إشراف ورقابة المتعاقد الآخر (رب العمل).

فالمقصود بالتبعية التي يجب أن تقوم بين العامل ورب العمل حتى تخضع العلاقة بينهما للأحكام الخاصة بقانون عقد العمل الفردي هو التبعية القانونية بمعني الإشراف والرقابة التي يملكها رب العمل علي العامل، ولا يشترط لقيام رابطة التبعية أن تكون فنية، ولكنه يكفي أن تكون التبعية إدارية أو تنظيمية.

وإذا لم يكن العمل الذي يؤديه العامل مأجورا، فلا يمكن القول بانطباق الأحكام الخاصة بعقد العمل، ولا يسمي هذا العقد عقد عمل ولكنه قد يكون عقد آخر من العقود غير المسماة، وإذا كان القصد منه التبرع، فقد يكون العقد في هذه الحالة نوع من عقود التفضل.

التميز بين عقد العمل وغيره من العقود: وبهاتين الخصيصتين (التبعية والأجر) يتميز عقد العمل عن غيره من العقود التي قد تتشابه معه، وإن كانت عنه متميزة، وهي: المقاولة، والشركة، والإيجار، والوكالة، والبيع:

فهو يتميز عن عقد المقاولة، بحيث يمكن خضوع العقد لأحكام عقد المقاولة أو لأحكام عقد العمل.

وقد إختلف الرأي- في الفقه الفرنسي- في تحديد معيار التمييز بين كل من عقد المقاولة وعقد العمل، حتى إنتهي الرأي في الفقه والقضاء في فرنسا إلي القول بأن رابطة التبعية هي التي تميز عقد العمل عن عقد المقاولة، فإذا ما كان العامل خاضعا لرقابة رب العمل وإشرافه، بمعني أن رب العمل يكون له أن

مادة [674]

يصدر إلي هذا العامل ما يشاء من توجيهات، فإن العقد في هذه الحالة يكون عقد عمل، وأما إذا كان العامل خاضعا لرقابة رب العمل وإشرافه، بمعني أن رب العمل يكون له أن يصدر إلي هذا العامل ما يشاء من توجيهات فإن العقد في هذه الحالة يكون عقد عمل، وأما إذا كان العامل لا يخضع لا لرقابة رب العمل ولا لسلطته وإشرافه، ولكنه يتمتع بقدر من الإستقلال في مباشرته لعمله فإن العقد يكون في هذه الحالة مكونا لعقد مقاولة.

وهذا المعيار هو الذي يجب أن يأخذ القانون المصري به إمكان التمييز بين عقد العمل وعقد المقاولة، أخذا بأن النصوص التشريعية سواء منها ما كان واردا في القانون العمل أو في القانون المدني إنما تبرز لنا بوضوح رابطة التبعية بإعتبارها من أهم العناصر المميزة لعقد العمل (مادة 674 مدني و42 من قانون العمل)، بينما خلت المادة 646 مدني الخاصة بعقد المقاولة من أية إشارة لرابطة التبعية.

وقد أخذ القضاء المصري بهذا المعيار للتميز بين عقد العمل وبين غيره من العقود الأخرى (ولهذا المعيار إعتبر العقد الذي يتم بين مصانع الأحذية وبين من تستخدمهم في صناعة الأحذية عقد عمل).

وبالنسبة للتمييز بين عقد العمل وعقد الشركة فإن الرأي الغالب في الفقه والقضاء يذهب إلي الأخذ بمعيار التبعية للتمييز بين عقد العمل وعقد الشركة، فإذا كان (العامل) يخضع لسيطرة وإشراف رب العمل فإن العقد في هذه الحالة يكون عقد عمل. وأما إذا لم يكن هناك خضوع أو رقابة، بل كانت هناك مساواة فإن العقد لا يكون في هذه الحالة عقد عمل ولكنه يكون عقد شركة، ذلك لأنه نية المشاركة تختلف في جوهرها إختلافا كبيرا عن العلاقة التي توجد بين العامل ورب العمل (ولهذا المعيار إعتبر عقد السائق الذي يتقاضى 25% من إيراد السيارة عقد شركة وليس عقد عمل).

وكان التمييز بين عقد العمل وعقد الوكالة مسار خلاف في الفقه والقضاء.

فقد ذهب جانب من الفقه إلي التمييز بين عقد العمل وعقد الوكالة علي أساس طبيعة العمل نفسه، فإذا كان العمل تصرفا قانونيا فإن العقد يكون عقد وكالة، إذ أن الوكالة لا تتصور إلا بالنسبة للأعمال القانونية. أما إذا كان العمل المطلوب القيام به عملاً مادياً فإن العقد لا يكون عقد وكالة ولكنه يكون عقد عمل.

ولكنه ذلك المعيار ليس دقيقا.

مادة [674]

ولهذا ذهب جانب كبير من الفقه الحديث الآن إلي القول بأن المعيار الذي يمكن بواسطته التمييز بين عقد العمل وعقد الوكالة هو رابطة التبعية، لأن درجة التبعية في عقد العمل أشد من التبعية في عقد الوكالة إذ هي في العقد الأخير مجرد تعليمات غير ملزمة قانوناً.

(الوجيز في قانون العمل جزء 1- للدكتور محمد عمران- طبعة 1969- ص40 وما بعدها)

8- هل يمكن الجمع بين عقدي الوكالة والعمل؟

إن الفقه في فرنسا كان قد إتجه إلي أن هناك تقاربا بين العقدين في مزاولة بعض المهن الحرة التي لها أهمية خاصة كإلتزام الطبيب والمحامي وغيرهما.

وذلك أهمية من الأوجه التالية:

(1) أن العقدين قد يترتب عليها أجر مالي، فالوكالة قد تكون بأجر وأجر الوكيل قد يطالب به قضائيا، كما يطالب العامل بأجرة عمله ولكن -مع ذلك- هناك فارق لا يمكن إغفاله بين العقدين، فإنه فيما يتعلق بأجر الوكيل يجوز للمحاكم أن تقضي بتخفيضه عن القدر المتفق عليه إذا إتضح أنه لا يتناسب مع الخدمة التي أداها الوكيل لموكله. وليس للمحاكم هذه السلطة في التقدير بالنسبة للأجر في مقابل إجازة العمل louage d'ouwrage.

(2) وهناك فارق يكاد يكون نظرياً بحتاً بشأن مسئولية الطبيب أو المحامي. أهي مسئولية تقصيرية أم هي مسئولية تعاقدية؟

الواقع أن هذه المسألة ليس لها كبير أهمية، ففي حالة إهمال الطبيب للمريض مثلا تعمد المحاكم- عند الحكم بالتعويض- إلي الخلط بين المسئولية التعاقدية والمسئولية المترتبة علي إرتكاب الجنحة.

(3) ولنفرض أن مهندسا كلفته شركة ما بالقيام بدراسة معينة في جهة نائية حيث مات بسبب حادث من حوادث الطبيعة كفيضان أو زلزال، فإذا عد مؤجرا لعمل لا يحق لأسرته أن تطالب بتعويض إلا إذا أثبت خطأ الشركة. ولكن إذا عد وكيلا فإن الشركة تلتزم دائما بالتعويض طبقا للمادة 2000 فرنسي، التي تقرر أن "يكون الموكل مسئولاً عما أصاب الوكيل من ضرر دون خطأ منه بسبب تنفيذ الوكالة تنفيذا معتادا"، وهو نفس المبدأ الذي قررته المادة 711 مدني.

(عقد الوكالة وعقد العمل، أهم صور التفرقة والجمع بينهما في القانون المصري المقارن -مقال- للأستاذ محمود كامل المحامي- المحاماة- السنة 48- العدد 10- ص1322 وما بعدها)

مادة [674]

9- التعريف الوارد بنص المادة 674 من التقنين المدني مقتبس عن المشروع الفرنسي الإيطالي (م 507).

لقد فصل المشرع في هذا التقنين بين عقدي العمل والمقاولة بعد أن كان يجمعهما باب واحد "إيجار الأشخاص وأهل الصنائع" في التقنين القديم. كما أن هذا التقنين لم يورد تعريفا لعقد إيجار الأشخاص. ويتضح من هذا التعريف أن العقد يعتبر عقد عمل كلما كانت هناك علاقة تبعية بين رب العمل والعامل، ولم يشترط المشرع في أجر العمل أن يكون من النقود، فيصح مثلا أن يكون حصة من نتيجة العمل، وهذا هو الفرق بين الأجر والثمن، إذ تقدم أن ثمن المبيع يجب أن يكون دائما من النقود.

(التقنين المدني الجديد- للدكتور محمد علي عرفه- ص482 و483)

من أحكام القضاء الحديثة:

1- المناط في تكييف عقد العمل وتمييزه عن عقد المقاولة أو غيره من العقود هو توافر عنصر التبعية التي تتمثل في خضوع العامل لإشراف رب العمل ورقابته وهو ما نصت عليه المادة 674 من التقنين المدني، وما نصت عليه كذلك المادة الأولى من الرسوم بقانون 317 لسنة 1952. ويكفي لتحقيق هذه التبعية ظهورها ولو في صورتها التنظيمية أو الإدارية. فإذا كان الحكم المطعون فيه قد استدل في تكييفه للعلاقة بين الطرفين بأنها علاقة عمل بما استخلصه من تحديد نوع العمل ونطاقه وحدوده والمواعيد المقررة له وخضوع المطعون عليه في تنفيذه لإشراف الطاعن ورقابته وهو استخلاص سائغ، فلا خطأ في تطبيق القانون.

(نقض- جلسة 1963/2/13، مجموعة المكتب الفني، السنة 14، مدني، ص239)

2- عقد العمل وفقا للمادتين 674 من القانون المدني و42 من قانون العمل رقم 91 لسنة 1959، إنما يتميز بخصيصتين أساسيتين التبعية والأجر، بحث لا يقوم إلا بهما مجتمعين.

(نقض- جلسة 1967/11/1، المرجع السابق، السنة 18، ص1934)

3- يكفي في علاقة العمل توافر التبعية المهنية، وهي أن يخضع لإشراف وتوجيه صاحب العمل وتعليماته.

(نقض- جلسة 1967/3/19- المرجع السابق- ص688)

4- إذا كانت المادة الأولى من القانون رقم 91 لسنة 1959 الخاص بالعمل تنص علي أنه: "يقصد بصاحب العمل كل شخص طبيعي أو اعتيادي يستخدم عاملا أو عمالا لقاء أجر مهما كان نوعه"، مما مفاده أنه لا يشترط لتحقيق علاقة العمل أن يتخذ صاحب العمل من عمله الذي يزاوله حرفة أو مهنة له، وكانت

مادة [674]

المادة 674 مدني عرفت عقد العمل بأنه العقد الـذي يتعهـد فيـه أحـد المتعاقدين بأن يعمل في خدمة المتعاقد الآخر ومحت إدارته أو إشرافه مقابل أجر يتعهد به المتعاقد الآخر. ولم يتطلب النص توافر أي شروط معينة في هذا المتعاقد الآخـر، فتسري إذن أحكامـه علي جميع عقود العمـل، سواء أكان أصحاب الأعمال يتخذون هذه الأعمال مهنة لهم أم لا.

(نقض- جلسة 1978/12/24- الطعن 728 لسنة 45ق، لم ينشر بعد)

5- النص في المادة الأولي من قانون العمل رقم 91 لسنة 1959 علي أنه "يقصد بصاحب العمل كل شخص طبيعي أو إعتبـاري يستخدم عـاملا أو عـمالا لقـاء أجر مهما كان نوعه" يدل علي أن الشارع حرص علـي عـدم إشتراط أن يكون صاحب العمل متخذا من العمل الذي يزاوله حرفة أو مهنة له، ولذلك يستوي أن يهدف صاحب العمل إلي تحقيق الربح أو لا يهدف إليه. كما أن المادة 674 من القانون المدني عرفت عقد العمل بأنه هو الذي يتعهد فيه أحد المتعاقدين بأن يعمل في خدمة المتعاقد الآخر وتحت إدارته وإشرافه مقابل أجر يتعهد به المتعاقد الآخر، ولم يتطلب هذا القانون تـوافر شروط معينة في هـذا التعاقد الآخر، فتسري إذن أحكامه علي جميع عقود العمل سواء أكان أصحاب الأعمال يتخذون هذه الأعمال مهنة لهم أم لا.

(نقض- جلسة 1979/3/27- الطعن 777 لسنة 46ق- لم ينشر بعد)

مادة [675]

مادة [675]

(1) لا تسري الأحكام الواردة في هذا الفصل إلا بالقدر الـذي لا تتعـارض فيـه صراحة أو ضمنا مع التشريعات الخاصة التي تتعلق بالعمل.

(2) وتبـين هـذه التشريعـات طوائـف العمـال الـذين لا تسري عليـهم هـذه الأحكام.

النصوص العربية المقابلة:

هذه المادة تقابل في نصوص القانون المدني بالقطار العربيـة، المـواد التالية:

مادة 674 ليبي و641 وري و550 سوداني.

الأعمال التحضيرية:

هذا النص مقتبس من التقنين البولوني الذي يقـرر في المـادة 446 منـه أنه "لا تسري النصوص الواردة في هذا الفصل إلا علي المسائل التي لا تتعـرض لها التشريعات الخاصة التي تتعلـق بالعمـل، وهـو يبـين مـدي العلاقـة بـين التشريع الصناعي أو تشريع العمال والتقنين المدني، وهو الأساس القانوني العام الذي يحكم كل المعاملات، ويحدد مجال تطبيق كل منهما.

وقد كانت هذه العلاقة دائماً محل عناية الهيئات التـي تهـتم بشئون العمال، وعلي الأخص مكتب العمل الدولي الـذي يصـدر منـه سـنة 1925 بـين مطبوعاته الدورية مجموعة سنوية لأحكام القضاء الـدولي في مسـائل العمـل، وهي تجري نماذج مختارة من بين أهم التطبيقات العمليـة في قضـاء كـل مـن إنجلترا والولايات المتحدة وفرنسا وألمانيا وإيطاليا ويشمل الجزء التمهيدي مـن هذه المجموعة، وهـو خـاص بالقواعـد العامـة في تقنـين العمـل، قسـما يعـرض لتطبيق المبادئ الأساسية في التقنين المدني علي تنظيم العمل. والواقع أنه يكفي الإطلاع علي هذا القسم من المجموعة لتبين أهميـة الموضوعـات التـي تعـرض علي القاضي، فلا يجد لها حلا في التشريعات الخاصة بالعمل، ويلجأ بشـأنها إلي قواعد التقنين المدني علي أن ذلك أمر طبيعي لأن التشريعات الخاصة بالعمل، مهما تعددت، لن تستطيع التعرض لكل الحالات العملية.

وقد كان للاتجاهات التي وردت في هذه المجموعة أثر كبـير في وضـع أحكام هذا الجزء من المشروع. بـل إن الكثـير مـن نصوصـه هـو مجرد تقرير للاتجاه السائد أو الغالب في القضاء الدولي كما هو وارد بالمجموعة. علـي أن

مادة [675]

المشروع مع ذلك اقتبس بعض أحكامه من التقنيات الحديثة، وعلي الأخص من التقنين للبولوني وتقنين الإلتزامات السويسري وكذلك المشروع الفرنسي الإيطالي.

بقي أن نشير أخيرا إلي أنه رغم وجاهة الأسباب التي دعت إلي الفصل بين عقدي العمل والإستصناع بعد أن كان يجمعهما باب واحد. إيجار الأشخاص وأهل الصنائع، إلا أنه مع ذلك لازالت الصلة بينهما قوية. فكلاهما عقد وارد علي العمل، وينظم علاقة الشخص الذي يقدم عمله بالتعاقد الآخر الذي يستفيد من هذا العمل.

(مجموعة الأعمال التحضيرية القانون المدني، الجزء 5، ص109 و110.)

رأي الفقه:

1- يحكم عقد العمل اليوم في مصر نوعان من الأحكام: أحكام التقنين المدني من ناحية، وأحكام تقنين العمل الخاصة بعقد العمل الفردي من ناحية ثانية.

واضح أن وجود نظامين أساسيين يحكمان عقد العمل علي هذا النحو يثير تعارضا فيما بينهما، ويقتضي حسمه تحديد الأشخاص المخاطبين بكل نظام منهما. فما هي الطريقة التي تتبع في شأن هذا التحديد لتوزيع الولاية بينهما.

كان مقتضى إعتبار التقنين المدني هو الشريعة العامة في العلاقات الخاصة، ومنها علاقات العمل، أن أحكام عقد العمل الواردة في هذا التقنين تسري في الأصل علي كل المترابطين بعقود عمل، إلا من تستثنيهم علي سبيل التحديد تشريعات أخرى خاصة تخضع لحكمها عقود عملهم، مما يعني أن هذه التشريعات الخاصة هي التي تحدد وتعدد طوائف الأشخاص الذين يخضعون لحكمها، بإعتبار أن هذا الخضوع استثناء وخروج علي الأصل العام الذي يقضي بخضوعهم لأحكام التقنين المدني بوصفه الشريعة العامة. وتطبيقا لهذه الأصول الصحيحة في توزيع الولاية علي هذا النحو، نصت المادة 675 /2 من التقنين المدني علي أن: "تبين هذه التشريعات طوائف العمال الذين لا تسري عليهم هذه الأحكام" أي أحكام عقد العمل الواردة في التقنين.

ورغم ذلك فقد جري المشرع المصري منذ ما أصدر قانون عقد العمل الفردي، وهو ما أكده من بعد في تقنين العمل، علي عكس هذه الأصول بحيث أصبح الوضع مقلوبا: فبدل أن يحدد قانون عقد العمل الفردي المعني الأشخاص

مادة [675]

الـذين يخضعون لأحكامـه، وبـدل أن يحـدد تقنـين العمـل الأشخاص الـذين يخضعون لأحكام عقد العمل الواردة به، جري كل منهما – علي النقيض مـن ذلك- علي تعداد الأشخاص الذين لا يخضعون لأحكامـه. وذلك يعني أن كـل عقـود العمل تصبح خاضعـة في الأصل لأحكام عقـد العمل الفردي الخاصـة الواردة اليوم في تقنين العمل، ما لم يكن منصوصا في هذا التقنين علي اسـتبعاد خضوعها لهذه الأحكام. وحينئذ يخضع لأحكام عقـد العمل الـواردة في التقنين المدني، إن لم تكن خاضعة لحكـم تشريع خـاص آخـر كعقـود العمل البحـري والتشريعات المعدلة والمكملة له.

ولعل في هذا المسلك، بالخروج علي الأصول الواجبة الإتباع، شعورا من المشرع بالاستقلال الواجب لقانون العمل اليوم، وخاصـة أمـام اسـتواء أحكـام عقد العمل الواردة في التقنين المـدني علـي مبـدأ سـلطان الإدارة وهـو لم يعـد بالأساس العادل الذي تقوم عليه علاقات العمل في العصر الحديث.

وإذا كانت عقود العمل لم تعد اليوم خاضعة التقنين المدني إلا إستثناء وأحكامه لا تنصرف إلا علي قلة ضئيلة من العمال هم المستبعدون أصلا مـن الخضوع لأحكام العقد في تقنين العمل، فلا يعني ذلك أن أحكام التقنين المـدني في شأن عقد العمل فقد فقدت كل أهميتها بالنسبة إلي غالبيـة العمال التـي بانت عقود عملهم محكومة بتقنين العمل. ذلك أنه يبقي لهذه الأحكـام مـن الناحيـة الموضوعية وصـف العمـوم بالنسبة لأحكـام عقـد العمـل الفردي الموضوعية في تقنين العمل التي لها في ذلك وصف الخصوص، بحيـث تطبـق أحكام التقنين المدني تلك حتى علي الخاضعة عقـود عملهـم لتقنين العمـل في شأن كل ما لم تعرض له قواعد هذا التقنين الأخير وبشرط عـدم التعارض مـع الموجود من قواعده، ولذلك تقضي المادة 675 / 1 مـن التقنين المـدني بـأن: "لا تسري الأحكام الواردة في هذا الفصل (الخاص بعقد العمل) إلا بالقدر الـذي لا تتعارض فيه صراحة أو ضمنا مع التشريعات الخاصة التي تتعلق بالعمل".

(أصول قانون العمل- للدكتور حسن كيرة- المرجع السابق- ص107 وما بعدها)

2- رسمت المادة 675 مدني الحدود الفاصلة بين نطاق كـل مـن عقـد العمل في التقنين المدني وعقد العمل الفردي. فأوضحت، من ناحية، أن أحكام التقنين عامة، وأنها تسري: "بالقدر الـذي لا تتعارض فيه صراحـة أو ضمنا مـع التشريعات الخاصة بالعمل"، وبالتالي تنطبـق أحكامـه علـي العلاقـات القانونيـة التي تنظمها نصوص القانون في عقد العمل الفردي مادامت لا تتعارض مع هذه

مادة [675]

النصوص، وتركت، من ناحية أخرى، إلي تلك التشريعات الخاصة تحديد طوائف العمال الذين قد لا تسري عليهم أحكام التقنين، فيبين تشريع عقد العمل الفردي نطاق تطبيقه من حيث الأشخاص ويتفق هذا مع مركز التقنين المدني في النظام القانوني، إذ هو الأصل وما عداه الاستثناء وعلي ذلك تكون أحكام التقنين، في عقد العمل، عامة في انصرافها إلي أطراف العقد، وفي انطباقها علي ما ينشأ عنه من علاقات بينهم ما لم يخرج هؤلاء الأشخاص أو هذه العلاقات من نطاق تطبيقه، صراحة أو ضمنا، بنصوص التشريع في عقد العمل الفردي. ولكن مسلك المشرع في قانون العمل الفردي، ليس متناسقا مع ما قرره التقنين، فبدل أن يحدد في ذلك القانون، طوائف العمال الذين تنصرف إليهم نصوصه ليبقي من عداهم خاضعين لأحكام التقنين بين في مادته الأولي طوائف العمال الذين يخرجون عن نطاق ما وضعه من تنظيم لتتصرف إليهم وحدهم قواعد عقد العمل في هذا التقنين.

(قانون العمل- للدكتور محمود جمال الدين زكي- المرجع السابق- ص16-17)

3- هذا النص (م 675 مدني) مقتبس من التقنين البولوني (م 446).

وتحيل هذه المادة إلي التشريعات التي تتعلق بالعمل، وآخرها القانون الخاص بعقد العمل الفردي الصادر في 8 ديسمبر سنة 1952 وقد بينت المادة الأولي منه الأشخاص الذين لا يعتبرون من العمال في حكم هذا القانون، فهؤلاء الأشخاص هم الذين تسري عليهم الأحكام الواردة بهذا الفصل في علاقتهم بأصحاب الأعمال.

(التقنين المدني- للدكتور محمد علي عرفه- المرجع السابق- ص483 و484)

4- لما كان القانون المدني هو الشريعة العامة التي تحكم العلاقات الخاصة، فقد كان مقتضى ذلك أن تسري الأحكام التي أوردها هذا القانون علي جميع العلاقات الناشئة عن عقود عمل، ولا يستثني من تطبيقه سوي الأشخاص الذين ينص المشرع صراحة في قوانين أخرى علي خضوعهم لأحكام تلك القواعد باستبعاد أحكام القانون (م 675 مدني).

ولكن المشرع عند تنظيمه لعقد العمل في قانون العمل، لم يتسع الطريقة المنطقية المنصوص عليها في المادة 675 مدني، بل أتبع طريقة عكسية، فنص علي سريانه علي جميع العمال بحسب الأصل، ثم عاد واستثني بعض طوائف من العمال من الخضوع لأحكامه، وبذلك أصبح قانون العمل هو الشريعة العامة في مجال عقود العمل، علي أن ذلك لا يستبعد أحكام لمجموعة المدنية الخاصة

مادة [675]

بهذا العقد استبعادا مطلقا، ذلك أن من هذه الأحكام ما يـنظم موضوعات لم يتعرض قانون العمل لتنظيمها كالأحكام المتعلقة بانعقاد العقد وببعض آثاره. كما أن من أحكام القانون المدني ما لا يتعارض مع أحكام قانون العمل، ولذلك فإن أحكام القانون المدني تنطبق علي عقد العمل إلي جانب أحكام قانون العمل بالقدر الذي لا تتعارض فيه مع أحكام قانون العمل.

(شرح قانون العمل- للدكتور محمد لبيب شنب- المرجع السابق ص63 وما بعدها)

5- الأصل أن القانون المدني هو الشريعة العامة التي تحكم العلاقات الخاصة، ومـن بينهـا علاقات العمل. ولكن المشرع قد يخرج بعض هـذه العلاقات الخاصة من نطاق تطبيق القانون المدني ليخضعها لتشريعات أخرى، وفي هذه الحالة تحدد التشريعات الخاصة العلاقات التي تطبق عليها. وتطبيقا لذلك جاء نص المادة 675 مدني بفقرتها. وكان من مقتضى ذلك أن يحدد قانون العمل الموحد الأشخاص الذيـن يخضعون لأحكام عقد العمل التـي نظمها. ولكن هذا القانون - شأنه في هـذا الشأن التشريعات

السابقة عليه- قد سلك في ذلك مسلكا عكسيا، فبدلا مـن أن يحدد طوائف العمال الذين يخرجون من نطاق تطبيـق هذه الأحكام، وعلي ذلك عقد العمل أصلا للأحكام الواردة في قانون العمل، ولا يخضع لأحكام القانون المدني إلا استثناء بالنسبة للحالات التي استثنيت مـن أحكـام عقد العمل الفردي في قانون العمل الموحد.ولكن يجب ألا يفهم من هذا أن القانون المدني قد فقد أهميته تماما بالنسبة لعقد العمل لأن تطبيقـه أصبح قاصرا علي الحالات القليلة جدا التي لا تخضع لأحكام قانون العمل الموحد، أو لتشريعات خاصة أخرى. ذلك أن قواعد القانون المدني تعتبر قواعد عامة وتطبق حتـى علي العقود الخاضعة لقانون العمل الموحد. وذلك بالنسبة لمـا لم تعرض لـه قواعد هـذا التشريع الأخير وبشرط عـدم التعارض مـع قواعـده (م 675 / 1 مدني).

(شرح قانون العمل- للدكتور عبد الودود يحيي- المرجع السابق- ص57 وما بعدها)

6- إزاء تعدد النظم القانونية التي تحكم عقد العمل الفردي وإختلافهـا، كان لابد من معرفة مدي ولاية كل منها.وكان مقتضى إعتبار التقنين المـدني هـو الشريعـة العامة في العلاقـات الخاصة، ومنها علاقات العمل الفرديـة، سريـان أحكام هذا التقنين علي كـل المرتبطين بعقود عمل فرديـة عـدا مـن تستثنيهم تشريعات خاصة لتخضعهم لحكمها (م 2/675 مدني).علي أن الوضع قد صدر

مادة [675]

عكسيا بعد أن جري المشرع عندنا علي تعداد الأشخاص الذين لا يخضعون لقانون عقد العمل الفردي ثم لتقنين العمل الموحد رقم 91 لسنة 1959.

ومعني هذا أن كل عقود العمل الفردية أصبحت خاضعة لتقنين العمل الموحد ما لم يكن قد نص في هذا التقنين علي استبعاد خضوعها لهذه الأحكام فتخضع الأحكام عقد العمل الواردة في التقنين المدني، إلا إذا كانت لحكم تشريع خاص آخر (كعقود العمل البحري التي تخضع للأحكام الخاصة الواردة في هذا الشأن في تقنين العمل البحري والقوانين المكملة له).وهذا الاتجاه العكسي يبرره الاستقلال الذي أصبح يميز قواعد العمل والإحساس بأن القانون المدني القائم علي مبدأ سلطان الإدارة لم يعد أساسا كافيا لتقوم عليه علاقات العمل.ومع هذا بقيت لقواعد القانون المدني أهمية تتمثل في بقاء وصف العموم لها بالنسبة لأحكام عقد العمل الفردي حيث تنطبق هذه القواعد في حالة صمت القوانين الخاصة وتقنين العمل الموحد عن تنظيم بعض قواعد عقد العمل الفردي، وبشرط عدم التعارض مع قواعد خاصة، وهذا ما نصت عليه المادة 675 /1 من القانون المدني.وعلي هذا يمكن القول بأن الولاية بين النظم القانونية المختلفة التي تحكم عقد العمل الفردي، تتوزع وفقا للقواعد الآتية:(1) يخضع عقد العمل الفردي أصلا للقواعد الواردة في تقنين العمل الموحد.(2) ويخضع هذا العقد استثناء لبعض القواعد الواردة في قوانين خاصة، كالقواعد الواردة في التقنين البحري والقوانين المكملة له.(3) وتخضع عقود العمل بالنسبة لفئات خاصة، أشار إليها تقنين العمل الموحد نفسه، لقواعد القانون المدني.(4) وتبقى للقانون المدني أهمية تتمثل في الالتجاء إلي نصوصه في كل ما لم تتعرض له قواعد تقنين العمل الموحد، وبشرط عدم التعارض مع روح القواعد الواردة في تقنين العمل الموحد.

(شرح قانون العمل -للدكتور ايهاب حسب إسماعيل-المرجع السابق-ص67 وما بعدها)

7- أن مؤدي نص المادة 2/657 مدني أنه إذا كانت قواعد قانون العمل قد إستثنت من أحكامه بعض الطوائف من العمال لحكمة أرتآها الشارع لخضوعهم لأحكام قوانين خاصة بهم، فإنه لا تسري عليهم كذلك الأحكام العامة الواردة في القانون المدني في عقد العمل، وإن جاز أن نطبق عليهم القواعد العامة في العقود أو أحكام العرف، وقد أطرد القضاء علي أنه لا يمكن سريان الأحكام الخاصة بعقد العمل الواردة في القانون المدني علي الطوائف المستثناة من دائرة تطبيق قانون العمل، وإنما تسري بالنسبة لهم القواعد الخاصة في

مادة [675]

العقود أو أحكام العرف وقواعد العدالة، وذلك ما لم يكن هناك قانون خاص للطوائف المستثناة، فإن وجد كان هو الواجب التطبيق.

(قضاء العمال والتأمينات الاجتماعية- للقاضي أنور العمروسي- طبعة 1964- ص123 و124 والجزء الأول منه (التنظيم القانوني للعاملين)- تحت الطبع)

من أحكام القضاء الحديثة :

1-المقرر - في قضاء هذه المحكمة - أنه يجوز لكل من المتعاقدين في عقد العمل غير محدد المدة - وفقا لما تنص عليه المادتان 694، 695 من القانون المدني أن يضع حدا لعلاقته مع المتعاقد الآخر ويتعين لاستعمال أي من المتعاقدين هذه الرخصة أن يخطر المتعاقد معه برغبته مسبقا بثلاثين يوما بالنسبة للعمال المعينين بأجر شهري وخمسة عشر يوما بالنسبة للعمال الآخرين فإذا لم تراع هذه المهلة لزم من نقض منهما العقد أن يؤدي إلى الطرف الآخر تعويضا ماديا مساويا لأجر العامل عن مدة المهلة أو الجزء الباقي منها، لا يغير من ذلك أن المشرع في قانون العمل الجديد رقم 137 لسنة 1981 أغفل النص على هذه المهلة القانونية للإنذار إذ لا يمكن أنه يستفاد من هذا الإغفال إلغاء الحكم الوارد في القانون المدني والذي كان منصوصا عليه صراحة في قانون العمل الملغى ذلك لأنه لا يوجد في الأعمال التحضيرية لقانون العمل الجديد ما يدل على اتجاه المشرع إلى تغيير الحكم المذكور، فضلا عن أن المادة الثانية من مواد إصدار قانون العمل رقم 137 لسنة 1981 قد نصت على أن "يلغى قانون العمل الصادر بالقانون رقم 91 لسنة 1959 كما يلغى كل نص يخالف أحكام القانون المرافق..." ولم تتعرض مواد الإصدار لأحكام القانون المدني الخاصة بعقد العمل والواردة في المواد من 674 إلى 698 ولذلك تظل هذه الأحكام قائمة تنظم ما خلا قانون العمل من تنظيمه وطالما لا تتعارض مع ما نص عليه صراحة. لما كان ذلك وكان الحكم الابتدائي المؤيد بالحكم المطعون فيه قد خالف هذا النظر وانتهى إلى عدم أحقية الطاعن في بدل مهلة الإنذار المطالب به تأسيسا على خلو قانون العمل رقم 137 لسنة 1981 من النص عليه فإنه يكون قد أخطأ في تطبيق القانون.

[الطعن رقم 1668 - لسنة 60 ق - تاريخ الجلسة 28 / 11 / 1996]

مادة [676]

مادة [676]

(1) تسرى المادة أحكام عقد العمل على العلاقة ما بين أرباب الأعمـل وبـين الطوافين والممثلين التجاريين الجوابين ومندوبي التأمين وغيرهم مـن الوسـطاء، ولو كانوا مأجورين بطريق العمالة أو كانوا يعملون لسحاب جملة من أرباب الأعمال مادام هؤلاء الأشخاص تابعين لأرباب العمل وخاضعين لرقابتهم .

(2) وإذا إنتهت خدمات الممثل التجاري أو المندوب الجواب ولو كان ذلك بإنتهاء المدة المعينة في عقد إستخدامه ، كان لـه الحق في أن يتقاضى علي سبيل الأجر العمالة أو الخصم المتفق عليه أو الـذى يقضى بـه العرف عـن التوصيات التى لم تبلغ رب العمل إلا بعد خروج الممثل التجاري أو المندوب الجواب من خدمته ، متى كانت هذه التوصيات نتيجـة مباشرة لما قـام بـه هؤلاء المستخدمون من سعى لدى العملاء أثناء مـدة خدمتهم . على أنه لا يجوز لهم المطالبة بهذا الحق إلا خـلال المـدة المعتـادة التى يقررها العرف بالنسبة إلى كل مهنة .

النصوص العربية المقابلة :

هذه المادة تقابل في نصوص القانون المدنية بالأقطار العربيـة ، المـواد التالية:

مادة 675 ليبي و643 سوري و551 سوداني .

الأعمال التحضيرية:

يعتبر الموزعون والممثلون التجـاريون والمنـدوبـون والمجوالـون ووكلاء التأمين وغيرهم من الوسطاء وكلاء عمن يعملون لحسابهم من أرباب الأعمال وتربطهم بهم في الوقت نفسه علاقة عمل أو إستخدام، فإلي أي حـد تطبـق قواعد الوكالة أو قواعد العمل، هذا ما تحاول الفقرة الأولي من المادة تحديده، وإن كان الأمر علي أي حال يرتبط بظروف كل حالـة والحكم الـوارد بالنص، شأنه شأن الحكم الوارد بالمادة السابقة، مستمد هو أيضا مـن الاتجـاه السـائد في القضاء الدولي.

(مجموعة الأعمال التحضيرية للقانون المدني- جزء 5- ص103 و104)

رأي الفقه :

1- هذا النص مقتبس مـن المـادة 29 مـن الكتـاب الأول مـن تقنـين العمل الفرنسي، وقد أضيفت بقـانون 18 يوليـه سـنة 1947 المنظم لحالـة المتدربين المتجولين والممثلين والموزعين في التجارة والصناعة.

مادة [676]

وتتضمن المادة 676 مدني مثلا من الأمثلة العملية لامتزاج عقد العمل بالوكالة، إذ يعتبر الأشخاص المذكورين في هذه المادة من الوسطاء الذين لهم صفة النيابة عن أرباب الأعمال فيما يعقدونه لحسابهم من صفقات مع الغير، ولكنهم يعتبرون في الوقت نفسه عمالا مأجورين كلما كان حق الرقابة المقرر لرب العمل قويا فعالا. هذا هو المعيار الذي أخذ به المشرع في الفقرة الأولي متميز بين عقدي العمل والوكالة. وهو مستمد من الإتجاه السائد في القضاء الدولي الذي يجعل معيار التفرقة مرتبطا بمدي الحق المقرر لرب العمل في توجيه ما يؤدي له من خدمات، أو عن الأقل حقه في الإشراف علي طريقة القيام بهذه الخدمات، فالأمر يتعلق إذن بظروف كل حالة.

أما الفقرة الثانية فقرر حكما عادلا إستحقاق الأشخاص المذكورين في النص لأجر العمالة أو الخصم عن الصفقات التي تمت التوصية عليها أثناء مدة خدمتهم، حتى ولو لم تبلغ رب العمل إلا بعد خروجهم من خدمته بشرط مراعاة المدد التي يحددها العرف للمطالبة.

(التقنين المدني- للدكتور محمد فريد- المرجع السابق- ص484 و485)

2- الطراف – كما يدل عليه اسمه بالفرنسية placier- وسيط تقع دائرة نشاطه حيث يوجد مركز المنشأة، وليس له في المادة إلا استقلال ضئيل، إذا يعهد إليه صباحا بقائمة الزبائن الذين عليه زيارتهم، ويعرض في المساء نتيجة جهده ليتقي تعليمات جديدة، ويعمل عادة لدي صاحب عمل واحد يكرس له كل وقته.

أم الجواب التجاري commis voyaagaur ou voya ear de commerce فمنطقة عمله تكون خارج نطاق دائرة نشاط الطواف، وتحدد له في كل مرة عند بدء رحلته، ولكنه يتسلم كشفا بأسماء الزبائن، ويقدم حسابا عن عمله، ويعمل أيضا في الغالب لدي رب عمل واحد، يكون له أن يغير في كل وقت خطة السير في رحلته، ويراقب نشاطه بما يتقاه من كتابات أثناء وبما يبعث إليه من توجيهات خلالها.

أما الممثل التجاري representant de ctmmerce فوسيط يمثل بيتا تجاريا أو عدة بيوت تجارية في إقليم معين ليس فيه مركزها أو أحد فروعها ويتمتع ذلك بقسط من الإستقلال لا يتوفر للطواف أو الجواب.

أما مندوب التأمين agant d'assurence فهو ممثل المؤمن وشركة التأمين عادة في منطقة معينة ووظيفته الرئيسية هي البحث عن المستأمن وإغراؤه علي إبرام عقد معه والدعاية هي كبيرة وسائله.

والقاعدة المقررة في المادة 676 /1 مدني تعتبر- في نظر الدكتور محمود جمال الدين زكي- تطبيقا لمبدأ عام يقضي بأن يعتبر عاملا كل من يلتزم بأداء أعمال قانونية لحساب آخر إذا قام عنصر التبعية بينهما، وإستمرت علاقاتهما مدة ما، معينة أو غير معينة.

(عقد العمل- لدكتور محمد جمال الدين زكي- المرجع السابق- ص130 وما بعدها)

مادة [676]

من أحكام القضاء الحديثة:

1- أن الحكم المطعون فيه، وهو بسبيل إختصاص محكمة العمال بنظر النزاع قد أسس قضاءه علي أنه من المتفق عليه بين طرفي الخصومة وهما محاميان أن المستأنفة كانت تعاون المستأنف عليه في عمله مقابل مبلغ شهري ثابت، وقد خصص الأخير لها حجرة بمكتبه، إلا أن الخلاف يدور بينهما حول ما إذا كانت هذه العلاقة تعتبر علاقة عامل بصاحب عمل يخضع لأحكام عقد العمل الفردي أم علاقة وكيل بموكل لا تخضع لهذه الأحكام.

ومن حيث أن أهم ما يميز عقد العمل عن عقد الوكالة وفقا لاتجاهات تشريعات العمل الحديثة هو توافر عنصر التنمية الذي يربط العامل برب العمل مع إستمرار العلاقة بينهما لفترة من الزمن وليس المهمة أو مهام معينة، وقد اتسع التشريع الحديث ليشمل الذين يحترفون أعمالا كانت تجعلهم وفقا للتحليل الأصلي الصحيح في عداد لوكلاء وهو ما يتضح من نص المادة 676 مدني، والأمثلة التي عددتها هذه المادة هي الطوائف من العمال تقوم في الكثير من الأحيان بتصرفات قانونية بالنيابة عن صاحب المنشأة الأصلي الذين يعملون لحسابه، وتعتبر العلاقة فيما بينهما في أصلها وفي حقيقتها علاقة وكالة عند قيامهم بهذه التصرفات، إلا أن المشرع أخضعها لأحكام عقد العمل... ومتي كان الثابت أن العلاقة بين طرفي الدعوى قد هيأت لمدة غير محدودة ولم تكن منوطة بالإنتهاء من مهام معينة علي سبيل التحديد، وكل المستأنف عليه قد خصص مكانا لعملها هو حجرة بمقر منشأته -مكتبة- فإن ذلك يكفي لتوافر علاقة التبعية. وليكون له الحق في الرقابة والإشراف عليها وتوجيهها خاصة وأنه قادر من الناحية الفنية كمحام علي إدارة عملها وتوجيهها في أدائه، ولا يغير من ذلك الأمور التالية: (أولا) أنه نص في قانون المحاماة عن أنه لا يجوز الجمع بين مهنة المحاماة والتوظف مادامت طبيعة هذه الوظيفة ليست سوي القيام بأعمال المحاماة نفسها إذ لا يكون ثمة تعارض بينهما يخشى أن يكون مؤديا إلي امتهان المهنة والحط من كرامتها، وهذا الذي أورده الحكم لا مخالفة فيه للقانون، إذ أن المادة 674 مدني المقابلة للمادة الأولي من القانون 317 لسنة 1952 بشأن عقد العمل الفردي قد عرفت عقد العمل بأنه: "الذي يتعهد فيه أحد المتعاقدين بأن يعمل في خدمة المتعاقد الآخر وتحت إدارته وإشرافه مقابل أجر يتعهد به المتعاقد الآخر" ويكفي لتوافر ركن الإشراف الذي يشترطه القانون قيام العلاقة بين الطاعن والمطعون عليها علي النحو الذي استظهره الحكم المطعون فيه وهو ما يتحقق معه توافر إختصاص محكمة العمال بنظر النزاع.

(نقض- جلسة 1962/5/9- الطعن 313 لسنة 28ق- قضاء النقض في منازعات العمل- للأستاذ عصمت الهواري- ص56 و57 و58)

مادة [676]

أركان العقد

مادة [677]

لا يشترط في عقد العمل أي شكل خاص، ما لم تنص القوانين واللوائح الإدارية علي خلاف ذلك.

النصوص العربية المقابلة:

هذه المادة تقابل في نصوص القانون المدني بالأقطار العربية، المواد التالية: مادة 643 سوري.

الأعمال التحضيرية:

ليس علي هذه المادة تعليق- بالأعمال التحضيرية- يستحق التنويه به.

رأي الفقه:

1- الواقع أن عقد العمل يبرم من غير كتابة، ويكون الإثبات فيه وفقا للقواعد العامة، فيجوز إثباته بالبينة بالنسبة إلي النصاب الذي يجوز إثباته بها.

وقد قضت المحاكم بأنه يجوز الإثبات بالبينة لإثبات الأجرة مهما بلغت وإثبات الوفاء بها، وفي غير ذلك تتبع القواعد العامة.

وإذا كان العامل يشتغل في محل تجاري جاز له إثبات العقد بجميع طرق الإثبات، لأن العقد يكون عملاً تجارياً من جهة رب العمل، ولكن من جهة العامل يحتفظ العقد بصفته المدنية.

(العقود المسماة -4- للدكتور محمد كامل مرسي- المرجع السابق- ص49 وما بعدها)

2- عقد العمل من العقود الرضائية لا من العقود الشكلية، فلا يشترط لانعقاده أي شكل خاص، ولكن إثباته هو الذي يخضع في بعض الحالات لشروط شكلية خاصة. ونجد في شأن إثبات عقد العمل نظامين مختلفين تبعا لما إذا كان خاضعا لأحكام التقنين المدني أو لأحكام تقنين العمل.

فلا توجد قواعد خاصة لإثبات هذه العقود، مما يعني خضوعها في ذلك القواعد العامة في الإثبات، فيجب إذن إثباتها إذا كانت قيمتها تزيد علي عشرين جنيها (م 60ق 25 لسنة 1968 الخاص بالإثبات)، أو كانت غير محدودة القيمة وهو ما يعرض خاصة إذا كانت غير محددة القيمة وهو ما يعرض خاصة إذا كانت غير محددة المدة، وذلك سواء كان الإثبات من جانب العامل أو من جانب العمل أو من جانب صاحب العمل. غير أن من الواضح عدم التقيد في الإثبات بالكتابة إذا وجد مانع مادي أو أدبي خاص يمنع من الحصول علي كتابة، ولكن لا تعتبر مجرد العلاقة بين العامل وصاحب العمل في ذاتها مانعا أدبيا عاما يحول دون الحصول علي كتابة بالعقد ويجوز الإثبات بدونها، إلا أن يوجد مانع أدبي خاص كقرابة مثلا تعفي وحدها من الإثبات بالكتابة.

مادة [677]

ويراعي أن عقد العمل الذي يبرمه التاجر لشئون تجارته يعتبر عقدا تجاريا بالتبعية بالنسبة إلي رب العمل وحده وإعمالا للقواعد العامة في شأن العمل التجاري المختلط التي تفيد إمكان الإحتجاج بالصفة التجارية لعمل علي من يعتبر العمل تجاريا بالنسبة له دون من يعتبر العمل مدنيا بالنسبة له، يكون للعامل إثبات العقد في مواجهة صاحب العمل التاجر بكافة طرق الإثبات وأيا كانت قيمة العقد، بينما لا يملك صاحب العمل التاجر إلا إثبات العقد بالكتابة إذا كانت تزيد قيمته عن عشرين جنيها أو كان غير محدد القيمة، لأنه يعتبر مدينا بالنسبة.

(أصول قانون العمل- للدكتور حسن كيرة- ص275 و276)

3- تختلف أحكام إثبات عقد العمل بحسب ما إذا كان هذا العقد خاضعا للقانون المدني أو لقانون العمل.

فبالنسبة للعقود التي تخضع للقانون المدني فقط، وهي العقود التي استثناها قانون العمل من تطبيق الفصل الخاص بعقد العمل، تثبت هذه العقود وفقا للقواعد العامة في الإثبات، وهي تقضي بأنه إذا زادت قيمة العقد عن عشرين جنيها أو كان غير محدد القيمة وجب إثباته بالكتابة أو بما يقوم مقامها من إقرار أو يمين. أما إذا لم تجاوز القيمة عشرين جنيها جاز إثبات العقد بالشهادة والقرائن، وأنه إذا كان رب العمل تاجرا وقد أبرم عقد العمل لحاجات تجارته فإن إبرامه يعتبر عملا تجاريا بالنسبة له، وبالتالي يجوز للعامل إثبات عقد العمل بجميع طرق الإثبات ولو جاوزت قيمته عشرين جنيها وتقدر قيمة العقد بالنظر إلي الأجر المستحق للعامل، فإذا كان العقد محدد المدة وجب الإعداد بمجموع الأجور المستحقة للعامل عن مدة العقد كلها، ولو كان الأجر يدفع عن أقساط في فترات زمنية محددة كالسهر أو الأسبوع. أما إذا كان العقد غير محدد المدة إعتبر العقد غير محدد. وبالتالي وجب إثباته بالكتابة أيا كان مقدار الأجر الذي يدفع للعامل في الوحدة الزمنية المتفق عليها.

(شرح قانون العمل- للدكتور محمد لبيب شنب- المرجع السابق ص133 وما بعدها)

4- عقد العمل الفردي من العقود الرضائية التي تتم بإيجاب وقبول وليست الكتابة شرطا في تكوينه وإن كانت وسيلة لإثبات وجوده فقد نصت المادة 677 من القانون المدني علي أنه: "لا يشترط في عقد العمل أي شرط خاص ما لم تنص القوانين واللوائح الإدارية علي خلاف ذلك".

وهذا النص ليس له مقابل في القانون المدني القديم.

وكان القانون رقم 41 لسنة 1944 هو الذي كان ماثلا أمام المشرع وقت أن كان يضع التقنين المدني، وعناه في تنظيمه لقواعد عقد العمل، حين

مادة [677]

أحال إليه في المادة 675 من القانون المدني، ومن ثم جاء بنص المـادة 787 منـه ما يؤكد حقيقة رضائية عقد العمـل، مـا لم تقض القوانين واللـوائح الإداريـة بخلاف ذلك.

(قضاء العمال والتأمينات الاجتماعية- لأنور العمروسي- المرجع السابق- ص293 وما بعدها، والجزء الأول من الطبعة الثانية منه (التنظيم القانوني للعاملين)-تحت الطبع)

من أحكام القضاء الحديثة:

1- عقد العمل ليس من العقود الشكلية، ولا يشترط لانعقاده شكل خاص، ويخضع في إثباته للقواعد العامة في الإثبات، سواء هذا العقد كتابيا أم شفهيا.

(محكمة الاستئناف العليا الكويتية-جلسة 1972/3/12- الدائرة التجارية الأولى- القضية رقم 623 سنة 1972- الموسوعة القضائية لأحكام المحاكم الكويتية- للأستاذ أحمد سعيد عبد الخالق- جزء 1- 13)

2- من المسلم به فقها وقضاء أن عقد العمل عقد رضائي بحيث يتم بإيجاب وقبول من طرفيه وأن يتم بتوافق الإراديتين عن كافة شروطه وأركانه.

(القاهرة الابتدائية- جلسة 1992/12/10- الدائرة 31- القضية 1825 سنة 1961- الموسوعة -2- الهواري – ص63)

مادة[678]

مادة[678]

(1) يجوز أن يبرم عقد العمل لخدمة معينة أو لمدة معينة، كما يجوز أن يكون غير معين المدة.

(2) "فإذا كان عقد العمل لمدة حياة الطاعن العامل أو رب العمل أو لأكثر من خمس سنوات جاز للعامل بعد إنقضاء خمس سنوات أن يفسخ العقد دون عوض علي أن ينذر رب العمل إلي ستة أشهر.

النصوص العربية المقابلة:

هذه المادة تقابل في نصوص القانون المدني بالأقطار العربية، المواد التالية:

مادة 677 ليبي و642 سوري و902 عراقي و553 سوداني و627 لبناني و 891 تونسي.

الأعمال التحضيرية:

الفقرة الأولي مقتبسة عن المشروع الفرنسي الإيطالي (م 508)، وهي تطابق في مضمونها المادة 401 و 498 من التفسير الحالي.

أما الفقرة الثانية فقد وضعها المشروع بدلا من المادة 402 / 490 من التقنين الحالي (المضابقة للمادة 780 من التقنين الفرنسي). ويمتاز النص الجديد بأنه يوفق بين إعتبارين متعارضين: حماية حرية العمل مع الرغبة في الوقت ذاته في حماية المتعاقدين (وعلي الأخص العامل) وذلك بتقرير شيء من الإستقرار للعقد. ولذلك استبعد المشروع البطلان، وقرر بدلا منه الفسخ الذي يجوز لأي واحد من المتعاقدين أن يطلبه بعد مضي خمس سنوات. كذلك علق الفسخ علي إنذار سابق بمدة أشهر. وقد نقل المشروع مدة الخمس سنوات التي يجوز بعدها فسخ العقد عن التقنين الألماني (م 624). أما التفسير البولوني (م 468)، فهو يحددها بثلاث سنوات، في حين أن التقنين السويسري (م 351) يجعلها عشر سنوات، ويجاريه في ذلك المشروع الفرنسي الإيطالي (م 511).

لكن هل يقرر حق الفسخ بعد مضي هذه المدة للعامل ولرب العمل معا؟ إختلفت التقنيات في ذلك، فالتقنين الألماني والتقنين البولوني والمشروع الفرنسي الإيطالي لا تقرر حق الفسخ إلا للعامل. وعلي عكس ذلك يسوي التقنين السويسري بين العامل ورب العمل من هذه الناحية، ويقرر حق الفسخ لكل منهما، وقد رأي المشروع من الأفضل أن يأخذ بالحل الأول مادام القصد الأساسي هو حماية العامل، وحتى لا يتخذ رب العمل من ذلك وسيلة للخروج علي القواعد المقررة فيما يتعلق بعدم جواز الطرد في وقت غير لائق. والقضاء الدولي يؤيد أيضا هذا الاتجاه (راجع علي الأخص حكم محكمة الاستئناف ميلانو

مادة[678]

في 18 أكتوبر سمة 1932 مجموعة أحكام القضاء الدولي في العمل 1923 إيطاليان 33).

(مجموعة الأعمال التحضيرية للقانون المدني- الجزء 5- ص120)

رأي الفقه:

1- قد يتفق الطرفان علي مدة العقد بأن يحددا أجلا تنتهي فيه العلاقات الناشئة عنه، أو عملا معين ينتهي بتنفيذه، فيكن العقد لمدة محددة، وقد لا يتفقان علي شيء من هذا وإن حددا الأجر فيه علي أساس الزمن، فيكون العقد لمدة غير محددة، وعلي ذلك يجوز أن يبرم عقد العمل لخدمة معينة، أو لمدة معينة، كما يجوز أن يكون غير معين المدة (م 678 / 1 مدني).

وقد جاء الشارع في الفقرة الثانية من المادة 678 من التقنين المدني بحكم آخر: "إذا كان عقد العمل لمدة حياة العامل أو رب العمل أو لأكثر من خمس سنوات، جاز للعامل بعد إنقضاء خمس سنوات أن يفسخ العقد دون تعويض علي أن ينظر رب العمل إلي ستة أشهر"، ويمتاز النص الجديد بأنه يوفق بين إعتبارين متعارضين: حماية حرية العمل، مع الرغبة في الوقت ذاته في حماية المتعاقدين (وعلي الأخص العامل)، وذلك بتقرير شيء من الإستقرار للعقد. والفسخ علي مدة الصورة مقرر للعامل وحده، مادام القصد الأساسي هو حمايته وحتى لا يتخذ رب العمل من وسيلة الخروج علي القواعد المقررة فيما يتعلق بعدم جواز الطرد في وقت غير لائق. ووجاهة الحجة في حرمان صاحب العمل من مكنه الفسخ بعد مضي خمس سنوات -في نظر الدكتور جمال زكي- محل شك كبير، فيجب عدلا ألا توجد هذه المكنة إلا علي وجه التبادل بين الطرفين المتعاقدين، كما يعتقد الدكتور جمال أن إعتبار العقد بعد إنقضاء خمس سنوات عقدا ذا مدة غير محددة كان حلا تشريعيا يوفق بين مصالح الطرفين بقدر ما يضمن حماية العامل من تعسف صاحب العمل أو من تحايله علي قواعد القانون.

والعقد ذو المدة غير المحددة أكثر شيوعا في الحياة العملية، ويعتبر عقدا غير محدد المدة كل عقد لا يتحدد فيه موضوعة بزمن معين أو بعمل معين.

ولا أثر لطريقة تحديد الأجر علي نوع العقد، فلا يعتبر ذا مدة محددة، لأن الأجر فيه يقاس بالزمن فليس العقد الذي يتحدد فيه الأجر يوميا أو شهريا أو سنويا، بعقد مدته يوم أو شهر أو سنة، بل يبقي مع ذلك غير محدد لمدة.

(عقد العمل للدكتور محمود جمال الدين زكي- المرجع السابق- ص164 وما بعدها)

2- يتنافى مبدأ تأييد عقود العمل أو إبرامها لمدة طويلة مع الحرية الشخصية، لأن مثل هذه العقود تجعل علاقة العمل أشبه بعلاقة الرق. وقد وضع

مادة[678]

نص المادة 678 /2 مدني حدا أقصى لعقود العمل من الناحية الزمنية، وقد جاء في المذكرة الإيضاحية للمشروع التمهيدي للقانون المدني عن هذا النص أنه: "يوفق بين إعتبارين متعارضين: حماية حرية العمل مع الرغبة في الوقت ذاته في حماية المتعاقدين (وعلي الأخص العامل) وذلك بتقرير شيء من الإستقرار للعقد"، ولما كان المقصود بالنص هو حماية العامل، فقد جعل المشرع مكنة الإنهاء بعد خمس سنوات للعامل فقط، وذلك حتى لا يتخذ رب العمل من ذلك وسيلة للخروج عن هذه القواعد المقررة فيما يتعلق بعدم جواز الطرد في وقت غير لائق. وعن ذلك يبقي العقد محدد المدة بالنسبة لصاحب العمل، فلا يستطيع إنهاءه قبل نهاية مدته.

وينقد بعض الفقهاء هذا النص، ويري أن مكنة إنهاء العقد بعد خمس سنوات كان يجب عالة أن تعطي لكل من العامل وصاحب العمل، ولكن حماية العمل هي التي اقتضت إعطاءه هذا الحق دون صاحب العمل، ولا يمكن القول بتماثل مركزي طرفي العقد، لأن هذا التماثل نظري بحت، فالواقع أن الضرر الذي يصيب صاحب العمل إذا ترك العمل أخف بكثير من الكارثة التي تصيب العامل هو وأسرته إذا كان لصاحب العمل حق إنهاء مدته.

(شرح قانون العمل- للدكتور عبد الودود يحيي- المرجع السابق- ص321 وما بعدها)

3- ساير المشرع المصري أول الأمر مسلك المشرع الفرنسي في حظر عقود العمل المؤبدة.

غير أن في هذا المسلك مغالاة لا تخفي، إذا واضح أن وسيلة الخطر والبطلان المطلق لعقود العمل المؤبدة أو البالغة الطول تجاوز حدود الغاية المقصودة وهي كفالة الحرية الشخصية وحرية العمل ومنع تقييدها أبديا أو شبه أبدي، فضلا عما تؤدي إليه هذه المجاوزة من الإضرار بالعامل والإخلال بإستقرار روابط العمل. من أجل ذلك ابتدأت التشريعات الحديثة تعدل عن هذه الوسيلة إلي وسيلة أخرى أكثر مناسبة هي مجرد تقييد المتعاقدين بالعقد لمدة محددة قصوى فحسب، يحل بعد انقضائها لكل منهما أو لأحدهما حق إنهاء العقد بالإرادة المفردة وقد إستهدي المشرع المصري بهذه الاتجاهات الحديثة. فنص في التقنين المدني الحالي علي أنه: "إذا كان عقد العمل لمدة حياة العامل أو رب العمل، أو لأكثر من خمس سنوات جاز للعامل بعد إنقضاء خمس سنوات أن يفسخ العقد دون تعويض علي أن ينظر رب العمل إلي ستة أشهر"(م 678 / 2 مدني).

وظاهر من ذلك أن العقد المبرم لمدي حياة العامل أو حياة صاحب العمل أو لمدة محدودة تجاوز خمس سنوات يكون عقدا صحيحا لا يلحقه البطلان،

مادة[678]

ويظل معتبرا أصلا عقدا محدد المدة ولكن بخمس سنوات، بحيث يتقيد به الطرفان طوالها دون أن يملك أي منهما إنهاءه قبل انقضائها، ولكنه يتقيد إلي عقد غير محدد إذا إستمر تنفيذه بعد إنقضائها.

وقد حدد مقتضى ذلك الاعتراف في الأصل لكن من الطرفين بحق إنهائه بالإرادة المفردة في أي وقت مع مراعاة قيود إنهاء العقود غير المحددة المدة، ولكن المشرع المصري قصر حق الإنهاء علي العامل وحده ولكن بشرط مراعاة مهلة إخطار سابق محددة قدرها ستة أشهر بحيث بات صاحب العمل محروما من هذا الحث ومقيدا بالتالي بالعقد إلي نهاية مدته المتفق عليها أصلا أو إلي حين إستعمال العامل حقه في الإنهاء.

ويبدو أن مسلك المشرع في الاعتراف للعامل دون صاحب العمل بالحق في إنهاء العقد كان مراعيا إلي حد بعيد أثر إختلاف المدة الطويلة عن العامل عن أثرها علي صاحب العمل، إذ أن مركز العامل كتابع خاضع يجعل إحساسه بوطأة استطالة مدة العقد أكبر من إحساس صاحب العمل بذلك بوصفه هو المتبوع، مما تصبح معه هذه المدة قيدا حقيقيا عن حرية العامل فتبرر حمايته: بإعطائه وحده وسيلة إنهاء العقد بإرادته المنفردة بعد خمس سنوات بل وبإعتبار إنهائه العقد بعد هذه المدة مبررا مشروعا للإنهاء يحميه من المسئولية عن الإنهاء التعسفي، ولذلك جاء النص علي أن يكون الإنهاء من جانبه – بشرط مراعاة مدة الإخطار المذكورة- دون تعويض.

(أصول قانون العمل -للدكتور حسن كيرة- المرجع السابق- ص327 وما بعدها)

4- يترتب علي كون عقد العمل محدد المدة لأنه لا يجوز لأي من طرفيه الاستقلال بإنهائه قبل المدة المحددة له، وهذا الحكم مجرد تطبيق لقاعدة أن العقد شريعة المتعاقدين فلا يجوز نقضه ولا تعديله إلا بإتفاق الطرفين أو للأسباب التي يقررها القانون (147 /1 مدني).

ولكن المشرع خرج علي هذه القاعدة صراحة بما ضمنه نص الفقرة الثانية من المادة 678 مدني.

وهذا الذي نصت عليه تلك المادة إستثناء أملته الرغبة في حماية العامل وإفساح الطريق أمامه لتغيير مستقبله دون أن يتقيد في ذلك بما أبرمه من عقود قد تحرمه بسبب طول مدتها من الفرص التي قد تسنح له.

وعلي ذلك فإذا كانت مدة العقد أكثر من خمس سنوات، أو كان معقودا لمدة حياة العامل أو لمدة حياة رب العمل أو أي شخص آخر، فإن العامل لا يلتزم بالبقاء مرتبطا بهذا العقد إلا لمدة خمس سنوات فقط. أما بعد إنقضاء هذه المدة، فإنه يستطيع إذا شاء أن يتحلل من العقد بإرادته المنفردة، دون أن يلتزم

مادة[678]

بتعويض رب العمل عن ذلك، ويتم هذا التحلل بإخطار العامل لرب العمل برغبة في إنهاء العقد. ولكن منعا لمفاجأة رب العمل بهذا الإنهاء، ورغبته في إتاحة الفرصة أمامه ليرعى مصالحه، وليبحث عمل يحل محل العامل الراغب في الإنهاء، ألزم المشرع هذا العامل أن ينظر رب العمل إلي ستة أشهر، فلا يجوز له أن يترك العمل فورا في أي وقت بعد مضي خمس سنوات عن بدء تنفيذ عقد العمل، بل عليه أن يبدأ أولا بإخطار رب العمل برغبته في ترك العمل، ثم أن ينتظر ستة أشهر قبل تنفيذ هذه الرغبة فعلا.

ولكن في أي وقت يستطيع العامل القيام بهذا الإخطار؟ هل يتعين عليه أن ينتظر مرور خمس سنوات علي بدء العقد ثم يقوم بالإخطار، وبذلك يلتزم بالإستمرار في العمل مدة ستة شهور أخرى زائدة عن الخمس سنوات.

يري الدكتور لبيب شنب أن العامل يستطيع القيام بهذا الإخطار في أي وقت ابتداء من بلوغ مدة عمله لدي رب العمل أربع سنوات ونصف بحيث تكتمل هذه المدة خمس سنوات بمهلة الإطار. ويستطيع العامل أن يترك العمل فورا بعد نهاية السنة الخامسة، وبهذا نكون قد إحترمنا الحكم الذي لا يجيز العامل أن يتحلل من عقد العمل في خلال الخمس سنوات الأولي من مدته، ولم تخالف الحكم الذي يوجب إمهال رب العمل ستة أشهر.

(شرح قانون العمل- للدكتور محمد لبيب شفير- المرجع السابق- 380 وما بعدها)

5- وفقاً لنص المادة 678 /1 من القانون المدني يمكن لطرفي العقد أن يتراضيا علي جعل العقد لمدة معينة ينتهي بانتهائها أو أن يتفقا عن أن ينتهي عقد العمل بإنجاز خدمة معينة، وهذا هو عقد العمل محدد المدة، كما يمكن ألا ينصا أصلا علي مدة العقد فيأخذ حكم العقد غير محدد المدة.

ويجب في حالة الإتفاق علي مدة عقد العمل ألا تطول هذه المدة إلي الحد الذي يعتبر التعاقد معه قيدا علي حرية العامل.

علي هذا كان من المفروض أن يبطل عقد العمل المؤيد أو الذي ينص فيه علي أنه يمتد طول الحياة.

غير المشرع عالج الأمر في هذه الحالة بما نصت عليه الفقرة الثانية من المادة 678 من القانون المدني.

(شرح قانون العمل- للدكتور ايهاب حسن إسماعيل- المرجع السابق ص194)

من أحكام القضاء الحديثة:

1- إن تحديد رب العمل سنا معينة لتقاعد عمله يترتب عليه إنتهاء العقد تلقائيا ببلوغ هذه السن دون حاجة لإخطار سابق من أي الطرفين للآخر، فإذا إستمر العامل في عمله بعد بلوغها بموافقة رب العمل، فإنه يكون قد انعقد بين

مادة[678]

الطرفين عقد جديد غير محدد المدة لا يجوز إنهاؤه بغير إخطار سابق ودون مبرر. إذا كان ذلك، وكان الثابت في الدعوى في الشركة المطعون عليها حددت في لائحتها سن الخامسة والستين لتقاعد عمالها الإداريين ومن بينهم الطاعن وبعد بلوغه هذه السن وافقت علي إستمراره العمل، ثم فصلته دون إخطار سابق وبغير مبرر، وجري الحكم المطعون فيه علي أن بقاء المستأنف عليه في عمله إستمرارا لعقد قائم بينه وبين الشركة المستأنفة ومادامت هذه قد أنهته بعد ذلك لبلوغ المستأنف عليه سن التعاقد، فإنها تكون قد باشرت حقا مقررا لها، ورتب علي ذلك أن الفصل لا ينطوي علي أية إساءة أو تعسف، فإنه يكون قد خالف القانون وأخطأ في تطبيقه بما يوجب نقضه.

(نقض - جلسة 1969/1/8- مجموعة المكتب الفني- السنة -2- مدني- ص11)

مادة [679]

مادة [679]

(1) إذا كان عقد العمل معين المدة إنتهي من تلقاء نفسه بإنقضاء مدته.

(2) فإذا إستمر طرفاه في تنفيذ العقد بعد إنقضاء مدته، إعتبر ذلك منهما تجديداً للعقد لمدة غير معينة.

النصوص العربية المقابلة:

هذه المادة تقابل في نصوص القانون المدني بالأقطار العربية، المواد التالية:

مادة 678 ليبي و645 سوري و915 عراقي و651 لبناني و554 سوداني و860 تونسي.

الأعمال التحضيرية:

الفقرة الأولي تطابق المادة 509 من المشروع الفرنسي الإيطالي.

أما الفقرة الثانية فهي مقتبسة من المادة 625 من التقنين الألماني والمادة 466 فقرة 2 من التقنين البولوني. وقد إختلفت وجهات النظر فيما يتعلق بتحديد العقد بعد إنتهاء مدته: هل يعتبر عقدا غير محدد المدة أم يعتبر عقدا محدد المدة علي غرار العقد السابق الذي انتهت مدته؟ فالتقنين الألماني (م 625) يعتبره غير محدد المدة، ويجاريه في ذلك التقنين البولوني (م 66 فقرة 2). أما التقنين التونسي (م 860 فقرة 2) والتقنين اللبناني (م 657 فقرة 2) وتقنين الإلتزامات السويسري (م 346) فتعتبره عقدا محدد، ومدته هي غالبا المدة ذاتها التي انتهت. وقد فضل المشروع الأخذ بالحل الذي قرره كل من التقنين الألماني والبولوني، لأن التجربة أثبتت في فرنسا أن الأخذ بالحل الآخر قد يسهل الخروج علي القواعد الخاصة بعدم جواز الطرد في وقت غير لائق، وذلك عن طريق الإتفاق علي تحديد مدة العقد بيوم واحد حتى يتجدد بعد ذلك من يوم إلي آخر فيمكن إنهاؤه في أي يوم بدون أية مسئولية. وقد تنبهت محكمة النقض الفرنسية إلي ذلك وقررت أن العقد الجديد يعتبر معقود لمدة غير محددة (نقض فرنسي 9 أبريل سنة 1930 مجموعة القضاء الدولي للعمل 1930 فرنسا 25 و4 نوفمبر سنة 1931 مجموعة القضاء الدولي للعمل 1931 فرنسا 29. علي أنه يجب مع ذلك أن نعترف بأن هناك بعض حالات، كحالة المدرسين والمعلمين في معاهد التعليم الحر الذين يستخدمون لمدة العام الدراسي، إذا تجدد العقد فيها بإستمرار الطرفين في تنفيذه بعد إنتهاء مدته، فإنه يتجدد من سنة إلي أخرى. والمشروع يراعي هذه الحالات. فيضع لها المادة التالية.

(مجموعة الأعمال التحضيرية للقانون المدني- جزء 5- ص122 و123)

مادة [679]

رأي الفقه:

1- الإتفاق علي تجديد عقد العمل قد يكون صريحا ينعقد بإيجاب وقبول صريحين، ولا يثير هذا الإتفاق في الغالب أية صعوبة. لأنه يعتبر عقدا مستقلا عن العقد المنتهي، وإن أحال علي ذلك العقد بالنسبة لشروطه كلها أو بعضها.

وقد يستخلص الإنفاق علي عقد العمل الجديد من ظروف الحال، وهذا هو التجديد الضمني لعقد العمل، والظروف التي قد يستخلص منها هذا التجديد كثيرة ومتنوعة، غير أن أهمها وأكثرها ذيوعا وشيوعا هو ظرف إستمرار العامل ورب العمل في تنفيذ العقد بعد إنقضاء مدته وهو الظرف الذي عني المشرع بالنص عليه في كل من القانون المدني (م 679 /1 مدني و1/71ق 91 لسنة 1959).

وعلي ذلك فإذا كان العقد محدد المدة وإستمر طرفاه في تنفيذه بعد إنقضاء مدته، فإن العقد يتحدد لمدة أخرى، وبعبارة أخرى فإن عقدا جديدا ينعقد بين الطرفين، ولاشك أنه يسهل استخلاص رضاء الطرفين بهذا العقد من إستمرارهما في تنفيذ العقد السابق بعد إنقضاء مدته وانتهائه تلقائيا بذلك.

(شرح قانون العمل، للدكتور محمد لبيب شنب- المرجع السابق- ص384 وما بعدها)

2- الفقرة الأولي من المادة 679 مدني تطابق المدة 509 من المشروع الفرنسي الإيطالي.

أما الفقرة الثانية فهي مقتبسة من المادة 625 من التقنين الألماني والمادة 466 / 2 من التقنين البولوني.

فحلول الأجل يترتب عليه إنهاء العقد بقوة القانون من غير حاجة إلي توجيه إنذار من الطرف الذي يرغب في استرجاع حريته ومنع التجديد الضمني، ولا يقضي بأي تعويض للطرف الذي يرفض إبرام عقد جديد ولو كان التعهد باليوم. وهذه القاعدة تسري أيضا علي الحالة التي يكون فيها الأجل معينا بناء علي العرف المحلي، أو إذا كان الأجل لمدة العمل.

وقد إختلفت وجهات النظر فيما يتعلق بتجديد العقد بعد إنتهاء مدته، هل يعتبر عقدا محدد المدة عن غرار العقد السابق الذي انتهت مدته، فالتقنين الألماني يعتبره غير محدد المدة. ويجاريه في ذلك التقنين البولوني. أما التقنين التونسي والتقنين اللبناني وتقنين الإلتزامات السويسري فتعتبره عقدا محدد المدة، ومدته هي غالبا المدة التي انتهت.

وقد فضل القانون المصري الأخذ بالحل الذي قرره كل من التقنين الألماني والبولوني، لأن التجربة أثبتت في فرنسا أن الأخذ بالحل الآخر قد سهل

مادة [679]

الخروج علي القواعد الخاصة بعدم جواز الطرد في وقت غير لائق، وذلك عن طريق الإتفاق علي تحديد مدة العقد بيوم واحد حتى يتجدد بعد ذلك من يوم لآخر، فيمكن إنهاؤه في أي يوم بدون أية مسئولية، وقد تنبهت محكمة النقض الفرنسية إلي ذلك وقررت أن العقد الجديد يعتبر معقودا لمدة غير محددة.

(العقود المسماة-4- للدكتور محمد كامل مرسي- المرجع السابق- ص56 وما بعدها)

3- تقضي الفقرة الثانية من المادة 679 مدني بأن إستمرار المتعاقدين في تنفيذ العقد ذي المدة المعينة يؤدي إلي تجديده مدة غير معينة، وقد كان المنطق يقضي بأن العقد يتحدد لمدة مساوية لمدته الأولي، ولكن المشروع فضل الأخذ بالحل الذي ورد في النص. لأن التجربة أثبتت في فرنسا أن الأخذ بالحل الآخر قد يسهل الخروج علي القواعد الخاصة بعدم جواز الطرد في وقت غير لائق، وذلك عن طريق الإتفاق علي تحديد مدة العقد بيوم واحد حتى يتجدد بعد ذلك من يوم لآخر، فيمكن إنهاؤه في أي يوم بدون أية مسئولية.

وقد ثار خلاف حول الحكم الذي ورد في المادة 679 /2 مدني وعما إذا كان يمكن الإتفاق علي مخالفته والنص علي أن العقد يتجدد انتهائه لمدة مساوية لمدته الأولي.

فذهب رأي – إلي أن القاعدة التي وردت في المادة 679 / 2 مدني قاعدة آمرة، فلا يجوز الإتفاق علي مخالفتها لأنها تستند أساسها إلي توقي الغش نحو أحكام تتعلق بالنظام العام (الدكتور محمود جمال الدين زكي).

ويذهب رأي آخر- إلي القول بوجود قرينة بسيطة عن الغش إذا تضمن العقد شرطا يقضي بتجدده لمدة معينة، فإذا انتفي قصد الغش، بأن كانت المدة التي يتجدد لها العقد طويلة نسبيا، فإن هذا الشرط يكون صحيحا.

ويذهب رأي الثالث- (هو الذي يفضله الدكتور عبد الودود يحيي)- إلي أن القاعدة التي وردت في المادة 679 / 2 مدني والتي تقضي بتجدد العقد لمدة غير محددة إنما هي قاعدة مكملة لا تطبق إلا إذا لم يتعلق المتعاقدان علي ما يخالفها ويستند هذا الرأي إلي صياغة المادة 679 / 2 مجني التي تقضي بأنه (إذا إستمر المتعاقدان في تنفيذ العقد بعد إنتهاء مدته إعتبر ذلك منهما تجديدا للعقد لمدة غير محددة)، فهذه العبارة تدل علي أن النص الخاص بحالة التجديد الضمني للعقد ولا تمتد إلي حكم الإتفاق الصريح علي التجديد.

وإختلفت ذلك أحكام القضاء في هذا الشأن، فذهب بعضها – إلي القول بصحة الإتفاق علي تجدد العقد لمدة محددة، لأن مجال تطبيق النص الخاص بتجدد العقد لمدة غير معينة هو حالة التجديد الضمني، ومن ثم فلا حاجة لهذا

مادة [679]

الحكم إذا أفصح المتعاقدان عن طريقة تجديد العقد بينهما بعد إنتهاء مدتـه الأولى المتفق عليها.

وذهبت أحكام أخرى – إلى أنه لا يمكن الإتفاق على مخالفـة الحكـم الوارد في المادة 679 / 2 مدني، فحيث يكون هناك عقد معين المدة ينص فيه على تكرار تجديده تباعا مددا متساوية، يكون هذا العقد عند إنتهاء المـدة الأولى وحصول التجديد عقدا غير معين المدة إذا إستمر الطرفان في تنفيذه.

وذهبت محكمـة النقض – إلى أنـه إذا كانت فيه المتعاقدين قـد انصرفت منذ بداية التعاقد إلى تجديد العقد عدة مرات متواليـة لم يحـدد عددها وقت التعاقد فإن ذلك يجعل العقد منذ بدايته غير محدد المدة (نقض – جلسة 1960/1/7 – مجموعة المكتب الفني- السنة 11- مدني- ص25).

وحكم الفقرة الثانية من المادة 679 مدني يتفق تماما مع حكم الفقرة الأولى من المادة 71 من قانون العمل الموحد رقم 91 لسنة 1959.

ولكن المشرع أضاف – بالقانون رقم 94 لسنة 1962- إلى أن المادة 71 من قانون العمل الموحد، تنص على أن: "يعتبر التجديد لمدة غير محددة أيضا ولو حصل بتعاقد جديد يشمل شروطا جديدة، وقد كان الـدافع إضافة هـذه الفقرة، كما تقول المذكرة الإيضاحية للقانون 94 لسنة 1962- هو حمايـة العمال بما لجأ إليه بعض أصحاب الأعمال، مـن إسـتخدام العمال فتـرات متقطعة بعقود محددة المدة للحيلولة دون استفادتهم من مزايا القانون. ومع أن الغرض من إضافة هذه الفقرة هو منع التحايل الذي قد يلجأ إليه أصحاب الأعمال، إلا أن ورودها بهذا النص العـام يـؤدي إلى القول ببطلان كل إتفاق يقصد به تجدد العقد لمدة محددة أخرى ولو لم يكن مقصودا به التحايل.

(شرح قانون العمل- للدكتور عبد الودود يحيى- المرجع السابق ص324 وما بعدها، وتجدد عقد العمل- مقال- للدكتور إسماعيل غانم- مجلة العلوم القانونية والإقتصادية- اللجنة 4 ص451)

من أحكام القضاء الحديثة:

1- متى تبين أن علاقة عامل برب العمل بـدأت بعقد تضمين شرطا بمقتضاه أن لكل من الطرفين الحق في إبطاله بشرط إنذار الطرف الآخر قبـل ميعاد الإبطال بمدة معينة، وأنه ذكر في العقد أنه لمدة محددة وإستمر العامل في عمله وكانت تصدر قرارات بتجديد عقده مدة بعد أخرى، ثم كانت العقود تحرر بعد ذلك وفي بداية كل مدة تجديد لها خالية من حق كـل مـن الطرفين في إبطال العقد الذي يخول لكل طرف فيه حق إبطاله في أي وقت شاء، إنما هو في حقيقته عقد غير محدد المدة وإن نص فيه على أنه لمدة محددة.

مادة [679]

(نقض- جلسة 1957/5/14- المبونة العمالية (الدورية) – للأستاذ حسن العسكهاني- طبعة 1960- ص87)

2- لما كانت المادة 2/679 من القانون المدني قد نصت علي أنه إذا إستمر طرفا العقد المعين المدة في تنفيذه بعد إنقضاء مدة إعتبر ذلك منهما تجديدا للعقد لمدة غير معينة، وقد جاء المشرع بهذه القاعدة في المادة 71 من قانون العمل. وقد قصد المشرع من ذلك توقي التحايل علي قواعد إنهاء العقد غير المحدد المدة وهو ما يتعين معه القول بأنه لا يسوغ لرب العمل أن يجدد عقد عامل إلي مدة محددة بعد بدأ عمله سواء بعقد محدد أو غير محدد المدة.

(القاهرة الابتدائية- جلسة 1963/5/29- الدائرة 16- الموسوعة-2- الهواري- ص117و118)

3- إن المادة 679 من القانون المدني تنص علي أنه إذا كان عقد العمل محددة المدة إنتهي من تلقاء نفسه بإنقضاء مدته، ومن ثم يكون عقد عمل المدعي- وقد جاء محدد المدة- قد إنتهي بإنتهاء مدته، وذلك دون إنذار من جانب رب العمل، لأن الإنذار خاص بالعقود غير محددة المدة، وأيضا بلا تعويض لأن التعويض إنما يكون علي أساس التعسف في الإستعمال حق الفصل، وهنا لا يوجد أي فصل من قبل الشركة المدعي عليها المدعي، بل يوجد إنتهاء لعقد عمل محدد المدة بإنتهاء مدته، وبالتالي يكون طلب المدعي بدل الإنذار والتعويض قد جاء علي أساس من القانون ويتعين القضاء برفضه.

(شئون العمال ببور سعيد- جلسة 1962/3/4- القضية 85 سنة 1961- موسوعة الهواري -2- ص821)

4- أنه مع التسليم الجدلي بصحة البيانات الواردة بعقد العمل المقدم بإعتباره محدد المدة ينتهي في 1964/5/5 أما إذا إستمر بعد ذلك التاريخ ولو ليوم واحد بأن وقع الفصل في اليوم التالي- كما هو الحال في النزاع- فإن العقد يضحي عقدا غير محدد المدة، وفي ذلك تقول المادة 2/279 مدني: "... فإذا إستمر طرفاه في تنفيذ العقد بعد إنتهاء مدته، إعتبر ذلك منهما تجديدا للعقد لمدة غير معينة"، وقد جاء بالأعمال التحضيرية القانون المدني (الجزء 5 ص122): "... أثبتت التجربة في فرنسا أن الأخذ بالحل الأخير قد يسهل الخروج عن القواعد الخاصة بعدم جواز الطرد في وقت غير لائق، وذلك عن طريق الإتفاق علي تحديد مدة العقد بيوم واحد حتى يتجدد بذلك من يوم إلي آخر فيمكن إنهاؤه في أي يوم بدون أية مسئولية... وهذه القاعدة في صفتها إذ ترمي إلي إنقضاء الغش تعتبر متعلقة بالنظام العام (الوجيز في قانون العمل – للدكتور محمود

مادة [679]

جمال الدين زكي- طبعة 1962- ص193)- وقد أورد قانون العمل الموحد تأكيدا لهذه القاعدة بما ضمنه نص المادة 71 المعدلة بالقانون رقم 94 لسنة 1962- إذ نقول: "إذا كان العقد محدد المدة وإستمر الطرفان في تنفيذه بعد إنقضاء مدته إعتبر العقد مجددا لمدة غير محددة- ويعتبر التجديد لمدة غير محدودة أيضا ولو حصل بتعاقد جديد يشمل شروطا جديدة وقد قضت محكمة النقض بأن التجديد المتكرر للعقد رغم النص في كل مرة عن منعه يدل علي نية المتعاقدين كانت منصرفة منذ بدء التعاقد إلي تجديده إلي مرات عديدة لم يحدد عددها وقت التعاقد مما يجعل هذا التعاقد منذ بدايته غير محدد المدة، وهو إستخلاص سائغ لا مخالفة فيه للقانون (نقض- جلسة 1960/1/7- مجموعة المكتب الفني- السنة 11- مدني- ص25).

(كوم أمبو الجزئية- جلسة 1964/11/11- القضية 428 سنة 1964 مدني أحكام القضاء الحديثة في منازعات العمل والتأمينات الاجتماعية- 1- 1966- المقضي أنور العمروسي- ص233)

مادة [680]

مادة [680]

(1) إذا أبرم العقد لتنفيذ عمل معين إنتهي بإنقضاء العمل المتفق عليه.

(2) فإذا كان العمل قابلا بطبيعته لأن يتجدد، وإستمر تنفيذ العقد بعد إنتهاء العمل المتفق عليه، إعتبر العقد قد تجدد تجديدا ضمنيا المدة اللازمة للقيام بالعمل ذاته مرة أخرى.

النصوص العربية المقابلة:

هذه المادة تقابل في نصوص القانون المدني بالأقطار العربية، المواد التالية:

مادة 679 ليبي و606 سوري و916 عراقي و555 سوداني.

الأعمال التحضيرية:

الفقرة الأولي: قانون المادة 466 من التقنين البولوني.

أما الفقرة الثانية، فهي استثناء من الحكم المقرر بالمادة في فقرتها الثانية، إذ يجب في هذه الحالة أن يعتبر العقد قد تجدد لمدة محددة هي المدة اللازمة للقيام بالعمل ذاته مرة أخرى. والنص ينطبق علي حالة المدرسين والمعلمين في معاهد التعليم الحرة وكذلك في الحالات الأخرى المشابهة. والمعيار الموضوع "إذا كان العمل بطبيعته قابلا لأن يتجدد يحدده من حالات تطبيق النص، حتى لا يستعمل كوسيلة للتهرب من أحكام الطرد في وقت غير لائق.

(مجموعة الأعمال التحضيرية- جزء 5- ص124 و125)

رأي الفقه:

1- يلاحظ أن الفقرة الثانية من المادة 680 مدني استثناء من الحكم المقرر بالمادة 2/689 مدني، إذ يجب في هذه الحالة أن يعتبر العقد قد تجدد لمدة محددة هي المدة اللازمة للقيام بالعمل ذاته مرة أخرى، والنص ينطبق في حالة المدرسين والمعلمين في معاهد التعليم الحرة، وكذلك في الحالات الأخرى المشابهة، والمعيار الموضوع: "إذا كان العمل بطبيعته قابلا لأن يتجدد" يجد في حالات تطبيق النص، حتى لا يستعمل كوسيلة للتهرب من أحكام الطرد في وقت غير لائق".

(العقود المسماة-4- الدكتور كامل مرسي- المرجع السابق- ص59 وما بعدها، والتقنين المدني- للدكتور محمد علي عرفه- المرجع السابق- ص486 و487 و488)

2- إعتبر واضعو التقنين المدني الحكم الوارد في الفقرة الثانية من المادة 680 مدني استثناء من القاعدة المقررة للعقد المبرم لمدة معين دون أن يفصحوا عن حكمته، ثم فاتهم الصواب حين إعتبروا العقد الذي يربط المدرس في معاهد

مادة [680]

التعليم الحر لمدة العام الدراسي عقد أبرم لعمل معين، في حين أنه علي وجه اليقين عقد مبرم لمدة محددة، ويتجدد بناء علي هذا لمدة غير محددة، ويكون ما جاء في المذكرة الإيضاحية، بعكس ذلك استنتاجا لواضيعها لا تعبيرا عن رأي الشارع.

(عقد العمل- للدكتور محمود جمال الدين زكي- المرجع السابق ص168)

3- إذا أبرم عقد العمل لتنفيذ عمل معين، فإنه ينتهي بتمام تنفيذ العمل المتفق عليه (م 1/680 مدني).

وعلي ذلك فإنه لا يوجد هنا ما يحول دون أن يجدد الطرفان هذا العقد بعد إنجاز العمل المطلوب، إذا عرض لهما عمل آخر، وهذا التجديد قد يكون صريحا، وقد يكون ضمنيا يستفاد من ظروف الحال وبصفة خاصة من إستمرار المتعاقدين في تنفيذ العقد بعد إنتهاء العمل المتفق عليه، وذلك بالنسبة لعمل آخر، بشرط لا يوجد فاصل زمني بين كل عقد والآخر، فإذا كان المقاول بعد إنتهاء هدم العمارة ونقل أنقاضها قد عاد وكلف العمال بهدم عمارة أخرى فإن العقد يتجدد تجديدا ضمنيا المدة اللازمة للقيام بهذا العمل (م 2/280 مدني)، أي يعتبر العقد معقودا بدوره لتنفيذ عمل معين، بحيث ينتهي بإنجاز هذا العمل من تلقاء نفسه، إلا إذا ثبت أنه قصد من وصف العقد أنه مبرم لعمل معين التحايل علي أحكام القانون. وتمكين رب العمل من التمسك بإنتهاء العقد عقب كل عمل يتمه دون أن يتقيد في ذلك بمهلة الإخطار، أو بضرورة وجود مبرر، ففي هذه الحال يعتبر العقد المجدد غير محدد المدة، فلا يجوز إنهاؤه إلا بإحترام القيود المنصوص عليها لإنهاء العقود غير محددة المدة.

(شرح قانون العمل- للدكتور محمد لبيب شنب- المرجع السابق ص392 و393)

4- أخذ المشرع بحكم مخالف لما نصت عليه المادة 679 مدني، بما نصت عليه المادة 680 مدني. هذا النص الأخير يفترض أن العقد أبرم لإتمام عمل معين، ثم إستمر الطرفان في تنفيذه بعد إتمام العمل المتفق عليه. في هذه الحالة يتحدد العقد ضمنيا للمدة اللازمة للقيام بنفس العمل مرة أخرى. ولا يبدو من الأعمال التحضيرية لهذا النص الحكمة في التفرقة بين العقد ذي المدة المحددة والعقد المبرم لتنفيذ عمل معين. وقد أورد المذكرة الإيضاحية للقانون المدني مثالا للعد الأخير، هو حالة المدرسين والمعلمين في معاهد التعليم الحر الذين يستخدمون لمدة العام الدراسي. والواقع أنه من الصعب أن تعتبر العقد، في المثال الذي ذكرته المذكرة الإيضاحية، مبرما لإنجاز عمل معين، ذلك أن عمل المدرس يتطلب زمنا يمكن تحديده بالعام الدراسي ولذلك يمكن القول إن عقد المدرس عقد مبرم لمدة معينة هي العام الدراسي، وإذا تجدد فإنه يتجدد لمدة

مادة [680]

محددة، وعلى أية حال العبرة في تكييف العقد بأنه عقد ذو مدة محددة أم عقد أبرم التنفيذ عمل معين تكون بإرادة المتعاقدين. فإذا تبين أنهما قصدا إبرام عقد لتنفيذ عمل معين، فإن هذا العقد ينتهي بإنتهاء مدته، فإذا إستمر المتعاقدان في تنفيذه بعد ذلك، كان معنى هذا أنهما قصدا تنفيذ نفس العمل مرة أخرى. والقول بأن العقد في هذه الحالة يتجدد لمدة غير محددة يتنافى مع قصد المتعاقدين.

(شرح قانون العمل- للدكتور عبر الودود يحيى- المرجع السابق ص328)

5- كما ينتهي عقد العمل المبرم لتنفيذ عمل معين بإنقضاء العمل المتفق عليه، كما لو استخدم أحد مقاولي البناء مهندسا للإشراف علي بناء عمارة، وذلك دون حاجة إلي إخطار سابق أو إلزام بإعطاء مهلة البحث عن عمل جديد، فإذا كان العمل قابلا بطبيعته لأن يتجدد، وإستمر تنفيذ العقد بعد إنتهاء العمل المتفق عليه إعتبر العقد قد تجدد تجددا ضمنيا المدة اللازمة للقيام بالعمل ذاته مرة أخرى(م 680 مدني).

(الوجيز في قانون العمل والتأمينات الاجتماعية- للدكتور محمد حلمي مراد- ط1970- ص239)

6- عرض المشرع لتجدد العقد المبرم لإنجاز عمل معين تجديدا ضمنيا بالإستمرار في تنفيذه بعد إنجاز هذا العمل، فطبق – بنص المادة 680 مدني- الأصل المقرر وهو بقاء العقد المجدد بوصفه الأصيل محدد المدة.

ورغم أن هذا الحكم وارد في التقنين المدني وغير منصوص عليه في تقنين العمل فهو واجب الإعمال كذلك علي عقود العمل جميعا حتى الخاضعة منها للتقنين الأخير، بإعتبار أن التقنين المدني يمثل في شأن عقد العمل الشريعة العامة الواجبة التطبيق من الناحية الموضوعية بحيث تطبق أحكامه علي عقود العمل الخاضعة لتقنين العمل حيث لا يرد في هذا التقنين الأخير نص مخالف، فضلا عن أن هذا الحكم هو مقتضى الأصل الطبيعي والمنطقي الواجب إعماله دون نص، وخاصة في شأن عقد العمل المبرم لإنجاز عمل معين، إذ يكون معنى الإستمرار في تنفيذه رغم تمام هذا الإنجاز قصد المتعاقدين إلي إنجاز نفس العمل مرة ثانية، وهو ما يرهن مدة التجديد ووقت انقضائه بالوقت اللازم لهذا الإنجاز.

وإذا كان النص في إبقائه علي العقد المجدد بوصفه الأصيل كعقد محدد المدة بالمدة اللازمة للقيام بالعمل ذاته مرة أخرى، لا يعرض إلا لصورة التجديد الضمني للعقد، فينطبق حكمه من باب أولي في صورة التجديد الصريح، حيث يتفق المتعاقدان عند إتمام العمل المبرم العقد أصلا لإنجازه علي إستمرار العلاقة التعاقدية لإنجاز ذات العمل مرة أخرى.

(أصول قانون العمل- للدكتور كيره- المرجع السابق- ص743)

مادة [680]

من أحكام القضاء الحديثة:

1- إذا كان الحكم المطعون فيه قد إنتهى إلى أن عقد إستخدام المطعون عليه بدأ غير محدد المدة، فلا محل للتحدي بمعنى المادة 680 من القانون المدني.

2- إذا كان يبين أن المدعي يعمل بالشركة (مياه غازية) خلال الموسم عملها الصيفي، وأن الشركة قامت بالاستغناء عنه عند إنتهاء موسم العمل بها، أي أن عقد عمل المدعي قد إنتهاء العمل المتفق عليه طبقا لنص المادة 680 من القانون المدني، ومن ثم فليس هناك فصل حتى يطلب المدعي وقفه.

(شئون العمل بالقاهرة- جلسة 1963/3/25- القضية 1969 /1963 موسوعة الهواري-2- ص419)

3- إن طبيعة عمل مقاولي كبس القطن موسمية تنتهي بإنتهاء محصول القطن وتجهيزه للتصدير، وأنه لا يمكن القول بأنها عملية مستمرة طوال العام، ومن ثم يكون المدعي متصفا بالتوقيت بحيث ينتهي بإنقضاء العمل الذي يوكل إليه في كل مرة، وتصبح علاقته بها خاضعة لعقود عمل محددة المدة متلاحقة ينتهي كل منها بإنقضاء العمل الذي أسند إليه طبقا لنص المادة 680 /1مدني.

(شئون العمل بالإسكندرية- جلسة 1963/2/2- القضية 2904 / 1960 عمال جزئي- أحكام القضاء الحديثة- 1- للعمروسي- ص336)

مادة [681]

مادة [681]

يفترض في أداء الخدمة أن يكون بأجر إذا كان قوام هذه الخدمة عملا لم تجـر العادة بالتبرع به أو عملا داخلا في مهنة من أداه.

النصوص العربية المقابلة:

هذه المادة تقابل في نصوص القـانون المـدني بالأقطـار العربيـة، المـواد التالية:

مـادة 680 ليبـي و647 سـوري و903 عراقـي و556 سـوداني و732 مغربي.

الأعمال التحضيرية:

ليس علي هذه المادة تعليق- بالأعمال التحضيرية- يستحق التنويه به.

رأي الفقه:

1- الأجر هو مقابل العمل أو ثمن العمل كما يسـميه بعـض الفقهـاء، هو المال الذي يلتزم رب العمل بدفعه إلي العامل نظـير إلتزامـه بـأداء العمـل موضوع العقد. ويعبر الفقهاء عن هـذا بقـولهم أن الأجـر مـن مقومـات عقـد العمل وليس فقط من طبيعته. علي أنه لا يكفي في كل الأحوال لتحقـق هـذه النتيجة أو تلك ببطلان أو بتغير وصفه، ألا يتفق العاقدان صراحة أو ضمنا عن دفع الأجر، فقد افترض المشرع وجود هذا الإتفاق إذا كان موضوع هذا العقـد عملا لم تجر العادة بالتبرع به أو عملا داخلا في مهنة من أداه.

وأنه إذا كان توافر الأجر ضروريا علي هذا النحـو لقيـام عقـد العمـل، فإن وجوده علي أية صورة يكفي لانعقاده، فلا يلزم أن يكـون معينـا في العقـد أو أن يقوم بدفعه صاحب العمل ولا أن يكون نقديا.

(قانون العمل- الدكتور جمال زكي- المرجع السابق- ص45 و46)

2- يستلزم القانون صراحة أن يكون العمل مأجورا لـكي يخضـع لعقـد عمل وعلي هذا يتوافر هذا العنصر إذا تقاضي العامل مقابلا لقاء العمل الـذي يقوم به مهما كانت طريقة تحديده.

ومفاد نص المادة 681 من القانون المدني أن عـدم الإتفـاق صراحـة في عقد العمل علي تحديد أجر ليس معناه تخلـف عـنصر الأجـر، بـل إن المشرع أقام في المادة المذكورة قرينتين علي انتفاء نية التبرع، ولكنهما قرينتـان قابلتـان لإثبات العكس.

(شرح قانون العمل- الدكتور ايهاب حسن إسماعيل- المرجع السابق- ص81)

3- تـقضي المـادة 681 مـن القـانون المـدني عـلي أنـه يفـترض في أداء الخدمة أن يكون بأجر في كل من الحالتين الآتيتين:

مادة [681]

(1) إذا كان قوام الخدمة عملا لم تجر العادة بالتبرع به.

(2) أو إذا كان قوام الخدمة عملا داخلا في مهنة من أداه.

ويترتب علي ذلك أن إستحقاق أجر عن العمل في هاتين الحالتين يعتبر معترضا قانونا، وعلي من يدعي خلاف هذا الافتراض أن يقيم الدليل علي إدعائه.

(الوجيز في قانون العمل- الدكتور محمد حلمي مراد- المرجع السابق ص148 و149)

4- الأجر هو العنصر المقابل لعنصر العمل أو هو ثمن العمل، وإذا إنعدم الأجر كنا بصدد عقد غير مسمي لا عقد عمل.

ولكن هذا لا يعني أنه يجب الإتفاق دائما علي الأجر وإلا فقد العقد أحد عناصره، ذلك أن المادة 681 من القانون المدني تفترض مثل هذا الإتفاق، علي أن القرينة التي نصت عليها هذه المادة قابلة لإثبات العكس، فيجوز في الحالتين اللتين نصت عليهما هذه المادة إثبات أن العمل كان علي سبيل التبرع.

(شرح قانون العمل- الدكتور عبد الودود يحيي- المرجع السابق- ص84 و85)

5- لا يتصور وجود عقد العمل إلا إذا كان العمل مأجورا، هذا العقد من عقود المعارضات، والنص صريح في التقنين المدني وفي تقنين العمل علي حصول العامل علي أجر مقابل عمله، ولذلك إذا تخلف عنصر الأجر في شأن عمل متعاقد عليه، فلا يكون العقد عقد عمل وإنما عقدا من عقود التبرعات أو من عقود الخدمات المجانية.

وإذا كان الأجر عنصرا جوهريا في عقد العمل ولو لم يتفق الطرفان صراحة علي وجود أجر مقابل العمل، مادام يمكن من الظروف استخلاص نيتهما إلي التعاقد علي عمل مأجور.وقد يسر المشرع أمر هذا الاستخلاص بقرينتين أقامهما علي انتفاء نية التبرع بالعمل وإقتضاء أجر مقابلة رغم صمت العقد في هذا الشأن (م 681 مدني). غير أن هاتين القرينتين غير قاطعتين كما هو الأصل في القرائن القانونية، فيجوز إثبات عكس ما تقضيان به.

(أصول قانون العمل- للدكتور حسن كيره- المرجع السابق- ص147 و148)

من أحكام القضاء الحديثة :

المقرر - في قضاء هذه المحكمة - أنه يجوز لكل من المتعاقدين في عقد العمل غير محدد المدة - وفقا لما تنص عليه المادتان 694، 695 من القانون المدني أن يضع حدا لعلاقته مع المتعاقد الآخر ويتعين لاستعمال أي من المتعاقدين هذه الرخصة أن يخطر المتعاقد معه برغبته مسبقا بثلاثين يوما بالنسبة للعمال المعينين بأجر شهري وخمسة عشر يوما بالنسبة للعمال الآخرين فإذا لم تراع هذه المهلة لزم من نقض منهما العقد أن يؤدي إلى الطرف الآخر تعويضا ماديا

مادة [681]

مساويا لأجر العامل عن مدة المهلة أو الجزء الباقي منها، لا يغير من ذلك أن المشرع في قانون العمل الجديد رقم 137 لسنة 1981 أغفل النص على هذه المهلة القانونية للإنذار إذ لا يمكن أنه يستفاد من هذا الإغفال إلغاء الحكم الوارد في القانون المدني والذي كان منصوصا عليه صراحة في قانون العمل الملغى ذلك لأنه لا يوجد في الأعمال التحضيرية لقانون العمل الجديد ما يدل على اتجاه المشرع إلى تغيير الحكم المذكور، فضلا عن أن المادة الثانية من مواد إصدار قانون العمل رقم 137 لسنة 1981 قد نصت على أن "يلغى قانون العمل الصادر بالقانون رقم 91 لسنة 1959 كما يلغى كل نص يخالف أحكام القانون المرافق..." ولم تتعرض مواد الإصدار لأحكام القانون المدني الخاصة بعقد العمل والواردة في المواد من 674 إلى 698 ولذلك تظل هذه الأحكام قائمة تنظم ما خلا قانون العمل من تنظيمه وطالما لا تتعارض مع ما نص عليه صراحة. لما كان ذلك وكان الحكم الابتدائي المؤيد بالحكم المطعون فيه قد خالف هذا النظر وانتهى إلى عدم أحقية الطاعن في بدل مهلة الإنذار المطالب به تأسيسا على خلو قانون العمل رقم 137 لسنة 1981 من النص عليه فإنه يكون قد أخطأ في تطبيق القانون.

[الطعن رقم 1668 - لسنة 60 ق - تاريخ الجلسة 28 / 11 / 1996]

مادة [682]

مادة [682]

(1) إذا لم تنص العقود الفردية أو العقود الجماعية أو لوائح المصنع علي الأجر الذي يلتزم به صاحب المصنع، أخذ بالسعر المقدر لعمل من ذات النوع إن وجد، وإلا قدر الأجر طبقاً لعرف المهنة وعرف الجهه التي يؤدي فيها العمل فإن لم يوجد عرف تولي القاضي تقدير الأجر وفقاً لمقتضيات العدالة.

(2) ويتبع ذلك أيضا في تحديد نوع الخدمة الواجب علي العامل أداؤها وفي تحديد مداها.

النصوص العربة المقابلة:

هذه المادة تقابل في نصوص القانون المدني بالأقطار العربية، المواد التالية: مادة 681 ليبي و648 سوري و904 عراقي و632 لبناني و557 سوداني.

الأعمال التحضيرية:

ليس علي هذه المادة تعليق- بالأعمال التحضيرية- يستحق التنويه به.

رأي الفقه:

1- تقضي المادة 1/682 من القانون المدني بأنه في حالة عدم النص علي الأجر، فإن الأجر- في هذه الحالة- يتحدد علي أساس أجر المثل، أي الأجر المقدر لعمل من ذات النوع لدي صاحب العمل إن وجد، وإلا كان التقدير وفقا لعرف المهنة وعرف الجهة التي يؤدي فيها العمل، وإلا تولى القاضي تقدير الأجر وفقا لمقتضيات العدالة.

(شرح قانون العمل- الدكتور عبد الودود يحيي- المرجع السابق- ص84 و85)

2- تكفل المشرع في المادة 682 مدني بتعين الأجر عندما يغفل العاقدان الإتفاق عليه، ووضع لذلك قواعد ثلاثة:

1- أن يؤخذ بالسعر المقدر لعمل من ذات النوع.

2- فإن لم يوجد قدر الأجر طبقا لعرف المهنة وعرف الجهة التي يؤدي فيها العمل.

(شرح قانون العمل- للدكتور اهاب حسن إسماعيل- المرجع السابق- ص82)

3- وإلا تولي القاضي تقدير الأجر وفقا لمقتضيات العدالة والقاعدة الأولي غير واضحة، ولم يفصح المشرع عن معناها في الأعمال التحضيرية لها، ويغلب علي الظن أن المقصود بها هو الأجر الذي يتقاضاه العمال الآخرون الذين يقومون بعمل من ذات النوع لدي صاحب العمل.وتجمع القاعدة الثانية بين عرف المهنة مع تعذر الجمع بينهما، وكان الأول أن يقدم أحدهما علي الآخر أو يؤخذ أحدهما دون الآخر. ويغلب علي عبارة هذه الفقرة سهولة صياغتها، فلا

مادة [682]

يقصد المشرع بداهة العرف بمعناه الفني، وإنما أراد به العادة. وكان أجدى بالمشرع أن يذكر الأجر الجاري.أما القاعدة الثالثة فتفوض الأمر للقاضي، مقتضيات العدالة تقتضي بأن يراعي في تحديد الأجر حاجة العامل وما يبذله من جهد، وربح رب العمل، أو مقدار ثرائه إذا لم يكن في نوع العمل كسب له. والحكم الوارد في المادة 682 مدني كان موجودا في جوهره في التقنين القديم، ومسلما به في القانون الفرنسي حين كان تحديد الأجر خاضعا لسلطان الإرادة الفردية.والواقع أن المادة 682 مدني نادرة التطبيق، إذ الغالب أن يعن العاقدان بتحديد الأجر، ويكون هذا التحديد إما على أساس الزمن أو بقدر حاصل العمل، فيحدد أجر معين لكل وحدة زمنية في الحالة الأولي ليكون الأجر بحسب الزمن، أو لكل وحدة من ناتج العمل في الحالة الثانية ليكون الأجر بالقطعة. وقد تشترك الطريقتان معا في تحديده فيفرض علي العامل أن ينتج علي الأقل قدرا معينا في فترة من الزمن ليسمي الأجر بالطريحة.

(قانون العمل- الدكتور محمود جمال زكي- المرجع السابق- ص48 وما بعدها)

3- إذا لم يحدد المتعاقدان الأجر، وانتفت نية التبرع كان العقد عقد عمل، وتولي القاضي تحديد الأجر مهتديا في ذلك بالأسس التي وضعتها المادة 682 مدني لتقدير الأجر، وهذا النص يضع للقاضي أسسا ثلاثة لتقدير الأجر إذا لم يكن محددا في العقد أو في لائحة المنشأة:1-الأساس الأول هو الأجر الذي يتقاضاه العمال الآخرون لدي صاحب العمل الذين يقومون بأعمال من نفس النوع.2-فإذا لم يوجد لدي صاحب العمل عمال يقومون بأعمال من نفس النوع، قدر للقاضي الأجر وفقا لعرف المهنة في الجهة التي يؤدي فيها العمل.3-فإن لم يوجد عرف قدر القاضي الأجر وفقا لمقتضيات العدالة، وهي تقضي بأن يراعي في ذلك ما يبذله العامل من جهد وما تحققه المنشأة من أرباح.

(شرح قانون العمل- الدكتور عبد الودود يحيي- المرجع السابق- ص85 و86)

من أحكام القضاء الحديثة:

من المقرر إعمالا لإلتزام رب العمل بأن يدفع للعامل أجرا مقابل ما أداه من عمل، أنه يجب في حالة تحديد أجر العامل بنسبة متساوية من الأرباح وثبوت أن المنشأة التي يعمل بها لم تحقق أي ربح أن يقدر للعامل أجره وفقاً للأسس الواردة في المادة 1/682 من القانون المدني.

(جلسة 1973/3/3- مجموعة المكتب الفني- السنة 24- مدني- ص372)

مادة[683]

مادة[683]

تعتبر المبالغ الآتية جزءا لا يتجزأ من الأجر تحسب في تعيين القدر الجائز الحجز عليه:

1- العمالة التي تعطي للطوافين والمندوبين الجوالين والممثلين التجاريين.

2- النسب المئوية التي تدفع إلي مستخدمي المحال التجارية عن ثمن ما يبيعونه والعلاوات التي تصرف لهم بسبب غلاء المعيشة.

3- كل منحة تعطي للعامل علاوة علي المرتب وما يصرف له جزاء أمانته أو في مقابل زيادة أعبائه العائلية وما شابه ذلك، إذا كانت هذه المبالغ مقررة في عقود العمل الفردية أو لوائح المصنع أو جري العرف بمنحها حتى أصبح عمال المصنع يعتبرونها جزءاً من الأجر لا تبرعاً، علي أن تكون هذه المبالغ معلومة المقدار قبل الحجز.

النصوص العربية المقابلة:

هذه المادة تقابل في نصوص القانون المدني بالأقطار العربية، المواد التالية:

مادة 262 ليبي و694 سوري و906 عراقي و558 سوداني.

الأعمال التحضيرية:

المعيار الذي يقرره هذا النص للتمييز بين المنح التي تعتبر جزءا من الأجرة وتلك التي تعتبر مجرد تبرع هو المعيار الذي يتبين من مراجعة القضاء الدولي في هذا الموضوع (مجموعة القضاء الدولي للعمل: 1928 ألمانيان 21 – 1929 ألمانيا ن17 وفرنسا 20- 1930 فرنسا ن37- 1931 ألمانيا 21 و25 وفرنسا ن38 والولايات المتحدة ن18- 1932 فرنسا ن 34 و36 و38 وألمانيا ن 15 و26 1933 الولايات المتحدة ن13 وفرنسا 36 و37 وإيطاليا ن 44 - 1935 /1936 إيطاليا ن57).

وقد إعتبرت محكمة الاستئناف المختلطة (21 يونيه 1927 ب 39 ص556) النسب المئوية التي تعطي لمستخدمي المحلات التجارية عنصراً من عناصر الأجر تجب مراعاته عند تقدير التعويض عن الطرد في وقت غير لائق. ولكن المحكمة ذاتها في قضية أخرى (15 مايو سنة 1923 ب 35 ص444) لم تعتبر علاوة غلاء المعيشة جزءاً من الأجر. ولما كان هذا التمييز ليس له ما يبرره، فإن المشرع لم يأخذ به وإعتبر هذه العناصر المختلفة جميعاً جزءاً من الأجر.

(مجموعة الأعمال التحضيرية للقانون المدني- الجزء 5- ص131)

مادة[683]

رأي الفقه:

1-العمالة (أو العمولة) هي أجر يدفع للعامل في صورة نسبة مئوية من قيمة الصفقات التي يحصل عليها للمنشأة، ولا خلاف في الحكم بين أن يكون العامل يتقاضى أجرا ثابتا تضاف إليه العمالة، أو أن تكون العمالة هي أجره الوحيد.

وقد نصت المادة 1/683 مدني (والمادة 1/3 ق 91 لسنة 1959) علي أنه يعتبر جزءا لا يتجزأ من الأجر العمالة التي تعطي للطوافين والمندوبين والجوالين والممثلين التجاريين.

وتحسب العمالة علي أساس قيمة الصفقة دون إعتبار لما إذا كانت المنشأة قد حققت أرباحا أم لا، وهي بهذا تختلف عن المشاركة في الأرباح التي تفترض أن المنشأة حققت أرباحا صافية، وإلا لا يستحق العامل شيئا.

وتستحق العمالة بمجرد إتمام الصفقة ما لم يوجد شرط خاص يجعل إستحقاقها متوقفا علي التنفيذ، وهي تحسب علي أساس السعر العادي مخصوما منه مصاريف النقل، وبالتالي لا تتأثر بما يكون صاحب العمل قد أجراه من تخفيضات خاصة لبعض عملائه.

ولا تستحق العمالة عن الصفقات التي تمت أثناء سريان العقد فقط، بل تستحق أيضا بالنسبة للتوصيات التي لم تبلغ إلي صاحب العمل إلا بعد إنتهاء العقد إذا كانت هذه التوصيات نتيجة مباشرة لمجهود هؤلاء الأشخاص (م 2/676 مدني).

وتصرف بعض المحلات التجارية لعمالها الذين يقومون بعملية البيع نسبة مئوية صغيرة من ثمن هذه المبيعات، وذلك تشجيعا لهم علي زيادة مبيعاتهم، ويطلق علي هذه النسبة المئوية في العمل اسم (الجلدة) وقد إعتبرتها المادة 2/863 مدني جزءا من الأجر يضاف إلي الأجر الأصلي للعامل.

أما المنحة فهي مبلغ من النقود يعطي للعامل في مناسبات معينة كالأعياد الكبرى وكمرتب الشهر الثالث عشر الذي تصرفه كثير من المنشآت لعمالها أو المبالغ التي يصرفها صاحب العمل لعماله في مناسبات خاصة به أو خاصة بالعامل كزواجه أو ميلاد طفل له.

والأصل أن المنحة بهذا المعني لا تعتبر أجرا وإنما تعتبر تبرعا يرجع إلي إرادة صاحب العمل الذي له مطلق الحرية في دفعها وفي تعيين شروطها وتحديد مقدارها، ولا يغير من صفتها التبرعية تكرار منحها لأن تكرار التبرع لا يقلبه إلي إلتزام علي عاتق صاحب العمل.

مادة[683]

ويتطلب القضاء توافر شروط ثلاثة لكي تصبح المنحة جزءا من الأجـر، هذه الشروط هي: عمومية المنحة، وإستمرارها، وثباتها.

(1) فيجب أن تكون المنحـة عامـة- بمعنـي أن تصرف لجميع عمال المنشأة أو لطائفة منهم، وذلك علـي أسـاس شروط موضوعية يتبين منها أن صرف المنحة لم يعد متروكا لإرادة صاحب العمل وتقديره الشخصي أما إذا كان صاحب العمل مطلق الحريـة في أن يحـرم مـن المنحـة مـن يشاء دون تقيد بشروط وأوضاع معينة، فإن شرط عمومية المنحة ينتفي. وينتفي هـذا الشرط كذلك وتكون المنحة غير إلزاميـة إذا كانت تصرف حسب نشـاط كـل عامل وطبقا لما تسفر أعمال صاحب العمل.

(2) ويجب أن تكون المنحـة مستمرة- وهـذا مـا يعبر عنه بشرط إستقرار المنحة. ويعتبر هذا الشرط متوافرا إذا ثبت أن المؤسسـة كانت تصرف المنحة مدة تزيد علي خمس سنوات، فإن هـذا ما يجعل لهـا صفة العرف الجاري بين العمال إذ بذلك تعتبر جزءا من الأجر ويتعلق بها حق العمال.

(3) ويشترط أخيرا إثبات قيمة المنحة- والمقصود هو الثابت النسبي، الذي يدل علي أن صاحب العمل لم تعد له أية سلطة في تقديرها. ولا يتعارض مع هذا الثبات أن تكون المنحة قد تغيرت بالزيادة والنقص خلال عدة سنوات ثم ثبت بعد ذلك خلال السنوات الخمس الأخيرة، فإن شرط ثبات قيمة المنحة يكون متوافرا.

وإذا كانت المنحة أجرا- بتوافر الشروط السابقة- فإن العامل الـذي يترك الخدمة قبل ميعاد صرفها يستحق نصيبه منها بنسبة مـا أداه مـن عمل خلال هذه السنة.

وتقدير ما إذا كانت المنحة قد أصبحت جزءا من الأجر بناء علي توافر هذه الشروط الثلاثة مسألة موضوعية لا رقابة عليها لمحكمة النقـض (نقـض – جلسة 1957/11/28- مجموعة المكتب الفني –السنة 2- مدني- ص482).

(شرح قانون العمل –للدكتور عبد الودود يحيي- المرجع السابق-ص86 وما بعدها)

2- يقدر سعر العمالة وكيفية احتسابها وفقا لإتفـاق المتعاقـدين أو وفقا للعرف التجاري إذا لم يوجد إتفـاق في هـذا الشـأن، فلـم يـورد المشرع أحكاما خاصا بتقدير هذا السعر. وتختلف العمالة عند المشاركة في الأرباح في أنها تقدر علي أساس قيمة التوصيات التي جلبها العامـل لـرب العمل وليس علي أساس الأرباح، ويترتب علي ذلك أنها تستحق ولو لم تحقق المنشأة أي ربح.

وقد جري العمل في بعض المنشآت، وخاصـة في المحـلات التجاريـة التي تقوم ببيع السلع أو تقديم الخدمات للجمهور علي إعطاء العمال مبالغ تحتسب

مادة[683]

علي أساس نسبة مئوية محدودة من جملة مبيعاتهم (2/683 مدني)، وذلك تشجيعا لهم علي بذل كل جهودهم لحمل العملاء علي الشراء. وجري العمل علي إطلاق اسم (الجلدة) علي هذه المبالغ، وهي في الواقع نوع من العمالة، وتعتبر جزءا متغيرا من أجر العامل يضاف إلي أجره الثابت الذي لا يتأثر بكمية مبيعاته.

والمنحة هي مبلغ من النقود أو شيء آخر غير نقدي يمليه رب العمل للعامل في مناسبات معينة، كالأعياد أو الزواج أو الولادة أو في أوقات معينة كنهاية السنة المالية للمنشأة، وقد جري العمل علي تسمية المنحة التي تعطي سنويا بالمكافأة السنوية.

أما المكافأة فهي نوع من المنح يعطيه رب العمل للعامل ليس في مناسبة معينة، بل جزءا له علي أمانته أو إخلاصه أو كفاءته (م 683 /2 مدني وم3 عمل موحد)، ومثالها المكافآت التي تعطي العامل الذي يحقق وفرا في إستخدام المواد الأولية، أو الذي ينجز العمل في موعده أو يواظب علي الحضور في الأوقات المحددة لبدء العمل وتسمي في العمل بالمكافآت التشجيعية.

(شرح قانون العمل- للدكتور محمد لبيب شنب- المرجع السابق- ص322 وما بعدها، ينظر قانون العمل- للدكتور اهاب حسن إسماعيل- المرجع السابق- ص29 وما بعدها، وأصول قانون العمل- للدكتور حسن كيرة- المرجع السابق ص501 وما بعدها، وأصول قانون العمل- للدكتور محمود جمال الدين زكي- المرجع السابق- ص58 وما بعدها)

من أحكام القضاء الحديثة:

1-الأصل في المنحة أنها تبرع ولا تصبح إلتزاما يضاف إلي الأجر إلا إذا كانت مقررة في عقد العمل أو لائحة المصنع أو جري العرف بمنحها حتى أصبح العمال يعتبرونها جزءا من الأجر، ومتي كانت لائحة الشركة قد نصت علي أنها لا تدخل ضمن الأجر، فإن هذا النص يؤكد تمسك الشركة بالإبقاء عليها بوصفها تبرعاً لا إلتزاماً ومن شأنه أن ينفي جريان العرف بها.

(نقض- جلسة 1964/1/8- مجموعة المكتب الفني- السنة 45- مدني- ص38)

2- المنحة، ماهيتها، إعتبارها جزءا من الأجر متي كانت مقررة في عقود العمل أو لائحة المنشأة أو جري العرف بمنحها.

(نقض – جلسة 1978/3/4- الطعن 45 لسنة 42ق- لم ينشر بعد)

3- عمولة التوزيع من ملحقات الأجر غير الدائمة، عدم جواز إستحقاق العامل لها إلا إذا تحقق سببها بالتوزيع الفعلي، عدم إدعاء العامل أن نقله من

مادة[683]

قسم المبيعات اتسم بتعسف رب العمل، القضاء بأحقيته للعمولة، خطأ في القانون.

(نقض- جلسة 1978/6/17- الطعن 770/ 762 لسنة 46ق- لم تنشر بعد)

4- الأصل في إستحقاق الأجر أنه لقاء العمل. عمولة بدل اصطحاب السفن عبر قناة السويس من ملحقات الأجر غير الدائمة، ليس لها صفة الثبات والإستمرار، عدم إستحقاق العامل لها إلا إذا تحقق سببها.

(نقض-جلسة 1971/11/26- الطعن 791 و793 و796 لسنة 43ق- لم ينشر بعد)

5- المنحة والمكافأة التشجيعية التي تصرف للعامل جزاء أمانته وكفاءته، الأصل فيها أن تكون تبرعا من قبل رب العمل، إعتبارها جزءا من الأجر، شرطا أن تكون مقررة في عقد العمل أو في لائحة المنشأة، أو جري العرف علي منحها.

(نقض- جلسة 1978/3/25- الطعن رقم 400 لسنة 42ق- لم ينشر بعد)

6- مكافأة زيادة الإنتاج من ملحقات الأجر غير الدائمة، القضاء بإستحقاق العامل لهذه المكافأة خلال فترة اعتقاله، خطأ.

(نقض- جلسة 1978/6/3- الطعن رقم 37 لسنة 43ق- لم ينشر بعد)

7- العمولة من ملحقات الأجر غير الدائمة، نقل العامل من قسم البيع إلي الإدارة المالية بقصد تنظيم العمل، عدم جواز مطالبة العامل بضم متوسط العمولة إلي أجره.

(نقض- جلسة 1978/6/17- الطعن رقم 228 لسنة 45ق- لم ينشر بعد)

8- العمولة من ملحقات الأجر غير الدائمة، عدم إستحقاق العامل لها إلا إذا تحقق سببها، لرب العمل تنظيم منشأته، فله نقل العامل إلي مركز آخر ولو كان أقل ميزة.

(نقض- جلسة 1979/1/17- الطعن رقم 1053 لسنة 45ق- لم ينشر بعد)

9- القضاء نهائيا بإستحقاق العامل لنسبة معينة من العمولة خلال مدة معينة مطالبة العامل بإستحقاقه لذات العمولة في فترة تالية إستنادا لذات السبب في الدعوى السابقة، وجوب التقيد بحجية الحكم السابق.

(نقض- جلسة 1979/2/25- الطعن رقم 679 لسنة 42ق- لم ينشر بعد)

10- الأصل في المنحة أنها تبرع ولا تصبح إلتزاما يضاف إلي الأجر إلا إذا كانت مقررة في عقد العمل أو لائحة المصنع أو جري العرف بمنحها حتى أصبح العمل يعتبرونها جزءا من الأجر لا تبرعا. وإذ نصت لائحة الشركة علي أنها لا تدخل ضمن الأجر، فإن هذا النص يؤكد تمسك الشركة بالإبقاء عليها بوصفها تبرعا لا إلتزاما، كما ينفي جريان العرف بها.

مادة[683]

إن التحقق من توافر شرائط العرف متروك لقاضي الموضوع، وإذ تحقق الحكم المطعون فيه من عدم توافر شرط الإستمرار في أداء المنح حتى إستقرت عرفا وأصبحت جزءا لا يتجزأ من الأجر عملا بأحكام الفقرة الثالثة من كل من المادتين 683 من القانون المدني والثالثة من القانون رقم 91 لسنة 1959 وذلك بأسباب سائغة مستمدة من تقرير الخبير وتؤدي إلي النتيجة التي إنتهي إليها، فإن ما يثيره الطاعن في هذا الصدد لا يعدو أن يكون جدلا موضوعيا لا تجوز إثارته أمام محكمة النقض.

11- ومن حيث أن المقرر – في الحديث من أحكام النقض وعلي ما جري به قضاؤها أن الأصل في إستحقاق الأجر أنه لقاء العمل الذي يقوم به العامل، أما ملحقات الأجر فيها ما لا يستحقه العامل إلا إذا تحققت أسبابها، فهي ملحقات غير دائمة وليست لها صفة الثبات والإستقرار ومن بينها عمولة التوزيع أو البيع التي لا تعدو أن تكون مكافأة قصد منها إيجاد حافز في العمل ولا يستحقها العمل إلا إذا تحقق سببها وهو التوزيع الفعلي، فإذا باشره العامل استحق العمولة وبمقدار هذا التوزيع. أما إذا لم يباشره أو لم يعمل أصلا فلا يستحق هذه العمولة.

(استئناف المنصورة- الدائرة 5- جلسة 1979/5/5- القضية رقم 315 لسنة 30ق- لم ينشر بعد)

12- عمولة البيع والإنتاج من ملحقات الأجر غير الدائمة، عدم إستحقاق العامل لها خلال فترة إيقافه عن العمل.

(نقض- جلسة 1979/2/8- الطعن 1453 لسنة 48 القضائية- لم ينشر بعد)

مادة [684]

مادة [684]

(1) لا يلحق بالأجر ما يعطي علي سبيل الوهبة إلا في الصناعة أو التجارة التي جري فيها العرف بدفع وهبة ويكون لها قواعد تسمح بضبطها.

(2) وتعتبر الوهبة جزءاً من الأجر، إذا كان ما يدفعه منها العملاء إلي مستخدمي المتجر الواحد يجمع في صندوق مشترك ليقوم رب العمل بعد ذلك بتوزيعه علي هؤلاء المستخدمين بنفسه أو تحت إشرافه.

(3) ويجوز في بعض الصناعات كصناعة الفنادق والمطاعم والمقاهي والمشارب، ألا يكون للعامل أجر سوي ما يحصل عليه من وهبه وما يتناوله من طعام.

النصوص العربية المقابلة:

هذه المادة تقابل في نصوص القانون المدني بالأقطار العربية، المواد التالية:

مادة 683 ليبي و560 سوري و907 عراقي و559 سوداني.

الأعمال التحضيرية:

ليس علي هذه المادة تعليق- بالأعمال التحضيرية- يستحق التنويه به.

رأي الفقه:

1- الوهبة (أو البقشيش في اللغة الدارجة) هي كل ما يحصل عليه العامل من عملاء المنشأة بمناسبة أداء الخدمة، وذلك تقديرا منهم للعامل الذي قام بعمله علي الوجه الأكمل.

والأصل في الوهبة بهذا المعني أنها اختيارية متروكة لعملاء المنشأة يدفعونها لمن يشاءون من العمال، فهي هبة يدوية بعيدة عن العلاقة بين العامل وصاحب العمل.

ولكن ذيوع الوهبة لا إنتشارها في كثير من الأعمال كأعمال المطاعم والفنادق ومحال الحلاقة أدي إلي أن يدخل أصحاب الأعمال ذلك في إعتبارهم عند تقدير الأجور، بل إن بعض الأعمال لا يحصل العمال فيها علي أجر من صاحب العمل وإنما يكون أجرهم الوحيد بما يحصلون عليه من وهبة من العملاء، أو أن تكون الوهبة نسبة مئوية معينة تضاف إلي ما يدفعه العميل لحساب صاحب العمل، ثم يقوم هذا الأخير بعد ذلك بتوزيعها علي عماله في مثل هذه الصورة يكون من المهم معرفة متي تعتبر الوهبة أجرا ومتي لا تعتبر كذلك.

لم يترك المشرع هذه المسألة دون تنظيم، بل إن المادة 1/684 من القانون المدني والمادة ¾ من قانون العمل الموحد تنصان علي أن الوهبة لا

مادة [684]

تعتبر أجراً إلا إذا جري العرف بدفعها وكانت لها قواعد تسمح بضبطها. ووفقا لهذين النصين لا تعتبر الوهبة أجرا إلا إذا توافر شرطان:

الأول- أن يكون العرف قد جري بدفعها، ولا يقصد بالعرف معناه الاصطلاحي الذي يتوافر فيه شرط الإلتزام، بل المقصود أن تجري عادة للعملاء بدفعها بحيث يكون ذلك قد روعي عند تقدير أجر العامل حتى ولو لم يكن دفعها ملزماً.

الثاني- أن تكون لها قواعد تسمح بضبطها، وهذا شرط ضروري، إذ إعتبار الوهبة جزءاً من الأجر يترتب عليه تحديد حقوق كثيرة للعامل محقه في الأجر أثناء أجازته أو مرضه، ولا يتيسر ذلك إلا إذا كان مقدار ما يحصل عليه العامل من وهبة معروفا.

وقد أوردت المادة 2/684 من القانون المدني تطبيقا خاصا للحالة التي يعتبر فيها الوهبة أجرا، فنصت علي أن: "تعتبر الوهبة جزءا من الأجر إذا كان ما يدفعه منها العملاء إلي مستخدمي المتجر الواحد يجمع في صندوق مشترك ليقوم رب العمل بعد ذلك بتوزيعه علي هؤلاء المستخدمين بنفسه أو تحت إشرافه". في هذه الحالة تعتبر الوهبة أجرا، لأن وجود مثل هذا الصندوق دليل علي أن العرف جري بدفعها، وهو في الوقت نفسه وسيلة لمعرفة مقدار ما يجمع، وبالتالي معرفة مقدار ما يخص كل عامل منه.

وتضيف الفقرة الثالثة من المادة 684 مدني والفقرة الخامسة من المادة 3 من قانون العمل الموحد أنه يجوز في بعض الأعمال كأعمال الفنادق والمطاعم والمقاهي والمشارب، ألا يكون للعامل أجر سوي ما يحصل عليه من وهبة وما يتناوله من طعام، وإنما يشترط في هذه الحالة أن يحدد عقد العمل قواعد ضبط الوهبة.

ويثور خلاف حول تحديد العمال الذين توزع عليهم الوهبة، وحول ما إذا كان صاحب العمل يستطيع أن يحصل لنفسه عن جزء منها أو أن يستأثر بها كلها مقابل أجر ثابت يعطيه للعمال.

الواقع أنه لا حق في الوهبة إلا للعمال الذين علي اتصال بالعملاء، فلا يجوز لرب العمل أن يتأثر لنفسه بالوهبة أو أن يقتطع جزءا منها، بل يجب عليه أن يؤديها كاملة للعمال، سواء أكان العملاء يدفعونها تلقائيا أم كانت تفرض عليهم بنسبة مئوية معينة ففي الحالة الأولي يكون صاحب العمل وكيلا عنهم في قبض الوهبة، وفي الحالة الثانية يكون مشترطا لصالح العمال ووكيلا عنهم في قبض الوهبة من المتعهد.

مادة [684]

ولكن ليس في نصوص القانون ما يمنع الإتفاق علي غير ذلك بين العامل وصاحب العمل. ولذلك يجوز أن يتفق علي أن يستأثر رب العمل لنفسه بجزء مقابل ما يتلقاه العمال من أدوات، أو أن توزع الوهبة علي جميع العمال بدلا من قصرها علي أولئك الذين يتصل عملهم بالعملاء.

(شرح قانون العمل- للدكتور عبد الودود يحيي- المرجع السابق- ص99 وما بعدها)

2- إشترط المشرع توافر شرطين في الوهبة لكي تعتبر جزءا من الأجر: الأول- أن يجري العرف بدفعها، والثاني- أن تكون لها قواعد تسمح بضبطها (م 1/680 مدني و3 عمل موحد).

وقد نصت المادة 2/684 من القانون المدني علي إعتبار الوهبة جزءا من الأجر إذا كان ما يدفعه منها العملاء إلي مستخدمي المتجر الواحد يجمع في صندوق مشترك ليقوم رب العمل بعد ذلك بتوزيعه علي هؤلاء المستخدمين بنفسه أو تحت إشرافه، وقد ذهب بعض الشراح إلي تفسير هذا النص علي أنه يعتبر الوهبة جزءا من الأجر ولو لم يجر العرف بدفعها ولو لم تكن هناك قواعد تسمح بضبطها بحيث أن الوهبة تعتبر جزءا من الأجر في حالتين:

الأولي- إذا جري العرف بدفعها وكانت هناك قواعد بضبطها.

الثانية- إذا كانت تخضع في صندوق مشترك وتوزع تحت إشراف رب العمل ولو لم يجر العرف بدفعها.

ولكن الذي يرجحه الدكتور محمد لبيب شنب هو أن الفقرة الثانية من المادة 684 مدني تعتبر مجرد صورة من صور انضباط الوهبة. فالوهبة التي تجمع في صندوق مشترك وتوزع تحت إشراف رب العمل، تكون خاضعة لقواعد تسمح بضبطها. وعلي ذلك فلا يكفي لإعتبار الوهبة جزءاً من الأجر أن تجمع في صندوق مشترك.

(شرح قانون العمل- للدكتور محمد لبيب شنب- المرجع السابق- ص339 وما بعدها، والمراجع السابقة للدكاترة: اهاب إسماعيل- ص312 وما بعدها، وحلمي مراد- ص185 وما بعدها، وجمال زكي- ص68 وما بعدها، وحسن كيرة – ص524 وما بعدها)

من أحكام القضاء الحديثة:

1- ليس في نصوص القانون ما يمنع رب العمل من أن يتفق مع عماله علي أن يخص بجزء من الوهبة مقابل زيادة أجورهم الثابتة وبمراعاة الحد الأدنى لها، فهو لا يعدو أن يكون وسيلة لتحديد الأجر- وينبني علي ذلك أنه متي كان القرار المطعون فيه قد جري في قضائه علي أن مناط صرف الوهبة "يرجع إلي ما قد ينشأ من إتفاق بين صاحب العمل وعماله بشأنها وطالما أن صاحب العمل قد حدد نصيب مساعدي الجرسون من هذه الوهبة بـ 2% علي ما هو ثابت في عقود عملهم كما إحتجز 2% منها لما يقوم العمال بإتلافه وجري العمل منذ إلتحاق الشاكين بالعمل فلا جناح عليه في ذلك"، فإنه لا يكون قد خالف القانون.

(جلسة 1965/11/17- مجموعة المكتب الفني- السنة 16- مدني- ص1098)

مادة [685]

أحكام العقد

إلتزامات العامل

مادة [685]

يجب علي العامل:

(أ) أن يؤدي العمل بنفسه، وأن يبذل في تأديته من العناية ما يبذله الشخص المعتاد.

(ب) أن يأتمر بأوامر رب العمل الخاصة بتنفيذ العمل المتفق عليه الذي يدخل في وظيفة العامل، إذ لم يكن في هذه الأوامر ما يخالف العقد أو القانون أو الآداب، ولم يكن في إطاعتها ما يعرض للخطر.

(ج) أن يحرص علي حفظ الأشياء المسلمة إليه لتأدية عمله.

(د) أن يحتفظ بأسرار العمل الصناعية والتجارية حتى بعد إنقضاء العقد.

النصوص العربية المقابلة:

هذه المادة تقابل في نصوص القانون المدني بالأقطار العربية، المواد التالية:

مادة 684 ليبي و651 سوري و909 عراقي و628 لبناني و560 سوداني.

الأعمال التحضيرية:

ليس علي هذه المادة تعليق بالأعمال التحضيرية- يستحق التنويه به.

رأي الفقه:

1- يلتزم العامل بأداء العمل موضوع العقد علي الوجه المبين فيه، ولهذا الإلتزام طابع شخصي، فيجب عليه أن يؤدي العمل بنفسه (م 1/685 مدني)، لأن قدر العمل ومبلغ إتقانه من ناحية ونوع العلاقات التي تنشأ بين العاقدين من ناحية أخرى تتوقف علي شخص العامل، وعلي هذا لا يجوز للعامل دون رضاء صاحب العمل أن يعهد إلي غيره بتنفيذ العمل، ولا يمكنه أن يتقبل مساعدة آخر في أدائه علي خلاف القاعدة العامة التي تجيز الوفاء من غير المدين.

وعلي العامل أن يبذل في تأدية العمل من العناية ما يبذله الشخص المعتاد فيحدد هذا المعيار من ناحية إلتزام العامل من حيث قدر العمل المطلوب منه ودرجة جودته. إلا إذا نص في العقد أو أوضحت ظروف إبرامه نية الطرفين في الاكتفاء بعناية أو إقتضاء عناية أكبر ومن ناحية أخرى مدي مسئولية العامل عما يكون تحت يديه من أموال لصاحب العمل، سواء أكانت أدوات سلمت إليه لتنفيذ العمل، أو مواد عهد بها إليه ليرد عليها العمل فيلتزم

مادة [685]

بالمحافظة علي تلك الأدوات، أو بالعناية بهذه المواد بقدر إلتزام الشخص العادي. ويعتبر- في نظر الدكتور جمال زكي- تطبيقا لهذا المبدأ العام ما جاء في المادة 3/685 مدني رغم غموض عبارتها: يجب علي العامل أن يحرص علي حفظ الأشياء المسلحة إليه لتأدية عمله، وينطبق حكمها علي ما يسلم إليه من مواد لصنعها.

ويجب علي العامل أن يأتمر بأوامر رب العمل الخاصة بتنفيذ العمل المتفق عليه أو العمل الذي يدخل في وظيفة العامل، وهذا مظهر علاقة التبعية قرره الشارع في آثار عقد العمل، كما عني بالنص عليه في تعريفه. وليس لرب العمل مع ذلك تحت ستار صلة أن يغير بنود العقد دون رضاء العامل، أو أن يتخلص من تطبيق قواعد تتعلق بالنظام العام، فلا يجب علي العامل إطاعته إلا إذا لم يكن في إطاعتها ما يعرض للخطر.

ويتخذ إلتزام العامل بتنفيذ العقد بطريقة تتفق مع ما يوجبه حسن النية مظهرا خاصا لما يتضمنه هذا العقد من ثقة بين العاقدين وما ينشئه بينهما من علاقات شخصية دفع بعض الفقهاء إلي الزعم بوجود إلتزام علي عاتق العامل بالإخلاص لصاحب العمل جماعة الإمتناع عن كل عمل يضر بصاحب العمل، والقيام بكل عمل يؤدي إلي حماية مصالحه وفرعوا عليه إلتزام العامل بالإمتناع عن قبول أجر مستتر من عملاء هذا الأخير وبالإمتناع عن العمل في أوقات فراغه لصاحب رب عمل آخر دون قبول الأول وإلتزامه بالمحافظة علي أسرار العمل حتى بعد إنتهاء العقد. وقد نص في التقنين عندنا علي هذا الإلتزام الأخير، وألزم العامل بأن يحتفظ بأسرار العمل الصناعية والتجارية حتى بعد إنقضاء العقد (م 685 "د" مدني).

(قانون العمل- الدكتور محمود زكي- المرجع السابق- ص205 وما بعدها)

2- عدد التقنين المدني في المادة 685 منه أربعة من الإلتزامات نقع علي عاتق العامل هي: أداء العمل، والائتمار بأوامر رب العمل. والواقع أن الإلتزام الثالث يندرج تحت الإلتزام الأول، وأن الإلتزام الرابع قد لا يكفي في حماية صاحب العمل، مما قد يؤدي – في سبيل تكملته- إلي وضع شرط في العقد يمنع العامل من منافسة صاحب العمل بعد إنتهاء العقد. وبالإضافة إلي ذلك، قد تقع علي العامل إلتزامات معينة في شأن بعض مخترعاته قبل صاحب العمل. وأخيرا فيجب علي العامل تنفيذ إلتزاماته المفروضة عليه بطريقة تتفق مع ما يوجبه حسن النية كما هو الشأن في كل العقود.

مادة [685]

(أصول قانون العمل- للدكتور حسن كيره- المرجع السابق- ص293، والمراجع السابقة للدكاترة: حلمي مراد- ص207، ولبيب شنب- ص137، وإيهاب إسماعيل- ص216، وعبد الودود يحيي – ص118 وما بعدها)

من أحكام القضاء الحديثة:

1- أوضحت المادة 685 من القانون المدني إلتزامات العامل الجوهرية ومنها ما أوجبته علي العامل في فقرتها الأولي من أن يؤدي العمـل بنفسـه وأن يبذل فيه من العناية ما يبذله الشخص المعتاد- فإذا كان الطاعن قد تمسك في دفاعه تقريرا لفصل المطعون عليه إخلال الأخير بإلتزاماته بعدم بذلـه في العمل المتعاقد عليه العناية اللازمة مما سبب للطاعن خسارة وكان الحكم المطعون فيه لم يعرض لهذا الدفاع ولم يعن بالرد عليه، وكان ما أورده بأسبابه من نفي جهل الطاعن بالعمل المتعاقد عليه أو التنويه بكفاءتـه لا يـدل بذاتـه علي نفي ما تمسك به الطاعن من إخلال المطعون عليه بإلتزاماته الناشئة عـن عقد العمل ولا يصلح ردا علي هذا الدفاع الجوهري الذي قـد يتغـير بـه وجـه الرأي في الدعوى، فإن الحكم المطعون فيه يكون قـد عـاره قصـور في التسـبب يستوجب نقضه.

(جلسة 1969/6/25- مجموعة المكتب الفني- السنة 10- مدني- ص494)

مادة [686]

مادة [686]

(1) إذا كان العمل الموكول إلي العامل يسمح له بمعرفة عملاء رب العمل أو بالإطلاع علي سر أعماله، كان للطرفين أن يتفقا علي ألا يجوز للعامل بعد إنتهاء العقد أن ينافس رب العمل، ولا أن يشترك في أي مشروع يقوم بمنافسته.

غير أنه يشترط لصحة هذا الإتفاق أن يتوافر فيه ما يأتي:

(أ) أن يكون العامل بالغا رشده وقت إبرام العقد.

(ب) أن يكون القيد مقصورا من حيث الزمان والمكان ونوع العمل، علي القدر الضروري لحماية مصالح رب العمل المشروعة.

ولا يجوز أن يتمسك رب العمل بهذا الإتفاق إذا فسخ العقد أو رفض تجديده دون أن يقع من العامل ما يبرر ذلك، كما لا يجوز له التمسك بالإتفاق إذا وقع منه هو ما يبرر فسخ العامل للعقد.

النصوص العربية المقابلة:

هذه المادة تقابل في نصوص القانون المدني بالأقطار العربية، المواد التالية:

مادة 685 ليبي و653 سوري و911 عراقي و561 سوداني.

الأعمال التحضيرية:

ليس علي هذه المادة تعليق- بالأعمال التحضيرية- يستحق التنويه به.

رأي الفقه:

1- قد يتضمن عقد العمل نصا يفرض علي العامل عدم المنافسة، وتظهر خطورة تلك المنافسة إذا استطاع العامل الإطلاع علي أسرار الصناعة لدي صاحب العمل، كما إذا كان مديرا أو فنيا في مصانعه أو علي أسرار تجارته كما إذا كان جواباً يتصل بعملائه، فيعمل صاحب العمل بمقتضى بند في العقد علي حرمان العامل بعد إنتهاء عقده من العمل لدي منافس له أن يتخذ من نفس العمل الذي يزاوله حرفة له.

ولكن هذا البند يعتبر- في مواجهة العامل- قيدا خطيرا علي حرية العمل التي تعتبر أحد المظاهر الهامة للحرية الفردية، دعامة الحياة القانونية في العصر الحديث.

وأورد المشرع المصري تنظيما لهذا البند فقصره، من ناحية، علي ما يحقق مصلحة صاحب العمل، وأحاطه من ناحية أخرى بقيود تكفل حماية العامل.

مادة [686]

1-فلا يجوز إدراج هذا البند إلا إذا كان العمل الموكول إلي العامل يسمح له بمعرفة عملاء رب أو بالإطلاع علي سر إعماله، فعندئذ يجوز للطرفين أن يتفقا علي ألا يجوز للعامل بعد إنتهاء العقد أن ينافس رب العمل ولا أن يشترك في أي مشروع يقوم بمنافسته. وتحيط هذه العبارة بحالة ما إذا قام العامل بمشروع لحسابه وبحالة ما إذا ساهم في مشروع بصفته شريكا أو بصفته عاملا. أما في غير هاتين الحالتين فلا يكون لصاحب العمل مصلحة جدية في الحد من حرية العامل، ومن ثم يكون بند عدم المنافسة غير جائز.

2- ويجب لصحة هذا الإتفاق، من ناحية، أن يكون العامل بالغا رشده وقت إبرام العقد، فلا يكفي أن تتوافر لديه الأهلية اللازمة لإبرام عقد العمل، ومن ناحية أخرى أن يكون القيد مقصورا، من حيث الزمان والمكان ونوع العمل علي القدر الضروري لحماية مصالح رب العمل المشروعة، فلا تقيد حرية العامل إلا بالقدر الذي يحقق مصلحة صاحب العمل بأن يقتصر هذا التقييد مكانا علي دائرة نشاط صاحب العمل، ونوعا علي حرفة هذا الأخير أو الحرف المماثلة لها وزمانا بالمدة المعقولة، إذ بعد فترة من الوقت يتغير العملاء. ولا يستطيع المنافس أن يستأثر بمن عرفهم. علي أن تقييد البند زمانا بما يحقق مصلحة رب العمل غير كاف لحماية العامل لأن تحقيق تلك المصلحة قد يؤدي إلي أن يستغرق المنع حياة العامل إذا كان مسنا وكان الأولي أن نقيد مدته بما يهدد المستقبل الإقتصادي للعامل.

ولا يجوز أن يتمسك رب العمل بهذا الإتفاق إذا فسخ العقد أو رفض تجديده دون أن يقع من العامل ما يبرر ذلك، كما لا يجوز له التمسك بالإتفاق إذا وقع منه هو ما يبرر فسخ العقد والحكمة في هذا علي ما يظهر هي حماية العامل بعد إنتهاء العقد من قيد ثقيل علي حريته في الحقوق الناشئة له عن العقد نظرا لقصر مدته مقابلا كافيا فيصبح إلتزامه بعدم المنافسة غير مبني علي سبب، وكذلك توقي غش صاحب الذي قد يستخدم عاملا يخشى منافسته لمدة قصيرة، ويرهق هذا الأخير بعدها بإلتزام ثقيل في ذمته علي أن حرمان صاحب العمل من الإتفاق المذكور إذا سطر لإنهاء عقد العمل لطروه ظروف إقتصادية سيئة لا يتفق مع العدالة.

(قانون العمل- للدكتور محمود جمال زكي- المرجع السابق- ص214 وما بعدها)

2- لكي يلتزم العامل بعدم منافسة رب العمل بعد إنتهاء العقد، لابد من أن يتضمن العقد إنفاقا علي عدم المنافسة ولا يشترط لهذا الإتفاق صيغة خاصة، ولكن يجب أن يفيد بوضوح أن إرادة الطرفين قد اتجهت إلي منع العامل بعد إنقضاء العقد من منافسة رب العمل أي من ممارسة نفس الحرفة التي يمارسها،

مادة [686]

وإرادة الطرفين هي التي تحدد مضمون هذا الإلتزام مداه، فيجوز أن يكون الإتفاق شاملا وعاما، بمقتضاه يحظر علي العامل أن ينافس صاحب العمل سواء بإعتباره صاحب عمل يؤسس أو يشترك في تأسيس مشروع منافس أو بالتحاقه بالعمل كعامل لدي مشروع منافس، وقد يقتصر الإتفاق علي منع العامل من منافسة صاحب العمل عن طريق إنشاء مشروع منافس، ويترك له حرية العمل لحساب أصحاب أعمال آخرين ولو كانوا ينافسون صاحب العمل الأول.

وأيا كانت الصورة التي يتخذها الإتفاق علي عدم المنافسة فيجب النظر إلي هذا الإتفاق بإعتبار قيدا علي حرية العمل وعلي حرية التجارة وبالتالي يجب تفسيره بما هو أصلح للعامل أي تفسيره تفسيرا ضيقا، بحيث إذا قام شك حول عبارة معينة في العقد وثار التساؤل عما إذا كانت تتضمن إلتزام العامل بعدم المنافسة أو تتضمن إباحة هذه المنافسة، فيجب صرف العبارة إلي الإباحة، كذلك إذا ثبت أن إرادة الطرفين قد اتجهت إلي منع العامل من منافسة صاحب العمل، ولكن لم يثبت مدي هذا المنع وما إذا كان يشمل قيام العامل بالعمل لدي مشروع منافس فضلا عن إشراكه في تأسيس مثل هذا المشروع فيجب تفسير الإتفاق بأنه لا يخطر علي العامل سوي إنشاء مشروع منافس، ويبيح له الالتحاق بالعمل كعامل لدي أصحاب الأعمال الآخرين.

ويشترط لصحة الإتفاق علي عدم المنافسة ما يلي:

(1) أن يكون العامل بالغا رشده وقت إبراء العقد، أي أهلية خاصة تختلف عن الأهلية المتطلبة لإبرام عقد العمل بصفة عامة، وذلك حتى يستطيع العامل أن يدرك جيدا النتائج المترتبة علي هذا الإتفاق، فإذا بلغ العامل الثانية من عمره فإن عقد العمل الذي يبرمه صحيحا، ولكن الإتفاق الذي يتضمنه والذي يقضي بمنع العامل من المنافسة يكون قابلا للإبطال لمصلحة العامل إذا لم يكن قد بلغ الحادية والعشرين من عمره.

(2) أن يكون العمل الموكول إلي العامل يسمح له بمعرفة عملاء رب العمل أو الإطلاع علي سر أعماله، ذلك أن معرفة العامل لعملاء صاحب العمل أو لأسراره هي التي يخشى معها من منافسة العامل لصاحب العمل بعد إنقضاء العقد، أما إذا لم يكن العمل المكلف به العامل يسمح بمعرفة هؤلاء العملاء لا يكشف أسرار صاحب العمل، فلا يخشى منه شيئا بعد تركه العمل، وتكون منافسته لصاحب العمل كمنافسة أي شخص أجنبي لم يقم أبدا بالعمل لحسابه، وبالتالي لا تتوافر لدي صاحب العمل مصلحة جدية تبرر الحد من حرية العمل وحرية التجارة بإشتراط منع العامل من المنافسة.

مادة [686]

(3) أن يكون المنع من المنافسة نسبيا لا مطلقا، ويقصد بذلك أن يكون مقصورا من حيث الزمان والمكان ونوع العمل علي القدر الضروري لحماية مصالح رب العمل المشروعة (م 686 ب مدني).

(شرح قانون العمل- الدكتور محمد ليبي شنب- المرجع السابق- ص15 وما بعدها)

3- يتطلب المشرع توافر الشروط الآتية لصحة الإتفاق علي عدم المنافسة:

(1) علي أن تكون لصاحب العمل مصلحة مع إشتراط عدم المنافسة، وتكون هذه المصلحة متوافرة إذا كان العمل الموكول إلي العامل يسمح له بمعرفة عملاء رب العمل أو بالإطلاع علي سر أعماله (م 1/686 مدني). أما إذا كان العمل الموكول إلي العامل بمعرفة عملاء رب العمل أو بالإطلاع علي سر أعماله، فلن تكون لصاحب العمل مصلحة في إشتراط عدم المنافسة، وإذا تضمن العقد في هذه الحالة شرط عدم المنافسة فإن الشرط يكون باطلا.

(2) أن يكون العامل بالغا رشده وقت إبرام العقد (م 2/686"أ").

والسبب في عدم كفاية أهلية التمييز اللازمة أصلا لإبرام عقد العمل أن النص علي عدم المنافسة يتضمن قيدا خطيرا علي حرية العامل، ومن ثم وجب أن يكون العامل كامل الأهلية حتى يكون علي بينة من الآثار التي تترتب علي قبول هذا الشرط.

(3) أن يكون المنع من المنافسة نسبيا، ويقصد بذلك أن يكون شرط عدم المنافسة مقصورا من حيث الزمان والمكان ونوع العمل علي القدر الضروري لحماية مصالح رب العمل المشروعة (م 2/686 "ب"). فإذا كان المنع مطلقا من حيث الزمان كان ذلك تهديد لمستقبل العامل، والقاضي هو الذي يقدر المدة اللازمة لحماية مصالح صاحب العمل والتي يقتصر عليها أثر الشرط. كذلك يجب أن يقتصر المنع من المنافسة علي المكان الذي يمتد إليه نشاط صاحب العمل، إذ لا مصلحة لهذا الأخير في منع العامل من المنافسة خارج هذا النطاق، وأخيرا يجب أن يكون المنع قاصرا علي الأعمال التي يمارس صاحب العمل أو الأعمال المرتبطة بها.

(شرح قانون العمل-للدكتور عبد الودود يحيي-المرجع السابق- ص186 وما بعدها)

4- اهتم المشرع في التقنين المدني بتنظيم أحكام الشرط الإتفاقى بعد المنافسة تنظيما دقيقا وفر فيه من الضمانات ما يؤدي إلي عدم إستغلال حاجة العامل عند التعاقد وعدم إهدار حريته مع تحقيق مصلحة العمل المشروعة في إشتراط عدم المنافسة ليتوقى استفادة العامل بعد إنتهاء مما يكون قد وقف عليه من أسرار العمل بحكم عمله.

مادة [686]

ويتحدد مدي إلتزام العامل بالعقد المتفق عليه علي الإلتزام بعد المنافسة، فهو الذي يبين ما إذا كان المنع عاما شاملا أم قاصرا علي صورة من صور المنافسة، مع الإلتزام بالشرط الثالث من شروط الإتفاق بأن يكون المنع نسبيا غير مطلق.

ويجري الشراح علي أن المقصود بعبارة: "ولا أن يشترك في أي مشروع يقوم بمنافسته" تشمل حالة ما إذا ساهم العامل في مشروع منافس لمشروع رب العمل بوصفه شريكا في المشروع الجديد، كما قد تشمل أيضا حالة إشتراك العامل في مشروع منافس بوصفه عاملا لا شريكا، لأن لفظ (يشترك) يجب أن يفسر بمعني المساهمة سواء بمقتضى عقد شركة أو بمقتضى عقد عمل، وهم يؤيدون هذا التفسير بالإشارة إلي أن المشرع فرض علي العامل الإلتزام بالاحتفاظ بأسرار العمل حتى بعد إنقضاء العقد في التحاق العامل بعد إنتهاء العقد بمشروع منافس ما يهدد المشروع الأصلي فمن الجائز أن يمتد الإتفاق علي عدم المنافسة ليشمل كافة حالات مساهمة العامل في مشروع منافس كشريك أو كعامل فيه.

أجاز المشرع للعامل التحلل من الإلتزام بعدم المنافسة رغم صحة شروط الإتفاق وذلك في حالتين يسقط فيهما حق صاحب في التمسك بالإتفاق علي عدم المنافسة نصت عليهما المادة 3/686 من القانون المدني- هما:

(أ) لا يجوز لرب العمل أن يتمسك بهذا الإتفاق إذا فسخ العقد أو رفض تجديده دون أن يقع من العامل ما يبرر ذلك.

(ب) لا يجوز لرب العمل أن يتمسك بالإتفاق علي عدم المنافسة إذا وقع منه هو ما يبرر فسخ العامل العقد .

(شرح قانون العمل- للدكتور ايهاب حسن إسماعيل- المرجع السابق- ص245 وما بعدها)

5- إستقر الرأي في الفقه والقضاء المصري والفرنسي علي إعتبار شروط عدم منافسة العامل لرب العمل بعد إنقضاء العقد باطلة إذا كانت عامة ومطلقة من حيث الزمان والمكان.

وقد قررت المادة 1/686 من التقنين المدني مبدأ جواز الإتفاق علي هذا الشرط الذي يكون من مقتضاه -كما تقول-"ألا يجوز للعامل بعد إنتهاء العقد أن ينافس رب العمل ولا أن يشترك في أي مشروع يقوم بمنافسة"، ويبدو من ذلك أنه يجوز- من حيث المبدأ- الإتفاق علي منع العامل من منافسة رب العمل بعد إنقضاء العقد، سواء كانت هذه المنافسة متأنية من قيام العامل بمشروع لحسابه أو من دخوله في مشروع بوصفه شريكا أو عاملا.

مادة [686]

ولكن المشرع يتشدد في شروط صحة مثل هذا الشرط فيتطلب أن تكون لصاحب العمل مصلحة في إشتراطه وأن يكون المنع في المنافسة نسبياً وأن يكون العامل بالغاً سن الرشد وأن لا يقترن الإتفاق على عدم المنافسة بشرط جزائي مبالغ فيه .

ويراعي أن إلتزام العامل قبل صاحب العمل بعدم المنافسة يظل قائماً ومقيدا له تجاه الخلف الخاص لصاحب العمل، ذلك أن القاعدة هي أن الخلف الخاص يخلف العنف علي حقوقه وإلتزاماته الناشئة عن عقد من العقود إذا كان يعلم بها وكانت من مستلزماته الشيء الذي ينتقل إليه منه، وحق صاحب العمل في إقتضاء الوفاء بإلتزام عدم المنافسة إنما هو حق مكمل للمحل الذي ينتقل إلي الخلف الخاص فيكون من مستلزماته.

(أصول قانون العمل- للدكتور حسن كيره- المرجع السابق- ص321 وما بعدها)

من أحكام القضاء الحديثة :

1- المقرر - في قضاء هذه المحكمة - أنه يجوز لكل من المتعاقدين في عقد العمل غير محدد المدة - وفقا لما تنص عليه المادتان 694، 695 من القانون المدني أن يضع حدا لعلاقته مع المتعاقد الآخر ويتعين لاستعمال أي من المتعاقدين هذه الرخصة أن يخطر المتعاقد معه برغبته مسبقا بثلاثين يوما بالنسبة للعمال المعينين بأجر شهري وخمسة عشر يوما بالنسبة للعمال الآخرين فإذا لم تراع هذه المهلة لزم من نقض منهما العقد أن يؤدي إلى الطرف الآخر تعويضا ماديا مساويا لأجر العامل عن مدة المهلة أو الجزء الباقي منها، لا يغير من ذلك أن المشرع في قانون العمل الجديد رقم 137 لسنة 1981 أغفل النص على هذه المهلة القانونية للإنذار إذ لا يمكن أنه يستفاد من هذا الإغفال إلغاء الحكم الوارد في القانون المدني والذي كان منصوصا عليه صراحة في قانون العمل الملغى ذلك لأنه لا يوجد في الأعمال التحضيرية لقانون العمل الجديد ما يدل على اتجاه المشرع إلى تغيير الحكم المذكور، فضلا عن أن المادة الثانية من مواد إصدار قانون العمل رقم 137 لسنة 1981 قد نصت على أن "يلغى قانون العمل الصادر بالقانون رقم 91 لسنة 1959 كما يلغى كل نص يخالف أحكام القانون المرافق..." ولم تتعرض مواد الإصدار لأحكام القانون المدني الخاصة بعقد العمل والواردة في المواد من 674 إلى 698 ولذلك تظل هذه الأحكام قائمة تنظم ما خلا قانون العمل من تنظيمه وطالما لا تتعارض مع ما نص عليه صراحة. لما كان ذلك وكان الحكم الابتدائي المؤيد بالحكم المطعون فيه قد خالف هذا النظر وانتهى إلى عدم أحقية الطاعن في بدل مهلة الإنذار المطالب به تأسيسا على خلو قانون العمل رقم 137 لسنة 1981 من النص عليه فإنه يكون قد أخطأ في تطبيق القانون.

[الطعن رقم 1668 - لسنة 60 ق - تاريخ الجلسة 28 / 11 / 1996]

مادة [687]

مادة [687]

إذا إتفق علي شرط جزائي في حالة الإخلال بالإمتناع عن المنافسة وكان في الشرط مبالغه تجعله وسيلة لإجبار العامل علي البقاء في صناعة رب العمل مدة أطول من المدة المتفق عليها، كان هذا الشرط باطلا وينسحب بطلانه أيضا إلي شرط عدم المنافسة في جملته.

النصوص العربية المقابلة:

هذه المادة تقابل في نصوص القانون المدني بالأقطار العربية، المواد التالية:

مادة 686 ليبي و653 سوري و911 عراقي و562 سوداني.

الأعمال التحضيرية:

ليس علي هذه المادة تعليق- بالأعمال التحضيرية يستحق التنويه به.

رأي الفقه:

1- يضاف إلي شروط صحة الإتفاق علي عدم المنافسة المشار إليها في المادة 686 مدني مصري، شرط رابع نصت عليه المادة 687 من القانون المدني المصري، مؤداه ألا يقترن الإتفاق بشرط جزائي مبالغ فيه، ذلك أن الشرط الجزائي وإن كان الإتفاق عليه جائز وصحيح وفقا للقواعد العامة (م 223 مدني)، إلا أن المشرع خشي أن يستعمل هذا الشرط كوسيلة لإجبار العامل علي البقاء في خدمة صاحب العمل لأطول مدة ممكنة بالرغم من أن مصلحته تقتضي ترك هذه الخدمة، فقرر أنه إذا إتفق علي شرط جزائي في حالة الإخلال بالإمتناع عن المنافسة وكان في الشرط مبالغة تجعله وسيلة لإجبار العامل علي البقاء في صناعة رب العمل مدة أطول من المدة المتفق عليها، كان هذا الشرط باطلا، وينسحب بطلانه أيضا علي شرط عدم المنافسة في جملته (م 687 مدين). وقد خرج المشرع بهذا النص علي القواعد العامة من ناحيتين: فهو من ناحية قد جعل جزاء المبالغة في الشرط الجزائي أي في تحديد مبلغ التعويض الإتفاقي هو بطلان الشرط، في حين أن القواعد العامة تقتصر علي إعطاء القاضي سلطة تخفيض هذا التعويض (م 2/224 مدني)، ومن ناحية أخرى جعل بطلان الشرط الجزائي مؤديا إلي بطلان الإتفاق علي عدم المنافسة ذاته، في حين أن القواعد العامة تقضي ببقاء الإتفاق الأصلي صحيحا بالرغم من بطلان شرط من الشروط التي يتضمنها، وقد أراد المشرع بالخروج علي القواعد العامة الإمعان في حماية العامل.

(شرح قانون العمل- للدكتور محمد لبيب شنب- المرجع السابق- ص161)

مادة [687]

2- رأي المشرع أن الطرفين قد يتفقان علي شرط جزائي في حالة الإخلال بالإلتزام بعدم المنافسة.

ومع تقدير الدكتور اهاب حسن إسماعيل الكامل للحكمة التي توخاها المشرع بمسلكه لحماية مبدأ حرية العمل، إلا أنه كان يفضل أن يترك الأمر للقواعد العامة فهي تتكفل بتحقيق هذه الحماية طالما أن القاضي يملك طبقا للمادة 2/224 مدني تخفيض مبلغ الشرط الجزائي المبالغ فيه، وهو سيقوم بهذا علي ضوء الضرر الواقع فعلا علي الدائن بالإلتزام عند الإخلال. أما ما أشارت إليه المادة 687 مدني من بطلان الشرط، فهو لا يبرر في نظره هذا الخروج، لأن إشتراط أي شرط جزائي مهما كان مبالغا فيه علي الإخلال بالإلتزام بعد المنافسة، لن يمنع العامل من الخروج عند إنتهاء مدة العقد إلا إذا كان يخرج وفي نيته عدم إحترام إلتزامه بعدم المنافسة الذي ارتضي به والذي يقره المشرع إن كان يقرر مصالح رب العمل المشروعة، فالشرط الجزائي لا يستحق لرب العمل عند خروج العالم وإنما عند إخلاله بإلتزامه بعدم المنافسة وحتى في هذه الحالة الأخيرة فإن القواعد العامة تتيح للقاضي سلطة تخفيض المبلغ المتفق عليه كشرط جزائي.

وليت المشرع استعاض عن هذا الخروج علي حكم القواعد العامة بحكم المادة 953 من المشروع التمهيدي للقانون المدني الذي كان يوجب لصحة الإتفاق علي المنع من المنافسة أن يتضمن تقدير تعويض العامل عن هذا القيد الوارد علي حريته في العمل بما يتناسب مع مدي هذا القيد(1).

(شرح قانون العمل- للدكتور ايهاب حسن إسماعيل- المرجع السابق-ص250 و251 والمراجع السابق- الأخرى)

من أحكام القضاء الحديثة :

1-المقرر - في قضاء هذه المحكمة - أنه يجوز لكل من المتعاقدين في عقد العمل غير محدد المدة - وفقا لما تنص عليه المادتان 694، 695 من القانون المدني أن يضع حدا لعلاقته مع المتعاقد الآخر ويتعين لاستعمال أي من المتعاقدين هذه الرخصة أن يخطر المتعاقد معه برغبته مسبقا بثلاثين يوما بالنسبة للعمال المعينين بأجر شهري وخمسة عشر يوما بالنسبة للعمال الآخرين فإذا لم تراع هذه المهلة لزم من نقض منهما العقد أن يؤدي إلى الطرف الآخر تعويضا ماديا مساويا لأجر العامل عن مدة المهلة أو الجزء الباقي منها، لا يغير من ذلك أن المشرع في قانون العمل الجديد رقم 137 لسنة 1981 أغفل النص على هذه المهلة القانونية للإنذار إذ لا يمكن أنه يستفاد من هذا الإغفال إلغاء الحكم الوارد في القانون المدني والذي كان منصوصا عليه صراحة في قانون

مادة [687]

العمل الملغى ذلك لأنه لا يوجد في الأعمال التحضيرية لقانون العمل الجديد ما يدل على اتجاه المشرع إلى تغيير الحكم المذكور، فضلا عن أن المادة الثانية من مواد إصدار قانون العمل رقم 137 لسنة 1981 قد نصت على أن "يلغى قانون العمل الصادر بالقانون رقم 91 لسنة 1959 كما يلغى كل نص يخالف أحكام القانون المرافق..." ولم تتعرض مواد الإصدار لأحكام القانون المدني الخاصة بعقد العمل والواردة في المواد من 674 إلى 698 ولذلك تظل هذه الأحكام قائمة تنظم ما خلا قانون العمل من تنظيمه وطالما لا تتعارض مع ما نص عليه صراحة. لما كان ذلك وكان الحكم الابتدائي المؤيد بالحكم المطعون فيه قد خالف هذا النظر وانتهى إلى عدم أحقية الطاعن في بدل مهلة الإنذار المطالب به تأسيسا على خلو قانون العمل رقم 137 لسنة 1981 من النص عليه فإنه يكون قد أخطأ في تطبيق القانون.

[الطعن رقم 1668 - لسنة 60 ق - تاريخ الجلسة 28 / 11 / 1996]

مادة [688]

مادة [688]

(1) إذ وفق العامل إلي إختراع جديد في أثناء خدمة رب العمل فلا يكون لهذا أي حق في ذلك الإختراع ولو كان العامل قد استنبطه بمناسبة ما قام به من أعمال في خدمة رب العمل.

(2) علي أن ما يستنبطه العامل من إختراعات في أثناء عمله يكون من حق رب العمل إذا كانت طبيعة الأعمال التي تعهد بها العامل تقضي منه إفراغ جهده في الإبداع، أو إذا كان رب العمل قد إشترط في العقد صراحة أن يكون له الحق فيما يهتدي إليه من المخترعات.

(3) وإذا كان الإختراع ذا أهمية إقتصادية جدة، جاز للعامل في الحالات المنصوص عليها في الفقرة السابقة أن يطالب بمقابل خاص يقدر وفقا لمقتضيات العدالة.

ويراعي في تقدير هذا المقابل مقدار المعونة التي قدمها رب العمل وما إستخدم في هذا السبيل من منشآته .

النصوص العربية المقابلة:

هذه المادة نقابل في نصوص القانون المدني بالأقطار العربية، المواد التالية:

مادة 687 ليبي و654 سوري و912 عراقي و563 سوداني.

الأعمال التحضيرية:

.... والحكم الوارد بالنص يطابق أيضا ما قررته محكمة الاستئناف المختلطة بتاريخ 3 مارس سنة 1927 (ب 39 ص300) من أن الإختراع لا يعطي أي حق للعامل قبل رب العمل علي أن هذه المحكمة لم تأخذ بالتخفيف الوارد بالفقرة الثالثة، وقررت بحكمها الصادر في 2 أبريل سنة 1936 (ب 48 ص214) أن الإختراع الذي يتوصل إليه المستخدم أثناء تأدية وظيفته بواسطة آلات فنية يضعها رب العمل تحت تصرفه، لا يعطيه الحق في المطالبة بأي مقابل خاص، مهما كانت قيمته الفعلية، إذا كان رب العمل يقوم بدفع الأجر له أثناء الأبحاث التي انقطع لها والتي كان من نتيجتها التوصل إلي ذلك الإختراع.

(مجموعة الأعمال التحضيرية للقانون المدني- جزء 5- ص146 و147)

رأي الفقه:

1- يثبت للمخترع علي إختراعه، في الأصل، حق أدبي (معنوي) وحق مالي، حتى ولو كان يعمل في خدمة الغير.

مادة [688]

والحق الأدبي (المعنوي) يتضمن حق المخترع في نسبة الإختراع إليه وسلطته في التغير أو التبديل فيه، وهو في القانون المصري ثابت دائما للمخترع لا يجوز الإتفاق علي النزول عنه بعوض أو بغير عوض.

أما الحق المالي فيتضمن سلطة إستغلال المخترع لإختراعه بما يعود عليه من فوائد مالية، وهذا الحق وإن ثبت للمخترع فإنه قد يثبت لغيره، ويجوز النزول عنه للغير بعوض أو بغير عوض.

وقد تعرضت المادة 688 مدني لبيان مدي إلتزام العامل وحقوق صاحب العمل بالنسبة لمخترعات الأول.

كما تعرضت المواد 7 و8 و9 من القانون رقم 132 لسنة 1949 الخاص ببراءات الإختراع والرسوم والنماذج الصناعية لحقوق كل من العامل ورب العمل بالنسبة لمخترعات الأول.

ويتضح من النصوص السابقة حكم إلتزام العامل قبل رب العمل في شأن إختراعاته يختلف بحسب التفرقة بين ثلاثة أنواع من المخترعات التي قد يوفق إليها العامل وهي إختراعات الخدمة، والإختراعات العرضية، والإختراعات الحرة.

1- وإختراعات الخدمة- هي التي تتصل بنشاط المنشأة والتي يتوصل إليها العامل أثناء عمله إذا كانت طبيعة عمله القيام بالبحث في الإختراع وإفراغ جهده في الابتداع حسب تعبير المادة 1/688 مدني، فهي إختراعات توصل إليها عامل مكلف من صاحب العمل بأن يعمل بصفة دائمة أو مؤقتة في البحث والاستكشاف ويتقاضى أجره مقابل هذا العمل.

ونظرا لأن طبيعة عمل العامل في هذه الحالة تلزم رب العمل بتمكينه من القيام بالبحث وإعداد الآلات والأدوات والمعامل بتمكينه من القيام بالبحث وإعداد الآلات والأدوات والمعامل وتحمل نفقات البحوث والتجارب فضلا عن أنه هو الذي كلفه بالبحث ووفر له الجو الملائم له، نصت المادة 2/688 مدني علي أن ما يستنبطه العامل من إختراعات في أثناء عمله في هذه الحالات يكون من حق رب العمل، كما نصت علي ذلك أيضا المادة 1/7 من قانون براءات الإختراع.

والحق الذي يثبت في هذه الحالة لصاحب العمل هو الحق المالي فقط، أما الحق الأدبي فإنه يظل دائما للعامل المخترع.

2-أما الإختراعات العرضية- فهي تلك التي يستنبطها العامل أثناء خدمة رب العمل وبمناسبتها دون أن يكون مكلفا منه بالبحث والإختراع بصورة دائمة أو مؤقتة.

وواضح أنها ليست منقطعة الصلة بنشاط العامل في خدمة رب العمل، بل أنها تصل بهذا النشاط ولكنها تختلف عن إختراعات الخدمة في أن العامل يوفق إليها دون أن يكون عمله الأصلي قائما علي الإختراع والابتكار، وحق الإستغلال لهذا النوع من أنواع الإختراعات يثبت في الأصل للعامل المخترع وهو ما نصت عليه المادة 1/688 مدني.

مادة [688]

علي أن الفقرة الثانية من المادة 688 مدني أشارت إلي ما يستنبطه العامل من هذه الإختراعات يمكن أن يكون من حق رب العمل إذا كان هذا الأخير قد إشترط في العقد صراحة أن يكون له الحق فيما يهتدي إليه العامل من هذه المخترعات، فهنا يصبح الحق المالي لإستغلال الإختراع العرض لصاحب العمل مع إستحقاق العامل المقابل الخاص طبقا للفقرة الثالثة من المادة 688 مدني.

3- أما الإختراعات الحرة – فيقصد بها ما يتوصل إليه العامل من إختراعات دون أن تقوم بينها وبين عمله صلة ودون أن يكون لها أي ارتباط بنشاط رب العمل ويتوصل العامل إليها دون الاستعانة بمعاونة رب العمل.

والإختراعات الحرة من حق العامل وحده ولا حق لرب العمل عليها.

(شرح قانون العمل- للدكتور اهاب حسن إسماعيل- المرجع السابق- ص256 وما بعدها، والمراجع السابقة للدكاترة: عبد الودود يحيي- ص189، ومحمد حلمي مراد ص212، محمد لبيب شنب- ص64، وجمال زكي- ص210، وحسن كيرة ص327 وما بعدها)

من أحكام القضاء الحديثة:

1- إن مقتضى العلاقة التنظيمية التي تربط الموظف بالدولة أن ما يكتشفه أو يهتدي إليه من إختراع أثناء أو بسبب قيامه بأعمال وظيفته ويكون داخلا في نطاق هذه الوظيفة تملكه الدولة دون الموظف الذي لا يكون له حق فيه. وهذا الذي تقتضيه علاقة الموظف بالدولة تقتضيه كذلك علاقة العامل برب العمل- علي ما بين العلاقتين من تباين- وذلك إذا كانت طبيعة الأعمال التي تعهد بها للعامل تتطلب منه إفراغ جهده في مكثف أو الإختراع وهيأت له ظروف العمل الوصول إلي ما إهتدي إليه من ذلك. وهذه القاعدة التي تستمد أساسها من أصول القانون العام قد قننها المشرع فيما يتعلق بالإختراعات بما نص عليه في المادة 2/688 من القانون المدني، وإذ كان اكتشاف المطعون عليه معدن الكروميت أثناء إيفاده في بعثة علي نفقة الشركة قد استعارته من الحكومة لا يؤدي وحده إلي أن يكون هو صاحب الحق في هذا الكشف، إذ لو كانت هذه البعثة قد أوفدت خصيصا لهذا الكشف وكان إستخدام المطعون عليه في تلك الفترة لهذا الغرض. فإنه وفقا للقواعد المقدمة يكون الحق فيما اهتدت إليه البعثة من كشف الشركة دون المطعون عليه. وإذ أغفل الحكم المطعون فيه عن القواعد المتقدمة ولم يعن ببحث العلاقة التي كانت تربط المطعون عليه بالشركة في فترة الإعارة علي ضوء هذه القواعد ولا أثر البعثة الثانية التي أوفدته فيها المصلحة التابع لها علي ما وصل إليه من اكتشاف، فإن الحكم يكون معيبا بما يستوجب نقضه.

(جلسة 1963/11/31- مجموعة المكتب الفني- السنة 14- مدني ص1068)

مادة [689]

مادة [689]

يجب علي العامل إلي جانب الإلتزامات المبينة في المواد السابقة أن يقوم بالإلتزامات التي تفرضها القوانين الخاصة.

النصوص العربية المقابلة:

هذه المادة تقابل في نصوص القانون المدني بالأقطار العربية، المواد التالية:

مادة 687 ليبي و657 سوري و912 عراقي و563 سوداني.

الأعمال التحضيرية:

ليس علي هذه المادة تعليق- بالأعمال التحضيرية- يستحق التنويه به.

رأي الفقه:

1- يجب علي العامل أن يقوم بالإلتزامات التي تفرضها عليه القوانين الخاصة (م 689 مدني)، وأكثر ما تفرضه هذه القوانين إلتزامات علي عاتق صاحب العمل تقابلها حقوق في ذمة العامل.

(قانون العمل – للدكتور جمال زكي- المرجع السابق- ص218)

2- أضافت المادة 689 من القانون المدني- إلي إلتزامات العامل- أنه يجب علي العامل، إلي جانب تلك الإلتزامات، أن يقوم بالإلتزامات التي تفرضها القوانين الخاصة.

وقد تناول المشرع هذه الإلتزامات ببعض التفاصيل في قانون العمل وتنظيمات قوانين العاملين.

(الوجيز في قانون العمل والتأمينات الاجتماعية- للدكتور محمد حلمي مراد- المرجع السابق- ص207)

من أحكام القضاء الحديثة :

1- المادة 61 من قانون العمل الصادر بالقانون رقم 137 لسنة 1981 تنص على أنه "لا يجوز فصل العامل إلا إذا إرتكب خطأ جسيماً ويعتبر من قبيل الخطأ الجسيم الحالات الآتية 1- .... 2- .... 3- .... 4- .... 5- .... 6- .... 7- .... 8- .... 9- إذا وقع من العامل اعتداء على صاحب العمل أو المدير المسئول أو إذا وقع منه اعتداء جسيم على أحد رؤساء العمل أثناء العمل أو بسببه" ومفاد ذلك أن المشرع وإن أجاز فصل العامل في حالة الإعتداء على صاحب العمل أو المدير المسئول أو على أحد الرؤساء في العمل باعتبار أن هذا الإعتداء خطأ جسيماً إلا أنه فرق بين الإعتداء

مادة [689]

الواقع على صاحب العمل أو المدير المسئول من جهة وبين الإعتداء الواقع على أحد رؤساء العمل من جهة أخرى فلم يتطلب في الحالة الأولى أن يكون الإعتداء جسيماً فيكفي الإعتداء بالقول أو بالإشارة بما يمس اعتبار المعتدى عليه دون أن يمس جسمه وسواء وقع هذا الإعتداء أثناء العمل أو بسببه أم لا أما في الحالة الثانية فاشترط أن يكون هذا الإعتداء جسيماً وأن يقع أثناء العمل أو بسببه.

[الطعن رقم 977 - لسنة 68 ق- تاريخ الجلسة 17 / 06 / 1999]

2-مفاد نص المادة 61 من القانون رقم 137 لسنة 1981 أن المشرع جعل الحكم على العامل بعقوبة جنائية سبباً لإنتهاء الخدمة أياً كان نوع الجناية إذ يترتب عليها بطريق اللزوم اعتبار المحكوم عليه سيئ السمعة وذلك لما للجنايات من خطورة بصفة عامة. لما كان ذلك وكان الثابت من الأوراق - وبما لا خلاف عليه بين الطرفين - أنه حكم على المطعون ضده نهائياً بالسجن لمدة خمس سنوات في الجناية المقيدة برقم 929 لسنة 1997 كلي غرب إسكندرية بتهمة الضرب المفضي إلى الموت، وكانت عقوبة الجناية التي أدين بها المطعون ضده تسوغ للطاعنة فصله من العمل بالإستناد لنص الفقرة السابعة من المادة 61 المشار إليها، وإذ خالف المطعون فيه هذا النظر واعتبر قرار فصل المطعون ضده من العمل مشوباً بالتعسف ورتب على ذلك قضاءه بالتعويض فإنه يكون قد خالف القانون وأخطأ في تطبيقه.

[الطعن رقم 1575 - لسنة 73 ق-تاريخ الجلسة 27 / 01 / 2005]

مادة [690]

إلتزامات رب العمل

مادة [690]

يلتزم رب العمل أن يدفع للعامل أجرته في الزمان والمكـان اللـذين يحـددهما العقد أو العرف مع مراعاة ما تقضي به القوانين الخاصة في ذلك.

النصوص العربية المقابلة:

هذه المادة تقابل في نصوص القانون المدني بالأقطار العربية، المـواد التالية:

مادة 689 ليبي و656 سوري و904 عراقي و564 سوداني.

الأعمال التحضيرية:

ليس علي هذه المادة تعليق- بالأعمال التحضيرية- يستحق التنويه به.

رأي الفقه:

1- نصت المـادة 690 مـدني علـي أنـه يـدفع للعامـل أجـره في المكـان والزمان الذي يحدده العقد أو العرف، غير أن تقنين العمل المـواد حرص علـي النص في المادة 47 منه علي أن يكون الوفاء بـالأجر في مكـان العمـل، وذلك للتيسير علي العامل في إقتضاء أجره دون أن يتكبـد نفقـات إضافية أن يبـذل جهد في الإنتقال إلي مكان آخر، وذلك علي الـرغم مـن القواعـد العامـة تجعل الوفاء أصلا في موطن صاحب العمل بإعتباره المدين، وقد لا يكون مـوطن صاحب العمل هو مكان العمل.

ويبطل الإتفاق علي الوفاء بـالأجر في غير مكان العمـل، إلا إذا كان الإتفاق يحقق مصلحة العامل، كأن يحول أجره علي حسابه بأحد المصارف بناء علي طلبه دون إجبار من صاحب العمل، كما يصح الإتفـاق علـي الوفاء في مكان آخر خلاف مكان العمل إذا إستحال الوفاء فيه.

وعلي الرغم من تعرض العمل المخالف للجزاء الجنائي المنصوص عليـه في المادة 221 من قانون العمل الموحد رقم 91 لسنة 1959 وهو الحكم بغرامة لا تقل عن مائتي قرش ولا تزيد علي ألفـي قـرش، إلا أن قيـام صاحب العمـل بالوفاء بالأجر في غير مكان العمل يبقي وفاء مبرئا لذمته.

(شرح قانون العمل- للدكتور اهاب حسن إسماعيل- المرجع السابق- ص317 و318)

2- تقضي المـادة 47 مـن قانون العمل الموحد رقم 91 لسنة 1959 بوجوب الوفاء بالأجر في مكان العمل، وذلك علي خلاف القواعـد العامـة التـي تقضي بأن يكون الوفاء في موطن المدين، والغرض من ذلك هو عـدم تحميـل العامل مشقة ونفقات الإنتقال إلي مكان آخر لقبض أجره. وإذا تم الوفاء بـالأجر في مكان آخر فإن هـذا يكون مبرئـاً لذمة صاحب العمل، ولكـن يترتب علـي

مادة [690]

مخالفة هذا الحكم أن ترفع علي صاحب العمل العقوبة التي نصت عليها المادة 221 من قانون العمل، كجزاء علي مخالفة أحكام الفصل الثاني الخاص بعقد العمل الفردي رقم 91 لسنة 1959 وهي الغرامة التي لا تقل عن مائتي قرش ولا تجاوز عشرين جنيها.

وإذا إتفق علي دفع الأجر في مكان آخر غير مكان العمل، فإن هذا الإتفاق لا يكون صحيحا إذا كان أكثر فائدة للعامل (كتحويل أجر العامل إلي حسابه الجاري في أحد المصارف بناء علي طلبه).

(شرح قانون العمل- للدكتور عبد الودود يحيي- المرجع السابق- ص224 و225)

3- لم يترك للطرفين حرية تحديد المكان الواجب وفاء الأجر فيه، ولكنه حدد المكان بنص آمر، وخرج فيه عن القواعد العامة في القانون المدني، فقرر وجوب أداء الأجور في مكان العمل (م 47)، ولو لم يكن موطن رب العمل في هذا المكان.

وقد قصد بهذا الحكم التيسير علي العمل، لأن وفاء الأجر إليهم في مكان آخر يحملهم مشقة ونفقات، ويضيع عليهم وقت هم أشد الحاجة إليه.

وحكم قانون العمل في هذا الشأن حكم آمر، لا يجوز الإتفاق علي ما يخالفه فإذا تضمن العقد أو لائحة النظام الأساسي للعمل تحديد مكان آخر لوفاء الأجور كان هذا التحديد باطلا بطلانا مطلقا، ولا يعمل به، فيحق للعامل رغم هذا التحديد أن يطالب رب العمل بأن يفي له بأجره في مكان العمل، ولكن إذا عرض رب العمل الأجر علي العامل في غير مكان العمل فقبله العامل وقبضه، فإن ذلك يعتبر وفاء صحيحاً من رب العمل لإلتزامه بدفع الأجر، فلا يجوز للعامل أن يعود فيطلبه بوفاء الأجر إليه مرة ثانية في مكان العمل، ولكن قبول العامل استيفاء الأجر في غير مكان العمل لا يعفي رب العمل من العقوبة التي نصت عليها المادة 221 من قانون العمل الموحد رقم 91 لسنة 1959 وهي الغرامة التي لا تقل عن جنيهين ولا تتجاوز عشرين جنيها والتي تتعدد بتعدد العمال الذين وقعت المخالفة في شأنهم.

يلاحظ أن الإتفاق علي وفاء الأجر في غير مكان العمل وإن كان يقع باطلا بحسب الأصل إلا أنه يكون صحيحا إذا كان أكثر فائدة للعامل وفقا للمادة 6 من قانون العمل، وعلي ذلك فإذا إتفق العامل مع رب العمل علي أن يتم وفاء الأجر بشيك يحول للعامل علي حسابه لدي أحد المصارف، وكل ذلك يحقق مصلحة جدية للعامل لأن المصرف يدفع إليه فوائد علي المبالغ المودعة لديه مثلا، فإن هذا الإتفاق يكون صحيحا ويعمل به.

(شرح قانون العمل- للدكتور محمد لبيب شنب- المرجع السابق- ص351و352)

مادة [690]

4- يقرر التقنين المدني في شأن مكان الوفاء بالأجر نفس مـا يقرره في شأن زمانه، فيكتفي بالنص علي أن يدفع للعامل أجره في المكان الـذي يحـدده العقد (م 690 مدني).

ولكن تقنين العمل حرص أساسا علي التيسير علي العامل، فأوجب أن يكون الوفاء بالأجر إليه في مكان العمل (م47) رغم أن القواعد العامـة تجعل الوفاء أصلا في موطن صاحب العمل بإعتباره المدين بالأجر وقد لا يكون هـو مكان العمل.

وتحديد مكان الوفاء بالأجر علي هـذا النحو يقصد بـه عـدم إضاعة وقت العامل بالإنتقال إلي مكان آخر قـد يكـون بعيدا لقبض أجـره وتجنيبـه بالتالي نفقات لا مبرر لها، كما يقصد به حماية العمال مـن دفع أجـورهم في مكان قد يحمل إغراء لهم بسرعة إنفاقه.

وإيجاب الوفاء بالأجر في مكان العمل معناه بطلان كـل إتفـاق علـي الوفاء به في مكان آخر ما لم يكن في ذلك فائدة للعامل (كطلب العامـل علـي تحويل أجره إلي حسابه في أحد البنوك، ولكن لا يجوز لصاحب العمل إجبـاره علي ذلك أو قبول شيك مصرفي بأجره دون رضاه)، ومع ذلك فإنه يصح الوفاء في مكان آخر إذا إستحال الوفاء في مكان العمل.

(أصول قانون العمل- للدكتور- حسن كيرة- ص534 و535 و536)

من أحكام القضاء الحديثة :

1- المقرر - في قضاء هذه المحكمة - أنه يجوز لكل من المتعاقدين في عقد العمل غير محدد المدة - وفقا لما تنص عليه المادتان 694، 695 من القانون المدني أن يضع حدا لعلاقته مع المتعاقد الآخر ويتعين لاستعمال أي من المتعاقدين هذه الرخصة أن يخطر المتعاقد معه برغبته مسبقا بثلاثين يوما بالنسبة للعمال المعينين بأجر شهري وخمسة عشر يوما بالنسبة للعمال الآخرين فإذا لم تراع هذه المهلة لزم من نقض منهما العقد أن يؤدي إلى الطرف الآخر تعويضا ماديا مساويا لأجر العامل عن مدة المهلة أو الجزء الباقي منها، لا يغير من ذلك أن المشرع في قانون العمل الجديد رقم 137 لسنة 1981 أغفل النص على هذه المهلة القانونية للإنذار إذ لا يمكن أنه يستفاد من هذا الإغفال إلغاء الحكم الوارد في القانون المدني والذي كان منصوصا عليه صراحة في قانون العمل الملغى ذلك لأنه لا يوجد في الأعمال التحضيرية لقانون العمل الجديد ما يدل على اتجاه المشرع إلى تغيير الحكم المذكور، فضلا عن أن المادة الثانية من مواد إصدار قانون العمل رقم 137 لسنة 1981 قد نصت على أن "يلغى قانون العمل الصادر بالقانون رقم 91 لسنة 1959 كما يلغى كل نص يخالف أحكام

مادة [690]

القانون المرافق..." ولم تتعرض مواد الإصدار لأحكام القانون المدني الخاصة بعقد العمل والواردة في المواد من 674 إلى 698 ولذلك تظل هذه الأحكام قائمة تنظم ما خلا قانون العمل من تنظيمه وطالما لا تتعارض مع ما نص عليه صراحة. لما كان ذلك وكان الحكم الابتدائي المؤيد بالحكم المطعون فيه قد خالف هذا النظر وانتهى إلى عدم أحقية الطاعن في بدل مهلة الإنذار المطالب به تأسيسا على خلو قانون العمل رقم 137 لسنة 1981 من النص عليه فإنه يكون قد أخطأ في تطبيق القانون.

[الطعن رقم 1668 ـلسنة 60 ق- تاريخ الجلسة 28 / 11 / 1996]

2-الأصل في استحقاق الأجر وعلى ما جرى به نص المادة الثالثة من قانون العمل رقم 91 لسنة 1959 - المقابل للمادة الأولى من قانون العمل الصادر بالقانون رقم 137 لسنة 1981 - أنه لقاء العمل الذي يقوم به العامل، أما ملحقات الأجر فمنها ما لا يستحقه العامل إلا إذا تحققت أسبابها فهي ملحقات غير دائمة وليس لها صفة الثبات والاستمرار، وكان الأجر الإضافي إنما يقابل زيادة طارئة في ساعات العمل المقررة لمواجهة حاجة العمل وفق ظروفه وهو بهذه المثابة يعتبر أجراً متغيراً مرتبطاً بالظروف الطارئة للإنتاج بما تقتضيه من زيادة ساعات العمل عن المواعيد المقررة.

[الطعن رقم 1548 - لسنـة 62 ق- تاريخ الجلسة 21 / 03 / 1999]

مادة [691]

مادة [691]

(1) إذا نص العقد علي أن يكون للعامل فوق الأجر المتفق عليه أو بـدلا منـه حق في جزء من أرباح رب العمـل، أو في نسـبة مئويـة مـن جملـة الإيـراد أو مقدار الإنتاج أو من قيمة ما يتحقق من وفر أو ما شـاكل ذلـك، وجـب عـلي رب العمل أن يقدم إلي العامل بعد كل جرد بيانا بما يستحقه من ذلك.

(2) يجب علي رب العمل فوق هذا أن يقدم إلي العامل أو إلي شخص موثوق به يعينه ذوو الشأن أو يعينـه القـاضي، المعلومـات الضروريـة للتحقيـق مـن صحة هذا البيان، وأن يأذن له في ذلك بالإطلاع علي دفاتره.

النصوص العربية المقابلة:

هذه المادة تقابل في نصوص القـانون المـدني بالأقطـار العربيـة، المـواد التالية:

مادة 690 ليبي و657 سوري و906 عراقي و565 سوداني.

الأعمال التحضيرية:

ليس علي هذه المادة تعليق- بالأعمال التحضيرية- يستحق التنويه به.

رأي الفقه:

1-أخذ المشرع المصري في المادة 691 مدني- في شتي صور المشـاركة في الربح- بما يقرب من الحول التي وضعها الفقه والقضـاء لاسـتظهار مسـتحقات العامل من الربح الصافي، وأوجب المشرع علي رب العمل أن يقـدم إلي العامـل بعد كل جرد بيانا بمـا يسـتحقه، كـما ألزمـه بـأن يقـدم المعلومـات الضروريـة للتحقق من صحة هذا البيان إما العامـل نفسـه، وإمـا إلي شـخص موثـوق بـه يتفق الطرفان علي تعيينه وإلا قام القاضي مقامهما في تعيينه وأن يـأذن لـه في ذلك (بالإطلاع علي دفـاتره). ولم يقصـد المشرع بـاللفظ الأخـير- كـما بـين مـن الترجمة الفرنسية- "الإطلاع" بمعناه الفني، ولذلك نـري أن لصـاحب العمـل أن يقصر الإذن به علي ما يتعلق بموضوع النزاع. والمادة 691 مدني كما يبـدو مـن صيغتها قطع قواعد آمرة لا يجوز لرب العمل أن يتحلل من أحكامها ولو تنازل العامل عن الحقوق المقررة له فيها.

والدكتور جمال زكي لا يعتقد أن قواعد التفسير السـليم تـؤدي – كـما ورد في ظاهر النص إلي قصر حكمها علي حالة لنص في عقد المشاركة في الـربح، بل ينطبق في كل مرة يكون للعامل حق فيـه، مهـما كـان مصـدر هـذا الحـق، سواء كان لائحة المصنع أم العادة الثانية.

(قانون العمل- للدكتور محمود جمال الدين زكي- المرجع السابق- ص65، وما بعدها)

مادة [691]

2- إن المادة 691 من التقنين المدني تقرر حقا خطيرا، وأن يكن طبيعيا للعامل الذي يكن له نصيب في جزء من أرباح المصنع أو المتجر أو نسبة مئوية من جملة الإيراد أو من مقدار الإنتاج أو من قيمة الوفر، فلمثل هذا العامل ألا يكتفي بالبيان الذي يقدمه له رب العمل بعد كل جرد للتحقق من الحصول علي حقه بالكامل، بل إن له علاوة علي ذلك أن يطلب الإطلاع علي دفاتر المصنع أو المتجر بنفسه أو بواسطة شخص يتفق عليه مع رب العمل أو يعينه القاضي عند عدم الإتفاق. وخطورة هذا الحق في أنه يمكن العامل من كشف أسرار المنشأة التي يعمل فيها، ومعرفة أسرار عملائها، وليس يخاف ما في إفشاء هذه الأسرار من ضرر محقق لرب العمل، ولا يخفف من شدة هذا الخطر إلا ما تتوقعه من أن يكون أمثال هذا العامل مرتبطين بشرط عدم المنافسة الذي من شأنه منع العامل من الإشتراك في أي مشروع منافس.

(التقنين المدني- للدكتور محمد علي عرفة- المرجع السابق- ص496و497)

3- ضمانا لوقوف العامل علي مقدار ما يستحق له من مبالغ عندما يتقاضى أجرا في صورة نسبة مئوية من الإيرادات أو الأرباح، قضي المشرع بإلزام صاحب العمل بأن يقدم للعامل بعد كل جرد بيانا بما يستحقه العامل، كما قضي بإلزامه بأن يقدم للعامل المعلومات الضرورية للتحقق من صحة هذا البيان، فقد جاء نص المادة 691 من القانون المدني.

وإذا كان المشرع قد ألزم صاحب العمل بتقديم هذا البيان إلي العامل وتمكينه من التحقق من صحته، فليس معني هذا أن ينقلب حق العامل إلي تدخل في أعمال صاحب العمل أو ممارسة الرقابة عليها وإلا إنقلب إلي شريك مما يتنافى مع خضوعه لصاحب العمل بناء علي رابطة التبعية القائمة بينهما.

ويجب التنويه بأن إنتهاء مدة خدمة العامل قبل إنتهاء السنة المالية وقبل القيام بعملية الجرد وحساب الأرباح والخسائر لا يحرم العامل من نصيبه، وإنما يستحق نصيبا من الأرباح يتناسب مع المدة التي إشتغلها خلال السنة التي توزع أرباحها أيا كان سبب إنتهاء مدة خدمته ولو كان قد فصل من خدمة صاحب العمل، لأن حقه في حصة الأرباح يعتبر بمثابة الأجر وفصله لا يؤثر علي حقه في الأجر عن عمل قام به فعلا.

(شرح قانون العمل- للدكتور اهاب حسن إسماعيل- المرجع السابق- ص295 وما بعدها)

4- لما كان حصول العامل علي حصة في الأرباح في الحالات السابقة رهينا بتحقق الربح وبمقداره، وكان هذا الربح يتحدد وفقا للجرد الذي تجريه المنشأة والحساب الختامي الذي تضعه، فقد ألزم القانون صاحب العمل بأن يقدم إلي العمال بعد كل جرد بيانا بما يستحقه من الأرباح، وتمكينا للعامل من التحقق من صحة البيان المقدم له عن أرباح أو إيرادات المنشأة، يلتزم رب العمل بأن يقدم إلي العامل أو إلي شخص موثوق به يعينه ذوو الشأن أو القاضي المعلومات الضرورية للتحقق من صحة هذا البيان وأن له في ذلك بالإطلاع علي دفاتره (م 691 مدني).

مادة [691]

وقد يحدث أن تنتهي مدة خدمة العامل قبل إنتهاء السنة المالية للمنشأة، وقبل القيام بعملية الجرد وحساب الأرباح والخسائر، ولكن ذلك لا يحرم العامل من نصيبه في الأرباح، فرغم أن هذا النصيب يتحدد بنسبة من الربح السنوي فذلك لا يعني وجوب إشتغال العامل سنة كاملة لكي يستحق نصيبا في هذا الربح، وعلي ذلك يستحق العامل الذي تنتهي مدة خدمته نصيبا في الأرباح يتناسب مع المدة التي اشتغالها خلال السنة التي توزع أرباحها، وذلك أيا كان سبب إنهاء خدمة العامل، فلا يحرم العامل نصيبه من الربح حتى ولو كان قد فصل من خدمة صاحب العمل، فهذا الفصل لا أثر له علي ما يستحقه العامل من أجر عن عمل قام به فعلا وحصص الأرباح جزء من هذا الأجر، علي أن ذلك عند إنتهاء خدمته فورا، فمن الواضح أن ذلك غير ممكن لأن تحقق الأرباح ومعرفة مقدار ما لا يكون إلا بعد الجرد وعمل حساب الأرباح والخسائر.

ولا شك أن تقرير نصيب للعمال في أرباح المنشأة التي يعملون بها يشجعهم ويحفز هممهم علي العمل بجد وإتفاق لزيادة المنشأة وبالتالي أجورهم.

(شرح قانون العمل – للدكتور محمد لبيب شنب- المرجع السابق- ص323 و324 و325)

من أحكام القضاء الحديثة :

1-المقرر - في قضاء هذه المحكمة - أنه يجوز لكل من المتعاقدين في عقد العمل غير محدد المدة - وفقا لما تنص عليه المادتان 694، 695 من القانون المدني أن يضع حدا لعلاقته مع المتعاقد الآخر ويتعين لاستعمال أي من المتعاقدين هذه الرخصة أن يخطر المتعاقد معه برغبته مسبقا بثلاثين يوما بالنسبة للعمال المعينين بأجر شهري وخمسة عشر يوما بالنسبة للعمال الآخرين فإذا لم تراع هذه المهلة لزم من نقض منهما العقد أن يؤدي إلى الطرف الآخر تعويضا ماديا مساويا لأجر العامل عن مدة المهلة أو الجزء الباقي منها، لا يغير من ذلك أن المشرع في قانون العمل الجديد رقم 137 لسنة 1981 أغفل النص على هذه المهلة القانونية للإنذار إذ لا يمكن أنه يستفاد من هذا الإغفال إلغاء الحكم الوارد في القانون المدني والذي كان منصوصا عليه صراحة في قانون العمل الملغى ذلك لأنه لا يوجد في الأعمال التحضيرية لقانون العمل الجديد ما يدل على اتجاه المشرع إلى تغيير الحكم المذكور، فضلا عن أن المادة الثانية من مواد إصدار قانون العمل رقم 137 لسنة 1981 قد نصت على أن "يلغى قانون العمل الصادر بالقانون رقم 91 لسنة 1959 كما يلغى كل نص يخالف أحكام القانون المرافق..." ولم تتعرض مواد الإصدار لأحكام القانون المدني الخاصة بعقد العمل والواردة في المواد من 674 إلى 698 ولذلك تظل هذه الأحكام قائمة تنظم ما خلا قانون العمل من تنظيمه وطالما لا تتعارض مع ما نص عليه صراحة. لما كان ذلك وكان الحكم الابتدائي المؤيد بالحكم المطعون فيه قد خالف هذا النظر وانتهى إلى عدم أحقية الطاعن في بدل مهلة الإنذار المطالب به تأسيسا على خلو قانون العمل رقم 137 لسنة 1981 من النص عليه فإنه يكون قد أخطأ في تطبيق القانون.

[الطعن رقم 1668 - لسنة 60 ق - تاريخ الجلسة 28 / 11 / 1996]

مادة [692]

مادة [692]

إذا حضر العامل أو المستخدم لمزاولة عمله في الفترة اليومية التي يلزمه بها عقد العمل، أو أعلن أنه مستعد لمزاولة عمله في هذه الفترة ولم يمنعه عن العمل إلا سبب راجع إلي رب العمل، كان له الحق في أجر ذلك اليوم.

النصوص العربية المقابلة:

هذه المادة تقابل في نصوص القانون المدني بالأقطار العربية، المواد التالية:

مادة 691 ليبي و658 سوري و914 عراقي و566 سوداني و634 لبناني.

الأعمال التحضيرية:

ليس علي هذه المادة تعليق- بالأعمال التحضيرية- يستحق التنويه به.

رأي الفقه:

1-إن المادة 692 مدني التي تقتصر علي حالة المنع من العمل بسبب راجع إلي رب العمل، ولذلك لا تملك المحاكم العادية إلزام رب العمل بأداء أي جزء من الأجر في حالة توقف العمل بسبب أجنبي وإنما يكون القضاء وفقا لمقتضيات العدالة لهيئات التحكيم فقط فيما يثار أمامها من منازعات جماعية وذلك وفقا للمادة 203 من تقنين العمل الموحد رقم 91 لسنة 1959.

ويري غالبية الشراح أنه إذا ثبت أن المنع من العمل كان لسبب راجع إلي رب العمل، فإن العامل يستحق أجره عن كل المدة التي لم يشتغل فيها وليس عن اليوم الأول فقط كما قد يوحي ظاهر المادة 692 مدني، لأن هذا هو التفسير الذي يتفق والحكمة المقصود من النص وهي رعاية العامل بتحميل رب العمل تبعة تعطل العمل لأسباب ترجع إليه هو.

(شرح قانون العمل- للدكتور ايهاب حسن إسماعيل- المرجع السابق- ص274 و275)

2- إن مناط إلتزام رب العمل يدفع الأجر هو حبس العامل نفسه لخدمة رب العمل في أوقات معينة بحيث يستحق العامل أجره ليس فقط في حالة قيامه فعلا بالعمل المطلوب منه، بل ولو لم يقم بهذا العمل مادام أنه كان علي إستعداد للقيام به ولو يمنعه من ذلك إلا سبب راجع إلي رب العمل، وقد نصت المادة 692 من القانون المدني علي هذا الحكم صراحة.

والراجح أنه مادام أن سبب منع العامل من العمل هو فعل رب العمل فإنه يلتزم بدفع أجر العامل كاملا ولو لم يتضمن هذا الفعل أي خطأ، فالمشرع لم يشترط لتطبيق المادة 692 من القانون المدني إلا أن يكون المنع لسبب راجع إلي رب العمل، وهذه العبارة مطلقة تشمل الأفعال الخاطئة، كما تشمل الأفعال

مادة [692]

التي لا خطأ فيها، ولو قصد المشرع أن يقصر تطبيق النص علي حالات خطأ رب العمل لعبر عن ذلك بما يفيد هذا القصر.

ويلاحظ أنه إذا ثبت أن المنع من العمل كان بسبب راجع إلي رب العمل، فإن العامل يستحق أجره عن كل المدة التي لم يشتغل فيها، وليس عن اليوم الأول فقط منها، خلافا لما يوحي به ظاهر نص المادة 292 من القانون المدني، لأن أساس إلتزام رب العمل بالأجر هو كون المنع راجعا إليه، وليس عدم مباغتة العامل بحرمانه من العمل.

وفي حالات القوة القاهرة وخطأ العامل، لا يرجع سبب منع العامل من العمل إلي رب العمل، ولذلك فلا تنطبق المادة 292 من القانون المدني، وبالتالي لا يستحق العامل أي أجر وفقا لهذه المادة.

(شرح قانون العمل- للدكتور محمد لبيب شنب- المرجع السابق- ص355 وما بعدها)

من أحكام القضاء الحديثة:

1- الأجر لقاء العمل، منع العامل من العمل بسبب راجع إلي رب العمل، أثره، إستحقاق الأجر رغم ذلك (م 692 مدني) تطبيق هذا النص، شرطه، أن يكون عقد العمل قائما.

(نقض- جلسة 1978/3/4- الطعن رقم 45 لسنة 42 ق- لم ينشر بعد)

2- تنص المادة 692 من القانون المجني علي أنه: "إذا حضر العامل أو المستخدم لمزاولة عمله في الفترة اليومية التي يلزمه بها عقد العمل أو أعلن أنه مستعد لمزاولة عمله في هذه الفترة ولم يمنعه إلا سبب راجع إلي رب العمل كان له الحق في أجر ذلك اليوم، ومفاد هذا النص – علي ما جري به قضاء النقض- أنه يشترط أصلا لإستحقاق الأجر في الحالة التي أفصح عنها أن يكون عقد العمل قائما علي إعتبار أن الأجر إلتزام من الإلتزامات المنبثقة عنه، مما مؤداه أن أحكام تلك المادة تنحسر عن حالة صدور قرار بفصل المطعون ضده طالما أن فصله ينهي عقد عمله ويزيل الإلتزامات الناتجة عنه ومنها الإلتزام بدفع الأجر.

(نقض- جلسة 1979/3/11- الطعن رقم 55 لسنة 43ق- لم ينشر بعد)

مادة [693]

مادة [693]

يجب علي رب العمل إلي جانب إلتزاماته المبينة في المواد السابقة أن يقوم بالإلتزامات التي تفرضها القوانين الخاصة.

النصوص العربية المقابلة:

هذه المادة تقابل في نصوص القانون المدني بالأقطار العربية، المواد التالية:

مادة 659 سوري.

الأعمال التحضيرية:

ليس علي هذه المادة تعليق- بالأعمال التحضيرية- يستحق التنويه به.

رأي الفقه:

1- لم ينظم القانون المدني من إلتزامات صاحب العمل إلا الإلتزام بدفع الأجر.

ويجمع الشراح علي نص المادة 693 مدني لا يؤدي إلي تحمل أصحاب الأعمال الخاضعين للقانون المدني الإلتزامات المنصوص عليها في القوانين الخاصة، فالإلتزامات التي ينص عليها تقنين العمل الموحد لا يخضع لها إلا أصحاب الأعمال الذين يخضعون لهذا التقنين الأخير إلا إذا كانت تمليها القواعد العامة.

وعلي ذلك فإن إقتصار التقنين المدني علي النص علي إلتزام صاحب العمل الخاضع لهذا التقنين بإلتزامات أخرى، ذلك أن القواعد العامة في القانون المدني تفرض علي المتعاقد بعض الإلتزامات رغم عدم النص عليها صراحة في العقد وذلك طبقا للمادة 148 مدني.

(راجع التعليق علي نص هذه المادة بالجزء الأول من هذا الكتاب)

وتطبيقا للقواعد العامة يلتزم صاحب العمل الخاضع للتقنين المدني بعدة إلتزامات يفرضها حسن النية في تنفيذ العقود أو كونها من مستلزمات العقد وفقا للقانون والعرف والعدالة بحسب طبيعة الإلتزام، وذلك رغم عدم النص صراحة علي صور هذه الإلتزامات.

وهذه الإلتزامات هي:

(1) يلتزم صاحب العمل بتقديم العمل إلي العامل وخصوصا إذا كان أجر العمل يحتسب علي أساس القطعة، كما أن حرمان العامل من العمل يفوت عليه اكتساب الخبرة ويجرح شعوره لأن مجرد منعه من العمل يحمل المساس بكرامته إلا إذا كان المنع موقوتا تقتضيه مصلحة العمل أو كان غير راجع إلي خطأ صاحب العمل.

مادة [693]

(2) علي صاحب العمل أن يهيء للعامل مكان العمل وأن يقدم له الأدوات اللازمة للقيام بالعمل ولم يقض العقد أو العرف بغير ذلك.

(3) يلتزم صاحب العمل كذلك بأن يوفر للعامل أداء العمل في ظروف مناسبة لا تعرض سلامته أو صحته للخطر.

(4) يلتزم صاحب العمل بمعاملة العامل معاملة إنسانية فيمتنع عليه أن يكلفه بما لا طاقة له به من الأعمال أو بما يتعارض مع الآداب أو الأخلاق.

(5) يري بعض الشراح أن صاحب العمل يلتزم باتخاذ الإجراءات اللازمة في حدود الإمكان للمحافظة علي الأشياء التي قد يتركها العامل أثناء عمله كملابسه التي يخلعها لارتداء ملابس العمل أو دراجته التي يتركها عند حضوره للعمل مع إشتراط أن يكون إحضار العامل لها أمر ضروريا أو عاديا.

(6) إستقر الفقه في مصر عن أن صاحب العمل يلتزم أن يعطي العامل في نهاية عقده شهادة تسجل مدة خدمته وطبيعة عمله إعمالا لمبدأ حسن النية في تحديد مضمون العقد كما أكد القضاء وقوع هذا الإلتزام علي عاتق كل أصحاب العمل.

(7) كما يلتزم صاحب برد ما كان محفوظ لديه باسم العامل من أدوات خاصة وشهادات من أرباب الأعمال السابقين.

(شرح قانون العمل- للدكتور ايهاب حسن إسماعيل - المرجع السابق- ص230 وما بعدها)

2- أوجب الشارع علي رب العمل أن يقوم بالإلتزامات التي تفرضها القوانين الخاصة (م 693 مدني)، ويشير بهذا علي وجه الخصوص إلي تشريع عقد العمل الفردي وإلي التشريعات المحددة للأجر والمنظمة للعمل، وأخيرا إلي التشريعات المقررة للإلتزام بضمان سلامة العمل.

(قانون العمل- للدكتور محمود جمال الدين زكي- المرجع السابق- ص223 و 224)

3- تضيف المادة 693 مدني أنه يجب علي رب العمل إلي جانب إلتزاماته المبينة في المواد السابقة أن يقوم بالإلتزامات التي تفرضها القوانين الخاصة، وأهم القوانين الخاصة التي تشير إليها هذه المادة 0والمادة 690 مدني) هو قانون العمل الموحد رقم 91 لسنة 1959.

ولكن هذا لا يعني أن عقود العمل الخاضعة لأحكام القانون المدني لا تلزم أصحاب الأعمال إلا بدفع الأجر، بل إن هناك إلتزامات أخرى تفرضها القواعد العامة، فالقواعد العامة تقضي بأن المتعاقدين لا يلتزمان بما ورد في العقد فقط، بل يلتزمان أيضا بكل ما هو من مستلزماته وفقا للقانون والعدالة بحسب طبيعة الإلتزام (م 2/128 مدني)، كما تقضي بأن ينفذ العقد طبقا لما اشتمل عليه، وبطريقة تتفق مع ما يوجبه حسن النية (م 1/148 مدني).

مادة [693]

ووفقا لهذا يلتزم صاحب العمل بأن يقدم العمل العامل، وأن يمكنه من أدائه بأن يقدم له المكان والمواد والأدوات اللازمة للعمل، إلا إذا وجد إتفاق أو عرف يقضي بغير ذلك، وهذا الإلتزام لا يكون فقط في الحالات التي يتجدد فيها الأجر علي أساس الإنتاج كما في الأجر بالقطعة، وإنما يوجد أيضا حيث يفوت الحرمان من العمل علي العامل فرصة لزيادة خبرته أو حيث يكون المنع من العمل فيه مساس بكرامته أو جرح لشعوره.

وتقضي القواعد العامة بأنه يجب علي صاحب العمل أن يعامل العامل معاملة لائقة وألا يكلفه فوق طاقته وأن يوفر له الظروف الملائمة للعمل من الناحيتين الصحية والاجتماعية.

وأخيرا يلتزم صاحب العمل بأن يعطي العامل عند إنتهاء العقد شهادة نهاية خدمة يبين فيها مدة خدمته وطبيعة عمله، إذ يعتبر هذا الإلتزام من مستلزمات العقد وفقا للمادة 2/148 مدني.

أما قانون العمل فقد فرض علي عاتق صاحب العمل إلتزامات متعددة يتعلق جانب كبير منها بالأجر نظرا لما له من طابع حيوي، ويتعلق جانب آخر بإجازات العامل، ولجانب الأخير يتضمن إلتزامات متفرقة. ويجب أن يلاحظ أن هذه الإلتزامات إنما تفرض فقط علي أصحاب الأعمال في العقود التي يحكمها قانون العمل. أما العقود الخاضعة للقانون المدني فلا تمتد إليها هذه الإلتزامات إلا إذا كانت مجرد تطبيق للقواعد العامة.

(شرح قانون العمل- للدكتور عبد الودود يحيي- المرجع السابق- ص219 وما بعدها)

4- لم ينص التقنين المدني إلا علي إلتزام صاحب العمل بأداء الأجر إلي العامل (م 690- 692 مدني)، ولكنه شفع ذلك بالإحالة علي الإلتزامات التي تفرضها القوانين الخاصة (م 693 مدني). غير أن من الواضح أن مثل هذه الإحالة إنما تكون في حدود ونطاق تطبيق هذه القوانين الخاصة. وأبرز هذه القوانين تقنين العمل الموحد رقم 91 لسنة 1959 الذي عدد وفصل كثيرا من الإلتزامات الأخرى التي تفرض علي صاحب العمل. ولكن هذه الإلتزامات الكثيرة إنما تتصرف في الأصل إلي أصحاب العمل الخاضعين لتقنين العمل وحدهم دون أصحاب العمل الخاضعين للتقنين المدني، إلا أن يكون بعضها محض تطبيق للقواعد العامة وهو نادر. وذلك مجال من أظهر المجالات التي تبدو فيها أفضلية خضوع العمل لتقنين العمل دون التقنين المدني. حيث تعود عليهم هذه الإلتزامات العديدة التي يفرضها تقنين العمل علي أصحاب العمل بمزايا وضمانات ضخمة.

مادة [693]

ومع ذلك فليس معني هذا أن صاحب العمل الخاضع للتقنين المدني لا يلتزم بأي إلتزام آخر غير إلتزامه بأداء الأجر، وإنما من الواضح أنه يلتزم كذلك بأي إلتزام تفرضه القواعد العامة. وهي تفرض أساسا في شأن تحديد مضمون العقد ونطاقه وعدم الإقتصار علي ما يرد في العقد فحسب، بل كذلك شمول ما يعتبر من مستلزماته وفقا للقانون والعرف والعدالة بحسب طبيعة الإلتزام (م 2/148 مدني)، وتفرض في شأن تنفيذ العقد أن يتم تنفيذه طبقا لمضمونه ونطاقه بطريقة تتفق مع ما يوجبه حسن النية (م 1/148 مدني).

(أصول قانون العمل- للدكتور حسن كيرة- المرجع السابق- ص401)

من أحكام القضاء الحديثة :

1-لما كان يجوز لكل من المتعاقدين في عقد العمل غير محدد المدة - وفقاً لما تنص عليه المادتان 694، 695 من القانون المدني والمادة 72 من قانون العمل رقم 91 لسنة 1959 - أن يضع حداً لعلاقته مع المتعاقد الآخر ويتعين لاستعمال أي من المتعاقدين هذه الرخصة أن يخطر المتعاقد معه برغبته مسبقاً بثلاثين يوماً بالنسبة للعمال المعينين بأجر شهري وخمسة عشر يوماً بالنسبة للعمال الآخرين، فإذا لم تراع هذه المهلة لزم من نقض منهما العقد أن يؤدي إلى الطرف الآخر تعويضاً مساوياً لأجر العامل عن مدة المهلة أو الجزء الباقي منها، مما مفاده إعتبار عقد العمل منتهياً بإبلاغ الرغبة في إنهائه من أحد طرفيه إلى الآخر، وأنه لا يترتب على عدم مراعاة المهلة القانونية إلا مجرد التعويض على التفصيل السابق، ولما كان يبين من مدونات الحكم الإبتدائي المؤيد بالحكم المطعون عليه، أن الطاعن علم بقرار فصله يقيناً بتاريخ 1965/9/16 وهو تاريخ تقديمه شكواه إلى مكتب العمل يطلب وقف قرار فصله، ومن ثم يعتبر عقد عمله منقوضاً إعتباراً من هذا التاريخ بينما أقام دعواه بحقوقه العمالية بعد مضى أكثر من سنة من تاريخ الفصل، وكان الحكم المطعون فيه قد أنهى إلى سقوط الحق في المطالبة بالتقادم، فإنه لا يكون قد خالف القانون.

[الطعن رقم 623 -لسنة 41 ق-تاريخ الجلسة 26 / 11 / 1978]

2-يجوز لكل من المتعاقدين في عقد العمل غير محدد المدة - وفقاً لما تنص عليه المادة 694 من القانون المدني والمادة 72 من قانون العمل رقم 91 لسنة 1959 - أن يضع حداً لعلاقته مع المتعاقد الآخر، ويتعين لاستعمال أي من المتعاقدين هذه الرخصة أن يخطر المتعاقد معه برغبته مسبقاً لثلاثين يوماً بالنسبة للعمال المعينين بأجر شهري وخمسة عشر يوماً بالنسبة للعمال الآخرين.

[الطعن رقم 410 -لسنة 52 ق-تاريخ الجلسة 12 / 04 / 1987]

مادة [693]

3- المقرر - في قضاء هذه المحكمة - أنه يجوز لكل من المتعاقدين في عقد العمل غير محدد المدة - وفقا لما تنص عليه المادتان 694، 695 من القانون المدني أن يضع حدا لعلاقته مع المتعاقد الآخر ويتعين لاستعمال أي من المتعاقدين هذه الرخصة أن يخطر المتعاقد معه برغبته مسبقا بثلاثين يوما بالنسبة للعمال المعينين بأجر شهري وخمسة عشر يوما بالنسبة للعمال الآخرين فإذا لم تراع هذه المهلة لزم من نقض منهما العقد أن يؤدي إلى الطرف الآخر تعويضا ماديا مساويا لأجر العامل عن مدة المهلة أو الجزء الباقي منها، لا يغير من ذلك أن المشرع في قانون العمل الجديد رقم 137 لسنة 1981 أغفل النص على هذه المهلة القانونية للإنذار إذ لا يمكن أنه يستفاد من هذا الإغفال إلغاء الحكم الوارد في القانون المدني والذي كان منصوصا عليه صراحة في قانون العمل الملغى ذلك لأنه لا يوجد في الأعمال التحضيرية لقانون العمل الجديد ما يدل على اتجاه المشرع إلى تغيير الحكم المذكور، فضلا عن أن المادة الثانية من مواد إصدار قانون العمل رقم 137 لسنة 1981 قد نصت على أن "يلغى قانون العمل الصادر بالقانون رقم 91 لسنة 1959 كما يلغى كل نص يخالف أحكام القانون المرافق..." ولم تتعرض مواد الإصدار لأحكام القانون المدني الخاصة بعقد العمل والواردة في المواد من 674 إلى 698 ولذلك تظل هذه الأحكام قائمة تنظم ما خلا قانون العمل من تنظيمه وطالما لا تتعارض مع ما نص عليه صراحة. لما كان ذلك وكان الحكم الابتدائي المؤيد بالحكم المطعون فيه قد خالف هذا النظر وانتهى إلى عدم أحقية الطاعن في بدل مهلة الإنذار المطالب به تأسيسا على خلو قانون العمل رقم 137 لسنة 1981 من النص عليه فإنه يكون قد أخطأ في تطبيق القانون.

[الطعن رقم 1668 -لسنة 60 ق- تاريخ الجلسة 28 / 11 / 1996]

مادة [694]

إنتهاء عقد العمل

مادة [694]

(1) ينتهي عقد العمل بإنقضاء مدته أو بإنجاز العمل الـذي أبـرم مـن أجلـه، وذلك مع عدم الإخلال بأحكام المادتين 678 و 679.

(2) فإن لم تعين مدة العقد بالإتفاق أو بنوع العمل أو بالغرض منه جاز لكل من المتعاقدين أن يضع حدا لعلاقته مع المتعاقـد الآخـر ويجـب في إستعمال هذا الحق أن يسبقه الإخطار وطريقة الإخطار ومدته تبينها القوانين الخاصة.

النصوص العربية المقابلة:

هذه المادة تقابل في نصوص القانون المـدني بالأقطـار العربيـة، المـواد التالية:

مادة 606 سوري و915 عراقي و568 سوداني و851 تونسي.

الأعمال التحضيرية:

اقتبس المشروع الفقـرة الأولي مـن المـادة ...... مـن تقنـين العمـل الفرنسي (وقد أدخلها قانون 19 يوليه سنة 1928).

أما الفقرة الخامسة فهي تضع حدا لخلاف ثار في وقت مـا في القضاء المصري فقد قررت محكمة الاستئناف المختلطة بحكمها الصادر في 19 نـوفمبر سنة 1929 (ب 42 ص41) صحة الشرط الذي بمقتضاه يكون لأحد المتعاقدين الحق في إنهاء العقد في أي وقت يشاء بمجرد إخطار يرسله للآخر، وذلك حتى لو كان الشرط في مصلحة رب العمل وضد العامـل، ولا يجوز مطلقا القول بوجود إكراه أدبي علي العامل الذي يقبل الشرط. علي أن المحكمة قـررت مـع ذلك أنه لا يجوز لرب العمل أن يستفيد من هذا الشرط لمجرد الرغبة في إيذاء العامل والتحكم فيه والانتقام منه لأسباب غير مشروعة.

وقد أيدت المحكمة المبدأ السابق بحكم آخر في 28 ينـاير سنة 1930 (ب 42 ص231) ورد فيه أن (الشرط الذي بمقتضاه يحتفظ رب العمـل بالحـق في فسخ العقد في أي وقت يشاء دون إنذار سابق هـو شرط صحيح، لكـن لا يجوز إستعماله لمجرد الرغبة في إيذاء العامل).

علي أن المحكمة عدلت عن هذا الرأي. وإستقرت أحكامها منـذ سنة 1931 علي عدم الإتفاق مطلقا علي إمكان الطرود في أي وقت دون حاجة لإنذار سابق بمدة معقولة، لأن ذلك يتعلق بالنظام العام. ولا يجوز إذن الإتفاق مقدما علي تحديد مدة الإنذار السابق بشهر أو بخمسة عشر يوما مـثلا أيـا كانـت مـدة خدمة العامل. كذلك يكون باطلا الإتفاق الـذي بمقتضاه يتنازل العامل مقدما عن حقه في التعويض بناء علي الطرد في وقت غير لائق (محكمة الاستئناف

مادة [694]

المختلطة 30 ديسمبر سنة 1931 ب44 ص94 –11 يناير سنة 1933 ب45 ص 122 – 29 مارس سنة 1933 ب45 ص221- 27 يناير سنة 1937 ب 49 ص85) والمشرع يدعم هذا القضاء ويؤكده.

(مجموعة الأعمال التحضيرية للقانون مدني- جزء 5- ص162 و163)

رأي الفقه:

1- تقرر المادتان 694 /2 مدني و1/72 من قانون العمل الموحد جواز إنهاء عقد العمل غير محدد المدة بالإرادة المنفردة، ولا خروج في هذا علي مبدأ القوة الملزمة للعقد، لأن القانون لا يقر قيام علاقات تعاقدية مؤبدة، ولذلك كانت هذه هي القاعدة بالنسبة لجميع العقود غير محددة المدة.

وقاعدة إنهاء العقد غير محددة المدة بالإرادة المنفردة تبريرها عدة إعتبارات. فالقول بأن العقد غير محدد المدة لا ينتهي إلا بإتفاق الطرفين يؤدي إلي أن أحد المتعاقدين يستطيع إجبار الآخر علي البقاء في العلاقة التعاقدية طول حياته، وهذا يتنافى مع الحرية الشخصية، ويؤدي إلي الإضرار بكل من صاحب العمل والعامل.

وقد قرر القانون الحق في الإنهاء لكل من الطرفين إذا استعمله صاحب العمل فإنه يأخذ صورة الفصل، وإذا استعمله العامل فإنه يأخذ صورة الاستقالة، ولكنه في الحالتين إنهاء للعقد بالإرادة المنفردة.

والحق في إنهاء العقد ليس مطلقا، بل لابد لإستعماله – دون أن تترتب مسئولية علي ما استعمله- أن يتوافر شرطان نص عليهما كل من القانون المدني وقانون العمل، هذان هما الإخطار السابق، وعدم التعسف في إستعمال هذا الحق.

والغرض من الإخطار هو منع المفاجأة وتمكين الطرف الآخر في العقد من الإستعداد للوضع الذي يعقب فترة الإخطار. فإذا كان الإخطار من جانب صاحب العمل، استطاع العامل خلال فترة الإخطار أن يبحث عن عمل جديد، وإذا كان الإخطار من جانب العامل، فإنه بهذا يعطي صاحب العمل الفرصة للبحث عن عامل يحل محل العامل المستقبل.

والإخطار إعلان لإرادة المتعاقد يتضمن رغبة أكيدة في إنهاء العقد. وهو لذلك يعتبر تصرفا قانونيا من جانب واحد ويخضع لما تخضع له التصرفات القانونية من أحكام، فهو لا ينتج أثره إلا إذا وصل إلي علم من وجه إليه وذلك وفقا للمادة 91 من القانون المدني، ويعتبر الوصول قرينة علي العلم ما لم يقم الدليل علي عكس ذلك، ويستطيع من وجه الإخطار أن يسحبه طالما يتصل بعلم من وجه إليه، ولكن يمتنع عليه ذلك بعد وصول الإخطار.

مادة [694]

وكذلك يخضع الإخطار للقواعد الخاصة بالأهلية وخلو الإرادة من العيوب، ولكن الأهلية اللازمة للإخطار هي نفس الأهلية اللازمة لإبرام عقد العمل.

وعلي عكس المادة 694 /2 من القانون المدني التي لا تتطلب أن يتم الإخطار في شكل معين، تتطلب المادة 72 من قانون العمل الموحد أن يكون الإخطار كتابة. وقد قصد القانون بتطلب الكتابة أن يكون الإخطار جديا. حتى لا يخطر أحد المتعاقدين الآخر شفويا بالإنهاء نتيجة لسوء تفاهم يقع بينهما في حين أن رغبته لم تتجه إلي إنهاء العقد. والكتابة في هذه الحالة ليست شكلا يترتب علي عدم توافره إنعدام الإخطار، وإنما هي لمجرد الإثبات، وهي واجبة سواء كان الإخطار بالإنهاء من العامل أم من صاحب العمل.

ولم يحدد القانون المدني (م 694 /2 مدني) مدة الإخطار، وإنما أحال في ذلك إلي القوانين الخاصة. وأما قانون العمل، فقد حدد مهلة الإخطار تحديدا زمنيا في المادة 72 منه التي تقضي بأن تكون مدة الإخطار ثلاثين يوما بالنسبة إلي العمال المعينين بأجر شهري، وخمسة عشر يوما بالنسبة إلي العمال الآخرين.

وعلي ذلك تخضع مدة الإخطار في العقود الخاضعة للقانون المدني لتقدير القاضي، وهو يراعي في ذلك العرف وطبيعة العمل ومدة خدمة العامل. وأما في العقود الخاضعة لقانون العمل، فقد فرقت المادة 1/72 منه بين العمال الشهريين وغيرهم من العمال، وحددت مدة الإخطار بالنسبة للفئة الأولي بثلاثين يوما، وبالنسبة للفئة الثانية بخمسة عشر يوما، وتبدأ هذه المدة من وقت أن ينتج الإخطار أثره، أي من وقت اتصاله بعلم من وجه إليه.

والنص المحدد للإخطار نص آمر، فلا تجوز مخالفته إلا إذا كانت المخالفة أصلح للعامل، بمعني أنه لا يجوز الإتفاق علي إطالتها أو تقصيرها أو الإعفاء منها، إلا إذا كانت المخالفة لصالح العامل.

وينتهي العقد بمجرد إنتهاء مدة الإخطار دون حاجة إلي إجراء جديد، ولا يؤثر علي إنتهاء العقد أن يكون العامل قد مرض خلالها ولم يستطع البحث عن عمل، ذلك أن مدة الإخطار ليست مدة تقادم، وبالتالي لا يرد عليها الوقف أو الإنقطاع.

(شرح قانون العمل- للدكتور عبد الودود يحيي- المرجع السابق- ص329 وما بعدها)

2- إذا كان عقد العمل غير محدد المدة جاز لكل من طرفيه إنهاؤه بإرادته المنفردة في أي وقت (م 2/694 مدني و1/72 عمل موحد).

مادة [694]

ويعتبر حق العامل في إنهاء هذا العقد بإرادته المنفردة من النظام العام، فلا يجوز الإتفاق عن حرمانه منه، سواء في عقد العمل نفسه أو في إتفاق لاحق، كما لا يجوز للعامل النزول عن هذا الحق، وأي نزول في هذا الشأن يقع باطلا بطلانا مطلقا. والعلة في ذلك هو المحافظة علي حرية العامل، إذ لو صح الإتفاق علي حرمان العامل من إنهاء العقد الغير محدد المدة بإرادته، لأدي ذلك إلي تأبيد هذا العقد إذا لم يوافقه رب العمل علي إنهاء العقد في الأوقات التي يرغب فيها في هذا الإنهاء، ومن شأن ذلك أن يبقي العامل تابعا لرب العمل طيلة حياته وحرمانه من تغيير نوع العمل الذي اختاره في يوم ما ولو اقتضت مصلحته هذا التغيير.

أما حق رب العمل العقد غير محدد المدة فيما يتعلق بالنظام العام وبالتالي يجوز الإتفاق علي حرمانه منه. ويرجع ذلك إلي أن القيد الذي يورده هذا الإتفاق علي حرية رب العمل ليس ثقيلا، لأن إلتزام رب العمل ليس محله القيام بعمل بل بدفع الأجر، وهو بذلك لا يكاد يمس حرية رب العمل الفردية وفضلا عن ذلك فقد قرر القانون للعامل وحده - دون رب العمل- الحق في إنهاء العقد المحدد المدة إذا تجاوزت مدته خمس سنوات، أو إذا كان معقودا لمدة حياة العامل أو رب العمل (م 2/687 مدني)، مما يفيد أن المشرع لا يحتم أن تكون رخصة الإنهاء تبادلية أي ثابتة لكل من طرفي العقد.

(شرح قانون العمل- للدكتور محمد لبيب شنب- المرجع السابق- ص393 وما بعدها)

3- لا يمتاز نص المادة 2/694 مدني بحسن الصياغة، وإن كان واضح المعني في أن العقد ينتهي فتنقطع العلاقات فعلا بين طرفيه بإرادة أحدهما الذي يجب عليه إعلان إرادته إلي الآخر قبل الوقت الذي يريد فيه إنهاؤه بفترة معينة، وسمي إعلان الإرادة بالإنهاء إخطارا، وليس في نص المادة 2/294 مدني تجديد وإن تضمن تفصيلا لما أجملته المادة 492/404 من التقنين القديم حين أوجبت أن يكون الإنتهاء في وقت لائق.

(قانون العمل للدكتور محمود جمال الدين زكي- المرجع السابق- ص377 وما بعدها)

4- حرص المشرع، سواء في التقنين المدني (م2/694) أو في تقنين العمل الموحد (م 72) علي تأكيد حق كل من الطرفين في إنهاء عقد العمل المحدد المدة بإرادته المنفردة.

وإنهاء هذا العقد بالإرادة المنفردة لأحد طرفيه لا تخفي فوائده بالنسبة إلي المتعاقدين علي السواء، فهو يمكن العامل من انتهاز الفرص العديدة التي قد تعرض له للحصول علي عمل أفضل أو أجر أكبر، كما يمكن صاحب العمل من تحقيق العمل وصالح المنشأة ومواجهة مختلف الظروف الإقتصادية وتطور

مادة [694]

طرائق الإنتاج التي قد تقضي الاستغناء عن بعض العمال. غير أن مخاطر هذا الإنهاء ليست ضئيلة وخاصة بالنسبة إلي العامل، حيث قد يدفع به إلي التعطل وهو إنما يعتمد في حياته ورزقه علي عمله وما يتكسبه منه من أجر، كما أن الإنتهاء قد يصيب صاحب العمل نفسه بالضرر، فقد يحرمه من عامل ذي كفاءة عالية، وقد يؤدي إنهاء عدد كبير من العمال عقودهم في نفس الوقت وفي أوقات متقاربة إلي إشاعة الاضطراب في سير العمل في المنشأة.

(أصول قانون العمل- للدكتور حسن كيره- المرجع السابق- ص754 وما بعدها)

من أحكام القضاء الحديثة:

1- لما كان المشرع قد أجاز في المادة 2/694 من القانون المدني والمادة 1/72 من القانون 91 لسنة 1959 الخاص بالعمل الموحد لكل من طرفي عقد العمل غير المحدد المدة أن يضع بإرادته المنفردة حدا لعلاقته مع المتعاقد الآخر دون ما قيد سوي شرط مراعاة مهلة الإخطار المقررة في القانون أو التعويض عنه إذا لم يتم، وكانت المادة 80 من قانون العمل سالف الذكر قد أجازت للعامل بعد إعلان صاحب العمل طبقا لمادة 72 منه أن يستقيل من عمله لديه، فإن الإستقالة – وعلي ما جري به قضاء النقض- تكون إنهاء للعقد بالإرادة المنفردة ويلحق بها أثرها بمجرد تقديمها دون تعليق

علي قبول صاحب العمل لها- لما كان ذلك، وكان الحكم المطعون فيه قد إلتزم هذا النظر ورفض الاستجابة إلي طلب الطاعن أجره عن المدة اللاحقة لتاريخ تقديمه استقالته، فإنه لا يكون قد خالف القانون.

(نقض- جلسة 1974/11/28- الطعن 480 لسنة 38ق- قضاء النقض- الهواري- ص255 و256، ونقض- جلسة 1974/3/23- الطعن 496 لسنة 37 ق- المرجع السابق- ص260 و261)

2- مفاد نص المادة 91 من القانون المدني أن التعبير عن الإرادة لا ينتج أثره إذا أثبت من وجه إليه أنه لم يعلم به وقت وصوله وكان عدم العلم لا يرجع إلي خطأ منه. وكان يبين من نص قانون العمل أن المشرع لم يستلزم شكلا خاصا في الإنذار الذي يوجهه صاحب العمل إلي العامل واكتفي بأن يكون بالكتابة، وإذ أعمل الحكم المطعون فيه أثر الخطابات التي أرسلتها الشركة المطعون ضدها، فإن النعي عليه يكون علي غير أساس.

(نقض- جلسة 1972/1/19- مجموعة المكتب الفني- السنة 23- مدني ص67)

3- يجوز لكل من المتعاقدين في عقد العمل غير المحدد المدة- وفقا لما تنص عليه المادتان 694 و695 من القانون المدني والمادة 72 من قانون العمل رقم 91 لسنة 1959- أن يضع حدا لعلاقته مع المتعاقد لآخر، ويتعين لإستعمال

مادة [694]

أي من المتعاقدين هذه الرخصة أن يخطر المتعاقد معه برغبته مسبقا بثلاثين يوما بالنسبة للعمال المعينين بأجر شهري وخمسة عشر يوما بالنسبة للعمال الآخرين، فإذا لم تراع هذه المهلة لزم من نقض منهما العقد أن يؤدي إلي الطرف الآخر تعويضا مساويا لأجر العامل عن مدة المهلة أو الجزء الباقي منها، مما مفاده إعتبار عقد العمل منتهيا بإبلاغ الرغبة في إنهائه من أحد طرفيه إلي الآخر، وأنه لا يترتب علي عدم مراعاة المهلة القانونية إلا مجرد التعويض.

(نقض- جلسة 1972/2/24- المرجع السابق- السنة 24- مدني- ص316)

4- لما كان يجوز لكل من المتعاقدين في عقد العمل غير محدد المدة- وفقا لما تنص عليه المادتان 694 و695 من القانون المدني والمادة 72 من قانون العمل رقم 91 لسنة 1959- أن يضع حدا لعلاقته مع المتعاقد الآخر، ويتعين لإستعمال أي من المتعاقدين هذه الرخصة أن يخطر المتعاقد معه برغبته مسبقا بثلاثين يوما بالنسبة للعمال المعنيين بأجر شهري وخمسة عشر يوما بالنسبة للعمال الآخرين، فإذا لم تراع هذه المهلة لزعم من نقض منهما العقد أن يؤدي للطرف الآخر تعويضا مساويا لأجر العامل عن مدة المهلة أو الجزء الباقي منها، مما مفاده إعتبار عقد العمل منتهيا بإبلاغ الرغبة في إنهائه من أحد طرفيه إلي الآخر وأنه لا يترتب علي عدم مراعاة المهلة القانونية إلا مجرد التعويض علي التفصيل السابق ولما كان يبدو من مدونات الحكم الابتدائي المؤيد بالحكم المطعون عليه أن الطاعن علم بقرار فصله يقينا بتاريخ 1965/9/16 وهو تاريخ تقديم شكواه إلي مكتب العمل بطلب وقف قرار فصله. ومن ثم يعتبر عقد عمله منقوضا إعتبارا من هذا التاريخ بينما أقام دعواه بحقوقه العمالية بعد مضي أكثر من سنة من تاريخ الفصل، وكان الحكم المطعون فيه قد إنتهي إلي سقوط الحق في المطالبة بالتقادم، فإنه لا يكون قد خالف القانون.

(نقض- جلسة 1978/11/26- الطعن 362 لسنة 41ق- لم ينشر بعد)

5- إذا كان المشرع قد أجاز في المادة 2/694 من القانون المدني والمادة 1/72 من قانون العمل رقم 91 لسنة 1959 لكل من طرفي عقد العمل غير المحدد المدة أن يضع حدا لعلاقته مع المتعاقد الآخر بشرط مراعاة مهلة الإخطار المقررة في القانون، وكان إستعمال حق الفسخ بإرادة المتعاقد- لا يرتب مسئولية طالما إستند إلي ما برره، فإن أعوزه المبرر كان للتضرر الحق في تعويض تقدره المحكمة تمشيا مع المبدأ العام من أن العقد غير المحدد المدة هو عقد مؤقت بطبيعته وليس أبديا، فإن تخطئة الحكم المطعون فيه بأنه أقر إنهاء عقد الطاعن في حالة ليست من الحالات الواردة علي سبيل الحصر في قانون العمل يكون لا سند له من القانون.

(نقض- جلسة 1984/6/1- مجموعة المكتب الفني- السنة 25- مدني- ص972)

مادة [695]

مادة [695]

(1) إذا كان العقد قد أبرم لمدة غير معينة، ونقضه أحد المتعاقدين دون مراعاة لميعاد الإخطار، أو قبل إنقضاء هذا الميعاد. لزمه أن يعوض المتعاقد الآخر عن مدة هذا الميعاد أو عن المدة الباقية منه. ويشمل التعويض فوق الأجر المحدد الذي كان يستحق خلال هذه المدة جميع ملحقات الأجر التي تكون ثابتة ومعينة، مع مراعاة ما تقضي به القوانين الخاصة.

(2) وإذا فسخ العقد بتعسف من أحد المتعاقدين كان للمتعاقد الآخر، إلي جانب التعويض الذي يكون مستحقا له بسبب عدم مراعاة ميعاد الإخطار الحق في تعويض ما أصابه من ضرر بسبب فسخ العقد فسخا تعسفيا. ويعتبر الفصل تعسفيا إذا وقع بسبب حجوز أوقعت تحت يد رب العمل، أو وقع هذا الفصل بسبب ديون يكون العامل قد إلتزم بها للغير.

النصوص العربية المقابلة:

هذه المادة تقابل في نصوص القانون المدني بالأقطار العربية، المواد التالية:

مادة 611 سوري و918 عراقي و602 لبناني.

الأعمال التحضيرية:

الفقرة الأولي مستقاة من أحكام القضاء الدولي في مسائل العمل ولكن مع شيء من الخلاف فيما يتعلق بإنقاص التعويض إذا اشتغل العامل خلال المدة التي كان يجب فيها حصول التنبيه. فالقضاء الدولي يقضي بالإنقاص والمشرع يخالفه في ذلك، إذ يبقي التعويض في مدة الإخطار حقا مكتسبا للعامل حتى لو أنه تبين أنه أكثر من الضرر الحاصل فعلا، لأنه يجمع إلي جانب صفته كتعويض معني الجزاء الذي يوقع علي رب العمل لإخلاله بقواعد المهلة القانونية (راجع مجموعة أحكام القضاء الدولي في العمل 1934 / 1935 إيطاليان 54 والولايات المتحدة ن22- 1935/ 1936 إيطاليان 49).

والفقرة الثانية تحوي تحديدا اقتبسه المشروع أيضا من القضاء الدولي وعلي الأخص القضاء الفرنسي (مجموعة أحكام القضاء الدولي في العمل: 1932 فرنسا ن 29).

وقد تعرضت المادة 404 / 492 من التقنين الحالي للطرد في وقت غير لائق، وقصدت بذلك الطرد من غير مراعاة مدة معقولة يحصل الإنذار قبلها. وقد جري القضاء المصري علي ذلك في أول الأمر، فكان يقرر أن التعويض المستحق للعامل هو عن طرد في وقت غير لائق، فإذا كان قد أعطي ميعادا ملائما، فليس له بعد ذلك أن يتضرر من الطرد (استئناف مختلط 11 فبراير سنة

مادة [695]

1930 ب 42 ص265- 26 ديسمبر سنة 1934 ب 47 ص75). علي أنه سرعان ما شعر القضاء بوجوب حماية العامل، لأن الطرد قـد يكون في الوقت اللائق وبعد إعطاء المهلة المعقولة ومع ذلك فإن مبناه سبب غير مشروع كالرغبة في الانتقام من العامل وإيذائه أو لمجرد التعسف في إستعمال الحق. وبدأنا نـري في الأحكام القضائية إلي جانب نظرية الطرد في وقـت غـير لائـق فكرة الطرد التعسفي ومبناه إساءة إستعمال الحق ومخالفة مقتضيات العدالة (انظر علي الأخص استئناف مختلط 22 نوفمبر سنة 1933 ب46 ص42- 27 نوفمبر سنة 1928 ب41 ص40- 15 يناير سنة 1929 ب41 ص173- 21 يونية سنة 1927 ب29 ص556).

وقد وصل القضاء المصري في المراحل الأخيرة من تطوره إلي أنه، فضلا عن التعويض الذي يكون مستحقا للعامل بسبب عدم مراعاة ميعـاد الإخطار بإنهاء التعاقد له الحق في التعويض عـن الطـرد التعسفي، بغـض النظـر عـن مراعاة أو عدم مراعاة ميعاد الإخطار (استئناف مختلط 17 يناير 1928 ب40 ص140- 11 فبراير سنة 1930 ب42 ص265). وهذا القضـاء يـتمشى مع مـا وصل إليه التشريع والقضاء الدولي من أن الحماية الواجبة للعامل تشمل إلي جانب حمايته من الطرد في وقت غـير لائق حمايته ضد الطرد التعسفي، والمشروع إنما يؤكد هذه المبادئ الثابتة المستقرة.

علي أنه ظاهر أن النص الجديد يخالف أحكـام القضاء المصري مـن ناحيتين:

(1) مـن حيـث تحديد التعويض تحديدا جزافيا بالأجر عـن مـدة الإخطار أو المدة الباقية منه، فالمشرع لا يـترك إذن تقدير التعويض للقضاء، يجريه علي حسب ظروف كل حالة، بل يقدر تعويضا جزافيا. وقيده من ذلك تفـادي أوجـه النـزاع التـي تثـار في العمـل والتـي يكون شـأنها تـأخير الحكـم بالتعويض.

(2) من حيث أن القضاء الحالي يجري علـي أن التعويض لا يستحق بتمامه للعامل إذا ثبت أنه اشتغل مباشرة بعد طرده، بعمل يـوازي العمـل الأول، بل ينقص من التعويض كل ما يكون العامل قد حصل عليه مـن أجـر في خلال المدة (استئناف مختـلط 24 مـارس سنة 1920 ب32 ص225- 19 يونية سنة 1922 ب35 ص511- 10 نوفمبر سنة 1937 ب50 ص14- 18 مايو سنة 1938 ب50 ص316). ولكن المشرع يحدد التعويض جزافا ويجعلـه مستحقا للعامل حتى لو كان قد اشتغل بعد طرده لأن ذلك التعويض يتضمن أيضـا معني الجزاء.

(مجموعة الأعمال التحضيرية للقانون المدني- الجزء 5- ص166 و167)

مادة [695]

رأي الفقه:

1- من نص المادة 695 /1 مدني والمادة 2/72 من قانون العمل الموحد أن المشروع قدر تقديرا جزافيا التعويض الذي يستحق علي مخالفة قواعد الإخطار، فهو يقدر بأجر العامل عن مدة الإخطار أو المدة الباقية منها. فالمشرع لم يترك التعويض للقضاء يقدره حسب كل حالة، وإنما قدره تقديرا جزافيا، وقصده من ذلك تفادي أوجه النزاع التي قد يثار في العمل، والتي يكون من شأنها تأخير الحكم في التعويض. والتعويض الجزافي المقصود في هذه الحالة لا يتغير إذا وفق العامل إلي عمل آخر بعد الإنهاء المفاجئ للعقد، لأن التعويض في هذه الحالة يتضمن أيضا معني الجزاء. كما أن العامل لا يستطيع أن يطالب بتعويض يجاوز أجر مدة الإخطار أو الجزء الباقي منها. إذا أثبت أنه ظل بلا عمل فترة طويلة، لأن القانون لا يلزم صاحب العمل بدفع أجر العامل إلي أن يوفق إلي عمل جديد أم لم يوفق.

والواقع أن تقدير التعويض عن مخالفة قواعد الإخطار بأجر العامل عن مدة الإخطار أو الجزء الباقي منها، إن كان له ما يبرره عند إنتهاء العقد من جانب صاحب العمل، فإن من الصعب تبريره إذا كان العامل هو الذي استعمل حقه في الإنهاء، إذ لا علاقة بين أجر العامل والضرر الذي يصيب صاحب العمل من إنهاء العقد دون مراعاة قواعد الإخطار.

وأخيرا فإن عدم مراعاة قواعد الإخطار لا يؤثر علي صحة إنتهاء عقد العقد، ذلك أن القانون حدد جزاء هذه المخالفة تحديدا جزافيا، فيستطيع كل من الطرفين أن ينهي القصد إنهاء فوريا، علي أن يدفع التعويض الذي قرره القانون للطرف الآخر.

وحكم المادة 2/695 من القانون المدني ليس إبل تطبيقا لمبدأ عدم جواز التعسف في إستعمال الحق الذي ورد في المادة الخامسة. ووفقا لهذه المادة يكون من أنهي العقد متعسفا في إستعمال حقه، إذا لم يقصد بالإنهاء سوي الإضرار بالمتعاقد الآخر. أو كانت المصالح التي يرمي إلي تحقيقها قليلة الأهمية بحيث لا تتعادل البتة مع ما يصيب الغير من ضرر بسببها أو كانت المصالح التي يرمي إلي تحقيقها غير مشروعة.

وبعد أن قررت المادة 2/695 من القانون المدني مبدأ عدم إستعمال الحق في إنهاء العقد أضافت في العبارة الأخيرة منها: "ويعتبر الفصل تعسفيا إذ وقع بسبب حجوز أوقعت تحت يد رب العمل، أو وقع هذا الفصل بسبب ديون يكون العامل قد إلتزم بها للغير". وهذه إحدى الحالات التي إعتبر فيها مبدأ الفصل تعسفيا، لأن المصلحة التي تعود علي صاحب العمل من هذا الإنهاء،

مادة [695]

وهي تجنب مضايقة دائني العامل، لا تتعادل البتة مع ما يصيب العامل من ضرر بسبب الفصل.

(شرح قانون العمل- للدكتور عبد الودود يحيي- المرجع السابق- ص334 وما بعدها)

2- أراد الشارع عندنا علي ما يظهر أن يقنن القضاء الفرنسي، حين نص في المادة 1/695 مدني علي أن التعويض عن إنهاء العقد دون مراعاة لميعاد الإخطار أو قبل إنقضاء هذا الميعاد، يشمل فوق الأجر المحدد الذي كان يستحق خلال هذه المدة جميع ملحقات الأجر التي تكون ثابتة ومعينة. ولا تفيد عبارة النص قصد الشارع في الخروج عن القواعد العامة في تحديد التعويض كما لا يمنع زيادة قدر التعويض عن مجموع الأجر إذا ترتب علي الإنهاء فجأة ضرر يفوقه.

(قانون العمل- للدكتور محمود جمال الدين زكي- المرجع السابق- ص289 و290)

3- إذا نصت المادة 695 /2 من القانون المدني علي إعتبار إنهاء رب العمل لعقد العمل إنهاء تعسفيا إذا وقع هذا الإنهاء بسبب وجود ديون علي العامل للغير أو بسبب قيام دائني العامل بالحجز علي مستحقاته تحت يد رب العمل، وأساس إعتبار هذا تعسفيا أن المصلحة التي رمي صاحب العمل إلي تحقيقها من ورائه وهي تجنب مضايقات ومطالبات دائني العامل، لا تتناسب البتة مع الضرر الذي يعود علي العامل من جراء هذا الفصل.

(شرح قانون العمل- للدكتور محمد لبيب شنب- المرجع السابق- ص404 و405)

4- يلاحظ – بداءة- أن نص المادتين 695 /2 مدني و74 عمل موحد يستعملان اصطلاح "الفسخ" في حين أنهما يقصدان "الإنهاء"، لأن الفسخ سبب عارض لإنتهاء عقود العمل جميعا سواء أكانت محددة المدة أو غير محددة المدة ونتيجة إخلال أحد المتعاقدين بإلتزاماته بينما الإنهاء هو السبب العادي لإنتهاء عقد العمل غير المحدد المدة وحده وإن كان المتعاقد الآخر غير مخل بإلتزاماته.

وإذا كانت المادة 2/695 من التقنين المدني والمادة 74 من تقنين العمل الموحد توردان قيدا علي حق إنهاء عقد العمل غير المحدد المدة هو وجوب عدم التعسف فيه أو وجوب قيام مبرر له. فقد أثار هذان النصان خلافات حول مدلول الإنهاء التعسفي أو الإنهاء بلا مبرر وحول عبء إثباته.

فقد حاول بعض الفقهاء (د. محمود جمال زكي ومحمد حلمي مراد) أن يستخلص من تخصيص التقنين المدني في حالة التعسف في حق إنهاء عقد العمل غير المحدد المدة بالنص المتقدم، إستغلال هذه الحالة عن التطبيقات العادية لنظرية التعسف في إستعمال الحق، بما يؤدي إلي عدم التقيد في تحديدها بمعايير

مادة [695]

التعسف الواردة في المادة الخامسة من التقنين المدني والاكتفاء في شأنها بفكرة الخطأ البسيط معيارا لها وهو ما يجعلها - في نظرهم- بالتالي أوسع نطاقا.

ولكن الدكتور حسن كيره لا يري سندا لذلك الرأي، فتخصص هذه الحالة بالنص هي وغيرها من حالات التعسف المخصصة بنصوص متعددة في التقنين المدني ليس إلا من قبيل التطبيق للنظرية العامة للتعسف في إستعمال الحق، فيخضع لأحكامها ومعاييرها طالما لم ينص في هذا الخصيص علي معيار مختلف، وهذا هو الوضع بالنسبة إلي الإنهاء التعسفي لعقد العمل غير المحدد المدة.

ولا يقع في إسناد هذا الرأي القول بأن مقتضاه جعل التعسف في إنهاء عقد العمل غير المحدد المدة طبقا للمادة 2/695 من القانون المدني أوسع منه طبقا للنظرية العامة للتعسف وللمعايير الواردة له في المادة الخامسة من التقنين المدني فهذه المعايير واسعة بما فيه الكفاية، ولا تنحصر في فكرة تعمد الأضرار التي تحصر بعض الاتجاهات في الفقه والقضاء الفرنسي نظرية التعسف فيها والتي يبدو أن هذا الرأي قد تأثر بها. فضلا عن أن فكرة التعسف يمكن أن تكون أوسع نطاقا من فكرة الخطأ، إذ يمكن يتوافر التعسف ولو لم يكن صاحب الحق قد أخل بواجب الحيطة واليقظة العادية ذلك الإخلال الذي يكون الخطأ في المعني الفني الدقيق. ومن ناحية أخرى فإنه يعتقد أن معايير التعسف المذكورة في التقنين المدني ليست واردة علي سبيل الحصر، وإنما هي واردة علي سبيل المثال.

والمشرع يعتبر بنص المادة 2/695 مدني- تعسفيا إنهاء صاحب العمل عقد العمل إستنادا إلي ما أوقع تحت يده من حجوز علي مستحقات العامل لديه أو إلي ما يتحمل به العامل من ديون قبل الغير ولو لم ترفع بها بعد حجوز تحت يد صاحب العمل، فإنهاء لهذا السبب أو ذاك ليس مبررا وفيه إنحراف واضح في إستعمال حق الإنهاء علي غاية الحق، بل تطبيق مباشر لأحد معايير التعسف في إستعمال الحق المنصوص عليها في صور التقنين المدني هو معيار إنعدام التناسب بين المصالح المقصود تحقيقها من إستعمال الحق وبين الضرر الذي يصيب الغير من هذا الإستعمال (م 5/ب مدني) إذ ظاهر أنه لا تناسب البتة بين مصلحة العمل في إنهاء عقد العمل تجنبا لمضايقات دائني العامل المتحققة أو المتوقعة وبين الضرر الذي يلحق العامل نتيجة هذا الإنهاء.

وعلي أي حال ففي تطبيق ذلك النص- وهو نص عام لوروده في التقنين المدني بحيث ينصرف إلي عقود العمل الخاضعة للتقنين المدني وإلي عقود العمل الخاضعة لتقنين العمل علي السواء- يكفي أن يقيم العامل الدليل وقوع

مادة [695]

الإنهاء بسبب ما أوقع تحت يد صاحب العمل من حجوز أو بسبب ما إلتزم به العامل قبل الغير من ديون لكي يعتبر هذا الإنهاء بالتالي إنهاء تعسفيا يستوجب تعويض العامل عنه، وطالما أن صاحب العمل لا ينكر وقوع الإنهاء بسبب الحجوز أو الديون، فليس له أن يجادل في ثبوت وصف التعسف لهذا الإنهاء، ولكن باستطاعته أن يقيم الدليل علي أن الإنهاء لم يكن بسبب الحجوز أو الديون، وإنما كان بسبب آخر يبرر الإنهاء، كما لو أثبت تقصير العامل في أداء العمل تقصيرا جيما، فحينئذ لا يكون الإنهاء مندرجا تحت نص المادة 2/295 مدني، ويكون إنهاء مبررا لا تعسف فيه ولا مسئولية علي صاحب العمل عنه.

(أصول قانون العمل- للدكتور حسن كيره- ص770 وما بعدها)

5- يؤكد نص المادة 695 مدني المبادئ الثابتة المستقرة في أحكام القضاء الدولي والقضاء المصري في مسائل العمل فهو لا يقتصر علي أن يجعل العامل مستحقا للتعويض بسبب عدم مراعاة ميعاد الإخطار بإنهاء التعاقد بل يقرر له فضلا عن ذلك الحق في التعويض عن الطرد التعسفي بغض النظر عن مراعاة مواعيد الإخطار ولكن المشرع يخالف هذا القضاء في أنه يجعل التعويض في مدة الإخطار حقا مكتسبا للعامل، فيحدد تحديدا جزافيا بالأجر عن مدة الإخطار أو المدة الباقية منها، حتى لو تبين أن العامل قد اشتغل خلال المدة التي كان يجب فيها التنبيه. فلا يجوز للقاضي إنقاص التعويض لهذا السبب بحجة أنه أكثر من الضرر الحاصل فعلا لأنه يجمع إلي جانب صفته كتعويض معني الجزاء الذي يوقع علي رب العمل.

وقد يكون الطرد في الوقت اللائق ويعد إعطاء المهلة القانونية ويكون مبناه مع ذلك سببا غير مشروع كالرغبة في إيذاء العامل أو التحكم فيه أو الانتقام منه لأسباب غير مشروعة، فيعتبر الطرد تعسفا، ويكون للعامل الحق في تعويض خاص عن الطرد التعسفي بغض النظر عن مراعاة ميعاد الإخطار، ويقع علي العامل عبء إثبات الأسباب التي يستند إليها لإعتبار الطرد تعسفيا، وللقضاء تقدير التعويض علي حسب ظروف كل حالة وفقا للأحكام العامة في المسئولية التقصيرية.

(التقنين المدني- للدكتور محمد علي عرفة- المرجع السابق- ص499)

من أحكام القضاء الحديثة:

1- فصل العامل في غير الحالات التي أوردتها المادة 40 من المرسوم بقانون رقم 317 لسنة 1952 لا يدل بمجرده أنه فصل تعسفي تنطبق عليه المادة 29 من هذا المرسوم بقانون والمادة 2/695 مدني، بل يجب أن يقوم

مادة [695]

الدليل علي عدم صحة المبرر الذي إستند إليه رب العمل في فسخ العقد ويثبت أن الفصل كان تعسفيا، ويلتزم من يدعي حصول التعسف بإثباته.

(جلسة / /1959ـ مجموعة المكتب الفني ـ السنة 10ـ مدني ص487)

2ـ التعويض عـن مهلة الإخطار والتعويض عـن الفصل بغير مـبرر يختلفان في أساسهما القانوني، فالتعويض الأول إلتزام فرضه القانون علي مـن يفسخ العقد غير محدد المدة دون مراعـاة المهلة التـي يجب أن تمضي بين الإخطار والفصل سواء أكان الفسخ بمبرر أو غير مبرر. أما التعويض الثاني فهو مقابل الضرر الذي يصيب العامل نتيجة فصله بغير مبرر، أمـا التعويض الثاني فهو مقابل الضرر الذي يصيب العامل نتيجة فصله بغير مبرر، ولـذلك أجـاز المشرع الجمع بين التعويضين في المادة 74 مـن قـانون العمـل رقـم 91 لسـنة 1959 وفي المادة 2/695 من القانون المدني.

(نقض ـ جلسة ـ1974/12/28 المرجع السابق ـ السنة 25 ص1493)

3ـ لما كانت المادة 43 من القانون رقم 8 لسنة 1997 بإصدار قانون ضمانات وحوافز الاستثمار تنص على أنه "لا تخضع المشروعات في المناطق الحرة العامة لأحكام القانون رقم 113 لسنة 1958 والمادة 24 والفصل الخامس من الباب الثالث من قانون العمل" وكانت الشركة المطعون ضدها من شركات القطاع الخاص طبقاً لقرار وزير الاقتصاد والتجارة رقم 25 لسنة 1978 وتخضع بالتالي لأحكام قانون العمل الصادر بالقانون رقم 137 لسنة 1981 مستكملة بقواعد القانون المدني عدا ما ورد بنص المادة 24 والفصل الخامس من الباب الثالث من قانون العمل، وإذ كانت أحكام الفصل الخامس المشار إليه قد خلت من نص في خصوص تعويض العامل عن مهلة الإخطار بإنهاء العقد أو تعويضه عن الفصل التعسفي ولم يرد في خصوصها أي نص آخر في قانون العمل، فإنه يتعين الرجوع في شأنهما إلى أحكام القانون المدني التي أجازت في المادة 695 منه للعامل مطالبة رب العمل بالتعويض في الحالتين، وإذ خالف الحكم المطعون فيه هذا النظر واعتبر إنهاء عقد العمل بالإرادة المنفردة لا يعد فصلاً تعسفياً بالتطبيق لنص المادة 43 من القانون رقم 8 لسنة 1997 ودون أن يعمل حكم المادة 695 من القانون المدني، فإنه يكون قد أخطأ في تطبيق القانون.

[الطعن رقم 460 ـلسـنة 70 ق ـ تاريخ الجلسة 21 / 11 / 2004]

مادة [696]

الجزء الخامس

مادة [696]

(1) يجوز الحكم بالتعويض عن الفصل ولو لم يصدر هذا الفصل من رب العمل، إذا كان هذا الأخير قد دفع العامل بتصرفاته، وعلي الأخص بمعاملته الجائزة أو مخالفته شروط العقد. إلي أن يكون هو الظاهر الذي أنهي العقد.

(2) ونقل العامل إلي مركز أقل ميزة أو ملاءمة من المركز الذي كان يشغله لغير ما ذنب جناة ، لا يعد عملاً تعسفياً بطريق مباشر إذا ما إقتضته مصلحة العمل، ولكنه يعد كذلك إذا كان الغرض منه إساءة العمل.

النصوص العربية المقابلة:

هذه المادة تقابل في نصوص القانون المدني بالأقطار العربية، المواد التالية:

مادة 661 سوري و918 عراقي و562 لبناني.

الأعمال التحضيرية:

ليس علي هذه المادة تعليق- بالأعمال التحضيرية- يستحق التنويه به.

رأي الفقه:

1- قد لا ينهي رب العمل العقد، وإنما يدفع العامل إلي هذا الإنهاء، وذلك بأن يعامله معاملة جائزة ويتخذ حياله تصرفات ماسة بكرامته تدفعه إلي ترك العمل للتخلص من هذه المعاملة ولتجنب هذه التصرفات. وواضح أنه بالرغم من أنه لم يصدر عن رب العمل أي إنهاء للعقد في هذه الحالة، فإن ترك العامل للعمل لم يكون ليحدث إلا بسبب تصرفات. وواضح أنه بالرغم من أنه لم يصدر عن رب العمل أي إنهاء للعقد في هذه الحالة، فإن ترك العامل للعمل لم يكون ليحدث إلا بسبب تصرفات رب العمل غير المشروعة ولذلك فقد إعتبر المشرع أن هذا الترك قد تم بناء علي إنهاء تعسفي من جانب رب العمل يخول للعامل الحق في مطالبته بالتعويض (م 1/696 مدني).

ونص المشرع صراحة علي حق العامل في التعويض إذا كان قد ترك العمل بسبب نقله إلي المركز أقل ميزة أو ملاءمة من المركز الذي كان يشغله لغير ذنب جناه، إذا كان الغرض من هذا النقل ليس تحقيق مصلحة العمل بل الإساءة إلي العامل (م 696 /2 مدني). أما إذا كانت مصلحة العمل هي التي إقتضت هذا النقل فإن العامل لا يستطيع أن يرفضه وإلا كان لرب العمل أن ينهي علاقة العمل دون أن يلتزم بأي تعويض (نقض- جلسة 1968/12/4- مجموعة المكتب الفني- السنة 19- مدني- ص 1474)

(شرح قانون العمل- للدكتور محمد لبيب شنب- المرجع السابق- ص406 و407)

مادة [696]

2- نص المادة 696 مدني يواجه الحالة التي يعامل صاحب العمل العامل فيها معاملة جائزة، قاصدا بذلك إرغامه علي الإستقالة، بحث يبدو الإنهاء كما لو كان صادراً من العامل. وقد إعتبر القانون هذه الحالة فصلاً تعسفياً بطريق غير مباشر رغم أنه يبدو في صورة إستقالة مقدمة من العامل. ومن أمثلة ذلك إستقالة العامل لأن معاملة صاحب العامل غير طبيعة عمله من رئيس عمال إلي عامل عادي.

ولكن إستقالة العامل لنقله إلي مركز أقل ميزة أو ملاءمة من المركز الذي يشغله لا يعتبر فصلاً تعسفياً بطريق غير مباشر إذا كانت مصلحة الغير هي التي إقتضت هذا النقل، فإن ذلك يعتبر مبررا مشروعا يجز لصاحب العمل إنهاء العقد دون أن يعتبر هذا الإنهاء تعسفياً.

(شرح قانون العمل- الدكتور عبد الودود يحيي- المرجع السابق- ص339 و340)

3- نص المادة 1/696 مدني- هذا التطبيق التشريعي للتعسف تطبيق عام لورود النص عليه في التقنين المدني بحيث يجري عمله في كل عقود العمل أيا كان النظام القانوني الذي تخضع له.

ويواجه هذا النص ما يحصل كثيرا في الواقع من تحايل صاحب العمل للإفلات من حكم التعسف في الإنهاء وجزائه بإمتناعه عن الإقدام مباشرة علي إنهاء العقد من جانبه إكتفاء بإتباع مسلك غير مبرر أو غير مشروع من شأنه دفع العامل دفعا إلي الإنهاء بحيث يبدو العامل هو المنهي للعقد في الظاهر في حين أن صاحب العمل هو المنهي له في الحقيقة. وقد إعتد المشرع- في مواجهته لهذا التحايل- بالوضع الحقيقي، فإعتبر الإنهاء رغم صدوره من العامل- في حكم الإنهاء الصادر من صاحب العمل، وإعتبره كذلك- بالنظر إلي ترتبه علي مسلك غير مبرر أو غير مشروع من قبل صاحب العمل- إنهاء تعسفياً يستتبع تعويض العامل عنه.

وقد مثل المشرع لمسلك صاحب العمل غير المبرر أو غير المشروع الدافع للعامل إلي إنهاء العقد، بمعاملة صاحب العمل الجائرة للعامل، أو بمخالفته شروط العقد (م 1/696 مدني). وهذان المثلان هما أظهر الأمثلة وأكثرها شيوعاً علي المسلك غير المبرر أو غير المشروع من جانب صاحب العمل بدفع العامل إنهاء العقد. ولكن المشرع لا يحصر هذا المسلك فيها وحدهما. فقد يتحقق المسلك غير المبرر أو غير المشروع في غيرهما من الصور.

والمقصود أساسا من هذه المعاملة الجائرة إذلال العامل أو إستنفاد صبره للتخلص منه بطريق غير مباشر بدفعه دفعاً إلي إنهاء العقد كرد فعل طبيعي علي المعاملة الظالمة له من قبل صاحب العمل بحيث يبدو العامل في الظاهر هو

مادة [696]

المنهي للعقد. ولكن طالما أن صاحب العمل لا يمسك فرص هذه المعاملة الجائرة علي العامل بحيث يحث للعامل رفضها، وطالما أنها هي سبب الإنهاء الذي أقدم عليه العامل، فتصح نسبة الإنهاء إلي صاحب هذه المعاملة وهو صاحب العمل، بل وبعد هذا الإنهاء- بالنظر إلي الصفة الجائرة للمعاملة المسببة له- إنهاء تعسفياً يستتبع تعويض العامل عنه وفي كل ذلك ما يرد التحايل المقصود من صاحب العمل عليه، وما يوفر الحماية الواجبة للعامل.

والمقصود من المخالفة لشروط العقد إما حمل العامل علي الإذعان لها وقبولها دون مقتض، وإما دفعه إلي إنهاء العقد. ولكن طالما أن صاحب العمل لا يمسك فرض هذه المخالفة علي العامل بحيث يحق للعامل رفضها، وطالما أنها هي السبب الذي إندفع إليه العامل. فينسب الإنهاء عدلا إلي المتسبب الحقيقي فيه وهو صاحب العمل شروط العقد- إنهاء تعسفياً يستتبع تعويض العامل عنه، بما يرد تحايل صاحب العمل ويوفر حماية العامل.

وإذا كان المشرع لم يورد نصا في شأن الإنهاء التعسفي بطريق غير مباشر نتيجة تغيير العمل من قبل صاحب العمل، فإنه أورد نصا خاصاً في شأن الإنهاء التعسفي غير المباشر نتيجة نقل العامل إلي مركز أقل ميزة أو ملاءمة، وهو ما قد يتضمن تغييرا في العمل أو لا يتضمن مثل هذا التغيير (م 2/696 مدني).

(أصول قانون العمل- للدكتور حسن كيره- المرجع السابق- ص779 وما بعدها)

4- يعرض نص المادة 696 مدني لصورة غير مباشرة من صور الطرد التعسفي، فقد يمتنع رب العمل عن طرد العامل مباشرة خشية المالية بالتعويض، ولكنه يعتد إلي متابعته بالمضايقات والأذى حتى يضطر هو إلي ترك العمل. وقد إحتاط المشرع لهذه الحالة، فإعتبرها من قبيل الطرد التعسفي الذي يبرر المطالبة بالتعويض.

أما نقل العامل إلي مركز أقل ميزة أو ملاءمة من المركز الذي كان يشغله كنقل عامل بالأجر الشهري إلي سلك عمال المناوبة أو العمال المعينين بأجر أسبوعي، أو تكليفه بعمل غير المتفق عليه أو يخرج عن القيود المشروطة في الإتفاق ، فلا يعتبر طرداً تعسفياً بطريق غير مباشر إلا إذا كان .

القصد منه إساءة العامل. أما إذا دعت إليه الضرورة منعا لوقوع حادث أو لأصلاح ما نشأ من حادث وقع أو في حالة قوة قاهرة، وكان ذلك بصفة مؤقتة، فلا غبار علي مشروعية هذا العمل.

(التقنين المدني- للدكتور محمد علي عرفه- المرجع السابق- ص500 و501)

مادة [696]

من أحكام القضاء الحديثة:

1- إن الحكم المطعون فيه لم يحقق دفاع الطاعنين مع أنه دفاع جوهري قد يتغير به وجه الرأي فى الدعوى، إذ لا يجوز نقل العامل إلي مركز أقل ميزة أو ملاءمة من المركز الذي كان يشغله إلا إذا إقتضت مصلحة العمل هذا النقل ولم يكن الغرض منه الإساءة إلي العامل، وذلك في نطاق ما تقضي به المادة 2/696 من القانون المدني. وإذا لم يكشف الحكم المطعون فيه عن مقتضيات نقل الطاعن الثاني... فإنه يكون معينا بالقصور مما يستوجب نقضه لهذا السبب دون حاجة لبحث باقي أسباب الطعن.

(جلسة 1967/1/24- مجموعة المكتب الفني- السنة 18- مدني ص198)

2- من سلطة رب العمل- وعلي ما جري به قضاء محكمة النقض- تقدير كفاية العامل ووضعه في المكان الذي يصلح له بما يحقق مصلحة الإنتاج ومن سلطته كذلك أن يكلف العامل عملاً آخر- غير المتفق عليه- لا يختلف عنه إختلافا جوهريا وأن ينقله إلي مركز أقل ميزة أو ملاءمة من المركز الذي كان يشغله متي إقتضت مصلحة العمل ذلك بحيث إذا رفض العامل النقل وسع صاحب العمل أن ينهي علاقة العمل.

(نقض- جلسة 1978/12/4- المرجع السابق- السنة 19- ص1474، ونقض- جلسة 1966/2/22- المرجع السابق- السنة 17- ص5401- ونقض- جلسة 1965/5/12- المرجع السابق- السنة 16- ص564)

3- لما كان من سلطة رب العمل- وعلي ما جري به قضاء النقض- تنظيم منشأته وإتخاذ ما يراه من الوسائل لإعادة تنظيمها متي رأي من ظروف العمل ما يدعو إلي ذلك، كما أن من سلطته تقدير كفاية العامل ووضعه في المكان الذي يصلح له بما يحقق مصلحة الإنتاج، وله طبقاً للمادة 19 من قانون عقد العمل الفردي رقم 217 لسنة 1952 والفقرة الثانية من المادة 696 من القانون المدني أن يكلف العامل عملاً آخر غير المتفق عليه يختلف عنه إختلافا جوهريا وأن ينقله إلي مركز أقل ميزة أو ملاءمة من المركز الذي كان يشغله متي إقتضت مصلحة العمل ذلك، بحيث إذا رفض العامل النقل وسع صاحب العمل أن ينهي عقد العمل، وكان الحكم قد قرر تبعا لذلك أن تحسب عمولة الطاعن عن المبيعات في المنطقتين اللتين إختص بهما طبقاً للتنظيم الجديد للعمل، وخلص الحكم إلي أن الشركة لم تخل بإلتزاماتها القانونية إزاء الطاعن حتى يجوز له أن يستقل بفسخ العقد وإستند في ذلك إلي أسباب سائغة، فإنه يكون قد طبق القانون تطبيقاً صحيحاً، ويكون النعي عليه بهذا السبب علي غير أساس.

مادة [696]

(نقض- جلسة 1972/2/2- الطعن 444 لسنة 35 ق- قضاء النقض الهواري-
ص200 و201)

4- وحيث أن الطاعن ينعي بالسبب الثالث علي الحكم المطعون فيه القصور في التسبيب والإخلال بحق الدفاع، وفي بيان ذلك يقول إن دفاعه قام علي أنه تقدم بإستقالته تحت قهر وتعسف المدرسة المنتدب إليها بعد أن توقفت عن دفع مرتبه ثم عمدت إلي تخفيض أجره وحرمانه من الجانب الأكبر من المكافأة التشجيعية التي يستحقها وهو ما دفعه إلي الإستقالة وطلب إلغاء ندبه، الأمر الذي يأخذ حكم الفصل التعسفي طبقاً للمادة 696 من القانون المدني، إلا إن الحكم المطعون فيه لم يرد علي هذا الدفاع الجوهري.

وحيث إن هذا النعي في غير محله، ذلك أنه يبين من مدونات الحكم المطعون فيه أنه أثبت دفاع الطاعن الوارد بسبب النعي ورد عليه ... وبذلك تكون الأوراق خالية مما يؤيد ما زعمه الطاعن من أن المدرسة هي التي أكرهته علي الإستقالة والعودة إلي وظيفته الأصلية بالوزارة. لما كان ما أورده الحكم المطعون فيه يواجه دفاع الطاعن ويتضمن الرد عليه. فإن النعي عليه بهذا السبب يكون علي غير أساس.

(نقض- جلسة 1974/5/21- الطعن رقم 137 لسنة 38 ق- قضاء النقض
للهواري- ص260 و262)

مادة [697]

مادة [697]

(1) لا ينفسخ عقد العمل بوفاة رب العمل، ما لم تكن شخصيته قد روعيت في إبرام العقد، ولكن ينفسخ العقد بوفاة العامل.

(2) ويراعي في فسخ العقد لوفاة العامل أو لمرضه مرضاً طويلاً أو لسبب قاهر آخر من شأنه أن يمنع العامل من الإستمرار في العمل الأحكام التي نصت عليها القوانين الخاصة.

النصوص العربية المقابلة:

هذه المادة تقابل في نصوص القانون المدني بالأقطار العربية، المواد التالية:

مادة 697 ليبي و663 سوري و923 عراقي و643 لبناني و572 سوداني و3/851 تونسي.

الأعمال التحضيرية:

المادة 697 مستمدة من تقنين الإلتزامات السويسري م335 فقرة 1و2 أما المادة 698 فقد إستمد المشروع المبادئ الواردة بها من التقنين الإيطالي (م 13 من المرسوم بقانون 13 نوفمبر سنة 1924 المتعلق بالعمل الخاص). والحكم الوارد به تقتضيه دواعي العدالة وحماية العامل حتى يضمن، إذا منعه مرض أو سبب آخر قاهر عن مزاولة عمله، تعويضاً مناسباً، وكذلك يطمئن، في حالة وفاته من كان يعوله ويعيد عليه من زوج أو فروع أو أصول. والنص يحدد التعويض في هذه الحالات بمقدار التعويض المقرر في حالة الفصل دون إخطار سابق. ولما كان التعويض بحدوده السابقة غير مرهق لرب العمل، فإن المشرع لم يقصره علي حالة الوفاة أو المرض، بل جعله شاملاً لكل الحالات التي يحول فيها سبب قاهر بين العامل ونظام التأمين ضد الحوادث وتخفيفاً عليهم في الوقت نفسه، يقرر في الفقرة الثالثة أنه يخصم من التعويض كل ما قبضه أو يقبضه العامل من هذه الصناديق أو شركات التأمين.

وفيما يتعلق بالمرض الذي يترتب عليه إنهاء العقد، يجب بداهة أن يكون من الخطورة بحيث يبرر ذلك. فإذا لم يكن كذلك. فإنه لا يترتب عليه أي أثر في إلتزامات رب العمل قبل العامل. ومن التقنيات ما يضع حدا معينا للمرض غير الخطير الذي لا يترتب عليه إنهاء العقد (كالتقنين البلجيكي 8 من قانون 7 أبريل سنة 1922 الذي يحدد بمدة 30 يوما). ومنها ما يقرر معيارا مرنا كالمرض خلال فترة ليست بذات أهمية (التقنين الألماني م 616)، أو لمدة قصيرة نسبياً 0تقنين الإلتزامات السويسري م 335) أو لمدة قصيرة (التقنين البولوني م 559).

مادة [697]

أما المشرع فإنه نص علي المرض الطويل دون أن يضع حداً معيناً أو يقرر معياراً ما، بل ترك القاضي يقدره علي حسب ظروف كل حالة. ويتفق ذلك مع ما يجري عليه القضاء الدولي (مجموعة أحكام القضاء الدولي في العمل:1929 إيطاليا ن9- 1930 ألمانيا ن 20- 1933 إيطاليا ن 57- 1935/1934 إيطاليا ن 61- 1935/ 1936 إيطاليا ن 47 و49 و52).

(مجموعة الأعمال التحضيرية للقانون المدني- جزء 5- ص178 و179 و180)

رأي الفقه:

1- الأصل أن شخصية صاحب العمل لا تكون محل إعتبار في العقد، ولذلك لا يترتب علي وفاته في المبدأ ما يترتب علي وفاة العامل من إنفساخ العقد (م 697 /2 مدني)، بل يستمر العامل مرتبطا بالعقد مع ورثة صاحب العمل. وهذا ما عناه المشرع بنصه في تقنين العمل الموحد علي أنه: "لا يمنع من الوفاء بجميع الإلتزامات ... إنتقال (المنشأة) بالإرث... (و) يبقي عقد إستخدام عمال المنشأة قائما" (م 85 فقرة 1و2).

وإذا كان العقد يستمر علي هذا النحو مع ورثة صاحب العمل، سواء في العقود الخاضعة للتقنين المدني وفي العقود الخاضعة لتقنين العمل، فيراعي مع ذلك أن الورثة في العقود الأولي لا يكونون مسئولين عن الإلتزامات السابقة علي الوفاء إلا في حدود التركة فحسب طبقاً لما تقضي به القواعد العامة بنصه علي مسئولية الخلف- وهو يجمع في ذلك بين الخلف العام والخلف الخاص- مسئولية شخصية عن جميع إلتزامات السلف (م 85 عمل موحد، مما يعني في شأن الورثة عدم تحديد مسئوليتهم عن الإلتزامات السابقة علي وفاة مورثهم صاحب العمل بحدود التركة قبل إطلاقها حتى في أمواله الخاصة، ويبدو أن المشرع في خروجه عن حكم القواعد العامة بتقريره المسئولية المطلقة للورثة عن الإلتزامات السابقة علي الوفاة في العقود الخاضعة لتقنين العمل، إنما يستجيب للإتجاه الحديث نحو ربط العامل بالمنشأة دون تأثر بتغيير شخص مالكها، خاصة وأن إستمرار العقد مع الورثة في هذا الغرض يفترض أساسا عدم الإعتداد في العقد بشخصية المورث صاحب العمل. أما إذا كانت شخصية صاحب العمل قد روعيت – خلافا للأصل-في إبرام العقد كما لو كان طبيباً أو محاميا.

فينفسخ العقد بوفاته (1/697 مدني)، سواء كان محدد المدة أو غير محدد المدة. وإنفساخ العقد يتم حينئذ بقوة القانون فور الوفاة ودون مسئولية تترتب في جانب الورثة عن المدة الباقية من العقد إذا كان محدد المدة، أو مهلة الإخطار المقررة إذا كان غير محدد المدة. غير أن الورثة يكونون مسئولين عن الحقوق المستحقة للعمال في ذمة صاحب العمل المتوفى، ولكن في حدود التركة فحسب طبقاً

مادة [697]

للقواعد العامة، فلا يملك العمال الرجوع عليهم في أموالهم الخاصة فيما يزيد علي هذه الحدود.

وقد نصت المادة 1/81 من تقنين العمل علي أن: "ينتهي عقد العمل ... بعجز (العامل) عن تأدية عمله... ولم يسم التقنين المدني صراحة هذا السبب من أسباب إنتهاء العقد وإنما إكتفي بالإشارة إليه تلميحاً ضمن ما سماه "السبب القاهر (غير الوفاة أو المرض) الذي من شأنه أن يمنع العامل من الإستمرار في العمل" (م 2/697 مدني).

ولم يعن أي من النصين علي أي حال بتحديد مدلول العجز ومداه. ولكنة من المسلم أن العجز في أصله دائم علي خلاف المرض وهو موقوت. ولذلك فإن العجز يؤدي إلي إنفساخ عقد العمل، بينما يؤدي المرض في الأصل إلي وقف هذا العقد ولا يؤدي إلي إنتهائه إلا إذا إستطال.

(أصول قانون العمل- للدكتور حسن كيره- المرجع السابق- ص661 وما بعدها)

2- ينتهي عقد العمل بوفاة العامل أيا كان سبب الوفاة، فلا يلتزم ورثته بالعمل لحساب صاحب العمل، ولا يحق لهؤلاء الورثة أن يلزموا صاحب العمل بإحلالهم محل مورثهم. ويرجع ذلك إلي أن أداء العمل يتصل بشخص العامل، وشخصية العامل محل إعتبار دائماً عند التعاقد، إذ لا يستخدم رب العمل شخصا إلا إذا وثق في كفاءته أو أمانته أو خبرته. وينتهي عقد العمل بالوفاة بقوة القانون.

وإذا توفى رب العمل فلا أثر لوفاته بحسب الأصل علي عقد العمل، فيظل هذا العقد قائماً بين ورثة رب العمل وبين العامل، ويرجع هذا الحكم إلي أن الأصل عند إبرام عقد العمل ألا تكون شخصية رب العمل محل إعتبار.

ولكن الحكم يختلف إذا كانت شخصية رب العمل قد روعيت في إبرام العقد فمن شأن وفاة رب العمل أن تنهي هذا العقد (م 1/697 مدني) (محام إستخدم وكيلاً- طبيب إستخدم ممرضا).

(شرح قانون العمل- للدكتور محمد لبيب شنب- المرجع السابق- ص448 و449)

3- ينتهي عقد العمل بقوة القانون بمجرد وفاة العامل أيا كان سبب الوفاة. ومن ثم لا يعتبر إنتحار العامل إنهاء للعقد بالإرادة المنفردة يترتب عليه حرمانه من الحقوق المقررة له.وعلي العكس، لا تؤدي وفاة صاحب العمل إلي إنهاء العقد في جميع الأحوال، ذلك أن إلتزامه بدفع الأجر ليس إلتزاماً شخصياً، وطالما أن المنشأة قائمة، فلا يتأثر عقد العمل بوفاة صاحب العمل، وقد نصت علي ذلك المادة 1/697 مدني.ولكن إذا كانت شخصية صاحب العمل محل

مادة [697]

إعتبار في العقد، فإن العقد ينتهي بوفاته، ومثال ذلك عقد العمل المبرم بين الطبيب ومساعديه من الأطباء والممرضين، وبين المحامي وموظفي مكتبه.

وأهم صور إستحالة تنفيذ العقد من جانب العامل هي العجز والمرض الطويل وقد نصت المادة 2/697 من القانون المدني على أن: "يراعي في فسخ العقد لوفاة العامل أو لمرضه مرضا طويلاً أو لسبب قاهر آخر من شأنه أن يمنع العامل من الإستمرار في العمل الأحكام التي نصت عليها القوانين الخاصة، وأهم هذه القوانين قانون العمل الموحد رقم 91 لسنة 1959 (م 81 منه).

(شرح قانون العمل- للدكتور عبد الودود يحيي- المرجع السابق- ص283 وما بعدها)

4- إن وجه العدالة ظاهر في الحكم الذي تضمنته المادة 697 مدني، وهذا الحكم مقرر بمقتضى قانون عقد العمل الفردي الذي يتعين الرجوع إليه، طبقاً لما جاء بالفقرة الثانية لتحديد مدة المرض التي تستوجب إنهاء العقد ومدي ما يستحقه العامل أو ورثته من مكافأة أو تعويض في حالة الوفاة أو المرض، وتعيين المستحقين للتعويض، وهذا، ولم يقصر المشرع التعويض على حالتي الوفاة والمرض، بل جعله شاملاً لكل الحالات التي يحول فيها سبب قاهر بين العامل ومزاولة عمله، كأن يدعي العامل لتأدية الخدمة العسكرية، أو تترك العاملة الخدمة بسبب زواجها.

(تقنين العمل- للدكتور محمد علي عرفه- المرجع السابق- ص502)

من أحكام القضاء الحديثة:

1- لا يعتبر مرض العامل بذاته- قبل صدور قوانين العمل الفردي – وبعد صدورها من الأسباب التي تؤدي إلي إنفساخ العقد بين العامل ورب العمل بقوة القانون ومن تلقاء نفسه، بل يجب أن يقوم الدليل في الدعوى على أن رب العمل أعرب عن نيته في غير تعسف في إنهاء العقد بسبب هذا المرض، فإذا لم يقم الدليل على رغبة العمل في فسخ العقد بل كانت الوقائع تدل على إستمراره، فإنه لا يكون ثمة سند للقول بحصول فسخ ضمني.

(جلسة 1958/6/15- مجموعة المكتب الفني- السنة 9- مدني- ص951)

مادة [698]

مادة [698]

(1) تسقط بالتقادم الدعاوى الناشئة عن عقد العمل بإنقضاء سنة تبدأ من وقت إنتهاء العقد، إلا فيما يتعلق بالعمالة والمشاركة في الأرباح والنسب المئوية في جملة الإيراد، فإن المدة فيها لا تبدأ إلا من الوقت الذي يسلم فيه رب العمل إلي العامل بيانا بما يستحقه بحسب آخر جرد.

(2) ولا يسري هذا التقادم الخاص علي الدعاوى المتعلقة بإنتهاك حرمة الأسرار التجارية أو لتنفيد نصوص عقد العمل التي ترمي إلي ضمان إحترام هذه الأسرار.

النصوص العربية المقابلة:

هذه المادة تقابل في نصوص القانون المدنى بالأقطار العربية ، المواد التالية: مادة 698 ليبى ، و664 سوري و925 عراقى و573 سوداني .

الأعمال التحضيرية:

ليس علي هذه المادة تعليق- بالأعمال التحضيرية- يستحق التنويه به.

رأي الفقه:

1- نص المشرع علي مدة قصيرة لتقادم الدعاوى الناشئة عن عقد العمل فقرر سقوط هذه الدعاوى بالتقادم بإنقضاء سنة علي إنتهاء هذا العقد (م 1/698 مدني). والعلة في تقصير مدة تقادم هذه الدعاوى هي التعجيل بتصفية المراكز القانونية الناشئة عن عقد العمل حتى لا يبقي كل من طرفيه مهددا لمدة طويلة برفع دعاوى عليه قد يصعب تحقيقها أو إثباتها بمرور الزمن، ويترتب علي ذلك أن من يتمسك بهذا التقادم لا يلتزم بحلف اليمين علي أنه أدي الدين المطالب به فعلا، فإستلزم هذه اليمين قاصر علي حالة التمسك بالتقادم الحولي المنصوص عليه في المادة 378 مدني والمبني علي قرينة الوفاء.

ويسري التقادم المنصوص عليه في المادة 698 من القانون المدني بالنسبة إلي جميع عقود العمل بما في ذلك العقود الخاضعة لأحكام الفصل الخاص بعقد العمل الفردي في قانون العمل، لأن هذا القانون الأخير لم يتضمن أي حكم في هذا الشأن يتعارض مع أحكام القانون المدني.

وتخضع لهذا التقادم بحسب الأصل جميع الدعاوى الناشئة عن عقد العمل، سواء أكانت مرفوعة من العامل أم من رب العمل أو من ورثتها، وأيا كان موضوعها.

وقد إستثني القانون من هذا التقادم السنوي الدعاوى المتعلقة بإنتهاك حرمة الأسرار التجارية أو بتنفيذ نصوص عقد العمل التي ترمي إلي ضمان إحترام هذه الأسرار (م2/698 مدني)، فتخضع هذه الدعاوى للقواعد العامة

مادة [698]

وهي تقضي بتقادمها بمضي خمس عشرة سنة، ويرجع هذا الإستثناء إلي أهمية الحقوق التي تحميها تلك الدعاوى وجسامة الخطأ الذي يرتكبه العامل بإنتهاك حرمة الأسرار التجارية.

وتبدأ مدة التقادم السنوي من تاريخ إنتهاء عقد العمل أيا كان سبب الإنتهاء ولكن يستثني من ذلك:

(1) دعاوى المطالبة بالأجر إذا إتخذ صورة عمالة أو مشاركة في الأرباح أو نسب مئوية في جملة الإيراد، ففي هذه الحال لا تبدأ مدة التقادم إلا من الوقت الذي يسلم فيه رب العمل إلي العامل بياناً بما يستحقه حسب آخر جرد (م698/2 مدني)، ولا يغني عن ذلك التصديق علي الميزانية أو نشرها (م 698/1 مدني)، والحكمة من هذا الإستثناء حماية العامل من مماطلة رب العمل في إجراء الجرد أو في تسليم العامل بيانا بمستحقاته.

(2) الدعوى التي يقيمها رب العمل علي العامل بسبب إخلاله بالإلتزام بعدم المنافسة، فهذه الدعوى لا تنشأ إذا أخل العامل بهذا الإلتزام، ومن ثم فلا تبدأ مدة تقادمها بداهة إلا من وقت هذا الإخلال لا من وقت إنتهاء عقد العمل.

والمدة المقررة في المادة 698 مدني هي مدة تقادم وليست مدة سقوط، لذا فهي تنقطع بالأسباب العامة التي تقطع التقادم.

(شرح قانون العمل- للدكتور محمد لبيب شنب- المرجع السابق- ص479 وما بعدها، ويراجع مقال: تقادم الدعاوى العمالية طبقاً للمادة 698 مدني- الأستاذ أحمد نبيل الهلالي المحامي- المحاماة- السنة 48- العدد 4- ص39 وما بعدها)

2- لم يتضمن تقنين العمل نصوصا متعلقة بالتقادم، ولذلك يخضع التقادم في شأن عقود العمل جميعاً -سواء الخاضع منها للتقنين المدني أو لتقنين العمل- للأحكام الواردة في التقنين المدني. وقد أنشأ المدني تقادما خاصاً بالدعاوى الناشئة عن عقد العمل (م 698 منه).

وقد أثار هذا النص تساؤلاً حول ما إذا كانت مدة السنة- التي تسقط بها هذه الدعاوى- تعتبر مدة تقادم أم ميعاد سقوط. فذهب جانب من الفقه (د. محمد حلمي مراد) وجانب من القضاء إلي إعتبارها مدة سقوط، تأسيساً علي أن هذا النص قد ورد علي سقوط الدعاوى وليس علي سقوط الحقوق. وهي حجة لفظية وليست موضوعية، ذلك أن سقوط الدعوى يترتب عليه سقوط الحق في نفس الوقت، فضلا عن أن المشرع إستخدم- في النص- لفظ (التقادم) مما يقطع بأن مدة السنة هي مدة تقادم وليست مدة سقوط (وهو رأي غالبية الفقه وغالبية أحكام القضاء).

مادة [698]

ويترتب علي إعتبار نص المادة 1/698 مدني منشئاً لتقادم لا لميعاد سقوط نتائج هامة من بينها إمكان ورود الوقف والإنقطاع علي هذا التقادم، وعدم إستطاعة المحكمة القضاء بهذا التقادم من تلقاء نفسها، بل لابد لقضائها به من التمسك به أمامها.

(أصول قانون العمل- الدكتور حسن كيره- المرجع السابق- ص865 وما بعدها، ويراجع مقال: المبادئ العامة التشريع العمل- للدكتور عبد الحكيم الرفاعي- مجلة الحقوق- السنة 8- العدد 1- ص20 وما بعدها)

من أحكام القضاء الحديثة:

1- إن سقوط الدعاوى الناشئة عن عقد العمل بالتقادم وفقاً للمادة 698 من القانون المدني إنما راعي المشرع فيه ملاءمة إستقرار الأوضاع الناشئة عن عقد العمل والمواثبة إلي تصفية المراكز القانونية لكل من رب العمل والعامل علي سواء وهو- وعلي ما جري به قضاء النقض- يسري علي دعاوى المطالبة بالأجور، ودعاوى التعويض عن الفصل التعسفي بإعتبارها من الدعاوى الناشئة عن عقد العمل- إذ كان ذلك، وكان الثابت في الدعوى أن الطاعن فصل من العمل في يناير سنة 1961 بينما لم يرفع الدعوى إلا في 1972/7/13 وبعد مضي أكثر من سنة من تاريخ الفصل وقضي الحكم المطعون فيه بسقوط الحق في رفع الدعوى بالتقادم، فإنه لا يكون قد خالف القانون أو أخطأ في تطبيقه، ولما تقدم يتعين رفض الطعن.

(جلسة 1967/6/7- الطعن 238 لسنة 33ق- قضاء النقض- للهواري ص352)

2- أن التقادم المنصوص عليه في المادة 698 من القانون المدني- وعلي ما جري به قضاء هذه المحكمة- لا يقوم علي قرينة الوفاء المؤسس عليه التقادم المنصوص عليه في المادة 378 من القانون المدني، وهي مظنة رأي الشارع توثيقها بيمين الاستيثاق من المدعي عليه، بل يقوم علي إعتبارات من المصلحة العامة هي ملاءمة إستقرار الأوضاع الناشئة عن عقد العمل والمواثبة إلي تصفية المراكز القانونية لكل من رب العمل والعامل سواء، ومن ثم فهو لا يتسع لتوجيه يمين الاستيثاق لإختلاف العلة التي يقوم عليها ويدور معها. لما كان ذلك وكان الثابت أن الحكم المطعون فيه لم يعتبر المدة المنصوص عليها في المادة 698 من القانون المدني مدة سقوط بل إعتبرها مدة تقادم يرد عليها الوقف والإنقطاع، فإنه يكون قد طبق القانون تطبيقاً صحيحاً، ويكون النعي عليه بهذا الوجه علي غير أساس.

(جلسة 1972/1/19- الطعن 463 لسنة 25ق- المرجع السابق ص354)

مادة [698]

3- إن التقادم المنصوص عليه في المادة 378 من القانون المدني يقوم علي قرينة الوفاء، وهي مظنة رأي الشارع توثيقها بيمين المدعي عليه وأوجب علي من يتمسك بأن الحق قد تقادم بسنة أن يحلف اليمين علي أنه أدي الدين فعلا، بينما التقادم المنصوص عليه في المادة 698 من القانون المدني لا يقوم علي هذه المظنة ولكن علي إعتبارات من المصلحة العامة هي ملاءمة إستقرار الأوضاع الناشئة عن عقد .

العمل والموائبة إلي تصفية المراكز القانونية لكل من رب العمل والعامل علي السواء، وهو – وعلي ما جري به قضاء النقض- لا يقتصر علي دعاوى المطالبة بالأجر وحدها، بل يمتد إلي غيرها من الدعاوى الناشئة عن عقد العمل- إذ كان ذلك وكان الثابت في الدعوى أن الطاعن فصل من العمل في 1962/3/31 بينما لم يرفع الدعوى إلا في 1964/5/10 وبعد مضي أكثر من سنة من تاريخ الفصل، وكان الحكم المطعون فيه قد قضي بسقوط الحق في رفع الدعوى بالتقادم، فإنه لا يكون قد خالف القانون، وبالتالي يكون النعي عليه بهذا السبب في غير محله .

(نقض- جلسة 1972/3/2- المرجع السابق- الطعن 596 لسنة 35ق- 359)

4- إنه لما كان التقادم المنصوص عليه في المادة 698 من القانون المدني- وعلي ما جري به قضاء النقض- يسري علي دعاوى التعويض الناشئة علي عقد العمل- إذ كان ذلك وكان الثابت من الأوراق أن الطاعن فصل من العمل في 1958/4/30 بينما لم يرفع دعوى التعويض بطلبه إلا في جلسة 1962/8/14 وبعد مضي أكثر من سنة من تاريخ الفصل، وكان الحكم المطعون فيه قد إنتهي في قضائه إلي سقوط الحق في طلب التعويض بالتقادم، فإنه لا يكون قد خالف القانون، ولا يؤثر في ذلك أنه إستند في قضائه إلي نص المادة 172 من القانون المدني [1] ذلك أنه من المقرر في قضاء النقض- أنه لا يبطل الحكم إذا وقع في أسبابه خطأ في القانون مادام هذا الخطأ لم يؤثر علي النتيجة الصحيحة التي إنتهي إليها [1].

5- لما كان اليمين من الحكم الإبتدائي الذي أيده الحكم المطعون فيه.

أن طلب المكافأة قد تمثل في حالة الدعوى .

المطروحة في تعويض الدفة الوحدة، وتلتزم به الطاعنة وفق ما تنص عليه أحكام القانون رقم 92 لسنة 1959 بإصدار قانون التأمينات الإجتماعية والمعدل

---

[1] راجع في التعليق علي هذه المدة الجزء الأول من هذا الكتاب.

[1] نقض- جلسة 972/4/8- الطعن 392 لسنة 35ق- المرجع السابق- ص361.

مادة [698]

بالقانون رقم 143 لسنة 1961، وكان التقادم المنصوص عليه في المادة 1/698 من القانون المدني إنما يواجه الدعاوى الناشئة عن عقد العمل، وكان منشأ الحق في تعويض الدفعة الوحدة ليس عقد العمل بل قانون التأمينات الإجتماعية الذي رتب هذا الحق ونظم أحكامه، فإن الحكم المطعون فيه إذا إنتهي إلي رفض دفع الطاعنة بالسقوط المؤسس علي نص المادة 698 مدني، يكون صحيحاً في القانون، ويكون نعيه بهذا السبب في غير محله.

(جلسة 1974/11/30- الطعن 461 لسنة 38ق- المرجع السابق- ص363)

6- الأصل في الإجراء القاطع للتقادم – وعلي ما جري به قضاء النقض- أن يكون متعلقا بالحق المراد إقتضاؤه ومتخذا بين نفس الخصوم، بحيث إذا تغاير الحقل أو اختلف الخصوم لا يترتب عليه هذا الأثر، وكان الحكم الإبتدائي قد إنتهي إلي أن المادة 698 من القانون المدني تسري علي حق العامل في المعاش ودعوى التعويض عن إخلال رب العمل بإلتزامه بدفع الأجر وهو قضاء يتفق مع صحيح القانون.

(جلسة 1972/1/19- الطعن 462 لسنة 35ق- المرجع السابق- ص364)

7- إتخاذ الإجراءات أمام مكتب العمل ورفع الدعوى المستعجلة بطلب وقف تنفيذ قرار الفصل لا يوقف مدة التقادم السارية وفقاً للمادة 1/698 من القانون المدني من وقت إنتهاء عقد العمل.

(جلسة 1966/2/6- الطعن 441 لسنة 31ق- المرجع السابق- ص368)

8- حق العامل في المعاش قبل هيئة التأمينات الإجتماعية منشأة القانون وليس عقد العمل، عدم سريان أحكام التقادم المنصوص عليه في المادة 698 من القانون المدني في هذا الخصوص.

(نقض- جلسة 1978/3/8- الطعن 857 لسنة 13ق- لم ينشر بعد)

9- دعوى العامل بالمطالبة بحقوقه العمالية قبل إنقضاء سنة من وقت إنتهاء العقد، إعتبار الدعوى مرفوعة في الميعاد (م 698 مدني)، لا يغير من ذلك أن يكون العامل قد عدل طلباته بالزيادة بعد إنقضاء تلك المدة عن حقوق إستجدت له.

(نقض- جلسة 1978/3/18- الطعن 213 لسنة 42ق- لم ينشر بعد)

10- فصل الطاعن من العمل لدي المطعون ضدها في 1968/6/21 بالمطالبة بأجره قبل إنقضاء سنة من وقت إنتهاء عقد عمله الذي فصل منه في التاريخ المشار إليه خلال الميعاد الذي يجري به نص المادة 1/698 من القانون المدني وإذ عدل طلباته أثناء سير الدعوى أمام محكمة أول درجة إنما عدلها بالزيادة ولتشمل حقوقا أخرى إستجدت له بعد تاريخ رفعها دون التنازل عن طلباته

مادة [698]

الأولى منها فإن مطالبته بتلك الحقوق يظل قائماً أمام المحكمة، دوام المطالبـة القضائية دون أن يلحقها السقوط.

(نقض- جلسة 1978/10/26- الطعن 322 لسنة 42ق- لم ينشر بعد)

11- لا يبطل الحكم – متي كان سليماً في نتيجته- بتقادم الدعوى العمالية، مـا يكون قد ورد في أسبابه مـن خطأ في الإستناد إلي المـادة 1/387 مـن القانون المدني- والصحيح أنها المادة 1/698 مـن ذات القانون- إذ لمحكمـة الـنقض أن تصحح هذا الخطأ.

(جلسة 1974/12/28- مجموعة المكتب الفني- السنة -25 مدني- ص1502)

12- المقرر وعلى ما جرى عليه قضاء هذه المحكمة - إن سقوط الدعاوى الناشئة عن عقد العمل بالتقادم بانقضاء سنة تبدأ من تاريخ انتهاء العقد عملا بأحكام المادة 698 من القانون المدني إنما راعى الشارع فيه استقرار الأوضاع الناشئة عن عقد العمل والمواثبة إلى تصفية المراكز القانونية لكل من رب العمل والعامل على حد سواء وهو يسرى على دعاوى التعويض عن الفصل التعسفي والمطالبة بالأجور كما يسرى على دعاوى المطالبة بالمقابل النقدي عن رصيد الإجازات المنصوص عليها في المادتين 45، 47 من قانون العمل الصادر بالقانون رقم 137 لسنة 1981 أيا كانت مدد هذه الأجازات المستحقة طبقا لأحكام هاتين المادتين سواء كان المقابل عن مدة الأجازة السنوية التي يجوز للعامل ضمها أو التي لم يحصل عليها قبل ترك الخدمة بإعتبار أن جميع هذه الدعاوى من الدعاوى الناشئة عن عقد العمل. لما كان ذلك، وكان الثابت في الأوراق أن المطعون ضده انتهت خدمته في 1993/3/8 ولم يرفع الدعوى بالمطالبة بالمقابل النقدي عن رصيد أجازاته السنوية التي لم يحصل عليها قبل انتهاء خدمته إلا في 1998/3/19 بعد مضى أكثر من سنة من تاريخ انتهاء العقد فإن الحق في إقامة الدعوى يكون قد سقط بالتقادم الحولي المنصوص عليه في المادة 698 من القانون المدني وإذ خالف الحكم المطعون فيه هذا النظر وقضى بإلغاء الحكم الإبتدائي فيما قضى به من سقوط الدعوى بالتقادم الحولي بمقولة أن الدعوى رفعت قبل فوات مدة التقادم منذ نشر حكم المحكمة الدستورية في 1997/5/29 فإنه يكون قد خالف القانون وأخطأ في تطبيقه.

[الطعن رقم 1143 - لسنة 69 ق - تاريخ الجلسة 08 / 06 / 2000]

13- النص في المادة الثانية من الدستور - بعد تعديلها في 22 مايو سنة 1980 - علي أن الشريعة الإسلامية هي المصدر الرئيسي للتشريع -يدل- وفقا لما اطرد عليه قضاء هذه المحكمة - علي ان الدستور اعتبارا من تاريخ العمل بهذا التعديل قد أتي بقيد علي السلطة التشريعية مؤداه تقييدها فيما تقره من

مادة [698]

نصوص قانونية بمراعاة الأصول الكلية للشريعة الإسلامية إذ هي جوهر بنيانها وركيزتها وقد اعتبرها الدستور أصلا ينبغي أن ترد إليه هذه النصوص فلا تتنافر مع مبادئها المقطوع بثبوتها ودلالتها ودون ما إخلال بالقيود الأخري التي فرضها الدستور علي السلطة التشريعية في ممارستها لاختصاصاتها الدستورية ومن ثم لا تمتد الرقابة الدستورية التي تباشرها هذه المحكمة في مجال تطبيقها للمادة الثانية من الدستور لغير النصوص القانونية الصادرة بعد تعديلها ولا كذلك نص الفقرة الأولي من المادة 698 من القانون المدني لصدورها قبل نفاذ هذا التعديل فلا تتناولها الرقابة القضائية علي الدستور من هذا الوجه .

[الطعن رقم 55 - لسنـة 22 ق - تاريخ الجلسة 04 / 08 / 2001]

14- إذ كان منشأ التزام الطاعن بالمبلغ المطالب به في الدعوى الماثلة هو عقد العمل الذي تلقى بموجبه ذلك المبلغ وليس إقراره بالدين المؤرخ 1413/6/6هـ السابق على انتهاء هذا العقد ومن ثم فلا يغير هذا الإقرار من طبيعة الدين ولا يعد سببا له وإن بقى دليلاً عليه وبالتالي يسري على دعوى المطالبة به التقادم الحولي المنصوص عليه في المادة 698 من القانون المدني، وإذ خالف الحكم المطعون فيه هذا النظر ورفض دفع الطاعن بالتقادم الحولي على قالة أن محل الدعوى دين ناشئ عن غير عقد العمل وحجب نفسه بذلك عن بحث هذا الدفع فإنه يكون قد خالف القانون واخطأ في تطبيقه بما يوجب نقضه.

[الطعن رقم 4122 - لسنـة 69 ق - تاريخ الجلسة 25 / 11 / 2001]

15- إن المقرر في قضاء النقض أن النص في المادة 698 من القانون المدني على أنه "تسقط بالتقادم الدعاوى الناشئة عن عقد العمل بانقضاء سنة تبدأ من وقت انتهاء العقد" يدل على أن المشرع أخضع لهذا التقادم الحولي الخاص الدعاوى الناشئة عن عقد العمل فقط مراعياً في ذلك ملاءمة استقرار الأوضاع المترتبة على العقد والمؤدية إلى تصفية المراكز القانونية لكل من العامل ورب العمل على السواء في مدة قصيرة.

[الطعن رقم 4122 - لسنـة 69 ق - تاريخ الجلسة 25 / 11 / 2001]

16- النص في المادة 172 من القانون المدني في فقرتها الأولى على أن "تسقط بالتقادم الدعوى الناشئة عن العمل غير المشروع بانقضاء ثلاث سنوات من اليوم الذي علم فيه المضرور بحدوث الضرر وبالشخص المسئول عنه وتسقط هذه الدعوى في كل حال بانقضاء خمس عشرة سنة من يوم وقوع العمل غير المشروع"، وكان المراد بالعلم الذي يبدأ منه سريان التقادم الثلاثي المقرر بنص المادة السالف البيان - وعلى ما جرى عليه قضاء هذه المحكمة - هو العلم الحقيقي الذي يحيط بوقوع الضرر وبشخص المسئول عنه باعتبار أن انقضاء

مادة [698]

ثلاث سنوات من يوم هذا العلم ينطوي على تنازل المضرور عن حق التعويض الذي فرضه القانون على المسئول بما يستتبع سقوط دعوى التعويض بمضي المدة. ولما كان ذلك, وكان الثابت في الأوراق أن الطاعنة تمسكت أمام محكمة الاستئناف بسقوط حق المطعون ضده في طلب التعويض بالتقادم الثلاثي المنصوص عليه في المادة 172 من القانون المدني لإقامته الدعوى بعد انقضاء ثلاث سنوات من تاريخ علمه بحدوث الضرر وبشخص المسئول عنه الحاصل في 1996/4/22 فإن الحكم المطعون فيه إذ رفض هذا الدفع على سند من نص المادة 698 من القانون المدني الخاص بتقادم الدعاوى الناشئة عن عقد العمل بانقضاء سنة تبدأ من وقت انتهاء العقد رغم أن الطاعنة لم تتمسك بهذا التقادم ودون أن يتناول الدفع بالتقادم الثلاثي المثار منها بالبحث والتمحيص مع أنه دفاع جوهري من شأنه - إن صح - أن يتغير به وجه الرأي في الدعوى فإنه يكون معيبا بالقصور في التسبيب والإخلال بحق الدفاع.

[الطعن رقم 719 - لسنــة 71 ق - تاريخ الجلسة 13 / 06 / 2002]

17- إذ كان سقوط الدعاوى الناشئة عن عقد العمل بالتقادم بانقضاء سنة تبدأ من تاريخ انتهاء العقد عملا بأحكام المادة 698 من القانون المدني إنما راعى الشارع فيه استقرار الأوضاع الناشئة عن عقد العمل والمواثبة إلى تصفية المراكز القانونية لكل من رب العمل والعامل على حد سواء, وهو يسري على دعاوى المطالبة بالمقابل النقدي عن رصيد الإجازات باعتباره من الدعاوى الناشئة عن عقد العمل.

[الطعن رقم 1464 - لسنــة 71 ق - تاريخ الجلسة 16 / 06 / 2002]

18- اعتباراً من تاريخ العمل بهذا التعديل قد أتى بقيد على السلطة التشريعية، مؤداه إلزامها فيما تقره من النصوص التشريعية بأن تكون غير مناقضة لمبادئ الشريعة الإسلامية، بعد أن اعتبرها الدستور أصلاً يتعين أن ترد إليه هذه النصوص أو تستمد منه لضمان توافقها مع مقتضاه، ومن ثم فإن ذلك يفترض لزوماً أن تكون النصوص التشريعية المدعى إخلالها بتلك المبادئ ـ وتراقبها فيه هذه المحكمة ـ صادرة بعد نشوء قيد المادة الثانية من الدستور الذي تقاس على مقتضاه، بما مؤداه أن الدستور قصد بإقراره لهذا القيد أن يكون مداه من حيث الزمان منصرفاً إلى فئة من النصوص دون سواها، هي تلك الصادرة بعد نفاذ التعديل الذي أُدخل على المادة الثانية من الدستور بحيث إذا انطوى نص منها على حكم يناقض مبادئ الشريعة الإسلامية فإنه يكون قد وقع في حومة المخالفة الدستورية، وإذ كان هذا القيد هو مناط الرقابة التي تباشرها هذه المحكمة على دستورية القوانين واللوائح فإن النصوص التشريعية الصادرة قبل

مادة [698]

نفاذه تظل بمنأى عن الخضوع لأحكامه. لما كان ذلك وكان نص المادة (968) من القانون المدني الصادر بالقانون رقم 131 لسنة 1948 ـ المطعون عليه ـ لم يلحقه أي تعديل منذ صدور القانون فإنه يكون بمنأى عن الخضوع لأحكام القيد المنصوص عليه في المادة الثانية من الدستور، وذلك أياً كان وجه الرأي في مدى تعارضه مع مبادئ الشريعة الإسلامية.

[الطعن رقم 223 ـ لسنة 23 ق ـ تاريخ الجلسة 08 / 02 / 2004]

19- لما كان سقوط الدعاوى الناشئة عن عقد العمل بالتقادم بانقضاء سنة تبدأ من تاريخ انتهاء عقد العمل عملا بأحكام المادة 698 من القانون المدني انما راعى الشارع فيه استقرار الاوضاع الناشئة عن عقد العمل والمواثبة الى تصفية المراكز القانونية لكل من رب العمل والعامل على حد سواء وهو يسرى على دعاوى المطالبة باعانة التهجير وضمها الى اساس المرتب باعتبارها من الدعاوى الناشئة عن عقد العمل .

[الطعن رقم 1309 ـ لسنة 72 ق ـ تاريخ الجلسة 15 / 02 / 2004]

20-لما كان الثابت في الأوراق أن المطعون ضدهم التاسع والسادس عشر والثامن عشر والثالث والعشرين قد انتهت خدمتهم لدى الطاعنة في 1990/1/13 و1989/11/27 و1985/11/24 و1987/6/19 على التوالي عندما كانت الشركة الطاعنة إحدى شركات القطاع العام كما انتهت خدمة كل من السادس والسابع والعاشر والثالث عشر بعد تحول الشركة إلى شركة قطاع أعمال تابعة وقبل العمل بلائحة نظام العاملين بها في التواريخ التالية 1993/8/7 و1992/4/29 و1994/10/17 و1992/10/7 و1993/9/15 عــلى التوالي ومن ثم يسري على جميع من سبق ذكرهم أحكام المادة 45 من قانون العمل ويبدأ حساب التقادم الحولي بالنسبة لهم طبقاً لحكم المادة 698 من القانون المدني اعتباراً من 1997/5/30 - اليوم التالي لتاريخ نشر حكم المحكمة الدستورية السالف الإشارة إليه - وإذ لم يرفعوا الدعوى إلا في 1998/6/23 بعد مضي أكثر من سنة من التاريخ الذي بدأ فيه سريان التقادم ومن ثم يكون حقهم في رفعها قد سقط بالتقادم الحولي، أما بالنسبة للمطعون ضدهم الثالث والثاني عشر والخامس عشر والسابع عشر الـذين انتهت خدمتهم في 1997/1/25 و1996/10/13 و1997/3/14 و1997/2/15 على التوالي وبعـد صدور لائحة نظام العاملين بالشركة الطاعنة إعمالاً لحكم المادة 42 من القانون رقم 203 لسنة 1991 بإصدار قانون شركات قطاع الأعمال العام والتي انتظمت نصوصها حكماً في خصوص المقابل النقدي لرصيد الأجازات التي لم يستعملها العامل في تاريخ انتهاء خدمته ومن ثم تنطبق هذه اللائحة في شأنهم

مادة [698]

دون قانون العمل ويبدأ سريان التقادم الحولي بالنسبة لهم اعتباراً من تاريخ انتهاء خدمة كل منهم، وغذ لم يرفعوا دعواهم إلا بعد مضي أكثر من سنة من هذه التواريخ فإن حقهم يكون قد سقط في رفعها إعمالاً لحكم المادة 698 مدني سالف الإشارة إليها، وإذ خالف الحكم المطعون فيه هذا واقتصر على القول بوقف التقادم إعمالاً لحكم المحكمة الدستورية العليا السالف الإشارة إليه دون الإلتفات إلى تاريخ بدء سريان التقادم وتاريخ رفع الدعوى فإنه يكون قد أخطأ في تطبيق القانون.

[الطعن رقم 1261 - لسنة 73 ق - تاريخ الجلسة 15 / 05 / 2005]

21- سلطة المشرع في موضوع تنظيم الحقوق إنها سلطة تقديرية ما لم يقيدها الدستور بضوابط معينة تعتبر حداً لها يحول دون إطلاقها. وكان قضاء هذه المحكمة قد جرى على أنه ليس ثمة تناقض بين حق التقاضي كحق دستوري أصيل وبين تنظيمه تشريعياً، بشرط ألا يتخذ المشرع هذا التنظيم وسيلة إلى حظر هذا الحق أو إهداره. وكان النص المطعون فيه لا ينال من ولاية القضاء ولا يعزل المحاكم عن نظر منازعات معينة مما تختص به، بل يقتصر على تحديد ميعاد تسقط بانقضائه الدعاوى بطلب الحقوق الناشئة عن عقد العمل، شأن هذا الميعاد شأن غيره من مواعيد التقادم ينقطع جريانها أو يقف سريانها. لما كان ذلك، وكان المشرع يفرض هذه المواعيد لتحقيق المهمة التي ناطها بها، وهي أن تكون حداً زمنياً نهائياً لإجراء عمل معين، فإن التقيد بها - وباعتبارها شكلاً جوهرياً في التقاضي تغيا به المشرع مصلحة عامة حتى ينتظم التداعي في المسائل التي عينها خلال الموعد الذي حدده- لا يعني مصادرة الحق في الدعوى بل يظل هذا الحق قائماً ما بقى ميعاد سقوطها بالتقادم مفتوحاً، وليس ذلك إلا تنظيماً تشريعياً للحق في التقاضي، لا مخالفة فيه لنص المادة (68) من الدستور.

[الطعن رقم 306 - لسنة 24 ق - تاريخ الجلسة 11 / 12 / 2005]

22- قيد المشرع الدعاوى الناشئة عن عقد العمل بميعاد تسقط بانقضائه، مستهدفاً بذلك تصفية المنازعات المتعلقة بحقوق العمال ورب العمل تصفية نهائية، صوناً للمصلحة العامة كي لا يستطيل النزاع بينهما.

[الطعن رقم 306 - لسنة 24 ق - تاريخ الجلسة 11 / 12 / 2005]

23- أن حق العامل في حصيلة صندوق التأمين الخاص، وحقه في مكافأة صندوق ترك الخدمة هو حق ناشئ عن عقد العمل وتحكمه قواعده في عقد العمل ومختلف قوانينه وما لا يتعارض معها من أحكام القانون المدني ومنها ما نصت عليه المادة 698 من أنه "تسقط بالتقادم الدعوى الناشئة عن عقد العمل بانقضاء سنة تبدأ من وقت إنهاء العقد" وهو ميعاد يتصل برفع الدعوى.

مادة [698]

[الطعن رقم 1248 - لسنة 74 ق - تاريخ الجلسة 18 / 06 / 2006]

24- لما كان سقوط الدعاوى الناشئة عن عقد العمل بالتقادم بانقضاء سنة تبدأ من تاريخ انتهاء العقد عملا بأحكام المادة 698 من القانون المدني, إنما راعى الشارع فيه استقرار الأوضاع الناشئة عن عقد العمل والمواثبة إلى تصفية المراكز القانونية لكل من رب العمل والعامل على حد سواء, وهو يسري على دعاوي المطالبة المقابل النقدي عن رصيد الإجازات باعتبارها من الدعاوي الناشئة عن عقد العمل, وكان ثابت في الأوراق أن المطعون ضدهم انتهت خدمتهم لدى الطاعنة الأول في 2000/1/17 والثالث في 1999/12/10 والرابع في1996/11/20 ولم يرفعوا دعواهم بطلب مقابل رصيد الإجازات إلا في 2001/3/11 بعد مضي أكثر من سنة على انتهاء خدمتهم فإن دعواهم تكون قد سقطت بالتقادم الحولي المنصوص عليه في المادة 698 من القانون المدني المشار إليها وإذ خالف الحكم المطعون فيه هذا النظر وقضى برفض الدفع بالتقادم الحولي تأسيسا على أن الدعوى مصدرها القانون وليس العقد ولا تخضع للتقادم الحولي فإنه يكون قد أخطأ في تطبيق القانون بما يوجب نقضه.

[الطعن رقم 18394 - لسنة 76 ق - تاريخ الجلسة 21 / 02 / 2010]

25- لما كان خلو القانون رقم 203 لسنة 1991 بإصدار قانون قطاع الأعمال العام من نص ينظم القواعد الخاصة بالدعاوي الناشئة عن عقد العمل مؤداه الرجوع إلى أحكام قانون العمل إعمالا لحكم الفقرة الثالثة من المادة 48 منه وكان قانون العمل قد خلا بدوره من هذه القواعد فإنه يتعين تطبيق القواعد المنصوص عليها في القانون المدني، وكان سقوط الدعاوى الناشئة عن عقد العمل بالتقادم بانقضاء سنة تبدأ من تاريخ انتهاء العقد عملا بأحكام المادة 698 من القانون المدني، إنما راعى الشارع فيه استقرار الأوضاع الناشئة عن عقد العمل والمواثبة إلى تصفية المراكز القانونية لكل من رب العمل والعامل على حد سواء، وهو يسري على دعاوي المطالبة بالمقابل النقدي عن رصيد الإجازات باعتبارها من الدعاوى الناشئة عن عقد العمل، وكان الثابت في الأوراق أن المطعون ضده قد انتهت خدمته في 1996/1/8 ولم يرفع الدعوى بطلب مقابل رصيد الإجازات إلا في 2006/7/10 بعد مضي أكثر من سنة على انتهاء خدمته فإن دعواه تكون قد سقطت بالتقادم الحولي المنصوص عليه في المادة 698 من القانون المدني المشار إليها، وإذ خالف الحكم المطعون فيه هذا النظر وقضى برفض الدفع بالتقادم تأسيسا على أن دعوى المطعون ضده تخضع للقواعد العامة باعتبار أن الطاعنة شركة قطاع أعمال عام ولا تخضع بالتالي للتقادم الحولي فإنه يكون قد أخطأ في تطبيق القانون بما يوجب نقضه دون حاجة لبحث باقي أوجه الطعن.

[الطعن رقم 9906 - لسنة 79 ق - تاريخ الجلسة 04 / 04 / 2010]

مادة [699]

الفصل الثالث
الوكـــالة
1- أركان الوكالة
مادة [699]

الوكالة عقد بمقتضاه يلتزم الوكيل بأن يقوم بعمل قانوني لحساب الموكل.

النصوص العربية المقابلة:

هذه المادة تقابل في نصوص القانون المدني بالأقطار العربية، المواد التالية:

مادة 699 ليبي و 665 سوري و927 عراقي و769 لبناني و574 سوداني و1104 تونسي و1449 مجلة الأحكام العدلية (الكويت)

الأعمال التحضيرية:

ينظر ـ لاحقاً ـ التعليق بالأعمال التحضيرية الوارد على نص المادة 700 من القانون المدني.

رأي الفقه:

1- يختص من نص المادة 699 من القانون المدني أن لعقد الوكالة الخصائص التالية:

(1) أن عقد الوكالة، هو في الأصل من عقود التراضي، ويكون شكلياً إذا كان التصرف القانوني محل الوكالة شكلياً، وأنه من عقود التبرع ما لم يشترط الأجر صراحة أو ضمنا- فيضحي عندئذ- من عقود المعارضة.

(2) أن الوكيل يلتزم بالقيام بعمل قانوني لحساب الموكل، ولكن يميز الوكالة عن غيرها من العقود- وبخاصة عقود المقاولة والعمل- هو أن محل الوكالة الأصلي يكون دائماً تصرفاً قانونيا، في حين أن المحل في عقدي المقاولة والعمل هو عمل مادي هذا التصرف القانوني يقوم به الوكيل- غالبا- لحساب الموكل وأحيانا يقوم به لحسابه الشخصي كما في الإسم المستعار والوكالة بالعمولة. ولكن بحسب الأصل يجب أن يعمل الوكيل لحساب الموكل سواء أكانت الوكالة نيابية أو غير نيابية.

(3) أنه يتغلب في الوكالة الإعتبار الشخصي، فالموكل أدخل في إعتباره شخصية الوكيل بما يترتب عليه إنتهاء الوكالة بموت الوكيل كما ينتهي بموت الموكل.

(4) أن عقد الوكالة غير لازم، فيجوز كقاعدة عامة أن يعزل الموكل الوكيل، وللوكيل أن يتنحى عن الوكالة قبل إتمام التصرف القانوني محل الوكالة، بل حتى البدء فيه.

مادة [699]

وقد تختلط الوكالة بغيرها من العقود، وفي هذه الحالة يجب تطبيق قواعد الوكالة وقواعد العقد الآخر مادام لا يقوم تعارض بين هذه وتلك. أما إذا قام تعارض فإنه يجب تطبيق القواعد العامة التي تعتبر من النظام العام واستبعاد القواعد التي لا تعتبر من النظام العام.

فقد تقدم أن المقاولة والوكالة يتفقان في أن كلا منهما يرد علي العمل، وهذا العمل يؤديه كل من المقاول والوكيل لمصلحة الغير، ولكنهما يختلفان في أن العمل في عقد الوكالة هو تصرف قانوني في حين أنه في عقد المقاولة عمل مادي، والمقاولة دائماً مأجورة ولا تخضع الأجرة فيها لتقدير القاضي، خلافا للوكالة فهي بحسب الأصل تكون بغير أجر، وإذا كانت بأجر فإنه يخضع لتقدير القاضي، كما أن المقاول لا ينوب عن رب العمل، علي حين أن الوكيل ينوب عن الموكل إذا كان يعمل بإسمه، كما تنتهي الوكالة- حتما بموت الموكل أو بموت الوكيل، أما المقاولة فلا تنتهي بموت رب العمل ولا بموت المقاول إلا إذا كانت شخصيته محل إعتبار، كما أن الوكالة في الأصل عقد غير لازم، أما المقاولة فهي في الأصل عقد لازم. كما أن الوكالة والمقاولة يختلطان ويختلفان ويلتبسان علي النحو المشروح في التعليق علي عقد المقاولة.

ويتميز عقد الوكالة- أيضا- عن عقد العمل في أن علاقة العامل بصاحب العمل علاقة التابع بالمتبوع، أما الوكيل فلا يعمل حتما تحت إشراف الموكل، كما يتميز عقد العمل عن عقد الوكالة بأجر، الأجر في عقد العمل ضروري في حين أنه في عقد الوكالة غير ضروري، وإن وجد فيه فإنه يخضع لتقدير القاضي، وعدم نيابة العامل عن رب العمل، ونيابة الوكيل عن الموكل إن كان يعمل باسمه، وعدم إنتهاء عقد العمل بوفاة رب العمل، وإنتهاء الوكالة بموت الموكل، وإن كان العقدان ينتهيان بوفاة العامل والوكيل، وأن عقد العمل عقد لازم، بينما عقد الوكالة عقداً غير لازم.

وقد يختلط عقد الوكالة وعقد العمل، وقد يلتبسان، وذلك علي ما سبق عرضه في التعليق علي عقد العمل.

ويختلف عقد الوكالة عن عقد الإيجار- علي ما سبق القول في التعليق علي عقد الإيجار- بأن محل الوكالة تصرف قانوني في حين أن محل الإيجار عمل مادي، والوكيل يعمل بإسم الموكل، ولا يمثل المستأجر المؤجر، وتنتهي الوكالة بموت الموكل أو بموت الوكيل، ولا ينتهي الإيجار بموت المؤجر ولا بموت المستأجر إلا في حالات إستثنائية، ويجوز الرجوع في الوكالة ولا يجوز ذلك في الإيجار ويجوز أن يعدل القاضي أجر الوكيل المتفق عليه. أما في الإيجار فلا يجوز ذلك إلا في حالات إستثنائية. ويشترك الوكيل والمستأجر في

مادة [699]

أنه إذا تصرف أي منهما في الشيء الذي تحب يده بدون إذن المالك إعتبر مبددا.

وقد سبق بيان أوجه إقتران الوكالة بالبيع، وحالات إلتباسها به، في التعليق علي عقد البيع.

كما تقدم بيان ذلك في التباس الوكالة بالشركة في التعليق علي عقد الشركة.

وأركان الوكالة- كما في سائر العقود- التراضي، والمحل، والسبب.

فيجب لإنعقاد الوكالة توافق الإيجاب والقبول علي عناصر الوكالة، فيتم التراضي بين الموكل والوكيل علي ماهية العقد والتصرف القانوني الذي يقوم به الوكيل والأجر الذي يتقاضاه إن كان هناك أجر، ويكون ذلك كله خاضعاً للقواعد العامة المقررة في نظرية العقد.

ويجب التراضي علي ماهية العقد، وعلي التصرف القانوني المطلوب القيام به. ويصبح أن يكون رضاء الوكيل بالوكالة ضمنيا طبقاً للقواعد العامة.

ويكون رضاء الموكل الضمني بالوكالة الضمنية، كالوكالة الضمنية الصادرة لخدم المنازل، ومن الزوج للزوجة في شراء حاجيات المنزل... وغير ذلك.

وقاضي الموضوع هو الذي يبت فيما إذا كانت هناك وكالة ضمنية من عدمه.

(الوسيط- 7-1- للدكتور السنهورى – ص371 وما بعدها)

2- يفضل التعريف الوارد بالمادة 699 مدني التعريف القديم، في النص صراحة علي أن الوكيل يلتزم بأن يقوم بعمل قانوني، سواء أكان عقداً أو تصرفاً من جانب واحد (كالوكيل في الوصية وفي قبولها وفي تطهير العقار المرهون) أو إجراء قضائياً تابعاً لعمل قانوني (كالدفاع أمام القضاء والإعتراف وتوجيه اليمين). أما إذا كان العمل المعهود به مادياً بحتاً كالتعاقد مع طبيب لإجراء جراحة أو مع مهندس لبناء منزل، فالعقد لا يكون وكالة بل يكون عقد عمل. كما أن المشرع لم يشترط أن يعمل الوكيل بإسم الموكل. إذ هناك حالات يعمل فيها الوكيل بإسمه. فيكون "إسماً مستعارا".

والأصل في التوكيل أنه لا يقضي لإنعقاده شكلاً خاصا. ولكن إذا كان محل التوكيل تصرفاً يتطلب القانون الرسمية لإنعقاده، وكان الغرض من إشتراطها حماية المتعاقد الذي وكل غيره بإجراء هذا التصرف كالهبة بالنسبة للواهب والرهن الرسمي بالنسبة للدين الراهن، فيتحتم حتى لا تضيع الحكمة من

مادة [699]

إشتراط الرسمية في التصرف الأصلي أن يصدر التوكيل به في الشكل الرسمي كذلك (م 700 مدني)، ولا نظير لهذا النص في التقنين القديم(1).

(التقنين المدني- للدكتور محمد علي عرفه- المرجع السابق- ص503 و504)

3- هل يمكن الجمع بين عقدي الوكالة والعمل؟

إن الفقه في فرنسا كان قد إتجه إلي أن هناك تقارباً بين العقدين- في مزاولة بعض المهن الحرة التي لها أهمية خاصة كإلتزام الطبيب والمحامي وغيرهما.

ولكن هذا الفقه الفرنسي إنتهي إلي التقرير بأن الوكالة يجب أن تميز عن إجازة العمل التي بمقتضاها يلتزم شخص بأن يؤدي عملا- غير العمل القانوني- لآخر، أو عن إجارة الخدمات التي بمقتضاها يلتزم شخص بأن يضع خدماته تحت تصرف شخص آخر. والأهمية الرئيسية في التفرقة بين الوكالة وإجارة الخدمات تبدو في أن التشريع الإجتماعي (تنظيم العمل- حوادث العمل- القواعد الخاصة بالفصل التعسفي، والأجر) لا تنطبق علي الوكالة. ولكن ليس هناك ما يمنع أجيراً مرتبطاً يعقد عمل من أن يزاول أعمالاً من أعمال الوكالة لحساب رب العمل.

وذهب الفقه الفرنسي أيضاً إلي أن إجارة العمل أو علي الأقل إجارة الخدمات لا تعدم القارب من الوكالة بأجر وأن الفرق بين إجارة الخدمات والوكالة تنحصر في طبيعة الخدمات المؤداة طبقاً للعقدين، فالخدمات المادية أو الميكانيكية البحتة تخضع لإجارة الخدمات، بينما الخدمات التي يتغلب عليها الطابع الذهني تخضع لمبادئ الوكالة.

وبناء علي هذا الفقه الفرنسي قضي القضاء الفرنسي بأنه يجب أن يعد بين الوكالة المحامي والطبيب المقيم التابع لإحدى شركات النقل البحري أو طبيب إحدى شركات التأمين ضد الإصابات.

وبوجه أعم يعد وكيلاً للشخص الذي يكلف بعمل لحساب آخر فيتصرف بإسم هذا الشخص الآخر كنائب عنه، فالنيابة عن الغير أي السلطة التي للوكيل في أن يقوم بأعمال قانونية لحساب الموكل هي التي تميز الوكالة بأجر عن إجارة الخدمات.

وذهب الفقه الفرنسي إلي أن مندوبي شركات التأمين يمكن أن يعدوا جامعين بين صفتي الوكلاء ومؤجري الخدمات أي العمال، وأن قواعد الوكالة يمكن أن تطبق علي العقود التي يعقدها المندوب مع الآخرين كنائب عن الشركة. أما علاقته الخاصة مع الشركة نفسها فيجب أن تخضع لقواعد إجازة الخدمات.

مادة [699]

وأخيراً إستقر القضاء الفرنسي على أن قاضي الموضوع له السلطة المطلقة في تفسير العقود وتقدير ما إذا كان أحد الطرفين قد تصرف كوكيل أو كمؤجر للخدمات.

(عقد الوكالة وعقد العمل- مقال- للدكتور محمود كامل المحامي- المحاماة- لسنة 38- العدد 10- ص13225 وما بعدها)

4- لقد جري القضاء علي إعتبار الزوجة في إجرائها ما يتصل بمنزل الزوجية (وخاصة شراء حاجيات المنزل) نائبة عن زوجها نيابة ضمنية، وبذلك يكون للغير المتعامل مع الزوجة أن يرجع علي الزوج- بوصفه الأصيل في التصرف- ويلزمه بتنفيذها ينتج عن تصرف الزوجة من أثار وخاصة دفع ثمن المشتريات، والأساس القانوني الذي يرسي عليه القضاء إلزام الزوج بتصرفات الزوجة في هذه الصور هو الإنابة الضمنية الصادرة منه إليها. علي أن مدي تلك الإنابة يتحدد دائماً بضرورات المنزل ولوازم العائلة. فإذا تصرفت الزوجة تصرفاً خارج هذا النطاق كأن وقعت عن زوجها كمبيالة أو قامت بعمليات في البورصة، فلا يكون تصرفاً ملزماً للزوج لخروجه عن حدود الوكالة الضمنية.

(النيابة في التصرفات القانونية- رسالة- للدكتور جمال مرسي بدر- ص105 وما بعدها)

من أحكام القضاء الحديثة:

1- إذا كانت محكمة الموضوع قد إستخلصت في حدود سلطتها الموضوعية من المستندات المقدمة لها ومن القرائن وظروف الأحوال قيام الوكالة الضمنية في تسلم مورث المطعون عليهم الرسائل المشحونة- محل النزاع- من مصلحة السكك الحديدية نيابة عن الشاحن وكانت الوكالة الضمنية في هذا الخصوص مما يجوز إثباته بالقرائن، وقد إستخلصت المحكمة قيامها من وقائع ثابتة بالأوراق التي تؤدي إلي النتيجة التي إنتهت إليها، فإن المجادلة في تقدير الدليل علي قيام تلك الوكالة جدل موضوعي لا يجوز إثارته أمام محكمة النقض.

(جلسة 1962/2/15- مجموعة المكتب الفني- السنة 13- مدني ص228)

2- إن كان عقد الوكالة لا يجوز إثباته إلا بالكتابة إذا زاد موضوع التصرف محل الوكالة علي عشرة جنيهات (عشرين جنيها الآن) إلي أنه إذا كان الموكل لم يتمسك بهذا الدفاع أمام محكمة الموضوع، فإنه لا يملك التحدي به أمام هذه المحكمة لأول مرة لأن قواعد الإثبات ليست من النظام العام، ولأنه لا يجوز أن يثار أمام هذه المحكمة إلا ما كان معروضا علي محكمة الموضوع من أوجه الدفاع.

(نقض- جلسة 1957/2/28- المرجع السابق- السنة 8- مدني ص176)

مادة [699]

3- إذا كان الحكم قد إستند في إثبات الوكالة في التأجير إلى إقرارات الموكل سواء في دفاعه أمام محكمة الموضوع أو في شكوى إدارية وإلى أقوال الوكيل في الشكوى الإدارية من أنه إستأجر ماكينة لحساب الموكل، فإن هذا الإستناد لا مخالفة فيه للقانون، لأن تنفيذ الوكالة أو الإقرار بها صراحة أو ضمنا من الأدلة التي يجيزها القانون لإثبات الوكالة أو لإعفاء الخصم من تقديم الدليل عليها.

(نقض- جلسة 1957/2/28- المرجع السابق- ص176)

4- إذا كان لمحكمة الموضوع أن تستخلص من المستندات المقدمة لها في الدعوى ومن القرائن وظروف الأحوال قيام الوكالة الضمنية، وكان الذي خلص إليه الحكم المطعون فيه سائغاً ويؤدي إلى النتيجة التي إنتهي إليها، فإن ما يثيره الطاعنان في هذا الخصوص لا يعدو أن يكون جدلاً موضوعياً في سلطة محكمة الموضوع في تقدير الدليل.

(نقض- جلسة 1971/2/2- المرجع السابق- لسنة 22- ص154)

5- لما كان الحكم المطعون فيه قد ألغى الحكم الإبتدائي في خصوص طلب التعويض، وقضي بأن علاقة الطرفين هي علاقة وكالة وليست علاقة عمل، إستناداً إلى ما قرره من أن "الطاعن له مكتب خاص يباشر فيه قضاياه الخاصة ولا يحضر للشركة في مواعيد ثابتة وأن كل عمله بالشركة أنه يباشر القضايا التي تعهد إليه بها.. ولا يغير من الأمر أن تكون أتعابه عن عمله القانوني قد تحددت سلفا وشهريا"، وهي تقريرات قاصرة لا تكفي لحمل الحكم. إذ لا تصلح لبيان سبب مخالفة الحكم الإبتدائي في قضائه، وليس من شأنها أن تنفي علاقة العمل التي يدعيها الطاعن ولم تتناول الرد عن المستندات التي تمسك بها تأييداً لصحة دعواه مع ما قد يكون لهذه المستندات من الدلالة، ولو أن الحكم عني ببحثها ومحص الدفاع المؤسس عليها لجاز أن يتغير وجه الرأي في الدعوى. لما كان ما تقدم فإن الحكم يكون مشوباً بالقصور.

(نقض- جلسة 1972/2/2- المرجع السابق- السنة 23 ص121)

6- عرفت المادة 646 من القانون المدني المقاولة بأنها عقد يتعهد بمقتضاه أحد المتعاقدين بأن يصنع شيئاً أو أن يؤدي عملاً لقاء أجر يتعهد به المتعاقد الآخر. وإذ كان يبين مما تم الإتفاق عليه في العقدين- موضوع الدعويين الأصلية والفرعية- أن الطرفين قد أفرغا فيهما جميع عناصر عقد المقاولة، إذ وقع التراضي بينهما علي الشيء المطلوب من المطعون عليه صنعه، وهو إقامة المبني والأجر الذي تعهد به الطاعنان بوصفهما رب عمل، ولم يرد بأي منهما ما يدل علي قيام المطعون عليه بالعمل تحت إشراف

مادة [699]

الطاعنين، أو بوصفه تابعاً لهما أو نائباً عنهما، وكان ما تعهد المطعون عليه بالقيام به في كلا العقدين لم يتجاوز العمل المادي، وهو محل المقاولة، في حين أن محل الوكالة هو دائماً تصرف قانوني- علي ما أفصحت عنه المادة 699 من القانون المدني- فإن لا يصح إعتبار العقدين سالفي الذكر عقدي وكالة، ولا يغير من ذلك كون الطرفين يملكان العقار علي الشيوع، إذ ليس من شأن هذه المشاركة أن يغير من ذلك كون الطرفين يملكان العقار علي الشيوع، إذ ليس من شأن هذه المشاركة أن تغير من صفة العقدين، وأن تضفي علي المطعون عليه صفة الوكيل مع صراحة نصوصهما في أن نية الطرفين قد إتجهت إلي إبرام عقدي مقاولة. وإذ خالف الحكم المطعون فيه هذا النظر، وكيف العقدين بأنهما عقدا وكالة، وأقام قضاءه في الدعويين الأصلية والفرعية علي هذا الأساس، فإنه يكون قد خالف القانون وأخطاء في تطبيقه.

(نقض- جلسة 1972/2/9- المرجع السابق- ص376)

7- إقرار المشتري الظاهر في تاريخ لاحق لعقد البيع بأنه لم يكن في هذا العقد إلا إسماً مستعاراً لغيره، وإن كان يصلح للإحتجاج بما حواه علي المقر نفسه وعلي ورثته بوصفهم خلفاً عاماً له في كسب المشتري المستتر للحقوق الناشئة عن العقد وإسنادها إليه مباشرة دون حاجة إلي تصرف جديد، علي إفتراض أن معير الإسم هو في حكم الوكيل عنه، إلا أنه يشترط لإعمال هذا الحكم- وعلي ما جري به قضاء محكمة النقض- أن يتفق في العقد علي حق المشتري في إختيار الغير، فإذا لم يتفق علي ذلك، أو إذا لم يعمل المشتري حقه فيه أو أعمله بعد الميعاد المتفق عليه مع البائع، فإن الإفتراض يزول وتزول معه كل الأثار المترتبة علي الوكالة. وإذ كان الثابت في الدعوى أن المشتري لم يتفق مع البائعين علي حقه في إختيار الغير، لأن في عقد البيع ولا في الطلب الذي قدمه إلي مأمورية الشهر العقاري، فإن الحكم المطعون فيه إذ إعتمد علي هذا الطلب الذي ذكر فيه المشتري أن البيع النهائي لصالح القاصر المشمول بولايته- في إعتبار عقد البيع صادراً مباشرة إلي هذا الأخير، وقضي برفض دعوى الطاعنين بصحة صدور هذا العقد علي إلي مورثهم رغم أنه المشتري الذي وقع علي العقد بإسمه ولحسابه فإنه يكون قد خالف القانون.

(نقض- جلسة 1973/1/11- المرجع السابق- السنة 24- مدني- ص73)

8- إن القانون لم يتعرض في أي فصل من فصوله لحرمان الموكل من حق التفويض في ملكه بموجب توكيله غيره علي ذلك التفويض وأن حرية تصرف المالك في ملكه حرية مطلقة لا يمكن تقييدها إلا بنص خاص من القانون، وكان والحالة هذه للمالك الحق في بيع ملكه رغم توكيل غيره علي إتمام

مادة [699]

ذلك البيع ولا يتوقف هذا الحق على عزل الوكيل، فإذا باع كل منهما فالعبرة بالبيع الأسبق من حيث ثبوت التاريخ.

(محكمة التعقيب التونسية- جلسة 1955/10/25- مجلة القضاء والتشريع-
العدد 9 و10)

9- وحيث أنه لا جدال في أن العلاقة بين الطرفين تخضع لأحكام الوكالة التي عناها الشارع بنص المادة 449 من مجلة الأحكام العدلية وهي تفيض أحد أمراً إلى آخر وأن ركنها الإيجاب والقبول (م 1451) وأن الإتفاق بين الطرفين قد حد إلتزامات الوكيل (المدعى عليه) والمعاملات المفوض في إجرائها نيابة عن الموكل (المدعي) والأجر المستحق له وما قبضه منه والباقي المستحق للوكيل إذا نفذ ما تعهد به كما إتفقا على جزاء عدم قيام الوكيل بما عهد به إليه وتعهده برد الأجر المقبوض إلى الموكل كما حددا المدة اللازمة لمباشرة الوكيل المهام المكلف بها نيابة عن المدعي. وهذا الإتفاق اللاحق للوكالة مكمل لها، وليس في بنوده ما يخالف النظام العام، وبالتالي يتعين تطبيق نصوصه طبقاً للمقاصد والمحال للألفاظ والمباني (المادة 2 من المجلة) وبإعتبار أن الأصل في الكلام الحقيقة (مادة 12 من المجلة) وأن المعلق بالشرط يجب ثبوته عند ثبوت الشرط ويلزم مراعاة الشرط بقدر الإمكان (م 82 و83 من المجلة).

(الكويت الشكلية- جلسة 1993/1/8- الدائرة الأولى المدنية- القضية رسم
1970/119- المرسوم القضائية لسعيد عبد الخالق- جزء 3- ط 1974
ص187)

(الطعن رقم 7790 لسنة 74ق – جلسة 2006/4/4)

مادة [699]

بسم اللـه الرحمن الرحيم

بإسم الشعب
محكمة النقض

الدائرة المدنية

ـــ

برئاسة السيد المستشار / عبد العال السمان نائب رئيس المحكمة
وعضوية السادة المستشارين / د. سعيد فهمي خليل
/ محمد جمال الدين سليمان / السيد عبد الحكيم
/ ممدوح القزاز

نواب رئيس المحكمة

وبحضور رئيس النيابة السيد / ياسر أبو الدهب .
وأمين السر السيد / أحمد مصطفى النقيب .
في الجلسة العلنية المنعقدة بمقر المحكمة بمدينة القاهرة .
في يوم الثلاثاء 6 من ربيع أول سنة 1427 هـ الموافق 4 من إبريل سنة 2006م .

أصدرت الحكم الأتى

في الطعن المقيد فى جدول المحكمة برقم 7790 لسنة 74ق .

المرفوع من

شركة زهراء المعادى للإستثمار والتعمير ويمثلها السيد رئيس مجلس الإدارة بصفته .
مركز إدارتها الرئيسي 29 شارع رقم 206 دجلة المعادى - قسم المعادى - محافظة القاهرة . حضر الأستاذ / محمد عزت حال المحامي عن الشركة الطاعنة بصفتها .

ضد

1 - السيد / محمد نبيل سليمان دعبس .
2 - السيدة / ألفت على كامل عبد الفتاح .
3 - السيد / وليد محمد نبيل سليمان دعبس .

مادة [699]

4 - السيد / طوسون محمد نبيل سليمان دعبس .

وجمعيهم يقيمون برقم 10 شارع الشهيد حلمي المصرى - ألماظة بمصر الجديدة - القاهرة.

حضر الأستاذ / محمد أحمد يوسف المحامي عن المطعون ضدهم .

الوقائع

في يوم 2004/11/18 طعن بطريق النقض في حكم محكمة إستئناف القاهرة الصادر بتاريخ 2004/9/22 في الإستئناف رقم 9518 لسنة 119ق - وذلك بصحيفة طلبت فيها الشركة الطاعنة بصفتها الحكم بقبول الطعن شكلاً وفى الموضوع بنقض الحكم المطعون فيه وإحالة القضية إلى محكمة إستئناف القاهرة وذلك للفصل فيها من جديد مع إلزام المطعون ضدهم المصاريف والأتعاب .

وفى اليوم نفسه أودعت الشركة الطاعنة بصفتها مذكرة شارحة .

وفى 2004/12/1 أعلن المطعون ضدهم بصحيفة الطعن .

وفى 2004/12/16 أودع المطعون ضدهم مذكرة بدفاعهم طلبوا فيها رفض الطعن .وفى 2004/12/30 أودعت الشركة الطاعنة بصفتها مذكرة بالرد .

ثم أودعت النيابة مذكرتها وطلبت فيها قبول الطعن شكلاً وفى الموضوع بنقض الحكم المطعون فيه .

وبجلسة 2005/5/3 عرض الطعن على المحكمة في غرفة مشورة فرأت أنه جدير بالنظر فحددت لنظره جلسة 2005/10/18 وبها سمعت الدعوى أمام هذه الدائرة على ما هو مبين بمحضر الجلسة حيث صمم محامي الشركة الطاعنة بصفتها والمطعون ضدهم والنيابة كل على ما جاء بمذكرته والمحكمة أرجأت إصدار الحكم إلى جلسة اليوم .

المحكمة

بعد الإطلاع على الأوراق وسماع التقرير الذى تلاه السيد المستشار المقرر/ممدوح القزاز - نائب رئيس المحكمة - والمرافعة وبعد المداولة .

حيث إن الطعن إستوفى أوضاعه الشكلية .

وحيث إن الوقائع - على ما يبين من الحكم المطعون فيه وسائر الأوراق - تتحصل في أن المطعون ضدهم أقاموا على الشركة الطاعنة الدعوى 7381 لسنة 1998 مدنى محكمة جنوب القاهرة الإبتدائية بطلب الحكم - طبقاً لطلباتهم الختامية - بإلزام الطاعنة بتسليم الأرض المبينة بالصحيفة وبأن تؤدى إليهم مبلغ 7687500 جنيه شهرياً إعتباراً من 1997/11/30 وحتى تاريخ الحكم وما

مادة [699]

يستجد تعويضاً مادياً ، 1000000 تعويضاً أدبياً ،وإلزامها بتحرير عقد بيع إبتدائي وإحتياطياً إعتبار عقد الوعد بالبيع المؤرخ 1997/1/28 عق البيع الإبتدائى . وذلك على سند من القول إنه بموجب هذا العقد إتفقوا مع الطاعنة على شراء أرض النزاع مقابل سداد 25% من الثمن المحدد بالعقد في موعد غايته 1997/11/30 والباقى على ثمانية أقساط سنوية على أن يتم التسليم وتحرير عقد البيع الإبتدائي في هذا التاريخ . وقد أوفوا بالتزامهم وتقاعست الطاعنة عن تنفيذ إلتزامها بقالة أن التعاقد كان مع المعهد العالي للكمبيوتر وليس معهم بأشخاصهم خلافاً لما هو ثابت بالعقد ، وترتب على ذلك إصابتهم بأضرار مادية تمثلت في المبلغ المطالب به لعدم تنفيذ إتفاقهم مع المعهد العالي للكمبيوتر على بناء عدد من الكليات على أرض النزاع وتأجيرها له من 1998/10/1 وإزاء ذلك فقد أقاموا الدعوى . ندبت المحكمة خبيراً وبعد أن أودع تقريره قضت بإعتبار العقد المؤرخ 1997/1/28 بمثابة عقد بيع إبتدائي وبإلزام الشركة الطاعنة بالتسليم بحكم إستأنفته الطاعنة بالإستئناف 9518 لسنة 119ق القاهرة . أحالت المحكمة الدعوى إلى التحقيق وبعد أن إستمعت لشهود الطرفين حكمت بتاريخ 2004/9/22 بتأييد الحكم المستأنف . طعنت الطاعنة في هذا الحكم بطريق النقض ، وأودعت النيابة مذكرة أبدت فيها الرأي بنقضه ، عرض الطعن على المحكمة في غرفة مشورة فحددت جلسة لنظره وفيها إلتزمت النيابة رأيها .

وحيث إن الطعن أقيم على ثلاثة أسباب تنعى الطاعنة بالسبب الأول منها على الحكم المطعون فيه الإخلال بحق الدفاع ومخالفة القانون . ذلك أنها تمسكت في دفاعها أمام محكمة الإستئناف ببطلان العقد سند الدعوى المؤرخ 1997/1/28 بطلاناً مطلقاً لعدم النص فيه على قرار إعتماد التقسيم وقائمة الشروط الخاصة به وسريانها على المشترى وخلفائه بالمخالفة لنص المادة 23 من قانون التخطيط العمراني رقم 3 لسنة 1982 وهي مخالفة تشكل جريمة معاقب عليها جنائياً بموجب نص المادة 1/67 من ذات القانون . إلا أن الحكم المطعون فيه إلتفت عن هذا الدفاع الجوهري الذى يتغير به وجه الرأي في الدعوى وقضى بتأييد الحكم الإبتدائي بقالة إن العقد صدر صحيحاً ومتفقاً وصحصح القانون ، مما يعيبه ويستوجب نقضه .

وحيث إن هذا النعى مردود ذلك أن المقرر – في قضاء هذه المحكمة – أن الأصل في الإدارة هو المشروعية فلا يلحقها بطلان إلا إذا نص القانون على بطلان الإلتزام الناشئ عنها صراحة أو كان هذا الإلتزام مخالفاً للنظام العام أو الآداب محلاً أو سبباً أو كان على خلاف نص أمر أو ناه في القانون ويتحدد نوع البطلان بالغاية التى تفياها المشرع من القاعدة محل المخالفة فإن كانت حماية

مادة [699]

مصلحة عامة جرت أحكام البطلان المطلق ويجوز لكل ذى مصلحة التمسك به ، وكان مؤدى نص المادتين 16،22 من القانون رقم 3 لسنة 1982 بشأن التخطيط العمراني أنه وإن كان حظر التصرف في الأرض المقسمة قبل صدور القرار بالموافقة على التقسيم هو حظر يتعلق بالصالح العام فيترتب مخالفته البطلان المطلق ، إلا أن ما أشارت اليه المادة 23 من ذات القانون من وجوب ذكر القرار الصادر بإعتماد التقسيم وقائمة الشروط الخاصة به وسريانها على المشترين وخلفائهم في عقود التعامل على قطع التقسيم لا يتعلق بالصالح العام وإنما قصد به المصالح الخاصة للغير ممن له حق أو تلقى حقاً على العقار المنصرف فيه حتى يكن على بينة منه قبل إقدامه على إبرام التصرف ومقتضاه أن يكون التصرف قابلاً للإبطال لمصلحة من شرع هذا الأمر لحمايته إذا ما تمسك به وليس من بينهم بائع العقار . لما كان ذلك وكانت الشركة الطاعنة وهي البائعة لأرض النزاع بعد صدور قرار التقسيم رقم 186 لسنة 1979 المعدل بالقرار 2771 لسنة 1993 ومن ثم فإن العقد سند الدعوى يكون بمنأى عن البطلان المطلق ، ولا ينال من ذلك ما قررته المادة 1/67 من القانون 3 لسنة 1982 بشأن التخطيط العمراني من جزاء جنائي على مخالفة المادة 23 من ذات القانون ، فإن نص المادة 1/67 من القانون سالف البيان يقابل المادة 20 من المرسوم بقانون رقم 52 لسنة 1940 من حيث النص على تجريم عدم ذلك رقم قرار التقسيم في عقد البيع ، وقد إستقر قضاء هذه المحكمة في ظل العمل بالقانون الأخير على أن مخالفة الحظر بعد صدور قرار التقسيم لا يترتب عليه البطلان المطلق للعقد بل إنه في المادة 11 من هذا القانون . ومن جهة ثانية فإن المادة 23 من القانون 3 لسنة 1982 لم تنص على جزاء البطلان لعدم ذكر رقم قرار التقسيم بعقد البيع وهو ما كان يسيراً على المشرع النص عليه ، وبفرض أن عدم النص على البطلان لا يعنى عدول المشرع عن منهج تقرير البطلان الذى أعتقه المرسوم بقانون 52 لسنة 1940 فقد إستقر قضاء النقض على نحو ما سلف بيانه في ظل العمل بهذا القانون على أن البطلان في هذه الحالة هو بطلان نسبي. ومن جهة ثالثة فإنه من المتفق عليه أن كل عقد أو إتفاق بين طرفين أو أكثر يكون محل الإلتزام فيه أو سببه مخالفاً لنص من نصوص قانون العقوبات يعد باطلاً ولا يعفى هذا الإتفاق من العقاب إذا وقعت الجريمة لأن كل جريمة تمثل إعتداء على النظام العام ، وبالإضافة إلى العقوبات الجنائية فإن مثل هذا الإتفاق يكون باطلاً فيبدو التكامل التام بين قانون العقوبات والقانون المدني وقد نص على ذلك صراحة في المادة 135 من القانون المدني ، إلا أنه لا تطبق ضروري أو طبيعي بين الجزاء المدني والجزاء الجنائي فقد يكون العقد

مادة [699]

باطلاً وفقاً لقواعد القانون المدني ولكن المشرع الجنائي يعاقب على الإخلال به فعقد الأمانة قد يكون باطلاً لنقص الأهلية أو غير ذلك من عيوب الإرادة ومع ذلك يعاقب جنائياً من خان الأمانة في هذا العقد إكتفاءاً بمجرد وجوده ، والعقد قد يكون صحصحاً فلا يبطله معاقبة من خان الأمانة لما كان ذلك ، وكان سبب الإلتزام ومحله في عقد البيع موضوع النزاع لا مخالفة فيه للنظام العام بعد أن ثبت صدور قرار تقسيم الأرض إذ تحقق الصالح العام بصدوره من إلحاق المرافق العامة بالملكية العامة للدولة . ومن ثم فإن ذكر رقم قرار التقسيم في العقد لا يحقق مصلحة عامة وإنما يحقق مصلحة خاصة لمن تلقى الحق حتى يكون على بينه عند التعاقد ولا مخالفة لمحل الإلتزام في العقد أو سببه لنص المادة 1/67 من القانون 3 لسنة 1982 ، إذ لا يعتبر ذكر رقم قرار التقسيم في العقد من مكونات محل العقد أو سببه ولإستقلال الجزاء الجنائي المترتب على هذه المخالفة عن الجزاء المدني المترتب عليها وهو بطلان العقد بطلاناً نسبياً مقرر لمصلحة المشترى . ولما كان الأخير لم يتمسك ببطلان العقد بل إعتد به وتمسك بنفاذه فإنه لا يعيب الحكم المطعون فيه إذ لم يعرض لهذا الدفاع الغير جوهري ويضحى النعى بهذا السبب على غير أساس .

وحيث إن الطاعنة تنعى بالسبب الثاني من أسباب الطعن على الحكم المطعون فيه القصور في التسبيب والفساد في الإستدلال ومخالفة الثابت بالأوراق والخطأ في تطبيق القانون . ذلك أنها تمسكت في دفاعها أمام محكمة الموضوع بعدم نفاذ العقد المؤرخ 1997/1/28 في حقها لتجاوز رئيس مجلس إدارتها السابق حدود التفويض الصادر له من مجلس الإدارة بتاريخ 1996/12/23 في بيع أرض النزاع إلى المعهد العالي للكمبيوتر بأن أبرم العقد مع المطعون ضده الأول عن نفسه وبصفته وكيلاً عن باقى المطعون ضدهم وليس بإعتباره ممثلاً للمعهد العالي للكمبيوتر . إلا أن الحكم المطعون فيه إلتفت عن هذا الدفاع الجوهري وقضى بتأييد الحكم الإبتدائي لأسبابه رغم خروجه في تفسيره لعبارات محضر مجلس الإدارة المؤرخ 1996/12/23 عما يؤدى إليه مدلولها في شأن تمحص المشترى مما يعيبه ويستوجب نقضه .

وحيث إن هذا النعى في محله ذلك أنه لما كان من المقرر طبقاً للمادتين 699، 1/703 من القانون المدني أن الوكالة هي عقد بمقتضاه يلتزم الوكيل بأن يقوم بعمل قانوني لحساب الموكل وأن الوكيل ملزم بتنفيذ الوكالة في حدودها المرسومة فليس له أن يحاوزها ، فإذا جاوزها فإن العمل الذى يقوم به لا ينفذ في حق الموكل ، كما أن من المقرر أن النص في الفقرة الأولى من المادة 150 من القانون المدني على أنه " إذا كانت عبارة العقد واضحة فلا يجوز الإنحراف عنها

مادة [699]

من طريق تفسيرها للتعرف على إرادة المتعاقدين " يدل على أن القضى ملزم بأن يأخذ عبارة المتعاقدين الواضحة كما هي ، ولئن كان المقصود بالوضوح هو وضح الإرادة لا اللفظ إلا أن المفروض في الأصل أن اللفظ يعبر بصدق عما تقصده الإرادة ، فمتى كانت عبارة العقد واضحة في إفادة المعنى المقصود منها فإنه لا يجوز الإنحراف عن مؤداها الواضح إلى معنى آخر . لما كان ذلك ، وكانت الطاعنة قد تمسكت في دفاعها أمام محكمة الموضوع بدرجتيها بعدم نفاذ العقد المؤرخ 1997/1/28 فى حقها لتجاوز رئيس مجلس الإدارة حدود التفويض الصادر له بمحضر مجلس الإدارة المؤرخ 1996/12/23 في شأن تحديد شخص المشترى لأرض النزاع . وكان الثابت من الأوراق أن مجلس الإدارة أصدر بتاريخ 1996/12/23 قراراً بتحديد شروط بيع أرض النزاع إلى المعهد العالي للكمبيوتر بسعر 450 جنيه للمتر المسطح مع التفاوض مع المشتري على شروط السداد ، فلم يلتزم رئيس مجلس الإدارة بتلك الشروط في شأن شخص المشترى وحرر العقد المؤرخ 1997/1/28 مع المطعون ضده الأول عن نفسه وبصفته وكيلاً عن باقى المطعون ضدهم - زوجته وولديه - فإن هذا التصرف الصادر منه إلى المطعون ضدهم يكون غير نافذ في حق الشركة الطاعنة . وإذ خالف الحكم الإبتدائي هذا النظر بقالة إن البيع تم لإنشاء إمتداد المعهد العلي للكمبيوتر وهو ذات الغرض المفوض فيه رئيس مجلس الإدارة فلا يكون قد خالف التفويض وسايره في ذلك الحكم المطعون فيه وقضى بتأييده لأسبابه فإنه يكون معيباً بمخالفة الثابت في الأوراق فضلاً عن الفساد في الإستدلال الذى جره إلى الخطأ في تطبيق القانون بما يوجب نقضه لهذا السبب دون حاجة لبحث السب الثالث من أسباب الطعن .

حيث إن الموضوع صالح للفصل فيه ، ولما تقدم يتعين القضاء في الإستئناف بإلغاء الحكم المستأنف ورفض الدعوى .

لذلك

نقضت المحكمة الحكم المطعون فيه وألزمت المطعون ضدهم المصروفات ومائتى جنيه مقابل أتعاب المحاماه . وحكمت في موضوع الإستئناف بإلغاء الحكم المستأنف ورفض الدعوى وألزمت المستأنف ضدهم المصروفات عن الدرجتين ومائة جنيه مقابل أتعاب المحاماة .

أمين السر **نائب رئيس المحكمة**

مادة [700]

مادة [700]

يجب أن يتوافر في الوكالة الشكل الواجب توافره في العمل القانوني الـذي يكون محل الوكالة، ما لم يوجد نص يقضي بغير ذلك.

النصوص العربية المقابلة:

هذه المادة تقابل في نصوص القانون المدني بالأقطار العربية، المواد التالية:

مـادة 700 ليبـي و666 سـوري و575 سـوداني و775 لبنـاني و1109 تونسي.

الأعمال التحضيرية:

1- تعرض المواد من 972 إلى 975 لإنشاء الوكالة، فتعرف العقد، وتبين كيف يتم قبول الوكيل، وما هي الأهلية اللازمة في كل من الوكيل والموكل، وما هو الشكل الواجب توافره في الوكالة.

2- ويلاحظ في التعريف أن المادة 972 من المشروع نصت صراحة علي أن الوكيل يلتزم بأن يقوم بعمل قانوني. فيصح التوكيل في البيع والشراء والرهن والارتهان والإيجار والإستئجار وفي سائر العقود الأخرى. كـما يصح التوكيـل في الوصية وفي قبولها وفي قبول الإشتراط لمصلحة الغير وفي تطهير العقار المرهون، وكل هذه أعمال قانونية منفردة. وكذلك يجوز التوكيـل في الإدلاء بـإعتراف وفي توجيه اليمين وفي الدفاع أمام القضاء، وهذه كلها إجراءات قضائية تابعة لعمل قانوني هو إبداء الطلبات أمام القضاء نيابة عـن الموكل (acte de conciure). ويلاحظ أن القيام بعمل قانوني قد يستتبع القيام بأعمال مادية تعتبر ملحقـة به وتابعة له. أما إذا كان المعهود به قد تمحض عملاً ماديـا، فالعقد لا يكون وكالة بل يكون عقد عمل. فالتعاقد مع طبيب لإجراء عملية جراحية أو مـع مهندس لبناء منزل لا يعتبر توكيلاً.

ويجب أن يعمل الوكيل دائماً لحساب الموكل. والأصل أنه يعمل أيضـاً بإسم الموكل، إلا إذا أبيح له أن يعمل بإسمه الشخصي فيكـون في هـذه الحالة "إسماً مستعاراً " وهو في الحالتين وكيل. (ملاحظـة: تعدل الفقرة الثانيـة مـن المادة 972 من المشروع كما يأتي: "والمفروض أن الوكيل ملزم أن يعمل بإسـم الموكل، ما لم يرخص له في أن يعمل باسمه". وهذا التعديل يتفـق مـع التقنين البولوني م 499).

3- ولما كانت الوكالة عقدا، وجب أن يـرضي بهـا كـل مـن الوكيـل والموكل وأكثر ما يكون رضاء الموكل إيجاباً ورضاء الوكيل قبولاً. وقبول الوكيل قد يكون صريحاً أو ضمنياً. ويعتبر قبولاً ضمنياً من الوكيل أن يقوم

مادة [700]

بتنفيذ الوكالة. وهذا تطبيق للمبدأ العام المنصوص عليه في المادة 143 من المشروع. كما يعتبر سكوت الوكيل قبولاً إذا تعلقت الوكالة بأعمال تدخل في مهنته. كما هو الأمر في المحامي والوكيل بالعمولة (انظر 142 من المشروع)، أو كان قد عرض خدماته علنا بشأنها (انظر م 136 من المشروع).

4- ولما كان العمل القانوني الذي يبرمه النائب لحساب الأصيل وبإسمه ينصرف أثره إلي الأصيل مباشرة (م 158 من المشروع)، وجب أن يكون الموكل أهلا وقت الوكالة أن يؤدي بنفسه العمل الذي وكل فيه. فإذا وكل في بيع وجب أن تتوافر فيه أهلية التصرف الواجب توافرها في البائع ، وإذا وكل في إيجار وجب أن تتوافر فيه أهلية الإدارة الواجب توافرها في المؤجر، وهكذا أما الوكيل فلا ينصرف إليه أثر العقد، فلا يلزم أن تتوافر فيه الأهلية الواجبة لإجراء العمل القانوني الذي وكل فيه. ولكنه لما كان طرفا في عقد الوكالة، فإن هذا العقد يكون قابلاً للبطلان إذا كان قاصراً، فإذا ما أبطل العقد لم يكن الوكيل مسئولاً عن إلتزاماته إلا في حدود الإثراء بلا سبب (أنظر م 201 فقرة 2 من المشروع). ولكن لا يجوز للغير الذي تعامل مع الوكيل القاصر أن يتمسك ببطلان عقد الوكالة، فإن البطلان لم يتقرر إلا لمصلحة القاصر.

5- وإذا كان العمل القانوني المعهود به إلي الوكيل لا يقتضي شكلاً خاصاً كالبيع والإيجار، فلا يشترط توافر شكل خاص في الوكالة. أما إذا كان القانون يتطلب شكلاً معينا في هذا العمل كالرهن الرسمي والهبة، فإن التوكيل يجب أن يتوافر في هذا الشكل، فالتوكيل في رهن أو هبة يجب أن يكون في ورقة رسمية ويتبين من ذلك أنه إذا إشترط القانون شكلاً خاصاً في عقد معين، وجب إستيفاء هذا الشكل أيضاً في الوعد بهذا العقد (م 150 فقرة 2 من المشروع) وفي التوكيل (م 675 من المشروع).

(مجموعة الأعمال التحضيرية للقانون المدني- الجزء 5- ص190 و191و192)

رأي الفقه:

1- الأصل في الوكالة- ككل التصرفات القانونية- أن تكون رضائية لا تستوجب شكلاً خاصا.

فالوكالة في البيع والشراء والإيجار والإستئجار والقرض والإقتراض والصلح والمقاولة. والعارية والوديعة والكفالة وغير ذلك من العقود الرضائية تكون رضائية مثل العقد الذي هو محل الوكالة ولا تستوجب شكلاً خاصاً لإنعقادها.

مادة [700]

وكذلك الوكالة في قبول الوصية وفي قبول الإشـتراط لمصلحة الغير وفي تطهير العقار المرهون تكون رضائية مثل التصرف القانوني الصادر مـن جانب واحد الذي هو محل الوكالة ولا تستوجب شكلاً خاصاً لإنعقادها.

والعقود الشكلية التي يلزم لإنعقادها شكل خـاص (ورقـة رسـمية أو عرفية) تكون الوكالة فيها أيضاً شكلية (كالهبة)، ولكن هنا يقتصر الأمر علي توكيل الواهب غيره في أن يهب مالا نيابـة عنـه، أمـا قبـول الموهوب لـه فـلا تشترط فيه الرسمية. وكذلك الأمر في الوكالة في الرهن الرسمي، فتوكيل الـراهن غيـره في رهن العقار يجب أن يكون مكتوبا في ورقة رسمية، أمـا توكيـل الـدائن المـرتهن غيـره في ارتهان العقـار فهـو عقـد رضـائي لا يسـتوجب شـكلاً خاصـاً لإنعقاده. أما محو (شطب) الرهن الرسمي فهو تصرف قانوني شكلي (م 45 قانون تنظيم الشهر العقاري)، فكذلك التوكيـل الـذي يعطيه الـدائن المـرتهن للغير إجراء المحو يجب أن يكون رسمياً.

وكذلك يجب أن يكون عقد الشركة مكتوباً ولو في ورقة عرفيـة، وإلا كان باطلا (م 507 مدني)، فهو إذ عقد شكلي، ومن ثـم تكـون الوكالة في عقـد الشركة عقدا شكليا ولا تنعقد إلا بورقة مكتوبة ولو كانت عرفية (نهائية المادة 700 مدني).

وكذلك الشأن في توكيل المحامي بالخصومة.

ولا يوجد نص خاص في إثبات الوكالة، ومن ثم وجب تطبيق القواعـد العامـل في الإثبات، فإذا زادت قيمة التصرف القانوني الموكل فيـه عـن عشريـن جنيها وجب إثبات الوكالة بالكتابة أو بما يقوم مقامها.

وقد مرت المدة علي أن الموكل يدفع إلي الوكيل توكيلاً مكتوباً، فينفـذ هذا الأخير، ويعتبر تنفيذه قبولا ضمنيا. وفيمـا بـين الموكل والوكيل يستطيع الوكيل أن يثبت الوكالة قبل الموكل بهذه الورقة المكتوبة، فإن لم توجد وكانت قيمة الوكالة تزيد علي عشرين جنيها جاز لـه أن يثبـت الوكالة بمبـدأ ثبـوت بالكتابة معززاً بالبينة أو بالقرائن. كما يجـوز لـه أن يثبتها بالإقرار وباليمين. وإذا وجد مانع ولو أدبي من الحصول علي الكتابة، كمـا هـو الأمـر فيمـا بـين الزوجين والأقارب وإلا جاز الإثبات بالبينة والقرائن. كـذلك يجـوز للموكل أن يثبت الوكالة قبل التوكيل بالكمية أو بمبـدأ ثبـوت الكتابـة معـززاً بالبينـة أو بالقرائن أو بالإقرار أو باليمين. وإذا جري العرف عن ألا تؤخذ كتابـة، كـما هـو الأمر فيما بين السيد والخادم والمستخدم ورب العمل والعامل وفي أكثر حالات الضمنية، جاز الإثبات بالبينة أو بالقرائن.

مادة [700]

وفي الوكالة التجارية والمدنية التي لا تزيد قيمتها علي عشرين جنيها يجوز إثباتها فيما بين الموكل والوكيل بجميع طرق الإثبات بما فيها البينة والقرائن. أما بالنسبة إلي الغير الذي يتعامل معه الوكيل، فلا تعتبر الوكالة واقعة مادية لأن هذا الغير يتأثر بالوكالة كما لو كان طرفا فيها مثله في ذلك مثل الإشتراط لمصلحة الغير إذ يعتبر الإشتراط لمصلحة المنتفع تصرفاً قانونياً لا واقعة مادية.

وتكون الوكالة مدنية أو تجارية بالنسبة إلي الموكل بحسب ما إذا كان التصرف القانوني محل الوكالة مدنياً أو تجارياً بالنسبة إليه.

أما بالنسبة إلي الوكيل فإن الوكالة تعتبر تجارية إذا كان تاجراً وكانت الوكالة تدخل في أعمال تجارته، وتعتبر مدنية إذا لم يكن تاجراً ولو دخلت الوكالة في أعمال مهنته، فوكالة السمسار في شراء منزل للسكني تعتبر وكالة تجارية بالنسبة إلي السمسار وإن كانت مدنية بالنسبة إلي الموكل، ووكالة المحامي عن تاجر في قضية تجارية تعتبر وكالة مدينة بالنسبة إلي المحامي، وإن كانت تجارية بالنسبة إلي الموكل.

وشروط صحة الوكالة هي شروط صحة أي عقد آخر: توافر الأهلية الواجبة، وسلامة التراضي من عيوب الإرادة.

والشروط الواجب توافرها في التصرف القانوني محل الوكالة، طبقاً للقواعد العامة، هي: أن يكون التصرف ممكنا، وأن يكون معيناً أو قابلاً للتعيين، وأن يكون مشروعا.

فيجب أن يكون التصرف القانوني محل الوكالة ممكناً، لأنه إذا كان مستحيلاً كان باطلاً وكانت الوكالة باطلة تبعاً لبطلان التصرف (كالتوكيل ببيع الوقف في غير حالات الإستبدال).

كما يشترط أن يكون التصرف القانوني محل الوكالة معيناً أو قابلاً لتعيين وإلا كانت الوكالة باطلة.

ويشترط أن يكون التصرف القانوني محل الوكالة مشروعاً. فإذا كان التصرف غير مشروع لمخالفته للنظام العام أو الآداب أو القانون، كان باطلاً، وكانت الوكالة فيه أيضاً باطلة.

(الوسيط- 7-1- للدكتور السنهوري- ص404 وما بعدها)

من أحكام القضاء الحديثة:

1- إن وكالة الزوج عن زوجته لا تستخلص ضمناً من مجرد قيام رابطة الزوجية إن علاقة البنك بالعميل الذي يقوم بإيداع مبالغ في حسابه لدي

مادة [700]

البنك ليست علاقة وكالة وإنما هي علاقة وديعة ناقصة تعتبر بمقتضى لمادة 726 من القانون المدني فرضا.

(جلسة 1965/11/4- مجموعة المكتب الفني- السنة 16-مدني- ص975)

2- المناط في التعرف علي مدي صحة سند الوكالة من حيث ما إشتمل عليه من تصرفات قانونية، خول الموكل للوكيل إجراءها أو من أحوال تقع عليها هذه التصرفات يتحدد بالرجوع إلي عبارة التوكيل ذاته وما جرت به نصوصه وإلي الملابسات التي صدر فيها التوكيل وظروف الدعوى ولا عبرة في هذا الخصوص بما قد يتمسك به الموكل قبل الغير الذي تعامل مع الوكيل من أسباب تتعلق بالشكل الذي أفرغ فيه هذا التوكيل والجهة التي تم توقيعه أمامها إلا إذا كان العمل الذي صدر التوكيل من أجله يتطلب شكلاً معينا.

إذا كان الحكم قد أقام قضاءه ببراءة ذمة المطعون ضده الأول من الدين موضوع النزاع والمستحق عليه للطاعنة علي ما قررت من أنه أوفي بهذا الدين لوالدتها التي تملك قبضة نيابة عن الطاعنة بموجب التوكيل الصادر لها منها، وكانت هذه الدعامة تكفي لحمل هذه النتيجة التي إنتهي إليها الحكم. فإن النعي عليه بمخالفة أحكام الهبة المنصوص عليها في المواد من 500 إلي 504 مدني وأيا كان وجه الرأي فيما تثيره الطاعنة في هذا الخصوص يكون غير منتج.

(نقض- جلسة 1970/1/6- المرجع السابق- السنة 21- ص7)

3- لا يجوز أن تتصدى المحكمة لعلاقة الخصوم بوكلائهم إلا إذا أنكر صاحب الشأن وكالة وكيله، فإذا باشر المحامي إجراء قبل أن يستصدر توكيلاً له من ذي الشأن الذي كلفه بالعمل، فلا يعترض عليه بأن التوكيل لاحق علي تاريخ الإجراء ما لم ينص القانون علي خلاف ذلك.

(نقض- جلسة 1969/11/11- المرجع السابق- السنة 20- ص180)

4- متي كانت محكمة الموضوع قد إستخلصت بأسباب سائغة في حدود سلطتها الموضوعية أن عمل المطعون ضده الثاني بوصفه "المعتمد التجاري" لمحل مورث المطعون ضدها الأولي كان يقتصر علي الأعمال المادية ولم يبرم قبل العقد موضوع النزاع عقودا مع الشركة الطاعنة وهو ما يكفي لنفي الوكالة الحقيقية والظاهرة وكان ما حصله الحكم لا يتعارض مع إستعمال لفظ المعتمد في اللغة ولم تتمسك الطاعنة أمام محكمة الموضوع بأن العرف قد جري في المعاملات التجارية علي إستعمال وصف المعتمد التجاري في التعبير عن الوكيل. لما كان ذلك فإن الحكم إذ رتب علي إنتفاء صفة الوكالة عن المطعون ضده الثاني في العقد الذي أبرمه بإسمه مع الشركة الطاعنة ووصف نفسه فيه بالمعتمد إن أثار هذا العقد لا تنصرف إلي مورث المطعون ضدها الأولي

مادة [700]

وبالتالي لا تكون هي مسئولة عنه، فإن الحكم لا يكون قد أخطأ في القانون أو فسخ العقد.

(نقض- جلسة 1969/1/2- المرجع السابق- ص32)

5- لتقرير ما إذا كانت أثار العقد تنصرف إلي الأصيل أو لا تنصرف يتعين بحث العلاقة بينه وبين من أدعي الوكالة عنه وأبرم العقد، ومن ثم فلا تترتب علي محكمة الموضوع في إعتمادها علي عقد العمل المبرم بين مورث المطعون ضدها الأولي وبين المطعون ضده الثاني في نفي قيام وكالة بينهما. ولا يجدي الطاعنة (المتعاقد الآخر) القول بأنها لم تكن طرفا في عقد العمل المشار إليه ولم تعلم به. إذ كان عليها أن تتحرى صفة من تعاقد معها وحدود تلك الصفة ولها في سبيل ذلك الإطلاع علي السند الذي يحدد علاقته بمن ادعي الوكالة عنه، فإن قصرت في ذلك فعليها تبعة هذا التقصير.

(نقض- جلسة 1960/1/2- المرجع السابق- ص32)

6- إذا كان الخصم مع حضوره بنفسه في بعض الجلسات أمام محكمة الإستئناف لم ينكر أمام تلك المحكمة وكالة المحامي الحاضر معه في المرافعة عنه أمام القضاء، فإنه لا يقبل منه بعد ذلك أن ينكر هذه الوكالة لأول مرة أمام محكمة النقض.

(نقض- جلسة 1969/6/12- المرجع السابق- ص921)

7- متي كان عقد البيع في القانون المصري- علي ما أفصحت عنه المادة 418 منه عقداً رضائياً، إذ لم يشترط القانون لإنعقاده شكلاً خاصاً، بل ينعقد بمجرد تراضي المتبايعين، وسواء كان في حقيقته بيعا أو يستر هبة، فإن الوكالة في البيع تكون بدورها رضائية، ولا تستوجب شكلاً خاصاً لإنعقادها عملاً بالمادة 700 منه، وبالتالي فإن الوكالة في البيع تخضع في شكلها الخارجي لقانون محل إبرامها.

(نقض- جلسة 1973/5/17- المرجع السابق- للسنة 3- ص772)

8- الضمان في الوكالة بالعمولة لا يفترض، بل يجب النص عليه صراحة في العقد، أو قيام قرائن قوية تدل علي إنصراف النية إليه، أو يثبت أن العرف جرى في مكان العقد وفي نوع التجارة علي ضمان الوكيل بالعمولة.

(نقض- جلسة 1973/12/27- المرجع السابق- ص1363)

9- إقتضى الفصل 1109 من المجلة المدنية (التونسية) أن الوكالة تامة برضاء الطرفين، وأن تحرير رسم كتابي لا لزوم فيه لإثبات وجود العقد.

(محكمة التعقيب التونسية- جلسة 1928/5/28- لمجلة القضاء والتشريع- العدد 9 و10 - ص237)

مادة [700]

10- إن الزوج في نظر الشرع الإسلامي يعتبر نائباً عن زوجته بموجب نيابة ضمنية، ولذلك يجوز له أن يقوم بقضية لدي المحكمة بتلك الصفة دون أن يلزم بتقديم توكيل.

(محكمة التعقيب التونسية- جلسة 1990/11/27- المرجع السابق- ص237)

11- عقد الوكالة عقد رضائي لا يتكون بإرادة منفردة بل من صدور القبول من الوكيل حسبما جاء بذلك الفصل 1109 من المجلة المدنية (التونسية) وفي إمكان من أسند إليه التوكيل أن يتصرف لفائدة نفسه وليس في ذلك شئ من التحليل.

(محكمة التعقيب التونسية- جلسة 1959/3/10- المرجع السابق- ص228)

12- إن مجرد وجود التوكيل وقبول المطلوب (الوكيل) للوكالة لا يستلزم حتما وقوع التصرف بمقتضاه لأن واقعة التصرف مستقلة عن واقعة التوكيل وقبوله.

(محكمة التعقيب التونسية- جلسة 1957/7/2- المرجع السابق- ص238)

مادة [701]

مادة [701]

(1) الوكالة الواردة في ألفاظ عامة لا تخصيص فيها حتى لنوع العمل القانوني الحاصل فيه التوكيل، لا تخول الوكيل صفة إلا في أعمال الإدارة.

(2) ويعد من أعمال الإدارة الإيجار إذا لم تزد مدته علي ثلاث سنوات وأعمال الحفظ والصيانة وإستيفاء الحقوق ووفاء الديون. ويدخل فيها أيضاً كل عمل من أعمال التصرف تقتضيه الإدارة كبيع المحصول وبيع البضاعة أو المنقول الذي يسرع إليه التلف وشراء ما يستلزمه الشيء محل الوكالة من أدوات لحفظه ولإستغلاله .

النصوص العربية المقابلة:

هذه المادة تقابل في نصوص القانون المدني بالأقطار العربية، المواد التالية:

مادة 701 ليبي و667 سوري و931 عراقي و776 لبناني و576 سوداني.

الأعمال التحضيرية:

يراجع – لاحقاً- التعليق بالأعمال التحضيرية الواردة علي نص المادة 702 مدني.

رأي الفقه:

1- يخلص من نص المادة 701 من القانون المدني أن الوكالة العامة هي التي ترد في ألفاظ عامة، فلا يعين فيها الموكل محل التصرف القانوني المعهود به للوكيل، بل ولا يعين نوع التصرف القانوني ذاته، فيقول الموكل للوكيل: وكلتك في إدارة أعمالي، أو وكلتك في إدارة مزرعتي أو متجري أو وكلتك عني في جميع أعمالي، أو جعلتك وكيلاً مفوضاً عني، أو نحو ذلك من العبارات.

وسواء أشارت الوكالة العامة إلي الإدارة أو لم تنشر، فإنها لا تخول الوكيل صفة إلا في أعمال الإدارة، فلا يجوز للوكيل أن يقوم بأي عمل من أعمال التصرف، تبرعاً كان أو معارضة إلا إذا كان هذا التصرف تقتضيه أعمال الإدارة.

وقد أوردت الفقرة الثانية من المادة 701 مدني طائفة من أعمال الإدارة التي تشملها الوكالة العامة، ولكن هذه الأعمال لم ترد علي سبيل الحصر، بل ذكرت علي أنها من أبرز أعمال الإدارة. وأول هذه الأعمال الإيجار لمدة لا تزيد علي ثلاث سنوات، فإذا زاد عن ذلك يعد من أعمال الإدارة أيضاً مكنه يحتاج

مادة [701]

إلي توكيل خاص والإستئجار وإن عد من أعمال التصرف فإنه مما تشمله للوكالة العامة إذا إقتضته أعمال الإدارة (كإستئجار الآلات الزراعية ووسائل نقل البضائع) كما تشمل الوكالة العامة العقود التي يبرمها الوكيل مع المقاولين للقيام بأعمال الترميمات البسيطة والجسيمة سواء أكانت مستعجلة أو غير مستعجلة، والقيام بأصلاح السيارات والآلات الميكانيكية، وإيداع المحصول المخازن، وإستئجار الأنفار لتنقية المزروعات من الحشرات وغير ذلك من أعمال الحفظ والصيانة. ويدخل في هذه الأعمال أيضاً رفع الدعاوى المستعجلة والتأمين من الحوادث ومن الحريق وغير ذلك من ضروب التأمين التي جري العرف أن تعتبر من أعمال الإدارة اليقظة.

ثم ذكر نص المادة 701 مدني إستيفاء الحقوق ووفاء الديون، فتشمل الوكالة العامة قبض حقوق الموكل وإعطاء مخالصات بها للمدينين، وإيداع المقبوض لحساب المنوب، ويجوز للوكيل أن يقض الحقوق قبل حلول أحلها دون شئ منها، ولكن لا يجوز له أن يؤجل دفعها إلا بتوكيل خاص من الموكل، كما يجوز أن يفي بديونه من أمواله من طريق إدارته لها.

وليس ما ورد بالنص المذكور هو كل أعمال الإدارة التي يستطيع أن يقوم بها الوكيل وكالة عامة، فهناك أعمال أخرى يمكن أن يؤديها في نطاق هذه الوكالة العامة منها إفتراض المال اللازم لصيانة وحفظ وأصلاح وترميم أموال الموكل وشراء ما يلزم من المواشي وآلات للزراعة ونحوها. ويجوز للوكيل أن ينفذ علي أموال مديني موكله حجز منقول أو حجز، للمدين لدي الغير أو حجزا عقاريا، ولكنه لا يستطيع أن يرهن أموال المدين ضمانا لقرض، وإنما يستطيع أن يرفع دعاوى الحيازة دون دعاوى الملكية ودعاوى القسمة فهذه تقتضي توكيلاً خاصاً، وأن يرفع جميع الدعاوى التي تنشأ من أعمال الإدارة التي يقوم بها، وأن يشطب الزمن بعد إستيفاء الحق، وأن يحدد الدين، وأن يقطع التقادم، وأن يجدد القيد.

وتقول الفقرة الثانية من المادة 701 مدني أن الوكالة لا تقتصر علي أعمال الإدارة، بل تمتد أيضاً إلي أعمال التصرف إذا كانت أعمال الإدارة تقتضيها، ويشمل ذلك بجمع المحصول وقبض أثمان ذلك كله، وشراء ما يستلزمه الشيء محل الوكالة من أدوات لحفظة وإستغلاله كشراء مبيدات الحشرات وشراء الآلات الزراعية اللازمة والأسمدة والبذور والمواشي ووسائل النقل اللازمة لإستغلال المتاجر من سيارات ومركبات ونحو ذلك، والقيام في إدارة متجر بأعمال التجارة وسحب الكمبيالات وإعطاء الكفالات. بل إن الوكالة العامة تشمل أن يستغل الوكيل ما بيده من مال للموكل في وجوه الإستغلال

مادة [701]

المختلفة مما يدخل في نطاق الإدارة الحسنة كشراء أسهم وسندات بل وفي شراء المنقول والعقار إذا كانت مصلحة الموكل في ذلك واضحة. ولوكيل وكالة عامة أن يصالح علي حقوق موكله المتعلقة بالإدارة. وقد تشمل الوكالة العامة بعض أعمال التبرع كالمنح والهدايا المألوفة التي تعطي للخدم والمستخدمة إذ فيها معني الأجر.

(الوسيط- جزء 7-1- للدكتور السنهوري- المرجع السابق- ص421 وما بعدها)

من أحكام القضاء الحديثة:

1- إن كانت النيابة واردة في ألفاظ عامة لا تخصيص فيها لنوع العمل القانوني الحاصل فيه الإنابة، فإنه حسبما تقضي الفقرة الأولي من المادة 701 من القانون المدني لا تحول الحارس صفة إلا أعمال الإدارة وما يستتبع ذلك من حق التقاضي فيما ينشأ عن هذه الأعمال من منازعات.

(جلسة 1965/5/27- مجموعة المكتب الفني- السنة 16- مدني- ص934)

2- لما كانت المادة 3/828 من القانون المدني تقضي بأنه إذا تولي أحد الشركاء إدارة المال الشائع دون اعتراض من الباقين عد وكيلاً عنهم، فإن مفاد هذا النص أن تعتبر هناك وكالة ضمنية قد صدرت إلي الشريك الذي تطوع لإدارة المال الشائع من باقي. وبعد هذا الشريك أصيلاً عن نفسه ووكيلاً عن باقي الشركاء في إدارة المال الشائع إدارة معتادة فتنفيذ الأعمال التي تصدر منه في حق الشركاء الباقين سواء ما كان منها عملاً مادياً أو تصرفاً قانونياً تقتضيه الإدارة مما يعتبر معه هذا الشريك في مفهوم المادة 2/701 من القانون المدني وكيلاً عن باقي الشركاء وكالة عامة بالإدارة وهي تشمل بيع الشريك للمحصول الناتج من الأرض الزراعية المشتركة وقبض الثمن بوصفه تعرضا تقتضيه الإدارة.

ويجوز تأسيساً علي المادتين 3/828 و2/701 من القانون المدني للشريك في علاقته بالشريك الآخر الذي تصرف ببيع المحصول الناتج من زراعتهما المشتركة أن يثبت في حدود هذه العلاقة صدور هذا التصرف منه بوصفه من أعمال الإدارة وذلك بجميع الطرق ومنها البينة والقرائن علي أساس أن هذا التصرف يعتبر بالنسبة له بمثابة واقعة مادية.

(نقض – جلسة 1969/11/18- المرجع السابق- السنة 20- ص120)

3- المناط في التعرف علي مدي سعة الوكالة من حيث ما تشتمل عليه من تصرفات قانونية خول الموكل للوكيل إجراءاها أو أموال تقع عليها هذه التصرفات، يتحدد بالرجوع إلي عبارة التوكيل ذاته، وما جرت به نصوصه

مادة [701]

وإلى الملابسات التي صدر فيها التوكيل وظروف الدعوى. وعبرة في هذا الخصوص بما قد يتمسك به الموكل قبل الغير الذي تعامل مع الوكيل من أسباب تتعلق بالشكل الذي أفرغ فيه التوكيل أو الجهة التي تم توثيقه أمامها إلا إذا كان العمل الذي صدر التوكيل من أجله يتطلب شكلاً معيناً، فيتعين عندئذ أن يتخذ التوكيل هذا الشكل.

إن تحديد مدى سعة الوكالة يعد تفسيراً لمضمونها، مما يضطلع به قاضي الموضوع بغير معقب عليه من محكمة النقض، مادام هذا التفسير يقع على توكيل لم يتم إلغاؤه، ومما تحتمله عبارته بغير فسخ.

(نقض- جلسة 1970/1/6- المرجع السابق- السنة 21- ص7)

4- الوكيل بالإدارة حق التقاضي فيما ينشأ عن الإدارة من منازعات، صدور أمر الأداء للمطعون عليه بصفته وكيلاً عن والدته يعتبر صحيحاً طالما أفصح عن صفته وإسم موكله.

(نقض- جلسة 1975/5/29- الطعن 634- لسنة 93ق- لم ينشر بعد)

مادة [702]

مادة [702]

(1) لابد من وكالة خاصة في كل عمل ليس من أعمال الإدارة، وبوجه خاص في البيع والرهن والتبرعات والصلح والإقرار والتحكيم وتوجيه اليمين والمرافعة أمام القضاء.

(2) والوكالة الخاصة في نوع من أنواع الأعمال القانونية يصح ولو لم يعين محل هذا العمل علي وجه التخصيص، إلا إذا كان العمل من التبرعات.

(3) والوكالة الخاصة لا تجعل للوكيل صفة إلا في مباشرة الأمور المحددة فيها، وما تقتضيه هذه الأمور من توابع ضرورية وفقاً لطبيعة كل أمر وللعرف الجاري.

النصوص العربية المقابلة:

هذه المادة تقابل في نصوص القانون المدني بالأقطار العربية، المواد التالية:

مادة 702 ليبي و668 سوري و921 عراقي و777 لبناني و577 سوداني و1120 تونسي.

الأعمال التحضيرية:

1- تعرض المادتان 976 و977 للوكالة الخاصة، فللوكالة العامة هي التي ترد في ألفاظ عامة دون أن يحدد لها عمل قانوني معير فإذا وكل شخص آخر توكيلاً عاماً، إنصرفت الوكالة إلي أعمال، الإدارة كالإيجار لمدة لا تزيد علي ثلاث سنوات وقبض الحقوق ووفاء الديون والقيام بأعمال الحفظ والصيانة، وكذلك قطع التقادم وقيد الزمن وتجديد لقيد وتوقيع الحجز التحفظي ورفع الدعاوى المستعجلة ودعاوى وضع اليد. ويدخل في أعمال الإدارة أعمال التصرف التي تقتضيها أعمال الإدارة، كبيع المحصول والبضاعة وبيع ما يسرع إليه التلف وشراء مواش وآلات للزراعة. أما الوكالة الخاصة فهي التي تتحدد بعمل أو أعمال قانونية معينة، كالتوكيل في البيع والشراء والصلح والتحكم والتوكيل في الإيجار وفي بيع المحصول. ويتبين من ذلك أن الوكالة الخاصة قد ترد علي عمل من أعمال التصرف أو علي عمل من أعمال الإدارة، وقد ترد علي العاملين معا في وقت واحد، والمهم أن تتخصص في عمل أو أعمال قانونية معينة.

2- وأعمال الإدارة يصبح أن تكون محلا لوكالة عامة أو لوكالة خاصة كما تقدم. أما أعمال التصرف فلا يصبح أن تكون محلا إلا لوكالة خاصة لخطورتها. فلا يصح أن يوكل شخص آخر توكيلاً عاماً في جميع أعمال التصرف دون أن يخصص أعمالاً معينة منها فإن خصص إقتصرت الوكالة

مادة [702]

علي ما خصص ولا تتناول غير ذلك من أعمال التصرفات فلا تتناول الوكالة في هذه الحالة إلا البيع دون غيره. علي أن التوكيل في البيع يتناول ما يقتضيه البيع من أمور تابعة له وفقاً لطبيعته وللعرف الجاري، فيجوز للوكيل في البيع أن يقبض الثمن وأن يسلم المبيع.

3- ويلحق بأعمال التصرفات في وجوب أن تكون الوكالة فيها وكالة خاصة. أعمال تنطوي علي شيء من الخطورة يعلو بها عن مستوي أعمال الإدارة وهذه هي الصلح والإدلاء بإعتراف وتوجيه اليمين والدفاع أمام القضاء عن موضوع الحق.

4- أما إذا كان العمل تبرعا كالهبة والعارية، فلا تكفي الوكالة الخاصة دون تعيين المال الذي يرد عليه العمل القانوني. وإذا صح أن يوكل شخص آخر في بيع ماله دون أن يعين المال الذي يباع، فلا يجوز ذلك في التوكيل في الهبة، بل يجب أن يعين التوكيل الخاص المال الذي يوهب، ولا يجوز للوكيل هبة غير هذا المال وذلك لخطورة أعمال التبرعات.

5- ويلاحظ أن تدرج الأعمال في الخطورة بتمشي معه تدرج الوكالة في التخصيص، فما كان من الأعمال محدود الخطورة، كأعمال الإدارة، تكفي فيه الوكالة العامة. فإذا زادت خطورة العمل. كما في أعمال التصرف وملحقاتها، وجب أن تتخصص الوكالة في نوع العمل القانوني، حتى إذا وصلت الخطورة إلي الذروة، كما في أعمال التبرع، وجب أن تتخصص الوكالة في نوع العمل القانوني وفي محله(1).

(1) مجموعة الأعمال التحضيرية للقانون المدني- جزء 5- ص97 و98 و99.

رأي الفقه:

1- يتبين من نص المادة 702 من القانون المدني أنه إذا كانت أعمال الإدارة تحتمل الوكالة العامة فتشمل جميع أعمال الإدارة، كما تحتمل الوكالة الخاصة فلا تشمل الوكالة إلا أعمال الإدارة المحددة الواردة فيها، فإن أعمال التصرف لا تحتمل إلا الوكالة الخاصة ولا تجوز فيها الوكالة العامة. وإذا أمكن أن يوكل شخص شخصا آخر في جميع أعماله أو في جميع أعمال الإدارة، فإنه ليس من الجائز أن يوكله في جميع أعمال التصرف باطلا ولا تكون للوكيل صفة في مباشرة أن عمل من أعمال التصرف. فلابد إذن من وكالة خاصة لكل عمل من أعمال التصرف، فتكون الوكالة في البيع أو الشراء أو في الهبة أو في دفع حصة في الشركة أو في الإقراض أو في الصلح أو في الرهن أو في ترتيب حق إنتفاع أو حق إنتفاع أو أن حق عيني خاص أو تبعي. ويجوز أن تقتصر الوكالة الخاصة عن تصرف واحد من هذه التصرفات، كما يجوز أن تشمل

مادة [702]

طائفة منها. ولكن يجب في هذه الحالة الأخيرة أن تبين الوكالة علي وجه التحديد كل نوع من أنواع التصرفات التي تدخل فيها، فتتعدد الوكالات الخاصة بتعدد أعمال التصرف وإن كان يضمها جميعاً ورقة واحدة. ويجب التمييز هنا في أعمال التصرف بين المعارضات والتبرعات.

فالمعارضات، كالبيع والرهن، وإن كان لابد فيها من وكالة خاصة، إلا أنه يصح أو تصدر هذه الوكالة دون تحديد للمحل الذي يقع عليه التصرف، فتكون خاصة في نوع التصرف وعامة في محله (كالتوكيل في بيع منزل معين- والتوكيل بالبيع بوجه عام).

أما التبرعات، كالهبة والإبراء، فيجب أن تكون الوكالة فيها خاصة في نوع التصرف وخاصة أيضاً في محله فلا يكفي أن يوكل شخص شخصا آخر في نوع التصرف وخاصة أيضاً في محله. فلا يكفي أن يوكل شخص شخصا آخر بالهبة (أو بالإبراء)، بل يجب أيضاً أن يعين المال الذي وكله في هبته أو الدين الذي وكله في الإبراء منه (فيعين له المقر أو المنقول محل الهبة تعيينا كافيا وتحديد الدين محل الإبراء ومقداره وتاريخ سنده المدين فيه).

والفرق بين المعارضات والتبرعات يرجع إلي أن التبرعات أشد خطورة من المعارضات. فيجب أن يكون التوكيل فيها محددا تحديدا أدق من التحديد في المعارضات، فيعين نوع التصرف ومحله معا حتى لا نطلق حرية الوكيل في التبرع بمال موكله كما يشاء.

وتصح الوكالة الخاصة في أعمال الإدارة بغير حاجة إلي تحديد المحل كما هو الشأن في المعاوضات، ومن ثم يجوز التوكيل في إيجار أرض معينة أو في الإيجار بوجه عام.

والوكالة الخاصة، سواء كانت في التبرع أو التصرف أو الإدارة يجب عدم التوسع في تفسيرها، إذ تقول الفقرة الثالثة من المادة 207 مدني: "والوكالة الخاصة لا تجعل للوكيل صفة إلا في الأمور المحددة فيها"، فالتوكيل في الإبراء من دين لا يشمل التوكيل في حوالته. والتوكيل في بيع منزل أو في إيجاره لا يشمل التوكيل في قبض الثمن أو الأجرة، والتوكيل في قبض دين لا يشمل التوكيل في مقاضاة المدين ولا في منحه أجلا للوفاء ولا في إبرائه ولو في جزء من الدين أو لمصلحة الموكل، والتوكيل في الإقتراض لا يشمل التوكيل في الرهن.

والمحامي لابد أن يصدر له توكيل خاص في المرافعة أمام القضاء في قضية معينة أو في جميع القضايا التي ترفع من موكله أو عليه، وتوكيله في المرافعة أمام القضاء لا يشمل توكيله في الصلح ولا في التحكيم ولا في الإقرار

مادة [702]

ولا في توجيه اليمين. بل لابد من توكيل خاص لكي تصرف من هذه التصرفات، أو أن ينص في التوكيل بالمرافعة أمام القضاء عليها، بحيث إذا أغفل ذكر تصرف منها لم تكن للمحامي صفة في مباشرته، كذلك لا يتضمن توكيل المحامي في المرافعة أمام القضاء توكيله في ترك الخصومة أو في قبول الحكم أو في النزول عنه أو في الطعن في الحكم بطرق الطعن العادية أو غير العادية أو في النزول عن حق للموكل، بل يجب أن يذكر كل ذلك في التوكيل الصادر للمحامي حتى تكون له صفة في مباشرته.

ومع ذلك فهناك وجه للتوسع في تفسير الوكالة، فقد قضت الفقرة الثالثة من المادة 702 مدني بأن الوكالة الخاصة لا تجعل الوكيل صفة إلا في مباشرة الأمور المحددة فيها: "وما تشتبه هذه الأمور من توابع ضرورية وفقاً لطبيعة كل أمر والعرف الجاري". وهذا النص لا ينطبق فحسب علي الوكالة الخاصة في أعمال التصرف من مفاوضات وتبرعات بل أيضاً علي كل وكالة فيشمل الوكالة الخاصة في عمل من أعمال الإدارة والوكالة العامة في جميع أعمال الإدارة. فالوكالة بالبيع والإيجار والشراء والإستئجار والإقتراض تشمل تسليم كل تلك العقود، وتشمل الوكالة في قبض الدين إعطاء المهلة بدفعه وشطب الرهن الذي يضمنه.

ويمكن القول بوجه عام أن الوكالة تشمل كل ما يقتضيه تنفيذها من تصرفات أو أعمال ضرورية، ويرجع في ذلك إلي طبيعة التصرف محل الوكالة، وإلي ما جري به العرف، وقبل ذلك إلي ما إنصرفت إليه إدارة المتعاقدين. وإثبات مدي سعة الوكالة يكون بجميع طرق الإثبات ومنها البينة والقرائن ولو زادت قيمة الوكالة علي عشرين جنيها. ذلك أن الوكالة متي ثبت وجودها فإن مدي سعتها ليس إلا تفسيراً لمضمونها، والتفسير من أمور الواقع التي يضطلع بها قاضي الموضوع، دون معقب من النقض. وعلي من يتمسك بالوكالة عبء إثبات مدي سعتها.

(الوسيط – 7-1- للدكتور السنهوري- المرجع السابق- ص843 وما بعدها)

2- قسم المشرع التوكيل – من حيث مدي ما يخوله للوكيل من سلطة- إلي عام وخاص.

ويكون التوكيل عاماً إذا ورد في ألفاظ عامة دون تحديده بعمل قانوني معين. وفي هذه الحالة تقتصر سلطة الوكيل علي مباشرة أعمال الإدارة التي أورد المشرع أمثلة لها في الفقرة الثانية من المادة 701 مدني. وله كذلك أن يباشر بعض الأعمال التي يستلزمها حسن الإدارة والتي تدخل عادة في حدود سلطة من له مباشرة أعمال إدارة، كبيع المحصولات الزراعية والمنتجات

مادة [702]

الصناعية والمنقولات التي يسارع إليها التلف. ويدخل في سلطة الوكيل العام أيضاً استثمار أموال الموكل، والإقراض لسداد ديونه الحالة أو لإجراء الأصلاحات الضرورية.

أما تجديد الدين مع ترك التأمينات، والإفراز بحق علي الموكل، وتوجيه اليمين الحاسمة. والمرافعة في أصل الدعوى، والتحكم والصلح. وكذلك التصرف في أموال الموكل بأي نوع من التصرفات، فيلزم لمباشرتها التصريح للوكيل بذلك. ويلزم عدم التوسع في تغير هذه الوكالة الخاصة، فالتوكيل في الرهن لا يتضمن التوكيل في الكفالة، والتوكيل في الصلح لا يتضمن التفويض في التحكم، وهكذا. ومع ذلك فلا يلزم التقيد بحرفية الألفاظ الواردة في التوكيل، بل يجب أن تتعدى ذلك إلي الكشف عن قصد المتعاقدين فقد يتضح مثلاً أن التوكيل في البيع يتضمن التوكيل في الرهن إذا تبين أن الغاية من التوكيل بالتبرع فلا يكون معتبرا إلا إذا خصص محل التبرع.

(التقنين المدني- للدكتور محمد علي عرفة- المرجع السابق- ص505 و506)

من أحكام القضاء الحديثة:

1- إذا كانت النيابة واردة في ألفاظ عامة لا تخصيص فيها لنوع العمل القانوني الحاصل فيه الإنابة، فإنها حسبما تقضي الفقرة الأولي من المادة 701 من القانون المدني لا تخول الحارس صفة إلا في أعمال الإدارة وما يستتبع ذلك من حق التقاضي فيما ينشأ عن هذه الأعمال من منازعات. ولما كانت المادة 2/701 من القانون المدني قد نصت علي أن وفاء الديون يعد من أعمال الإدارة فإن وفاء الديون متي كانت ثابتة في الذمة يدخل في سلطة الحارس ويدخل في سلطته تبعا لذلك حق التقاضي فيما يشاء عن هذا الوفاء من منازعات، فيصح أن يكون مدعيا أو مدعي عليه فيها. تخويل الحارس الذي يقوم بالإدارة حق التقاضي فيما ينشأ عن تلك الأعمال من منازعات بإعتباره نائباً قانونيا. لا يقتضي سلب هذا الحق من الأصيل الذي يبقي له الحق دائماً في ممارسة ما هو مخول للنائب مادام لم يمنع من ذلك. حق التقاضي غير المرافعة أمام القضاء التي تستلزم وكالة خاصة- وفقاً للمادة 1/702 من القانون المدني- فهي النيابة في الخصومة للدفاع أمام القضاء إختص بها المشرع أشخاصاً معنيين حسبما يقضي قانون المحاماة.

(جلسة 1965/5/27- مجموعة المكتب الفني- لسنة 16- مدني- ص634)

2- الوكالة في إبرام عقد البيع لا تجعل للوكيل صفة تمثل الموكل في الخصومات التي تنشأ بسبب تنفيذ هذا العقد إلا إذا وجد إتفاق يقضي بإضفاء هذه الصفة علي الوكيل، فإذا كان الحكم المطعون فيه وقد قرر أن وكالة الطاعنة عن

مادة [702]

الشركة البائعة ليست قاصرة علي إبرام العقد بل إنها نائبة عن تلك الشركة في الديار المصرية دون أن يبين حدود هذه النيابة وما إذا كانت تشمل تمثيل الشركة الأصلية في الدعاوى التي ترفع عليها في الديار المصرية أو لا تشمل ذلك، فإن الحكم بتعجيله حدود النيابة التي قال بقيامها يكون قد عجز محكمة النقض عن مراقبة صحة القانون.

(نقض- جلسة 1965/6/30- المرجع السابق- السنة 16- ص878)

3- طبقاً لحكم المادة 517 من القانون المدني القديم المقابلة للمادة 2/702 من القانون المدني الحالي- وعلي ما جري به قضاء محكمة النقض تصح الوكالة الخاصة في أعمال التبرعات إذا كان المال محل التبرع معيناً في سند التوكيل.

(نقض- جلسة 6/ / 1968- المرجع السابق- السنة 19- ص528)

4- إقرار الموكل عقد البيع الذي أبرمه وكيله بتوكيل عام يرتد أثره إلي وقت التعاقد، فيعتبر التصرف نافذاً في حق الموكل من هذا الوقت مادام الغير الذي تعاقد مع الوكيل كان يعلم بتجاوز الوكيل حدود وكالته وقت تعاقده معه فإنه يتقيد بإيجابه حتى الموكل موقفه من حيث إقرار التصرف أو عدم إقراره، فإذا أقره لم يكن لهذا الغير أن يتحلل من تعاقده مع الوكيل.

(نقض- جلسة 9/ / 1968- المرجع السابق- ص1364)

5- مقتضى ما تنص عليه الفقرة من المادة 702 من القانون المدني والمادة 811 من قانون المرافعات أنه إذا كان الإقرار الصادر من الوكيل أمام القضاء منطوياً علي تصرف قانوني، هو النزول عن حقه، فإنه يعد عملاً من أعمال التصرف التي يتعين أن يصدر بها توكيل خاص أو أن يرد ضمن توكيل عام ينص فيه صراحة علي هذا التفويض.

(نقض- جلسة 1966/11/15- المرجع السابق- السنة 17- ص1694)

6- الوكالة الخاصة في نوع معين من الأعمال القانونية لا تجعل للوكيل صفة إلا في مباشرة الأمور المحددة فيها وما تقتضيه هذه الأمور من توابع ضرورية وفقاً لطبيعة كل أمر والعرف الجاري وذلك علي ما تقضي به المادة 3/702 من القانون المدني.

(نقض- جلسة 1969/1/3- المرجع السابق- السنة 20- ص32)

7- مقتضى ما تنص عليه الفقرة الأولي من المادة 702 من القانون المدني انه إذا كان الإتفاق بين الوكيل والغير منطويا علي تصرف قانوني هو النزول عن حق للموكل أو الإقرار بحق قبله للغير، فإنه يجب عندئذ أن يكون لدي الوكيل وكالة خاصة تخول له هذا التصرف المذكور. إثبات الوكالة يقع علي

مادة [702]

من يدعيها. فإذا إحتج الغير علي الموكل بالوكالة ليرجع عليه بأثار التصرف القانوني الذي عقده مع الوكيل كان علي الغير أن يثبت الوكالة ومداها وأن الوكيل قد تصرف في نطاقها حتى يستطيع إلزام الموكل بهذا التصرف، إذ الوكيل لا تكون له صفة الوكالة علي الموكل إذا عمل بإسم هـذا الأخير وجاوز حـدود الوكالة، ويشترط في إقرار الموكل لما يباشره الوكيل خارجا عن حـدود توكيـله أن يكون المقر عالماً بأن التصرف الذي يقرره خارج عـن حـدود الوكالة وأنه قـد قرره قاصدا إضافة أثره إلي نفسه.

(نقض- جلسة 1969/5/15- المرجع السابق- ص874)

8- إذا كان الخصم مع حضوره بنفسه في بعض الجلسات أمام محكمة الإستئناف لم ينكر أمام تلك المحكمة وكالة المحامي الحـاضر معـه في المرافعـة عنه أمام القضاء، فإنه لا يقبل منه بعد ذلك أن ينكر هـذه الوكالـة لأول مـرة أمام محكمة النقض.

(نقض- جلسة 1969/6/12- المرجع السابق- ص921)

9- إذا كان البين من مراجعة التوكيـل المقدم بملف الطعن أنه غير صادر من الطاعن إلي المحامي بالطعن بل صـدر إلي هذا الأخير مـن وكيـل الطاعن، وكان هذا التوكيل الأخير لم يودع بملف الطعن حتى تستطيع محكمـة النقض التعرف علي حدود وكالة وكيل الطاعن، وما إذا كانت تشمل الإذن في توكيل المحامين في الطعن بالنقض أم لا تشمل هذا الإذن في توكيل المحامين في الطعن ، فإنه يتعين الحكم بعدم قبول الطعن.

(نقض- جلسة 1970/6/2- المرجع السابق- السنة 21- ص969)

10- مباشرة المحامي للدعوى بتكليـف مـن ذوي الشـأن قبـل صـدور توكيل له منهم بـذلك، لا يـؤثر- وعلـي مـا جـري بـه قضـاء النقض- في سـلامة الإجراءات التي يتخذها فيها، إلا إذا أنكر صاحب الشأن توكيله لدي المحامي- لما كان ذلك فإنه لا تثريب علي محكمة أول درجة إن هي عولت علي المـذكرة المقدمة لها من المطعون ضده أثناء حجز القضية للحكم.

(نقض- جلسة 1970/11/10- المرجع السابق- ص1135)

11- الأصل أن يتم تسليم الأوراق المطلوب إعلانها إلي الشخص نفسـه أو في موطنه الأصلي، ويجوز تسليمها في الموطن المختار في الأحوال التـي بينهـا القانون وصدر توكيل من أحد الخصوم لمن وكله من المحامين بمقتضى توكيل عام أو خاص، يجعل موطن الوكيل معتبراً في إعلان الأوراق اللازمـة في درجـة التقاضي الموكل هو فيها.

(نقض- جلسة 197/3/25- المرجع السابق- السنة 22- 393)

مادة [702]

12- يجب أن يكون تقرير الطعن بالنقض موقعاً من محام موكل عن الطاعن، وهو إجراء جوهري يترتب علي إغفاله بطلان الطعن. وإذا كان تقرير الطعن موقعاً من محام لم تثبت وكالته عن الطاعن، فإن الطعن يكون باطلاً.

(نقض- جلسة 1977/4/21- المرجع السابق- ص530)

13- إذا كان يبين من أوراق الطعن أن الأستاذ ...... المحامي قرر بالطعن عن الطاعن الأول عن نفسه وبصفته وكيلاً عن الطاعنة الثانية، ولم يقدم التوكيل الصادر إلي موكله من الطاعنة الثانية. حتى حجزت الدعوى للحكم، وكان لا يغني عن تقديم هذا التوكيل مجرد ذكر رقمه في التوكيل الصادر من الطاعن الأول إلي محاميه، إذ أن تقديم التوكيل واجب حتى تتحقق المحكمة من وجوده وتستطيع معرفة حدود هذه الوكالة، وما إذا كانت تشمل الإذن للطاعن الأول في توكيل المحامين في الطعن بطريق النقض، فإن الطعن يكون غير مقبول بالنسبة للطاعنة الثانية للتقرير به من غير ذي صفة.

(نقض – جلسة 1972/4/8- المرجع السابق- السنة 23- ص676)

14- النص في المادة 2/702 من القانون المدني علي أن الوكالة الخاصة في نوع معين من أنواع الأعمال القانونية تصح ولو لم يعين محل هذا العمل علي وجه التخصيص إلا إذا كان العمل من التبرعات يدل علي أن الوكالة الخاصة في المعاوضات يصح أن تصدر دون تحديد لمحل التصرف، ولما كان التوكيل الصادر من المطعون عليها الأولي لمحاميها ينص علي أن له أن يشتري لذمتها العقار المطلوب بيعه، فإنه يخوله صفة في أن يشتري عنها الأطيان موضوع التنفيذ عملاً بالمادة 2/702 السالف ذكرها دون حاجة إلي أن يعين فيه علي وجه التحديد بيان هذه العقارات التي إنصب عليها التصرف. لما كان ذلك فإن النعي علي الحكم المطعون فيه بالخطأ في تطبيق القانون لرفض دفاع الطاعنة من أن التوكيل لم يكن يخول الوكيل شراء العقار بجلسة المزاد لأن عبارته غامضة ولا تتضمن تحديداً لموضوعه يكون علي غير أساس.

(نقض- جلسة 1974/10/22- المرجع السابق- السنة 25- ص153)

15- لئن كان طلب الوكيل إيقاع البيع علي موكله يستلزم وكالة خاصة يبيح له ذلك إعمالا لنص المادة 2/702 من القانون المدني، إلا أنه تجاوز الوكيل حدود وكالته العامة، وأبرم تصرفاً فإن هذا التصرف يكون موقوفا علي إجازة الموكل، فإن أقره إعتبر نافذاً في حقه من وقت إبرامه. وإذا كان المطعون ضدهم قد أجازوا تصرف المحامي الذي كان يباشر عنهم إجراءات التنفيذ العقاري، وطلب إيقاع البيع عليهم رغم أن وكالته كانت قاصرة علي مباشرة الأعمال القضائية، فإن إجازتهم اللاحقة لهذا التصرف تعتبر في حكم الوكالة

مادة [702]

السابقة، ويضحي التصرف صحيحاً ونافذاً في حقهم، وإذ إلتزم الحكم المطعون فيه هذا النظر، فإن النعي عليه بالخطأ في تطبيق القانون وتفسيره يكـون غـير صحيح.

(نقض- جلسة 1975/1/29- المرجع السابق- السنة 26- ص292)

16- وكالة المحامي تنقضي بأسباب إنقضاء الوكالة العادية، وأخصها إنتهاء العمل الموكل فيه، لأنه بعد إنتهاء العمل الموكل فيه، لأنه بعد إنتهاء العمل لا يصبح للوكالة محل تقوم عليه ولا يبقي إلا حق المحامي في الأتعاب التي لم يقبضها، ولا وجه للتحدي بهذا العرف- القول بقيام عرف بشأن وكالة المحامي يقضي بأنها لا تنتهي إلا بإلغاء المادة 3/702 من التقنين المدني. ذلك أ ن مجال تطبيق هذا العرف هو في تحديد التوابع الضرورية للأمر الموكل فيه ليستمر الوكيل في الوكالة الخاصة في مباشرتها بإعتبارها متفرغة عن العمل الأصلي ومتصلة به.

(نقض- جلسة 1975/4/3- المرجع السابق- ص744)

17- إن النص في المادة 702 من القانون المدني على أن "1- لابد من وكالة خاصة في كل عمل ليس من أعمال الإدارة، وبوجه خاص في البيع والرهن والتبرعات والصلح والإقرار والتحكيم وتوجيه اليمين والمرافعة أمام القضاء. 2- والوكالة الخاصة في نوع معين من أنواع الأعمال القانونية تصح ولو ولم يعين محل هذا العمل على وجه التخصيص، إلا إذا كان العمل من التبرعات. 3- والوكالة الخاصة لا تجعل للوكيل صفة إلا في مباشرة الأمور المحددة فيها، وما تقتضيه هذه الأمور من توابع ضرورية وفقا لطبيعة كل أمر وللعرف الجاري" - يدل على أن أعمال التصرف لا يصح أن تكون محلا إلا لوكالة خاصة، وأن التصرف محل هذه الوكالة الخاصة يجب أن يعين تعيينا نافيا لكل جهالة بتحديد نوع العمل القانوني الذي خول الوكيل سلطة مباشرته ولو لم يخصص بمال بذاته من أموال الموكل إلا إذا كان العمل من أعمال التبرع فيلزم في هذه الحالة أن تخصص الوكالة ليس في نوع التصرف وحده ولكن في محله أيضا، أي بتعيين المال الذي يرد عليه العمل القانوني، ومن ثم فإن الوكالة التي تخول الوكيل سلطة مباشرة جميع أعمال التصرف دون تخصيص تقع باطلة لا تنتج أثرا ولا ترتب التزاما في ذمة الموكل.

[الطعن رقم 2507 -لسنــة 71 ق-تاريخ الجلسة 28 / 05 / 2002]

18-النص فى المادة 1/702 من القانون المدنى على أنه " لابد من وكالة خاصة فى كل عمل ليس من أعمال الإدارة وبوجه خاص فى .... والمرافعة أمام القضاء " يدل على أن المشرع اعتبر المرافعة أمام القضاء عن الخصوم فى الدعاوى المرفوعة أياً كانت صفاتهم فيها ـ هو عمل ليس من أعمال الإدارة ولابد فيه من قيام وكالة خاصة .

[الطعن رقم 493 - لسنــة 67 ق -تاريخ الجلسة 13 / 01 / 2005]

مادة [703]

2- الوكالة

مادة [703]

(1) الوكيل ملزم بتنفيذ الوكالة دون أن يجاوز حدودها المرسومة.

(2) علي أن له أن يخرج عن هـذه الحدود التـي كـان مـن المستحيل عليه إخطار الموكل سالفاً وكانت لظروف يغلب معها الظـن أن الموكل ما كـان إلا ليوافق علي هذا التصرف. وعلي الوكيل في هذه الحالة أن يبادر بإبلاغ الموكـل خروجه عن حدود الوكالة.

النصوص العربية المقابلة:

هذه المادة تقابل في نصوص القانون المـدني بالأقطار العربيـة، المـواد التالية:

مادة 703 ليبي و669 سوري و933 عراقي و578 سوداني و779 لبنـاني و1121 تونسي.

الأعمال التحضيرية:

يراجع –لاحقاً- التعليق بالأعمال التحضيرية الـوارد علـي نص المـادة 706 من القانون المدني.

رأي الفقه:

1- يخلص من نص المادة 703 من القانون المـدني أن علـي الوكيـل أن يلتزم حدود الوكالة المرسومة، ومع ذلك يجوز لـه إستثناء وبشروط معينـة أن يجاوز هذه الحدود.

فيجب علي الوكيل أن يلتزم في تنفيذ الوكالة حـدودها المرسـومة، فـلا يخرج علي هذه الحدود، لا من ناحية مدي سعة الوكالة والتصرفات القانونيـة التي تتضمنها، ولا من ناحية طريقة التنفيذ التى رسمها له الموكل.

وقد يتطلب تنفيذ الوكالة القيام بأعمال مادية تابعة للتصرف القانوني محل الوكالة، كالقيام بإجراءات تسجيل البيع من تحرير العقد والتصديق علي الإمضاء وغير ذلك من إجراءات التسجيل.

وليس معني إلتزام الوكيل الحدود المرسومة للوكالة أنـه لا يسـتطيع التعاقد بشروط أفضل.

يحتفظ الوكيل بما يثبت تنفيذه للوكالة علـي الوجـه المطلـوب، حتـى يستطيع الرجوع علي الموكل بمـا عليه مـن إلتزامـات كدفع الأجـر إذا كانت الوكالة مأجورة وكرد المصروفات التي أنفقها، وحتى يستطيع أيضاً أن يؤدي حساباً للموكل عـن تنفيذ الوكالة فيحـتفظ بنسخه العقد الـذي أمضاه أو بالمستند الذي يثبت ذلك، كما يحتفظ بالمستندات التي تثبت المصروفات التي أنفقها في تنفيذ الوكالة.

مادة [703]

وإذا لم يقم الوكيل بتنفيذ الوكالة علي النحو سالف الذكر دون أن يتنحى عن الوكالة علي الوجه الذي رسمه القانون، جاز للموكل بعد إعذاره أن يرجع عليه بالتعويض، بل إن الإعذار لا يكون له مقتض إذ أصبح تنفيذ الوكالة مستحيلا.

وقد نصت الفقرة الثانية من المادة 703 مدني تجيز للوكيل إستثناء أن يخرج عن الحدود المرسومة للوكالة: "متي كان من المستحيل عليه إخطار الموكل سلفاً وكانت الظروف يغلب معها الظن بأن الموكل ما كان إلا ليوافق علي هذا التصرف، وعلي الوكيل في هذه الحالة أن يبادر بإبلاغ الموكل خروجه عن حدود الوكالة".

وإستيفاء الشرطين الذين نصت عليهما المادة 2/703 مدني يكون محلا لتقدير قاضي الموضوع.

وإذا توافر هذان الشرطان إعتبر الوكيل نائباً عن الموكل حتى فيما جاوز فيه حدود الوكالة، وإنصرف أثر العقد إلي الموكل فيما كان داخلاً في حدود الوكالة وفيما كان خارجاً عنها علي السواء.

ويلاحظ أن إنصراف أثر العقد الذي أبرمه الوكيل إلي الموكل حتى فيما جاوز فيه حدود الوكالة لا يأتي من أن الوكيل فضولي فيما جاوز فيه هذه الحدود، لأنه يرجع علي الموكل ويرجع عليه الموكل بموجب عقد الوكالة ذاته، لا بموجب قواعد الفضالة وهي عادة تكون أضيق من قواعد الوكالة. ولا يأتي إنصراف أثر العقد إلي الموكل من أن هناك وكالة ظاهرة، فقد يكون الغير الذي تعامل مع الوكيل عالماً بمجاوزة هذا لحدود الوكالة، ويرتضي مع ذلك التعامل معه، وشرط الوكالة الظاهرة أن يكون الغير معتقداً أنه يتعامل مع وكيل في حدود وكالته، وإنما يأتي إنصراف أثر العقد إلي الموكل من أن هناك نيابة قانونية أضفاها القانون علي الوكيل فيما جاوز فيه حدود الوكالة، وقد أقام القانون هذه النيابة علي أساس إرادة مفترضة- لا صريحة ولا ضمنية- من جانب الموكل، فقد دلت الظروف علي أن الموكل: "ما كان إلا ليوافق" علي تصرف الوكيل. فإفترض القانون – والظروف تبرر هذا الإفتراض- أن الموكل قد صدرت منه موافقة أي توكيل فيما جاوز فيه الوكيل الحدود الأصلية للوكالة.

وتقول العبارة الأخيرة من الفقرة الثانية من المادة 703 مدني: "وعلي الوكيل في هذه الحالة أن يبادر بإبلاغ الموكل خروجه عن حدود الوكالة ذلك أن المفروض هو أن الوكيل كان يستحيل عليه إبلاغ الموكل خروجه عن حدود الوكالة قبل أن يخرج عن هذه الحدود، فيجب عليه إذن، بعد أن خرج، أن يخطر الموكل بذلك بمجرد تمكنه من هذا الإخطار. وليس الغرض من الإخطار أن

مادة [703]

يحصل الوكيل علي موافقة الموكل، فهذه الموافقة قد إفترضها القانون. وإنما الغرض منه أن يجنب الوكيل الموكل مباشرة تصرف يتعارض مع التصرف الذي باشره الوكيل، كأن يبيع الموكل ما سبق أن باعة الوكيل مجاوزاً حدود الوكالة لذلك لا يكون الإخطار شرطاً في إنصراف أثر تصرف الوكيل إلي الموكل، فهذا التصرف قد إنصرف أثره إلي الموكل بمجرد أن باشره الوكيل لكي يأخر الوكيل في إخطار الموكل، يجعله مسئولاً عن تعويض هذا الأخير فيما لو باشر تصرفاً يتعارض مع تصرف الوكيل.

(الوسيط- 7-1- للدكتور السنهوري- المرجع السابق- ص450 وما بعدها)

2- لعل أهم ما يلفت النظر هو الحكم الوارد بالفقرة الثانية من المادة 703 مدني- ولا نظير له في التقنين القديم- وقد مثل المذكرة الإيضاحية لمشروع تنقيح القانون لهذا الغرض بقولها: "كما إذا كان قد وكل في بيع قدر معين من الأرض فتهيأت له صفقة رابحة وباع قدراً أكبر. أو وكل في الإقراض بتأمين هو كفالة شخصية فأقرض بتأمين هو رهن رسمي". وظاهر من المثال الأول خطورة السلطة التي يمنحها هذا النص للوكيل عن خلاف مقتضى القواعد المألوفة في الوكالة والتي صرح بها المشرع في الفقرة الأولي من هذه المادة. وما نظن إلا أن هذا النص قد نقل محرفا عن النصوص المقابلة له في التقنيات الأجنبية التي تجيز الوكيل في مثل الظروف الواردة بها أن يخالف التعليمات لا أن يخرج عن حدود التوكيل وفرق بين مخالفة التعليمات والخروج عن الحدود، إذ يفقد الوكيل صفته في الوضع الأخير فلا يلتزم الموكل بشيء.

(التقنين المدني- للدكتور محمد علي عرفه- المرجع السابق- ص508)

من أحكام القضاء الحديثة:

1- متي كان الحكم إذ قرر بأن الوكيل قد تجاوز حدود التوكيل قد أقام ذلك علي إستخلاص موضوعي سائغ، فلا رقابة لمحكمة النقض عليه(1).

2- الوكيل ملزم بتنفيذ الوكالة دون أن يجاوز حدودها المرسومة، ويجب لإقرارها ما يباشره خارجاً عن هذه الحدود أن يكون المقر عالماً بأن التصرف الذي يقره خارج عن حدود الوكالة وأنه قد أقر قاصداً إضافة أثره إلي نفسه.

(نقض- جلسة 1956/4/5- مجموعة المكتب الفني- السنة 7- مدني ص489)

3- خروج الوكيل عن حدود وكالته في تعاقد سابق لا يلزم منه إعتبار تصرف آخر لاحق حأصل من الوكيل للطاعنين نافذا في حق الموكل مادام أن هذا التصرف كان صادراً من وكيل خارج حدود الوكالة إذ هو لا ينفذ إلا بإجازة ذات التصرف.

(نقض- جلسة 1950/4/6- مجموعة القواعد القانونية- 24- ص123)

مادة [703]

إن السبب الصحيح هو السند الذي يصدر من شخص لا يكون مالكا للشيء أو صاحبا للحق الذي يراد كسبه بالتقادم. فإذا كان الثابت أن عقد البيع الصادر للطاعنين إنما صدر لهما من وكيل عن المالك للأطيان المبيعة فإنه لا يتأتى في هذا المقام الإستناد إلي وجود سبب صحيح وإنما يتعين في هذا المجال إعمال ما تقضي به الأحكام الحاجة بالنيابة في التعاقد وبأثار الوكالة فيما تقرره هذه الأحكام من أن علي الوكيل أن يقوم بتنفيذ الوكالة دون أن يجاوز حدودها المرسومة ومن أنه إذا خرج عن حدودها وأبرم عقدا بإسم الأصيل، فإن ما ينشأ عن هذا العقد من حقوق وإلتزامات لا يضاف إلي الأصيل إلا إذا أجاز التصرف.

(نقض- جلسة 1960/5/12- مجموعة المكتب الفني- السنة 1- ص291)

4- الوكالة الخاصة هي نوع معين من الأعمال القانونية لا تجعل الوكيل صفة إلا في مباشرة الأمور المحددة فيها وما تقتضيه هذه الأمور من توابع ضرورية وفقاً لطبيعة ذلك علي ما تقضي به المادة 3/703 من القانون المدني.

(نقض- جلسة 1969/1/2- المرجع السابق- لسنة 20- ص32)

5- إذا إستند الحكم في إثبات الوكالة إلي إقرار الموكل في دعوى جنائية ودفاعه في دعوى أخرى، فلا مخالفة في ذلك القانون. لأن تنفيذ الوكالة أو الإقرار بها صراحة أو ضمناً من الأدلة التي يجيزها القانون لإثبات الوكالة أو لإعفاء الخصم من تقديم الدليل عليها.

(نقض- جلسة 1970/12/31- المرجع السابق- السنة 21- ص1340)

6- تصرف الوكيل الذي يجاوز حدود وكالته الخاصة لا يسأل عنه الموكل إلا إذا أجازه بعد حصوله قاصداً إضافة أثره إلي نفسه.

فإذا كانت الطاعنة قد دفعت بأنها لم تضع يدها علي أطيان التركة بنفسها ولم تكلف وكيلها بإدارتها، فإنه كان يتعين علي محكمة الإستئناف أن تحقق هذا الدفاع الذي قد يتغير به إن صح وجه الرأي في الدعوى. لا أن تكتفي بالرد عليه بما أثبته الحكم النهائي السابق من أن الوكيل الذي يتولى إدارة أموالها الخاصة كان وكيلاً عن مورث الطرفين، وإستمر في إدارة أطيان التركة دون أن تربطه بالورثة علاقة تعاقدية أو قانونية. إذ هو لا يعتبر وكيلاً عن الطاعنة في قيامه بالإدارة خارجا عن حدود وكالته، وإذ كان الحكم المطعون فيه قد إعتمد علي هذه الواقعة بصفة أساسية في إعتبار الطاعنة وكيلة عن المطعون عليهم في إدارة الأطيان المخففة عن مورث الطرفين، كما أنه لم يأخذ بأقوال شاهد المطعون عليهن، إلا علي أساس أنها متفقة هذه الوقائع، وهي لا تؤدي إلي النتيجة التي إنتهي إليها، فإنه يكون مشوباً بالقصور.

مادة [703]

(نقض- جلسة 1912/4/6- المرجع السابق- السنة 23 ص648)

7- يشترط لإعتبار الوكيل الظاهر نائباً عن الموكل أن يكون المظهر الخارجي الذي أحدثه هذا الأخير خاطئاً، وأن يكون الغير الذي تعامل مع الوكيل الظاهر قد إنخدع بمظهر الوكالة الخارجي دون أن يرتكب خطأ أو تقصيرا في إستطلاع الحقيقة. ولما كان تعبير المدير- وفقاً لنظام الشركة المشهر والذي صار حجة علي الكافة- لا يترتب عليه خلق مظهر خارجي خاطئ من شأنه أن يخضع المتعامل معه، وكان المدين الذي إتفق معه علي إبرائه من جزء من الدين المستحق في ذمته، لا يعتبر حسن النية لأنه كان يعلم أن هذا التصرف التبرعي لا يمكنه بحبس الإدارة بغير ترخيص من الجمعية العمومية للمساهمين، ولا يملك توكيل غيره في إجرائه. ومن ثم فإن موافقة المدير علي هذا الإبراء لا تكون حجة عن الشركة الطاعنة لإنعدام نيابته عنها في الحقيقة.

(نقض- جلسة 1971/2/21- المرجع السابق- السنة 22- ص100)

8- يشترط لإعتبار الوكيل الظاهر نائباً عن الموكل قيام مظهر خارجي خاطئ منسوب للموكل من شأنه أن يخدع الغير الذي تعامل مع الوكيل الظاهر وإذا كان الثابت في الدعوى- علي ما سجله الحكم المطعون فيه- أن الشركة المطعون ضدها لم تعين السيد/ ...... بمقتضى العقد المبرم بينهما مديراً لها بل عينته ليتولى الإشراف علي الأعمال الإدارية إلي جانب مديرها الذي له حق التوقيع الملزم لها، وكان الطاعن (العامل) لم يدفع في دفاعه أمام محكمة الموضوع وجود مظهر خارجي يجعله معذورا في أن يعتقد أن السيد/ ... سلطة تعيين العاملين بالشركة، وكان وضع الأخير في الشركة علي ذلك النحو لا يشكو أي خطأ من جانبها، مما يتأتى به عن توافر ذلك المظهر، وكان مؤدي ذلك هو إنتفاء صفة الوكيل الظاهر أو المدير الظاهر عنه، فإن الدفاع الذي يتمسك به الطاعن يكون دفاعاً لا سند له من القانون وغير مؤثر في النتيجة التي إنتهي إليها الحكم المطعون فيه، وبالتالي يكون النعي علي الحكم بالقصور لإغفاله ذلك الدفاع غير منتج.

(نقض- جلسة 1975/11/22- السنة 26- المرجع السابق- ص1462)

9-لما كانت الالتزامات التى يرتبها عقد الوكالة على عاتق الوكيل هى تنفيذ الوكالة فى حدودها المرسومة (المادة 703 من القانون المدنى) وبذل العناية الواجبة فى تنفيذ الوكالة (المادة 704 من القانون المدنى) وتقديم حساب عنها الى الموكل (المادة 705 من القانون المدنى) ورد ما للموكل فى يده والالتزام الاخير هو الذى تقوم به خيانة الامانة ذلك ان الوكيل يرتكب هذه الجريمة اذا اعتدى على ملكية الاشياء التى سلمت له بصفته وكيلا لكى يستعملها فى مصلحة

مادة [703]

موكله ولحسابه او لكى يسلمها للموكل فيما بعد و يعنى ذلك ان فعله يجب ان يتخذ صورة الاستيلاء على الشئ الذى اؤتمن عليه لحساب موكله اما اذا اخل بالتزام اخر تولد عن الوكالة ولو يكن متضمنا هذا الاستيلاء فهو لا يرتكب خيانة الامانة كما لو تقاعس عن القيام بالعمل الذى كلف به ولو كان دافعه الى ذلك الاضرار بموكله او لم يبذل فيه القدر من العناية الذى تطلبه القانون او لم يقدم الحساب الى موكله او جاوز نطاق وكالته لما كان ذلك وكانت الواقعة على الصورة التى اعتنقها الحكم المطعون فيه لم تتضمن ان الطاعن تسلم أموالا ما بمقتضى عقود الوكالة التى ابرمها مع المدعيين بالحقوق المدنية ثم عبث بملكيتها وان ما وقع منه هو تجاوز لحدود وكالته مما ينهار به الركن المادى لجريمة التبديد وتظل حقيقة العلاقة بين الطاعن والمطعون ضدهم علاقة مدنية بحتة فان الحكم المطعون فيه اذ دان الطاعن بجريمة خيانة الامانة يكون قد أخطأ فى تطبيق القانون بما يوجب نقضه والحكم ببراءة الطاعن مما أسند اليه .

[الطعن رقم 32750 - لسنة 73 ق - تاريخ الجلسة 30 / 09 / 2004]

مادة [704]

مادة [704]

(1) إذا كانت الوكالة بلا أجر وجب علي الوكيل أن يبذل في تنفيذها العناية التي يبذلها في أعماله الخاصة، دون أن يكلف في ذلك أزيد من عناية الرجل المعتاد.

(2) فإن كانت بأجر وجب علي الوكيل أن يبذل دائماً في تنفيذها عناية الرجل المعتاد.

النصوص العربية المقابلة:

هذه المادة تقابل في نصوص القانون المدني بالأقطار العربية، المواد التالية:مادة 704 ليبي و670 سوري و934 عراقي و579 سوداني و1131 و1132 تونسي.

الأعمال التحضيرية:

ينظر – لاحقاً- التعليق بالأعمال التحضيرية الوارد علي نص المادة 706 من القانون المدني.

رأي الفقه:

1- يخلص من نص المادة 704 من القانون المدني أن إلتزام الوكيل بتنفيذ الوكالة هو إلتزام ببذل عناية لا إلتزام بتحقيق غاية. وقد يكون التصرف القانوني محل الوكالة يتضمن إلتزاماً بتحقيق غاية كالبيع والرهن، أو يتضمن إلتزاماً ببذل عناية كالإيجار والعارية والوديعة، ولكن التوكيل في أي تصرف قانوني ولو كان يتضمن إلتزاماً بتحقيق غاية ينشئ في جانب الوكيل إلتزاماً بالقيام بهذا التصرف بقدر معين من اليقظة، ويكون دائماً إلتزاماً ببذل عناية.

وقد اعتنق التقنين المصري الجديد النظرية الحديثة في المسئولية عن الخطأ العقدي، وإلتزامها في تطبيقاتها المتكررة في العقود المختلفة. فالوكيل مأجورا كان أو غير مأجورا، يكون دائماً مسئولاً في تنفيذ الوكالة عن غشه وعن خطئه الجسيم، حتى لو إتفق مع الموكل علي إعفائه من هذه المسئولية.

فيكون الوكيل مسئولاً عن تعمده عدم تنفيذ الوكالة دون أن يتنحى عنها في الوقت المناسب. ويكون مسئولاً إذا وكل في بيع شيء دون تحديد قيمته، عن تواطؤه مع المشتري علي تخفيض الثمن. وإذا كان في يده مال للموكل، لم يجز له أن يستعمله في مصلحة نفسه، فإذا فعل ذلك بنية تملكه كان مبددا. وتحققت مسئوليته الجنائية ومسئوليته المدنية، وفي جميع الأحوال تجب عليه فوائد المبالغ التي إستخدمها لصالحه من وقت إستخدامها. وإذا كان موكلاً في إدارة أرض زراعية مثلا وأجر الأرض بأجرة بخسة متواطئا في ذلك مع المستأجر كان مسئولاً عن غشه. وإذا أهمل في تقاضي الأجر حتى تمكن المستأجر من نقل

مادة [704]

محصولاته، أو أهمل في دفع الضريبة (الأموال) فحجز علي الأرض لإستيفائها، فيغلب أن يكون إهماله هذا خطأ جسيما ويكون مسئولاً عنه. وإذا وكل محام في الطعن في الحكم ولم يرفع الطعن في الميعاد القانوني عن تقصير، كان هذا خطأ جسيماً يستوجب مسئوليته، وإذا اتصل بخصم موكله وأمده بمعلومات تضر بمصلحة موكله أو أفشي أسرار المهنة كان هذا غشا يشدد من مسئوليته. وإذا خالف الوكيل شروط الموكل في كيفية إستغلال المال وإستغله في غير مصلحة الموكل كان هذا خطأ جسيماً ووجب رد المال من فوائده القانونية.

أما إذا كان الخطأ عادياً أي خطأ يسيراً، فإنه يجب التمييز بين ما إذا كانت الوكالة مأجورة كما هو صريح نص المادة 704 مدني.

فإذا كانت الوكالة مأجورة وجب علي الوكيل أن يبذل في تنفيذها عناية الشخص المعتاد، أي أن المعيار هنا يكون معياراً موضوعياً لا شخصياً. فإذا لم يبذل هذه العناية، حتى لو أثبت أن العناية الأقل التي بذلها فعلاً هي العناية التي يبذلها هو في شئون نفسه، كان مع ذلك مسئولاً، لأنه ملزم ببذل عناية الشخص المعتاد ولو كانت هذه العناية تزيد علي عنايته بشئونه الشخصية. أما إذا بذل عناية الشخص المعتاد، فإنه يكون قد نفذ إلتزامه، ولا يكون بعد ذلك مسئولاً عن ضرر يصيب الموكل حتى لو ثبت أنه كان يستطيع توقي هذا الضرر لو بذل عنايته في شئون نفسه، لأنه غير مسئول إلا عن عناية الشخص المعتاد ولو نزلت هذه العناية بمعيارها الموضوعي عن عنايته بشئون نفسه بمعيارها الشخصي.

أمام إذا كانت الوكالة غير مأجورة، فإن الوكيل لا يكون مسئولاً إلا عن بذل عنايته بشئون نفسه بالمعيار الشخصي إذا كانت هذه العناية هي دون عناية الشخص المعتاد بالمعيار الموضوعي. فإذا كانت عنايته الشخصية هي أعلي من عناية الشخص المعتاد بالمعيار الموضوعي دون عنايته الشخصية بالمعيار الشخصي. والسبب في ذلك واضح، فإنه وكيل غير مأجور وهو متفضل بتبرعه، فلا يجوز أن يكون مسئولاً عن أكثر من عناية الشخص المعتاد، كما لا يجوز أن يكون مسئولاً عن أكثر من عنايته الشخصية، فلا يكون مسئولاً إذن إلا عن أدني العنايتين. وشأنه في ذلك شأن المودع عنده غير المأجور. وهذا بعكس المستعير الذي لا يولي تبرعا بل يتلقاه، فيكون مسئولاً عن أعلي العنايتين عناية الشخص المعتاد وعنايته الشخصية.

وككل مدين لا يكون الوكيل مسئولاً عن السبب الأجنبي. فإذا كان الضرر الذي أصاب الموكل من جراء تنفيذ الوكالة راجعا إلي قوة قاهرة أو

مادة [704]

حادث فجائي أو فعل الغير أو خطأ الموكل نفسه، فإنه يكون ضررا ناجماً عن سبب أجنبي، ومن ثم لا يكون الوكيل مسئولاً عنه.

وكذلك لا يكون الموكل مسئولاً عما ينجم من الضرر في تنفيذ الوكالة بفعل الغير.

وأخيرا لا يكون الوكيل مسئولاً عن الضرر الذي ينجم عن خطأ الموكل نفسه. فإذا كان الوكيل في حاجة إلي بيانات من الموكل لتنفيذ وكالته فتلقي منه بيانات خاطئة أو كان في حاجة إلي نقود يقدمها له الموكل فأخر هذا في تقديمها، لم يكن الوكيل مسئولاً عن الضرر الذي ينجم عن ذلك.

ولما كان إلتزام الوكيل هو إلتزام بذل عناية، والموكل في صدد مطالبته بتعويض لإجلاله بتنفيذ إلتزامه، فإن الموكل هو الذي يقع عليه عبء إثبات عقد الوكالة، وأن الوكيل لم يقم بتنفيذ إلتزامه أو قام به علي وجه معيب، وأنه قد نجم عن ذلك ضرر أصاب الموكل فإذا أثبت الموكل ذلك، كان هذا إثباتا لخطأ الوكيل العقدي، والوكيل عند ذلك أن ينفي عن نفسه المسئولية بأن يثبت أن عدم تنفيذه لإلتزامه إنما يرجع إلي سبب أجنبي، فتنعدم علاقة السببية ولا تتحقق مسئولية الوكيل العقدية. بل إن الوكيل أن ينتقل من نطاق المسئولية العقدية إلي نطاق التنفيذ العيني فيثبت أنه قد نفذ إلتزامه تنفيذاً عينياً فبذل في تنفيذ الوكالة كل العناية الواجبة.

والتعويض الذي يرجع به الموكل علي الوكيل من جراء خطئه في تنفيذ الوكالة يكون بمقدار الضرر الذي أصاب الموكل بسبب هذا الخطأ، فإذا لم يكن هناك ضرر فلا تعويض.

ومن صور التعويض أن يضيف الموكل الصفقة الخاسرة لحساب الوكيل فيترك له السلعة التي اشتراها بثمن أعلي أو من صنف أقل جودة، أو التي تأخر في شرائها فقلت فائدتها للموكل. وإذا إشتري الوكيل السلعة بثمن أعلي من الثمن الذي عينه الموكل، ولم يرد أن يستبقيها لحسابه، جاز له أن يلزم بها الموكل، ولكن بالثمن الأدنى الذي عينه هذا الأخير.

ويمكن الإتفاق علي تعديل القواعد السابقة، فتشتد مسئولية الوكيل أو تخف أو يعفي منها.

(الوسيط-7-1- للدكتور السنهوري- المرجع السابق- ص459 وما بعدها)

2- تحدد المادة 704 من القانون المدني العناية المطلوبة من الوكيل في تنفيذ موضوع الوكالة. وقد كانت المادة 521/ 668 من التقنين القديم تقرر مسئولية الوكيل عن تقصيره الجسيم دائماً، ولو كان متبرعاً بالوكالة وثبت أنه اعتاد مثل هذا التقصير في شئونه الخاصة، فعدل المشرع عن هذا المعيار

مادة [704]

المادي إلي معيار شخصي، بأن قرر في المادة 704 مدني أن الوكيل المتبرع لا يطالب بأزيد من العناية التي يبذلها في أعماله الخاصة. وعلي هذا الأساس يصح أن يعفي الوكيل المفرط في شئونه من الخطأ الجسيم الذي إعتاده في حق نفسه. ولا يؤمن الموكل إلا نفسه علي سوء إختياره.

(التقنين المدني- للدكتور محمد علي عرفه- المرجع السابق- ص508 و509)

من أحكام القضاء الحديثة:

1- إذا كان الحكم المطعون فيه قد أثبت أن الطاعنة- وزارة الأوقاف الناظرة عن الوقف- تسلمت الأحكام الصادرة عن بعض إيجار المدة السابقة علي نظرها، وأضافت الأجرة المذكورة بدفاترها لتحصيلها بعد أن حلت محل الحارس السابق، فإنه يتعين عليها بإعتبارها وكيلة عن المستحقين أن تقوم بتحصيل قيمتها. وإذ إلتزم الحكم المطعون فيه هذا النظر وإعتبر الطاعنة مسئولية عن إهمالها في تحصيل الأجرة بإعتبارها وكيلة بأجر. فتسأل عن خطئها اليسير في عدم تحصيله بإلزامها به من مالها الخاص طبقاً لنص المادة 521 مدني قديم المقابلة للمادة 704 مدني جديد، فإنه لا يكون قد خالف القانون.

متي كانت الوزارة الطاعنة بإعتبارها وكيلة بأجر عن المستحقين، مسئولية عن تقصيرها اليسير، فإن مسئوليتها لا تسقط إلا بمضي خمس عشرة سنة من تاريخ إنتهاء الوكالة.

(جلسة 1971/6/17- مجموعة المكتب الفني- السنة 22- مدني0 ص779)

2- تخضع العلاقة بين نظر الوقف والمستحقين فيه- وعلي ما جري به قضاء النقض- لأحكام الوكالة ولحكم المادة 50 من قانون الوقف رقم 48 لسنة 1946 التي تردد حكم المادة 521 من القانون المدني السابق وتعمل حكم المادة 704 من القانون المدني الحالي، وهما اللتان تحددان مسئولية الوكيل بصفة عامة. ومفاد ذلك أن ناظر الوقف إذا قصر نحو أعيان الوقف أو غلائه كان ضامناً دائماً لما ينشأ عن تقصيره الجسيم. أما ما ينشأ عن تقصيره اليسير فلا يضمنه إلا إذا كان له أجر علي النظر.

لئن اختلف فقهاء الشريعة الإسلامية فيما إذا كان متولي الوقف (الناظر) يضمن الغبن الفاحش إذا أجر عقار الوقف بأقل من أجر المثل، أو لا يضمنه، إلا أن الرأي الراجح الذي أخذت به محكمة النقض هو أن متولي الوقف (الناظر) يضمن الغبن الفاحش لو كان متعمدا أو عالماً به، وذلك إذا كان الناظر بغير أجر، إذ يعتبر تأجيره أعيان الوقف بالغبن الفاحش وهو متعد أو عالم به تقصيراً جسيماً يسأل عنه دائماً. كما أن المادة 704 من القانون المدني تقضي بأن الوكيل

مادة [704]

بلا أجر يقتصر واجبه علي العناية التي يبذلها في أعماله الخاصة في حين أن الوكيل بأجر يجب أن يبذل دائماً في تنفيذ الوكالة عناية الرجل المعتاد.

إذا كان الحكم الإبتدائي الذي أيده الحكم المطعون فيه وأخذ بأسبابه قد إنتهي إلي أن الأجرة المحددة بعقود الإيجار تقل كثيرا عن أجرة المثل لأطيان التوقف، وهو ما ينطوي علي تفريط من الناظر يجعله مسئولاً عن تعويض المستحقين، وأنه لم يبذل عناية الرجل المعتاد إذ لم يؤجر هذه الأطيان مجزأة للوصول إلي الأجرة المذكورة، وذلك دون أن يستظهر الحكم ما إذا كان نظر الوقف يعمل بأجر أو بدون أجر، وما إذا كان التفريط الذي نسبه إليه يصل إلي حد تعمده الغبن الفاحش أو عليه به علي النحو الذي يجعله ضامنا دائماً أم أن تفريطه ذاك هو من قبيل التقصير الذي لا يسأل عنه إلا إذا كان يعمل في الوقت بأجر. إذا كان ذلك فإن الحكم يكون قد شابه قصور يعجز محكمة النقض عن ممارسة وظيفتها في مراقبة صحة تطبيق القانون.

(نقض- جلسة 1973/10/23- المرجع السابق- السنة 24- 1029)

3- لما كانت الالتزامات التى يرتبها عقد الوكالة على عاتق الوكيل هى تنفيذ الوكالة فى حدودها المرسومة (المادة 703 من القانون المدنى) وبذل العناية الواجبة فى تنفيذ الوكالة (المادة 704 من القانون المدنى) وتقديم حساب عنها الى الموكل (المادة 705 من القانون المدنى) ورد ما للموكل فى يده والالتزام الاخير هو الذى تقوم به خيانة الامانة ذلك ان الوكيل يرتكب هذه الجريمة اذا اعتدى على ملكية الاشياء التى سلمت له بصفته وكيلا لكى يستعملها فى مصلحة موكله ولحسابه او لكى يسلمها للموكل فيما بعد و يعنى ذلك ان فعله يجب ان يتخذ صورة الاستيلاء على الشئ الذى اؤتمن عليه لحساب موكله اما اذا اخل بالتزام اخر تولد عن الوكالة ولو يكن متضمنا هذا الاستيلاء فهو لا يرتكب خيانة الامانة كما لو تقاعس عن القيام بالعمل الذى كلف به ولو كان دافعه الى ذلك الاضرار بموكله او لم يبذل فيه القدر من العناية الذى تطلبه القانون او لم يقدم الحساب الى موكله او جاوز نطاق وكالته لما كان ذلك وكانت الواقعة على الصورة التى اعتنقها الحكم المطعون فيه لم تتضمن ان الطاعن تسلم أموالا ما بمقتضى عقود الوكالة التى ابرمها مع المدعين بالحقوق المدنية ثم عبث بملكيتها وان ما وقع منه هو تجاوز لحدود وكالته مما ينهار به الركن المادى لجريمة التبديد وتظل حقيقة العلاقة بين الطاعن والمطعون ضدهم علاقة مدنية بحتة فان الحكم المطعون فيه اذ دان الطاعن بجريمة خيانة الامانة يكون قد أخطأ فى تطبيق القانون بما يوجب نقضه والحكم ببراءة الطاعن مما أسند اليه .

[الطعن رقم 32750 - لسنة 73 ق - تاريخ الجلسة 30 / 09 / 2004]

مادة [705]

مادة [705]

علي الوكيل أن يوافي الموكل بالمعلومات الضرورية عما وصل إليه في تنفيذ الوكالة. وأن يقدم له حساباً عنها.

النصوص العربية المقابلة:

هذه المادة تقابل في نصوص القانون المدني بالأقطار العربية، المواد التالية:

مادة 705 ليبي و671 سوري و936 عراقي و788 و1/789 لبناني و580 سوداني و1135 و1136 تونسي.

الأعمال التحضيرية:

يراجع -لاحقاً- التعليق بالأعمال التحضيرية الواردة علي نص المادة 706 من القانون المدني.

رأي الفقه:

1- يخلص من نص المادة 705 مدني أن الوكيل يلتزم بموافاة الموكل في أثناء تنفيذ الوكالة بالمعلومات الضرورية التي يقف منها علي سير التنفيذ، وأن يقدم للموكل بعد إنتهاء تنفيذ الوكالة حساباً عن ذلك.

فلما كان تنفيذ الوكالة قد يستغرق وقتا غير قصير، لذلك يجب علي الوكيل ألا يقطع صلته بالموكل في أثناء تنفيذ الوكالة، وأن يطلعه من تلقاء نفسه أو إذا طلب منه الموكل ذلك علي الخطوات الهامة التي يتخذها لتنفيذ الوكالة.

فإذا ما أتم الوكيل تنفيذ الوكالة وجب عليه أن يقدم حساباً عنها للموكل. ويجب أن يقدم حساباً مفصلاً شاملاً لجميع أعمال الوكالة ومدعما بالمستندات، حتى يتمكن الموكل من أن يستوثق من سلامة تصرفات الوكيل. وإذا تعدد الوكلاء قدموا حساباً واحد، إلا إذا كانت أعمال الوكالة بجرأة عليهم فكل وكيل يقدم حساباً مستقلاً عن أعمال وكالته. وإذا وجب علي الوكلاء أن يقدموا حساباً واحداً كانوا متضامنين في إلتزامهم بتقديمه. ولم يحدد القانون ميعاداً لتقديم الحساب، فيجب تقديمه في أقرب وقت ممكن عقب إنتهاء الوكالة. والحساب الذي يقدمه الوكيل يدرج فيه ما للموكل وما عليه.

ويعفي الوكيل من تقديم الحساب إذا كانت طبيعة المعاملة أو الظروف أو الإتفاق يقضي بغير ذلك.

فتقضي طبيعة المعاملة بعدم تقديم حساب إذا كان التصرف محل الوكالة لا يحتمل تقديم حساب عنه، فالوكالة في الإقرار بدين أو في الزواج أو في الطلاق الإقرار بالبنوة، كل هذه وكالات لا تحتمل تقديم حساب عنها.

مادة [705]

وقد تقضي بالظروف بالإعفاء من تقديم حساب عن الوكالة، ويرجع ذلك غالبا إلي الصلة ما بين الموكل والوكيل كالقرابة، والزوجية، والعمل، فالثقة أو المتابعة تعفي من تقديم الحساب.

وقد يتفق الموكل مع الوكيل علي عدم تقديم حساب، فيكون الإتفاق صحيحاً. وقد يكون هذا الإتفاق ضمنياً، كما لو أعطي الموكل الوكيل مخالصة أبرأ فيها ذمة الوكيل دون أن يطلب منه تقديم حساب. ويمكن حمل الإتفاق علي أنه هبة مستترة أو علي أنه وفاء لدين في ذمة الموكل للوكيل، أو علي أنه وثوق من الموكل في أمانة الوكيل.

وقد لا يعفي الوكيل من تقديم الحساب ولكن تقوم ظروف تجعل تقديم الحساب مستحيلا (لوجود مستندات الحساب تحت يد طالبه، أو لوفاة الوكيل مجهلا الحساب).

بعد أن يقدم الحساب للموكل علي الوجه المتقدم، فقد وجب علي الوكيل أن يرد كل ما كسبه لحساب الموكل، سواء عمل الوكيل بإسم الموكل أو عمل بإسمه الشخصي .كإسم مستعار).

ويرد الوكيل كل ما تسلمه لحسابه حتى لو لم يكن مستحقا للموكل، فليس للوكيل أن يبحث فيما نسله لحساب الموكل هل هو من حقه أو ليس من حقه، هذا، إلي أن الموكل لا الوكيل هو الذي يطالب برد غير المستحق. وهذا الحكم منصوص عليه في المادة 1993 من التقنين الفرنسي، وهو متفق مع القواعد العامة فيسري في مصر دون نص، ومن ثم يرد الوكيل للموكل ما إقتضاه من الغير فوق ما يكون الغير ملزماً به مادام قد إقتضاه لحساب الموكل، وإذا تملكه لنفسه إعتبر مبدداً. وإنما يلزم الوكيل بأن يرد للغير ما إقتضاه دون حق بسبب غلط مادي أو خطأ في الحساب أو لسبب غير مشروع.

والموكل هو الذي يحمل عبء إثبات أن الوكيل قد تسلم شيئاً لحسابه، ولكن إذا كان الوكيل مفوضا في قبض شئ في ذمة الغير للموكل كان مسئولاً عنه حتى لو لم يقبضه. إلا إذا أثبت الوكيل أنه لم يتمكن من القبض بسبب قوة قاهرة.

وإذا لم يرد الوكيل ما بيده من مال للموكل وتصرف فيه أو استعمله لصالحه، إرتكب جريمة التبديد فوق مسئوليته المدنية.

(الوسيط- جزء 7-1 للدكتور السنهوري- المرجع السابق- ص493 وما بعدها)

من أحكام القضاء الحديثة:

1- لكي يؤخذ من وقع كشف الحساب بإفرازه، يجب أن يثبت أنه عالماً بتفصيلات الحساب، فإذا كان التوقيع علي ورقة مجملة ذكر بها أن رصيد

مادة [705]

الحساب السابق مبلغ معين فليس في هذا ما يدل علي أن الموقع كان ملما بالحسابات السابقة علي إثبات الرصيد.

(نقض- جلسة 1957/3/21- مجموعة المكتب الفني- لسنة 8- مدني- ص142)

2- إن ما يبرمه الوكيل في حدود الوكالة يضاف إلي الأصيل وأن الوكيل ملزم بأن يقدم لموكله حساباً شاملاً وأن يوفي إليه صافي ما في ذمته. فإذا كان للثابت أن المورث إذا أبرم عقد البيع الإبتدائي بالنسبة لحصة موكلته المطعون عليها الأولي إلتزم في هذا العقد بسداد الدين المضمون بحق الامتياز علي تلك الحصة وكان إلتزامه هذا مندرجاً ضمن حدود وكالته- فإن قيامه بسداد هذا الدين يضاف إلي موكلته وتنصرف إليها الآثار، ومن ثم لا يكون لا حالة قبضه الثمن وسداده الدين الممتاز مديناً لموكلته بما قبض دائماً لها بما دفع، وإنما يقتصر إلتزامه علي أن يقدم لها حساب وكالته وأن يؤدي إليها ما تسفر عنه أعماله. وإذا كان دفاع الطاعنين قد قام أمام محكمة الإستئناف علي هذا الأساس متمسكين بطلب إستنزال ما سدده مورثهم عن المطعون إليها إلي الدائن من أصل الأطيان التي باعها بوكالته عنها والتي كانت محملة بهذا الدين، وكان الحكم المطعون فيه قد رفض هذا الدفاع قولاً منه أنه يقوم علي الدفع بالمقاطعة القانونية بين الدين المدعي الوفاء به والدين الذي تطالب به المطعون عليها، فإنه يكون مخالفاً للقانون.

(نقض- جلسة 1967/2/16- المرجع السابق- السنة 12- ص154)

3- إذا كان الثابت أن الطاعن الأول قد وقع علي محضر الشرطة- المتضمن عقد بيع- دون يذكر شيئا عن نيابته عن أولاده في هذا التصرف، فإن إستخلاص الحكم لنيابة الطاعن الأول عن أولاده من توقيعه علي المحضر سالف الذكر يكون معيبا لا تؤدي إليه عبارات ذلك المحضر. ولا يغير وجه الرأي كون الطاعن الأول وكيلاً عن أولاده، لأن ذلك لا يجعل توقيعه علي المحضر منصرفا إليهم مادام أنه لم يعلن وقت التوقيع أنه يوقع نيابة عنهم.

(نقض- جلسة 1969/12/18- المرجع السابق- السنة 20- ص128)

4- لا يسري التقادم الخمس المنصوص عليه في المادة 375 من القانون المدني إلا بالنسبة للحقوق الدورية المتجددة، ومن ثم لا يسري هذا التقادم علي المبالغ التي يقبضها للوكيل لحساب موكله، ويمتنع عن أدائها له، ولو كانت هذه المبالغ عبارة عن ريع عقار للموكل وكل الوكيل في تحصيله وإنما يتقادم حق الموكل في مطالبة الوكيل بهذه المبالغ بخمس عشرة سنة ولا يسري التقادم بالنسبة لهذا الحق مادامت الوكالة قائمة ولم يصف الحساب بينهما.

مادة [705]

(نقض- جلسة 1967/11/30- المرجع السابق- السنة 18- ص178)

5- لما كانت الالتزامات التى يرتبها عقد الوكالة على عاتق الوكيل هى تنفيذ الوكالة فى حدودها المرسومة (المادة 703 من القانون المدنى) وبذل العناية الواجبة فى تنفيذ الوكالة (المادة 704 من القانون المدنى) وتقديم حساب عنها الى الموكل (المادة 705 من القانون المدنى) ورد ما للموكل فى يده والالتزام الاخير هو الذى تقوم به خيانة الامانة ذلك ان الوكيل يرتكب هذه الجريمة اذا اعتدى على ملكية الاشياء التى سلمت له بصفته وكيلا لكى يستعملها فى مصلحة موكله ولحسابه او لكى يسلمها للموكل فيما بعد و يعنى ذلك ان فعله يجب ان يتخذ صورة الاستيلاء على الشئ الذى اؤتمن عليه لحساب موكله اما اذا اخل بالتزام اخر تولد عن الوكالة ولو يكن متضمنا هذا الاستيلاء فهو لا يرتكب خيانة الامانة كما لو تقاعس عن القيام بالعمل الذى كلف به ولو كان دافعه الى ذلك الاضرار بموكله او لم يبذل فيه القدر من العناية الذى تطلبه القانون او لم يقدم الحساب الى موكله او جاوز نطاق وكالته لما كان ذلك وكانت الواقعة على الصورة التى اعتنقها الحكم المطعون فيه لم تتضمن ان الطاعن تسلم أموالا ما بمقتضى عقود الوكالة التى ابرمها مع المدعيين بالحقوق المدنية ثم عبث بملكيتها وان ما وقع منه هو تجاوز لحدود وكالته مما ينهار به الركن المادى لجريمة التبديد وتظل حقيقة العلاقة بين الطاعن والمطعون ضدهم علاقة مدنية بحتة فان الحكم المطعون فيه اذ دان الطاعن بجريمة خيانة الامانة يكون قد أخطأ فى تطبيق القانون بما يوجب نقضه والحكم ببراءة الطاعن مما أسند اليه .

[الطعن رقم 32750 -لسنـــة 73 ق-تاريخ الجلسة 30 / 09 /2004]

مادة [706]

مادة [706]

(1) ليس للوكيل أن يستعمل مال الموكل لصالح نفسه.

(2) وعليه فوائد المبالغ التي إستخدمها لصالحه من وقت إستخدامها، وعليه أيضاً فوائد ما تبقي في ذمته من حساب الوكالة من وقت أن يعذر.

النصوص العربية المقابلة:

هذه المادة تقابل في نصوص القانون المدني بالأقطار العربية، المواد التالية: مادة 706 ليبي و672 سوري و937 عراقي و2/789 لبناني و581 سوداني.

الأعمال التحضيرية:

1- تعرض هذه النصوص لإلتزامات الوكيل وهي: (أ) تنفيذ الوكالة 0ب) وبذل العناية الواجبة في التنفيذ (ج) وتقديم الحساب.

2- فأول واجبات الوكيل هو أن ينفذ الوكالة في حدودها المرسومة، أي أن يقوم بالعمل أو الأعمال القانونية التي وكل فيها وما يتبع ذلك من أعمال مادية ملحقة، دون نقص أو زيادة. فإن نقص أو زاد كان بين التفريط والإفراط وكلاهما يكون مسئولاً عنه علي أنه يجوز له أن ينقص أو يزيد وأن يعدل بوجه عام في حدود الوكالة مع بقاءه وكيلاً وذلك بشرطين: (أ) أن تكون الظروف بحيث يفترض معها أن الموكل كان يوافق علي هذا التصرف، كما إذا كان قد وكل في بيع قدر معين من الأرض فتهيأت له صفقة رابحة وباع قدرا أكبر، أو وكل في الإقراض بتأمين هو كفالة شخصية فأقرض بتأمين هو رهن رسمي. وإذا قام نزاع بين الوكيل والموكل في تحقيق هذا الشرط كان الأمر محلاً لتقدير القاضي. (ب) أن يستحيل علي الوكيل إخطار الموكل مقدماً بتصرفه ويترك تقدير هذا أيضاً للقاضي. فإذا توافر هذان الشرطان نفذ في حق الموكل عمل الوكيل حتى فيما جاوز فيه حدود الوكالة، وكان للغير الذي تعامل مع الوكيل أن يتمسك علي الموكل بالعمل الذي أتاه الوكيل، علم الغير أو لم يعلم بمجاوزة هذا الوكيل لحدود الوكالة. ويجب علي الوكيل أن يبادر إلي إبلاغ الموكل بما أدخله علي الوكالة من تعديل، فإن تأخر لم يؤثر ذلك في إعتباره وكيلاً فيما قام به من العمل، وإنما يكون مسئولاً عن التعويض إذا ترتب علي التأجير ضرر للموكل كما إذا باع هذا لمشتر آخر القدر الزائد من الأرض الذي باعه الوكيل مجاوزاً حدود الوكالة فرجع المشتري عليه بضمان الإستحقاق. أما إذا لم يتوافر الشرطان المتقدمان، بأن كانت الظروف لا يمكن أن يفترض معها أن الموكل مقدما بتصرفه ولم يفعل، فلا تعتبر الوكالة إلا في حدودها المرسومة. أما فيما

مادة [706]

جاوز فيه الوكيل هذه الحدود فتتبع الأحكام المقررة في ذلك (انظر م 990 – 991 من المشروع وسيأتي بيانها).

3- ويجب أن يبذل الوكيل في تنفيذه الوكالة القدر الواجب من العناية. وقد حدد المشرع هذا القدر مطبقاً في ذلك المادة 288 من المشروع، وقد سبق أن طبقت علي العقود المسماة الأخرى. كالإيجار والعارية والوديعة. فالوكيل إذا كان مأجوراً تطلب منه عناية الرجل المعتاد. أما إذا كان غير مأجور فلا يطلب منه أن يبذل من العناية إلا ما يبذله في أعماله الخاصة دون أن يجاوز عناية الرجل المعتاد، وهذه هي المعايير التي تتمشى مع التطور الحديث للمسئولية التعاقدية.

4- ويلتزم الوكيل أخيرا بتقديم حساب للموكل عن وكالته عند انقضائها، وإطلاعه علي الحالة التي وصل إليها في تنفيذ الوكالة أثناء سريانها كلما طلب منه الموكل ذلك في أوقات معقولة. وما كسبه الوكيل لحساب الموكل يجب رده إليه، حتى لو كان الوكيل، إسماً مستعاراً، يعمل بإسمه الشخصي. وينطبق ذلك بنوع خاص علي الحقوق التي كسبها الوكيل لنفسه في العقود التي أبرمها بإسمه لحساب الموكل. فيجب أن ينزل له عنها. وقع مال للموكل في يد الوكيل وجب علي هذا ألا يستعمله لصالح نفسه، فإن فعل كان مسئولاً عن فوائده من وقت إستخدامه. وكذلك يلتزم بالفوائد عما يتبقى في ذمته من حساب الوكالة من وقت إعذاره بالدفع. وهاتان حالتان وردتا إستثناء من القاعدة التي تقضي بأن الفوائد من وقت أن يستخدم الوكيل المال لمصالح نفسه. وفي الحالة الثانية من وقت الإعذار بالدفع(1).

(1) مجموعة الأعمال التحضيرية للقانون المدني- الجزء 5- ص206 و207 و208.

رأي الفقه:

1- يستفاد من نص المادة 706 مدني أن هناك حالتين يدفع فيهما الوكيل الفوائد عن المبالغ التي في ذمته للموكل، لا من وقت المطالبة القضائية بالفوائد كما تقضي القواعد العامة بل قبل ذلك:

(أ) فوائد المبالغ التي تثبت في ذمة الوكيل من حساب الوكالة، وتدفع من وقت الاعذار.

(ب) فوائد المبالغ التي إستخدمها الوكيل لصالحه وتدفع من وقت إستخدامها.

الحالة الأولي- فوائد المبالغ التي ثبتت في ذمة الوكيل من حساب الوكالة: فإذا صفي حساب الوكالة، وتبقي في ذمة الوكيل للموكل هي رصيد هذا

مادة [706]

الحساب، وجب علي الوكيل ردها للموكل كما سبق القول. وإذا تأخر في ردها ولم يعذره الموكل، لم تجب عليه فوائد. أما إذا أعذر الموكل الوكيل مطالبا إياه برد هذه المبالغ، فإن الفوائد تسري من وقت الإعذار، فإن المادة 2/706 مدني قالت: "من وقت أن يعذر"، ولم تقل: "من وقت أن يعذر بدفع المبالغ وفوائدها كما قالت المادة 226 مدني(1): "وتسري الفوائد من تاريخ المطالبة القضائية بها". والإعذار يكون بإنذار علي يد محضر أو بما يقوم مقامه كرفع دعوى.

<u>والحالة الثانية</u>- فوائد المبالغ التي إستخدمها الوكيل لصالحه:

فإذا وقع في يد الوكيل مبلغ لحساب الموكل وإستخدامه لصالحه وجب عليه دفع فوائد هذا المبلغ بالسعر القانوني سالف الذكر، وذلك من وقت إستخدامه المبلغ لصالحه دون حاجة لإعذار.

(1) يراجع التطبيق علي معظم المواد الجزء الأول من هذا الكتاب.

وفوائد المبالغ التي إستخدمها الوكيل لصالحه تدخل في الحساب الذي يقدمه وتعتبر جزءا من هذا الحساب لا يتجزأ، ومن ثم لا تسقط بالتقادم الخمسي كما هو الأمر في الفوائد الدورية، بل تسقط مع الحساب نفسه بخمسة عشر سنة.

ويجب علي الوكيل أيضا، بعد إنتهاء الوكالة، أن يرد ما في يده من أوراق ومستندات تتعلق بالوكالة وتخص الموكل.

وللوكيل أن يحبس هذه الأوراق والمستندات في يده حتى يستوفي حقوقه من الموكل- دون سند التوكيل، فهو ملتزم برده حتى لا يستخدمه للوكيل.

بعد أن يؤدي الوكيل الحساب للموكل، ويرد إليه جميع ما في يده له من مال وأوراق ومستندات وفوائد مستحقة مع سند التوكيل، يعطيه الموكل مخالصة بإبراء ذمته.

علي أن التقادم لا يمنع الموكل من يرفع دعوى إستحقاق علي الوكيل يسترد بها ما في يد الوكيل من أعيان مملوكة له، ولا يجوز للوكيل أن يحتج بالتقادم المكسب، لأن يده كوكيل علي هذه الأعيان يد عارضة.

(الوسيط- 7-1- للدكتور السنهوري- المرجع السابق- ص504 وما بعدها)

مادة [706]

2- لا جديد في المادتين 705 و 706 مدني اللتين تقرران إلتزام الوكيل بتقديم حساب عن عمله إلي الموكل، وإلتزامه بفوائد المبالغ التي ينفقها في بعض شأنه من يوم الإتفاق. أما فوائد ما تبقي في ذمته بعد الحساب فتستحق من وقت الإعذار، لا عن وقت المطالبة القضائية، كما تقضي به القواعد العامة. وطبيعي أن تحتسب الفوائد في هذه الحالات علي أساس السعر القانوني المقرر.

(التقنين المدني- للدكتور محمد علي عرفه- المرجع السابق- ص509)

من أحكام القضاء الحديثة:

مادة [706]

1- الحكم علي الوكيل- طبقاً للمادة 706 من القانون المدني القائم والمادة 526 من القانون الملغي- بفوائد المبالغ التـي إستخدمها مـن وقـت إستخدامها يقضي ثبوت أن هذه المبالغ كانت في يـد الوكيـل وأنه إستخدمها لصالح نفسه وإثبات الوقت الذي إستخدمها فيه حتى يكون هذا الوقت مبدأ لسريان الفوائد.

(جلسة 1964/12/31- مجموعة المكتب الفني- السنة 15- مدني ص1239)

2- نصت المادة 256 من القانون المدني القديم (المقابلـة للمـادة 706 مدني جديد) علي أن الوكيل ملزم بفوائد المبالغ من يوم إستعماله لها لمنفعـة نفسه، ومؤدي ذلك أن إستغلال الوكيل لأموال موكله أمر لا يفتـرض بـل يجـب توافر الدليل عليه وعلي تاريخ حصوله. ومـن ثـم فـإذا كان مـا أورده الحكـم المطعون فيه لا يعدو أن يكون عرضا لصور مماطلة الوكيل في الوفاء ولا يحمل الدليل علي ما إنتهي إليه مـن ثبـوت إستغلال الوكيل لما حصله مـن أمـوال الموكل. فإنه يكون قاصر البيان.

(جلسة 1961/6/22- مجموعة المكتب الفني- السنة 12- مدني ص561)

3- إذا كانت الواقعة التي أورد الحكم أدلة ثبوتها في حق المتهم هي أن تسـلم نقودا المجني عليه ليقوم نيابة عنه بشراء منقولات منزل الزوجيـة فلـم يفعل واستبقي المبلغ في ذمته ولم يرده حـين طالبـه بـه مـن سـلمه إليـه، فإن هذه الواقعة تتوافر فيها جميع العناصر القانونية لجريمة الإختلاس المنصوص عليها في المادة 341 من قانون العقوبات، أما ما ذهب إليه المتهم مـن نفي صفة الوكالة عنه قولاً بأن أقصي ما يتصور في تكييف هذا العقد أنه تبـرع لحسـاب الزوجة أو أنه عقد من نوع خاص فجعل بعيد عن حقيقة طبيعة العقد الذي تم بين الطرفين وعن تكييفه القانوني الصحيح الذي إنتهي إليه الحكم.

(جلسة 1959/6/1- مجموعة المكتب الفني- السنة 10- جنائي ص595)

مادة [707]

مادة [707]

(1) إذا تعدد الوكلاء كانوا مسئولين بالتضامن متي كانت الوكالة غير قابلة للإنقسام أو كان الضرر الذي أصاب الوكيل نتيجة خطأ مشترك. علي أن الوكلاء ولو كانوا متضامنين لا يسألون عما فعله أحدهم مجاوزاً حدود الوكالة أو متعسفاً في تنفيذها.

(2) وإذا عين الوكلاء في عقد واحد دون أن يرخص في إنفرادهم في العمل، كان عليهم أن يعملوا مجمعين إلا إذا كان العمل مما لا يحتاج فيه إلي تبادل الرأي كقبض الدين أو وفائه.

النصوص العربية المقابلة:

هذه المادة تقابل في نصوص القانون المدني بالأقطار العربية، المواد التالية:

مادة 707 ليبي و673 سوري و938 عراقي و781 و791 لبناني و582 سوداني و1140 تونسي.

الأعمال التحضيرية:

يراجع -لاحقاً- التعليق بالأعمال التحضيرية الوارد علي نص المادة 708 من القانون المدني.

رأي الفقه:

1- تميز الفقرة الثانية من المادة 707 مدني بين فرضين: (1) إذا عين كل الوكلاء في عقد واحد (2) وإذا عينوا في عقود متفرقة.

فإذا عين كل الوكلاء في عقد واحد - فقد إتخذ المشرع من ذلك قرينة قانونية علي أن الموكل أراد ألا يعملوا إلا مجتمعين، فإذا وكلوا في بيع أو شراء أو إيجار أو إستئجار أو صلح أو إدارة عمل، وجب ألا يباشروا التصرف الموكلين فيه إلا مجتمعين وبعد التداول فيما بينهم وموافقتهم جميعاً علي التصرف، ذلك أن الموكل أراد بجمعهم في عقد واحد أن يلزمهم بالتشاور في أمر الوكالة وبالتعاون في تنفيذها وبأن يكون كل منهم رقيباً عن الآخرين. فإذا باشر التصرف أحد الوكلاء أو بعضهم دون الباقين كان التصرف باطلاً لإنعدام صفة من باشر التصرف إذ لا صفة إلا للوكلاء مجتمعين. ويستوي في أن يكون الغير عالماً بتعدد الوكلاء أو غير عالم بذلك، فقد كان عليه أن يتحرى، وبخاصة أن الوكلاء مذكورون جميعاً في عقد واحد، وذلك مع تطبيق قواعد الوكالة الظاهرة علي ما سيأتي. ومع ذلك يجوز لأحد الوكلاء أن ينفرد بالعمل إذا وافق عليه الباقون فيما بعد، ويعتبر التصرف صادر منهم جميعاً من وقت موافقة الباقين.

مادة [707]

ويستثني مما تقدم أن يكون التصرف محل الوكالة مما لا يحتاج فيه إلي تبادل الرأي، فيجوز لأي من الوكلاء أن يباشره منفردا لإنتفاء الحكمة من وجوب إجتماعهم.

ويستثني كذلك ما نصت عليه المادة 77 مرافعات في خصوص وكلاء الخصومة ومنهم المحامون من أنه: "إذا تعدد الوكلاء جاز لأحدهم الإنفراد بالعمل في القضية ما لم يكن ممنوعا من ذلك بنص في التوكيل" فتنعكس القرينة القانونية في حالة تعدد وكلاء الخصومة، ويكون المفروض جواز إنفراد كل وكيل بالعمل ما لم ينص علي وجوب إجتماع الوكلاء.

ووجوب إجتماع الوكلاء المعينين في عقد واحد ليس من النظام العام، والقرينة القانونية التي وضعها المشرع، في هذا الشأن ليست قرينة قاطعة فيجوز إثبات عكسها. ومن ثم يجوز للموكل أن يرخص للوكلاء المعينين في عقد واحد أن رحنا في الإنفراد بالعمل، فإذا باشر التصرف أحدهم صح عمله، وإمتنع علي الباقين أن يباشروا نفس التصرف.

أما إذا عين الوكلاء في عقود متفرقة. فالقرينة تنعكس، ويصبح من المفروض أنه يجوز لأي وكيل منهم أن ينفرد بالعمل علي أن هذه القرينة العكسية قابلة هي أيضاً لإثبات العكس. ويجوز للموكل أن يشترط علي الوكلاء الذين عينهم من عقود متفرقة أن يعملوا مجتمعين. فلا يجوز عندئذ لأحد من الوكلاء أن ينفرد بالعمل، وإذا فعل كان تصرفه باطلاً لإنعدام الصفة، مع ملاحظة أن الغير الذي يتعامل مع الوكيل يكون معذورا إذا اعتقد أن الوكيل له صفة في التعاقد مادام يري أن وكالته وحده ثابتة في عقد مستقل، ويغلب أن تنطبق في هذه الحالة قواعد الوكالة الظاهرة.

والأصل أن إلتزامات الوكلاء وإلتزامات الموكل ناشئة عن العقد، ولا تضامن في الإلتزامات العقدية إلا بنص في القانون. ولم يري نص في شأن إلتزامات الموكل نحو الوكلاء المتعددين فهؤلاء لا يكونون إذن متضامنين كدائنين للموكل بل ينقسم عليهم دين الموكل نحوهم.

أما في شأن إلتزامات الوكلاء المتعددين نحو الموكل، فقد نصت الفقرة الأولي من المادة 707 مدني علي أنه: "إذا تعدد الوكلاء كانوا مسئولين بالتضامنين متي كانت الوكالة غير قابلة للإنقسام أو كان الضرر الذي أصاب الموكل نتيجة خطأ مشترك". ويؤخذ من ذلك أن الوكلاء في غير الحالتين المذكورتين في النص لا يكونون متضامنين في المسئولية رجوعا إلي الأصل، إلا إذا إشترط التضامن، فلا يكون الوكلاء متضامنين بغير شرط إذا إنفرد أحدهم

مادة [707]

بتنفيذ الوكالة، سواء أكانت الوكالة غير قابلة للإنقسام أو قابلة له، أو اشترك مع الباقي في تنفيذها، ولكنه إنفرد وحده بخطأ لم يشترك معه فيه سائر الوكلاء.

(الوسيط- 7- 1- للدكتور السنهوري – المرجع السابق- ص475 وما بعدها)

2- إستكمل المشرع ما في نص التقنين الحالي من نقص، فبين ما يترتب علي الأحكام من تعدد الوكلاء من حيث التضامن، ومن حيث إنفراد الوكلاء بالعمل.

ويمكن الرجوع علي الوكلاء المتعددين بالتضامن في حالة إرتكابهم خطأ مشتركاً دبروه فيما بينهم. وهذا تطبيق القواعد العامة. وعلي الموكل إثبات التدبير المشترك للإضرار به. ويكون الوكلاء متضامنين أيضاً في مسئوليتهم قبل الموكل إذا كان العمل موضوع الوكالة غير قابل للإنقسام، كما هو الحال في التوكيل ببيع عقار أو برهنه، إذ الفرض أن يعمل الوكلاء مجتمعون لعدم إمكان تجزئة الصفقة. علي أن رباط التضامن ينفك بين الوكلاء إذا إنفرد أحدهم بالخروج عن حدود الوكالة. كما إذا إنفرد أحدهم بالبيع اشتر معسر، ورفض باقي الوكلاء التصديق علي هذا العقد فإنه ينفرد بالمسئولية دون باقي الوكلاء.

وأما من حيث طريقة العمل فقد إشترط المشرع إجتماع الوكلاء إذا كان توكيلهم بعقد واحد، ولم يرخص لأحدهم في الإنفراد في العمل. وفي هذه الحالة لا يحتج علي الموكل بالتصرف غير المجمع عليه، ولو كان من تعامل مع وكيل بمفرده حسن النية. أما إذا كانت العمل مما لا يحتاج فيه إلي تبادل الرأي تقبض الدين أو وفائه يصح أن ينفرد كل الوكلاء بأدائه.

(التقنين المدني- للدكتور محمد علي عرفه- المرجع السابق- ص509 و 510)

من أحكام القضاء الحديثة:

1- متي تعدد أوصياء الشركة البائعين للأطيان المشفوع فيها ولم يرخص بإنفرادهم في العمل، فإن إختصاصهم في دعوى الشفعة مما يلزم معه تبادل الرأي فيما بينهم. وكان عليهم أن يعملوا مجتمعين وذلك وفقاً للمادتين 2/885 و707 من القانون المدني.

(نقض – جلسة 1956/3/8- مجموعة المكتب الفني- لسنة 7- ص396)

2- إذا صدر التوكيل بالطعن من الطاعن إلي عدد معين من المحامين وصرح لهم بالقيام بما نص عليه عقد التوكيل مجتمعين أو منفردين، فإنه يجوز لأحدهم الإنفراد بالتقرير بالطعن بطريق النقض.

(نقض- جلسة 1906/2/6- المرجع السابق- ص941)

مادة [707]

3- متى تبين أن المطعون عليه أن يتمسك في المذكرة المقدمة منه بعدم جواز إنفراد المحامي الذي قرر بالطعن لصدور التوكيل من الطاعن لعدة محامين، فإنه لا يقبل منه أن يبدي ذلك لأول مرة بالجلسة أمام محكمة النقض.

متى كان التوكيل الصادر من الطاعن قد صدر لعدة محامين، فإنه يجوز إنفراد أحدهم بالتقرير بالطعن، لأن قانون المرافعات قد خرج في الوكالة بالخصومة عن القاعدة العامة التي قررتها المادة 707 من القانون المدني، فنص في المادة 85 مرافعات (المقابلة للمادة 77 مرافعات جديد) على أنه إذا تعدد الوكلاء جاز لأحدهم الإنفراد بالعمل في القضية ما لم يكن ممنوعاً من ذلك بنص التوكيل ولا محل لتخصيص عموم نص هذه المادة وقصره على السير في الدعوى بعد إقامتها.

(نقض- جلسة 1958/3/27- المرجع السابق- السنة 9- ص330)

4- إذ أحالت المادة 733 من القانون المدني إلى أحكام الوكالة، وتقضى هذه الأحكام أنه في حالة تعدد الوكلاء الغير مأذونين بالإنفراد أن يعملوا مجتمعين إلا إذا كان العمل مما لا يحتاج فيه إلى تبادل الرأي، وأن الوكالة تنتهى - فيما تنتهى به - بموت الوكيل ومؤدى ذلك أن موت أحد الوكلاء المتعددين لا ينهى إلا وكالته هو وأن تبقى وكالة الباقين موقوفة فيما يحتاج إلى العمل مجتمعين ونافذة فيما لا يحتاج الرأي إلى أن يقرر للقاضي ما يراه بشأنهم.

[الطعن رقم 2718 - لسنة 71 ق -تاريخ الجلسة 25 / 05 / 2005]

مادة [708]

مادة [708]

(1) إذا ناب الوكيل عن غيره في تنفيذ الوكالة دون أن يكون مرخصاً له في ذلك، كان مسئولاً عن عمل النائب كما لو كان هذا العمل قد صدر منه هو، ويكون الوكيل ونائبه في هذه الحالة متضامنين في المسئولية.

(2) أما إذا رخص للوكيل في إقامة نائب عنه دون أن يعين شخص النائب، فإن الوكيل لا يكون مسئولاً إلا عن خطئه في إختيار نائبه أو عن خطئه فيما أصدره له من تعليمات.

(3) ويجوز في الحالتين السابقتين للموكل ونائب الوكيل أن يرجع كل منهما مباشرة علي الآخر.

النصوص العربية المقابلة:

هذه المادة تقابل في نصوص القانون المدني بالأقطار العربية، المواد التالية: مادة 708 ليبي و674 سوري و939 عراقي و782 لبناني و583 سوداني و1129 و1130 تونسي.

الأعمال التحضيرية:

1- إذا تعدد الوكلاء في الأمر الواحد كان كل منهم مسئولاً عن إلتزاماته كوكيل فيجب أن ينفذ الوكالة. ولا يصح أن يعمل الوكلاء إلا مجتمعين ماداموا قد عينوا في عقد واحد ولم ينص صراحة في العقد إنفرادهم، جاز أن ينفرد كل منهم بتنفيذ الوكالة. ويلتزم كل وكيل أيضاً ببذل العناية الواجبة في تنفيذ الوكالة علي النحو الذي تقدم. ويلتزم أخيرا بتقديم الحساب عما قام به من العمل. وكل وكيل مسئول عن هذه الإلتزامات دون تضامن مع غيره من الوكلاء إلا في حالتين: (1) إذا كانت الوكالة غير قابلة للإنقسام. مثال ذلك أن يوكل شخص وكيلين في شراء منزل معين فلا يتصور في هذه الحالة أن ينفرد كل وكيل بالعمل إذ أن صفقة البيع لا تتجزأ، ويجب علي الوكيلين أن يعملاً مجتمعين، ويكونان مسئولين بالتضامن قبل الموكل في الإلتزامات المتقدمة الذكر. أما إذا إنفرد أحدهم بمجاوزة حدود الوكالة أو بالتعسف في تنفيذها، كأن خالف شروط البيع التي إشترطها الموكل، أو إلتزمها، ولكن تعمد إساءة العمل بها، ففي حالة المجاوزة لحدود الوكالة يكون مسئولاً وحده لا بالتضامن مع غيره من الوكلاء قبل الغير الذي تعامل معه، إذا كان الموكل قد رفض إقرار عمل الوكيل (انظر م 991 من المشروع)، وفي حالة التعسف في تنفيذ الوكالة يكون مسئولاً أيضاً وحده بالتضامن مع غيره من الوكلاء، قبل الموكل عن التعويض.

(ب) أما إذا كانت الوكالة قابلة للإنقسام كإدارة مزرعة، فإن كل وكيل يكون مسئولاً وحده لا بالتضامن مع غيره من الوكلاء عن تنفيذ إلتزاماته، سواء

مادة [708]

في ذلك عمل منفردا بأن إختص في إدارة المزرعـة بأعمال معينة أو عمل مـع الوكلاء مجتمعين ومع ذلك لو إرتكب الـوكلاء في هـذه الحالـة خطأ مشتركا دبروه فيما بينهم وترتب عليه الإضرار بمصلحة الموكل، فإنهم يكونون مسئولين بالتضامن عن التعويض سواء إعتبرت المسئولية تقصيرية أو تعاقدية.

وفي غير هاتين الحالتين لا يكون الوكلاء المتعددون متضامنين فيما بينهم إلا إذا إشترط التضامن.

2- ويجوز للوكيل أن ينيب عنه غيره في تنفيـذ الوكالة إلا إذا إشترط الموكل منعه مـن ذلك، وهـذا بخلاف التقنـين الحـالي (م 520 / 636) حيـث يشترط في جواز الإنابة الترخيص الصريح. فـإذا أناب عنـه غيره، كان النائب مسئولاً عن جميع الإلتزامات التي تقع علي الوكيل، لا قبل الوكيل وحده، بـل قبله وقبل الموكل، وبطريق مباشر. فيستطيع الموكل أن يرجع بدعوى مبـاشرة علي النائب، كما يرجع النائب علي الموكل بالدعوى المباشرة كـذلك (ولم ينص التقنين الحالي م 250 / 267 عن الرجوع المباشر للنائب عن الموكل).

بقي تحديد مسئولية الوكيل عن نائبه. وهنا يجب التفريق بين مـا إذا كانت الإنابة لم ينص عليها أو كان مرخصاً فيها. ففي الحالة الأولي يكون الوكيل مسئولاً عن خطأ نائبه مسئولية المتبوع عن التابع. فـإذا إرتكب النائب خطأ جاز للموكل أن يرجع بالتعويض علي أي من الوكيل أو نائبه بـدعوى مباشرة. وفي الحالة الثانية، إذا رخص الموكل للوكيل أن يقيم عنه نائبـاً، فـإن لم يعـين لـه شخص النائب. فإن الوكيل يكون مسئولاً عن خطئه في إختيار نائبـه أو خطئه فيما أصدر له من التعليمات. فإن كـان لم يقصر في حسن إختيار النائـب ولم يرتكب خطأ في التعليمات التي أصـدرها لـه. فـلا يكون مسئولاً عـن خطئـه، ويرجع الموكل علي النائب بالتعويض بطريق الـدعوى المباشرة. أمـا إن عـين الموكل للوكيل شخص النائب، يكون الوكيل مسئولاً إلا عن خطئه فيما أصدر لـه من تعليمات.

رأي الفقه:

1- يخص من نص المادة 708 من القانون المدني أن الوكالة قـد يقوم بتنفيذها، لا الوكيل بنفسه، بل شخص آخر ينيبه الوكيل عنه.

وفي علاقة الموكل بنائب الوكيل – يفهم مـن الفقـرة الأولي مـن المـادة 707 مدني سالفة الذكر أن الوكيل إذا أناب عنه غيره دون أن يكون مرخصاً لـه في ذلك كانت إنابته صحيحة. ولكن يكون مسئولاً عن عمل النائب مسـئوليته عن عمله الشخصي، ويكون متضامنا معه في المسئولية. فيستخلص من ذلك أن للوكيل أن ينيب عنه غيره دون حاجة إلي ترخيص من الموكـل، ومـن بـاب أولي

مادة [708]

يكون له ذلك إذا رخص فيه الموكل فإذا منعه الموكل وأناب الوكيل مع ذلك عنه غيره، فإن الإنابة تكون باطلة، ومن ثم لا تكون لنائب الوكيل صفة في مباشرة التصرف القانوني محل الوكالة، ويبقي الوكيل هو وحده المسئول عن تنفيذ الوكالة، وذلك ما لم يقر الموكل الإنابة بعد وقوعها، فيكون لها عندئذ حكم الإنابة التي وقعت بترخيص من الموكل.

فإذا كانت الإنابة صحيحة للترخيص بها، أو لعدم المنع، أو لإقرارها بعد وقوعها فإن علاقات مختلفة تقوم فيما بين كل من: بين الوكيل ونائبه، وبين الوكيل والموكل، وبين الموكل ونائب الوكيل.

(مجموعة الأعمال التحضيرية للقانون المدني- جزء 5- ص213 و214)

(1) فالعلاقة بين الوكيل ونائبه- يحكمها عقد الإنابة الذي بموجبه أناب الوكيل نائبه، وهو عقد وكالة من الباطن- ويكون نائب الوكيل ملتزماً نحو الوكيل بجميع ما يلتزم به الوكيل نحو موكله في حدود عقد الإنابة، ويكون الوكيل ملتزماً نحو النائب بجميع ما يلتزم به الموكل نحو وكيله في حدود عقد الإنابة.

(2) أما العلاقة بين الوكيل والموكل – فتبقي محكومة بعقد الوكالة الأصلي، ويكون الوكيل ملتزماً نحو الموكل بجميع الإلتزامات التي تترتب في ذمة الوكيل بموجب عقد الوكالة، كما يكون الموكل ملتزماً نحو الوكيل بجميع الإلتزامات التي تترتب في ذمة الموكل بموجب نفس العقد.

(3) أما العلاقة بين الموكل ونائب الوكيل- فإن تطبيق مقتضى القواعد العامة ألا تكون هناك علاقة مباشرة بينهما. ولا يملك الموكل أن يرجع علي نائب الوكيل إلا بالدعوى غير المباشرة التي يستغلها بإسم الوكيل، وكذلك لا يملك نائب الوكيل أن يرجع علي الموكل إلا بالدعوى غير المباشرة يستعملها هو أيضاً بإسم الوكيل. ولكن الفقرة الثالثة من المادة 707 مدني: "ويجوز في الحالتين السابقتين للموكل ولنائب الوكيل أن يرجع كل منهما مباشرة"، والحالتان السابقتان المشار إليهما هما حالة إذا أناب الوكيل الغير وأقر الموكل الإنابة بعد أن كان قد منعها ففي جميع هذه الأحوال يجوز للموكل أن يرجع بدعوى مباشرة علي نائب الوكيل يطالبه فيها بجميع إلتزاماته الناشئة عن عقد الإنابة. ولا شأن لنائب الوكيل بعقد الوكالة الأصلي. وكذلك يجوز لنائب الوكيل أن يرجع بدعوى مباشرة علي الموكل يطالبه فيها بإلتزاماته نحو الوكيل الأصلي، ولكن في حدود إلتزامات الوكيل الأصلي نحو نائب الوكيل بموجب عقد الإنابة.أما بالنسبة لمسئولية الوكيل عن نائبه، فإن المسئول هو الوكيل مسئولية عقدية عن الغير، والمضرور هو الموكل. فيكون للموكل إذا إرتكب نائب الوكيل مدينان: الوكيل

مادة [708]

بموجب المسئولية العقدية عن الغير، ونائب الوكيل بموجب الدعوى المباشرة. والأصل أن الوكيل ونائبه لا يكونان مسئولين تجاه الموكل بالتضامن لتعدد المصدر بالرغم من وحدة المحل، وإنما يكونان مسئولين بالتضامم.هذا هو مقتضى القواعد العامة في مسئولية الوكيل عن نائبه. ولكن الفقرتين الأولي والثانية من المادة 708 مدني حوزتا في هذه القواعد، فقد ميزت هذه النصوص بين حالتين:

الحالة الأولي- حالة ما إذا لم يكن مرخصاً للوكيل في إنابة الغير. ففي هذه يكون الوكيل- كما تقول المادة 1/708 مدني- مسئولاً عن عمل النائب كما لو كان هذا العمل قد صدر منه هو، ويكون الوكيل ونائبه في هذه الحالة متضامنين في المسئولية. وما تضمنه هذا يتفق مع القواعد العامة في المسئولية العقدية عن الغير، فيما عدا أن مسئولية الوكيل ونائبه تجاه الموكل هي بالتضامن بدلا من التضامن كما هو مقتضى تطبيق القواعد العامة.

الحالة الثانية- حالة ما إذا كان مرخصاً للوكيل في إنابة غيره- فإن المادة 2/707 من القانون المدني تقرر- في هذه الحالة- أن الوكيل لا يكون مسئولاً إلا عن خطئه في إختيار نائبه عن خطئه فيما أصدره له من تعليمات. فلا يكون هناك تضامن بين الوكيل ونائبه، لأن مسئولية الوكيل قائمه علي خطئه الشخصي لا علي المسئولية العقدية عن الغير. فإذا أحسن الوكيل إختيار نائبه ولم يصدر له تعليمات خاطئة، وإرتكب نائب الوكيل خطأ في تنفيذ الوكالة، كان نائب الوكيل وحده هو المسئول تجاه الوكيل بموجب عقد الإنابة، وكان مسئولاً أيضاً تجاه الموكل بموجب الدعوى المباشرة. ولكن الوكيل لا يكون مسئولاً أيضاً تجاه الموكل مسئولية عقدية عن الغير، فقد أعفاه نص القانون من هذه المسئولية مادام مرخصاً في إنابة غيره.

ولم يعرض نص القانون لحالة ثالثة – هي حالة ما إذا كان الوكيل ممنوعاً عن إنابة غيره. ولا صعوبة إذا أناب الوكيل غيره بالرغم من هذا المنع ولم يقر الموكل الإنابة "إذ في هذه الحالة لا تكون للنائب صفة في التعاقد مع الغير، ومن ثم لا يسري هذا التعاقد في حق الموكل، فلا يكون هناك مجال لمسئولية الوكيل عن نائبه. أما إذا أقر الموكل الإنابة بعد أن كان قد منعها، فالظاهر أن يكون في حكم من رخص للوكيل في إنابة شخص بعينه إذ أنه لم يقر الإنابة إلا بعد أن عرف شخص النائب، وتسري الأحكام السابقة فيما إذا كان الوكيل مرخصاً له في إنابة شخص بعينه.

(الوسيط- ن 7-1- للدكتور السنهوري- المرجع السابق- ص483 وما بعدها)

2- تختلف أحكام الإنابة في التقنين المدني الجديد عنها في التقنين المدني القديم في نقطتين رئيستين:

(أ) التقنين القديم كان يشترط الترخيص الصريح لصحة الإنابة، وإلا إعتبر الوكيل مجاوزاً حدود الوكالة. أما المادة 708 مدني جديد فتجيز للوكيل أن ينيب عنه غيره في تنفيذ الوكالة إلا إذا منعه الموكل من ذلك.

(ب) لم ينص التقنين القديم صراحة عن حق النائب في الرجوع مباشرة علي الموكل، مما جعل هذه المسألة مثار خلاف في الفقه والقضاء، فقضي المشرع علي هذا الخلاف بتقرير حق النائب في الدعوى المباشرة.

أما من حيث مسئولية الوكيل عن نائبه فيجب التفرقة بين ما إذا كانت الإنابة مرخصاً فيها أو لم ينص عليها ففي حالة الترخيص بالإنابة لا يسأل الموكل إلا عن سوء إختيار النائب أو عن خطئه فيما أصدره له من تعليمات.

مادة [708]

ويسأل الوكيل عن تغيير حالة النائب أثناء قيامه بتنفيذ الوكالة، إذ الوكيل يلتزم دائماً بمراقبة نائبه، وهذا يستلزم منه حتماً أن يسهر علي عدم تعرض مصالح الموكل للخطر بإعسار النائب أو نقص أهليته طول مدة الإنابة.

أما الوكيل الذي يرخص له في الإنابة، فيسأل عن سائر الأضرار التي نجمت بسبب النيابة أو بصددها أي من تلك الحوادث التي ما كانت لتقع لو أن الوكيل قد باشر العمل بنفسه، ولو كانت هذه الحوادث من قبيل القوة الظاهرة. ولا يعفي الوكيل من المسئولية إلا أن يثبت أن هذه الحوادث ما كان ليمكن تفاديها حتى لو باشر العمل بنفسه.

(التقنين المدني- للدكتور محمد علي عرفه- المرجع السابق- ص511 و512)

من أحكام القضاء الحديثة:

1- متي كان الحكم المطعون فيه قد إستخلص من مستندات أن الطاعن لم يكن بالوقت بل كان وكيلاً عن وكيل ناظر الوقف وبني قضاءه في ذلك علي أن الطاعن قد عين ليقوم بما كان وكيلاً للوقف مكلفين به تنفيذا لوكالتهما عن الناظر الذي أجاز لهما إنابة لغير في تنفيذ الوكالة مع تحملها أجره دون مساءلة الوقف عن ذلك فإن هذا الإستخلاص سائغ يؤدي إلي النتيجة التي إنتهي إليها.

(جلسة 1961/5/11- مجموعة المكتب المدني- السنة 12- مدني- ص473)

2- الوكيل ملزم بتنفيذ الوكالة لحساب الموكل، فإذا أناب غيره في تنفيذها دون أن يكون مرخصاً له في ذلك كان مسئولاً عن عمل النائب كما لو كان هذا العمل قد صدر منه هو، كما أنه ملزم بأن يقدم للموكل حساباً مفصلا شاملاً لجميع ويراجع مقال: مدي نفاذ التعاقد مع نائب الوكيل، غير المرخص له في الإلمام في حق الموكل، لأستإذنا الكبير الدكتور حامد زكي- مجلة القانون والإقتصاد- السنة 3- ص442 وما بعدها.

أعمال الوكالة ومتضمنا المصاريف التي صرفها وبالمبالغ التي قبضها علي ذمة الموكل وكل ما للموكل وما عليه، والرصيد بعد إستنزال الخصوم من الأصول، وهو ما يجب علي الوكيل الوفاء به للموكل.

(نقض- جلسة 1969/5/9- المرجع السابق- السنة 2- ص739)

3- للمحامي الوكيل في الدعوى وفقاً للمادة 33 من قانون المحاماة رقم 96 لسنة 1957 أن ينيب عنه في الحضور أو في المرافعة أو في غير ذلك من إجراءات التقاضي محامياً آخر دون توكيل خاص ما لم يكن في التوكيل ما يمنع ذلك. وقد نصت المادة 26 من هذا القانون عن أنه لا يجوز أن يحضر عن الخصوم أمام محكمة النقض أو المحكمة الإدارية العليا أو يقدم إليها طلبات إلي المحامين المقررين أمامها؛ أما فيما يختص بمحكمة الإستئناف فقد إكتفي بالنص علي عدم جواز تقديم صحف الإستئناف إلا إذا كانت موقعة من أحد المحامين المقررين أمامها دون أن يحظر علي غير هؤلاء المحامين الحضور عن الخصوم أمام تلك المحاكم ولم يرد هذا الحظر إلا لأول مرة في قانون المحاماة الجديد رقم 61 لسنة 1968 حيث نص في المادة 74 منه علي أنه لا يجوز أن يحضر عن الخصوم أمام محاكم الإستئناف إلا المحامين المقبولين للمرافعة أمام هذه المحاكم. وقد خلا قانون المحاماة رقم 96 لسنة 1957 وقانون المرافعات هي نص يقضي بالبطلان في حالة حضور محام مقرر أمام المحاكم الإبتدائية عن أحد الخصوم أمام محكمة الإستئناف.

(نقض- جلسة 1969/6/12- المرجع السابق- ص921)

الحكم على النائب أو الوكيل . حكم على الأول للأخير الطعن عليه بإعتباره المحكوم عليه .

(الطعن رقم 8632 لسنة 64ق – جلسة 2005/3/28)

مادة [709]

مادة [709]

(1) الوكالة تبرعية ما لم يتفق علي غير ذلك صراحـة أو يستخلص ضمنا مـن حالة الوكيل.

(2) فإذا إتفق علي أجر الوكالة كان هذا الأجر خاضعاً لتقدير القـاضي، إلا إذا دفع طوعا بعد تنفيذ الوكالة.

النصوص العربية المقابلة:

هذه المادة تقابل في نصوص القانـون المـدني بالأقطار العربيـة، المـواد التالية: مادة 709 ليبي و675 سوري و940 عراقي و770 و794 و795 لبنـاني و584 سوداني و1114 و1144 تونسي.

الأعمال التحضيرية:

يراجع- لاحقاً- التعليق بالأعمال التحضيرية الوارد علي نص المادة 712 مدني.

رأي الفقه:

1- يستخلص من نص المادة 709 مدني أنه يجب التمييز بين فرضين:
الأول- أنه لا يوجد إتفاق علي الأجر بين الموكل والوكيل، والثـاني- أن هذا الإتفاق موجود.

فبالنسبة للفرض الأول تقول الفقـرة الأولي مـن المـادة 709 مـدني أن: "الوكالة تبرعية ما لم يتفق علي غير ذلك...". فإذا لم يوجد بين الموكل والوكيـل إتفاق علي الأجر كانـت الوكالة غير مـأجورة وكان الوكيل متبرعـاً، وإعتبرت الوكالة في هذه الحالة من عقود التبرع، فالملاك علي الشيوع أو الورثة إذا وكلوا أحدهم في إدارة الملك الشائع أو التركة ولم يكن هناك إتفـاق علـي أجر كانـت الوكالة غير مأجورة، وإذا وكل الشركاء أحدهم في تصفية الشركـة أو في إدارتها أو في قبض ديونها دون إتفاق علي أجر كان الشريك الوكيل متبرعـا. وذلـك أن الأصل في الوكالة أنها تكون بغير مقابل ما لم يوجد شرط صريح بخلاف ذلـك أو شرط ضمني يتضح من حالة الوكيل. فإذا إستندت المحكمة إلي أن ناظر الوقف كان يعمل بغير أجر إلي إقراراته المتكررة، فإنها لا تكون قد خالفت القانون ولا يقبل من هذا الناظر قوله إنه لا يصح أن يثري الوقف علـي حسـاب جهـوده، فإن دعوى الإثراء علي حساب الغير لا يكون لها محل إلا إذا لم توجد رابطـة عقديـة بـين المتخاصمين، وهي ليست حالتـه (نقض- جلسـة 1945/6/14- مجموعة عمر- 4- ص722).

مادة [709]

فالوكيل لا يأخذ أجرا إلا إذا وجد إتفاق علي ذلك، وقد يكون هذا الإتفاق صريحاً، ولكن في كثير من الأحوال يكون هذا الإتفاق ضمنياً، وقد أشارت الفقرة الأولي من المادة 709 مدني صراحة إلي ذلك.

وأبرز حالات الوكيل التي يستخلص منها ضمنا أن الوكالة مأجورة هي مهنته، فإذا كان الشخص يحترف مهنة يكسب منها عيشه، فالمفروض أن الوكالة التي تدخل في أعمال هذه المهنة تكون مأجورة (كالمحامي- والوكيل بالعمولة- والسمسار). وقد إنتشرت الوكالة المأجورة في الحياة العملية حتى طغت علي الوكالة المأجورة، فأصبح الواقع علي عكس القانون. وتقدير ما إذا كانت الوكالة مأجورة أو غير مأجورة يترك لقاضي الموضوع.

ويغلب أن يكون أجر الوكيل مبلغاً من النقود، ولكن ليس ما يمنع أن يكون حصة من العين.

ويغلب أن يستحق الأجر ولو لم ينجح الوكيل في مهمته، لأنه إنما يؤجر علي ما بذل من جهد، دون نظر إلي ما يقضي إليه هذا الجهد من نتائج، إذ أن إلتزامه ببذل عناية لا إلتزام بتحقيق غاية. ولكن ليس ما يمنح من الإتفاق علي أن يكون إلتزام الوكيل إلتزاماً بتحقيق غاية.

(الوسيط- 7-1 للسنهوري- المرجع السابق- ص514 وما بعدها)

2- حافظ المشرع علي الأحكام التقليدية التي وردت بالتقنين القديم، فإعتبر الوكالة بغير أجر إلا إذا إتفق صراحة علي الأجر أو إستخلص هذا الإتفاق ضمناً من حالة الوكيل، كحالة المحامي أو السمسار، كما أخضع الإتفاق علي الأجر لتقدير القاضي، يخفضه أو يزيده تبعا للظروف.

ولم يرد المشرع علي الأحكام القديمة سوي التصريح بمنع القاضي من التقدير إذا دفع الأجر طوعا بعد تنفيذ الوكالة. وهذا القيد إنما هو تقنين لما جري عليه القضاء المصري في هذه المسألة.

(التقنين المدني- للدكتور محمد علي عرفه- المرجع السابق- ص512)

3- لا مراء في أن المحامي إنما يقوم بأعمال قانونية لحساب موكله، ومن ثم فإن علاقة المحامي بهذا الموكل تعتبر علاقة "عقد عمل"، وذلك بأن إبداء الطلبات أمام القضاء نيابة عن الموكل، والدفاع أمام القضاء وإتخاذ الإجراءات القضائية في الدعاوى لرفع الدعاوى والتقرير بالطعون، كل ذلك يعد أعمالاً تابعة للأعمال القانونية، وليس أدل علي ذلك مما نصت عليه المادة 702 من القانون المدني من إشتراط الوكالة الخاصة في المرافعة أمام القضاء "بل إن نصوص قانون المحاماة رقم 61 لسنة 1968 مليئة بالإشارات الصريحة إلي صفة المحامي كوكيل وصفة عمله كموكل، كما أفصحت المادة 86 من هذا

مادة [709]

القانون بأنه لا يجوز المحامين أن يمارسوا بصفة منتظمة الإفتاء أو إبداء المشورة القانونية أو القيام بأي إجراء قانوني للغير، مما مفاده أن المحامي إنما يقوم بأعمال قانونية لحساب الغير، بل جاءت المادة 94 من القانون المذكور أكثر صراحة في تكييف علاقة المحامي بعميله بأنها علاقة عقد وكالة حينما نصت علي أنه: "يسقط حق الموكل في مطالبة محاميه بالأوراق والمستندات والحقوق المترتبة علي عقد الوكالة بعد مضي خمس سنوات..."، وحينما نصت المواد 119 و120 و124 من ذات القانون علي أن حق المحامي يسقط في مطالبة موكله بالأتعاب عند عدم وجود سند بها يعزل محاميه، وعلي أن المحامي مسئول قبل موكله عن أداء ما عهد به إليه طبقاً لأحكام القانون وشروط التوكيل.

وإذ كان الأصل أن الوكالة تبرعية ما لم يتفق علي غير ذلك صراحة أو يستخلص ضمناً من حالة الوكيل، فإنه لا مراء في أن الوكالة بالنسبة للمحامي ليست تبرعية بإعتبار أن ما يقوم به المحامي من أعمال هي مهنته التي يحترفها ويتكسب منها، ولذلك نصت المادة 44 من قانون المحاماة السابق رقم 96 لسنة 1957 علي أن: "للمحامي أن يشترط في أي وقت أتعابا مقابل عمله وذلك بغير إخلال بما تقضي به المادة 709 من القانون المدني إلا إذا كان الإتفاق قد تم بعد الإنتهاء من العمل. كما نصت المادتان 106 و107 من قانون المحاماة الجديد رقم 61 لسنة 1968 علي حق المحامي في تقاضي أتعاب عما يقوم به من أعمال ضمن نطاق مهنته. ويتقاضى هذه الأتعاب وفقاً للعقد المحرر بينه وبين موكله، بل إن المحامي يستحق أتعابا عن عمله ولو لم يتفق عليها كتابة فيختص مجلس النقابة بتقدير الأتعاب بناء علي طلب المحامي أو طلب الموكل، كما أن للمحامي أن يطالب بالأتعاب عن الدعاوى التي تتفرع عن الدعوى موضوع الإتفاق متي كانت غير ملحوظة عند الإتفاق (م 108 و110 ق61 لسنة 1968).

ويكون تحديد أتعاب المحامي وفقاً للعقد المحرر بينه وبين موكله بتلاقي إرادتهما علي تحديد الأتعاب، فإن سكت الطرفان عن تحديد الأتعاب بإتفاق مكتوب، كان لكل منهما الإلتجاء إلي القضاء وإتخاذ ما رسمه المشرع في هذا الصدد لتقدير الأتعاب. وتجدر الإشارة إلي أنه لا يجوز للمحامي أن يطالب بمقابل أتعابه وفقاً لقانون المحاماة إلا إذا كانت تربطه بمن يطالبه صلة الوكالة.

ولقد حظر القانون علي المحامي أن يعقد إتفاقا علي الأتعاب من شأنه أن يجعل له مصلحة في الدعوى أو العمل الموكل فيه، ولذلك يبطل إتفاق المحامي مع موكله علي أن تكون أتعابه عبارة عن نسبة مئوية مما يقضي به لصالح الموكل. والبطلان في هذه الحالة إنما ينصرف إلي تحديد قيمة الأتعاب المتفق

مادة [709]

عليها ولا يترتب عليه حرمان المحامي من حقه في الأتعاب مادام قد قام بالعمل الموكل فيه، وإنما يكون علي القاضي أن يستبعد التقدير المتفق عليه ويقوم هو أتعاب المحامي وفقاً لما يتصوبه مراعياً في ذلك الجهد الذي بذله وأهميته في الدعوى وثروة الموكل.

كما حظر الإتفاق علي أن يأخذ المحامي جزءا من الحقوق المتنازع عليها في الدعوى الموكل فيها نظير أتعابه أو علي مقابل ينسب إلي قدر أو قيمة ما هو مطلوب في الدعوى أو ما يحكم به فيها (م 44 ق 96 لسنة 1957).

وحظرت المادة 125 من قانون المحاماة الجديد رقم 61 لسنة 1968 أن يبتاع المحامي كل أو بعض الحقوق المتنازع عليها إذا كان هو الذي يتولى الدفاع بشأنها أو أن يتعامل مع موكله بأن تكون أتعابه حصة عينية من الحقوق العينية المتنازع عليها، بل إن المادة 472 من القانون المدني تحرم علي المحامي كل ضروب التعامل في هذه الحقوق.

وإذا إتفق علي أتعاب المحامي كان هذا التحديد خاضعاً لتقدير القاضي بحسب ما قام به المحامي من جهد أو عمل ولا يستثني من ذلك إلا أن تكون الأتعاب قد دفعت طوعاً بعد تنفيذ الوكالة وهو ما نصت عليه المادة 2/709 من القانون المدني. كما لا يكون للقضاء سلطة التقدير علي الإتفاق إذا كان الإتفاق قد تم مد الإنتهاء من العمل وهو ما كانت المادة 1/44 من قانون المحاماة القديم (رقم 96 لسنة 1957) تصرح به. أما إذا كان الإتفاق حاصلاً قبل أداء العمل جاز للحاكم تعديله بالزيادة أو النقص. ولا يمنع من إعمال حكم المادة 2/709 من القانون المدني خلو نصوص قانون المحاماة الجديد من الإحالة إليه ذلك لأن حكم تلك المادة قاعدة عامة تحكم عقود الوكالة كافة.

وعناصر تقدير الأتعاب (أهمية الدعوى- وثروة الموكل- الجهد الذي بذله المحامي) لم ترد في القانون علي سبيل الحصر، ومن ثم فلا تثريب علي القاضي أن يضيف إلي هذه العناصر عناصر أخرى (كمركز المحامي ومستواه العلمي والفني- أو ما عاد علي الموكل من منفعة مباشرة بسبب جهد المحامي) ذلك أن تقدير أتعاب المحامي مما يستقل به قاضي الموضوع.

وجاءت المادة 114 من قانون المحاماة الجديد رقم 61 لسنة 1968 تنص علي أنه: "يدخل في تقدير الأتعاب أهمية الدعوى والجهد الذي بذله المحامي والنتيجة التي حققها ويجب ألا تزيد الأتعاب علي عشرين في المائة ولا تقل عن خمسة في المائة من قيمة ما حققه المحامي من فائدة لموكله في العمل موضوع طلب التقدير".

مادة [709]

ويختص مجلس نقابة المحامين الفرعية بتقدير أتعاب المحامي بناء علي طلبه أو طلب الموكل وذلك عند عدم الإتفاق عليها كتابة.

ويعتبر مجلس النقابة وقد منحه الشارع ذلك الإختصاص القضائي هيئة إدارية ذات إختصاص قضائي في خصوص تقدير الأتعاب ويطعن علي القرارات الصادرة بتقدير الأتعاب أمام محكمة الإستئناف إذا تجاوزت قيمة الطلب 250 جنيه، وأمام المحكمة الإبتدائية (الكلية) إذا قلت القيمة عن ذلك، طبقاً لأحكام الإجراءات التي نصت عليها المادة 113 من قانون المحاماة الجديد رقم 61 لسنة 1968.

(دعوى المطالبة أتعاب المحامي- المستشار فتحي عبد الصبور- السنة 19- مدني- العدد 5- ص25 وما بعدها)

من أحكام القضاء الحديثة:

1- بطلان الإتفاق علي أجر المحامي المنسوب إلي قدر أو قيمة ما هو مطلوب في الدعوى أو ما يحكم به، إنصراف البطلان إلي تحديد قيمة الأتعاب، لا يترتب عليه حرمان المحامي من حقه في الأتعاب، إستبعاد التقدير المتفق عليه، تقدير القاضي للأتعاب بمراعاة المحامي وأهمية الدعوى وثروة الموكل.

(جلسة 1968/6/20- مجموعة المكتب الفني- لسنة 19- مدني- ص1397)

2- مؤدي نصوص المادة 2/709 مدني و1/44 ق96 لسنة 1957 أم يمتنع علي القاضي أن يعدل في مقدار الأتعاب التي إشترطها المحامي مقابل عمله إذا كان الإتفاق عليها قد تم بعد الإنتهاء من هذا العمل أو إذا قام الموكل بأدائها بعد ذلك.

(نقض- جلسة 1968/2/5- المرجع السابق- ص1486)

3- إذ تقضي المادة 1/709 من القانون المدني بأن الوكالة تبرعية ما لم يتفق علي غير ذلك صراحة أو يستخلص ضمناً من حالة الوكيل، فإن اشتغال المطعون عليه بالمحاماة وقت قيامه بالأعمال التي وكل فيها لحساب الطاعن يكفي في ذاته لإعتبار وكالته عن الطاعن مأجورة، وذلك علي أساس أن هذه هي مهنته التي يحترمها ويتكسب منها.

(نقض- جلسة 15/ 1960 /- المرجع السابق- السنة 20- ص211)

4- نص الفقرة الثانية من المادة 709 من القانون المدني هو نص مطلق شامل لكل تعديل في أجر الوكالة المتفق عليه سواء بالحط منه أو برفعه، وإذ كان تقدير هذا الأجر مما يستقل به قاضي الموضوع، وكانت محكمة الإستئناف عند تعديلها تقدير محكمة أول درجة للأجر الذي يستحقه الطاعن قد أقامت قضاءها في ذلك علي إعتبارات سائغة، فإن إغفالها الإشارة إلي الأدلة والحجج

مادة [709]

التي ساقها الطاعن في هذا الخصوص والتي لا يترتب عليها تغيير وجه الرأي في التقدير لا يعتبر قصورا مبطلاً للحكم المطعون فيه.

(نقض- جلسة 1969/2/25- المرجع السابق- ص1322)

5- إنه وإن لقاضي الموضوع بمقتضى الفقرة الثانية من المادة 709 من القانون المدني الحق في تعديل أجر الوكالة المتفق عليه سواء بتخفيضه أو بالزيادة عليه أو بالحد الذي يجعله مناسبا، إلا أنه لما كان ذلك الحق هو إستثناء من القاعدة العامة التي تقض بأن الإتفاق شريعة المتعاقدين فإنه يشترط لإستعماله أن تكون هناك ظروف قد أثرت في الموكل تأثيرا حمله علي التعهد لوكيل بمقابل يزيد كثيراً عما يقتضيه الحال أو أثرت في الوكيل فجعلته يقبل أجرا بخسا لا يتناسب مع العمل الذي أسند إليه أو كان الطرفان قد أخطأ في تقدير قيمة العمل موضوع الوكالة قبل تنفيذه، بحيث إذا انتفت هذه الإعتبارات تعين إحترام إرادة المتعاقدين وإتباع القاعدة العامة التي تقضي بأن ما إتفق عليه الخصوم يكون ملزماً لهم، وهو ما يوجب علي القاضي إذا ما رأي تعديل الأجر المتفق عليه بالزيادة أو النقص أن يعرض في حكمه للظروف والمؤثرات التي أحاطت بالتعاقد وأدت إلي الخطأ في الإتفاق علي مقابل غير مناسب حتى يتسنى لمحكمة النقض مراقبة ما إذا كان أطراحه لإرادة المتعاقدين يستند إلي إعتبارات مقبولة أم لا. وإذ كان الحكم المطعون فيه قد خفض مقدار أجر الوكالة دون أن يبين وجه الخطأ في مقدار الأتعاب المتفق عليها، فإنه يكون مشوباً بالقصور ويستوجب نقضه.

(نقض- جلسة 1970/7/26- المرجع السابق- السنة 21- ص329)

6- الإتفاق علي أجر الوكيل بعد تنفيذ الوكالة يجعل الأجر غير خاضع لتقدير القاضي كما هو الشأن في دفع الأجر طوعاً بعد التنفيذ.

(نقض- جلسة 1972/2/17- المرجع السابق- السنة 23- ص301)

7- لما كانت المادة 709 من القانون المدني تنص في فقرتها الثانية علي أنه: "إذا إتفق علي أجر الوكالة كان هذا الأجر خاضعاً لتقدير القاضي إلا إذا دفع طوعاً بعد تنفيذ الوكالة"، وكان المبلغ الذي طلب به المطعون ضده هو أتعاب محاماة متفق عليها قبل تنفيذ الوكالة فهو أجر وكيل يخضع لتقدير المحكمة عملاً بالمادة المذكورة، ومن ثم لا يكون معلوم المقدار وقت الطلب فلا تستحق عنه الفوائد من تاريخ المطالبة القضائية من تاريخ الحكم النهائي.

(نقض- جلسة 1974/2/5- المرجع السابق- السنة 25 ص285)

8- السمسار وكيل في عقد النفقات، وطبقاً للقواعد المتبعة في عقد الوكالة يتولى قاضي الموضوع تقدير أجر الوكيل في حالة عدم الإتفاق مستعينا

مادة [709]

في ذلك بأهمية العمل وما يقتضيه من جهد ببذله الوكيل وبما يجري عليه العرف في هذه الحالة. ولما كان يبين من الحكم الإبتدائي المؤيد لأسبابه بالحكم المطعون فيه أن في حدود سلطتها الموضوعية قدرت للمطعون عليه الأول أجر عن وساطته بنسبة 2.5% من قيمة الصفقة وأبانت في حكمها أن هذا التقدير يتفق مع ما بذله من مجهود وأهمية الصفقة التي تمت ببيع الفيلا إلي السفارة السوفيتية، كما أنه يتفق مع العرف في هذا الشأن، لما كان ذلك فإن الحكم يكون قد إلتزم صحيح القانون.

(نقض- جلسة 1975/1/7- المرجع السابق- السنة 26- ص124)- نص المادة 44 من قانون المحاماة رقم 96 لسنة 1957 المنطبق علي واقعة الدعوى، مفاده أن أتعاب المحامي المتفق عليها أو التي تدفع طوعا قبل تنفيذ الوكالة تخضع لتقدير القاضي طبقاً لما تقضي به الفقرة الثانية من المادة 709 من القانون المدني، فإن الحكم المطعون فيه إذا اقتصر في رفض طلب الطاعنة إسترداد المبلغ هو أنه مقدم أتعاب دون أن يستظهر ما إذا كانت هناك ظروف أثرت في الموكل (الطاعنة) تأثيراً حمله علي أداء مقابل يزيد كثيرا عما يقتضيه الحال فيخضعه لتقديره وفقاً لما يستصوبه مراعيا الأعمال التي قام بها الوكيل (موروث المطعون ضدهم) والجهد الذي بذله وأهميته وثروة الموكل، ولكنه أغفل ذلك وحجبه عنه تطبيقه حكم المادة 120 عن القانون رقم 61 لسنة 1968 خطأ علي واقعة الدعوى، فإنه يكون مشوباً بالقصور في التسبيب.

(نقض- جلسة 1975/12/31- المرجع السابق- ص1757)

مادة [710]

مادة [710]

علي الموكل أن يرد للوكيل ما أنفقه في تنفيذ الوكالة التنفيذ المعتاد مع الفوائد من وقت الإتفاق، وذلك مهما كان حظ الوكيل من النجاح في تنفيذ الوكالة. فإذا إقتضي تنفيذ الوكالة أن يقدم الموكل للوكيل مبالغ للإتفاق منها في شئون الوكالة، وجب علي الموكل أن يقدم هذه المبالغ إذا طلب الوكيل ذلك.

النصوص العربية المقابلة:

هذه المادة تقابل في نصوص القانون المدني بالأقطار العربية، المواد التالية: مادة 710 ليبي و676 سوري و941 عراقي و792 و793 لبناني و585 سوداني و1142 تونسي.

الأعمال التحضيرية:

يراجع -لاحقاً- التعليق بالأعمال التحضيرية الوارد علي نص المادة 712 من القانون المدني.

رأي الفقه:

1- يتناول نص المادة 710 مدني بالبيان أن الموكل يلتزم بتقديم ما يقتضيه تنفيذ الوكالة من مبالغ إذا طلب الوكيل ذلك، ويلتزم برد ما أنفقه الوكيل من ماله الخاص في تنفيذ الوكالة، ويدفع الفوائد علي هذه المصروفات من وقت الإتفاق،وأن إلتزام الموكل برد المصروفات وفوائدها قد يسقط بالتقادم.

فبالنسبة لإلتزام الموكل بتقديم النفقات - إذا إشترط الوكيل صراحة أن يقدم له الموكل المصروفات الواجب إنفاقها لتنفيذ الوكالة، إلتزم الموكل بذلك بموجب هذا الشرط الصريح، كما يلتزم بتقديم أي مبالغ في الأحوال التي يظهر أن تنفيذ الوكالة يستلزمها بموجب شرط ضمني يستخلص من الظروف. فيلتزم الموكل بتقديم هذه النفقات وتلك المبالغ للوكيل متي طلب الأخير منه ذلك (كثمن شراء العقار والسندات في الوكالة بالشراء، وكرسوم القضية المفروض علي الموكل أن يقدمها للمحامي ولو قبل الأخير تأجيل دفع الأتعاب).

فإذا لم يقم الموكل بتنفيذ هذا الإلتزام فللوكيل أن يطلب التنفيذ العيني، وله أيضاً أن يقف تنفيذ الوكالة حتى يتقاضى هذه المصروفات، كما أن له أن يفسخ الوكالة أو أن ينسحب منها بغض النظر عما إذا كان الموكل قد قام أو لم يقم بإلتزامه.

علي أن كثيراً ما يقع أو ينفق الوكيل من ماله الخاص ما يستلزمه تنفيذ الوكالة، أما لأنه لا يوجد إتفاق صريح أو ضمني علي أن الموكل يقدم هذه النفقات، وإما لأن الوكيل لم يطلب من الموكل تقديمها، وقام هو (أي الوكيل)

مادة [710]

بالإتفاق من ماله الخاص، فيلتزم للموكل بأن يرد للوكيل ما أنفقه في تنفيذ الوكالة (كأن يكون الوكيل قد دفع أجور للعمال- أو رفع دعاوى فدفع رسوما أو أتعابا للمحاماة- أو اشتري أسمدة أو بذور أو مبيدات).

ويجب أن يتوافر في النفقات التي يرجع بها الوكيل علي الموكل شرطان:

(1) أن تكون نفقات قد إستلزمها تنفيذ الوكالة التنفيذ المعتاد فلا يسترد الوكيل نفقات يجاوز بها حدود الوكالة (لعدم لزومها، أو لعدم معقوليتها).

(2) أن تكون نفقات مشروعة، فلا يجوز للوكيل إسترداد مبالغ دفعها كرشوة والوكيل هو الذي يحمل عبء إثبات ما أنفقه من مصروفات، وله الإثبات بجميع الطرق، لأن الإنفاق واقعة مادية.

ومع ذلك يغلب أن يقدم الوكيل الأوراق والمستندات الدالة علي الإنفاق، وفواتير الصرف وإيصالاته، وعليه أن يثبت أيضاً وقت الإنفاق، إذ من هذا الوقت تسري فوائد المصروفات التي قدمها الوكيل.

وللموكل أن يثبت أنه رد هذه المصروفات للوكيل، أو أنها أنفقت من مال له عنده، أو أن الوكيل قد إرتكب خطأ تسببت عنه هذه المصروفات أو جزء منها. والمصروفات التي أنفقها الوكيل تكون عادة عنصرا من عناصر الحساب الذي يقدمه للموكل عند إنتهاء الوكالة فيخصمها من المال عن الوكيل أو الوكيل علي الموكل عند إنتهاء الوكالة. ولكن ليس ما يمنع من أن يسترد الوكيل فورا المصروفات التي أنفقها إذا كان في حاجة إلي ذلك.

ومصدر إلتزام الموكل برد المصروفات إلي الوكيل هو عقد الوكالة ذاته، فالإلتزام إذن عقدي وليس مبنياً على الفضالة أو علي قاعدة الإثراء بلا سبب.

وهناك فروق بين المصروفات التي يستردها الوكيل، وتلك التي يستردها الفضولي أو التي يستردها المفتقر لحساب غيره. فالوكيل يسترد بموجب عقد الوكالة جميع المصروفات التي أنفقها في تنفيذ الوكالة التنفيذ المعتاد دون أن يرتكب خطأ تتسبب عنه زيادة في هذه المصروفات، ويسترد هذه المصروفات مهما كان حظه من النجاح في مهمته كما يقول نص المادة 710 مدني حتى لو فشل فيها لأن إلتزامه إلتزام ببذل عناية لا إلتزام بتحقيق غاية. أما الفضولي فيسترد بموجب قواعد الفضالة المصروفات الضرورية والنافعة التي سوغها الظروف (م 195 مدني) ويسترد المفتقر لحساب الغير بموجب قواعد الإثراء بلا سبب المصروفات التي أنفقها في حدود ما أثري به الغير علي حسابه بسبب هذه المصروفات (م 179 مدني).

مادة [710]

أما عن إلتزام الموكل بدفع فوائد المصروفات من يوم الإتفاق فهو ما ورد النص عليه في صدر المادة 710 من القانون المدني. فالمصروفات التي أنفقها الوكيل في تنفيذ الوكالة تنتج فوائد بالسعر القانوني أو بالسعر الإتفاقى علي حسب الأحوال وذلك من يوم الإتفاق، وفي هذا خروج علي القواعد العامة التي تقضي بسريان الفوائد من يوم المطالبة بها (م 226 مدني).

ويجوز للوكيل أن ينزل صراحة أو ضمناً عن تقاضي فوائد علي المصروفات التي ينفقها، ولا يعتبر هذا النزول هبة غير مباشرة، بل هو يشبه القرض بغير فائدة.

وبالنسبة لسقوط الإلتزام بالرد بالتقادم، فلم يرد نص خاص في سقوط إلتزام الموكل برد المصروفات بالتقادم، فتسري القواعد العامة، ويسقط هذا الإلتزام بمضي خمس عشرة سنة من وقت إستحقاقه وهو عادة وقت التصديق علي الحساب. أما المصروفات فتتقادم مع الرصيد بخمس عشرة سنة وكذلك الفوائد علي المصروفات فإنها تدرج مع المصروفات في الحساب ومن ثم لا تسقط بالتقادم إلا مع الرصيد بخمس عشرة سنة. أما فوائد الرصيد ذاته وهي تستحق من وقت الإعذار إذا كان الرصيد في مصلحة الوكيل فتسقط بخمس سنوات شأنها في ذلك شأن كل دين دوري متجدد.

وإذا طالب الوكيل الموكل بالمصروفات وفوائدها من وقت الإتفاق إما لأن ما لا للموكل لا يوجد تحت يده، وإما لأنه في حاجة إلي المال، فإن المصروفات والفوائد تصبح مستحقة من وقت الإتفاق، وتسقط بالتقادم: الأولي بخمس عشرة سنة، والثانية بخمس سنوات.

تسقط المصروفات التي ينفقها المحامي لحساب موكله بالتقادم بخمس سنوات من وقت الإتفاق (م 276 مدني). فإذا حرر المحامي سندا بمصروفاته لم تسقط هذه المصروفات إلا بإنقضاء خمس عشرة سنة.

(الوسيط- 7-1- للدكتور السنهوري- المرجع السابق- ص547 وما بعدها)

2- لا جديد في المادة 710 من القانون المدني التي تقرر للوكيل الحق في إسترداد النفقات المعقولة التي صرفها لتنفيذ الوكالة، مع فوائد من وقت الإتفاق، لا من وقت المطالبة القضائية كما تقضي به القواعد العامة.

(التقنين المدني- للدكتور محمد علي عرفه- المرجع السابق- ص513)

من أحكام القضاء الحديثة:

1- توجب المادة 528 مدني قديم (المقابلة للمادة 710 من القانون المدني الجديد) علي الموكل أن يؤدي: "المصاريف المنصرفة من وكيله المقبولة قانونا أياً كانت نتيجة العمل إذا لم يحصل من الوكيل تقصير فيه"، فإذا كان الحكم

مادة [710]

المطعون فيه قد كيف العلاقة بين الطرفين في خصوص ثمن المهمات التي تعهدت الشركة الطاعنة بتوريدها إلى مصلحة السكك الحديدية (المطعون عليها) من الشركات الإنجليزية، بأنها علاقة وكيل بموكله وكان الطرفان قد إتفقا علي تعديل طريقة الوفاء بالثمن إلي العملة المصرية بدلا من الفرنك البلجيكي فإنه يتعين أن يحدد الثمن بالفرنك البلجيكي مقوما بالعملة المصرية علي أساس السعر الفعلي لها وقت حصول ذلك الإتفاق. ومتي كان الحكم المطعون فيه قد انحرف عن هذا النظر وإعتبر أن الثمن يتحدد بعدد الجنيهات الإسترلينية التي تقاضتها الشركات الإنجليزية من الشركة الطاعنة دون نظر إلي ما تحمله الأخيرة فعلا من مالها في سبيل الحصول علي تلك الجنيهات، فإنه يكون قد خالف القانون مما يستوجب نقضه.

(نقض- جلسة 1962/2/15- مجموعة المكتب الفني- السنة 13- ص238)

2- مفاد نص المادتين 708 و710 من القانون المدني مرتبطين أنه يجوز لنائب الوكيل أن يرجع بدعوى مباشرة علي الموكل يطالبه فيها بما إلتزم به نحو الوكيل الأصلي، ذلك سواء أكان الموكل قد رخص للوكيل الأصلي بتوكيل غيره في تنفيذ الوكالة أو لم يرخص له بذلك، ويكون رجوع نائب الوكيل علي الموكل شأنه في ذلك شأن ما يرجع به الوكيل الأصلي علي الموكل من المطالبة بالمصروفات الضرورية المشروعة التي أنفقها من ماله الخاص والتي استلزمها تنفيذ الوكالة.

(نقض- جلسة 1968/11/19- المرجع السابق- السنة 19- ص136)

مادة [711]

مادة [711]

يكون الموكل مسئولاً عما أصاب الوكيل من ضرر دون خطأ منه بسبب تنفيذ الوكالة تنفيذاً معتاداً.

النصوص العربية المقابلة:

هذه المادة تقابل في نصوص القانون المدني بالأقطار العربية، المواد التالية:مادة 711 ليبي و677 سوري و586 سوداني و794 فقرة أخيرة لبناني.

الأعمال التحضيرية:

ينظر – لاحقاً- التعليق بالأعمال التحضيرية الواردة علي نص المادة 712 من القانون المدني.

رأي الفقه:

1- يتبين من نص المادة 711 مدني أن هناك شرطين يجب توافرهما حتى تتحقق مسئولية الموكل عما أصاب الوكيل من ضرر بسبب تنفيذ الوكالة.

(1) أن يكون تنفيذ الوكالة تنفيذاً معتاداً هو السبب في الضرر الذي أصاب الوكيل.

(2) ألا يثبت خطأ في جانب الوكيل.

فبالنسبة **للشرط الأول**- يجب أن يكون تنفيذ الوكالة تنفيذا معتادا هو السبب المباشر في الضرر. فإذا خرج الوكيل عن السلوك المعتاد وأصيب من جراء ذلك بضرر لم يكن الموكل مسئولاً. وإذا لم يكن تنفيذ الوكالة هو السبب المباشر في الضرر إنتفت مسئولية الموكل حتى لو كان الضرر قد تحقق في مناسبة تنفيذ الوكالة.أما إذا كان تنفيذ الوكالة هو السبب المباشر في الضرر فإن الموكل لا يكون مسئولاً ولو كان الضرر قد وقع في مناسبة هذا التنفيذ (كأن وكل محامياً فيأخر لحضور الجلسة راكباً سيارة فحدثت مصادمة وأصيب المحامي)، فإن الموكل لا يكون مسئولاً.علي أنه يجوز أن يصيب الوكيل ضرر في جسمه أو في ماله بسبب قيامه بأعمال الوكالة نفسها فيكون الموكل مسئولاً عن التعويض (كأن تكون الوكالة واقعة وبالذات علي إستئجار سيارة للقيام برحلة مدرسية أو عمالية فوقع حادث أدي إلي إصابة الوكيل بضرر)، فإن الموكل يكون مسئولاً عن التعويض.

وأما **الشرط الثاني**- فلا يكون الموكل مسئولاً عن الضرر الذي يصيب الوكيل بسبب تنفيذ الوكالة إلا إذا كان لم يثبت خطأ في جانب الوكيل. وقد نصت المادة 711 مدني صراحة علي هذا الشرط، فهي تقضي بمسئولية الموكل عما أصاب الوكيل من ضرر دون خطأ منه". فإن إرتكب الوكيل خطأ في تنفيذ الوكالة، كأن جاوز حدود التوكيل فأصبح مسئولاً نحو من تعامل معه أو إرتكب

مادة [711]

خطأ جعله مسئولاً قبل الغير أو إرتكب مخالفة حكم عليه بالغرامة فيها، فإن الموكل لا يكون مسئولاً عن تعويض الضرر الذي لحق به من جراء الحكم عليه بالتعويض أو بالغرامة.

فإذا لم يثبت خطأ في جانب الوكيل، فإن الموكل يكون مسئولاً، سواء حدث الضرر للوكيل بخطأ الموكل أو بخطأ الغير أو بقوة قاهرة ومتى توافر الشرطان فإن مسئولية الموكل تتحقق، ويجب عليه تعويض الوكيل عما أصابه من ضرر بسبب تنفيذ الوكالة. يستوي في ذلك أن تكون الوكالة مأجورة أو غير مأجورة، ذلك أن نص المادة 711 مدني لا يميز بين الوكيل غير المأجور والوكيل المأجور. كما يستوي أيضاً أن يكون الوكيل قد نجح في مهمته أو لم ينجح، فإن المادة 711 مدني لم تشترط نجاح الوكيل في مهمته، فرجوع الوكيل علي الموكل بالتعويض كرجوعه عليه بالمصروفات لا يشترط في كليهما أن يكون الوكيل قد نجح في مهمته.

ويستوي في ذلك- أخيراً- أن يكون الضرر الذي أصاب الوكيل قد ظهر في أثناء تنفيذ الوكالة أو ظهر بعد أن تم تنفيذها. فمادام تنفيذ الوكالة هو السبب المباشر في الضرر، فإن الموكل يكون ملتزماً بالتعويض.

وإلتزام الموكل بتعويض الوكيل عن الضرر الذي أصابه بسبب تنفيذ الوكالة مصدره عقد الوكالة بالذات شأن هذا الإلتزام في ذلك شأن الإلتزام برد المصروفات التي أنفقها الوكيل في التنفيذ المعتاد للوكالة. ومن ثم فمسئولية الموكل عن تعويض الضرر مسئولية عقدية لا تقصيرية. ويترتب علي ذلك أمران:

الأول- أنه يجوز للموكل أن يشترط إعفاءه من هذه المسئولية، ولو كانت المسئولية تقصيرية لما جاز له ذلك.

الثاني- أن إلتزام الموكل بالتعويض يسقط بخمسة عشر سنة طبقاً للقواعد العامة في المسئولية العقدية، وتسري المدة من وقت وقوع الضرر أو من وقت التصديق علي الحساب، ولو كانت المسئولية لسقط الإلتزام بثلاث سنوات أو بخمس عشرة سنة بحسب الأحوال.

(الوسيط- 7-1- للدكتور السنهوري- المرجع السابق- ص528 وما بعدها)

2- لا نظير للمادة 711 من القانون المدني الجديد في التقنين المدني القديم، فهذه المادة تقضي بتعويض الوكيل عن الخسائر التي تصيبه بقوة قاهرة أو حادث فجائي وقع له أثناء مهمته. ولا تقتصر مسئولية الموكل في تقدير الدكتور عرفه- علي تعويض ما يصيب الوكيل من الضرر كنتيجة مباشرة لتنفيذ

مادة [711]

الوكالة، وهو الضرر المتوقع، بل تجاوز ذلك إلي الضرر غير المتوقع، كقتل الوكيل أثناء قيامه بتنفيذ المهام الموكولة إليه.

(التقنين المدني- للدكتور محمد علي عرفه- المرجع السابق- ص514)

من أحكام القضاء الحديثة:

1- الشارع المصري الذي أوجب علي الموكل في المادة 528 مدني قديم (المقابلة للمادة 711 مدني جديد) أن يؤدي المصاريف المنصرفة من وكيله المقبولة قانونا أيا كانت نتيجة العمل إذا لم يحصل من الوكيل تقصير فيه كان يعني حتما تعويض الوكيل تعويضا كاملا يرمي إلي تحقيق هذا الغرض الذي لن يتوافر إلا بإحالة الوكيل بسياج من الضمان يكفل له الحصول علي مقابل الضرر الذي يتحمله في شخصه وفي ماله. ولئن كانت هذه المادة منقولة عن المادة 1999 من المجموعة المدنية الفرنسية التي تليها المادة 2000 وفيها نص صريح علي أن الموكل عليه تعويض الوكيل عن الخسارة التي يتحملها بغير تقصير منه بسبب قيامه بأعمال الوكالة إلا أنها في الواقع شاملة لكلتا الحالتين، فالمصاريف نوع من الخسائر وخروجها من مال الوكيل من شأنه أن ينقص هذا المال، ويلحق به خسارة تعادل النقص الذي حل به، وإذا كان المشرع الفرنسي قد عمد إلي الإسهاب والإيضاح، فقد نجا المشرع المصري في القانون المدني القديم منحي طابعه الإيجاز، فقرر مبدأ التعويض وترك الباب مفتوحا أمام القاضي في مجال التطبيق العملي ليسير بالمبدأ إلي غايته ويحمل الموكل تبعة تعويض الوكيل ما دام أن هذا الأخير يعمل في حدود الوكالة، ومادام أن الضرر لم يكن ناشئاً عن خطئه وتقصيره وإيراد المشرع المصري لهذا المبدأ في المادة 711 مدني جديد التي تنص علي أن الموكل يكون مسئولاً عما أصاب الوكيل من ضرر دون خطأ منه بسبب تنفيذ الوكالة تنفيذاً معتاداً لم يقصد به الإستحداث بل زيادة الإيضاح.

(جلسة 1951/2/1- مجموعة القواعد القانونية(25 عاما)الجزء 1- 11- ص1235)

مادة [712]

مادة [712]

إذا وكل أشخاص متعددون وكيلاً واحدا في عمل مشترك كان جميع الموكلين متضامنين قبل الوكيل في تنفيذ الوكالة ما لم يتفق علي غير ذلك.

النصوص العربية المقابلة:

هذه المادة تقابل في نصوص القانون المدني بالأقطار العربية، المواد التالية:

الأعمال التحضيرية:

1- يلتزم الموكل قبل الوكيل: (أ) بأن يدفع له الأجر إذا كانت الوكالة مأجورة (ب) وأن يرد له ما أنفقه (جـ) وأن يعوضه ما أصابه من الخسارة بسبب تنفيذ الوكالة.

2- والأصل أن تكون الوكالة بغير أجر، إلا إذا إتفق صراحة علي الأجر أو إستخلص هذا الإتفاق من حالة الوكيل كأن تكون الأعمال التي يقوم بها هي من أعمال حرفته، كما هو الأمر بالنسبة للمحامي. وفي الحالة الأخيرة، إذا اختلف الطرفان في تقدير الأجر قدره القاضي. أما في الحالة الأولي، إذا كان هناك إتفاق صريح علي الأجر، فإن هذا الإتفاق يخضع لتقدير القاضي، يخفض الأجر أو يزيده تبعا لما يتبينه من الظروف، إذ أن الطرفين قد يخطئان في تقدير قيمة العمل قبل تنفيذه فللقاضي أن يصلح هذا الخطأ. وهذا الحكم، وإن كان مخالفاً للقواعد العامة في العقود، هو من الأحكام التقليدية في الوكالة نقله التقنين المصري الحالي من القضاء الفرنسي، ونقله المشروع من التقنين الحالي. وزاد فيه ما أدخله القضاء المصري من التعديل في هذه المسألة، إذ قضي بأن الأجر إذا دفع طوعا بعد تنفيذ الوكالة، لا يجوز بعد ذلك للقاضي أن يعدل فيه بالنقص أو الزيادة. ذلك لأن الطرفين قد تبينا بعد تنفيذ الوكالة أهمية العمل الذي قام به الوكيل فإذا دفع الموكل الأجر المتفق عليه طوعا بعد ذلك وقبضه الوكيل، فهذا دليل علي أنهما لم يريا ما يقتضي تعديل الأجر، فلا محل إذن لتحكيم القاضي.

3- وقد يقتضي تنفيذ الوكالة نفقات يصرفها الوكيل أو إلتزامات تترتب في ذمته فالنفقات، مادامت معقولة، يستردها من الموكل جميعاً مع فوائدها من وقت الإنفاق، وهذا إستثناء جديد للقاعدة التي تقضي بأن الفوائد لا تجب إلا من وقت المطالبة القضائية. ويسترد الوكيل النفقات سواء نجح في مهمته أو لم ينجح. وهذا فرق ما بين الوكالة من ناحية والفضالة والإثراء بلا سبب من ناحية أخرى، فإن الفضولي يسترد إلا أدنى القيمتين كما هو معروف (م 248 من المشرع). وقد تدل الظروف علي أن الموكل يلتزم بإعطاء الوكيل مقدما ما ينفق منه علي شؤون الوكالة، كالمحامي يتقاضى من موكله مقدما الرسوم القضائية

مادة [712]

الواجب دفعها. أما الإلتزامات التي عقدها الوكيل بإسم الموكل فهي تنصرف إليه مباشرة، والذي عقدها بإسمه الشخصي يلتزم الموكل بإبراء ذمته منها، كما يلتزم الوكيل بنقل ما كسبه من الحقوق إلي الموكل فيما تقدم.

4- وإذا أصاب الوكيل ضرر من تنفيذ الوكالة التنفيذ المعتاد، ولم يكن قد إرتكب خطأ تسبب عنه هذا الضرر، فإن له أن يرجع علي الموكل بتعويض هذا الضرر كما يرجع الفضولي (م 269 من المشروع)، مثال ذلك أن يضحي بمصلحة شخصية له حرصاً علي مصلحة أكبر للموكل.

5- والوكيل، ضماناً لإستيفاء حقوقه، أن يحبس ما وقع في يده من مال الموكل بحالة الوكالة، كثمن ما وكل في بيعه والحق الذي إستوفاه للموكل من مدينيه. وهذا تطبيق ظاهر للمبدأ العام في الحبس (يمكن حذف المادة 978 من المشروع إكتفاء بالنص الذي يقرره المبدأ العام: 221 من المشروع).

6- وإذا تعدد الموكلون في العمل الواحد كانوا متضامنين في إلتزاماتهم قبل الوكيل دون حاجة إلي شرط خاص في ذلك. وفي هذا إستثناء من القاعدة التي تقضي بأن التضامن في المسئولية التعاقدية لا يكون إلا بشرط خاص. وإذا أريد نفي التضامن وجب إشتراط ذلك.

(مجموعة الأعمال التحضيرية للقانون المدني- الجزء 5- ص222 و223)

رأي الفقه:

1-يتبين من نص المادة 712 من القانون المدني أنه إذا تعدد الموكلين في تصرف واحد، كانوا متضامنين في إلتزاماتهم نحو الوكيل. والأصل أنه لا يقم التضامن في الإلتزامات العقدية إلا بنص، ولما كانت إلتزامات الموكل ناشئة عن العقد فإن التضامن كان لا يقوم بين الموكلين المتعددين لولا هذا النص الذي خرج في هذه المسألة علي القواعد المقررة في التضامن.

وتضامن الموكلين في إلتزاماتهم نحو الوكيل يقابل تضامن الوكلاء في إلتزاماتهم نحو الموكل. والنص سالف الذكر يقرر تضامن الموكلين في إلتزاماتهم نحو التوكيل، ولا يقرر تضامن الموكلين في حقوقهم التي تترتب في ذمة الوكيل، فلا تضامن بينهم في هذه الحقوق. وإذا تعدد الموكلين والوكلاء في عمل واحد كان الموكلون وكذلك الوكلاء متضامنين في إلتزاماتهم وغير متضامنين في حقوقهم.

ويشترط النص سالف الذكر أن يكون هناك موكلون متعددون في عمل مشترك. فهناك إذن شرطان:

(1) أن يكون هناك موكلون متعددون، فلابد من عقد وكالة، ومن ثم لا يقوم التضامن في النيابة القانونية ولا في النيابة القضائية إذا تعدد الأصيل، فلا يقوم التضامن بين الموضوعين تحت الحراسة المتعددين أو الدائنين المتعددين

مادة [712]

نحو الحارس القضائي أو مأمور التفليسة. وإذا كان هناك عمل مشترك بين أشخاص متعددين، وأقام بعضهم دون بعض وكيلاً في هذا العمل، فإن من أقاموا الوكيل هم الذين يكونون متضامنين دون الذين لم يشتركوا في إقامة الوكيل.

(2) أن تكون الوكالة في عمل مشترك. فلو وكل عدة أشخاص محاميا في قضية مشتركة بينهم كانوا متضامنين في دفع الأجر للمحامي ورد المصروفات والقيام بالإلتزامات الأخرى. أما إذا كانت الوكالة من أعمال مختلفة كل موكل قد وكل الوكيل في عمل خاص به، فإن الموكلين لا يكونون متضامنين، لأن الأمر يتعلق بوكالات متعددة لا بوكالة واحدة، وهذا حتى لو صدرت هذه الوكالات المتعددة في عقد واحد. وعلي العكس من ذلك يكون الموكلون متضامنين مادامت الوكالة قد وقعت علي عمل واحد مشترك بينهم جميعاً حتى ولو صدرت الوكالة في عقود متفرقة.

ويستوي بعد ذلك أن تكون الوكالة بغير أجر أو أن تكون بأجر، كما يستوي أن يكون الوكيل قد نجح في مهمته أو لم ينجح، ففي جميع هذه الأحوال يكون الموكلون المتعددون متضامنين.

ويكونون متضامنين نحو الوكيل في جميع إلتزاماتهم الناشئة عن عقد الوكالة:

الإلتزام بدفع الأجر والإلتزام برد المصروفات والإلتزام بالتعويض عن الضرر، ويستطيع الوكيل الرجوع علي أي منهم بأي إلتزام من هذه الإلتزامات كاملا، ولو كان قد تراخي في المطالبة حتى أعسر بعض الموكلين.

وليس تضامن الموكلين علي النحو سالف الذكر من النظام العام، فيجوز الإتفاق علي إستبعاد التضامن، ويصبح كل موكل مسئولاً عن الإلتزامات بالنسبة التي يتفق عليها، فإن لم يتفق علي نسبة معينة كان مسئولاً بنسبة ماله من مصلحة. وتورد المادة 712 مدني سالفة الذكر هذا الحكم صراحة، فهل بعد أن تقرر تضامن الموكلين المتعددين تقول: "ما لم يتفق علي غير ذلك".

(الوسيط- 7-1- للدكتور السنهوري- المرجع السابق- ص569 وما بعدها)

2- تجيز المادة 712 من التقنين المدني للوكيل من قبل متعددين أن يرجع عليهم بالتضامن. ومن هذا الحكم تقنين لما جري عليه القضاء المختلط بالرغم من عدم وجود نص مقابل للمادة 712 في التقنين المدني .

المختلط. وقد كان هذا القضاء تحكميا، فدعمه المشرع بالنص الصريح. فيجوز للوكيل أن يرجع علي الموكلين المتعددين بالتضامن، ما لم يتفق علي أن يرجع علي منهم بقدر نصيبه في الديون المستحقة للوكيل.

(التقنين المدني- للدكتور محمد علي عرفه- المرجع السابق- ص541)

مادة [712]

من أحكام القضاء الحديثة :

1-النص في المادة 712 من القانون المدني على أنه" إذا وكل أشخاص متعددون وكيلاً واحداً في عمل مشترك كان جميع الموكلين متضامنين قبل الوكيل في تنفيذ الوكالة ما لم يتفق على غير ذلك "، مفاده إنه إذا تعدد الموكلون في تصرف واحد، كانوا متضامنين نحو الوكيل، وإذ كان الثابت من الحكم المطعون فيه أن المطعون عليه الأول باشر الأعمال الإدارية والقضائية نيابة عن الطاعنين جميعاً بمقتضى الوكالة المخولة لهم من وكيلهم المطعون عليه الثاني، فإن الطاعنين يكونون متضامنين في التزامهم نحو المطعون عليه الأول وهو ما نص عليه في عقد الاتفاق سند الدعوى.

[الطعن رقم 1070 - لسنة 48 ق - تاريخ الجلسة 18 / 01 / 1979]

مادة [713]

مادة [713]

تطبق المواد 104 إلي 107 الخاص بالنيابة في علاقة الموكل والوكيل بالغير الذي يتعامل مع الوكيل.

النصوص العربية المقابلة:

هذه المادة تقابل في نصوص القانون المدني بالأقطار العربية، المواد التالية:

مادة 713 ليبي و679 سوري و912 و945 عراقي و588 سوداني 799-807 لبناني و1148 تونسي.

الأعمال التحضيرية:

1- في علاقة كل من الموكل والوكيل بالغير تتفق أحكام الوكالة مع أحكام النيابة بوجه عام، فالوكيل نائب عن الموكل في تعاقده مع الغير. وينشأ العقد الذي يبرمه الوكيل لحساب الموكل وتترتب آثاره علي الوجه المبين في المواد 157 – 160 من المشروع. فيكون شخص النائب لا شخص الأصيل هو محل الإعتبار عند النظر في صحة التعبير عن الإرادة ومدي ما يتأثر به هذا التعبير من وجود عيب في الإدارة أو من العلم ببعض الظروف الخاصة أو وجوب العلم بها (م 175 من المشروع). كذلك ينصرف أثر العقد الذي أبرمه الوكيل بإسم الموكل، سواء في ذلك ما يولده من حقوق وما يترتب عليه من إلتزامات، إلي الموكل مباشرة. ومن أجل ذلك أعطي للغير الذي يتعاقد مع الوكيل الحق في مطالبته بأن يثبت وكالته ومدي هذه الوكالة. فإذا كانت الوكالة ثابتة في ورقة مكتوبة، فللغير أن يحصل علي صورة مطابقة للأصل تحمل توقيع الوكيل. فيستطيع الغير بذلك أن يرجع علي الموكل مباشرة بمقتضى هذا التوكيل (م 158 من المشروع). أما إذا كان الوكيل قد تعاقد بإسمه الشخصي (أي كان إسماً مستعارا) فلا ينصرف أثر العقد إلي الأصيل، دائناً أو مدينا، إلا إذا كان يستفاد من الظروف أن الغير يعلم وجود الوكالة. أو كان يستوي عنده أن يتعامل مع الموكل أو الوكيل (م 159 من المشروع).

2- بقيت حالة ما إذا تعاقد شخص بإسم غيره دون توكيل، أو مجاوزاً حدود الوكيل (في غير ما نصت عليه المادة 978 فقرة 2)، أو بعد أن انقضت الوكالة فإذا تعاقد (أ) مع (ب) بإسم (جـ)، دون توكيل أو مجاوزاً حدود التوكيل، فإن (أ) لا يعتبر وكيلاً عن (جـ)، سواء علم (ب) بإنعدام الوكالة أو لم يعلم، إذ كان يستطيع أن يعلم لو أنه طلب من (أ) إثبات وكالته كما تقضي بذلك المادة 158. لذلك لا ينفذ العقد في حق (جـ) إلا إذا أقره. ويستطيع (ب) أن يلجأ إلي طريقة عملية رسمها المشرع لإجبار (جـ) علي أن يتخذ موقفه من هذا العقد،

مادة [713]

وذلك بأن يحدد له ميعاداً مناسباً ليقر العقد، فإذا أقره إرتبط به علي أن (ب) يستطيع أن يتحلل من العقد قبل أن يصدر إقرار من (جـ)، ما لم يكن وقت أن تعاقد مع (أ) عالماً أن الوكالة غير موجودة ويحذف من نص المادة 990 فقرة 2 العبارة الأخيرة "أو كان ينبغي أن يكون عالماً بذلك" لأن 0ب) كان يستطيع دائماً العلم بإنعدام الوكالة لو أنه طالب الوكيل بإثبات وكالته. أما إذا رفض (جـ) الإقرار، أو لم يصدر منه إقرار في الميعاد المحدد، فالعقد لا يسري في حقه، ولا يبقي أمام (ب) إلا أن يرجع بالتعويض علي (أ) الذي إتخذ صفة الوكيل دون أن يكون وكيلاً. لكن إذا أثبت (أ) أن (ب) كان يعلم أن الوكالة غير موجودة (ويحذف من نص المادة 991 العبارة الأخيرة "أو كان ينبغي أن يكون عالماً بذلك" السبب المتقدم) تخلص من التعويض.

وتتغير المسألة لو أن (أ) تعاقد مع (ب) بإسم (جـ)، وكان معه توكيل عنه لم يجاوز حدوده، ولكن التعاقد كان بعد إنقضاء التوكيل ولم يكن (ب) يعلم بانقضائه، ذلك لأن (ب) في هذه الحالة لم يكن يستطيع العلم بإنعدام الوكالة كما كان يستطيعه في الحالة الأولي، فهو معذور إذا تعاقد مع (أ) بإعتباره وكيلاً، ويرتبط (جـ) بهذا العقد كما لو كانت الوكالة لم تنقض، ويرجع (جـ) علي (أ) بالتعويض إذا كان هذا يعلم بإنقضاء الوكالة (انظر م 160 و995 من المشروع).

(مجموعة الأعمال التحضيرية للقانون المدني- الجزء 5- ص225 و226 و227 و228)

رأي الفقه:

1- يشير نص المادة 713 مدني إلي أن مهمة الوكيل هي أن يقوم بتصرف قانوني، فهو يتعاقد مع الغير لحساب الموكل. ويحيل إلي الأحكام الخاصة بالنيابة في التعاقد في أثر الوكالة بالنسبة إلي هذا الغير الذي يتعاقد معه الوكيل.

بالرجوع إلي أحكام النيابة إذا ما كان الوكيل يتعاقد دائماً لحساب الموكل، فإنه إما أن يعمل باسم الموكل، وهذا هو الغالب، ويكون الوكيل نائباً في تعاقده عن موكله، وتقترن الوكالة هنا بالنيابة. وإما أن يعمل بإسمه الشخصي، ويغلب أن يكون مسخرا أو إسماً مستعاراً، فلا يكون نائباً في تعاقده لحساب موكله، وتقوم الوكالة هنا دون أن تقوم النيابة.

وقد سبق بسط علاقة الوكيل بالموكل، وأن عقد الوكالة ينشئ إلتزامات في ذمة الوكيل وأخرى في ذمة الموكل.

فالوكيل عندما يعمل بإسم الموكل يكون نائباً عنه، وأن النيابة هي حلول إرادة النائب محل إرادة الأصيل، مع إنصراف الأثر القانوني لهذه الإرادة إلي

مادة [713]

شخص الأصيل كما لو كانت الإرادة قد صدرت منه هو. والمصدر الذي يستمد منه النائب نيابته إما أن يكون القانون (كما في الولي) فإن القانون هو الذي يعين الأولياء وتكون النيابة نيابة قانونية. وإما أن يكون القضاء (كما في الوصي -والقيم- والحارس القضائي- والسنديك)، فإنه جهة قضائية هي التي تختار هؤلاء، وتكون النيابة نيابة قضائية. وإما أن يكون الإتفاق كما في الوكيل، فإن عقد الوكالة النيابية هو الذي يستمد منه الوكيل نيابته عن الموكل، وتكون النيابة نيابة إتفاقية.

إن الفكرة الجديدة التي إعتدي إليها الفقه الحديث في موضوع النيابة هي أن من ينوب عن غيره إنما يحل إرادته هو محل إرادة من ينوب عنه.

وتقضي أحكام النيابة بأن ينصرف أثر التصرف الذي يبرمه النائب إلي شخص الأصيل لا إلي شخص النائب.

وفي علاقة الوكيل بالغير فقد أحالت المادة 713 من القانون المدني إلي نص المادة 104[1] منه. فالتصرف الذي يعقده الوكيل مع الغير يقوم علي إرادته هو لا علي إرادة الموكل. ويترتب علي ذلك أن الوكيل يجب أن يكون أهلا لأن تصدر منه إرادة، فيجب أن يكون مميزاً وإن كان لا يشترط أن يكون أهلا للتصرف الذي يعقده مع الغير، لأن أثر هذا التصرف لا ينصرف إليه، وإنما ينصرف إلي الأصيل، ومن ثم يجب أن يكون هذا الأخير هو الذي تتوافر فيه أهلية هذا التصرف.

ولا يكفي أن يكون الوكيل مميزاً، بل يجب أن تكون إرادته خالية من العيوب، فلا تكون مشوبة بغلط أو تدليس أو إكراه، وإلا كان العقد الذي يبرمه مع الغير قابلاً للإبطال حتى لو كانت إرادة الموكل لم يشبها عيب من هذه العيوب، فالعبرة بإرادة الوكيل لا بإرادة الموكل.

إن أحكام النيابة تقضي بألا ينصرف الذي يبرمه الوكيل إلي شخصه بل ينصرف إلي شخص الموكل.

ولا يكون الوكيل مسئولاً إذا كان التصرف الذي عقده مع الغير باسم الموكل باطلا أو قابلا للإبطال، وذلك ما لم يثبت في جانبه خطأ شخصي. فإذا وكل شخص في قبض شيك مزور وهو لا يعلم تزويره لم يكن مسئولاً إذا قبضه، ويرجع البنك علي الموكل لا علي الوكيل.

وقد يرتكب الوكيل خطأ وهو ينفذ الوكالة في إيقاع الغير الذي يتعاقد معه في شأن حدود وكالته. والأصل أن الغير الذي يتعاقد مع الوكيل عليه أن يتثبت

---

[1] يراجع التعليق علي نص المادة 104- مدني في الجزء الأول من هذا الكتاب.

مادة [713]

من قيام الوكالة ومن حدودها، وله في سبيل ذلك أن يطلب من الوكيل ما يثبت وكالته. فلا يكون الوكيل مسئولاً إذا جاوز حدود الوكالة وكان الغير يعلم أو ينبغي أن يعلم بذلك. ولكن يجوز أن يتعمد الوكيل إيهام الغير فيتعاقد معه مجاوزاً حدود وكالته أو بعد إنتهاء هذه الوكالة، فلا يسري التعاقد في حق الموكل، ويكون الوكيل مسئولاً قبل الغير ويرجع هذا عليه بالتعويض، كذلك يجوز أن يضمن الوكيل للغير أنه يعمل في حدود التوكيل، فيكون مسئولاً قبله لو جاوز هذه الحدود، ويصح كذلك أن يضمن الوكيل للغير تنفيذ الموكل للإلتزامات الناشئة من تعاقد الوكيل مع الغير، فيكون الوكيل في هذه الحالة مسئولاً نحو الغير مسئولية الكفيل. ويجوز أن يقتصر الوكيل علي ضمان إقرار الموكل التصرف فيما جاوز حدود الوكالة. فإذا لم يصدر هذا الإقرار كان الوكيل مسئولاً عن التعويض، أما إذا صدر الإقرار، فإن الوكيل تبرأ ذمته من الضمان ولا يكفل الموكل في تنفيذ إلتزاماته. وعلي أي حال يجوز أن يستخلص من مجرد علم الغير بأن الوكيل يعمل دون نيابة، إعفاء الوكيل من المسئولية إذا لم يقر الموكل التصرف.

فإذا لم يجاوز الوكيل حدود وكالته قامت العلاقة مباشرة- في التصرف الذي يعقده مع الغير- بين هذا الغير والموكل، ويختفي شخص الوكيل فيما بينهما طبقاً للقواعد المقررة في النيابة.

ويقع علي الغير عبء إثبات أن الوكيل قد تصرف في حدود الوكالة حتى يستطيع إلزام الموكل بهذا التصرف.

والوكيل لا تكون له صفة النيابة عن الموكل إذا عمل بإسم هذا الأخير وجاوز حدود الوكالة، أو عمل دون وكالة أصلا. أو عمل بعد إنتهاء الوكالة، ففي جميع هذه الفروض لا يكون الوكيل في تعاقده مع الغير نائباً عن الموكل، ومن ثم لا ينصرف إلي هذا الأخير أثر هذا التعاقد.

ونظرية الوكالة الظاهرة نظرية صاغها القضاء، وتابعه فيها الفقه. ليواجه بها الضرورات العملية، وليوطد إستقرار التعامل، ولو خرج في ذلك علي المنطق القانوني.

ويجب توافر شروط ثلاثة لقيام الوكالة الظاهرة:

(1)أن يعمل الوكيل بإسم الموكل ولكن دون نيابة، ويكون ذلك إما أن يجاوز الوكيل حدود الوكالة المرسومة له، وإما بأن يستمر في العمل كوكيل بعد إنتهاء الوكالة، وإما أن يعمل كوكيل دون وكالة أصلا، أو بوكالة باطلة أو قابلة للإبطال بعد إبطالها.

وعبء إثبات هذا الشرط يقع علي الموكل.

مادة [713]

(2)أن يكون الغير الـذي يتعامـل مـع الوكيـل حسـن النيـة يعتقـد أن الوكيل نائب. ويجب بداهة أن يكون الغير الـذي يتعامـل مـع الوكيل حسـن النية، إذ لو كان يعلم بإنعدام نيابة الوكيل ومع ذلك أقدم على التعـاون معـه، كان عليه أن يتحمل تبعة ذلك، وليس له أن يحتج على الموكل بالتصرف الـذي عقده مع الوكيل.

(3) أن يقوم مظهـر خارجي للوكالة منسـوب إلي الموكل، ولا يكفـي حسـن النية الغير الذي يتعامل مع الوكيل، بل يجب أن يقوم حسن النية هذا على أساس مظهر خارجي للوكالة صادر من الموكل ويكون من شأنه أن يجعل الغير معذورا في اعتقاده أن هناك وكالة قائمة.

وهذا الشرط هو الذي يميز الوكالة الظاهرة. ويحدد الأسـاس القانوني الذي تقوم عليه:

ويقع علي الغير الذي تعاقد مع الوكيل عبء إثبات وجود هذا المظهر المضلل وأنه مظهر من شأنه أن يجعله مطمئنا إلي قيام الوكالة.

فـإذا تـوافرت الشـروط سـالفة الـذكر وقامـت الوكالـة الظاهرة، فإنه يترتب علي قيامها ما يترتب علي قيام الوكالة الحقيقية فيما بين الموكل والغير، ويعتبر الوكيل الظاهر في تعامله مع الغير بإسم الموكل نائباً عنه، وينصرف أثر التصرف الذي عقده مع الغير من حقوق وإلتزامات إلي الموكل، كـما لـو كانـت هناك وكالة حقيقية.

وقد تشبعت الآراء في تحديد الأساس القانوني الذي تقوم عليه الوكالـة الظاهرة:

فالبعض- يقيم الوكالـة الظـاهرة علـي أسـاس المسـئولية المبنيـة علـي الخطأ، قولاً بأن الموكل قد أخطأ في خلق المظهر الخارجي للوكالة الذي انخـدع به الغير، لأن يسترد -مثلا- سـند التوكيل بعد إنتهاء الوكالة، أو زود الوكيل بتوكيل علي بياض، أو بتوكيل غير محدد يمكن أن يسـاء إستعماله، أو صاغ التوكيل في عبارات عامة غامضة، أو أهمل مراقبة وكيله في تنفيـذه للوكالة، أو أساء إختيار الوكيل، أو بوجه عام أعطي للغير الـذي تعامل مـع الوكيل فكرة خاطئة عن مدي حدود الوكالة. وهذا الخطأ يسـتوجب تعويض الغير، وخير تعويض هو التعويض العيني، فتنصرف أثر التصرف الذي عقده الوكيل الظاهر مع الغير إلي الموكل.

ويؤخذ عن هذا الرأي أنه لا يمكن القول دائماً إن هناك خطأ في جانب الموكل فقد لا يرتكب أي خطأ ومع ذلك يلتزم بتصرف الوكيل الظاهر (كـما إذا اختلس هذا الأخير المخالصة بالدين أو بوليصة الشحن وقبض الدين أو تسلم البضاعة). والبعض الآخـر- ذهـب إلي أن الأسـاس القانون هو الأخـذ بتحمل

مادة [713]

التبعة، فالموكل يتحمل تبعة نشاط الوكيل كما يستفيد من هذا النشاط، والغرم بالغرم.

ويؤخذ علي هذا الرأي أنه لو كان هذا صحيحاً علي إطلاقه، لما رجع الموكل علي الوكيل سئ النية بالتعويض ما دام أنه يتحمل تبعة نشاطه.

ورأي ثالث- ذهب إلي إقامة الأساس القانوني للوكالة الظاهرة علي أساس المسئولية عن أعمال الوكيل، قولاً بمسئولية الموكل نحو الغير عن أعمال الوكيل، ومن ثم ينصرف أثر التصرف إليه ثم يرجع علي الوكيل بالتعويض. ويؤخذ علي هذا الرأي أنه يفترض أن الوكيل الظاهر يرتكب دائماً خطأ حتى يكون الموكل مسئولاً عنه، حيث أنه قد يكون حسن النية لم يرتكب أي خطأ ومع ذلك ينصرف أثر تعاقده مع الغير إلي الموكل.

وذهب رأي رابع- إلي تأسيس الوكالة الظاهرة علي المظهر، لأن إلزام الموكل بعمل وكيله الظاهر إنما يرجع إلي أن قيام مظهر الوكالة من الوكالة من الناحية الواقعية رغم مخالفة ذلك للحقيقة ينبغي أن تتولد عنه بالنسبة إلي الغير الحسن النية نفس الأثار التي تتولد عن الوكالة الحقيقية، إذا كان هذا المظهر من الجسامة بحيث لا يتسنى للغير أن يعلم بعدم مطابقته للحقيقة (نظرية الأوضاع الظاهرة- للدكتور عبد الباسط جميعي- ص222 و223).ويضيف الأستاذ السنهوري إلي الرأي الأخير- أن المظهر الخارجي الخاطئ الذي أحدثه الموكل- سواء بتقصير منه أو بغير تقصير فهو علي كل حال منسوب إليه، فعليه أن يتحمل تبعته- يرسي القانون علي أساسه نيابة يضيفها علي الوكيل الظاهر، فينصرف أثر تعاقده مع الغير الموكل علي أساسه نيابة يضيفها علي الوكيل الظاهر، فينصرف أثر تعاقده مع الغير الموكل بحكم هذه النيابة.

قد يري الموكل أن يخفي إسمه في التصرف الذي فوض فيه الوكيل لسبب أو لآخر، فيشترط في عقد الوكالة أن يعمل الوكيل بإسمه الشخصي، ويسخره في ذلك مستعيراً إسمه، وتسعي الوكالة في هذه الحالة بعقد التسخير أو عقد الإسم المستعار، فهناك إذن نوعان من الوكالة: الوكالة النيابية (المكشوفة) تقترن بالنيابة وتبيح للوكيل أن يعمل بإسم الموكل. الوكالة غير النيابة وهي وكالة مستترة، تتجرد عن النيابة وتفرض علي الوكيل أن يعمل بإسمه الشخصي وإن كان يعمل لحساب الموكل.

(الوسيط- جزء 7-1- للدكتور السنهوري- المرجع السابق- ص573 وما بعدها)

2- تحليل المادة 713 من التقنين المدني في شأن تحديد علاقة كل من الموكل والوكيل بالغير الذي يتعامل مع الوكيل إلي القواعد العامة في النيابة. وقد

مادة [713]

إستغني المشرع بهذه الإحالة عن النصوص التي وردت في هذا الشأن التقنين القديم.

(التقنين المدني- للدكتور محمد علي عرفه- المرجع السابق- ص514)

3- كثيرا ما تضطر الظروف العملية بعض الأشخاص لي إخفاء أسمائهم عند التعاقد، ويوسطون غيرهم في التعاقد، علي أن يعمل الوسيط بإسمه الشخصي لا بإسم من وسطه. وفي ذلك يقول الأستاذ " بلانيول" ، في مؤلفه: شرح القانون المدني، الجزء الثاني، 1926، ص755، بند 2266- ما يأتي:

"قد يحصل أن من يستخدم شخصاً آخر لأعماله يريد أن يعتقد الغير أن هذا الوسيط أنا هو المستفيد الحقيقي فهو لا يرمي إلي إخفاء إسمه فحسب، بل يقصد منع هذا الغير من أن يصل إلي علمه أن هناك في العملية شخص آخر ذو مصلحة غير المستفيد الظاهر ويقال عندئذ أن الوسيط هو "إسم مستعار".

"Il peut arriver que celui qui emploie autrui pour ses affaires vouile faire oroire aux tiers que cat intermediaire est ls veritab's interesse I non seulement il vaut leur cacher son nom, mais il veut les empecher de savoir qu'il a dans l'affaire une personne interessee autre que le beneficiaire appareut.On dit alors que l'intermediaire sert de prete-nom"

(M, rcel planiol: "Traite de droit Civil", T.2. 1920, p.755

No. 2266).

أنه إذا سخر شخص شخصاً آخر في التعاقد لشراء عقار، دون أن يكشف الإسم المستعار إسم الشخص المختفي وراءه، كانت العلاقة القائمة بين هذين الشخصين هي علاقة وكالة، ولكنها غير وكالة مستترة.

وفي الوكالة المستترة تنطبق الأثار القانونية للوكالة العادية في علاقة الموكل المستتر بالوكيل المستعار اسمه، فكل الحقوق المتولدة عن التعاقد الذي يجريه الإسم المستعار، تنصرف إلي الموكل المستتر، وعليه أن ينقلها بملكيتها إلي هذا الأصيل، ولا يجوز للوكيل المستعار إسمه أن يستأثر بهذه الحقوق وإلا كان مبدداً.

إن هذا الوضع لا يتغير إذا كان محل التعاقد عقارا تم تسجيله بإسم الوكيل المستعار اسمه، إذ أن ملكية العقار تنتقل مباشرة إلي الموكل المستتر، وعلي الوكيل المغير إسمه إلتزام بنقل التكليف إلي إسم الموكل.

(الشخصية المستعارة، تكييفها القانوني وآثارها الحتمية- مقال- لأستاذنا العميد الدكتور محمد زكي عبد المتعال- المحاماة- السنة 49- العدد 4- ص3 وما بعدها)

مادة [713]

من أحكام القضاء الحديثة:

1-ليس من يعير إسمه إلا وكيلاً عمن إعاره، فتمتنع عليه قانوناً أن يستأثر لنفسه بشيء وكل في أن يحصل عليه لحساب موكله، ولا فارق بينه وبين غيره من الوكلاء إلا من ناحية أن وكالته مستترة، فكأن الشأن شأنه في الظاهر، مع أنه في الواقع شأن الموكل. وإذن فمتي كان الحكم المطعون فيه قد إنتهي إلي أن المطعون عليها لم تكن في إبرامها عقد الشراء مع آخر إلا إسماً مستعاراً لزوجها الطاعن، فإن مقتضى ذلك إعتبار الصفقة فيما بين الزوجين قد تمت لمصلحة الموكل ولحسابه، فيكسب كل ما ينشأ عن التعاقد من حقوق، ولا تكسب المطعون عليها شيئا، ويكون كل ما دفع باسمها من الثمن رسوم التسجيل قد دفع من الطاعن إلا أن تثبت أنها دفعته من مالها الخاص، فيحق لها إسترداده منه طبقاً لأحكام الوكالة بإعتباره من النفقات المعقولة التي أنفقها في تنفيذ الوكالة.

(جلسة 1961/11/23- مجموعة المكتب الفني- السنة 12- مدني- ص713)

2- متي كان الطاعن قد رفع الدعوى ابتداء بإسمه خاصة وبإعتباره محالا بسند الدين موضوع النزاع ممن صدر له هذا السند، ثم رفع الإستئناف بإسمه أيضاً عن الحكم الإبتدائي الذي قضي برفض دعواه، ثم قرر بالطعن بالنقض بإسمه في الحكم الإستئنافي، فإن طعنه يكون جائزا، ولا يغير من ذلك أن يكون الطاعن قد صرح في مذكرته الشارحة بأن طعنه هو لحساب ورثة الدائن المحيل أو أن تكون الحوالة قد إرتدت إلي المحيل بإتفاق لاحق أو أن لا يكون الطاعن قد قدم نص الإتفاق المعقود بينه وبين ورثة المحيل لإجراء الطعن لأن هذا كله لا يعدو أن يكون تقريرا لأمر مشروع في ذاته قد تضمنه الإتفاق بين الطرفين علي إعارة الطاعن إسمه في الطعن إستمرار للخصومة التي تولاها بإسمه أيضاً في مراحلها السابقة. وليس في القانون ما يلزم الطاعن أن يقدم نص الإتفاق المعقود بينه وبين المحيل علي التقرير بالطعن أسوة بما قدمه من الإتفاق علي رفع الإستئناف، لأن الأصل أن مثل هذا الإتفاق هو من شأن طرفيه حدهما.

(نقض- جلسة 1957/4/11- المرجع السابق- السنة 8- ص404)

3- عدم إفصاح الوكيل عن صفته في العقود التي يبرمها مع الغير لحساب الموكل لا يؤدي بذاته إلي صورية التوكيل وتعامل الوكيل بإسمه مع الغير لا يغير من علاقته مع موكله وإلتزام الموكل تبعا لعقد الوكالة بتنفيذ ما إلتزم به الوكيل.

(نقض – جلسة 1963/4/25- المرجع السابق- السنة 14- ص579)

مادة [713]

4- إذا تعاقد الوكيل بالعمولة لحساب موكله بإسم نفسه، بقي الموكل أجنبيا عن العمد ولا ينشأ بينه وبين من تعاقد مع الوكيل علاقة قانونية تجيز لأحدهما الرجوع عن الآخر بدعوى مباشرة.

(نقض- جلسة 1963/5/23- المرجع السابق- ص736)

5- مفاد نصوص المادتين 713 و106 من القانون المدني أنه يجوز للوكيل أن يبرم العقد الذي تخوله الوكالة إصداره لا بصفته وكيلاً، ولكن بصفته أصيلا، وذلك إذا لم يعلن وقت التعاقد عن صفته كنائب، ويعتبروا كأنه قد أعار إسمه للأصيل الذي وكله في إبرام العقد، وحكم هذه الوكالة المستترة أنها ترتب قبل الأصيل في جميع الأثار القانونية التي ترتبها الوكالة السافرة، فيتصرف أثر العقد المبرم إلي الأصيل وإلي من يتعاقد مع الوكيل المستتر.

(نقض- جلسة 1970/5/28- المرجع السابق- السنة 21- 933)

6- يشترط لإعتبار الوكيل الظاهر نائباً عن الموكل، أن يكون المظهر الخارجي الذي أحدثه هذا الأخير خاطئاً، وأن يكون الغير الذي تعامل مع الوكيل الظاهر قد انخدع بمظهر الوكالة الخارجي دون أن يرتكب خطأ أو تقصيرا في إستطلاع الحقيقة. ولما كان تعيين المدير وفقاً لنظام الشركة المشهر- والذي صار حجة عن الكافة- لا يترتب عليه خلق مظهر خارجي خاطئ من شأنه أن يخدع المتعامل معه، وكان المدين الذي إتفق معه علي إبرائه من جزء من الدين المستحق في ذمته، ولا يعتبر حسن النية لأنه كان يعلم أن هذا التصرف التبرعي لا يملكه مجلس الإدارة بغير ترخيص من الجمعية العمومية للمساهمين، ولا يملك توكيل غيره في إجرائه، ومن ثم فإن موافقة المدير علي هذا الإبراء لا تكون حجة علي الشركة الطاعنة لإنعدام نيابته عنها في الحقيقة والظاهر.

(نقض جلسة 1981/1/21- المرجع السابق- السنة 22- ص100)

7- إذا كان محصل دفاع الطاعنة أن (والدها إنما كان يشتري لحساب والدتها وهو ما أفصح عنه بموجب الإقرار اللاحق، ولذلك فقد إنصرفت أثار العقد من البائعة إلي والدتها مباشرة)، فإن التكييف القانوني لهذا الدفاع هو أن العقد لم يكن بيعا نهائيا لوالدها، بل يخوله إختيار الغير. ولما كان يشترط لإعمال أثار هذا النوع من البيع أن يذكر إختيار الغير في العقد، حتى إذا أفصح المشتري الظاهر عن المشتري المستتر في الميعاد المتفق عليه، إعتبر البيع صادراً من البائع إلي المشتري المستتر مباشرة، وإنصرفت إليه أثار العقد دون حاجة إلي بيع جديد له من المشتري الظاهر. وإذا كان الثابت في الدعوى أن عقد البيع قد خلا من هذا الشرط، فإن والد الطاعنة يكون هو المشتري الحقيقي.

مادة [713]

8- إقرار المشتري الظاهر في تاريخ لاحق لعقد البيع لأنه لم يكن في هذا العقد إلا إسماً مستعاراً لغيره وإن كان يصلح للإحتجاج بما حواه علي المقر نفسه وعلي ورثته بوصفهم خلفاً عاماً له علي كسب المشتري المستتر للحقوق الناشئة عن العقد وإسنادها إليه مباشرة دون حاجة إلي تصرف جديد، علي إفتراض أن معير الإسم هو فى حكم الوكيل عنه إلا أنه يشترط لإعمال هذا الحكم - على ما جرى به قضاء النقض- أن يتفق فى العقد على حق المشترى فى إختيار الغير فإذا لم يتفق على ذلك - أو إذا لم يعمل المشترى حقه فيه أو اعمله بعد الميعاد المتفق عليه فإن الإفتراض يزول وتزول معه الآثار المترتبة على الوكالة وإذ كان الثابت أن المشترى لم يتفق مع البائعين على حقه فى إختيار الغير لا فى عقد البيع ولا فى الطلب الذى قدمه إلى مأمورية الشهر العقاري فإن الحكم المطعون فيه إذ إعتمد على هذا الطلب - لصالح القاصر المشمول بولايته - فى إعتبار عقد البيع صادراً مباشرة إلى هذا الأخير وقضى برفض دعوى الطاعنين بصحة صدور هذا العقد إلى مورثهم رغم أنه المشترى الذى وقع على العقد بإسمه ولحسابه فإنه يكون قد خالف القانون .

(نقض- جلسة 1973/1/11- المرجع السابق - السنة 24-ص73)

9- مفاد نص المادة 106 من القانون المدني أنه متى تعاقد الوكيل مع الغير بإسمه هو دون أن يفصح عن صفته فإن آثار العقد تنصرف إلى الوكيل فى علاقته بالغير إلا إذا اثبت توافر الإستثنائين المشار إليهما فى المادة المذكورة فإذا كان الحكم المطعون فيه قد أقام قضاءه برفض الدفع بعدم قبول الدعوى لرفعها من غير ذي صفة على أن المطعون عليه إنما تعاقد مع الطاعن بإسمه شخصياً وسلم إليه المبلغ موضوع النزاع بهذه الصفة وإنه لم يقم دليل من الأوراق على أنه دفعه بوصفه وكيلاً عن الشركة مما يؤداه أن الدعوى لم يتوافر فيها أحد الإستثنائين السالفين الأمر الذى لم يكن محل نعى من الطاعن فان الحكم يكون قد طبق القانون تطبيقاً سليماً.

(نقض- جلسة1973/11/20- المرجع السابق-ص1107)

10- تنص المادة 105 من القانون المدنى على أنه إذا أبرم النائب فى حدود نيابته عقد بإسم الأصيل فإن ما ينشأ عن هذا العقد من حقوق وإلتزامات يضاف إلى الأصيل وإذا كان الثابت من الأوراق أن الدعوى لقد رفعت ضد الشركة العربية المتحدة لأعمال النقل البحري التى إندمجت فى شركة إسكندرية للتوكيلات الملاحية - بصفتها وكيلة عن الشركة العامة للمراقبة - وكان يبين من الحكم المطعون فيه أن محكمة الموضوع بمالها من سلطة فى تفسير العقود قد إستخلصت - مما له أصله الثابت بالأوراق ان الشركة العامة للمراقبة قد أبرمت

مادة [713]

مشارطة التأجير بصفتها وكيلة عن شركة .... وفى حدود نيابتها عنها ورتبت على ذلك قضاءها بعدم قبول الدعوى الناشئة عن هذا العقد والمرفوعة قبل الشركة العامة للمراقبة بصفتها الشخصية فإن النعى على حكمها بالخطأ فى تطبيق القانون يكون على غير أساس .

(نقض- جلسة 1974/6/13-المرجع السابق-السنة25-ص1045)

11- يشترط لإعتبار الوكيل الظاهر نائباً عن الموكل قيام مظهر خارجى خاطئ منسوب للموكل من شأنه أن يخدع الغير الذى تعامل مع الوكيل الظاهر . وإذا كان الثابت فى الدعوى – على ما سجله الحكم المطعون فيه – ان الشركة المطعون ضدها لم تعين السيد /... بمقتضى العقد المبرم بينهما مديرا لها بل عينته ليتولى الإشراف على الأعمال الإدارية إلى جانب مديرها الذى له حق التوقيع الملزم لها وكان الطاعن (العامل) لم يدع فى دفاعه أمام محكمة الموضوع وجود مظهر خارجي يجعله معذوراً فى أن يعتقد أن للسيد /.... سلطة تعيير العاملين بالشركة وكان وضع الأخير فى الشركة على ذلك النحو لا يشكل أي خطأ من جانبها مما ينأى به توافر ذلك المظهر ،وكان مؤدى ذلك هو إنتفاء صفه الوكيل الظاهر أو المدير الظاهر عنه فان الدفاع الذى يتمسك به الطاعن يكون دفاعاً لا سند له من القانون وغير مؤثر فى النتيجة التى إنتهى إليها الحكم المطعون فيه له وبالتالى يكون النعى على الحكم بالقصور لإغفاله ذلك الدفاع غير المنتج .

(نقض- جلسة 1975/11/22-المرجع السابق- السنة 26-ص1462)

12- الأصل فى قواعد الوكالة وعلى ما جرى به قضاء النقض أن الغير الذى يتعاقد مع الوكيل أن يتثبت من قيام الوكالة ومن حدودها وله فى سبيل ذلك أن يطلب من الوكيل ما يثبت وكالته فإن قصر فعليه تقصيره وأن تصرف الشخص كوكيل دون نيابة فلا يتصرف أثر تصرفه إلى الأصيل ويستوى فى ذلك أن يكون الغير الذى تعاقد مع الوكيل عالماً بأن الوكيل يعمل دون نيابة أو غير عالم بذلك.

متى كان الحكم المطعون فيه قد قرر فى مدوناته أنه ثبت أن مؤلف المصنف الموسيقى فى إتفق مع المنتج على أن يحفظ الأول بحقه فى الأداء العلني ومقتض ذلك أن يكون التوكيل الصادر من المنتج إلى الشركة الموزعة غير ذى اثر بالنسبة لمؤلف المصنف الموسيقى مما يستتبع عدم الإعتداء بأي إتفاق يبرمه المنتج مع الغير بإسم المؤلف فى هذه الحالة ويحق معه هذا الأخير أن يرجع مباشرة على من نشر مصنعه بدون إذنه بمقتضى القواعد التى نظمها القانون رقم 354 لسنة 1954 وإذا خالف المطعون فيه هذا النظر وإعتبر أن التوكيل الصادر من المنتج إلى الشركة الموزعة ينصرف أثره إلى المؤلف لخلو الإتفاق الذى أبرمته الشركة الموزعة مع المطعون ضدهما بصفتها وكيلة عن المنتج من التحفظ على حق المؤلف ورتب على ذلك عدم

مادة [713]

أحقية الأخير فى أن يرجع مباشرة بمقابل نشر مصنفه على المطعون ضدهما - الذين نشرا مصنفه بدون إذنه - فإنه يكون قد خالف القانون .

(نقض- جلسة 1973/4/14- المرجع السابق-السنة 24- ص680)

13- مفاد نصوص المادتين 713و 106 من القانون المدنى - وعلى م أجرى به قضاء محكمة النقض - أنه يجوز الوكيل أن يبرم العقد الذى تخوله الوكالة إصداره لا بصفته وكيلاً ولكن بصفته أصيلا ذلك أن وكالته فى هذه الحالة تكون مستترة ويعتبر وكأنه أعار إسمه للأصيل الذى وكله فى إبرام العقد . وحكم هذه الوكالة المستترة أنها ترتب قبل الأصيل جميع الأثار القانونية التى ترتبها الوكالة السافرة فينصرف اثر العقد المبرم إلى الأصيل والى من يتعاقد مع الوكيل المستتر إلا أن نيابة الوكيل عند الموكل تقف عند الغش فإذا سخر الوكيل الغير بقصد الإضرار بحقوق الموكل فان التسخير يكون باطلاً ويشمل البطلان عقد الوكالة المستتر والتصرف الذى باشره المسخر بإسمه الشخصي تنفيذاً لعقد الوكالة .

(نقض - جلسة 1977/2/27- الطعن 346 لسنة 41ق- لم ينشر بعد)

14-مفاد المادتين 713, 106 من القانون المدني أن من يعير اسمه ليس إلا وكيلا عمن أعاره وحكمه هو حكم كل وكيل فيمتنع عليه قانونا أن يستأثر لنفسه بشيء وكل في أن يحصل عليه لحساب موكله وهو ما يستتبع أن تعتبر الصفقة فيما بين الموكل والوكيل قد تمت لمصلحة الموكل ولحسابه فيكسب كل ما ينشأ عن التعاقد من حقوق ولا يكسب الوكيل من هذه الحقوق شيئا, بما مؤداه أنه وإن كانت للوكيل المسخر ملكية ظاهرة في مواجهة الكافة فإنها ملكية صورية في علاقته بالأصيل تمنعه من الاحتجاج بها عليه.

[الطعن رقم 750 -لسنة 71 ق- تاريخ الجلسة 25 / 06 / 2002]

15-مفاد المادتين 713, 106 من القانون المدني أن من يعير اسمه ليس إلا وكيلا عمن أعاره وحكمه هو حكم كل وكيل فيمتنع عليه قانونا أن يستأثر لنفسه بشيء وكل في أن يحصل عليه لحساب موكله وهو ما يستتبع أن تعتبر الصفقة فيما بين الموكل والوكيل قد تمت لمصلحة الموكل ولحسابه فيكسب كل ما ينشأ عن التعاقد من حقوق ولا يكسب الوكيل من هذه الحقوق شيئا, بما مؤداه أنه وإن كانت للوكيل المسخر ملكية ظاهرة في مواجهة الكافة فإنها ملكية صورية في علاقته بالأصيل تمنعه من الاحتجاج بها عليه.

[الطعن رقم 868 - لسنة 71 ق- تاريخ الجلسة 25 / 06 / 2002]

16-المقرر- في قضاء محكمة النقض - أنه ولئن كان الأصل وفقا لنص المادتين 713و105 من القانون المدني أن ما يبرمه الوكيل في حدود وكالته ينصرف إلى الأصيل إلا أن نيابة الوكيل عن الموكل تقف عند حد الغش فإذا تواطأ الوكيل مع الغير للإضرار بحقوق موكله فإن التصرف على هذا النحو لا ينصرف أثره إلى الموكل.

[الطعن رقم 424 -لسنة 58 ق-تاريخ الجلسة 27 / 06 / 2002]

مادة [714]

3- إنتهاء الوكالة

مادة [714]

تنتهى الوكالة بإتمام العمل الموكل فيه أو بإنتهاء الأجل المعين للوكالة وينتهى أيضاً بموت الموكل أو الوكيل .

النصوص العربية المقابلة .

هذه المادة تقابل فى نصوص القانون المدنى بالأقطار العربية المواد التالية :

مادة 714 ليبى و680سورى و946عراقى و808, 809 لبانى و589سودانى و1157تونسى .

الأعمال التحضيرية :

يراجع - لاحقاً - التعليق بالأعمال التحضيرية الوراد على نص المادة 716 من القانون المدنى .

رأى الفقه :

1- يتبين من نص المادة 714 من القانون المدنى أن الوكالة تنتهى بأسباب مختلفة - يمكن تقسيمها إلى فئتين :

اولا - أسباب ترجع إلى القواعد العامة - ومن هذه الأسباب ما تنتهى به الوكالة إنتهاء مألوفاً عن طريق تنفيذها وهذه هى : إتمام العمل محل الوكالة وإنقضاء الأجل المعين لها ومنها ما تنتهى به الوكالة قبل التنفيذ، من ذلك : إستحالة التنفيذ ، والإفلاس ونقص الأهلية والفسخ وتحقق الشرط الفاسخ .

ثانيا - أسباب خاصة بعقد الوكالة : وهذه ترجع إلى خاصيتين من خصائص هذا العقد اولها - ان الوكالة يتغلب فيها الإعتبار الشخصى ويترتب على ذلك انها تنتهى بموت الوكيل وبموت الموكل وثانيهما أن الوكالة عقد غير لازم ويترتب على ذلك أنها تنتهى بعزل الوكيل وكذلك بتنحيه عن الوكالة .

(الوسيط-7-1 للدكتور السنهوري- المرجع السابق-ص664 وما بعدها)

من أحكام القضاء الحديثة :

1- للعاقدين أن يتفقا على أن تستمر الوكالة رغم وفاة أحدهما على أن تنقل إلتزامات المتوفى منهما إلى ورثته وهذا الإتفاق كما يكون صريحاً قد يكون ضمينا ولقاضى الموضوع إستخلاص الإتفاق الضمنى من ظروف العقد ومن شروطه بل تكون الوكالة لمصلحة الغير والموكل مثلاً وإذن فمتى كان الواقع هو أن المطعون عليه الأول تعهد بموجب عقد رسمى بأن يتنازل عن دين له قبل باقى المطعون عليهم إلى مورث الطاعن ونص فى الإتفاق على أن هذا التنازل

مادة [714]

هو لأجل تحصل المبلغ من المدينين ودفعه إلى الطاعن الذى يداين المطعون عليه الأول بأكثر منه وكان الحكم المطعون فيه قد كيف هذا الإتفاق بأنه وكالة تعلق بها حق الغير وليس للموكل سحبها أو إسقاطها بغير رضاه وقبول هذا الغير فإن هذا الذى قرره الحكم صحيح فى القانون .

(جلسة 1953/1/22- مجموعة المكتب الفني – السنة 4- ص مدني ص357)

2- تقضى أحكام الوكالة فى حالة تعدد الوكلاء الغير مأذونين بالإنفراد أن يعملوا مجتمعين إلا إذا كان العمل مما لا يحتاج فيه إلى تبادل الرأى وأن الوكالة تنتهى فيما تنتهى به بموت الوكيل ومؤدى ذلك أن موت أحد الوكلاء المتعددين لا ينتهى إلا وكالته هو أن تبقى وكالة الباقين موقوفة فيما يحتاج إلى العمل مجتمعين ونافذة فيما لا يحتاج إلى تبادل الرأى كقبض الدين أو وفائه إلى أن يقرر القاضى مايراه بشأنهم .

(نقض- جلسة 1955/11/9- المرجع السابق-السنة6-ص1621)

3- متى إستخلصت المحكمة لأسباب سائغة أن الوكيل لم ينجح فى العمل الموكل فيه فإنتهت بذلك مهمته فإن إستخلاص المحكمة لهذه النتيجة هو إستخلاص موضوعى لا مخالفة فيه للقانون .

(نقض- جلسة 1956/4/5- المرجع السابق- السنة 7- ص489)

4- الزم الشارع الموكل أن يعلن عن إنقضاء الوكالة وحمله مسئولية إغفال هذا الإجراء فإذا إنقضت الوكالة بالعزل أو الإعتزال ولم يعلن الموكل خصمه بذلك سارت الإجراءات صحيحة فى مواجهة الوكيل كذلك إذا إنقضت الوكالة بوفاة الوكيل أو بعزلة أو إعتزاله فإن ذلك لا يقطع سير الخصومة وبتعين على الموكل أن يتقدم إلى المحكمة لتمنحه أجلا مناسباً يتمكن فيه وكيله الجديد من مباشرة الدعوى فإن هو تخلف عن ذلك أعملت المحكمة الجزاء الذى رتبه القانون على غياب الخصم .

(نقض- جلسة1961/4/20- المرجع السابق- السنة 12-ص382)

5- إذا كان نظام تأسيس بنك الاراضى المصرى يخول لمجلس ادارته سلطه مباشرة حق القاضى مدعياً أو مدعى عليه مباشرة أو بطريق التقويض وتقديم مايلزم من المطعون وكان توكيل محامى البنك بالتقرير بالطعن بالنقض قد صدر من رئيس مجلس إدارة البنك الذى يمثله قانوناً فإن تغيير رئيس مجلس الإدارة فى مرحلة لاحقه لصدور ذلك التوكيل لا يؤثر فى صحة الوكيل ولا يوجب إصدار توكيل آخر من رئيس مجلس الإدارة الجديد للتقرير بالطعن .

(نقض- جلسة1962/1/4- المرجع السابق- السنة 13-ص42)

مادة [714]

6- تنص المادة 714 من القانون المدني على أن الوكالة تنتهى بموت الموكل أو الوكيل وقد ورد هذا النص فى حدود الإستثناء الذى قررته المادة 145 من القانون المدني فلا ينصرف أثر الوكالة بعد وفاة الموكل أو الوكيل إلى ورثته بوصفهم خلفاً عاماً لأن المشرع إفترض أن إرادة المتعاقدين الضمنية إتجهت إلى إنقضاء عقد الوكالة بوفاة ايهما إعتبار بأن هذا العقد من العقود التى تراعى فيها شخصية كل متعاقد .

(نقض ـ جلسة ـ 1961/2/13 ـ المرجع السابق ـ السنة 19 ـ ص256)

7- نيابة المحامى عن موكله تنتهى بصدور الحكم البات فى النزاع حسب الفقرة الأولى من الفصل 1157 من المجلة المدينة ولا يهم كون الحكم لم يقع الإعلام به أو الحصول إستئنافه لأن ذلك لا تأثير له ضرورة أن تلك الإجراءات اما راجعة إلى تنفيذ الحكم أو إنتقال النزاع إلى محكمة أخرى وفى كلتا الصورتين يقع إعلام أو إستدعاء الموكل دون وكيله الذى باشر الخصام نيابة عنه حسبما إقتضت ذلك قواعد قانون المرافعات المدنية وما ذالك إلا أن نيابة الوكيل قد إنتهت وصار أجنبياً عن النزاع .

(محكمة التعقيب التونسية ـ جلسة 1959/3/29 ـ مجلة قضاء والتشريع ـ

السنة 1960 ـ العدد 6 ـ ص33)

8- إذا كان البيع صادراً من الوكيل وسجل بعد وفاة الموكل فإنه يعتبر باطلاً لما إقتضته الفقرة الخامسة من الفصل 1157 من المجلة المدنية من أن الوكيل ينعزل عن وكالته بمجرد وفاة موكله .

(محكمة التعقيب التونسية ـ جلسة 1959/1/7 المرجع السابق ـ العدد 9

و10 ص 237)

مادة [715]

مادة [715]

(1) يجوز للموكل فى أى وقت أن ينهى الوكالة أو يقيدها ولو وجد إتفاق يخالف ذلك فإذا كانت الوكالة بأجر فإن الموكل يكون ملزماً بتعويض الوكيل عن الضرر الذى لحقه من جراء عزله فى وقت غير مناسب أو بغير عذر مقبول .

(2) على أنه إذا كانت الوكالة صادرة لصالح الوكيل أو لصالح أجنبى فلا يجوز للموكل أن ينهى الوكالة أو يقيدها دون رضاء من صدرت الوكالة لصالحه .

النصوص العربية المقابلة :

هذه المادة تقابل فى نصوص القانون المدنى بالأقطار العربية المواد التالية :

مادة 715ليبى و681سورى و947عراقى و810- 814و 817و 822 لبنانى و590سودانى و1160 تونسى .

الأعمال التحضيرية :

يراجع - لاحقاً - التعليق بالأعمال التحضيرية الوارد على نص المادة 716 من القانون المدنى .

رأى الفقه :

1- يخلص من المادة 715 من القانون المدنى أن للموكل أن يعزل الوكيل فى اى وقت قبل إنتهاء العمل محل الوكالة فتنتهى الوكالة بعزل الوكيل ويمكن تعليل ذلك بأن الوكالة هى فى الأصل لمصلحة الموكل ولذلك لم يجز عزل الوكيل إذا كانت الوكالة في صالحة هو أو في صالح الغير إلا برضاء من كانت الوكالة في صالحه . فإذا رأي الموكل أن مصلحته في الوكالة لم تعد قائمة . كان له أن ينهي الوكالة بعزل الوكيل . وكما للموكل أن يعزل الوكيل ، كذلك له من باب أولي أن يقيد من وكالته ، كأن يوكله في البيع وقبض الثمن ثم يقيد الوكالة بالبيع دون قبض الثمن ، ويكون هذا عزلاً جزئياً من الوكالة .

وعزل الوكيل يكون بإرادة منفردة تصدر من الموكل موجهة إلي الوكيل ، فتسري في شأنها القواعد العامة ، ولما كان القانون لم ينص علي أن تكون في شكل خاص ، فأي تعبير عن الإرادة يفيد معني العزل يكفي ، وقد يكون هذا التعبير صريحاً كما قد يكون ضمنياً (كتعيين وكيل آخر لنفس العمل بحيث يتعارض مع توكيل الوكيل الأول) ، ويقع العزل الضمني ولو كان التوكيل الثاني باطلاً ، أو لم يقبل من الوكيل ، أو بقيام الموكل العمل محل الوكالة بنفسه ، ولا ينتج العزل - صريحاً كان أو ضمنياً - أثره إلا إذا وصل إلي علم الوكيل

مادة [715]

طبقاً للقواعد العامة ، وتبقي الوكالة قبل ذلك قائمة ، فإذا تعاقد مع شخص حسن النية انصرف أثر التعاقد إلي الموكل ، وحتي بعد علم الوكيل بالعزل إذا تعاقد مع الغير حسن النية ، فإن أثر العقد ينصرف أيضاً إلي الموكل ، ولكن لا بموجب وكالة حقيقية ، بل طبقاً لقواعد الوكالة الظاهرة . ومن ثم يتعين علي الموكل ، حتي يكون بمأمن ذلك ، أن يعلن الغير الذين يتعاملون مع الوكيل بعزله لهذا الأخير (وليس النشر في الصحف إعلاناً ، ولكن يجوز إثبات علم الغير بكافة طرق الإثبات) .

وإذا تعدد الموكلون وعزل الوكيل أحدهم ، فإذا كانت الوكالة تقبل التجزئة ، إقتصر العزل علي الموكل الذي صدر منه العزل ، وبقيت الوكالة بالنسبة للموكلين الآخرين ، أما إذا كانت الوكالة لا تقبل التجزئة فإن الوكيل لا ينعزل حتي بالنسبة إلي الموكل الذي صدر منه العزل ولا بد من إتفاق جميع الموكلين علي عزله حتي ينعزل .

وجواز عزل الموكل للوكيل قاعدة من النظام العام ، فلا يجوز الإتفاق علي ما يخالفها (1/715 مدني) ، وكذلك لا يجوز للوكيل أن يشترط تقاضي تعويض إذا عزله الموكل ، لأن ذلك يعد تقييداً لحرية الموكل في عزل الوكيل ، وقد أراد القانون الإحتفاظ للموكل بهذه الحرية كاملة .

علي ان القانون نفسه قيد حق الموكل في عزل الوكيل في حالتين :

الأولي – إذا كانت الوكالة بأجر ، فإن كان الموكل يملك عزل الوكيل ، إلا أنه لما كانت للوكيل مصلحة في الأجر ، فقد أوجب القانون أن يكون عزل الوكيل لعذر مقبول وفي وقت مناسب ، فإذا عزل الموكل الوكيل بغير عذر مقبول أو في وقت غير مناسب ، كان العزل صحيحاً وإنعزل الوكيل عن الوكالة ، ولكنه يرجع بالتعويض علي الموكل عن الضرر الذي لحقه من جراء هذا العزل كأن يقضي له بالأجر كله أو بعضه بحسب تقدير القاضي للضرر الذي لحق الوكيل لأن العزل في هذه الحالة ينطوي علي تعسف يستوجب التعويض . والوكيل هو الذي يحمل عبء إثبات أن عزله كان في وقت مناسب أو بغير عذر مقبول لأن الأصل أن الوكيل لا يتقاضي تعويضاً عن عزله ، فإذا طالب بتعويض وجب عليه أن يثبت السبب القانوني الذي يستحق من أجله التعويض .

الثانية – إذا كانت الوكالة صادرة لصالح الوكيل أو لصالح أجنبي – فإنه لا يجوز في هذه حالة عزل الوكيل أو تقييد الوكالة دون رضاء من صدرت الوكالة لصالحة(م2/715 مدني) ، فإذا عزل الموكل الوكيل – في هذه الحالة- فإن عزله لا يكون صحيحاً ولا ينعزل الوكيل بل تبقي الوكالة قائمة برغم عزله وينصرف أثر تصرفه للموكل(كمثل توكيل الشركاء علي الشيوع أحدهم

مادة [715]

لإدارة المال الشائع- وتوكيل شخص شخصاً آخر في بيع منزله له وقبض الثمن ووفاء دين في ذمته للغير من هذا الثمن) .

(الوسيط-7-1 للدكتور السنهوري- المرجع السابق-ص660 وما بعدها)

2- يتضح من المادة 715 من التقنين المدني أن للموكل أن يسحب ثقته من الوكيل من تراءي له ذلك ، ويستوي أن تكون الوكالة مجانية أو بمقابل ، إنما يحول دون إستبداد الموكل برأية في عزل الوكيل أن تتعلق بالوكالة لمصلحة الوكيل نفسه ، كما إذا وكل الشركاء أحدهم في إدارة الملك الشائع ، أو تعلقت بها مصلحة الغير ، كما إذا وكل البائع المشتري في تسديد دين مضمون برهن رسمي علي العقار المبيع ، فلا يجوز في مثل هذه الحالات إنهاء الوكالة أو تقييدها إلا برضاء من صدرت الوكالة لصالحه ، وحتي إذا كانت الوكالة لمصلحة الموكل وحده ، ولكن الوكيل مأجور عليها ، فلا يجوز أن يتعسف الموكل في عزل الوكيل ، فإن عزله دون مبرر أو في وقت غير مناسب ، كان للوكيل أن يطالب بتعويض مالحقه من ضرر من جراء العزل ، وقد جعل المشرع حق العزل من مستلزمات الوكالة ، فلا يجوز عدم إشتراط عدم عزل الوكالة .

(التقنين المدني – الدكتور محمد علي عرفه- المرجع السابق-ص516)

من أحكام القضاء الحديثة :

1- إذا كان المطعون عليها قد أنهت توكيلها إلي محاميها ، فإنه لم تعد له صفة في تقديم مذكرة أو الحضور عنها في الطعن ولو أدعي بعدم جواز إنهاء الوكالة لصدورها لصالح الغير ، وذلك دون رضاء منه استنادا للمادة 715 من القانون المدني ، متي كان المحامي لم يقدم الدليل علي صحة هذا الإدعاء .

(جلسة 1963/3/21- مجموعة المكتب الفني- لسنة 14- مدني-ص335)

2- لم يشترط القانون المدني القديم في خصوص عدم نفاذ التصرفات الصادرة من الوكيل بعد إنقضاء الوكالة ، إنما شرط النفاذ مثل هذه التصرفات علي الموكل أن يكون الغير حسن النية أي غير عالم بإنقضاء الوكالة .

(نقض- جلسة 1957/10/24- المرجع السابق- السنة 8- ص747)

3- النص في المادة 1/715 من القانون المدني . يدل علي أنه وإن كان للموكل أن يعزل الوكيل في أي وقت ، إلا أنه في حالة الوكالة بأجر يحق للوكيل أن يرجع علي الموكل بالتعويض عما لحقه من ضرر بسبب عزله إذا كان في وقت غير مناسب أو بغير عذر مقبول ، ولما كان يبين من الحكم المطعون فيه أنه قد أقام قضاءه بإلزام الطاعنة بالتعويض علي أنها أنهت الوكالة في وقت غير مناسب لأنها أخطرت المطعون عليه بفسخ العقد مخالفة شروطه التي توجب أن

مادة [715]

يكون الإخطار قبل إنتهاء المدة بثلاثة أشهر ، وأنها بذلك تكون قد أساءت إستعمال حقها في إنهاء عقد الوكالة وهو ما يكفي لإقامة الحكم علي أساس قانوني سليم في قضائه بالتعويض .

(نقض- جلسة 29/ /1975- المرجع السابق - السنة 26-854)

4- إن ما نص عليه في البند الثالث من عقد الوكالة - الصادر من الطاعنة للمحامي - من أنه :(لا يجوز للطاعنة عزل مورث المطعون ضدهم من عمله طالما كان يقوم به طبقاً للأصول القانونية ، فإذا عزلته قبل إنتهاء العمل دون سبب يدعو لذلك إلتزمت بتعويض إتفاقي لا يقبل المجادلة مقداره 5000 جنيه يستحق دون تنبيه أو إنذار أو حكام قضائي) هو إتفاق صحيح في القانون ولا مخالفة فيه للنظام العام ، لأن الوكالة بأجر ، وهو صريح في أنه شرط جزائي حدد مقدماً قيمة التعويض بالنص عليه في العقد .... وإذ قضي الحكم علي الطاعنة بالمبلغ المذكور بإعتبار أنه تعويض إتفاقي محدد لا يقبل المجادلة ، فإنه يكون قد أخطأ في تطبيق القانون ، وقد حجبه ذلك عن إخضاع هذا التعويض لتقدير المحكمة مما يوجب نقضه .

(نقض- جلسة 1975/12/31- المرجع السابق- ص 1757)

5- النص في المادة 715 من القانون المدني على أن (1) يجوز للموكل في أي وقت أن ينهي الوكالة أو يقيدها ولو وجد اتفاق يخالف ذلك .....(2) غير أنه إذا كانت الوكالة صادرة لصالح الوكيل أو لصالح أجنبي فلا يجوز للموكل أن ينهي الوكالة أو يقيدها دون رضاء من صدرت الوكالة لصالحه "يدل على أن إنهاء الوكالة في حالة ما إذا كانت صادرة لصالح الوكيل أو أجنبي لا يتم بالإرادة المنفردة للموكل بل لابد أن يشاركه في ذلك من صدرت لصالحه الوكالة وهو الوكيل في الحالة الأولى أو الأجنبي الذي صدرت الوكالة لصالحه في الحالة الثانية. فإذا استقل الموكل بعزل الوكيل دون رضاء من صدرت لصالحه الوكالة فإن تصرفه لا يكون صحيحا ولا يتم العزل وتبقى الوكالة قائمة وسارية رغم العزل وينصرف أثر تصرف الوكيل إلى الموكل.

[الطعن رقم 2218 - لسنة 70 ق - تاريخ الجلسة 03 / 05 / 2001]

مادة [716]

مادة [716]

(1) يجوز للوكيل أن ينزل في أي وقت عن الوكالة ولو وجد إتفاق يخالف ذلك ، ويتم التنازل بإعلانه للموكل ، فإذا كانت الوكالة بأجر فإن الوكيل يكون ملزماً بتعويض الموكل عن الضرر الذي لحقه من جراء التنازل في وقت غير مناسب وبغير عذر مقبول .

(2) غير أنه لا يجوز للوكيل أن ينزل عن الوكالة متي كانت صادرة لصالح أجنبي إلا إذا وجدت أسباب جدية تبرر ذلك علي أن يخطر الأجنبي بهذا التنازل ، وأن يمهله وقتا كافيا ليتخذ ما يلزم لصيانة مصالحة .

النصوص العربية المقابلة :

هذه المادة تقابل في نصوص القانون المدني بالأقطار العربية ، المواد التالية :

مادة 716 ليبي و 682 سوري و 947 عراقي و816 و 822 و835 لبناني و591 سوداني و 1164 تونسي .

الأعمال التحضيرية :

1- تنتهي الوكالة إنتهاء طبيعياً بإنهاء العمل وإنتهاء الأجل المحدد . كما تنتهي بموت الموكل أو الوكيل ، لأن لشخصية كل متعاقد إعتبارا في نظر الآخر ، فلا تحل الورثة محل المتعاقد في تنفيذ إلتزاماته إلا في حدود ضيقة (انظر م 996 فقرة 2) .

2- والوكالة عقد غير لازم . فللموكل عزل الوكيل قبل إنتهاء الوكالة ، وله من باب أولي أن يقيد وكالته . وللوكيل أن يتنازل عن الوكالة قبل الفراغ من تنفيذها وينفذ التنازل بإعلانه للموكل . وتعتبر هذه القاعدة من النظام العام فلا يجوز الإتفاق علي ما يخالفها ، وعلي أنه يرد علي جواز عزل الوكيل أو تقييد وكالته قيدان :

(أ) إذا كانت الوكالة بأجر ، وعزل الوكيل قبل إنتهاء الوكالة في وقت غير مناسب أو بغير عذر مقبول ، وأصابه ضرر من ذلك ، فإنه يرجع التعويض علي الموكل ، لأن في العزل تعسفاً يستوجب التعويض .

(ب) إذا كانت الوكالة لصالح الوكيل أو لصالح كما أجنبي إذا كان أحد منهما دائناً للموكل ورخص له في إستيفاء حقه مما يقع في يد الوكيل من مال الموكل ، فلا يجوز عزل الوكيل أو تقييد وكالته إلا بعد رضاء من كانت الوكالة في صالحه ، الوكيل أو الأجنبي .

مادة [716]

كذلك يرد علي جواز تنازل الوكيل عن الوكالة قيدان:

(أ) إذا كانت الوكالة بأجر وتنازل عنها الوكيل في وقت مناسب أو بغير عذر مقبول ، فإنه يكون متعسفاً في هذا التنازل ويجب عليه التعويض ، كما هو الأمر في حالة التعسف في العزل .

(ب) إذا كانت الوكالة لصالح أجنبي ، فلا يجوز التنازل عن الوكالة إلا إذا وجدت أسباب جدية تبرر ذلك مع إخطار الأجنبي واعطائه الوقت الكافي لصيانه مصالحه ، لأن الأجنبي قد تعلق حقه بالوكالة ، فوجب ألا يكون تنازل الوكيل ، بالنسبة له أيضاً بغير عذر مقبول أو في وقت غير مناسب ، أما إذا كانت الوكالة لمصلحة الوكيل ، فهو حر في التنازل عنها في أي وقت شاء لأنه هو الذي يقدر مصلحته .

3- علي أنه مهما كان السبب في إنتهاء الوكالة ، فما دام الوكيل لا يعلم بإنتهائها فهي قائمه حتى يعلم ، كما إذا عزل الموكل الوكيل ولم يخطره بذلك ، أو مات الموكل ,ولم يعلم الوكيل بموته (أنظر م 995 فقرة أولي و 160 من المشروع) كذلك لو علم الوكيل بإنتهاء الوكالة ولكن الغير لم يعلم ، فإن الغير يستطيع أن يتمسك بالوكالة كما لو كانت لم تنقص ، وقد تقدم ذكر ذلك.

(مجموعة الأعمال التحضيرية للقانون المدني - الجزء 5-ص234و235)

رأي الفقه :

1- يخلص من نص المادة 716 مدني أنه يجوز للوكيل أن يتنحي عن الوكالة في أي وقت قبل إتمام العمل الموكول إليه ، فتنتهي الوكالة بتنحي الوكيل ، كما تنتهي بعزله . ويعلن ذلك بأن الوكيل حتي لو كان مأجور إنما بقصد أن يسدي خدمة للموكل ، وعقد الوكالة بخلاف عقد المقاولة ليس من عقود المضاربة ، ولذلك جاز تعديل أجر الوكيل بالزيادة أو بالنقص لجمله متناسبا مع الخدمة التي أداها . فأجاز القانون للوكيل أن يتنحي في أي وقت عن الوكالة إذا رأي أنه لم يعد من الملائم له أن يمضي في إسداء الخدمة للموكل ، وقيد حق التنحي لمصلحة الموكل فيما إذا كان الوكيل يتقاضي أجراً ولمصلحة الغير فيما إذا كانت الوكالة قد صدرت لصالحه .

وتنحي الوكيل يكون بإرادة منفردة تصدر منه ، ولم ينص القانون علي أن تكون في شكل خاص ، فأي تعبير عن الإرادة يفيد معني التنحي يكفي ، وكما يكون التنحي صريحاً يصح كذلك أن يكون ضمنياً ، وسواء كان صريحاً أو ضمنياً ، فإنه لا ينتج أثره إلا بوصوله إلي علم الموكل . ولهذا تقول الفقرة الأولي من المادة 716 مدني . " ويتم التنازل بإعلان للموكل". فقبل إعلان

مادة [716]

التنحى تبقى الوكالة قائمة ويكون الوكيل ملزماً بالمضى فى تنفيذ الوكالة اما بعد إعلان التنحى فإن الوكالة تنتهى وإذا إستمر الوكيل - بعد ان أعلن تنحيه فى أعمال الوكالة وتعامل بإسم الموكل مع شخص حسن النية فان أحكام الوكالة الظاهرة هى التى تسرى على ماسبق تفصيله .

وإذا تعدد الموكلون وكانت الوكالة قابلة للتجزئة جاز للوكيل أن يتنحى عن الوكالة بالنسبة إلى بعض الموكلين دون بعض أما إذا كانت الوكالة غير قابلة للتجزئة فإنه لا يجوز للوكيل أن يتنحى عن الوكالة إلا بالنسبة إلى جميع الموكلين .

وجواز تنحى الوكيل كجواز عزله قاعدة من النظام العام فلا يجوز الإتفاق على ما يخالفها ومن ثم لا يجوز للموكل أن يشترط على الوكيل البقاء فى الوكالة حتى يتم العمل الموكول إليه حتى لو كانت الوكالة مأجورة والنص صريح فى هذا المعنى (م 1,716 مدنى) فقد جاء بذلك النص : يجوز للوكيل ان ينزل فى اى وقت على الوكالة ولو وجد إتفاق يخالف ذلك ويكون أيضاً باطلاً لمخالفته للنظام العام إشتراط الموكل أن يتقاضى تعويضاً من الوكيل إذا تنحى عن الوكالة لأن فى هذا تقييداً لحرية الوكيل فى التنحى .

على ان القانون نفسه قيد حق الوكيل فى التنحى فى حالتين :

الأولى - إذا كانت الوكالة بأجر .

الثانية - إذا كانت الوكالة صادرة لصالح أجنبى .

وفقاً للمبادئ السابق الإشارة إليها فى عزل الوكيل .

(الوسيط-7-1 للسنهوري- المرجع السابق- ص668 ومابعدها)

2- خولت المادة 716- من التقنين المدنى للوكيل الحق فى أن يقبل نفسه من الوكالة إذا رغب عن الإستمرار فى تنفيذها على أن المشرع اقتضى ضرورة إعلان الموكل بتنحى الوكيل دائماً ويجوز حصول هذا الإعلان بأى شكل كان كما أن الوكيل المأجورة ويكون ملزماً بتعويض الموكل عما قد يصيبه من ضرر من جراء تنحى الوكيل فى وقت غير مناسب دون مبرر وإذا كانت الوكالة الصالح أجنبى فلا يجوز للوكيل أن ينزل عنها إلا إذا وجدت أسباب جدية تبرر ذلك وتشترط إخطار الأجنبى وإمهاله وقتاً كافياً لإتخاذ ما يلزم لصيانة مصالحة ولا يجوز إشتراط تجريد الوكيل من حقه فى التخلى عن الوكالة .

(التقنين المدني - للدكتور محمد علي عرفة- المرجع السابق -ص516)

من أحكام القضاء الحديثة :

1- الوكالة بالعمولة نوع من الوكالة تخضع فى إنعقادها وإنقضائها وسائر أحكامها للقواعد العامة المتعلقة بعقد الوكالة فى القانون المدنى فيما عدا ما

مادة [716]

يتضمنه قانون التجارة من أحكام خاصة بها وإذا لم ينظم قانون التجارة طرق إنقضاء عقد الوكالة بالعمولة فإنه ينقضى الأسباب التى ينقضى بها عقد الوكالة المدنية وبالتالى فإنه يجوز للوكيل بالعمولة أن يتنحى عن الوكالة فى أى وقت قبل إتمام العمل الموكول إليه، وينهى العقد بأرادته المنفردة طبقاً للحدود المرسومة بالقانون المدنى ولما كان مؤدى ما تقضى به المادتان 715و 716من القانون المدنى - على ما ورد بمجموعة الأعمال التحضيرية - أن الوكالة عقد غير لازم فإنه يجوز للموكل عزل الوكيل قبل إنتهاء الوكالة كما أن للوكيل أن يتنحى عنها قبل إتمام العمل الموكول إليه فإذا كانت الوكالة بأجر صح التنحى ولكن يلزم التوكيل بتعويض الموكل عن الضرر الذى قد يلحقه إذا كان التنحى بغير عذر مقبول أو فى وقت غير مناسب .

(نقض- جلسة 1966/3/8- مجموعة المكتب الفني - السنة 17-ص509)

2- لا يستحق السمسار أجر إلا عند نجاح وساطته بإبرام الصفقة فعلاً على يديه فى الفترة المحددة له ولكن له الرجوع بالتعويض على من وسطه إذا تسبب بخطئه فى عدم إبرام الصفقة .

(نقض- جلسة 1962/11/14- المرجع السابق- السنة 18 - ص1649)

مادة [717]

مادة [717]

(1) على أى وجه كان إنتهاء الوكالة يجب على الوكيل أن يصل بالأعمال التى بدأها إلى حالة لا تتعرض معها للتلف .

(2) وفى حالة إنهاء الوكالة بموت الوكيل يجب على ورثته إذا توافر فيهم الأهلية وكانوا على علم بالوكالة أن يبادروا إلى إخطار الموكل بموت مورثهم وأن يتخذوا من التدبيرات ما تقتضيه الحال لصالح الموكل .

النصوص العربية المقابلة :

هذه المادة تقابل فى نصوص القانون المدنى بالأقطار العربية المواد التالية :

مادة 717 ليبى و683سورى و949عراقى و592سودانى .

الأعمال التحضيرية :

1- إذا إنتهت الوكالة بغير موت الوكيل، وجب على هذا ان يتخذ من الأعمال التحفظية ما يصون به مصلحة الموكل فإذا كان قد بدأ فى جنى المحصول وبيعه وجب عليه أن يستمر حتى يصل إلى حالة تكون معها مصالح الموكل مأمونة دون أن يكون من الضرورى الإنتهاء من بيع المحصول بأكمله اما إذا كانت الوكالة قد إنتهت بموت الوكيل فعلى الورثة الذين توافرات فيهم الأهلية وكانوا يعلمون بالوكالة ان يتخذوا هذه التدبيرات العاجلة وعليهم ان يبادروا بإخطار الموكل بموت مورثتهم حتى يدبر امره وهذا هو الحكم أيضاً فى ورثة الفضولى (انظر م268 من المشروع)

2- ولما كان سند الوكالة فى يد الوكيل لأنه مطالب بإثبات وكالته للغير كما تقدم فيجب عليه أن يرده إليه أو إلى ورثته عند إنتهاء الوكالة ولا يجوز للوكيل أن يحبس إستيفاء لحقوقه وإسترداد السند من الوكيل فى الوقت المناسب يمنع الغير من التعامل مع الوكيل بعد إنتهاء الوكالة وإلا كانوا سيئ النية كما ان بقاء السند فى يد الوكيل بعد إنتهاء الوكالة يكون من شأنه أن يغرر بالغير فيتعاملون مع الوكيل وقد تقدم أن للغير فى هذه الحالة أن يشتكوا بالوكالة ولهم فى كل الأحوال أن يرجعوا بالتعويض عما يصيبهم من ضرراً على كل من الموكل والوكيل وإذا تلكأ الوكيل فى رد سند الوكالة الزم بذلك وكان مسئولاً عن التعويض وللموكل ان يشهر إنتهاء الوكالة بالطريقة المناسبة .

(مجموعة الأعمال التحضيرية للقانون المدني - جزء 5-ص238)

رأى الفقه :

1- يجب على الوكيل بالرغم من إنتهاء الوكالة بالعزل أو التنحى أو موت الموكل أو غير ذلك من الأسباب أن يتخذ من الأعمال التحفظية ما يصون به

مادة [717]

مصلحة الموكل فإذا كان قد بدا فى جنى المحصول وبيعه وجب عليه ان يستمر حتى يصل إلى حالة تكون معها مصالح الموكل مضمونه دون ان يكون من الضرورى الإنتهاء من بيع المحصول باكلمه اما إذا كانت الوكالة قد إنتهت بموت الوكيل فعلى الورثة الذين توافرات فيهم الأهلية وكانوا يعلمون بالوكالة ان يتخذوا هذه التدبيرات العاجلة وعليهم ان يبادروا بإخطار الموكل بموت مورثتهم حتى يدبر امره وهذا هو الحكم أيضاً فى ورثة الفضولى ويدخل أيضاً فى هذا الأعمال التحفظية الاحتفاظ بالوثائق وغيرها من الأوراق الخاصة بالموكل وبوجه عام القيام بكل ما تقضيه الظروف وإتخاذ ما يجب من الوسائل والتدابير لصون مصالح الموكل وذلك إلى ان يتمكن الموكل نفسه أو النائب عنه حالة إفلاسه أو نقص اهليته أو ورثته أو النائب عنهم فى حالة موته من أن يتولوا بانفسهم الأعمال التى تسبق التوكيل فيها وتعتبر الوكالة قائمة فيما يتعلق بهذه الأعمال التحفيظية ويترتب على قيامها بقاء إلتزاماته كل من الوكيل والموكل فيكون الوكيل أو ورثته ملتزمين يبذل العناية الواجبة فى القيام بهذه الأعمال وبتأدية حساب عنهما ويكون الموكل أو ورثته ملتزمين بالأجر وبرد المصروفات وبالتعويض عن الضرر.

وتنتهى الوكالة بإتمام العمل الذى وكل الوكيل فيه ، وبإنقضاء لأجل المحدد للوكالة كما تنتهى بإستحالة التنفيذ وبإفلاس (أو إعسار) الموكل أو التوكيل أو نقص أهليته .

كما يجوز إنهاء الوكالة عن طريق طلب فسخها إذا أخل احد المتعاقدين بإلتزاماته وبتحقق الشرط الفاسخ .

كما تنتهى بموت الوكيل لإعتبار شخصى فيه إختاره الموكل فلا تحل ورثته محله بعد موته إلا أن إنتهاء الوكالة بموت الوكيل ليس من النظام العام، فيجوز الإتفاق على مايخالف هذا الحكم .

وتنتهى الوكالة أيضاً بموت الموكل سواء أكانت مأجورة متى علم الوكيل بموته ولا يعتبر هذا الحكم من النظام العام فيجوز الإتفاق على مايخالف هذا الحكم .

(الوسيط- جزء 2-1 – للدكتور السنهوري- المرجع السابق- ص 647 ومابعدها)

2- توافق الفقرة الأولى من المادة 717 من التقنين المدنى المادة 60/522 من التقنين القديم مع تعديل بسيط يجعل حكم الأولى أعم من حكم الأخيرة فتتطلب من الوكيل إذا إنتهت وكالته بأية صورة ، ولو بعزله أن يتخذ من الأعمال التحفظية ما يصون به مصلحة الموكل كان يستمر فى جنى المحصول وتخزينه إذا كان قد بدأ فى جنيه .

مادة [717]

أما الفقرة الثانية ــ فتتضمن حكماً ورد بالتقنين المختلط ولا مقابل له
في التقنين الوطني، وهو إنتقال إلتزام الوكيل المتقدم إلى ورثته إذا إنتهت
الوكالة بموته ولكن يشترط لتحمل الورثة بهذا الإلتزام (أ) أن يكونوا على علم
بوجود الوكالة (ب) أن يتوافر فيهم أهلية الإلتزام فإذا توافر الشرط أصبح
للموكل حق مطالبة الورثة بالتعويض بسبب تعويض مصالحه للخطر بإهمال
السهر على صيانتها على أن الورثة لا يتحملون بهذا التعويض الا في حدود ما
آل إليهم من تركة مورثهم لانهم انما يضطلعون بهذا الإلتزام بإعتبارهم من
الخلف العام .وعلى الورثة الذين ينفون علمهم بالوكالة عبء الإثبات ذلك
لانهم يدعون براءة ذمتهم من إلتزام مقرر لصالح خصمهم .

(التقنين المدني ــ للدكتور محمد علي عرفة- المرجع السابق-ص517 و518)

من أحكام القضاء الحديثة :

1- القانون لم يشترط فخصوص عدم نفاذ التصرفات الصادرة من الوكيل بعد
إنقضاء الوكالة بالنسبة للموكل وجوب إعلان نفاذ الغير بإنقضاء الوكالة
ويستتبع هذا انه يجب على الغير أن يتمسك في هذا الخصوص بحسن النية اى
انه بحسب الموكل الذى يحاج بتصرف أجراه الوكيل بعد إنقضاء وكالته ان
يثبت إنقضاء الوكالة وعلى الغير الذى يبغى الإحتجاج بهذا التصرف ــ ان شاء
ــ التحدى بحسن نيته أمام محكمة الموضوع حتى يستطيع أن يثبت في هذا
الدفاع على الوجه الذى رسمه القانون ــ وعلى ذلك فإذا كان التصرف الصادر
من الوكيل قد صدر منه بعد إنقضاء الوكالة فلا يجوز للغير التحدى لأول مرة
أمام محكمة النقض بعدم علمه بهذا الإنقضاء متى كان لم يقدم بملف الطعن
ما يدل على أنه عندما وجه أمام الموضوع بذلك الإنقضاء تمسك بعدم علمه به

(نقض ــ جلسة 1957/10/24- المحاماه- السنة 38- ص 908، وينظر تعلق
الدكتور السنهوري علي هذا الحكم : الوسيط-7-1 هامش 2- ف 658)

مادة [718]

الفصل الرابع
الوديعة

مادة [718]

الوديعة عقد يلتزم به شخص أن يتسلم شيئاً من آخر على أن يتولى حفظ هذا الشىء وعلى أن يرده عيناً .

النصوص العربية المقابلة :

هذه المادة تقابل فى نصوص القانون المدنى بالأقطار العربية المواد التالية :

مادة 718 ليبى و68سورى و950و951 عراقى و563سودانى و690لبنانى و995 تونسى و787مغربى .

الأعمال التحضيرية :

يتضح من هذا التعريف أن الوديعة عقد رضائى يلتزم الشخص بموجبه ان يتسلم شيئا مقولا أو عقاراً ليتولى حفظه ثم يرده عينا فالعقد يتم قبل تسليم الشىء وهو لاينقل إلى الوديع إلا الحيازة المادية للشىء (انظر المادة 2225 من التقين الإرجنتينى فلا يخوله ملكية ذلك الشىء ولا إستعماله ولا إستغلاله فلا يشترط فيه إذن ان يكون المودع مالكاً إذا أنه عقد يلتزم به شخص ان يتسلم شيئاً من آخر سواء أكان الآخر مالكاً ام غير مالك (انظر فى هذا المعنى المادة 1000من التقنين التونسى والمادة 786 من التقنين المراكشى والمادة 694 من التقنين اللبنانى وانظر عكس ذلك المادة 1932 من التقنين الفرنسى).

(مجموعة الأعمال التحضيرية للقانون المدني - جزء 5-ص242و243)

رأى الفقه :

1- يخلص من التعريف الوارد بنص المادة 718 مدنى أن لعقد الوديعة خصائص أهمها :

(1) الوديعة عقد رضائى – إذ هى تتم بمجرد توافق الإيجاب والقبول دون حاجة إلى شكل خاص ولأنها ليست كذلك عقداً عينياً فالتسليم ليس ركناً فى الوديعة بل هو إلتزام فى ذمة المودع عنده بعد أن تنعقد الوديعة .

(2) الوديعة – كالوكالة – هى فى الأصل من عقود التبرع وتكون من عقود المعارضة إذا إشترط فيها الأجر والوديعة غير المأجورة كالعارية من عقود التفضل من الهبات وإذا صارت الوديعة بالأجر من عقود المعارضة فهى أيضاً كالوكالة المأجورة ليست من عقود المضاربة وهذا ما يميز بينهما وبين المقاولة وعقد العمل .

مادة [718]

(3) والوديعة كالوكالة أيضاً هى فى الأصل عقد ملزم لجانب واحد وتبقى علىهذا الأصل فى الغالب لأنها لا تكون عادة مأجورة بخلاف الوكالة فيغلب فيها الأجر .

(4) والوديعة تتميز كالوكالة بتغلب الإعتبار الشخص وهذا الإعتبار فى شخص المودع عنده منه فى شخص المودع ومن ثم تنتهى الوديعة بموت المودع عنده .

(5) والوديعة عقد غير لازم من جانب فاللمودع طلب رد الشىء الودع فى اى وقت ولو قبل إنقضاء الأجل فى مصلحة المودع عنده .

(6) والوديعة تتميز بانها عقد يلتزم به المودع عنده إلتزاماً أساسياً بحفظ الشىء المودع فلا وديعة إذا لم يكن هناك إلتزام عقدى بالحفظ .

ومنذ أصبحت الوديعة عقدا رضائياً صار الوعد بالوديعة يعدل الوديعة نفسها ولم تعد هناك أهمية للتمييز بينهما .

ويملك الإيداع مالك الشىء ونائبه (كالوكيل والنائب والولى والوصى والقيم) ولمن له حق التصرف فى الإنتفاع بالشىء (كصاحب حق الإنتفاع والمستأجر والمستعير المرتهن رهن حيازى).

والأصل فى الوديعة انها عقد مدنى مالم يكن تابعة لعمل من اعمال التجارة كما إذا أودع تاجر بضائعه فى مخزن عام، فيكون العقد تجارياً من جانب كل من المودع والمودع عنده وكما أودع شخص نقوده فى مصرف فيكون العقد تجارياً من جانب المودع عنده ومدنياً من جانب المودع .

فإذا كانت الوديعة عقداً تجارياً جاز إثباتها بجميع الطرق ويدخل فى ذلك البينة والقرائن ايا كانت قيمة الوديعة ولو زادت على عشرين جنيها .

أما إذا كانت الوديعة عقداً مدنياً فإن القواعد المقررة فى الإثبات هى التى تسرى فيجوز الإثبات بجميع الطرق إذا لم تزد قيمة الوديعة على عشرين جنيها فيجوز زادت على هذه القيمة لم يجز الإثبات إلا بالكتابة أو بمبدأ ثبوت بالكتابة معزز بالبينة أو القرائن أو بالإقرار باليمين كذلك الإثبات بالبينة أو بالقرائن إذا حال مانع مادى أو أدبى دون الحصول على دليل كتابى أو إذا فقد السند الكتابى لسبب أجنبى .

وتسرى قواعد الإثبات المتقدمة الذكر حتى فى المسائل الجنائية كما إذا وجب إثبات الوديعة فى مناسبة جريمة التبديد.

ويعنى المودع فى كثير من الأحيان أن تكون فى يده ورقة مكتوبة تثبت الوديعة حتى لا يصطدم بدعوى المودع عنده أن الشىء المودع قد سلم له على سبيل الهبة اليدوية أو على سبيل العارية والظاهر يؤيده لانه حائز للشىء كذلك قد يعنى المودع عنده أن تكون فى يده كتابة تثبت الوديعة حتى إذا انكرها المودع

مادة [718]

وأراد إعتبار المودع عنده مغتصباً تجب مساءلته عن التعويض إستطاع هذا الأخير رفع دعوى إثبات الوديعة .

وبالنسبة للأهلية فى عقد الوديعة – فلا تشترط فى المودع أهلية التصرف وتكفى أهلية الإدارة لان المودع - حتى لو كانت الوديعة باجر يقوم بعمل من أعمال الإدارة من أعمال التصرف ومن ثم يكون الصبى المميز والمحجور عليه المأذون لهما فى إدارة أموالهما من ذوى الأهلية للإيداع ومن باب أولى سكون أهلا للإيداع البالغ سن الرشد أما الصبى المميز غير المأذون له فى إدارة أمواله ومن يلحق به من المحجور عليهم فلا يكونون أهلا للإيداع وانما يجوز للولى أو الوصى أو القيم ان يقوم بإيداع أموالهم لأن الإيداع عمل من أعمال الإدارة فيدخل فى ولاية النائب عن المحجوز عليه وإذا أودع الصبى المميز غير المأذون له فى إدارة ماله كانت الوديعة قابلة للإبطال وجاز لوليه أو له عند بلوغه سن الرشد أن يطلب إبطال الوديعة .

أما المودع عنده حتى لو كان يأخذ أجرا فإنه يلتزم بحفظ الشىء وبرده وقد يجر عليه الإلتزام بالحفظ مسئوليات ثقيلة ومن ثم يجب أن تتوافر فيه الأهلية الكاملة أى أهلية التصرف والإلتزام ولا تكفى أهلية الإدارة فلا يجوز إذن أن يقبل الوديعة إلا من بلغ سن الرشد وإذا قبل الوديعة الصبى المميز ومن هو فى حكمه ولو كان مأذونا لهم فى الإدارة فإن الوديعة تكون قابلة للإبطال ويستطيع الصبى المميز بعد بلوغه سن الرشد أو وليه قبل ذلك ان يطلب إبطال الوديعة فيتحلل من إلتزاماته ولا يرجع عليه المودع إلا بقدار ما إنتفع طبقاً لقواعد الإثراء بلا سبب فإذا أضاع الشئ المودع أو إنتقل من يده إلى يد أى شخص آخر أو أتلفه الغير لم يكن مسئولاً عن رده سليماً إلى المودع ولا يرجع هذا عليه بمقدار ما إنتفع . وهذا ما لم يكن المودع عنده قد إرتكب خطأ تقصيراً فإنه فى هذه الحالة يكون مسئولاً عن التعويض التقصيرى الكامل لأن المميز يلتزم كاملا بخطئه التقصيرى .

وتسرى القواعد العامة المقررة فى صدد عيوب الإرادة حيث لاتوجد أحكام يختص بها عقد الوديعة فى هذا الشأن .

وتبطل الوديعة للغلط فى شخص المودع وبخاصة للغلط فى شخص المودع عنده .

والإكراه يعيب الإدارة كما يعيبها فى سائر العقود ولكن الضغط فى الوديعة الإضطرارية لا يبطلها فتبقى صحيحة لأنه لا يصل إلى حد الإكراه .

ويجب أن يتوافر فى الشىء المودع الشروط العامة التى يجب توافرها فى المحل فيجب أن يكون موجوداً معيناً أو قابلاً للتعيين غير مخالف النظام العام ولا

مادة [718]

للأداب فلو هلك الشىء المراد إيداعه قبل التعاقد انعدم المحل ولا تنعقد الوديعة . كذلك يجب أن يكون الشىء المودع معيناً تعييناً كافياً نافياً للجهالة الفاحشة أو قابلا للتعيين وتسرى فى ذلك القواعد العامة المقررة فى هذا الشأن وإذا كان الشىء المودع غير قابل للتعامل فيه بأن كان مخالفاً للنظام العام فلا الأداب لم يجز إيداعه فلاى يجوز إيداع الأشياء المهربة ولا المخدرات ولا الحشيش ولا الأسلحة غير المرخص فيها ولا الكتب ولا الصور الممنوعة .

ويستوى أن يكون الشىء المودع عقاراً أو منقولاً وان كان الغالب أن يكون منقولاً إذ المنقول أحوج إلى الحفظ من العقار ولكن ليس هناك ما يمنع من إيداع العقار (كان يعهد إلى شخص بحراسة منزل مدة سفر المودع وليست الحراسة الإتفاقية أو القضائية إلا ضرباً من ضروب الوديعة .

والأشياء التى يجوز إيداعها كثيرة ومتنوعه .

أما الحقوق المعنوية فلا يجوز إيداعها لأن هذه الحقوق تستعصى بطبيعتها علىالإيداع .

اما السندات الثابت بها تلك الحقوق فيجوز إيداعها .

والسبب طبقاً للنظرية الحديثة هو الباعث الدافع إلى التعاقد، فإذا كان غير مشروع كانت الوديعة - بحسب هذه النظرية - باطلة (كإخفاء سلاح أو مسروقات)

(الوسيط-7-1 للدكتور السنهوري - المرجع السابق- ص 625 ومابعدها)

2-جعل المشرع الوديعة عقداً رضائياً كما فعل بالقرض والعارية وهى فى التقنين القديم عقد عينى وقد شذ المشرع بهذا الإتجاه الجديد عن سائر التشريعات الآخرى - عدا تقنين الإلتزامات السويسرى فهى تعتبر الوديعة عقدا عينيا لا ينعقد إلا بالتسليم وهذا الإتجاه الغالب أكثر إنسجاماً مع طبيعة الوديعة ولم يذكر المشرع فى تعريف الوديعة خاصة لمجانية - كما فعل التقنين القديم وقد أحسن بذلك صنعاً إذا أصبحت الوديعة المأجورة هى الصورة الغالبة فى العمل .

(التقنين المدني - للدكتور محمد علي عرفة - المرجع السابق- ص 518 -509)

من أحكام القضاء الحديثة :

1- الشرط الأساسى فى عقد الوديعة كما هو معروف به فى القانون المدنى هوان يلتزم المودع لديه برد الوديعة بعينها للمودع وإذن فمتى كان الثابت فى الحكم أن المتهم والمجنى عليه قد إتفقا على أن يتبادلا ساعتيهما وأن تسلم اولهما ساعة الثانى كان تنفيذا لهذا الإتفاق فإن التسليم على هذه الصورة يكون مبنياً على عقد معارضة وهو ليس من العقود المنصوص عليها على سبيل الحصر فى المادة 341 من قانون العقوبات ويكون الحكم إذ دان المتهم بجريمة التبديد قد خالف القانون .

(جلسة 1954/4/4- مجموعة القواعد القانونية-25 عام جنائي16- ص553)

مادة [718]

2- البنك الذى يقوم بتثبيت إعتماد مصرفى لوفاء ثمن صفقة تمت بين تاجرين لايجوز إعتباره أميناً للطرفين إذ لاتوجد لديه وديعة بالمعنى المصطلح عليه قانونا .

(نقض- جلسة 1954/4/15- المرجع السابق - مدني -1- ص 220)

3- مصلحة الجمارك إذا لم تتسلم البضائع المستوردة وإذ تستبقيها تحت يدها حتى يوفى المستورد الرسوم المقررة لايضع اليد على هذه البضائع كمودع لديه متبرع بخدماته لمصلحة المودع بل تحفظ بها بناء على الحق المخول لها فى القانون ابتغاء تحقيق مصلحة خاصة بها وهى وفاء الرسوم المستحقة ومن ثم فانه فى حالة فقد البضائع لا يجوز لها التحدى بأحكام عقد الوديعة وبان مسئوليتها لا تعدو مسئولية المودع لديه بلا اجر وذلك لإنتفاء قيام هذا العقد الذى لايقوم الا إذا كان القصد من تسليم الشىء أساسا هو المحافظة عليه ورده للمودع عند طلبه فإذا كانت المحافظة على الشىء متفرعة من أصل آخر هو الشأن فى الرهن الحيازى إنتفى القول بموجب تطبيق الوديعة.

(نقض - جلسة 1955/12/8- المرجع السابق- 21-ص598)

4- ما تأتى به الزوجة لبيت الزوجية من الشوار انما يعد للإستعمال وللإنتفاع به من الزوجين لا أن يؤمن الزوج ويسأل عن كل تفريط يقع فيه وكتب الإعتراف بتوصل الزوج بشوار الزوجة وإلتزامه بعدم التفريط فيه ليس من قبيل كتائب الوديعة التى يسأل فيها المودع عنده عن كل نقص فى فصوله المؤمنة تحت يده ولذا يجب تفسير كتب الشوار على ضوء مقصد الطرفين لأن العبرة بالمقاصد لا بظاهر الألفاظ والتراكيب .

(محكمة التعقيب التونسية-جلسة 1964/3/28- مجلة القضاء والتشريع- 1964 العدد7- ص21)

5- الأصل فى المحاكمات الجنائية أن العبرة فى الإثبات هى بإنتفاع القاضى بناء على التنحقيقات التى يجربها بنفسه وإطمئنانه إلى الأدلة التى عول عليها فى قضائه بإدانه المتهم أو براءته فقد جعل القانون من سلطته أن يأخذ من أية بينة أو قرينة يرتاح إليها دليلاً لحكمه إلا إذا قيده القانون بدليل معين ينص عليه كما هو الشأن بالنسبة لإثبات عقد الأمانة فى جريمة خيانة الأمانة حيث يتعين إلزام قواعد الإثبات المقررة فى القانون المدنى أما واقعة الإختلاس إلا التصرف الذى يأتيه الجانى ويشهد أنه حول حيازته إلى حيازه كاملة أو نفى هذا الإختلاس ويدخل فيه رد الشىء موضوع عقد الأمانة فإنها واقعة مادية يجوز إثباتها بكافة طرق الإثبات بما فيها البينة رجوعاً إلى الأصل وهو مبدا حرية إقتناع القاضى الجنائى ومن ثم فان الحكم المطعون فيه وقد إستلزم تطبيق قواعد الإثبات المقررة في القانون المدني علي واقعة رد منقولات المدعية بالحق المدني ورتب علي ذلك قبول الدفع بعدم جواز الثابت بالبينة لتجاوز فيه هذه المنقولات لنصاب الإثبات بها ، يكون قد أخطأ في تطبيق القانون .

(نقض- جلسة 1963/1/18- جنائي- الطعن 1590 لسنة 39 ق)

مادة [719]

1- إلتزامات المودع عنده

مادة [719]

(1) علي المودع عنده أن يتسلم الوديعة.

(2) وليس له أن يستعملها دون أن يإذن له المودع في ذلك صراحة أو ضمناً .

النصوص العربية المقابلة :

هذه المادة تقابل في نصوص القانون المدني بالأقطار العربية ، المواد التالية :

مادة 719 ليبي و 685 سوري و 956 عراقي و 594 سوداني .

ملحوظة :

الوديعة في التقنين اللبناني والعراقي والفرنسي والمدني القديم عقد عيني التسليم فيه ركن لا إلتزام ، خلافا للقانون المدني المصري الجديد وما نهج منهجة من التشريعات العربية ، فهو فيها عقد رضائي التسليم فيه مجرد إلتزام .

الأعمال التحضيرية

ينظر - لاحقاً - بالأعمال التحضيرية الواردة علي نص المادة 721 من القانون المدني .

رأي الفقه :

1- يتبين من نص المادة 719 من القانون المدني أثر تحول الوديعة من عقد عيني - كما كانت في التقنين المدني القديم - إلي عقد رضائي . كما هي في التقنين المدني الجديد ، فقد كان تسليم الشئ المودع ركناً في الوديعة عندما كانت عقداً عينياً ، وقد أصبحت عقداً رضائياً يتم قبل التسليم تعين أن يكون نقل الشئ المودع إلي يد المودع عنده إلتزاما لا ركنا ، وإلتزاما في ذمة المودع عنده . ومن هنا أمكن أن تكون الوديعة - بخلاف العارية - عقدا ملزماً لجانب واحد ، إذ التسليم يلتزم به المودع عنده لا المودع ، إذ الغالب أن تكون الوديعة دون أجر ، فإذا إلتزم المودع برد مصروفات أو بتعويض ضرر ، كانت الوديعة ملزمة للجانبين .

ويكون التسليم بإستيلاء المودع عنده علي الشئ المودع إستيلاء مادياً بعد أن يضع المودع الشئ تحت تصرفه في الزمان والمكان المعينين . ويتبع في طريقة التسليم ووقته ومكانه القواعد المقررة في تسلم المشتري للعين المبيعة ، وفي تسلم المستأجر للعين المؤجرة وفي تسلم المستعير للعين المعارة ، وفي

مادة [719]

التسلم بوجه عام في كل عقد ينشئ هذا الإلتزام في ذمة أحد المتعاقدين ، وهذا هو التسليم الحقيقي .

وقد يكون التسلم حكميا بأن يكون الشئ المودع موجوداً في يد المودع عنده قبل الوديعة ، علي سبيل الإيجار أو علي سبيل العارية أو علي سبيل رهن الحيازة أو لأي سبب آخر ، ثم يتفق الطرفان علي أن يبقي الشئ في حيازة المودع عنده علي سبيل الوديعة . والتسلم الحكمي يفترض أن الشئ قد رد لصاحبه أولا ثم تسلمه هذا للآخر مرة ثانية بعقد الوديعة ، فيجتزئ عن عمليتي التسليم والتسلم ببقاء الشئ في يد المودع عنده بهذا السبب الجديد وهو عقد الوديعة .

ولما كان التسلم إلتزاما في ذمة المودع عنده فإن هذا يجبر علي تنفيذه طبقاً للقواعد العامة . ولما كان إجبار المودع عنده علي التنفيذ العيني ليس في مصلحة المودع ، إذ الوديعة من عقود الأمانة والثقة . وإذا أبي المودع عنده تسلم الشئ فإن ثقة المودع فيه تتزعزع ، لذلك يكون الأصلح للمودع أن يطالب المودع عنده بالتعويض عما أصابه من ضرر بسبب عدم تنفيذ هذا الأخير لإلتزامه .

ولما كانت الوديعة لا تنقل ملكية الشئ المودع إلي المودع عنده بل يبقي المودع مالكا للشئ ويسترده عينا عند إنتهاء الوديعة ، لذلك إذا هلك الشئ قبل التسليم أو بعده بسبب أجنبي كان هلاكه علي المالك أي علي المودع (كما هو الشأن في الإيجار والعارية)

ولما كان الغرض الأساسي من عقد الوديعة هو حفظ الشئ المودع ، ومن ثم كان إلتزام المودع عند بحفظ الشئ هو الإلتزام الجوهري الذي يترتب علي هذا العقد ، وكان عقد الوديعة علي رأس عقود الحفظ والأمانة، كما أن عقد البيع علي رأس عقود التصرف وعقد الإيجار علي رأس عقود الإدارة .

وإلتزام المودع عنده بحفظ الشئ كإلتزام المستأجر بالمحافظة علي العين المؤجرة وإلتزام المستعير بالمحافظة علي العين المعارة وإلتزام الوكيل بتنفيذ الوكالة إلتزام ببذل عناية ، ويجوز الإتفاق علي تخفيف أو تشديد مسئولية المودع عنده أو الإعفاء منها .

وطبقاً للفقرة الثانية من المادة 719 مدني لا يجوز للمودع عنده أن يستعمل الوديعة أو أن يسمح لأحد بإستعمالها . ويتصل هذا الإلتزام إتصالا وثيقاً بإلتزام المودع عندة بحفظ الشئ . وإذا كان الشئ ينتج غلة وجب علي المودع عنده أن يحفظ غلته معه دون أن يفصلها عنه إلا لحفظها ، ويجب عليه في كل حال أن يقدم حسابا للمودع عن هذه الغلة .

مادة [719]

علي أنه يجوز للمودع أن يإذن المودع عنده في إستعمال الشئ ، ويبقي العقد مع ذلك وديعة بشرط أن يكون حفظ الشئ هو الغرض الأساسي من العقد إستعماله ليس إلا أمرا ثانويا بجانب هذا الغرض الأساسي ، فإن كان الإستعمال غرضا أساسياً ، لم يكن العقد وديعة بل كان عارية إستعمال إذا كان الشئ غير قابل للإستهلاك ، وقرضا إذا كان الشئ قابلا للإستهلاك. فيجوز له إذن إستعمال الشئ بشرطين : (1) أن يكون هذا الإستعمال أمراً ثانويا بالنسبة إلي الغرض الأساسي وهو حفظ الشئ (2) وأن يكون قد إذن له في الإستعمال . والإذن كما يكون صريحاً يكون ضمنياً ، والإذن الضمني يستخلص إذا كان هذا الشئ غير قابل للإستهلاك بأيسر مما يستخلص فيما لو كان الشئ قابلا للإستهلاك . وإذا أخل المودع عنده بإلتزامه فاستعمل الشئ دون إذن صريح أو ضمني ، أو تصرف فيه من باب أولي بالبيع أو الرهن أو الإيجار أو العارية أو أي تصرف آخر كان مسئولاً عن ذلك مسئولية مدنية ، وجازت أيضاً مساءلته جنائياً عن جريمة التبديد بالنسبة إلي المودع ، وعن جريمة النصب بالنسبة إلي من تصرف له . والإذن بالإستعمال لا يفترض بل يقع علي المودع عند عبء إثباته .

(الوسيط-7-1- للدكتور السنهوري- المرجع السابق – ص695 ومابعدها)

2- توجب الفقرة الثانية من المادة 719 مدني علي المودع عنده إلتزام بالإمتناع عن إستعمال الشئ ، ما لم يرخص له في ذلك ، وهذا الترخيص كما يكون صريحاً يصح أن يستفاد ضمنياً من ظروف الإيداع ، وذلك كما في حالة إيداع شخص ، بعض كتبه عند زميل له دون أي إحتياط ، وإثبات الترخيص في الإستعمال علي المودع عنده .

(التقنين المدني – للدكتور محمد علي عرفة المرجع السابق-ص520)

من أحكام القضاء الحديثة :

1-إذا كان الحكم الابتدائي قد قضى بتزوير الأوراق موضوع الدعوى بناء على أن الختم الموقع به عليها لم يسلم من صاحبته إلى من وقع به إلا لاستعماله لمصلحتها في قبض معاشها وتأجير منزلها وتحصيل أجرته فوقع به على سندات دين عليه باعتبارها ضامنة له بالتضامن، ثم جاء الحكم الاستئنافي فأيد هذا الحكم آخذاً بأسبابه ومضيفاً إليها أن تسليم الختم إنما كان على سبيل الوديعة باعتبار متسلمه متولياً أمور صاحبته وأن ائتمانها إياه عليه لا يفيد وكالته في استعماله دون ترخيص منها، وكان الحكمان كلاهما لم يعرضا للبحث في موقف الدائن من هذا التوقيع وفي ملابسات هذا الموقف مع ما قد يكون له من أهمية في النزاع، بل اقتصر على سبب تسليم الختم للمدين، فإن الحكم الاستئنافي، مع تناقضه في هذا السبب، ومع ما تدل عليه أسبابه من أنه يفرق في تسليم الختم بين الوديعة

والوكالة من حيث الأثر في قيمة التوقيع، ومع عدم تعرضه لموقف الدائن من ذلك التوقيع، يكون مشوباً بالقصور متعيناً نقضه.

[الطعن رقم 36 - لسنة 11 ق - تاريخ الجلسة 19 / 02 / 1942]

2- إذا كانت المحكمة - بعد أن أقامت الدليل على تزوير الإمضاء المنسوبة إلى المورث الصادر منه العقد المطعون فيه - أخذت بقول الطاعنة فيه بأن التوقيع عليه بختمها، الذي كان وديعة عند والدها، بوصفها شاهدة إنما كان في غيبتها وبغير إذنها، فذلك مفاده أن الحكم اتخذ من ثبوت تزوير الإمضاء المنسوبة إلى المورث دليلاً على تزوير التوقيع بختم الطاعنة بالطريقة التي قالت عنها، وهذا لا يقدح في سلامته. وهو إذا كان قد وصف قول الطاعنة هذا بأنه دفاع مع أنه ادعاء فذلك لا يعتد به، متى كان هذا القول قد ثبت بدليل سائغ. ثم إنه لا يصح النعي على هذا الحكم بأنه لم يرد على ما طلبه المتمسك بالعقد من تحقيق استرداد حيازة الطاعنة لختمها وتوقيعها به العقد، فإن ما قالت به المحكمة من تزوير التوقيع بالختم يتضمن الرد على هذا الطلب.

[الطعن رقم 78 - لسنة 16 ق - تاريخ الجلسة 05 / 06 / 1947]

مادة [720]

مادة [720]

(1) إذا كانت الوديعة بغير أجر وجب علي المودع عنده أن يبذل من العناية في حفظ الشئ ما يبذله في حفظ ماله ، دون أن يكلف في ذلك أزيد من عناية الرجل المعتاد .

(2) أما إذا كانت الوديعة بأجر فيجب أن يبذل في حفظ الوديعة عناية الرجل المعتاد .

النصوص العربية المقابلة :

هذه المادة تقابل في نصوص القانون المدني بالأقطار العربية ، المواد التالية : مادة 720 ليبي و 686 سوري و 952 و953 عراقي و 696 لبناني و 595 سوداني .

الأعمال التحضيرية :

ينظر – لاحقاً- التعليق بالأعمال التحضيرية الواردة علي نص المادة 721 من القانون المدني .

رأي الفقه :

1- ميز القانون في الوديعة – كما ميز في الوكالة- بين ما إذا كانت الوديعة بغير أجر أو كانت بأجر . فإذا كانت بغير أجر تكون في مصلحة المودع دون المودع عنده ، ويكون المودع عنده غير مسئول إلا عن العناية التي يبذلها في حفظ ماله الخاص إذا كانت هذه العناية هي دون عناية الشخص المعتاد ، أما إذا كانت عنايته الشخصيةهي أعلي من عناية الشخص المعتاد لم يكن مسئولاً إلا عن عناية الشخص المعتاد ، فمعيار العناية المطلوبة منه يكون تارة معيارا شخصيا إذا كان مسئولاً عن عنايته الشخصية . ويكون تارة أخري معيارا موضوعيا إذا كان مسئولاً عن عناية الشخص المعتاد . أما إذا كانت الوديعة بأجر فإنه يجب علي المودع عنده أن يبذل في حفظ الوديعة عناية الشخص المعتاد ، أي أن المعيار هنا يكون موضوعياً لا شخصيا وإذا تعدد المودع عندهم لم يكونوا متضامنين في المسئولية ، لأن مسئوليتهم عقدية لا تقصيرية ولم ينص القانون علي التضامن .

ولا يكون المودع عنده ، ولو كأن مأجوراً ، مسئولاً عن السبب الأجنبي حق لو ثبت أنه لم يبذل العناية المطلوبة ، ذلك أن السبب الأجنبي ينفي علاقة السببية بين الخطأ والضرر ، وعبء إثبات السبب الأجنبي يقع علي المودع عند مأجوراً كان أو غير مأجور إذ هو لا يستطيع أن يتخلص من المسئولية إلا إذا أثبت أنه بذل العناية المطلوبة أو أثبت السبب الأجنبي .

مادة [720]

وقواعد مسئولية المودع عنده عن حفظ الشئ لا يتعلق بالنظام العام ، فيجوز الإتفاق علي ما يخالفه ، ومن ثم يجوز الإتفاق علي تشديد مسئولي المودع عنده ، كما يجوز الإتفاق علي تخفيفها أو علي الإعفاء منها ، فالإعفاء من المسئولية عن الخطأ العقدي جائز . ولكن يبقي المودع عنده بالرغم من شرط الإعفاء مسئولاً عن الغش أو الخطأ الجسيم .

(الوسيط-7-1 للدكتور السنهوري – المرجع السابق- ص702 ومابعدها)

2- بينت المادة 720 من التقنين المدني ما يجب على الوديع من عناية في حفظ الشئ ، ففرقت بين الوديعة المجانية والوديعة المأجورة ، فلم تقتض من الوديع المتبرع إلا العناية التي يبذلها في حفظ ماله دون أن يكلف أزيد من عناية الرجل العادي ، ومؤدي هذا المعيار المودع بسوء إختياره ، ولا يفيد بإختياره شخصاً أكثرحرصاً في شئونه الخاصة من متوسط الناس . أما الوديع المأجور فيطالب بأن يبذل في حفظ الوديعة عناية الرجل المعتاد علي الأقل ، فلا يغتفر له إلا التقصير اليسير أما التقصير الجسيم فيحاسب عليه دائما ، حتي ولو كان قد إعتاده في شئونه الخاصة ، ويقع علي الوديع عبء نفي الخطأ عن نفسه إذا لم تؤد العناية التي بذلها إلي حفظ الشئ فعلاً .

ولما كان المفروض في الوديعة أن شخص الوديع له إعتبار خاص عند المودع ، كان طبيعا أن يحرم المشرع علي الوديع إحلال شخص آخر محله في حفظ الوديعة ما لم يرخص له المودع في ذلك أو تدفعه إليه ظروف ملحة ، كإضطراره إلي السفر في رحلة طويلة أثناء غياب المودع ، فإذا لم يكن شئ من ذلك أصبح الوديع مسئولاً عن هلاك الشئ أو تلفه في يد نائبه ولو كان الهلاك بقوة قاهرة .

(التقنين المدني – للدكتور محمد علي عرفة – المرجع السابق- ص 520 و521)

من أحكام القضاء الحديثة :

1- الوارث الذي يتسلم العقود التي كانت مسلمة على سبيل الوديعة لأبيه قبل وفاته، وهو عالم بذلك، يعتبر وجود هذه العقود لديه على سبيل الوديعة كذلك، ما دامت يده عليها، بمقتضى حكم القانون، يد أمانة تتطلب منه أن يتعهدها بالحفظ كما يحفظ مال نفسه ويردها بعينها عند أول طلب من صاحبها. أو بعبارة أخرى تتطلب منه القيام بجميع الواجبات التي فرضها القانون في باب الوديعة على المودع لديه. ولا يقلل من صدق هذا النظر أنه لم يباشر مع المجني عليه عقد وديعة، وأن العقد الذي أنشأها إنما كان مع أبيه فينتهي بموته. وذلك لأن القانون حين عرف جريمة خيانة الأمانة في المادة 341ع لم ينص على أن تكون الوديعة، باعتبارها سبباً من الأسباب التي أوردها على سبيل الحصر لوجود

مادة [720]

المال المختلس لدى المتهم، وليدة عقد، بل اكتفى في ذلك بعبارة عامة، وهي أن يكون تسلم المال قد حصل على "وجه الوديعة" مما يستوي فيه بالبداهة ما يكون منشؤه التعاقد وما يكون مصدره القانون.

[الطعن رقم 519 - لسنة 13 ق - تاريخ الجلسة 08 / 02 / 1943]

2-إن مصلحة الجمارك إذ تتسلم البضائع المستوردة وإذ تستبقيها تحت يدها حتى يوفي المستورد الرسوم المقررة لا تضع اليد على هذه البضائع كمودع لديه متبرع بخدماته لمصلحة المودع بل تحتفظ بها بناء على الحق المخول لها بالقانون ابتغاء تحقيق مصلحة خاصة بها وهى وفاء الرسوم المستحقة، ومن ثم فإنه في حالة فقد البضائع لا يجوز لها التحدي بأحكام عقد الوديعة وبأن مسئوليتها لا تعدو مسئولية المودع لديه بلا أجر وذلك لانتفاء قيام هذا العقد الذي لا يقوم إلا إذا كان القصد من تسليم الشيء أساساً هو المحافظة عليه ورده للمودع عند طلبه، فإذا كانت المحافظة على الشيء متفرعة عن أصل آخر كما هو الشأن في الرهن الحيازي انتفى القول بوجوب تطبيق أحكام الوديعة.

[الطعن رقم 48 - لسنة 22 ق - تاريخ الجلسة 08 / 12 / 1955]

3- انتهاء الحكم إلى أن التزام الشركة الطاعنة بحفظ الجبن المودع لديها في ثلاجتها من الالتزامات الجوهرية وأنه التزام ببذل عناية هي عناية الشخص العادي - لأن الشركة مأجورة على هذا الالتزام مؤداه أنه كيف العقد بأنه عقد وديعة مأجورة متفقاً في ذلك مع عبارات العقد ودون أن تجادل الطاعنة في هذا التكييف، لما كان ذلك وكان مقتضى عقد الوديعة أن يلتزم المودع لديه - أساساً- بالمحافظة على الشيء المودع لديه وأن يبذل في سبيل ذلك - إذا كان مأجوراً - عناية الشخص العادي - ويعتبر عدم تنفيذه لهذا الالتزام خطأ في حد ذاته يرتب مسئوليته التي لا يدرأها عنها إلا أن يثبت السبب الأجنبي الذي تنتفي به علاقة السببية وكان الخبير المنتدب بعد أن عاين الثلاجة والجبن المخزون فيها واطلع على دفاتر الثلاجة المعدة لإثبات درجات الحرارة وأطرحها لعدم سلامتها ولعدم مطابقتها الواقع ورجح من واقع فحصه للجبن المخزون ومعاينته الثلاجة من الداخل - أن تلف الجبن يرجع إلى الارتفاع الكبير والمتكرر في درجات الحرارة - استناداً إلى ما لاحظه من تكثف الماء على سطح الجبن والأجولة التي تحتويه ومن تراب الجبن المبلل على أرضية الثلاجة، وإذ اطمأنت محكمة الموضوع إلى تقرير الخبير - في هذا الشأن - لسلامة أسسه واستخلصت منه في حدود سلطتها التقديرية أن الشركة الطاعنة لم تبذل العناية الواجب اقتضاؤها من مثلها في حفظ الجبن المودع لديها مما أدى إلى تلفه ورتبت على ذلك مسئولياتها عن هذا التلف - فإنها لا تكون ملزمة بعد ذلك، بالرد استقلالاً على الطعون التي

مادة [720]

وجهتها الشركة الطاعنة إلى ذلك التقرير لأن في أخذها به محمولاً على أسبابه السائغة ما يفيد أنها لم تجد في تلك الطعون ما يستحق الرد عليها بأكثر مما تضمنه التقرير.

[الطعن رقم 661 - لسنــة 49 ق - تاريخ الجلسة 06 / 02 / 1984]

4- انتهاء الحكم إلى أن التزام الشركة الطاعنة بحفظ الجبن المودع لديها في ثلاجتها من الالتزامات الجوهرية وأنه التزام ببذل عناية هي عناية الشخص العادي - لأن الشركة مأجورة على هذا الالتزام مؤداه أنه كيف العقد بأنه عقد وديعة مأجورة متفقاً في ذلك مع عبارات العقد ودون أن تجادل الطاعنة في هذا التكييف، لما كان ذلك وكان مقتضى عقد الوديعة أن يلتزم المودع لديه - أساساً - بالمحافظة على الشيء المودع لديه وأن يبذل في سبيل ذلك - إذا كان مأجوراً - عناية الشخص العادي - ويعتبر عدم تنفيذه لهذا الالتزام خطأ في حد ذاته يرتب مسئوليته التي لا يدرأها عنها إلا أن يثبت السبب الأجنبي الذي تنتفي به علاقة السببية وكان الخبير المنتدب بعد أن عاين الثلاجة والجبن المخزون فيها واطلع على دفاتر الثلاجة المعدة لإثبات درجات الحرارة وأطرحها لعدم سلامتها ولعدم مطابقتها الواقع ورجح من واقع فحصه للجبن المخزون ومعاينته الثلاجة من الداخل - أن تلف الجبن يرجع إلى الارتفاع الكبير والمتكرر في درجات الحرارة - إستناداً إلى ما لاحظه من تكثف الماء على سطح الجبن والأجولة التي تحتويه ومن تراب الجبن المبلل على أرضية الثلاجة، وإذ اطمأنت محكمة الموضوع إلى تقرير الخبير - في هذا الشأن - لسلامة أسسه واستخلصت منه في حدود سلطتها التقديرية أن الشركة الطاعنة لم تبذل العناية الواجب اقتضاؤها من مثلها في حفظ الجبن المودع لديها مما أدى إلى تلفه ورتبت على ذلك مسئولياتها عن هذا التلف - فإنها لا تكون ملزمة بعد ذلك، بالرد استقلالاً على الطعون التي وجهتها الشركة الطاعنة إلى ذلك التقرير لأن في أخذها به محمولاً على أسبابه السائغة ما يفيد أنها لم تجد في تلك الطعون ما يستحق الرد عليها بأكثر مما تضمنه التقرير.

[الطعن رقم 661 - لسنــة 49 ق - تاريخ الجلسة 06 / 02 / 1984]

5-إذ كان الثابت أن الحكم المطعون فيه قد خلُص إلى أن الطاعن كان يضع سيارته بالجراج العمومي الذي يستغله المطعون ضده مقابل جعل شهري كأي صاحب سيارة يترك سيارته لدى جراج عمومي مما مؤداه أن العلاقة بينهما هي مجرد عقد وديعة بأجر يلتزم فيه المطعون ضده بحفظ سيارة الطاعن بالجراج الذي يقوم باستغلاله وينحسر عنها وصف العلاقة الإيجارية ولا تخضع سواء من حيث انعقادها أو إثباتها للقواعد التي تحكم عقد الإيجار ويكون النعي على الحكم المطعون فيه بمخالفته نص المادة 24 من القانون رقم 49 لسنة 1977 فيما تضمنته من وسيلة إثبات العلاقة الإيجارية غير قائم على أساس قانوني سليم.

[الطعن رقم 6181 - لسنــة 62 ق - تاريخ الجلسة 19 / 03 / 1997]

مادة [721]

مادة [721]

ليس للمودع عنده أن يحل غيره محله في حفظ الوديعة دون إذن صريح من المودع إلا أن يكون مضطر إلي ذلك بسبب ضرورة ملجئه عاجلة .

النصوص العربية المقابلة :

هذه المادة تقابل في نصوص القانون المدني بالأقطار العربية ، المواد التالية :

مادة 721 ليبي و687 سوري و 2/952 عراقي و 697 لبناني و 596 سوداني و 1006 تونسي و 792 مغربي .

الأعمال التحضيرية :

1- بينت المادة 999 فقرة أولي إلتزام الوديع بأن يتسلم الوديعة ، بحيث لو امتنع عن تسلمها جاز إجباره علي ذلك أو الحكم عليه بالتعويض .

2- ونصت الفقرة الثانية علي واجب الإمتناع عن إستعمال الشئ دون ترخيص المودع بذلك صراحة أو ضمنا . ويجب علي من يدعي هذا الترخيص أن يثبت صدوره لأن الإذن بالإستعمال لا يفترض .

3- وقد بين المشروع ما يجب علي الوديع من عناية في حفظ الوديعة . ففرق ما بين ما إذا كانت الوديعة عارية ودون أجر ، وما إذا كانت الوديعة بأجر ، أو كانت في مصلحة الوديع وحده ، أو كان الوديع قد تطوع لحفظ الشئ . وأجري علي النوع الشئ الثاني القاعدة العامة التي تفرض علي المدين عناية الرجل المعتاد . أما النوع الأول من الوديعة فقد رأي المشروع أن يخفف فيه حد العناية المطلوبة من الوديع ، فعدل عن المعيار المادي الذي يؤدي إلي مطالبته المدين بعناية الرجل المعتاد ، إلي المعيار الشخصي الذي يترتب عليه الإكتفاء من المدين بما يبذله عادة من عناية في شئون نفسه ، ولما كان الغرض من ذلك التخفيف عن الوديع ، لا مطالبته بعناية تفوق عناية الرجل المعتادة ، ولما كان الوديع قد يكون في شئونه الخاصة أكثر حرصاً من متوسط الناس ، وجب عند الأخذ بالمعيار الشخصي وضع حد للعناية التي يصح أن يطالب بها الوديع بناء علي هذا المعيار ، فنص علي أن يكتفي منه بمثل عنايته في شئون نفسه ، دون بأن يؤدي ذلك في أي حال إلي مطالبته بعناية تفوق عناية الرجل المعتاد .

ويلاحظ في كلتا الحالتين أن إلتزام الوديع يعتبر إلتزاما بوسيلة ، لا إلتزما بغاية ، فلا يكون ثمن عدم وفاء متي قام الوديع ببذل العناية المطلوبة منه في المحافظة علي الشئ حتي لو لم تؤد هذه العناية إلي حفظ الشئ فعلاً.

4- وكما يجب علي الوديع أن يحفظ الشئ من كل تلف مادي ، كذلك يجب عليه أن يتفادي بشأنه كل ضرر يترتب علي إتخاذ إجراءات قانونية متعلقة به . فإذا

مادة [721]

حجز الشئ تحت يده ، أو رفعت عليه دعوى بإستحقاقه ، وجب عليه أن يخطر المودع بذلك فوراً . وإن أبطأ في ذلك لأي سبب لزمه إتخاذ الإجراءات التي تحفظ مصلحة المودع . ومتي أثبت الوديع صفته وجب إخراجه من الدعوي . غير أنه إذا إستمر النزاع إلي ما بعد المدة المحددة للوديعة جاز للوديع أن يحصل علي ترخيص إيداع الشئ في خزانة المحكمة أو عند أي شخص تعينه المحكمة لذلك ، علي أن يسلم الشئ فيما بعد إلي من يثبت له الحق فيه .

5- ويفرض في الوديعة أن شخص الوديع له إعتبار خاص عند المودع فلا يجوز للوديع أن يحل غيره محله في حفظ الوديعة ، دون إذن صريح من المودع ، إلا أن يكون مضطرا إلي ذلك بسبب ضرورة ملجئه عاجلة ، إذ أن الضرورات تبيح المحظورات ، فإذا أحل الوديع غيره محله دون إذن بذلك ، كان مسئولاً عن فعل ذلك الغير . وإن كان ذلك بإذن المودع ، فيكون الوديع مسئولاً عن سوء إختياره لذلك الغير وعن كل عيب في التعليمات التي أصدرها له بشأن حفظ الشئ (أنظر المادة 1006 من التقنين التونسي والمادة 792 من التقنين المراكشي والمادة 698 من التقنين اللبناني)

(مجموعة الأعمال التحضيرية للقانون المدني -الجزء 5-ص249و250و251)

رأي الفقه :

1- يتبين من نص المادة 721 من القانون المدني أنه لا يجوز للمودع عندة أن ينيب عنه غيره في حفظ الوديعة دون إذن صريح من المودع ، ونري في ذلك أثرا واضحا للإعتبار الشخصي الذي لعقد الوديعة حتي أنه لتزيد في ذلك علي عقد الوكالة .

فلا يجوز للمودع عند أن ينيب عنه غيره في حفظ الوديعة إلا في حالتين:

(1) إذا إذن له المودع في ذلك إذنا صريحاً (2) أو إذا إضطر إلي ذلك بسبب ضرور ملجئه عاجلة (كما إذا فاجأه داع السفر ولم يتمكن من رد الوديعة فإضطر إلي إيداعها عند من يأتمنه عليها ، وعليه أن يخطر المودع بذلك بمجرد أن يتيسر له هذا الإخطار .

وإذا كان مسموحاً للمودع عنده أن ينيب عنه غيره في حفظ الوديعة ، فأنه يبقي مع ذلك مسئولاً عن خطأ نائبه تجاه المودع ما لم يكن هذا الأخير قد أعفاه من هذه المسئولية عندما إذن له في إنابه غيره ، وبخاصة إذا كان المودع هو الذي إختار هذا النائب .

وإذا تقاضي هذا النائب من المودع عنده أجراً أجاز لهذا الأخير أن يرجع بهذا الأجر علي المودع إذا كان قد إذنه في الإنابة أو كانت الإنابة بسبب

مادة [721]

ضرورة ملجئه عاجلة ، ويشترط ألا يكون المودع عنده يتقاضي أجراً من المودع يدخل فيه أجر النائب .

(الوسيط-7-1- للدكتور السنهوري- المرجع السابق- ص417 ومابعدها)

2- إذا كان مسوغاً للمودع عنده في حفظ الوديعة ، وهلكت الوديعة في يد الوديع الثاني ولو فيه قاهرة كان الوديع الأول مسئولاً لأنه خطأ في إحلال غيره محله ، وذلك ما لم يثبت أن الوديعة كانت تهلك لو أنها بقيت عنده ، كما إذا نشبت حريق فإلتهمت منزل كل من الوديع الأول والوديع الثاني ، وآتت علي ما في المنزلين من أثاث وودائع .

(التأمين والعقود الصغيرة- للدكتور محمد علي عرفة – 469)

من أحكام القضاء الحديثة :

1- اقتضي الفصل في المادة 1006 من المجلة المدنية (التونسية) أنه إذا سلم المستودع الوديعة لأجنبي بغير إذن صاحبها ضمن ، إلا إذا ثبت أنها لو بقيت تحت يده لتلفت وأن السرقة ليست من الحوادث التي لا يمكن وقايتها بأخذ عدة إحتياطيات .

(محكمة التعقيب التونسية- جلسة 1962/6/3- مجلة القضاء والتشريع- 1960 العدد9و10 –ص234)

2- إن السيارة لو سلمت في الواقع للحارس فهي سلمت في الحقيقة للمدعي عليه الذي هو صاحب محل الإيداع والمستودع الحقيقي الذي صارت الوديعة بمجرد وضعها بمحل الإيداع تحت حفظه وحراسته المباشرة ليلا ونهارا بدون انقطاع وهو المسئول بتفريطه وتفريط من إنتخبه للقيام بمهمة الحفظ الذي لم يخرج عنه قط من الوجهة القانونية حسب صريح الفصل 1006 من المجلة المدنية الذي يخول للمودع مطالبة المستودع الحقيقي رأساً .

(محكمة التعقيب التونسية – جلسة 1955/2/15- المرجع السابق –ص235)

مادة [722]

مادة [722]

يجب علي المودع عنده أن يسلم الشئ إلي المودع بمجرد طلبه إلا إذا ظهر من العقد أن الأجل عين لمصلحة المودع عنده ، وللمودع عنده أن يلزم المودع بتسليم الشئ في أي وقت ، إلا إذا ظهر من العقد أن الأجل عين لمصلحة المودع .

النصوص العربية المقابلة :

هذه المادة تقابل في نصوص القانون المدني بالأقطار العربية ، المواد التالية :

مادة 722 ليبي و 688 سوري و 961 / 1 عراقي و 711 لبناني و 597 سوداني و 1008 تونسي .

الأعمال التحضيرية:

يراجع - لاحقاً - التعليق بالأعمال التحضيرية الوارد علي نص المادة 723 من القانون المدني .

رأي الفقه :

1- الأصل في الرد أن يكون عيناً ، وقد يكون الرد بمقابل ، ويجب أيضاً رد الثمار .

فيلزم المودع عنده ، عند إنتهاء العارية ، برد الشئ المودع إلي المودع ، والأصل أن يكون الرد عينا (أي أن يرد نفس الشئ المودع ، وهذا صحيح حتي لو كان الشئ المودع شيئاً مثلياً وكان يهلك بالإستعمال ، كالأطعمة والهلاك والمشروبات ونحوها والنقود تكون عادة محلاً للوديعة الناقصة ، فتكون قرضا وتنتقل ملكيتها للمقترض ويرد مثلها .

والمودع هو الذي يحمل عبء إثبات ذاتية الشئ المودع إذا حصل خلاف في ذلك ، ويكون إثبات طبقاً للقواعد العامة . ويكون الإثبات عادة تجاه المودع عنده حتي يسترد المودع الشئ بعينه . ولكن يقع أحياناً أن يكون الإثبات تجاه دائني المودع عنده إذا أفلس هذا الأخير حتي يتمكن المودع من إنتزاع الشئ المودع من التفليسة دون أن تمتد إليه حقوق الدائنين ، وأكثرما يكون الإثبات بكتابة تدل علي الوديعة ، فتسلم السيارة مثلا بمحضر تسليم- أو بيان بأوصافها ، وتسجل أرقام الأوراق المالية المودعة بإسم المودع في دفاتر المودع عنده.

ويرد الشئ في الحالة التي يكون عليها وقت الرد ، غير أنه إذا كان قد هلك أو تعيب أو تلف لم يتخلص المودع عنده من المسئولية عن ذلك إلا إذا أثبت أنه قد بذل العناية المطلوبة ، أو أثبت أن الهلاك أو التلف أو التعيب كان بسبب

مادة [722]

أجنبي ، أما إذا كان الشئ قد ضاع فلأن الإلتزام بالرد إلتزام بتحقيق غاية إلتزام ببذل عناية بخلاف الإلتزام بالحفظ فهو إلتزام ببذل عناية - كما في الإيجار والعارية - فإن المودع عنده يكون مسئولاً عن الضياع إلا إذا اثبت السبب الأجنبي ، ولا يكفي أن يثبت أنه بذل العناية المطلوبة .

وقد أورد التقنين المدني العراقي حكماً خاصاً بالإثبات فيما إذا نقصت الوديعة الموضوعة في صندوق مغلق أو مظروف مختوم ، وهو حكم مأخوذ من الفقه الاسلامي ، فتقول المادة 2/961 فيه : "إذا كانت الوديعة موضوعة في صندوق مغلق أو مظروف مختوم وتسلمها الوديع دون أن يدري ما فيها ، وادعي صاحبها عند ردها إليه نقصان شئ منها ، فلا يجب علي الوديع اليمين الا أن يدعي المودع عليه الخيانة .

(الوسيط-2-1 للسنهوري- المرجع السابق - ص 717 ومابعدها)

2- أجمل المشرع كل الأحكام المتعلقة برد الوديعة في المادة 722 من التقنين المدني ، والأصل أن الوديع ملتزم برد الوديعة إلي المودع شخصياً ، ولا يقبل منه أن يتعلل بأن المودع ليس مالكا للوديعة ليماطل في الرد ، فإن فعل فعرض للحكم عليه بالتعويض عن التأخير ، فضلا عن تحمله تبعه الهلاك ولو بقوة قاهرة . وليس للوديع كذلك أن يمتنع عن الرد بحجة عدم حلول الأجر المحدد للرد ما لم يكن قد روعي في تحديد الأجل تحقيق مصلحة خاصة للوديع ، ولا يتحقق هذا الغرض إلا في حالة الوديعة المأجورة ، إذ تكون للوديع مصلحة في تقاضي الأجر طول المدة المحددة للإيداع .

وإذا كانت الوديعة متحصلة من جريمة ؟ فإما أن يكون الوديع قد تلقي الوديعة وهو يعلم أنها حصيلة جناية أو جنحة ، أو أنه تلقاها وهو لا يدري من أمرها شيئا ، فإذا كان الوديع علي بينه من الأمر لا تكون بصدد عقد وديعة بل بصدد جريمة من الجرائم ، والمعروف أن العقد الذي يقوم علي أساس جريمة يعتبر باطلاً بطلانا مطلقا ، فيكون علي الوديع أن يمتنع عن رد الوديعة إلي المودع وأن يبادر بإخطار السلطات المختصة بوجود جسم الجريمة عنده - أما إذا كان الوديع قد تلقي الوديعة وهو لا يعلم من أمرها شيئا ثم تكشف له هذا الأمر ، فحسبه أن يسارع بردها المودع ليتخلص من المسئولية ، لأن التبليغ عن الجرائم أمر تفرضه مبادئ الأخلاق ولا تحتمه القانون . وقد تقوم لدي الوديع إعتبارات جدية تمنعه من التبليغ ، كأن يخشئ أن يسئ الظن بالمودع فتهمة خطأ فيتعرض للعقاب عن التشهير به والإضرار بسمعته ، وقد يري أن ينأي بنفسه وسمعته عن مواطن الشبهات. فلا عليه إذن أن يرد الوديعة للمودع ، ولا يكون

للمالك سبيل إلي مؤاخذته لعدم إخطاره ايـاه ، لأنـه غـير مطالـب بـأن يرعـي مصالح المالك أكثرمن رعايته اياها .

وإذا عين المودع شخصاً ترد إليه الوديعة ثم توفي المودع وطالب ورثته بردها ، فهل في وسع الوديع أن يمتنع عن ردها إليهم إحتراما لشرط العقد ؟ أم أن هذا الشرط يسقط بوفاة المودع فيكون علي الوديع أن يلبي طلب الورثة ؟ إن قصد المودع من تعيينه شخصا من الأغيار لإستلام الوديعـة ، مجـرد توكيـل هذا الغير في ذلك ، فمرد الوديعة إلي الورثة لا محالـة ، أمـا إن تبـين أن المـودع قد قصد أن يتضمن عقد الوديعة إشـتراطاً لمصلحة الغـير أصبح المنتفـع هـو صاحب الكلمة في تقدير مصير الوديعـة ، إن شـاء أقرهـا مـا إشـترط لمصـلحته فيثبت بذلك حقه في الوديعة وإن شاء رفضه فتكون الورثة.

وإذا مات الوديع تاركاً عدة ورثة فإن إلتزامه بالرد ينقسم فيمـا بينهم ، بحيث يكون للمودع أن يطالب كلا منهم بالرد في حدود نصيبه مـن التركـه . ما إذا ثبت وجود الوديعة في حيازة أحدهم أمكن مطالبته بـالرد علـي إنفـراد ، ويسري ذلك في حالة تحول طلب الـرد إلي تعويض لهلاك الوديعـة بتقصـير الوديع أو الورثة ، فإن كلا منهم يسأل عـن التعويض في حـدود نصيبه إلا إذا هلكت الوديعة بخطأ أحدهم ، فأنه يصبح وحده مسئولاً عن التعويض بأكمله ، وتسري القواعد المتقدمة في حالة تعدد المودعين .

(التقنين المدني- للدكتور محمد علي عرفة – المرجع السابق-ص521و522 ، التأمين والعقود – ص 454 و 461و462و464)

من أحكام القضاء الحديثة :

1- لا يجوز الحجز علي الأموال المودعة في صـندوق التـوفير بإعتبارهـا إدخـاراً ، وتزول هذه الصفة وتصبح تلك الأمـوال تركـة بوفاة المـودع ، ومـن ثم يجـوز الحجز عليها أو التنفيـذ عليها مباشرة دون حاجـة لتوقيع حجـز تحفظـي أو تنفيذي علي هذه الأموال متي توفر لدي الدائن حكما نهائيا ، وأصبح كـذلك بالنسبة للورثة .

(نقض – جلسة 1943/5/11- مجموعة القواعد –25 عاماً – جزء 1-ص151)

مادة [723]

مادة [723]

إذا باع وارث المودع عنده الشئ المودع وهو حسن النية ، فليس عليه لمالكة إلا رد ما قبضه من الثمن ، أو التنازل له عن حقوقه علي المشتري وأما إذا تصرف فيه تبرعا فإنه يلتزم بقيمته وقت التبرع .

النصوص العربية المقابلة :

هذه المادة تقابل في نصوص القانون المدني بالأقطار العربية ، المواد التالية : مادة 722 ليبي و 689 سوري و 598 سوداني .

الأعمال التحضيرية :

1- متي إنتهت الوديعة ، وجب علي الوديع في غير الحالة المنصوص عليها في المادة 1001 أن يرد الشئ إلي المودع أو إلي من يخلفه ، ويترتب علي إلتزام الوديع بالرد بعد إلتزامه بحفظ الشئ ، أنه إذا ظهر وقت الرد أن الشئ كان مسئولاً عن ذلك . أما إذا أصابه تلف أن هلاك دون تقصير من الوديع ، فلا مسئولية عليه في ذلك ، وتكون تبعة التلف أو الهلاك علي المودع .

غير أنه إذا حصل الوديع في هذه الحالة الأخيرة ممن تسبب في التلف أو الهلاك علي تعويض ، أو ثبت له حق المطالبة بتعويض ، فإن العدالة تأبي أن يبرأ هو من إلتزامه بالرد أو يتحفظ لنفسه بالتعويض أو بحق المطالبة بالتعويض ، فنص في المادة 1004 فقرة أولي علي أنه يجب عليه أو يؤدي إلي المودع ما قبضه من تعويض ، أو أن يحول إليه ما عسي أن يكون له من دعاوى قبل الغير بشأن الشئ الذي يجب رده .

2- وبما أن الوديع ليس له إستعمال الشئ ولا إستغلاله ، فإن الشئ إذا كان مما ينتج ثمارا وقبضها الوديع وجب عليها ردها المودع (1003 فقرة اولي) فان لم يقبض ثماراً لا يجب عليه شىء فإذا كانت الوديعة مبلغاً من النقود فلا تجب عليه فوائده إلا من وقت إعذاره بردها (م1936فرنسى)

3- ويكون الرد فى المكان الذى كان يجب فيه حفظ الشىء وتكون مصروفاته على المردع إذ يفرض فى الطرفين إنهما فسدا ذلك أما أن آ نفا علىغيره (المادة1002 فقرة ثانية)

4- وهناك حالة نص عيها التقنين الحالى فى المادة :603/49 تشبه فى حكمها مايترتب على هلاك تحت يد المودع بدون تقصير منعه وهى حاله وارث الوديع الذى لا يعلم أن الشىء وديعة فيعقد أنه مملوك لمورثه ويتصرف فيه بحسن نية إلى آخر فنص عليها المشروع فى المادة 1004 فقرة ثانية وفرق بين ما اذ كان

مادة [723]

تصرف الوارث معاوضة أو تبرعا ففى الحالة الأولى أجرى عليه حكم الفقرة الأولى من المادة 1004 اى انه الزمه بان يؤدى المودع ما يكون قد قبضه ثمنا للشىء المودع أو ان يحول إليه ماعسى ان يكون له من حقوق بشأن ذلك الشىء قبل المتصرف إليه أما فى الحالة الثانية حيث يكون الوارث حسن النية قد تصرف بغير مقابل فلم يقبض شيئا حتى يؤديه إلى المودع ولم يثبت له حق قبل الغير حتى يحوله إلى المودع لذلك قارن المشروع بين كل من المودع الوارث والمتبرع إليه (حيث يجوز لهذا ان يتمسك بكسب الملكية) فوجد ان اولاهم بالرعاية المتبرع إليه ثم المودع والفهم إستحقاقا للرعاية الوارث فألزمه بان يرد إلى المودع قيمة الشىء غير انه فى كل ذلك لم يغب عنه إحتمال أن يكون المودع اولى بالرعاية من المتصرف إليه فنص على أنه إذا كان للمودع فى إسترداد مصلحة كثيرا مصلحة من آل إليه هذا الشىء جاز له أن يطالب برد الشئ على ان يرد الثمن والمصروفات .

(مجموعة الأعمال التحضيرية للقانون المدني - الجزء 5-ص255و256)

رأى الفقه :

1- يجب فى تطبيق المادة 723 مدنى - التميز بين ما إذا كان الشىء المودع عقاراً أو منقولاً فإذا كان عقاراً وباعه الوارث ولو بحسن نية فإن ملكيته لا تنتقل إلى المشترى بالبيع لان البيع قد صدر من غير مالك ولذلك يستطيع المودع وهو المالك الحقيقى ان يسترد العقار من تحت يد المشترى ولا حاجة لتطبيق المادة 723مدنى ولكن المشترى إذا كان حسن النية قد يتملك العقار بالتقادم القصير وعند ذلك ينطبق نص المادة 723 مدنى ويرجع المودع على الوارث بالثمن ومن باب أولى يكون هذا هو الحكم إذا لم المشترى حسن النية ولكنه تملك العقار بالتقادم الطويل ولم تسقط دعوى المودع قبل الوارث اما إذا كان الشىء المودع منقولاً وكان المشترى حسن النية فإنه يتملك المنقول بالحيازة فلا تستطيع المودع أن يسترده ولا يبقى أمامه إلا أن يسترد ما يقابله وهو الثمن الذى قبضه الوارث أو الدعوى بالثمن إذا كان الوارث لم يقبض الثمن فإذا كان الوارث بدلاً من ان يبيح الشئ المودع وهبة فالمقابل فى هذه الحالة هو قيمة الشئ وقت التبرع ولذلك قضت المادة 723 مدنى بان المودع يرجع بهذه القيمة على الوارث .

ويلتزم المودع عنده أيضاً برد الثمار التى ينتجها الشئ المودع فالأصل هو أن يرد هذا الثمار عيناً مع الشئ المودع ذاته فإذا كان هذا الشئ المودع أسهما أو سندات وإستحقت أرباحاً أو جائزة وجب على المودع عنده ان يرد الاسهم أو السندات والأرباح والجوائز معها وإذا كان الشىء المودع حيوانا له

مادة [723]

نتاج أو أرضا تنتج محصولاً وجب عليه ان يرد النتاج أو المحصول وإذا خشى على شئ منها لتلف جاز له بيعه ورد ثمنه إلى المودع.

ويكون الرد للمودع نفسه لانه هو الذى تعاقد مع المودع عنده فهو الدائن بالرد ولا يطالب بالمودع بإثبات انه مالك الشئ المودع إلا إذا كان يرفع دعوى الإستحقاق بإعتباره مالكاً اما إذا طالب برد الشئ بإعتباره مودعاً أى الدعوى الشخصية التى تنشا من عقد الوديعة فيكفى ان يثبت هذا العقد ولا يجوز فى الأصل الرد لغير المودع فلو تقدم شخص لتسلم الوديعة وزور إمضاء المودع فى إيصال تسلمها لم يكن هذا الرد مبرئاً لذمة المودع عنده ، بل يجب عليه ان يسترد الوديعة ممن تسلمها ويردها المودع وإذا تعذر ذلك وجب عليه التعويض فإذا قدم الشخص مع الإيصال المزور إيصال تسليم الوديعة وكان تسرب هذا الإيصال إلى يده بخطا من المودع كان رد الوديعة إليه صحيحا مبرئا للذمة ويقع فى كثير من الأحيان ان يكون شخص المودع غير معروف للمودع عنده كما فى الأشياء التى تودع فى المطاعم والمسارح والملاهى والمحلات العامة فان المودع يتلقى عادة تذكرة مرقومة يسترد بها الشئ المودع وتعتبر هذا التذكرة فى الودائع المألوفة (كالمعطف والعصا والمظلة) سندا الحاملة فمن ستقدم بها يتسلم الشئ المودع ولا مسئولية على المودع عنده اذ حمل هذه التذكرة غير المودع وتسلم بموجبها الشىء المودع اما فى الأشياء الثمينة (كالجوهرات والمصاغ والنقود) فانه يجب على المودع عنده قدر معين من الحيطة فيتحرى قبل أن يسلم الوديعة لمن يتقدم بالتذكرة انه هو صاحبها .

فإذا كان من تعاقد مع المودع عنده هو نائب كالوكيل والولى والوصى والقيم) فإذا كان المودع - عقد راد الوديعة - قد إستكمل أهليته بان بلغ القاصر أو فك الحجز عن المحجوز أو كان المودع كامل الأهلية منذ البداية وناب عنه وكيل فى الإيداع فإن الرد لا يجوز إلا للمودع نفسه دون الوكيل أو الولى أو الوصى أو القيم أما إذا كان المودع لا يزال تحت الولاية أو كان وكليه موكلاً أيضاً فى إسترداد الوديعة فإن الرد يكون الوكيل أو للولى أو للوصى أو للقيم ويجب على المودع عنده أن يتثبت من صفه من يرد له الوديعة من هؤلاء فإذا تعذر عليه ذلك وجب عليه أن يودع الوديعة خزانة المحكمة وإذا تثبت المودع عنده منصفة الوصى جاز أن يرد له الوديعة ولو ثبت بعد ذلك ان هناك وصية من المودع تقضى ببقاء الوديعة فى يد المودع عنده وتسليمها للوارث عند بلوغه سن الرشد مادام المودع عنده لا علم له بهذه الوصية .

فإذا مات المودع وقت رد الوديعة كان الرد لوارثه وإذا تعدر الورثة أو تعدد الودعاء من الأصل فإن الرد يكون لكل منهم بمقدار نصيبه إذا كان الشئ

مادة [723]

المودع قابلاً للتجزئة فإذا لم يقبل التجزئة وجب على الورثة أن الودعاء أن يتفقوا جاز للمودع عنده أن يودعها على ذمتهم وفقاً لأحكام الإيداع ويجوز رد الوديعة للوارث الظاهر مادام المودع عنده حسن النية ويعتقد أن من تسلم الوديعة من الوارث الحقيقى ويكون الرد مبرماً لذمته ثم يرجع الوارث الحقيقى على الوارث الظاهر الذى تسلم الوديعة . وإذا عين المودع شخصاً لتسلم الوديعة فإذا كانت الوديعة لصالح هذا الشخص وجب ان يكون الرد له دون المودع أو بترخيص منه اما إذا كانت الوديعة الصالح المودع نفسه فيحمل تعيين هذا الشخص على أنه وكيل عن المودع فيجوز رد الوديعة إليه كما تجوز ردها للمودع نفسه فإذا أعلن المودع عندة بعزل الوكيل فلا يجوز رد الوديعة إلا للمودع ولا يصح ردها إلى الوكيل المعزول . وإذا مات المودع انعزل الوكيل بموته فإذا علم المودع عنده بموت المودع وجب عليه رد الوديعة إلى ورثة المودع لا إلى الوكيل الذى انعزل بموت الموكل ومع ذلك ترد الوديبعة حتى بعد موت المودع لا إلى ورثته بل إلى الشخص الذى يحمل التذكرة المرقومة التى تخول الحق فى تسلم الوديعة أو إلى الشخص الذى يحمل إيصال الشحن أو التخزين فى المخازن العامة إذ أن كلا من التذكرة وإيصال الشحن أو التخزين يعتبر سنداً لحامله وقد يتفق المودع مع المودع عنده عن ان يرد الوديعة بعد موته إلى الشخص الذى عينه فيكون الرد فى هذه الحالة بعد موت المودع لا لوارثه بل للشخص الذى عينه إذا تبين ان المودع لم يكون إلا وكيلاً فى الإيداع عن هذا الشخص أو فضوليا ناب عنه فى الإيداع دون توكيل . وإذا لم يقم المودع عنده بإلتزامه من رد الشئ المودع كان للمودع ان يسترده بدعوى الوديعة وهى دعوى شخصية تنشا من العقد ويطلب فيها المودع إسترداد الشئ المودع بعينه هو وملحقاته وثماره ويرفع الدعوى على المودع عنده أو على ورثته بعد موته وإذا تعدد الورثة فيجوز رفع الدعوى لإسترداد احدهم ولكن بمقدار نصيبه فالوراثة غير متضامنين فى الإلتزام بالرد إذ هذا الإلتزام عقدى ولا يوجد نص على التضامن وتتقادم دعوى الإسترداد الشخصية بإنقضاء خمس عشرة سنة من وقت إنتهاء الوديعة وحلول الإلتزام بالرد .وللمودع كذلك إذا كان مالكاً أن يرفع دعوى الإسترداد العينية وهى دعوى الملكية وله فى سبيل ذلك ان يرفع على الشئ إذا كان منقولاً الحجز التحفظى عند من يجوز .

وإذا تعذر على المودع إسترداد الشئ عيناً رجع على المودع عنده بالتعويض وهو قيمة الشئ المودع وقت الرد فإذا رادت القيمة أثناء نظر الدعوى وجب رد القيمة وقت حكم حتى يكون التعويض كاملا ويعقد بالتقويم الذى حدده الطرفان للشئ وقت الإيداع .

مادة [723]

(الوسيط-7-1 - للدكتور السنهوري - المرجع السابق- ص 723 ومابعدها)

2- تتضمن المادة 723 من التقنين المدنى حكماً ورد فى التقنين القديم وهو خاص بتصرف وادت الوديع فى الوديعة عن جهل منه بحقيقتها فيعتبر عليه ان يرد للمودع ما أفاد من هذا التصرف بأن يرد الثمن الذى قبضه ولو كان اقل من قيمة الوديعة الحقيقية فإن كان لم يقبض الثمن بعد فعليه أن يتنازل للمودع عن دعواه قبل المشترى فإذا كان الوارث قد تبرع بالشىء كله فيلزم أن يدفع للمودع قيمة الوديعة وقت التبرع لا وقت طلب الرد ويسرى هذا الحكم فى الحالة إستهلاك أو إرث الوديعة بحسن النية أما إذا كان الوارث سيئ النية فإنه يكون مبدداً الوديعة فيسأل عن تعويض سائر الأضرار التى تلحق بالمودع من جراء هذا التصرف وعلى المودع إثبات سوء نية الوارث.

(التقنين المدني - للدكتور محمد علي عرفة - المرجع السابق - ص522)

من أحكام القضاء الحديثة :

1- الوارث الذى يتسلم العقود التى كانت مسلمة على سبيل الوديعة لابيه قبل وفاته وهو عالم بذلك يعتبر وجود هذه العقود لديه على سبيل الوديعة كذلك مادامت يده عليها بمقتضى حكم القانون يد أمانة تتطلب منه ان يتعهدها بالحفظ كما يحفظ مال نفسه ويردها بعينها عند أول طلب من صاحبها أو بعبارة أخرى يتطلب منه القيام بجميع الواجبات التى فرضها القانون فى باب الوديعة على المودع لديه ولا يقلل من صدق هذا النظر انه لم يباشر مع المجنى عليه عقد وديعة وأن العقد الذى أنشاها إنما كان مع أبيه ينتهى بموته وذلك لأن القانون حين عرف جريمة خيانة الأمانة فى المادة 341 عقوبات لم ينص على أن تكون الوديعة بإعتبارها سبباً من الأسباب التى أوردها على سبيل الحصر لوجود المال المختلس لدى المتهم وليده عقد بل اكتفى فى ذلك بعبارة عامة وهى أن يكون تسليم المال قد حصل على وجه الوديعة مما يستوى فيه بداهة ما يكون منشؤه التعاقد وما يكون مصدره القانون .

(نقض - جلسة 1943/2/8- مجموعة القواعد -25عاما- جنائي- 19- ص 553)

مادة [724]

2- إلتزامات المودع

مادة [724]

الأصل فى الوديعة أن تكون بغير أجر فإذا إتفق على أجر وجب على المودع أن يؤديه وقت إنتهاء الوديعة مالم يوجد إتفاق يقضى بغير ذلك .

النصوص العربية المقابلة :

هذه المادة تقابل فى نصوص القانون المدنى بالأقطار العربية المواد التالية : مادة 724 ليبى و 690سورى و968عراقى و599سودانى و2/690 لبنانى و1004تونسى .

الأعمال التحضيرية :

ينظر – لاحقاً – التعليق بالأعمال التحضيرية الواردة على نص المادة 725 من القانون المدنى .

رأى الفقه :

1- يستخلص من نص المادة 724 مدنى أنه يجب التميز فى الوديعة – كما فى الوكالة بين فرضين :**الأول –** انه لايوجد إتفاق عن الأجر – فقد جاء فى صدر المادة 724 مدنى ان : " الأصل فى الوديعة ان تكون بغير أجرة فإذا لم يوجد بين المودع والمودع عنده إتفاق على الأجر كانت الوديعة غير مأجورة وكان المودع عنده متبرعا ولا تكون الوديعة فى هذه الحالة قد خرجت فحسب من نطاق عقود المضاربة بل تكون أيضاً قد دخلت فى نطاق عقود التبرع فالوديعة حتى لو كانت بأجر ليست من عقود المضاربة ولكنها قد تكون من عقود المعارضة إذا إشتراط فيها الأجر فإذا لم يشترط كان من عقود التبرع .**الثانى –** ان يوجد إتفاق على الأجر – وقد يكون الإتفاق صحيحاً وقد يكون ضمنياً ويستخلص الإتفاق الضمنى على الأجر عادة من حرفة المودع عنده فالإيداع فى المخزن العامة وفى مخزن الاستيداع بالجمارك وفى محطات السكك الحديدية وفى الجراجات العامة يفرض فيه أن يكون باجر . وإذا لم يعين مقدار الأجر ترك تعيينة للعرف أو لتقدير القاضى ولايجوز تعديل الأجر المتفق عليه لا بالنقص ولا بالزيادة وفى هذا تختلف الوديعة المأجورة عن المقاولة فى أمرين :(1) أن الوديعة حتى لو كانت مأجورة ليست فى الأصل من عقود المضاربة ولا يبغى المودع عنده من ورائها الكسب إلا إذا كان يحترف مهنة الإستيداع أما المقاولة فهى من عقود المضاربة ولا يبغى المقاول الكسب من ورائها (2) فى ان الغرض الأساسى من الوديعة هو حفظ الشئ والحفظ هو الإلتزام الجوهرى فيها أما المقاولة فقد لا تقع على الحفظ أصلاً وأن وقعت فالحفظ فيها يكون أمرا ثانوياً غير مقصود لذاته . ووقت دفع الأجر هو الذى يتفق عليه المتعاقدان والا

مادة [724]

ففى لوقت الذى يعينه العرف فان لم يوجد عرف كان الدفع فى الوقت الذى ينتهى فيه حفظ الوديعة ويدفع الأجر جملة واحدة على أقساط فى مواعيد معينة . ويكون مكان الدفع طبقاً لما تقضى به القواعد العامة فى الجهة التى يتفق عليها المتعاقدان فان لم يوجد فالعرف فإذا لم يوجد إتفاق ولا عرف كان الدفع فى موطن المدين أى المودع أو فى الجهة التى فيها مقر اعماله إذا كانت الوديعة متعقة بهذه الأعمال .

(الوسيط-7-1 للدكتور السنهوري- المرجع السابق- ص739 ومابعدها)

2- صرحت المادة 724 من التقنين المدنى يجواز الإتفاق على اجر الوديعة وبان هذا الأجر يكون واجب الأداء عند إنتهاء الوديعة مالم يتفق عن غير ذلك ويصح ان يستنتج الإتفاق على الأجر من ظروف الوديع كما هو الحال بالنسبة لوكالة ففترض فى الأشخاص الذين يتخذون من قبول الودائع حرفة لهم كمخازن المفروشات (والجراجات) العامة أنهم مأجررون على علمهم لان ذلك من مستلزمات مهنتهم .

(التقنين المدني – للدكتور محمد علي عرفة المرجع السابق – ص 523)

من أحكام القضاء الحديثة :

1- إن الوديعة بدون عوض حسب صريح الفصل 1004 من المجلة المدنية (التونسية) تمكن المستودع من أخذ أجر بدون أن يفقد العقد صفة الوديعة ولكن السنة الجارى بها العمل لدى المحاكم الفرنسية ترى أن لا وديعة إذا كان الأجر يساوى قيمة العمل . وفى هذه الصورة فإن هناك إجارة عمل ولا يوجد أدنى الأجر سبب لإلغاء القاعدة الجارى بها العمل لدى الحاكم الفرنسية لأن قواعد القانون المدنى الذى رأى الإعتبار الأجر فى الوديعة هى من هذه الوجهة عين القواعد المبينة بمجلة الإلتزامات .

(محكمة التعقيب التونسية – جلسة 1928/4/3 – مجلة القضاء والتشريع – 1960 العدد 9و10 –ص 2)

2- أن العلاقة بين المستودع صاحب محل الإيداع وبين صاحب السيارة هى علاقة خاضعة لقواعد الوديعة القواعد الإجارة لأن صيغة الوديعة الجوهرية هى حفظ الشئ وان يدفع مقابل لايصير العقد عقد اجارة وانما دفع المقابل يفرض على المستودع زيادة الحرص ورد المال فى التحفظ بالوديعة .

(محكمة التعقيب التونسية-جلسة1955/12/15-المرجع السابق-ص235)

مادة [725]

مادة [725]

على المودع أن يرد إلى المودع عنده ما أنفقه فى حفظ الشئ وعليه أن يعوضه عن ما لحقه من خسارة بسبب الوديعة .

النصوص العربية المقابلة :

هذه المادة تقابل فى نصوص القانون المدنى بالأقطار العربية المواد التالية : مادة 725ليبى و691سورى و966عراقى و717لبنانى و600سودانى .

الأعمال التحضيرية :

1- الأصل فى الوديعة ان تكون دون أجر إلا إذا نص فى العقد على اجر فيكون واجبا وفى هذه الحالة أما ان يكون الأجر واجب الأداء دفعة واحدة فيصير مستحقا فى الوقت الذى ينتهى فيه حفظ الوديعة مالم يتفق الطرفان على غير ذلك وإما أن يكون مقسطاً على فترات من الزمن فيستحق الأجر عن كل فترة فى نهايتها .

وإذا إنتهى حفظ الوديعة قبل الموعد المحدد له وكان هناك اجر متفق عليه فان تطبيق القواعد العامة يبيح للوديع أن يطالب من الأجر المتفق عليه بنسبة ما وفاه هو من إلتزامه يحفظ الشئ غير أنه إذا ظهر من الطرفين قصدا غير ذلك فقدهما أولى بالإتباع (انظر فى هذا المعنى المادة 699 فقرة ثانية من التقنين الالمانى).

2- ويقع أحيانا ان ينفق الوديع مصروفات لازمة لحفظ الشئ المودع لديه فيجب على المودع طبقاً للقواعد العامة ان يرد إليه هذه المصروفات وكذلك قد يحدث أن الشئ المودع قد يتسبب فى إلحاق خسارة بالوديع كما إذا كان به عيب مما ينقل بالعدوى إلى أموال الوديع ففى هذه الحالة يكون المودع مسئولاً عن تعويض ما يصيب الوديع من ضرر بسبب ذلك ما دام لم ينبه الوديع إلى وجودهذا العيب إلا إذا كان هو لم يعلم بوجود هذا العيب ولم يكن فى إستطاعته ان يعلم ذلك إذ لا يكون حينئذاك مقصراً فى عدم تنبيه الوديع أو كان الوديع قد علم بوجود العيب دون أن يخطره المودع به إذ لا يكون تقصير المودع فى التنبيه هو السبب المباشرة فى وقوع الضرر وإنما سببه المباشرهو عدم إحتياط الوديع لتفادى حدوث الضرر .

3- وقد ورد فى التقنين الحالى نص المادة 488 فقرة ثانية /597 مقرر للوديع الحق فى حبس الوديعة لإستيفاءه ما هو مستحق له من مصروفات وتعويضات وكان من الواجب إيراد مثل هذا النص فى المشروع لولا أنه نص على الحق فى الحبس بصفه مبدئية فى المادة 331 فقرة أولى، وطبقه عامه أيضاً على كل من يجوز شيئاً مملوكاً لغيره ويتفق عليه مصروفات لازمة أو نافعة فكان فى هذا

مادة [725]

النص العام غنى عن تكرار تطبيقه بمناسبة كل عقد على حدة ولكن منعا لكل شك نص المشروع على الحق فى الحبس فى باب العارية وباب الوكالة إذا كان لم ينص عليه فى باب الوديعة مع ان النص عليه فى هذا الباب ادعى فما ذلك إلا لأنه تردد بين ذكر التطبيقات فى جميع الابواب المختلفة وبين حذفها منها جيمعا ولذلك ترى أما إضافة مادة بعد المادة 1006 تنص على حق الوديع فى الحبس لإستيفاء ما هو مستحق له من اجر ومصروفات (وبحسن فى هذه الحالة إقتباس المادة 657 من المشروع الفرنسى الإيطالى) وأما عدم إضافة شئ فى باب الوديعة والإكتفاء بحذف التطبيقات الورادة فى العقود الآخرى كالمادة 855 فى باب العارية والمادة 987 فى باب الوكالة وربما كان هذا الإقتراح الأخير أولى بالترجيح من ناحية المنطق القانونى والفن التشريعى .

رأى الفقه :

1- يخلص من نص المادة 725 مدنى ان المودع يلتزم برد ما أنفقه المودع عنده من المصروفات فحفظ الشئ من الهلاك إذا تعرض لخطر أو الحفظ العادى لشئ إذا اقتضى هذا الحفظ مصروفات .

ويترتب على ذلك ان الملتزم برد المصروفات هو المودع ولو لم يكن مالكا ولاتجب الفوائد على المصروفات التى يلتزم المودع بردها الا من وقت المطالبة القضائية بها طبقاً للقواعد العامة بخلاف الوكالة فان الموكل يدفع الفوائد على المصروفات التى ينفقها الوكيل من وقت الإتفاق وذلك بموجب نص خاص ليس له مقابل فى الوديعة .كذلك إذا تعدد المودعون لم يكونوا متضامنين بخلاف الموكلين المتعددين فانهم متضامنون بموجب نص خاص ليس له هنا مقابل ولكن رجوع المودع عنده بالمصروفات حق الحبس بموجب القواعد العامة فى حق الحبس وفى مبدأ الدفع بعدم تنفيذ العقد وإذا كانت المصروفات ضرورية لحفظ الشئ من الهلاك ولترميمه كان لها حق إمتياز على الشئ المودع وفقاً لأحكام المادة 1140مدنى .ويخلص من نص العبارة الأخيرة من المادة 725 من القانون المدنى ان المودع يلتزم بتعويض المودع عنده عما يصيبه من الضرر بسبب الوديعة والإلتزام هنا مصدره عقد الوديعة، فإذا كان فى الشئ المودع عيب خفى - كمرض معد فى الحيوان إنتقل بالعدوى إلى حيوانات المودع عنده - وجب على المودع أن يخطر به المودع عنده حتى يتخذ هذا الإحتياطات اللازمة لمنع العدوى وإلا كان مسئولاً عن تعويض المودع عنده فإذا لم يقصر المودع فى ذلك واخطر المودع عنده بالمرض أو كان هذا عالماً به دون إخطار فإنه لايكون مسئولاً وقد تستحق الوديعة فى يد المودع عنده فمالم يتقدم المودع لتلقى دعوى الإستحقاق بنفسه فى الوقت المناسب فإن لم يصيب المودع عنده من خسائر ومصروفات بسبب دعوى الإستحقاق يرجع به على المودع وليس المودع عنده ملزماً كما ألزم المستعير (م 2/841مدنى) بان يتحاشى هلاك الشئ المودع بإستعمال شئ من ملكه الخاص أو بأن يختار إنفاذ الشئ المودع بدلاً من إنقاذ ملكه ولكنه إذا فعل ذلك

مادة [725]

جاز له الرجوع بما تحمله من الخسارة لإنقاذالشئ المودع بشرط الا يزيد ما يتقاضاه عن قيمة الشئ المودع . ولا تجب الفوائد على التعويض إلا من وقت المطالبة القضائية بها وإذا تعدد المدعون لم يكونوا متضامنين فى إلتزامهم بالتعويض ويضمن الرجوع بالتعويض حق الحبس .

(الوسيط-2-1- للدكتور السنهوري-المرجع السابق-ص743)

2- وتردد المادة 725 ما ورد بالمادة 488 (اهلى) /596 (مختلط) فتلزم المودع بان يرد للوديع ما أنفقه فى حفظ الشئ ولا يقصد بذلك قصر إلتزام المودع على المصاريف الضرورية لصيانه الشئ بل أن إلتزامه يمتد إلى سائر المصاريف التى إستلزمها حفظ الشىء لاصيإنته وذلك كوضع السيارة المودعة فى (جراج) خاص فيلتزم المودع بالأجرة التى تحملها الوديع اما المصاريف النافعة فيستحقها الوديع طبقاً للقواعد العامة .ولا يقتصر إلتزام المودع على رد النفقات بل عليه أيضاً ان يعوض الوديع عن سائر الخسائر التى لحقت به بسبب الوديعة كما إذا كان الشئ عيب خفى (كمرض بالحيوان أو حشرة بالغلال) بسبب عنه تلف أن هلاك بعض الأشياء الملوكة للوديع فيكون له الحق فى تعويضه عما تلف أو هلك ولا يجدى المودع أن يتعلل بجهله وجود العيب طالما أن الوديع لم يكن يعلم به .وقد ورد فى الفقرة الثانية من المادة 596/488 مدنى قديم ان الوديع حق الحبس يستوفى ما هو مستحق له فلم ير المشرع حاجة لإيراد هذا الحكم فى باب الوديعة الإكتفاء بالنص على تقرير الحق فى الحبس بصفة عامة لكل من يحوز شيئاً مملوكاً لغيره وينفق عليه مصروفات لازمة أو نافعة ولا يضمن حق الحبس سائر المصاريف التى أنفقها الوديع فحسب بل يضمن أيضاً بذل الخسائر التى تحملها والأجر الذى يستحقه كما هو ظاهر من عموم عبارة المادة 246 مدنى جديد.

(التقنين المدني – للدكتور محمد علي عرفة- المرجع السابق – ص 523 و524)

من أحكام القضاء الحديثة :

1-مفاد نص المادة 246 من القانون المدني أن المشرع لا يكتفي في تقرير حق الحبس بوجود دينين متقابلين، وإنما يشترط أيضاً قيام ارتباط بينهما. وفي الوديعة لا يكون للمودع لديه أن يحبس الشيء المودع إلا مقابل استيفائه المصروفات الضرورية أو النافعة التي يكون قد أنفقها على ذات هذا الشيء. أما المصروفات التي لا تنفق على ذات الشيء المودع فإن التزام المودع بها لا يكون مرتبطاً بإلتزام المودع لديه برد الوديعة وبالتالي لا يسوغ للمودع لديه أن يمتنع عن رد الوديعة عند طلبها بحجة إقتضاء مثل هذه المصروفات. فإذا كان الدين الذي اعتبر الحكم المطعون فيه أن للطاعن الحق في حبس السيارة حتى يستوفيه يتمثل في قيمة أجرة السائق التي قام المطعون عليه بدفعها عن المودع وبتكليف منه فإن هذه الأجرة لا تدخل في نطاق المصروفات التي تجيز للمودع لديه حق الحبس لإستيفائها.

[الطعن رقم 286 - لسنة 28 ق - تاريخ الجلسة 27 / 06 / 1963]

مادة [726]

3- بعض أنواع الوديعه

مادة [726]

إذا كانت الوديعة مبلغا من النقود أو أى شئ آخر مما يهلك بالإستعمال وكان المودع عنده مأذوناً فى إستعماله إعتبر العقد قرضاً .

النصوص العربية المقابلة :

هذه المادة تقابل فى نصوص القانون المدنى بالأقطار العربية المواد التالية :

مادة 726 ليبى و 629سورى و971عراقى و 691لبنانى و996 تونسى.

الأعمال التحضيرية :

1- لما كان المفروض فى الوديعة ان يحفظها الوديع وردها عينا فإذا رخص له فى إستعماله وجب ان يكون ممالا يهلك لاول إستعمال وإلا تعذر بهذا الإستعمال ردها بعينها ولزم رد مثلها وفى هذه الحالة يكون العقد اقرب إلى القرض منه إلى الوديعة وهذا هو شأن وديعة النقود وكل شئ آخر مما يهلك بالإستعمال فقد نصت المادة 1011 على أن العقد يعتبر فى هذه الحالة مالم يقض العرف بغير ذلك وهى منقولاً عن المادة 649 من المشروع الفرنسى الإيطالى مع تعديل بسيط ينحصر فى أن هذا المشروع يشترط لذلك إلى جانب الإذن بالإستعمال أن يكون الشىء مما يهلك لأول إستعمال فى حين أن المشروع الفرنسى الإيطالى يتطلب فيما يتعلق بالشرط الأخير أن يكون الشئ من المثليات وقد أدخل هذا التعديل لأن السبب فى تغيير حكم العقد هو ان الإذن بإستعمال الشئ الذى يهلك بالإستعمال كالنقود والحبوب وغيرها لا يمكن معه رده بعينه (انظر المادة 2223 من التقنين الأرجنتينى) أما المثلى الذى يهلك بالإستعمال كقلم أو كتاب يجوز الإذن بإستعماله دون أن تستحيل الوديعة إلى قرض ويكون العقد فى هذه الحالة أقرب إلى العارية منه إلى القرض (انظر المادة 960من التقنين النمساوى)

2- وقد أنشا المشروع فى الفقرة الثانية من المادة قرينة قانونية على حصول الإذن بإستعمال الشئ إذا كانت الوديعة مبلغاً من النقود (انظر المادة 225 من التقنين الأرجنتينى والمادة 997 من التقنين التونسى والمادة 783 من التقتين المراكش) ولكن هذه القرينة بسيطة تقبل إثبات العكس .

(مجموعة الأعمال التحضيرية للقانون المدني-الجزء5-ص266و267)

رأى الفقه:

1- يخلص من نص المادة 726 مدنى أنه إذا كان محل الوديعة مبلغاً من النقود أو اى شئ آخر مما يهلك بالإستعمال وإذن المودع للمودع عنده فى إستعمال هذا الشئ فلا مناص من ان يستهلك المودع عنده الشئ بالإستعمال ومن ثم لا يستطيع

مادة [726]

أن يرد الشئ بعينه كما هو الأمر فى الوديعة ويتعين ان يرد مثل الشئ كما هو الأمر فى القرض ولذلك خرج المشرع بهذا النوع من الوديعة وتسمى الوديعة الناقصة - عن أن تكون إلى أن تكون قرضاً .

وأكثر ما ترد الوديعة الناقصة على ودائع النقود فى المصارف حيث تنتقل ملكية النقود إلى المصرف ويرد مثلها وبل يدفع فى بعض الأحيان فائدة عنها فيكون العقد فى هذه الحالة قرضا أو حساباً جارياً .

والصحيح أنه لا محل للتمييز بين الوديعة الناقصة والقرض فمادام المودع فى الوديعة الناقصة بنقل ملكية الشئ المودع إلى المودع عنده ويصبح هذا مديناً برد مثله فقد فقدت الوديعة الناقصة اهم مميز للوديعة هو رد الشئ بعينة وإختلطت إختلاطاً تاماً بالقرض وهذا ماقضت به المادة 726مدنى .

اما الوديعة الاضرارية فتنعقد فى ظروف يجد فيه نفسه مضطرا إلى الإيداع عند الشخص الذى وجده أمامه فلاهو مختار فى تعيين هذا الشخص ولا هو مختار فى واقعة الإيداع ذاتها (حريق - زلزال - غارة جوية - ثورة - إضطرابات) فيرى الشخص نفسه مضطراً حتى ينقد ماله أن يودعه عند أول شخص يستطيع أن يودعه عنده ولكن الإضطرار هنا لا يصل إلى حد الإكراه الذى يصيب الإدارة ومن ثم تكون الوديعة الإضطراية عقدا صحيحاً يتكون من إرادتين صحيحتين إرادة المودع وارداة المودع عنده ولا يجوز إبطاله للإكراه .

ويترتب على أن المودع قد إضطر إلى الإيداع أحكام خاصة - هى :

(1) إعتبار حالة الوديعة الإضطرارية إستثناء من قاعدة الإثبات بالكتابة فيما تجاوز قيمة عشرين جنيها (م60 من قانون الإثبات رقم 25 لسنة 1968) وذلك لوجود المانع من الإستحصال على كتابة وقت الإيداع فيجوز فيها الإثبات بجميع الطرق ولو زادت قيمة لوديعة على عشرين جنيها. ولكن متى ثبت حصول الوديعة الإضطرارية باى طريق من طرق الإثبات، تتبع القواعد العامة فيما يتعلق برد الوديعة .

(2) ان يكون الأصل فى الوديعة الإضطرارية خلافاً للوديعة الإختيارية إستحقاق المودع عنده الأجر فهذه هى نية المتعاقدين المفترضة مالم يقض الإتفاق أو العرف بأن تكون الوديعة غير مأجورة .

(3) أن تكون العناية الواجبة على المودع عنده في الوديعة الإضطرارية هى عناية الشخص المعتاد ولو كانت الوديعة بغير اجر فيزيد مقدار العناية المطلوبة من المودع عنده فى الوديعة الإضطرارية عنه فى الوديعة الإختيارية نظر للظروف الإضطرارية التى تمت فيها الوديعة .

(4) ألا يجوز الإتفاق فى الوديعة الإضطرارية على إعفاء المودع عنده من المسئولية ولا تخفيف هذه المسئولية عنه وذلك لأن كل إتفاق من هذا النوع بشوبه الإكراه من جانب المودع عنده .

(الوسيط-7-1 للدكتور السنهوري- المرجع السابق- ص253ومابعدها)

مادة [726]

2- يعالج نص المادة 726 مدنى نوعاً خاصاً من أنواع الوديعة جرى الإصطلاح بتسميته بإسم (الوديعة الشاذة) وهى التى ترد على أشياء تهلك بالإستعمال ويصرح المودع للوديع بإستعمالها على أن يرد أشياء مماثلة لها عند الطلب وقد قرر المشرع صراحة إعتبار العقد قرضاً لا وديعة فى مثل هذه الحالات وهو ما قررته محكمة النقض أيضاً (جلسة 1940/1/11 – المحاماة – السنة 20 – 374- ص 912) وعلى ذلك تسرى على مثل هذا العقد أحكام القرض الأحكام الوديعة فلا يتقرر للمودع ألا حق شخصى فى المطالبة بقيمة الأشياء المودعة ولا مقابل لهذا النص فى التقنين القديم .

(التقنين المدني – للدكتور محمد علي عرفة- المرجع السابق-ص524و525)

من أحكام القضاء الحديثة :

1- إذا كانت المحكمة قد أدانت المتهم فى جريمة تبديد مبلغ سلم إليه على سبيل الوديعة معتمدة فى ذلك على ورقة وقعها المتهم جاء بها أنه تسلم هذا المبلغ من المجنى عليه بصفة أمانة يرد ماله عند طلبه وعلى ما قرره المجنى عليه فى هذا الصدد فإنها لا تكون قد أخطات ولا يؤثر فى ذلك مجرد ورود الوديعة على نقود تتعين بالقيمة دون العين مادام أنه لا يبين من الحكم أن المجنى عليه قد قصد بالعقد (الورقة) إعطاء المودع لديه حق التصرف فيها ذلك أن عناصر جريمة تبديد نقود مسلمة على سبيل الوديعة تتحقق بالإمتناع عن ردها عند طلبها .

(نقض- جلسة1950/1/2- مجموعة المكتب الفني – السنة 1- جنائي-ص208)

2- ليس صحيحاً القول بأن جهاز الزوجة من المثليات التى يقوم بعضها مقام البعض الآخر وأن العارية فيه لا تكون للإستهلاك لأن الجهاز من القيميات وإشتراط رد قيمة الشئ عند فقده لايكفى وحده للقول بان التسليم لم يكن على سبيل الوديعة بل انه يرشح بذاته إلى رد الشئ المسلم عينا مادام موجودا .

(جلسة1949/6/7- جنائي – المجموعة الرسمية- السنة 50-رقم189-ص303)

3- من المتفق عليه ان الودائع الإضطرارية وكل تصرف حصل فى ظروف إضطرارية والودائع التى يودعها النزلاء فى الفنادق يجوز إثباتها بالمبينه والقرائن مهما كانت قيمة الأشياء المودعة لوجود مانع مادى من الحصول على دليل كتابى .

(نقض-جلسة 1955/6/14- مجموعة القواعد-25 عاما- جزء1-ص561)

4- علاقة البنك بالعميل الذى يقوم بإيداع مبالغ فحسابه لدى البنك ليست علاقة وكالة وانما هى علاقة وديعة ناقصة تعتبر بمقتضى المادة 726 من القانون المدنى قرضا ومن ثم بالإيصال الصادر من البنك بإيداع مبلغ لحساب شخص آخر – دون تحديد للمودع – لا يمكن إعتباره مبدأ ثبوت بالكتابة يجوز تكملته بالبينه لان الورقة التى تعتبر مبدأ ثبوت بالكتابة يجب أن تكون صادرة من الخصم المراد إقامة الدليل عليه أو من ينوب عنه فى حدود نيابته وأن يكون شأنها أن تجعل الحق المدعى به قريب الإحتمال وهو مالا يتوافر فى الإيصال المذكور .

(نقض -جلسة1965/11/4-مجموعة المكتب الفني-السنة16-مدني ص975)

مادة [727]

مادة [727]

(1) يكون أصحاب الفنادق والخانات وما ماثلها فيما يجب عليهم من عناية بحفظ الأشياء التى ياق بها المسافرون والنزلاء مسئولين حتى عن فعل المترددين على الفندق أو الخان .

(2) غير انهم لايكونون مسئولين فيما يتعلق بالنقود والأوراق المالية والأشياء الثمينه عن تعويض يجاوز خمسين جنيها، مالم يكونوا قد أخذوا على عاتقهم حفظ هذه الأشياء وهم يعرفون قيمتها أو يكونوا قد رفضوا دون مسوغ أن يتسلموها عهدة فى ذمتهم أو يكونوا قد تسببوا فى وقوع الضرر بخطأ جسيم منهم أو من أحد تابعيهم .

النصوص العربية المقابلة :

هذه المادة تقابل في نصوص القانون المدني بالأقطار العربية ، المواد التالية :

مادة 727 ليبي و693 سوري و 972 عراقي .

الأعمال التحضيرية :

يراجع – لاحقاً- التعليق بالأعمال التحضيرية الوارد علي نص المادة 728 من القانون المدني .

رأي الفقه :

1- يختص من نص المادة 727 من القانون المدني أن أصحاب الفنادق وما ماثلها معرضون لمسئولية جسيمة عن الودائع التي يأتي بها النزلاء إلي الفندق ، وتظهر جسامة هذه المسئولية من وجهين : (1) التوسع في معني الوديعة ، فأي شئ يأتي به النزيل معه في الفندق يعتبر مودعاً عند صاحب الفندق ولو لم يسلم إليه بالذات (2) التوسع في المسئولية ، فالوديعة في الفندق تكون في حكم الوديعة الإضطرارية ، وتسري عليها أحكام هذه الوديعة من حيث الأجر والإثبات والمسئولية والإتفاق علي تعديلها ، وهي الأحكام التي تختص بها الوديعة الإضطرارية أما من حيث الأجر فوديعة الفندق مأجورة ، والأجر يدخل ضمن ما يدفعه النزيل لصاحب الفندق عن إقامته ، بقي الإثبات والمسئولية والإتفاق علي تعديلها ، فهذه تسري فيها أحكام الوديعة الإضطرارية ، بل إن المسئولية هنا أشد جسامة منها في الوديعة الإضطرارية .

(أ) فبالنسبة لنطاق الوديعة في الفنادق والخانات- فإن المودع – عنده فيها يشمل صاحب الفندق أو الخان ، ولا يشمل أمين النقل ومخازن الأمانات في محطات والجمارك والمسارح والملاعب والنوادي الرياضية وكابينات الاستحمام فالوديعة في الفنادق والخانات وديعة إضطرارية تسري عليها أحكامها ، فيدخل في معني

مادة [727]

النص صاحب الفندق وكل مكان ينـزل فيـه المسـافرون كالخانـات والوكـالات والبنسيونات والغرف المفروشة وعربات النوم في السـكك الحديديـة وكابينـات السفن والمستشفيات والمصحات .

والأشياء التي يأتي بها المسـافرون والنـزلاء تشـمل الحقائـب والأمتعـة والملابس والنقود والمجوهرات والأوراق المالية والمستندات والبضـائع والسـيارة التي يأتي النزيل ويودعها في جراج الفنـدق أو في فنائـه والدراجـة وغيرهـا مـن وسائل النقل .

وتسلم أمتعة النزيل وأشياؤه للمودع عنـده بوضـعها في الغرفـة التـي يأوي إليها أو في أي مكان آخر مختص لذلك ، وقد تم الإيـداع قبـل أو أثنـاء أو بعد النزول . ولكـن يجـب أن تـدخل الأمتعـة الفنـدق برضـاء صـاحبه أو أحـد إتباعه أو في القليل دون معارضة ، أما الأمتعة التي يتركها النزيل بعد مغادرتـه الفندق أمانة عند صاحبه ، فهذه لا يكون صاحب الفندق مسئولاً عنها لا طبقاً للقواعد العامة .

(2) وعبء إثبات الإيداع يقـع عـلي النزيـل ، ولـه أن يثبـت - طبقـاً للقواعـد المقـررة في الوديعـة الإضـطرارية - واقعـة الإيـداع وماهيـة الأشـياء المودعـة ومقدارها وقيمتها ، وأنها تلفت أو ضاعت أو سرقـت في أثنـاء الإيـداع بجميـع الطرق بما فيها البينة والقرائن . ويدخل القاضي في إعتباره - عنـد تقـدير الأدلـة - مركز النزيل ومكإنته وثروته وإحتمال صدق ما يدعيه ، وحالـة الفنـدق مـن ناحية الضبط والنظام وما إلي ذلك من الظروف ، ويجوز توجيه اليمين المتممـة إلي النزيل لإستكمال الدليل حتي فيما تزيد قيمته عن عشرين جنيها .أما عبء إثباته نفي المسئولية فيه علي عاتق صاحب الفندق علي ما سيأتي :

(3) رأينا أن المودع عنده- في الوديعة الإضطرارية - مسئول دائما مسئولية المودع عند المأجور ، فيجب عليه ، في حفظ الأشياء المودعة ، بذل عناية الشخص المعتاد ، ولكن مسئولية صاحب الفندق وما ماثله أشد من ذلك ، فهو مسئول في العناية بحفظ الأشياء التي يأتي بهـا المسـافرون والنـزلاء - كـما تقـول الفقـرة الأولي مـن المادة 727 مدني - حتي عن فعل المترددين علي الفندق أو الخـان فيجـب عليـه إذن ليس فحسب بذل عناية الشخص المعتاد ، بل أيضاً مراقبة إتباعـه مـن خـدم وموظفين ، بل ومراقبة المترددين علي الفندق من غادر وراح وهؤلاء ليسوا من إتباعـه وهـو في الأصـل غـير مسـئول عـنهم ، بـل يعتـبر الفعـل الصـادر مـنهم فعل الغير ، وفعل الغير سبب أجنبي من شأنه أن ينفي المسئولية ، ولكـن هنـا يكـون صـاحب الفنـدق مسـئولاً عـن فعلهـم مـن سرقـة أو حريـق أو إتـلاف أو إضاعة أو غير ذلك ، فيكون إذن مسئولاً إلي هذا الحد عن السبب الأجنبي .

مادة [727]

وعلي ذلك إذا أثبت النزيل أن الأشياء التي أودعها الفندق علي النحو السابق بيانه قد ضاعت أو سرقت أو إحترقت أو تلفت كان صاحب الفندق مسئولاً عن ذلك إلا إذا أثبت أن الحادث قد وقع بخطأ النزيل أو بقوة قاهرة كزلزال أو غارة جوية أو ثورة أو إضطرابات أو غزو أو حرب أهلية أو حريق امتد من مكان مجاور ولا يد لصاحب الفندق فيه . ولا يكفي أن يثبت أن الحادث قد وقع بفعل الغير ، إذ يفرض عندئذ أنه وقع بفعل المترددين علي الفندق وهو مسئول عن فعلهم ، أو بفعل خدمه أو إتباعه وهو أيضاً مسئول عنهم ، وكذلك يستطيع صاحب الفندق أن ينفي عن نفسه المسئولية إذا هو أثبت أنه بذل عناية الشخص المعتاد في المحافظة علي الأشياء المودعة وان الحادث لا يمكن أن يكون قد وقع من خدمة أو إتباعه أو من المترددين علي الفندق . ويجوز للنزيل أيضاً أن يبادئ صاحب الفندق بأن يثبت ان الحادث وقع بتقصير من هذا الأخير ، أو بفعل خدمه أو إتباعه أو بفعل المترددين علي الفندق ، وعند ذلك تتحقق مسئولية صاحب الفندق ، فإذا ما تحققت هذه المسئولية بوجه أو بآخر ، وجب علي صاحب الفندق أن يعوض النزيل عن كل ما أصابه من ضرر وفقاً للقواعد العامة . وقد أوردت الفقرة الثانية من المادة 727 مدني إستثناء مؤداه أن أصحاب الفنادق لا يكونون مسئولين- فيما يتعلق بالنقود والأوراق المالية والأشياء الثمينة – عن تعويض يجاوز خمسين جنيها ، ما لم يكونوا قد أخذوا علي عاتقهم حفظ هذه الأشياء وهم يعرفون قيمتها أو يكونوا قد رفضوا دون مسوغ أن يتسلموها عهده في ذمتهم ، أو يكونوا قد تسببوا في وقوع الضرر بخطأ جسيم منهم أو من أحد تابعيهم . والأشياء الثمينة المشار إليها في النص ، فيما عدا النقود والأوراق المالية ، مثلها المجوهرات والمصاغ ، والأدوات الفضية والتحف النادرة والمستندات الهامة ، وبوجه عام كل شئ يغلب أن تزيد قيمته علي خمسين جنيها حتي يستساغ القول بان صاحب الفندق النقود أو الأوراق المالية أو الأشياء الثمينة الآخري وأخذ هذا علي عاتقه حفظها وهو يعرف قيمتها ، أو أثبت أن صاحب الفندق قد رفض تسلمها عهدة في ذمته دون أن يبذل لذلك سببا معقولا ، أو ثبت أن الحادث قد وقع بخطأ جسيم من صاحب الفندق أو من أحد إتباعه ، جاز له الرجوع بكل القيمة أيا كان مقدارها ما ولو زادت علي خمسين جنيها ، أما إذا لم يستطع إثبات شئ من ذلك ، فإن صاحب الفندق لا يكون مسئولاً عن تعويض يجاوز خمسين جنيها أو القيمة الحقيقية إذا قلت هذه القيمة عن خمسين جنيها .

(الوسيط-7-1- للدكتور السنهوري- المرجع السابق- ص763ومابعدها)

مادة [727]

2- إستبدل المشرع بالنص الوحيد الغامض الذي ورد في التقنين القديم عن مسئولية أصحاب الفنادق ونحوها ، أحكاما مفصلة ضمنها نص المادتين 727 و 728 من التقنين المدني .

فحدد في المادة 727 منه المسئولية الناشئة عن تلقي مثل هذه الودائع ويتضح من عموم عبارة النص أنه لا يسري علي أصحاب الفنادق والخانات فحسب ، بل يمتد أيضاً إلي من يماثلهم من الأشخاص الذين يضطلعون بحكم مهنتهم بالمحافظة علي الأشياء التي يعهد بها الجمهور إليهم ، وذلك كمن يؤجرون غرفاً مفروشة للنزلاء من الجمهور ، وأصحاب الجماعات الشعبية والنوادي الرياضة وحمامات الشواطئ ... ألخ .

وتتقرر مسئولية هؤلاء الأشخاص عن تلف أو ضياع الأشياء المودعة عندهم ، سواء حصل ذلك بفعل الخدم الذين يعملون في الفندق أو بفعل شخص أجنبي من الذين يترددون عليه ، كالمتعهدين والزائرين ، بل وتشمل مسئوليتهم ما يقع من الأشخاص الذين يدخلون هذه الأماكن خلسة .

علي أن المشرع لم يشأ أن يفأجا الوديع بتعرضه لمسئولية جسيمة عما قد يدعي المودع ضياعة من الأشياء الثمنية ، كالنقود والمجوهرات ، فقضي في الفقرة الثانية من المادة 727 مدني بتحديد المسئولية عن ضياع هذه الأشياء بما لايجاوز خمسين جنيها ، ما لم يثبت تسليم هذه الأشياء إلي صاحب الفندق أو غيره من الأماكن العامة ، أو إمتناعه عن تسلمها دون مبرر بعد عرضها عليه ، أو يثبت الوديع وقوع خطأ جسيم من المودع أو أحد تابعيه .

ويتناول حكم المادة 727 كذلك - عدا أصحاب الفنادق والخانات- الأشخاص الذين يمتهنون إيجار الغرف المفروشة للجمهور ولو لم يصدق علي الأماكن التي يديرونها علي النحو وصف الفندق ، ولكن بشرط أن تكون هذه الأماكن التي يديرونها علي هذا النحو مفتوحة للجمهور ، فلا يصدق هذا الوصف علي أولئك الذين يؤجرون غرفة أو بعض غرفة مفروشة في مسكنهم الخاص لأشخاص يختارونهم بطريق التوصية أو الصلة الشخصية .

ويسري هذا الحكم علي أصحاب الحمامات المفتوحة للجمهور ، كما يسري علي أصحاب النوادي الرياضية إذ أعدت فيها أماكن خاصة لإيداع ملابس المشتركين .

ويخضع لحكم هذه المادة أيضاً أولئك الذي يؤجرون كابينات الشواطئ للمصطافين للتجرد من ملابسهم العادية وإستبدالها بلباس الإستحمام.

(التقنين المدني - للدكتور محمد علي عرفة - المرجع السابق - ص 526، وكتابة التأمين والعقود الصغير -489)

مادة [727]

من أحكام القضاء الحديثة :

1- إذا كان الحكم المطعون فيه قد أقام قضاءه على أساس من أن التزام مورثة الطاعنين بالمحافظة على سلامة مورث المطعون ضدهم إبان جلوسه في حجرته المخصصة له بفندقها هو التزام ببذل عناية تتمثل في إتخاذ الإحتياطات المتعارف عليها التي تكفل المحافظة على سلامة النزلاء ويكفي الدائن فيه إثبات قيامه ليقع على عاتق المدين به إثبات أنه قد بذل عناية الشخص العادي في شأنه، ثم بين أن الدليل قد قام من الأوراق على أن صاحبة الفندق لم تبذل ليلة الحادث أية عناية في إتخاذ إجراءات الإحتياط المتعارف عليها وأهمها مراقبة المترددين على الفندق بحيث بات من الممكن لأي شخص أن يدخل إليه وأن يخرج منه دون أن يشعر به أحد فأصبح النزيل سهل المنال، كما بين أن ما قال به الطاعنان من أن مورثتهما كانت قد إتخذت كافة الوسائل المألوفة التي تكفل أمن النزيل، وقدما الدليل عليه مما ثبت في الأوراق من أنه كان ينفرد بغرفة في الدور الرابع وجد بابها سليماً وله مفتاح يمكن إستعماله من الداخل، لا ينفي عنها أنها قصرت في بذل العناية اللازمة فإنتفت الحاجة إلى تكليف المطعون ضدهم بإثبات الخطأ العقدي من قبل صاحبة الفندق كما إنتفت الحاجة إلى تكليف الطاعنين بنفيه بعد ما اكتفت المحكمة بما قام في الدعوى من عناصر وقدم فيها من أدلة. لما كان ذلك، فإن الحكم لا يكون قد ناقض نفسه في طبيعة التزام صاحبة الفندق إذ كيفه بأنه التزام ببذل عناية، ولا يكون قد خالف قواعد الإثبات إذ عالج عبء إثبات الخطأ العقدي ونفيه على أساس من طبيعة الإلتزام الذي أخل به المدين فيه، ويكون قد صادف في الأمرين صحيح القانون.

[الطعن رقم 1466 - لسنة 48 ق - تاريخ الجلسة 23 / 01 / 1980]

مادة [728]

مادة [728]

(1) علي المسافر أن يخطر صاحب الفندق أو الخان ، بسرقه الشئ أو ضياعه أو تلفه بمجرد عمله بوقوع شئ من ذلك ، فإن أبطأ في الإخطار دون مسوغ سقطت حقوقه .

(2) وتسقط بالتقادم دعوى المسافر قبل صاحب الفندق أو الخان بإنقضاء ستة أشهر من اليوم الذي يغادر فيه الفندق أو الخان .

النصوص العربية المقابلة :

هذه المادة تقابل في نصوص القانون المدني بالأقطار العربية ، المواد التالية :

مادة 728 ليبي و 694 سوري و 973 عراقي .

الأعمال التحضيرية :

1- يعتبر من قبيل الوديعة الإضطرارية وديعة الأشياء التي يأتي بها المسافرون والنزلاء في الفنادق والحانات والبنسيونات التي يقيمون فيها . ولذلك نصت المادة 1013 فقرة أولي علي أنه تطبق عليها أحكام المادة السابقة ، سواء فيما يتعلق بالإثبات أو بزيادة العناية المطلوبة من الوديع أو بعدم جواز الإنفاق علي الإعفاء من المسئولية أو تخفيفها . وبناء علي ذلك يجوز للمسافر أن يثبت حيازته للأشياء التي يدعي سرقتها من غرفته بجميع طرق الإثبات ، ولا يترتب أى أثر علي الإعلان الذي يعلقة صاحب الفندق في الغرف لإخطار النزلاء بأنه يخلي مسئوليته عن فقد الأشياء التي يحملونها معهم (أنظر المادة 2266 من التقنين الأرجنتيني) ، كما يقع باطلاً كل إتفاق على الإعفاء عن هذه المسئولية .

2- غير أن الفقرة الثانية من المادة 1013 لم تكتف بالعناية التي فرضها علي الوديع المادة 1012 ، بل كلفت أصحاب الفنادق والخانات السهر علي الأمكنه التي يستغلونها ورقابة كل من يروح أو يغدو فيها ، فجميعهم مسئولين حتي عن فعل كل رائح أو غاد في الفندق أو الخان .

3- ونظرا لهذا التوسع في أحوال مسئولية أصحاب الفنادق والخانات ، رؤي ضمنياً مع الحركة التشريعية الحديثة وضع حد أقصي للتعويض الذي يلزمون به . فنصت الفقرة الثالثة من المادة علي أن يكون الحد الأقصي لما يحكم به من تعويض مبلغ 50 جنيها ، إلا إذا وقع من صاحب الفندق أو الخان أو من أحد تابعيه خطأ جسيم ، فيلزمه تعويض الضرر بأكمله وفقاً للقواعد العامة ، ويعتبر صاحب الفندق أو الخان مرتكباً خطأ جسيماً إذا تسلم الأشياء لحفظها مع علمه بقيمتها . أو إذا رفض تسليمها دون مسوغ . ويترك للقاضي تقدير المسوغ ، كما يترك له تقدير الخطأ الجسيم .

مادة [728]

4- وقد رؤي أيضاً مقابل التوسع في تقدير مسئولية صاحب الفندق أو الخان ، إلزام المودع بشئ من اليقظة في المحافظة علي حقوقه أكثرمن المعتاد. ففرض عليه أن يخطر صاحب الفندق أو الخان بسرقة الشئ أو ضياعة أو تلفه بمجرد علمه بوقوع شئ من ذلك ، بحيث إذا أبطأ في الإخطار دون مسوغ سقطت حقوقه (م 1014 فقرة أولي) ، والقاضي هو الذي يقدر ما يعتبر إبطاء مسقطاً للحقوق ، وما يعتبر مسوغاً للإبطاء ، ولم يكتف من المودع بوجوب الإخطار ، بل تطلب منه نص الفقرة الثانية من المادة 1014 المبادرة بالمطالبة بحقوقه ، حيث نصت علي سقوط دعواه بالتقادم بإنقضاء ستة أشهر من اليوم الذي إنكشف فيه الضياع أو التلف .

(مجموعة الأعمال التحضيرية للقانون المدني - الجزء 5- ص 272 و 273)

رأي الفقه:

1- نظراً للمسئولية الجسيمة التي تلقاها القانون علي صاحب الفندق ، فقد جعل له القانون مخرجاً ، فأسقط حق النزيل في الرجوع عليه في حالتين نصت عليها المادة 728 مدني : (1) إذا لم يخطر النزيل صاحب الفندق بسرقة الشئ أو ضياعه أو تلفه بمجرد علمه بوقوع شئ من ذلك . فإن إبطأ دون عذر مقبول في هذا الإخطار ، سقط حقه ، إذ يكون قد أضاع علي صاحب الفندق الفرصة في الكشف عن المسئول عن الحادث لو تم الإخطار في الوقت المناسب (2) إذا إنقضت ستة أشهر من اليوم الذي يغادر فيه النزيل الفندق دون أن يطالب صاحب الفندق قضائيا بحقه ، فإن الدعوى تسقط في هذه الحالة بالتقادم . والسبب في تقصير مدة التقادم أن المشرع أراد أن يجعل صاحب الفندق في مأمن من مطالبة النازلين في فندقه بعد ستة أشهر من مغادرته الفندق وهى مدة كافية إذا إنقضت دون أن يطالبه النزيل كان من حقه أن يطمئن إلى أنه غير معرض لأية مسئولية :

هذا ويجوز الإتفاق على تشديد قواعد المسئولية بالرغم مما هى عليه من شدة فيجوز الإتفاق مثلاً على إلا يتخلص من المسئولية إلا إذا اثبت القوة القاهرة ولا يكفى أن يثبت أنه بذل عناية الشخص المعتاد وان الحادث لم يقع من أحد تابعيه أو المترددين على الفندق بل يجوز الإتفاق على تحميل اصحاب الفندق تبعة القوة القاهرة فلا تنتفى به مسئوليته ويكون هذا ضربا من التأمين كما انه يجوز الإتفاق على رفع الحد الاقصى للتعويض فى الأشياء الثمينة إلى أكثرمن خمسين جنيها بل إلى كل قيمتها .

اما الإتفاق على الإعفاء من المسئولية أو التخفيف منها فمحل نظر .

مادة [728]

ويرى الدكتور السنهورى أم الأولى أن تنفيذ بأحكام الوديعة الإضطرارية وليست وديعة الفنادق إلا صورة من صورها المختلفة- فيكون شرط الإعفاء من المسئولية أو التخفيف منها ولو لم يكون شرطا خاصة صريحاً باطلاً لا أثر له .

(الوسيط-7-1 – للدكتور السنهوري- المرجع السابق- ص775 ومابعدها)

2- طبقاً للمادة 728 من التقنين المدنى لايعفى صاحب الفندق من المسئولية تعليق إعلان مايعفى فيه نفسه منها وإلا إذا كان الإعلان فى مكان ظاهر يراه النزيل قبل أن يستقر فى الفندق ولم يعترض عليه ففى هذه الحالة تنتفى المسئولية طبقاً للقواعد العامة التى تجيز شرط الإعفاء من المسئولية العقدية ولكنه يبقى مسئولاً فى حالة إثبات الخطأ فى جانبه .

ومن أسباب الإعفاء من المسئولية أيضاً إبطال النزيل فى الإخطار بضياع الشئ أو تلفه دون مسوغ مما يترتب عليه ضياع معالم الجريمة وتعذر تحرى سبب الضياع أو التلف وتسقط دعوى النزيل على أى حال بمضى سته اشهر من وقت مغارته الفندق (م728مدنى) .

أن شرط الإعفاء من المسئولية لا يعفى صاحب الفندق إلا من المسئولية المترتبة على فعل الغير فإذا أثبت المودع أن ضياع الوديعة أو تلفها قد نجم عن فعل الوديع أو أحد تابعه فإنه يسأل عن التعويض كاملاً وفقاً للقواعد المقرة فى المسئولية التقصيرية .

(التقتين المدني – للدكتور محمد علي عرفة – المرجع السابق- ص 526 و 527، كتابة : التأمين والعقود المسماه- ص 518 و 519)

مادة [729]

الفصل الخامس

الحراسة

مادة [729]

الحراسة عقد يعهد الطرفان بمقتضاه إلى شخص آخر بمنقول أو عقار أو مجموع من المال يقوم فى شأنه نزاع أو يكون الحق فيه غير ثابت فيتكفل هذا الشخص بحفظة وبإدارته وبرده مع غلته المقبوضه إلى من يثبت له الحق فيه.

النصوص العربية المقابلة :

هذه المادة تقابل فى نصوص القانون المدنى بالأقطار العربية المواد التالية :مادة 729ليبى و 695سورى و 719لبنانى و(ليس فى التقنين العراقى نصوص فى الحراسة) و606 سودانى .

الأعمال التحضيرية :

يفهم من هذا التعريف ان الحراسة عقد يتم بين شخصين متنازعين أو بينهما حق ثابت وبين شخص آخر يوكل إليه حفظ الشئ المتنازع عليه وانها تكون فى العقار كما تكون فى المنقول أو فيهما معا وأن الحارس كالوديع يقوم بحفظ المال ورده عند إنتهاء الحراسة لكنه يختلف عنه فى أنه يقوم بإدارة المال وفى انه يرده إلى من يثبت له الحق فيه من الطرفين المتنازعين ولا يشترط الشئ متنازعاً فيه قيام دعوى بشأنه بل ان مجرد الخلاف بين صاحبى مصلحة فيه يكفى (كالخلاف بين المالكين على الشيوع) ولو كان الخلاف أمر فرعى كما إذا كان الخلاف على إدارة المال وإستغلاله ومثل الحق غير الثابت أن يكون الحق مقترناً بشرط موقف أو فاسخ .

(مجموعة الأعمال التحضيرية للقانون المدني -جزء5-ص277)

رأى الفقه :

1- يمكن تعريف الحراسة تعريفاً مسخلصاً من المادة 729 مدنى بأنها وضع مال يقوم فى شأنه أو يكون الحق فيه غير ثابت ويتهدد بخطر عاجل فى يد امين يتكفل بحفظه وإدارته ورده مع تقديم حساب عنه إلى من يثبت له الحق فيه ويوضع المال تحت الحراسة أما بإتفاق الطرفين المتنازعين فتكون حراسة إتفاقية واما حكم من القضاء فتكون حراسة قضائية .

ويتبين مما تقدم أن للحراسة أركان ثلاثة :

(1) المال الموضوع تحت الحراسسة (2) الإتفاق على الحراسة أو الحكم الصادر بها (3) الحارس الذى يعينه القاضى أو يعينه الطرفان .

وتطبق على الحراسة – فى الأصل أحكام الوديعة والوكالة فالمال الموضوع تحت الحراسة فى يد الحارس وديعة عنده ومن ثم تطبيق أحكام

مادة [729]

الوديعة ولكن الحارس لايقتصر على حفظ المال - كما فى الوديعة - بل يجب عليه أيضاً ان يديرة وان يقدم حساباً عن إدارته ومن ثم تطبيق أحكام الوكالة والذى يغلب على الحارس هو صفة المودع عنده لا صفة الوكيل فهو فى الأصل مكلف بحفظ المال وعليه ممن يديره فى أثناء ذلك .

والحراسة ليست الا صورة خاصة من صورالوديعة وهى الصورة الاعم انتشارا أو الأكثروفوعا فى العمل .

على ان هناك بين الحراسة والوديعة العادية اهمها مايأتى :

(1) ان الحراسة فى الأصل تكون فى الأشياء المتنازع عليها بخلاف الوديعة.

(2) ان الحراسة تكون إتفاقية أو قضائية وإن كان الغالب فى العمل ان تكون قضائية وإذا اطلقت لاتكون الا قضائية اما الوديعة فلا يمكن ان تكون الا إتفاقية إذا ان مصدرها العقد .

(3) ان الحراسة يغلب وقوعها على العقار وان كان يجوز وقوعها على المنقول أما الوديعة فيغلب ان تقع على المنقول وإن كان يجوز وقوعها على العقار .

(4) ان الحراسة تكون فى الأصل بأجر مجز وإن صح أن تكون بغير اجر اما الوديعة فتكون فى الأصل بغير اجروان صح ان تكون باجر زهيد .

(5) فى الحراسة يكلف الحارس بإدارة المال الموضوع تحت الحراسته اما فى الوديعة فيقتصر المودع عنده حفظ المال بدون ادارته وان كان يصح ان يؤذن له فى إستعماله .

(6) فى الحراسة يلتزم الحارس فالأصل بالإستمرار فى الحراسة إلى ان تنتهى اما فى الوديعة فيجوز فى الأصل أن يرد المودع عنده الوديعة قبل الإنتهاء العقد الا إذا حدد للوديعة أجل لمصلحة المودع على الوجه السابق بيانه فى الوديعة .

(7) فى الحراسة يرد الحارس المال لمن يثبت له الحق فيه وهو غير معروف عند بدء الحراسة اما فى الوديعة غير المودع عنده المال إلى المودع بمجرد أن يطلبه هذا الأخير إلا إذا حدد للوديعة أجل لمصلحة المودع عنده على الوجه الذى سبق بيانه فى الوديعة .

وتتميز الحراسة عن الوكالة بفروق أهمها :

مادة [729]

(1) فى الحراسة يقوم الحارس بإدارة المال وليس له فى الأصل ان يتصرف فيه اما فى الوكالة فالوكيل قد يوكل فى الإدارة وقد يوكل فى التصرف وفى التبرع وفى سائر التصرفات القانونية .

(2) إذا إقتصرت الوكالة على الإدارة فالأصل فى الحراسة أن يحفظ الحارس المال وإدارته له تأتى تبعاً للحفظ أما فى الوكالة فالأصل أن يدير الوكيل المال وحفظه إياه ياتى تبعا للإدارة .

(3) فى الحراسة يتقاضى الحارس فالأصل اجرا مجزيا ومن ثم الحراسة غالباً عن عقود المضاربة اما فى الوكالة فالأصل الا يتقاضى الوكيل أجراً أو يتقاضى أجراً لايقصد من ورائه الربح فالوكالة ليست من عقود المضاربة .

(4) إذا تقاضى كل من الوكيل والحارس أجراً فأجر الحارس لايجوز تعديله أما أجر الوكيل فيجوز إنقاصه أو زيادته .

(5) الحارس فى بدء الحراسة لايعلم لمن يرد المال هو ملتزم برده لمن يثبت له الحق فيه أما الوكيل فيعلم منذ البداية انه ملزم برد المال للموكل .

(6) لاتنتهى الحراسة بموت من يثبت له الحق فى المال بل يحل ورثته محله بينما تنتهى الوكالة فى الأصل بموت الموكل .

ويتبين من نص المادة 729 مدنى أن الحراسة الإتفاقية هى عقد وديعة يتميز بما يلى :

1- ان الشئ المودع (عقار – منقول – مجموع من المال) متنازع عليه أو الحق فيه غير ثابت كان يكون هذا الحق معلقاً على شرط واقف أو على شرط فاسخ .

2- لا يقتصر المودع عند (الحارس) على حفظ المال بل يجب عليه أيضاً أن يديره وأن يقدم حساباً عنه فيعتبر إذن وكيلاً فى الإدارة إلى جانب مودع عنده فى الحفظ ومن ثم تطبيق أحكام الوديعة والوكالة فيما لم يرد فيه إتفاق أو نص مخالف .

3- يرد الحارس المال إلى من يثبت له الحق فيه بعد البت فى النزاع الذى كان قائما فى شأنه أو بالإتفاق بين المتنازعين أو لمن يتفق الخصوم عليه من بينهم أو غيرهم .والإتفاق على الحراسة يغنى عن توافر شرط الخطر العاجل الواجب توافره فى الحراسة القضائية فيكفى أن يتفق الخصوم على وضع المال المتنازع عليه تحت الحراسة حتى يفترض أن هناك خطراً عاجلاً يستدعى وضع المال تحت الحراسة وأنه بذلك قد قامت إحدى حالات الحراسة فواجهها الخصوم بهذا

الإتفاق فلا يبحث بعد ذلك - كما فى الحراسة القضائية - هل هناك خطر عاجل ذلك امر بت فيه الخصوم بإتفاقهم على الحراسة ولا معقب عليهم فى ذلك .

وتبقى الحراسة الإتفاقية كالحراسة القضائية إجراء لا مساس له بالموضوع وله صفة التحفظ وكذلك تبقى الحراسة الإتفاقية خاضعة لنفس الأحكام التى تخضع الحراسة القضائية من حيث الآثار التى يترتب عليها وإلتزامات الحارس وحقوقه وإنتهاء الحراسة .وإذا تحقق شرط الحراسة الإتفاقية وجب وضع المال تحت الحراسة تنفيذا للإتفاق وعند الخلاف يرفع الأمر إلى محكمة الموضوع إلا إذا توافر ركن الإستعجال فيرفع الأمر إلى قاضى الأمور المستعجلة .وعقد الحراسة الإتفاقية ككل العقود له طرفان .
(1) الخصوم المتنازعون (2) الحارس سواء عينوه فى العقد أو لم يعنوه فيتولى القاضى تعيينه (م732مدنى)

(الوسيط-7-1 - للدكتور السنهوري- المرجع السابق - ص781 ومابعدها)

2- لم يرد فى شأن الحراسة فى التقنين القديم غير مادتين مقتضبتين تخللتا النصوص المتعلقة بالوديعة ولكن القضاء توسع فى أحوالها معتمداً فى ذلك على الإجتهاد، فإستنبط المشرع منه المبادئ التى يتضمنها التقنين الجديد .
فبدا يتعرف الحراسة بإعتبارها عقداً وهذه الصورة نادرة الوقوع فى العمل ويفهم من هذا التعريف ان الحراسة تكون فى العقار كما تكون فى المنقول أو فى مجموع من المال (كالتركة أو المحل التجارى) وأن الحارس يختلف عن الوديعة فى أنه يقوم بإدارة المال وإستغلاله لحساب ذوى الشأن أما سبب الحراسة فهو النزاع ولو لم يرفع إلى القضاء أو كان فى امر فرعى (كالخلاف بين المالكين على الشيوع على إدارة المال واستقلاله) ومثل الحق غير الثابت ان يكون الحق مقترناً بشرط موقف أو فاسخ .

(التقنين المدني - للدكتور محمد علي عرفة- المرجع السابق- ص527-528)

3- لم يبين القانون المدنى القديم أحوال الحراسة بياناً واضحاً شاملاً كما أنه فى أحكامها أو يعين أثارها ولكن القضاء المصرى لم يقف أمام قصور النصوص جامداً بل سار مع تطور الحياة الإجتماعية والإقتصادية وواجه عن طريق الإجتهاد الضرورات التى عرضت عليه، ولا شك فقد كان لتطبيقات المحاكم أثرها فى هدى المشرع الحديث إلى موطن النقص فى التشريع القديم إلى تعريف مبلغ أهمية الحراسة القضائية فى الحياة العملية، لذلك كان لزاماً أن يتخذ المشرع من أحكام القضاء نبراسا ينير له الطريق ولقد كان أثر ذلك واضحاً فى عناية المشرع بالحراسة عموماً فأفرد لها فى القانون المدنى الجديد فصلاً خاصاً هو الفصل الخامس من الباب الثالث الخاص بالعقود الواردة على العمل وخص

مادة [729]

الحراسة الإتفاقية بنص المادة 729 مدنى اما الحراسة القضائية فقد خصص لها سائر مواد العمل الخامس وعدد تسع ولو أن بعضها جاء بأحكام مشتركة بين الحراستين الإتفاقية والقضائية (المواد من 730 حتى 728 مدنى).

(الحراسة القضائية – للدكتور عبد الحكيم فراج- رسالة دكتوراه – الطبعة الثانية- 1952- ص 82و83)

من أحكام القضاء الحديثة :

1- تقدير الجد فى النزع الموجب للحراسة من المسائل الواقعية التى يستقل بها قاضى للموضوع – ويختلف موضوع دعوى الحراسة عن موضوع دعوى الإشكال فى التنفيذ القضاء السابق بعدم جدية النزاع والإشكال لايمنع القضاء المستعجل فى دعوى الحراسة من العودة إلى بحث تلك الجدية .

(جلسة1966/5/12- مجموعة المكتب الفني- السنة17- مدني- ص1121)

2- إلتزام الحارس القضائى بحفظ المال المعهود إليه حراسته وادارته ورده لصاحب الشأن عند إنتهاء الحراسة وتقديم حساب عن ادراته له هذه الإلتزامات جميعها مصدرها القانون لا تخضع للتقادم الثلاثى المنصوص عليه فى المادة 172 من القانون المدنى .

(نقض- جلسة 1968/10/24- المرجع السابق- السنة 19-ص1267)

3-الحراسة القضائية . ماهيتها . وضع مال يقوم في شأنه نزاع ويتهدده خطر عاجل في يد عاجل في يد أمين بحفظه وإدارته ورده مع تقديم حساب عنه إلي من يثبت له الحق .الحراسة القضائية ماهيتها وضع مال يقوم فى شأنه نزاع ويتهدده خطر عاجل فى يد امين بحفظه وإدراته ورده مع تقديم حساب عنه إلى من يثبت له الحق فيه وهى إجراء وقتى تدعو إليه الضروة وتختلف فيه مهمة الحارس عن مهمة المصفى ولا تتعارض معها .الحراسة القضائية هى وضع مال يقوم فى شأنه نزاع أو يكون الحق فيه غير ثابت ويتهدده خطر عاجل فى يد أمين يتكفل بحفظه وإدارته ورده مع تقديم حساب عنه إلى من يثبت له الحق فيه وهى – وعلى ما جرى به قضاء هذه المحكمة إجراء وقتى تدعو إليه الضرورة ويستمد وجوده منها وتختلف فيه مهمة الحارس عنه مهمة المصفى ولا تتعارض معها لمغايرة سلطة كل منهما فى جوهريا لسلطة الآخر.

(الطعن 1053لسنة 58ق جلسة 1990/5/28س414ص217)

4-الحراسة ما هيتها إجراء مؤقت لايمس أصل الحق .

(الطعن رقم 2902لسنة 62ق جلسة 1993/3/31)

(الطعن رقم 2862 لسنة 57ق جلسة 1994/12/22)

مادة [729]

5-الحارس القضائى نيابته عن ذوى الشأن فى مباشرة أعمال الإدارة مباشرته لأعمال التصرف شرطه المادتان 734و 735 مدنى إقتصار مهمة الحارس على إدارة العقار الموضوع تحت الحراسة اثره إنعدام صفته فى مباشرة دعوى فسخ عقد بيع احدى وحداته .مؤدى المادتين 743و 735 من القانون المدنى ان الحارس القضائى ينوب عن ذوى الشأن فى مباشرة أعمال حفظ الأموال المعهوده إليه حراستها واعمال ادراة هذه الأموال وما تستتبعه من أعمال التصرف المحدوده التى تلحق بها بالضرورة فيكون له وحده الحق فى التقاضى بشأنها أما ما يجاوز تلك الحدود عن اعمال التصرف الآخرى والمتعلقة بأصل تلك الأموال ومقوماتها فتظل لذوى الشأن وحدهم أهليتهم كاملة فى القيام بها والتقاضى ما لم يتفقوا على غير ذلك أو يصدر به ترخيص من القضاء لما كان ذلك وكان الثابت من الحكم الصادر فى الدعوى ... لسنة 1990 مدنى مستعجل الاسكندرية بفرض الحراسة على العقار الذى تقع به شقة النزاع انه قصر مهمة الحارس على ادارته ولم يرخص له بأى عمل من أعمال التصرف واذ كانت الدعوى المقامة من المطعون ضده على الطاعن بفسخ عقد بيع شقة النزاع تهدف إلى زوال التصرف المعقود بينهما فإنها تخرج عن نطاق المهمة المنوطه بالحارس القضائى لتعلقها بأصل الأموال الموضوعه تحت الحراسة ومن ثم لا تتوافر الصفة فى مباشرتها لغير المطعون ضده بإعتباره من ملاك العقار واذ إلتزم الحكم المطعون فيه هذا النظر فإنه يكون قد أصاب صحيح القانون .

(الطعن 7092 لسنة 64ق جلسة 1995/12/12س46ص1368)

6-عدم جواز تمكين الحارس القضائى لاحد ذوى الشأن من إدارة المال محل الحراسة الا برضائهم جميعا .سلطة الحارس القضائى نطاقها عدم جواز تمكينه لأحد ذوى الشأن من حفظ المال محل الحراسة أو إدارته كله أو بعضه بطريق مباشر أو غير مباشر إلا برضاء سائر ذوى الشأن عن ذلك .

النص فى المادة 734 من القانون المدنى على أن "1- يقوم الحارس بالمحافظة على الأموال المعهودة إليه حراستها وبإدارة هذه الأموال ....(2) ولايجوز له بطريق مباشر أو غير مباشر ان يحل محله فى أداء مهمته كلها أو بعضها أحد ذوى الشأن دون رضاء الآخرين " يدل وعلى ما افصحت عنه المذكرة الإيضاحية على أنه لا يجوز للحارس أن يمكن أحد ذوى الشأن من حفظ المال محل الحراسة أو إدراته كله أو بعضه سواء أكان ذلك بطربق مباشر كالتنازل إليه عن الحراسة أو إيداع المال لديه أو بطريق غير مباشر كالتأجير إليه إلا إذا كان برضاء سائر ذوى الشأن بإعتباره أن تسليط احد طرفى النزاع على حيازة المال أو حفظه أو إدارته دون رضاء الطرف الآخر قبل الفصل فى

مادة [729]

موضوع النزاع أمر يتعارض مع الغرض الأساسى من فرض الحراسة لما كان ذلك وكان الواقع فى الدعوى أن المطعون تأجير الاربعة الأول أبرم من الإتفاق المؤرخ 1989/5/22 المتضمن تأجير شقة النزاع إلى المطعون ضدها الرابعة بعد صدور الحكم فى الدعوى .... لسنة 1987 مستعجل القاهرة بتاريخ 1988/5/31 بفرض الحراسة القضائية على العقار الكائنه به عين النزاع والمملوك للطرفين على الشيوع وهو ما يقتضى غل يد الملاك عن إدارة المال الشائع وان يخلص إدارته للحارس القضائى وإذا كان الحارس لا يملك إبتداء تأجير شقة النزاع إلى المطعون ضدها الرابعة الشريكة على الشيوع الا برضاء سائر الشركاء فانه بالتالى لا يملك إجازة الإيجار الذى عقدته المطعون ضدهن الأربعة الأول بعد فرض الحراسة إلى الأخيرة منهمن بغير موافقة باقى الشركاء على الشيوع فى العقار المذكور وإذا خالف الحكم المطعون فيه هذا النظر فإنه يكون قد خالف القانون .

(الطعن 5869 لسنة 62 ق جلسة 1996/11/18س47ص1305)

7-ثبوت أن الدعوى هى بمطالبة الطاعن بصافى الربح الناتج عن ادارته المال الذى عين حارسا قضائيا عليه وليست دعوى ريع عن الغصب اثره عدم سؤاله الا عن صافى الإيراد الفعلى الذى حصله تمسكة أمام الخبير ومحكمة الموضوع بعدم جواز تقدير الريع جزافيا وبوجوب محاسبته عما يثبت انه حصلة فعلا منه دفاع جوهرى إغفالة إيرادا وارد والقضاء بإلزام الطاعن بقيمة الريع الذى قدره الخبير جزافيا على أساس متوسط غله الفدان قصور ومخالفة للقانون وخطأ فى تطبيقه .

(الطعن 2579 لسنة 70ق جلسة 2001/5/8لم ينشر بعد)

مادة [730]

يجوز للقضاء أن يأمر بالحراسة :

1- فى الأحوال المشار إليها فى المادة السابقة إذا لم يتفق ذوو الشأن على الحراسة .

2- إذا كان صاحب المصلحة فى منقول أو عقار تجمع لديه من الأسباب المعقولة ما يخشى معه خطراً عاجلاً من بقاء المال تحت يد حائزة .

3- فى الأحوال الآخرى المنصوص عليها في القانون .

النصوص العربية المقابلة :

هذه المادة تقابل فى نصوص القانون المدنى بالأقطار العربية المواد التالية :

مادة 730لبنى و 696سورى و 607سودانى و720لبنانى .

الأعمال التحضيرية :

لما كان إتفاق الخصوم نادر الوقوع ونظراً لما للحراسة من مزية حفظ المال لذمة صاحب الحق فيه، نصت أكثر الشرائع على جواز فرض الحراسة بحكم من القضاء وقد توسع القضاء المصرى فى ذلك ونص المشروع على جواز الحكم بالحراسة .

1- فى كل حالة تجوز فيها الحراسة الإتفاقية طبقاً للمادة السابقة اى حيث يكون هناك مقول أو عقار أو مجموع من المال يقوم فى شأنه نزاع أن يكون الحق فيه غير ثابت ولا يتفق الطرفان عو وضعه تحت الحراسة فيجوز لأيهما أن يطلب الحكم بوضعه تحت الحراسة .

2- فى الأحوال الآخرى المنصوص عليها فى القانون كحملة توقع الحجز وقد نصت عليها المادة 446 /805 من تقنين المرافعات وحالة العرض الحقيقى فيما لا يمكن إيداعه خزينة المحكمة وقد نص عليها المشروع فى المادة 472 (انظر المادة 1961 من التقنين الفرنسى .

3- وأخيراً وضع المشروع نصا يجيز الحكم بالحراسة فغير الحالتين السابقتين وبناء على هذا النص لم يعد ضرورياً أن يكون هناك نص خاص فى القانون يجيز الحراسة فى كل حالة على حدة ولا أن يقوم بشأن المال المراد وضعه تحت الحراسة نزاع أن يكون الحق غير فيه غير ثابت بل يكفى ان يكون لشخص مصلحة فى مال النزاع فيها وأن تتجمع لدى هذا الشخص أسباب معقوله يخشى معها أن يختلس هذا المال حائزة أو أن يتلفه أو أن يغير فيه (انظر المادة 663

مادة [730]

ثانياً من المشروع الفرنسى الإيطالى) ويترك للقاضى تقدير درجة الخطر الذى يهدد مصلحة طالب الحراسة وما يبرر خشية هذا الخطر من أسباب معقولة .

(مجموعة الأعمال التحضيرية للقانون المدني- الجزء 5- ص 279و280)

رأى الفقه :

1- يشترط فى جميع أحوال الحراسة يكون هناك إستعجال وهو ما يسميه التقنين المدنى فى المادة 730 منه (خطراً عاجلاً) وما يسميه قانون المرافعات (م 45 جديد /49قديم) بالمسائل المستعجلة التى عليها من فوات الوقت وهذا الشرط مطلوب فى جميع أحوال الحراسة القضائية وهو منصوص عليه فى بعض هذه الأحوال ومفهوم ضمنا فى الأحوال الآخرى .

والخطر العاجل هو خطر فورى يهدد مصلحة ذى الشأن ولا يدفعه إلى وضع المال تحت الحراسة وتقدير ما إذا كان هناك خطر عاجل يتوقف على ظروف كل حالة فيتخلف من حالة إلى اخرى بحسب تغير الظروف ولذا كان الخطر العاجل امرا تقديريا متروكا إلى قاضى الموضوع ولا معقب عليه فى ذلك من محكمة النقض فيكون هناك خطر عاجل إذا وقع نزاع على ملكية المال أو على حيازته وكان بقاء المال فحيازة واضع اليد يخشى منه ضياعه أو تلفه أو تبديد الريع ويتحقق الخطر العاجل فى إدارة المال السائغ إذا وقع الخلاف بين الشركاء بحيث يصبح بعضهم مهدداً بضياع نصيبه فى الريع أو بحيث يصبح المال نفسه مهددا بنزع الملكية لعدم سداد الضرائب أو أقساط الدين ويتوافر شرط الخطر العاجل فالتركة إذا أقام خلاف بين الورثة على قيمة نصيب كل منهم أو على قيمة أموال التركة أو على إدارتها .

والخطر العاجل يكمن فى طبيعة الحالة التى تستوجب الحراسة القضائية ولا شأن لها بإرادة الخصوم فإذا رأى القاضى أن الخطر العاجل غير متحقق حكم برفض الحراسة القضائية حتى لو كان الخصوم جميعاً متفقين على وجود هذا الخطر مع عدم الإخلال بإتفاق الخصوم فى الحراسه الإتفاقية يغنى عن تحرى شرط الخطر العاجل فإتفاق الخطر العاجل لا يمنع من قيامه ومن القرائن على إنتهاء الخطر العاجل أن يمضى وقت طويل على الحالة قبل ان يتحرك ذو الشأن ويطلب الحراسه ولكنها قرينة غير قاطعة فقد يمضى وقت طويل والخطر أخذ فى التفاهم فيدفع ذلك أخيراً صاحب المصلحة إلى طلب الحراسة ولا يؤخذ عليه سكوته مدة طويلة إذ أن تفاقم الخطر ينفى مظنة تنفائه .

والخطر العاجل والإستعجال أمر واحد فحيث يوجد خطر عاجل يكون الأمر مستعجلاً ويدخل فى إختصاص القضاء المستعجل كما يدخل فى إختصاص محكمة الموضوع بإعتباره أمراً مستعجلاً يقتضى إتخاذ إجراء تحفظى هو وضع

مادة [730]

المال تحت الحراسة القضائية وهناك من فرق بين الخطر العاجل والإستعجال، فجعل الإستعجال درجة أعلى فى الخطر وحتم وجود الخطر العاجل شرطا موضوعياً فى جيمع دعاوى الحراسة القضائية سواء رفعت أمام محكمة الموضوع أو أمام القضاء المستعجل وإستبقى الإستعجال شرطا لإختصاص القضاء بهذه الدعاوى فإذا رفعت دعوى الحراسة أمام محكمة الموضوع فما على المحكمة إلا أن يتثبت من وجود الخطر العاجل أما إذا رفعت أمام القضاء المستعجل فعلى القاضى أن يتثبت أولاً من وجود الخطر العاجل كشرط موضوعى للحكم بالحراسة وأن يتثبت ثانياً ومن وجود الإستعجال وهو درجة اعلى فى الخطر - كشرط لإختصاصه بنظر الدعوى ولكن هذا التفريق لا مبرر له فليست هناك درجات متفاوته فى الخطر العاجل ومادام الخطر عاجلاً فهذا هو الإستعجال الذى يعقد للقضاء المستعجل إختصاصه وقد إستعمل تعبير (الخطر العاجل) فى دعاوى الحراسة مقابلاً ومطابقا لتعبير (الإستعجال) فى إختصاص القضاء المستعجل .

ويخلص مما تقدم ان شرط الخطر العاجل هو شرطاً موضوعى حتى لو رفعت دعوى الحراسة أمام القضاء المستعجل - ويترتب على ذلك ما يأتى:

إذا رفعت الدعاوى أمام القضاء المستعجل ورأى القاضى ان الشرط لم يتوافر جاز أن يحكم برفض الدعوى لا بعدم الإختصاص .

(1) وإذا رفض القضاء المستعجل دعوى الحراسة لعدم توافر الشرط لم يجز رفعها من جديد أمام محكمة الموضوع وذلك مالم تغير الحالة وتنشا ظروف جديدة يتحقق معها قيام الخطر العاجل .

(2) وإذا رفعت دعوى الحراسة أمام محكمة الموضوع جاز الدفع بإنتفاء الخطر العاجل فى أية حالة كانت عليها الدعوى حتى أمام محكمة الإستئناف لأول مرة .

(3) ولا يجوز رفع الدعوى الحراسة أمام محكمة الموضوع إلا كإجراء وقتى تابع للدعوى بأصل الحق فلا ترفع أمام هذه المحكمة كدعوى مستقلة ذلك أنها بطبيعتها دعوى تحفظ وقتى، وهى هى لم تتغير طبعتها سواء رفعت أمام القضاء المستعجل أو رفعت أمام محكمة الموضوع فان رفعت أمام هذه المحكمة الأخيرة رفعت كإجراء وقتى تابع لدعوى أصلية .

طبيعة الحراسة القضائية - والحراسة القضائية بطبيعتها إجراء تحفظى ويستتبع ذلك ان تكون إجراء وقتياً لا يمس الموضوع .

مادة [730]

(4) فهى إجراء تحفظى - ومن ثم لا يصح أن تكون الحراسة القضائية إجراء تنفيذيا أو أن تستعمل وسيلة للتحفظ على المدين حتى تدفعه للوفاء بدينه .- فإذا كان هناك خطر عاجل على مصلحة الدائن إقتضى الحراسة كان يكون المدين فى سبيل ماله أو التصرف فيه إضراراً بالدائن فتأتى الحراسة إجراء تحفظياً لمنعه من ذلك .

(5) وهى إجراء وقتى - ويترتب على ذلك انها لاتبقى الا ببقاء الظروف التى إستدعتها فإن تغيرت هذه الظروف وأصبحت الحراسة لا ضرورة لها وجب رفعها فإذا رفعت الدعوى فى وقت لم يكن هناك مبرر لوضع الحراسة على المال لم يكن هذا مانعاً من الحكم بالحراسة بعد ذلك إذا تغيرت الظروف وجد ما يستدعى وضعها ولكن هذا لا يعنى أن الحكم فى دعوى الحراسة لا يجوز قوة الأمر المقضى بل هو كسائر الأحكام الوقتية يحرز هذه القوة ما دامت الظروف التى صدر فيها بالنية لم تتغير فإذا تغيرت نشأ سبب جديد يمنع معه الإحتجاج بقوة الأمر المقضى .

(6) وهى إجراء لا يمس الموضوع - والحكم بالحراسه القضائيه ليس من شأنه أن يؤثر فى موضوع الدعوى الأصلية وإذا وضع مال متنازع فى ملكيته بين شخصين تحت الحراسة القضائية وعين أحدهما حارساً فليس هذا معناه ثبوت حق الحارث فى الملكية أو حق رجحان هذا الحق، فلا يزال النزاع الموضوعى وهو النزاع فى الملكية عن حالة لم يتأثر بالحراسة، ومن الجائز أن يقضى بالملكية فى النهاية للخصم الآخر الذى لم يعين حارساً ويترتب على ذلك أنه إذا طلب أحد الخصوم من القاضى ضمن ما طلب الحراسة طلبات أخرى تتعلق بالموضوع قضت المحكمة بعدم إختصاصها بنظر هذه الطلبات إذ تخرج عن نطاق دعوى الحراسة ويترتب على ذلك أيضاً ان القاضى إذا عين حارساً وحدد ما يخوله من سلطات لم يجز أن تتضمن هذه السلطات مايمس الموضوع كان يسلم أحد الخصوم ريع المال الموضوع تحت الحراسة .

ويجب في المال الذي يوضع تحت الحراسة أن يكون قابلاً للتعامل فيه ، وقابلاً لإدارته بواسطة الغير ، ومتصلاً بموضوع الدعوى بحيث يكون من شأن الفصل في هذا الموضوع إحتمال رفع اليد الحالية عن المال . وهذه الشروط كما هي مطلوبة في الحراسة القضائية تطلب كذلك في الحراسة الإتفاقية .

مادة [730]

ويجوز أن يكون المال الموضوع تحت الحراسة حقوقاً معنوية كحق المؤلف وبراءة الإختراع والعلامة التجارية ، فإذا وقع نزاع في ملكية هذه الحقوق مثلا جاز وضعها تحت الحراسة .

فإذا توافرت الشروط المتقدمة جاز وضع المال تحت الحراسة ، قضائية كانت أو إتفاقية ، ويستوي في ذلك أن يكون المال عقاراً أو منقولاً ، ويستوي كذلك ان يكون مالاً مادياً كمنزل أو أرض أو سيارة أو أن يكون دينا في الذمة .

(الوسيط-7-1- للدكتور السنهوري- المرجع السابق - ص 791 ومابعدها)

2- نصت أكثر الشرائع علي جواز فرض الحراسة بحكم في القضاء ، وقد جاري المشرع هذا الإتجاه الغالب ، فنص في المادة 730 مدني علي جواز للحكم بالحراسة :(أ) إذا لم يتفق ذوو الشأن عليها عند قيام نزاع بينهم في شأن منقول أو عقار ، وقد إستقر القضاء علي أن أحوال النزاع المبرر لإتخاذ إجراء الحراسة متروك لتقدير القاضي (إستئناف مختلط -1944/4/26- بيلتان 127/56) (ب) عند وجود خطر عاجل علي حقوق طالب الحراسة من ترك الأعيان محل النزاع تحت يد حائزها ، كأن يكون واضع اليد مغتصبا ، أو عديم الأهلية ، أو غير أمين ، أو معسراً ، فيكون من المحتم رفع تلك اليد الضارة إنفاذاً لحقوق طالب للحراسة . ويترك للقاضي تقدير درجة الخطر ، وما يبرر مخافته من أسباب معقولة (ج) إذا كان هناك نص خاص في القانون يجيز الحراسة في أحوال معينة كحالة توقيع الحجز ، وحالة العرض الحقيقي فيما لا يمكن إيداعه خزينه المحكمة .

(التقنين المدني - للدكتور محمد علي عرفة- المرجع السابق- ص 528و529)

3- يبين من نص المادة 730 من القانون المدني أن المشرع عدد فيها الأحوال التي يجوز للقضاء أن يأمر فيها بالحراسة علي الأموال عموما ، وذكر هذه الأحوال التي تجوز فيه الحراسة الإتفاقية طبقاً للمادة 729 من القانون المدني الجديد إذا لم يتفق ذو الشأن عن الحراسة فيها ، والأحوال التي أشارت فيها هذه المادة تنشأ عندما يقوم نزاع في شأن منقول أو عقار أو مجموع من المال أو عندما يكون الحق فيه غير ثابت .

ونصت الفقرة الثانية علي الأحوال التي يتجمع فيها لدي صاحب المصلحة في منقول أو عقار من الأسباب المعقولة ما يخشي معه خطرا عاجلا من بقاء المال تحت يد حائزة .

وأخيراً أحالت الفقرة الثالثة علي الأحوال الآخري المنصوص عليها في القانون ، وهذه الأحوال ورد بعضها في القانون المدني الجديد بصدد أحوال حراسة خاصة ، وجاء البعض الآخر في قانون المرافعات الجديد بصدد الحجز

مادة [730]

علي المنقول والتنفيذ علي العقار والعرض للوفاء وتسليم الشئ المأمور بتسليمه في الحكم أو الأمر في الأحوال التي لا يجوز فيها تنفيذ الحكم أو الأمر إلا بكفالة.

ولا جنال فإن نص المادة 730 من القانون المدني الجديد هو الأساس القانون المدني للحراسة القضائية في التشريع المصري الحديث وهو الذي يستند إليه القضاء للحكم بالحراسة علي الأموال عموما . فهل جاء هذا النص من الشمول بحيث تندرج تحته جميع أحوال الحراسة القضائية التي تعرض في العمل ، أو بعبارة أخري هل وردت أحوال الحراسة القضائية التي تعرض في العمل ، أو بعبارة أخري هل وردت أحوال الحراسة فيه علي سبيل الحصر والتقييد ، أم جاءت علي سبيل المثال والتشبيه . وهل يتنسي أن يواجه بهذا النص جميع الأحوال التي يطلب منه الحكم فيها الحراسة ؟

لقد جاء نص الفقرتين الأولي والثانية من المادة 730 مدني ، يتسع كل منهما لأن تندرج تحت حكمه أحوال حراسة عديدة ، وتجد المحاكم فيها ما تواجه بهما كثيرا من الأحوال التي تعرض في العمل ، ولكن المشرع في ترتيبه لفقرات المادة 730 مدني ، وفي إحالته في الفقرة الثالثة والأخيرة من المادة المذكورة إلي الأحوال الآخري المنصوص عليها في القانون ، كل ذلك يشعر بأن المشرع قصد أن يعدد أحوال الحراسة :(1) فيما نص عليه في القانون بنصوص خاصة (2) وفيما يدخل في مدلول عبارات الفقرتين الأولي والثانية من المادة 730 من القانون المدني الجديد ، وإذ كان هذا ما يفيده النص الذي وضعه المشرع للمادة 730 سالفة الذكر .

(الحراسة القضائية- للدكتور عبد الحكيم فراج- الرسالة- المرجع السابق- ص83مابعدها)

4- الحراسة القضائية إجراء تحفظي يأمر القاضي بمقتضاه وبناء علي طلب صاحب المصلحة بوضع عقار أو منقول أو مجموعة من المال ، يقوم بشأنها نزاع ، أو يكون الحق فيها غير ثابت ، تحت شخص يعينه ليقوم علي حفظه وإدارته ، علي أن يرده مع غلته لمن يثبت له الحق فيه .

وقد عددت المادة 730 مدني الحالات التي يجوز فيها للقضاء أن يأمر بوضع المال تحت الحراسة ، وهم هذه الأحوال التي يخشي فيها علي الشئ موضوع الحراسة أو التي يكون فيها صاحب المصلحة في منقول أو عقار قد تجمع لدية من الأسباب المعقولة ما يخشي معه خطراً عاجلاً ، من بقاء المال تحت يد حائزة ، وبناء علي ذلك يختص القاضي المستعجل بالحكم بتعيين حارس قضائي علي عقار أو منقول أو مجموعة من المال ، وإذا توافرت سائر الشروط الآخري لدعوى الحراسة .

مادة [730]

إنه وإن كان من الثابت فقها أن الحراسة لا ترد إلا علي الأموال العقارية أو المنقولة التي تقبل الإدار بطبيعتها والتي يمكن إستغلالها إستقلالا ، إلا أن هذا النظر ليس مطلقا في كل الأحوال ، لأن المستفاد من نص المادتين 729 و730 من القانون المدني أن المشرع إذ أجاز فرض الحراسة القضائية علي مجموع من المال يقوم في شأنه نزاع أو يكون الحق فيه غير ثابت ، فإن مفاد ذلك أن التركات وهي تعد بطبيعتها وحدة قانونية لا يقبل التجزئة ، فإن كل نزاع يرد بشأنها جميعا أو في عنصر من عناصر أيا كان نوع هذا النزاع وصورته سواء كان منصبا علي حق عيني علي عقار أو منقول أو حق شخصي مما يعد موجبا لفرض الحراسة القضائية علي جميع مقومات التركة ، متي يثبت في صورة جلية جدية هذا النزاع وتوافرت الأسباب مما يخشي خطراً عاجلا من بقاء المال تحت يد حائزة ومن ثم فإذا أدعي أحد الورثة ملكيته بعض مقومات التركة بوصفه حائزاً لها وأنكر عليه فريق من الورثة حق الملكية كان للقضاء المستعجل أن يقضي بوضع أموال هذه التركة تحت الحراسة القضائية متي كان النزاع فيها يتسم بالجدية.

والحكم الصادر من القضاء المستعجل في دعوى الحراسة ولو أنه حكم وقتي يصدر بإجراء تحفظي ، إلا أنه حكم قطعي ملزم بما يقضي به بين الخصوم ، وله حجيته أمام القاضي الذي أصدره طالما لم تتغير الظروف التي قام عليها هذا الحكم ، في حجية نسبية إذ يتحسس القاضي المستعجل ما يبدو للنظرة الأولي أن يكون وجه الصواب في خصوص الإجراء المطلوب مع بقاء أصل الحق سليما بتناضل فيه ذوو الشأن ، وهي حجية مؤقته لأنها لا تستمر ولا تدوم إلا طالما بقيت الظروف التي بني عليها الحكم قائمة ، ومن ثم فلا يجوز أن يعرض علي قاضي الحراسة حكم مرة ثانية إلا إذا تغير المركز السابق للخصوم سواء من ناحية الواقع أو ناحية القانون . فإذا ما تغيرت الظروف وجد عليها ما يستوجب تعديل حكم الحراسة ، ففي هذه الحالة فقط تزول الحجة التي كانت لحكم الحراسة .

إن تنفيذ حكم الحراسة لا يمتد علي الأموال الكائنة خارج البلاد المصرية إلا أن أحكام الحراسة إذ تعد حائزة لقوة الشئ المقضي فيه طالما هي تواجه صيانة حالة فعلية مشروعة كانت موجودة قبل النزاع أو حفظ حالة قانونية قائمة ومادامت الظروف التي صدر فيها الحكم لم يطرأ عليها أي تغيير مادي أو قانوني فيه تخضع لنفس القواعد التي تخضع لها الأحكام القطعية التي يراد تنفيذها في الخارج . وتبعا لذلك فيجوز تنفيذ حكم الحراسة علي العقارات

مادة [730]

والمنقولات الموجودة في البلاد الأجنبية التي تخضع لشروط التبادل المنصوص عليها في المادة 296 مرافعات جديد .

(بعض المنازعات في نطاق إختصاص القضاء المستعجل - مقال - للاستاذ اسكندر سعد زغلول - المحاماه - السنة 48- العدد 5-ص48 ومابعدها)

من أحكام القضاء الحديثة :

1- تقدير أوجه النزاع وتوافر الخطر الموجب للحراسة من المسائل الموضوعية التي تقدرها محكمة الموضوع ، وحسبها أن تقيم قضاءها بهذا الإجراء التحفظي المؤقت علي أسباب تؤدي إلي النتيجة التي رتبتها . وإذن فمتي كان الحكم المطعون فيه إذ قضي بفرض الحراسة القضائية علي أموال الشركة والعقارات المتنازع عليها قد رأي أن الخطر علي مصلحة المطعون عليهم متوافر من بقاء هذه العقارات وتلك الأموال تحت يد الطاعن الأول بوصفه شريكا مديراً للشركة من إصتدام الخصومة بينه وبين المطعون عليهم وإحتمال امتداد امدها إلي أن يبت بحكم نهائي من جهة الإختصاص في النزاع مما يقتضي إقامة حارس ، وكان الحكم لم يتناول عقد الشركة بالتأويل والتفسير وإنما إقتصر علي إستعراض وجهتي نظر الطرفين فيه لتبين مبلغ الجد في النزاع فإن النعي عليه بالخطأ في تطبيق القانون وتأويلة يكون علي غير أساس .

(جلسة 1951/6/7- مجموعة القواعد المكتب الفني - السنة 2- مدني ص 973)

2- إن تعيين حارس قضائي عن أموال الشركة هو إجراء وقتي قد تقتضيه ظروف الدعوى ، وليس فيه معني لعزل للشريك المنتدب للإدارة بإتفاق الشريك ، ولا مخالفة فيه لنص المادة 516 من القانون المدني .

(نقض-جلسة1952/6/5- المرجع السابق - السنة 3-ص1165)

3- أن تقدير المحكمة للخطر المبرر للحراسة من ظاهر مستندات الدعوى هو تقدير موضوعي لا معقب عليه ، وإذن فمتي كان الحكم المطعون فيه قد إستعرض وقائع ، النزاع ومستندات الطرفين وتبين منها جدية إدعاء المطعون عليها بأن تجمع لديها من الأسباب ما تخشي من خطراً عاجلاً من بقاء الأطيان موضوع النزاع تحت يد الطاعن ، فإنه إذ قضي بوضع هذه الأطيان تحت الحراسة .

(نقض - جلسة1954/2/25- المرجع السابق - السنة 4- ص516)

4- متي كان الحكم المطعون فيه وهو سبيل تحقيق عناصر الحراسة المطلوبة كالنزاع والخطر الموجبين لفرضها وتقدير سند الحائز للأعيان المراد وضعها تحت الحراسة وقد رأي للأسباب السائغة التي أوردها إنتفاء ركن الخطر المبرر

مادة [730]

لقيام الحراسة ، وإنتهي في قضائه إلي رفض الطلب ، فأن ذلك يعتبر تقديرا موضوعيا مما يستقبل به قاضي الدعوى ، ولا شأن لمحكمة النقض به .

(نقض - جلسة 1955/7/7- المرجع السابق - السنة 5- ص957)

5- إن الحراسة إجراء تحفظي والحكم الصادر فيها ليس قضاء بإجراء يحتمل التنفيذ المادي في ذاته وإنما هو تقدير بتوافر صفة قانونية للحارس لأداء المهمة التي تناط به في الحد الذي نص عليه الحكم ،وإبراز هذه الصفة ووضعها موضوع التنفيذ بالنسبة للعقار ليس إلا عملاً حكمياً ليس له كيان مادي ، فلا يجوز للحارس تنفيذ الحكم بطرد واضع اليد علي العقار مادام مستأجراً بعقد لا شبهة في جديته لبعض الأعيان الموضوعة تحت الحراسة قبل ، بل يحق له فقط تحصيل الإيجار المستحق من المستأجر .

(نقض - جلسة 1955/2/10- المرجع السابق - السنة 6-ص914)

6- إذا كان الحكم الصادر في دعوى الحراسة جائزاً الطعن فيه بطريق النقض ، فإنه لا يجوز التحدي في عدم جواز الطعن بأن تقدير الضرورة الداعية للحراسة وتقدير الخطر وتقدير الطرق المؤدية إلي صون حقوق المتخاصمين هو مما يدخل في سلطة قاضي الموضوع إذ لا شأن لهذا في جواز الطعن بطريق النقض متي كان الطعن مبنياً علي الأسباب المقررة في القانون وإن كان يجوز الاعتراض به في موضوع الطعن .

(نقض - جلسة1955/12/29- المرجع السابق- السنة7-ص1156)

7- تقدير الجد في النزاع الموجب للحراسة يعتبر من المسائل الواقعية التي تستقل بها محكمة الموضوع ، وحسبها ان تقيم قضاءها بهذا الإجراء التحفظي المؤقت علي أسباب تؤدي إلي ما إنتهت إليه .

(نقض - جلسة 1966/5/12- المرجع السابق - السنة 17-ص1122)

8- متي كانت محكمة الموضوع قد إنتهت بحق إلي رفض طلبات المدعي الموضوعية ، فإن بحث طلبه المستعجل الخاص بفرض الحراسة القضائية - علي السينما - لا يكون له محل .

(نقض - جلسة 1969/6/12- المرجع السابق - السنة 2-ص959)

9- متي كانت العلاقة التي تربط المطعون عليه الأول بمورث الطاعنين والمطعون عليه الثاني هو علاقة تعاقدية أساسها عقد الشركة المبرم بينهم والذي لم تكن الإدارة طرفاً فيه ، فإنه يكون للقضاء العادي ولاية الفصل فيما ينشأ عن هذ العقد من نزاع بشأن ما اشتمل عليه من حقوق وإلتزامات وما يتفرع من هذا النزاع من طالب فروض الحراسة القضائية علي المدرسة موضوع العقد إلا إذا كان من شأن هذه الحراسة وقف تنفيذ أمر إداري صدر من جهة إدارية مختصة

مادة [730]

بإصداره ، فإن هذه الولاية تنعدم ويصبح القضاء الإداري هو وحده الذي له ولاية الفصل فيها .

(نقض - جلسة 1983/2/1- المرجع السابق- السنة 24- ص 137)

10- الحكم المستعجل الصادر بفرض الحراسة علي أطيان المورث ، ولا يعتبر حجة علي أن هذه الأطيان هي كل ما كان يملكه عند الوفاة ، لأن هذا الحكم لا يمس أصل الحق ، ولا يعتبر فاصلاً فيه .

(نقض- جلسة 1973/3/14- المرجع السابق - السنة 24-ص415)

11-موت احد الشركاء المتضامنين فى شركة التضامن إستمرار باقى الشركاء فيها دون موافقة ورثة الشريك المتوفى دون أن يكون متفقاً فى عقد الشركة على إستمرارها بعد الوفاة يجيز لهؤلاء الورثة طلب وضع أموالها تحت الحراسة القضائية حتى تثبت محكمة الموضوع فى تعيين مصف لها وتصفيتها متى تجمعت لديهم من الأسباب المعقولة ما يخش معها وجود خطر عاجل من بقاء المال تحت يد حائزيه إذ أن شخصية الشركة لا تنتهى بوفاة الشريك المتضامن بل تبقى بالقدر اللازم للتصفية وحتى إنتهائها .

(الطعن 503 لسنة 58ق جلسة 1990/5/28 س41ص217)

12-الحراسة ما هيتها .

(الطعن رقم 2902 لسنة 62ق جلسة 1993/3/31)

13-الحارس القضائى سلطته من الحكم الذى يقيمه ثبوت صفته بمجرد صدو الحكم دون حاجة إلى إجراء آخر إعتباره وحده صاحب الصفة فى كل ما يتعلق بإدارة العقار محل الحراسة مؤدى ذلك .

(الطعن رقم 2902 لسنة 62ق جلسة 1993/3/31)

(الطعن رثم 321 لسنة 53ق جلسة 1991/2/20)

14- إختصام الشخص بصفته الشخصية كصاحب حق فى المال الموضع تحت الحراسة وبصفته حارساً قضائياً عليه فى الدعوى المتعلقة بإدارته أثره.

(الطعن رقم 2902 لسنة 62ق جلسة 1993/3/31)

(الطعن رقم 1406 لسنة 58ق - جلسة 1993/1/27)

(الطعن رقم 1057 لسنة 53ق - جلسة 1987/1/28)

15- الحراسة القضائية الحكم الصادر فيها ماهيته لا يجوز للحارس إنتزاع الأعيان الموضوعية تحت الحراسة والتى يضع اليد عليها الشريك على الشيوع بسند قانونى من قبل فرض الحراسة لا اثر للحراسة على حق هذا الشريك فى التصرف أو الإنتفاع بهذه الحصه فيما لا يتعارض مع سلطة الحارس.

مادة [730]

الحراسة القضائية إجراء تحفظى والحكم الصادر فيها ليس قضاء بإجراء يحتمل التنفيذ المادى فى ذاته وانما هوتقرير يتوافر به صفة قانونية للحارس لأداء المهمة التى تناط به فى الحد الذى نص عليه الحكم وإبراز هذه الصفة ووضعها موضع التنفيذ بالنسبة للعقار وليس عملاً حكمياً ليس له كيان مادى فلا يجوز للحارس إنتزاع الأعيان الموضوعه تحت الحراسة والتى يضع اليد عليها الشريك على الشيوع بسند قانونى من قبل فرض الحراسة كما أن الحراسة لا تؤثر فى حق هذا الشريك فى التصرف أو الإنتفاع بهذه الحصة فيما لا يتعارض مع سلطة الحارس.

(الطعن 1014 لسنة 51ق - جلسة 1988/5/8س39ص917)

16- الحراسة القضائية ماهيتها .

(الطعن 321 لسنة 53 - جلسة 1991/2/20س42ص530)

17- فرض الحراسة القضائية اثره .

مقتضى الحكم بفرض الحراسة القضائية على مال من الأموال أن تغل يد المالك عن إدارة هذا المال فلا يجوز له بمجرد تعيين الحارس القضائى أن يباشر أعمال الحفظ والصيانه أو أعمال الإدارة المتعلقة به .

(الطعن 788 لسنة 56ق - جلسة 1991/12/29س42ص1934)

مادة [731]

مادة [731]

تجوز الحراسة القضائية علي الأموال في الأحوال الآتية :

1- **إذا كان الوقت شاغراً لو قام نزاع بين نظارة أو نزاع من أشخاص يدعون حق النظر عليه أو كانت هناك دعوى مرفوعة بعزل الناظر ، وكل هذا إذا تبين أن الحراسة إجراء لابد عنه للمحافظة علي ما قد يكون لذوي الشأن من الحقوق وتنتهي الحراسة في هذه الأحوال إذا عين ناظر علي الوقف سواء أكان بصفة مؤقته أم كان بصفة نهائية .**

2- **إذا كان الوقف مديناً .**

3- **إذا كان أحد المستحقين مدينا معسراً ، وتكون الحراسة علي حصته وحدها أن أمكن فرزها ولو بقسمة مؤقته ، إلا فعلى الوقف كله ، ويشترط أن تكون الحراسة هى الوسيلة الوحيدة لعدم ضياع حقوق الدائنين بسبب سوء إدارة الناظر أو سوء نيته .**

النصوص العربية المقابلة :

هذه المادة تقابل نصوص القانون المدني بالأقطار العربية ، المواد التالية : مادة 731 ليبي و 697 سوري .

الأعمال التحضيرية :

بلغت قضايا الحراسة علي الأموال الموقوفة عددا لا يحصي ، فاقتضي الأمر وضع نص خاص بها حتي ينتظم شأنها ، ولا يقع في أمرها تردد ، وأكثرما يكون في طلب الحراسة علي الوقف إما لخلوه من ناظر أو لقيام نزاع بشأن نظارته ، وإما لمديونية الوقف أو لمديونية أحد المستحقين فيه .

ففي الحالة الأولي يتقدم كل ذي شأن في الوقف أو نظارته بطلب وضع الوقف تحت الحراسة إلي أن يتم تعيين ناظر له . أو يفصل في الخلاف بين النظار أو مدعي النظر علي الوقف ، أو يستبدل بالناظر المطلوب فيه غيره ويشترط في طلب الحراسة أن يكون الإجراء لابد منه للمحافظة علي ما قد يكون للطالب من حقوق .

أما الحالة الثانية ، فالسبيل الطبيعي لحصول الدائنين علي حقوقهم إنما هو توقيع الحجز تحت ناظر الوقف . لكن إذا كان الناظر سئ الإدارة أو سئ الذمة ، كانت للدائنين مصلحة في أن يستبدلوا به غيره في إدارة الوقف حتي يفيض من الغلة ما يفي بديونهم في أقرب وقت . وكذلك إذا كان الناظر سئ النية ، يخفي عن الدائنين حقيقة إيراد الوقف أو نصيب المستحق المدين ، فإن مصلحة الدائنين ثقتضينهم أن يطلبوا وضع الوقف تحت يد حارس أمين يقوم بوفاء ديونهم من صافي غلة الوقف ، وقد جرت الأحكام في هذه الحالة علي أن يكونوا قد

مادة [731]

سلكوا السبيل الطبيعي مع ناظر الوقف للحصول علي ديونهم ، فلم يجد ذلك السبيل فتيلاً ، حتي تبدو الحراسة للمحكمة أنها الوسيلة الوحيدة لحصول الدائنين علي حقوقهم ، فتحكم بها (فإذا كان المدين هو أحد المستحقين في الوقف ، لا الوقف ذاته ، ولا كل المستحقين ، أمكن إجراء قسمة مهايأة حتي يخصص للمستحق المدين جزء من الوقف هو الذي يوضع تحت الحراسة) .

(مجموعة الأعمال التحضيرية للقانون المدني - الجزء 5- ص283و284)

رأي الفقه :

1- يخلص من نص المادة 731 من القانون المدني أن هناك حالات ثلاثاً ترجع إلي نظارة الوقف ، ويمكن فيها فرض الحراسة القضائية :

(1) إذا كان الوقف شاغرا أو قام نزاع بين أشخاص يدعون حق النظر عليه - ويشغرا الوقف بوفاة الناظر أو عزله أو إستقالته أو خروجه من الأهلية فإذا بقي الوقف شاغرا لمده معا ، لقيام نزاع بين أشخاص متعددين كل يدعي حق النظر أو الصور السابقة ، كان الوقف دون ناظر يتولي إدارته ، فتجوز إقامة حارس عليه يديره مؤقتا ، حتي يتم تعيين ناظر دائم أو ناظر مؤقت ، وعند ذلك تنتهي مهمة الحارس وعليه أن يسلم أعيان الوقف للناظر الدائم أو المؤقت ليتولي إدراتها .

(2) إذا كان علي الوقف نظار متعددين وقام نزاع بينهم في شأن إدارته أو في تنفيذ شرط من الشروط المدونة بحجة الوقف أو في غير ذلك من الأمور المعهود بها إليهم مجتمعين ، فقد يؤدي هذا النزاع إلي شل حركة الإدارة وينجم عن ذلك قيام خطر عاجل ، ومن ثم يقتضي الأمر إقامة حارس يتولي الإدارة مؤقتا حتي يفصل في هذا النزاع ، وقد ينازع الناظر القائم شخص آخر يدعي حق الناظر ، ويخشي مدعي حق الناظر من بقاء أعيان الوقف تحت يد الناظر القائم خطرا عاجلاً ، فيطلب تعيين حارس يتولي إدارة هذه الأعيان مؤقتا، حتي يفصل نهائيا فيمن له حق الناظر .

(3) إذا كانت هناك دعوى مرفوعة بعزل الناظر ، ويمكن في هذه الحالة تعيين ناظر مؤقت يقوم بإدارة الوقف حتي يفصل في دعوى العزل نهائيا إما برفضها فيعود النظر إلي إدارة الوقف وتنتهي مهمة الناظر المؤقت وإما بقبولها وبعزل الناظر فيبقي الناظر المؤقت بعد شغرا الوقف إلي أن يعين ناظر دائم بدلاً من الناظر المعزول ، ولكن قد تستغرق - مع ذلك - إجراءات تعيين الناظر المؤقت مدة طويلة يبقي

مادة [731]

في أثنائها لوقف في يد الناظر المطلوب عزله ، وقد يخش خطر عاجل من بقاء الوقف في يده . فيطلب ذو المصلحة إقامة حارس علي الوقف يتولي إدارته مؤقتا حتي يعين ، ناظر مؤقت أو ناظر دائم ، علي أنه إذا ثبت أن بقاء الوقف تحت يد الناظر المطلوب عزله لا ينجم عنه خطر عاجل أو إذا ثبت أن دعوى العزل ليست جدية وقد رفعت خدمة لقضية الحراسة ، فإن طلب إقامة حارس علي الوقف لا يكون له محل ويتعين رفضه . وعلي العكس من ذلك قد يخشي من بقاء لوقت تحت يد لناظر حتي قبل رفع الدعوى بعزله ، فلا يوجد في هذه الحالة ما يمنع من الإلتجاء إلي القضاء المستعجل لتعيين حارس علي الوقف يتولي إدارته مؤقتا حتي ترفع دعوى العزل ويفصل فيها .

وفي جميع الصور المتقدمة يجب علي طالب الحراسة أن يثبت أن هناك خطراً عاجلا من بقاء الوقف شاغراً أو من بقائه تحت يد الناظر القائم ، أو من قيام النزاع بين نظاره المتعددين ، فإذا تبين أن الحراسة إجراء ضروري فلا محل لتعيين حارس .

ويمكن تصور فرض الحراسة علي الوقف المدين في الحالتين التالتين :

(1) إذا تعمد الناظر أن يضيع علي الدائن حقه ، كما إذا بدد المحصول أو تباطا مع مستأجري أعيان الوقف المحجوز تحت أيديهم علي الأجرة فدفعهم إلي التقرير كذباً بعدم المديونية أو أعطاهم مخالصة بالأجرة وجعل تاريخها سابقاً علي الحجز ، فلم يتمكن الدائن بسبب ذلك من الحصول علي حقه .

(2) إذا أساء الناظر الإدارة ، فأهمل في زراعة أرض الوقف فلم يف المحصول بالدين ، أو تأخر في دفع الأموال الأميرية ، فحجزت الإدارة علي المحصول ولم يبق للدائن ما يستوفي به حقه .

كما يمكن قصور فرض الحراسة علي المستحق المدين بشرط ألا يكون للمستحق غير إستحقاقه في الوقف مال يفي بالدين ، وأن تكون الحراسة هي الوسيلة الوحيدة لعدم ضياع حقوق الدائنين ، فلو كان للمستحق المدين مال غير إستحقاقه في الوقف يكفي لوفاء الدين لم يجز وضع الوقف تحت الحراسة ، حتي لو كان الناظر سئ النية أو سئ الإدارة .

دعوى الحراسة القضائية وتعيين الحارس – القضاء العام هو الذي له في الأصل الولاية في دعوى الحراسة ولا تنعدم ولايته إذا كان هناك أمر إداري يكون من شأن الحراسة وقف تنفيذه .

مادة [731]

والحراسة القضائية إجراء قضائي بطبيعيه ، يقتضي إعلان الخصوم للحضور في جلسة علنية ومناقشتهم وسماع أقوال الحراس والخصم الموجه ضده هذا الإجراء .

والمحكمة المختصة بنظر الدعوى بطلب الحراسة القضائية هي:

(1) إما القضاء المستعجل - وهو المحكمة إختصاصاً طبيعياً بنظر دعوي الحراسة ، فيرتفع هذه الدعوى في الأصل إلي قاضي الأمور المستعجلة ، ولا يشترط في ذلك ان تكون هناك دعوى موضوعية مرفوعة أمام محكمة الموضوع ، بل يصح أن ترفع دعوى الحراسة قبل رفع دعوى الموضوع ، وفي هذه الحالة لا يمكن أن ترفع الحراسة إلا أمام قاضي الأمور المستعجلة ، إذ لا يمكن رفعها أمام محكمة الموضوع قبل أن ترفع أمام هذه المحكمة الدعوى الموضوعية .

(2) محكمة الموضوع - إذا رفعت إليها أولا الدعوى ، فيجوز عندئذ رفع دعوى الحراسة بطريق التبعية ، لأن قاضي الأصل هو قاضي الفرع ، وتنظر أمام محكمة قاضي الموضوع كدعوى مستعجلة بجميع الإجراءات التي تتطلبها الدعوى المستعجلة .

والمحكمة المستعجلة المختصة محلياً بنظر هذه الدعوى هي المحكمة التي يقع في دائرتها موطن المدعى عليه أي المرفوع ضده دعوى الحراسة ، أو المحكمة التي تقع الحراسة في دائرتها إلي المحكمة التي تقع في دائرتها المال المطلوب وضع الحراسة عليه .

وإذا رفعت دعوى الحراسة بطريق التبعية لدعوى الموضوع ، فإنها ترفع أمام محكمة الموضوع ولو كانت هذه المحكمة غير مختصة بنظرها فيما رفعت إليها مستقله .

ولا تتعلق هذه القواعد بالنظام العام فيجوز الإتفاق علي ما يخالفها .
كما يجوز التنازل عن التمسك بها صراحة أو ضمناً .

2- انعقد الإجتماع علي مبدأ جواز وضع أعيان الوقف تحت الحراسة ، وقد أقرت محكمة النص ما الإعفاء (أو يونية سنة 1939- مجموعة القواعد-566/186/2) .

ويتضح من صياغة المادة 731 مدني أن المشرع يتطلب شدة الحيلة والحذر قبل تلبيه الحراسة علي الوقف ، لما في ذلك من غير ليد ناظر الوقف المعين لإدارته من الجهة الشرعية المختصة أصلاً بتوليه النظار وعزلهم ، ويظهر هذا الإتجاه جلياً في قضاء محكمة النقض ، فإذا طبعت الحراسة بسبب سوء إدارة الناظر ، فمحلها أن يثبت بكيفيه لا تحتمل الشك عجز ذوي الشأن من

مادة [731]

إستيفاء حقوقهم علي الوقف ، بحيث لا يقضي بالحراسة إلا إذا كان الخطر محققاً ، وسوء نية الناظر ثابتة ، وإذا طلبت الحراسة في حالة مديونية أحد المستحقين فقط ، فلا يجاب إليها إلا إذا كانت هي السبيل الوحيد لدي الدائنين لتفادي ضياع حقوقهم .

والظاهرة الثانية البادية في نص المادة السابقة أن المشرع قد عمد إلي تحديد الحالات التي يجوز فيها وضع أعيان لوقف تحت الحراسة ، وذلك حتي يحد من ميل القضاء المدني إلي الحكم بإختصاصه بالنظر في دعوى الحراسة كلما طلب إليه ذلك .

فلا يجوز الحكم بالحراسة علي الوقف إلا في للحالات الآتية :

(أ) إذا تنازع النظار المتعددين علي إدارة الوقف ، ولم يكن مصرحاً لأحدهم بالإنفراد ، أو عند التنازع على حق النظر يبين الناظر الحالي وآخرين يدعون بين أنهم أحق بالنظر منه ، إذا كان الوقف شاغراً .

(ب) إذا كان الوقف مديناً ، بشرط أن يستنفذ الدائن طرق التنفيذ الممكنة ضد الناظر دون جدوي .

(ج) إذا كان المدير هو أحد المستحقين ، بشرط أن يثبت إعساره ، وأن يكون ريع الوقف هو الضمان الوحيد لدائنيه ، وأن يتواطأ الناظر مع المستحق المدين للاضرار بحقوق الدائنين ، وفي هذه الحالات يجب أن تقتصر الحراسة علي حصة المستحق المعسر وحده إن أمكن فرزها ولو بقسمة مؤقته ، وإلا جاز أن تشتمل الوقف كله ، رعاية لحق الدائنين .

(التقنين المدني – للدكتور محمد علي عرفة- المرجع السابق- ص530و531)

3- نص المشرع في المادة 731 من القانون المدني علي جواز الحراسة القضائية علي الأموال الموقوفة في أحوال عددها في هذه المادة ولا شك فإنه بهذا النص الذي يعتبر الأساس القانوني للحراسة القضائية علي الوقف في التشريع المصري قد سدد نقصاً ظاهراً في هذا التشريع .

ولم يقتصر المشرع المصري في مواجهة هذا النقص بما أصدره من أحكام . غير أنه نظرا لتردد بعض المحاكم في جواز الحكم بالحراسة علي الوقف كان لابد من أن يواجه المشرع هذه الحالة بنص تشريعي صريح يرفع به كل خلاف يقوم في شأن الحراسة علي الوقف خصوصاً ، كما جاء في المذكرة الإيضاحية ، بعد أن بلغت قضايا الحراسة علي الأموال الموقوفة عددا لا يحصي وإقتضي الأمر وضع نص خاص ينظم بها شأنها ولا يقع في أمرها تردد ، فنص في المادة 731 في القانون المدني علي تلك الأحوال وعلي شروطها .

مادة [731]

إن أغلب ما يكون طلب الحراسة علي الوقف إما لشغورة من ناظره أو لقيام نزاع في شأن النظارة عليه ، وإما بسبب دين علي لوقف أو لدين علي أحد المستحقين فيه . ولذلك وضع المشرع نص المادة 731 من القانون المدني متناولا هذه الأحوال جميعا .

علي أنه مما تجدر الإشارة إليه أن المشرع قيد في المادة 731 سالفة الذكر الحراسة علي الأموال الموقوفة بشروط نص صراحة عن وجوب توافرها في حين أنه لم يتطلب توافر مثل هذه الشروط في أحوال الحراسة علي الأموال عموماً .

فإشترط في أحوال الفقرة الأولي من المادة 731 سالفة الذكر أنه يتبين للقاضي أن الحراسة إجراء لابد منه للمحافظة علي ما قد يكون لذوي الشأن من الحقوق ، وأن تنتهي الحراسة ، إذا عين ناظر علي الوقف سواء أكان بصفة مؤقته أم كان بصفة نهائية .

ويشترط في أحوال الفقرتين الثانية والثالثة . أن تكون الحراسة ، هي الوسيلة الوحيدة لعدم ضياع حقوق الدائنين بسبب سوء إدارة الناظر أو سوء نيته.

وعني بالنص في الحالة التي يكون فيها أحد المستحقين مديناً معسراً ، أن توضع الحراسة علي حصته وحدها إن آمكن فرزها ولو بقسمه مؤقته ، وإلا فتوضع الحراسة علي الوقف كله .

وهكذا تدرج المشرع في القيود التي قيد بها الحراسة علي الأموال الموقوفة : ففي أحوال الفقرة الأولي إشترط أن يكون إجراء الحراسة ، لابد منه للمحافظة علي ما قد يكون لذوي الشأن من الحقوق، بينما إشترط في أحوال الفقرتين الثانية والثالثة أن يكون إجراء الحراسة هو الوسيلة الوحيدة لعدم ضياع حقوق الدائنين بسبب سوء إدارة الناظر أو سوء نيته .

ولا جدال في أن حكمة المغايرة في تشديد شروط الحراسة في أحوال الفقرتين الثانية والثالثة من المادة 731 من القانون المدني ، تقتضيها طبيعة الأشياء . فأن الطريق الطبيعي لحصول الدائنين علي حقوقهم ، إنما هو توقيع الحجز تحت يد ناظر الوقف . لكن إذا الناظر سئ الإدارة أو النية أو الذمة ، لم يسعف السبيل الطبيعي لحصول الدائنين في إستيفاء ديونهم نتيجة لموقف ناظر الوقف منهم وفي هذه الأحوال تقتضي مصلحة الدائنين وضع أموال الوقف تحت يد حارس ، يقوم بوفاء ديونهم مما يحصله من ريع الوقف .

ولكن ماهي الأسباب التي دعت المشرع إلي وضع قيود شروط للحكم بالحراسة علي أموال الوقف لم يستلزم توافرها في الحراسة علي الأموال الآخري .

لقد قرر المشرع قيوداً علي الحراسة علي الأموال المقرفة قصد بها منع تدخل المحاكم المدنية في رفض الحراسة علي الوقف إلا بالعدد الذي لاتمس به القواعد الأساسية لنظامه ولا تهدر به إرادة الواقف أو الحاكم الشرعي ، ولذلك لم يضمن

مادة [731]

المشرع في تعداده لأحوال الحراسة علي الوقف في المادة 731 من القانون المدني جميع أحوال الحراسة التي إستقر القضاء عليها في ظل القانون المدني القديم .

أحوال الحراسة علي الوقف وردت في هذا النص على سبيل الحصر ولم ترد فيه علي سبيل المثال . لذلك كان علي القاضي أن يلتزم في تطبيقة لنظام الحراسة علي الوقف حدود النص وما ورد فيه من أحوال وما إستلزم المشرع فيه من شروط قيود توسع في النص أو قياس عليه .

(الحراسة القضائية – للدكتور عبد الحكيم فراج- رسالة السابقة- ص 142 وما بعدها)

من أحكام القضاء الحديثة :

1- لما كانت إقامة الناظر المؤقت هي نوع من العزل(بالنسبة للناظر القديم) وهي في ذات الوقت إقامة للناظر الآخر (وإن كان العزل والإقامة مؤقتين)، وكان الناظر المؤقت هو الذي تناط به إدارة أعيان الوقف وفقاً لنص المادة 53 من القانون 48 لسنة 1946 الذي إستند إليه قرار الإقامة ، كما أن إقامة حارس قضائي عن أعيان وقف ما من نتيجتها قانوناً أن يصبح الحارس بمثابة ناظر مؤقت ويكون هو صاحب الصفة في تمثيل الوقف ولا يملك التحدث في شئون إدارة الوقف سواء ، فإن مؤدي ذلك جميعة أن تعتبر وظيفة الطاعن كناظر علي الوقف في الفترة التي كانت أعيان الوقف فيها في يد الناظر المؤقت ثم في يد الحارس القضائي قد انحسرت عنه فلا يتحقق فيه – خصوص المطالبة بأجر النظر – موجب المطالبة لا يقدح في ذلك أن يكون قرار الإقامة قد ألغي أو أن تكون الحراسة قد حكم بإنهائها ، فإنه ليس من شأن هذا أو ذلك إعتبار النظر قائما بوظيفته – أما قول الطاعن بأنه يثبت أن طلب إقامة الناظر المؤقت ودعوى الحراسة كليهما لم يكن لهما مقتض وأنهما من سعي الخصوم وتدبيرهم وأن شل يده كان مبنياً علي أسس غير صحيحة ، فإن ذلك لا يعتبر أساساً قانونياً صحيحاً للمطالبة بالمبلغ المرفوعة به الدعوي- بحسابه أجراً له علي قيامه بالنظارة علي أعيان الوقف في تلك الفترة .

(نقض- جلسة 1960/6/30- مجموعة المكتب الفني – السنة 11-مدني ص489)

2- للحارس علي مال موقوف من السلطة للناظر عليه ، فهو يملك التحدث في شئون الوقف ، إلا أن يحد الحكم الذي إقامة من مهمته ، فإن كان الحكم الذي أقام الحارس لم يقيده في الإدارة فإنه يكون له – كناظر الوقف – سلطة الترخيص بغير إذن من القاضي في إحداث بناء علي الوقف ليكون لجهة الوقف متي كان في ذلك مصلحة تعود علي الوقف أو علي المستحقين وللمأذون في إحداث عمارة بوقف متهدم أن يرجع في غلة الوقف بما إتفق ، ولا يعتبر ذلك من قبل الإستدانة علي الوقف . فمتي كان الحكم قد إستند إلي أسباب مسوغة في تقديره أن ترخيص الحارس في البناء كان لمصلحة الوقف والمستحقين ، وبناء علي ذلك ألزم الوقف بمصاريف البناء الذي أحدث في الوقف لمحدثه ، فإنه لا يكون قد أخطأ .

(نقض- جلسة 1950/1/9- مجموعة القواعد القانونية –25عاما- 16-ص519)

مادة [732]

مادة [732]

يكون تعيين الحارس سواء أكانت الحراسة إتفاقية أم كانت قضائية بإتفاق ذوي الشأن جميعا ، فإذا لم يتفقوا تولي القاضي تعيينه .

النصوص العربية المقابلة :

هذه المادة تقابل في نصوص القانون المدني بالأقطار العربية ، المواد التالية : مادة 732 ليبي و 698 سوري و 608 سوداني و 1/720 و 2 لبناني.

الأعمال التحضيرية :

سواء أكانت الحراسة إتفاقية أم قضائية ، فهناك مسألتان منفصلتان : أولاهما وضع المال تحت الحراسة ، والثانية تعيين شخص الحارس ، والمسألة الأولي التي تسبغ علي الحراسة صفتها الإتفاقية أو القضائية ، أما متي إتفق المتنازعان علي مبدأ الحراسة أو حكمت المحكمة بها ، فأن أمر تعيين الحارس يترك في كلا الحالتين إلي المتنازعين إن أمكنهما أن يتفقا عليه ، وإلا فتقوم به المحكمة القضائية .

(مجموعة الأعمال التحضيرية للقانون المدني-جزء 5-ص287)

رأي الفقه :

1- تقتضي المادة 732 مدني بأن يكون تعيين الحارس القضائي بإتفاق ذوي الشأن جميعا أي تعيين شخص الحارس القضائي مسألة منفصلة عن فرض الحراسة القضائية ، فالحراسة القضائية تفرض بحكم من القضاء ، ولكن شخص الحارس يتعين بإتفاق ذوي الشأن جميعاً إذا أمكن هذا الإتفاق ، ولا تتغير بذلك طبيعة الحراسة من حراسة قضائية إلي حراسة إتفاقية ، فالعبرة في كون الحراسة قضائية أو إتفاقية ، ولو كان الخصوم هم الذي إتفقوا علي تعيين شخص الحارس القضائي كانت الحراسة إتفاقية ولو كان القاضي هو الذي عين الحارس الإتفاقي .

فإذا إتفق ذوو الشأن جميعاً علي تعيين شخص يكون حارساً قضائياً ، وجب علي المحكمة تعيين هذا الشخص ، ولا يكتفي أن يتفق الأغلبية ولو كانت أغلبية الشركاء في المال الشائع ، بل يجب أن يكون هناك إتفاق إجماعي .

فإذا لم ينعقد الإجماع علي شخص معين ليكون حارسا قضائيا ، تولت المحكمة بنفسها تعيين هذا الحارس ، وتستأنس في ذلك برأي من تري الاستئناس برأيه من ذوي الشأن ، أغلبية كانوا أو أقلية دون أن تكون ملزمة بهذا الرأي . ولها أن تعين أحد طرفي الخصومة حارساً قضائياً ولو إعترض عليه الطرف الآخر إذا إطمانت المحكمة إلي أمانته وكفايته ولا سيما إذا قبل الحراسة دون أجر وكانت قيمة الأموال الموضوعة تحت الحراسة لا تتحمل تثقيلها بالأجر .

مادة [732]

وإذا لم تر المحكمة تعيين أحد طرفي الخصومة عينت أجنبياً قد يكون من بين الخبراء المقررين بالجدول أو أي شخص آخر تراه متوافرا علي الخبرة الخاصة التي تتطلبها إدارة الأموال الموضوعة تحت الحراسة ، وتعين المحكمة من تقبل أن يكون حارسا دون أجر ، إذا كان متوافرا علي الأمانة والكفاية المطلوبتين ، وقد تعيين أكثر من حارس واحد إذا اقتضي تنوع العمل ودلته تعدد الحراس ، ويتحاش ذلك بقدر الإمكان لما في تعدد الحراس من إحتمال وقوع الخلاف والإضطراب في العمل .

وليست الحراسة القضائية بعقد وكالة ، لأن القضاء هو الذي يفرضها ولا يفرضها إتفاق ذوي الشأن ، ولكن الحارس يصبح بمجرد تعيينه وبحكم القانون نائبا ، إذ يعطيهم القانون سلطة في إدارة الأموال الموضوعة تحت حراسته ، والنيابة هنا نيابة قانونية من حيث المصدر الذي يحدد نطاقها ، إذ القانون هو الذي يفرضها ويعين مدي السلطة فيها ، وقد تختلط بنيابة قضائية إذا تدخلت المحكمة في تحديد سلطة الحارس ، وهي علي أي حال نيابة قضائية من حيث المصدر الذي يضفي علي النائب صفة النيابة ، إذ القاضي هو الذي يعين الحارس القضائي ولو إتفق علي شخصه ذوو الشأن جميعا .

ويري الدكتور السنهوري إن الحارس القضائي ينوب عن صاحب الحق في المال الموضوع تحت الحراسة .

وتثبت للحارس القضائي صفته كنائب بمجرد صدور حكم الحراسة شأنه في ذلك شأن الوصي والقيم وناظر الوقف والسنديك ، وكل حكم يسبغ صفة علي شخص يكون نافذا في إسباغ هذه الصفة علي الشخص بمجرد صدوره .

ولا ينصرف أثر التصرف الذي يجربه الحارس القضائي إلي شخصه بل ينصرف إلي شخص الأصلي صاحب الحق الموضوع تحت الحراسة . ولا يكون الحارس مسئولاً قبل الغير إلا إذا ارتكب خطأ يستوجب مسئوليته كما إذا جاوز حدود السلطة المخولة في الحراسة فيرجع عليه الغير بالتعويض إذا كان يجهل مجاوزة الحارس لحدود سلطته وكان معذوراً في هذا الجهل .

وإذا وجد عند الحارس القضائي أسباب تجعل مضيه في الحراسة متعذراً (كالمرض- أو الإضطرار للسفر – أو العجز في العمل – أو قيام صعوبات في تنفيذ حكم الحراسة علي الوجه الصحيح – أو ضيق وقته عن في القيام بأعمال الحراسة) جاز أن يطلب إعفاءه من مهنة . ويرفع طلب الإعفاء إلي المحكمة التي عينته ولو كانت محكمة ثاني درجة ، كما يجوز أن يرفع الطلب إلي القضاء المستعجل ولو لم يكن هذا القضاء هو الذي عينه وذلك عند الإستعجال .

مادة [732]

وتقدر المحكمة أسباب التنحي ، فإن رأتها وجيهة أعفت الحارس من الحراسة ، وعينت آخر مكانه وإلا رفضت التنحي وألزمت الحارس بالبقاء في الحراسة التي سبق أن قبلها .

وقد توجه إلي الحارس مطاعن تستوجب عزله ، كما إذا قام الدليل علي أنه ينحاز لبعض الخصوم المتنازعين أو يهمل إدارة الأعيان إهمالا يضر بأصحابها أو يهمل حفظها بما يجعلها عرضه للتلف أو الهلاك أو الضياع أو يتصرف في الريع تصرفا غير أمين أو يبدد هذا الريع أو يبدد الأموال الموضوعة تحت حراسته ، ويكون إحلال حارس بغير أجر محل حارس بأجر سبباً كافياً لجواز الإستبدال .

وتري دعوي عزل الحارس وإستبدال غيره به أمام القضاء المستعجل عند الإستعجال ، ويجوز رفعها أيضاً أمام المحكمة التي عينت الحارس إلا إذا كان الحارس قد عين من محكمة ثاني درجة فيتعين رفع الدعوى في هذه الحالة أمام محكمة أول درجة ، وهذا بخلاف حالة تنحي الحارس لأن التنحي ليس خصومة تقتضي أن تنظر أمام درجتين ، ويجوز رفع دعوى العزل والإستبدال من أي شخص له مصلحة فيها ولو لم يكن نفس الشخص الذي طلب تعيين الحارس ، كما يجوز أن يتدخل في الدعوى كخصم ثالث كل من له مصلحة في طلب عزل الحارس أما من ليست له مصلحة فليس له التدخل ، وترفع الدعوى في مواجهة الخصوم في دعوى الحراسة وفي مواجهة الحارس المطلوب عزله.

وبمجرد صدور الحكم بعزل الحارس ، يفقد صفته دون حاجة لإعلانه بهذا الحكم ، كما كسب صفته بمجرد صدور الحكم بتعيينه ، وجميع التصرفات التي يجريها بعد صدور الحكم بعزله تعتبر صادره خارج حدود نيابته .

(الوسيط-7-1 للسنهوري- المرجع السابق -ص905 ومابعدها)

من أحكام القضاء الحديثة :

1- إن إختيار المدعي عليه حارسا لملاءته وللإعتبارات الآخري التي أوردها الحكم في صدد تبرير إختياره لا يتعارض بحال مع تقدير الحكم قيام الخطر الموجب للحراسة ، متي كان الحكم مع إختياره هذا الخصم قد حدد مأموريته وجعله مسئولاً عن إدارته أمام الهيئة التي أقامته بما يكفل حقوق جميع الخصوم في الدعوى حتي تنقضي الحراسة بزوال سببها ، ومن ثم فإن النعي علي الحكم بالتناقض في هذا الخصوص يكون علي غير أساس .

(نقض – جلسة 1951/6/7- مجموعة المكتب الفني – السنة 2- مدني – ص973)

2- متي كان الواقع هو أن الساعتين الثلاثة الأولين أقاموا الدعوى بطلب عزل المطعون عليه من الحراسة علي السيارة موضوع النزاع ، تأسيسا علي أنه

مادة [732]

خالف الحكم القاضي بتعيينه إذ إنفراد بقبض بعض مبالغ عن إيراد السيارة وإستباحها لنفسه ، وكان الحكم المطعون عليه والتي طعن أحد هؤلاء الطاعنين فيها بالتزوير ، قرر أن الدعوى خلت من الدليل المثبت لها ، مع أنه بإستبعاد هذه الأوراق يبقي في الدعوى ما يؤسسها عليها الطاعون عليه قبض مبالغ من الشركة المستغلة للسيارة ولم يوزعها علي أصحاب الحق فيها ، مستدلين علي ذلك بالكشف الصادر من هذه الشركة وهو ما أخذ به الحكم الإبتدائي وخلا الحكم المطعون من التحدث عنه ، فإن هذا الحكم يكون قاصراً قصوراً يستوجب نقضه ، إذ هو أطرح الدليل الذي إعتمد عليه الطاعنون دون أن يبين سبب هذا الإطراح مع لزوم هذا البيان .

(نقض- جلسة 1951/9/7- المرجع السابق- ص 684)

3- إن مجال تطبيق أحكام إدارة المال الشائع ، الواردة بالمادة 828 ومابعدها من القانون المدني ، يختلف عن مجال تطبيق أحكام الحراسة علي منقول أو عقار قام بشأنه نزاع وكانت قد تجمعت لدي صاحب المصلحة فيه من الأسباب المعقولة ما يخشي معه خطراً عاجلا من بقاء المال تحت يد حائزة ، فإن الحكم في شأن هذا النزاع يدخل فيما نصت عليه المواد 729 وما بعدها من القانون بشأن الحراسة ، ويكون تعيين الحارس ، سواء كانت الحراسة إتفاقية أو قضائية – بإتفاق ذوي الشأن جميعاً ، فإذا لم يتفقوا تولي القاضي تعيينه ، وذلك وفقاً المادة 732 من ذلك القانون ، وإذن فإذا فرضت الحراسة علي مال شائع ، وطبقت المحكمة أحكام الحراسة في شأن هذا النزاع ، فإن النعي علي الحكم بالخطأ في القانون لعدم تطبيق المادة 828 من القانون المدني يكون في غير محله .

(نقض – جلسة 1955/12/29- المرجع السابق السنة6-1212)

مادة [733]

مادة [733]

يحدد الإتفاق أو الحكم القاضي بالحراسة ، ما علي الحارس من إلتزمات وما له من حقوق وسلطة وإلا فتطبق أحكام الوديعة وأحكام الوكالة بالقدر الذي لا تتعارض فيه من الأحكام الآتية :

النصوص العربية المقابلة :

هذه المادة تقابل في نصوص القانون المدني بالأقطار العربية ، المواد التالية : مادة 733 ليبي و 699 سوري و 609 سوداني و 3/720 لبناني .

الأعمال التحضيرية :

يحدد الإتفاق أو الحكم القاضي بالحراسة إلتزامات الحارس وحقوقه ، فإذا لم يحدد شئ من ذلك تسري في شأنه أحكام المواد 1020- إلي 1024 وتكمل أحكام هذه المواد بأحكام الوديعة وأحكام الوكالة بالقدر الذي يتفق مع طبيعة الحراسة لأن الحارس منوط به حفظ الشئ كالوديع ، وإدارته كالوكيل.

(مجموعة الأعمال التحضيرية للقانون المدني - الجزء 5-ص288)

رأي الفقه :

1- يخلص من نص المادة 733 مدني أنه إذا كانت الحراسة إتفاقية ، فإن عقد الحراسة يبين سلطة الحارس وما عليه من إلتزامات وما له من حقوق ، إذا كانت الحراسة القضائية ، فإن الحكم القاضي بالحراسة هو الذي يبين ذلك ، وقد ينص في منطوقة أو في أسبابه ، علي تضييق سلطة الحارس ، كأن ينص علي حق الحارس في زراعة الأطيان الموضوعة تحت يد الحراسة أو في تأجيرها بالمزاد العلني ، فلا يجوز تأجيرها بالممارسة ، أو في التأجير مدة لا تزيد علي سنة بدلاً من ثلاث سنوات ، أو بنص الحكم علي عمل الجرد بشكل معين أو بحضور أشخاص معينين ، أو علي منع الحارس من بعض أعمال الإدارة بالذات ، أو علي ضم حارس آخر إليه بحيث لا يجوز لأيهما الإنفراد بالعمل ، وقد ينص الحكم علي توسيع سلطة الحارس ، كن يجيز له التأجير لمدة تزيد علي سنوات ، أو الإنفراد بالعمل مع وجود حارس منضم ، أو الإعفاء من التقدم بحساب سنوي والإكتفاء بحساب عند إنتهاء الحراسة ، أو القيام ببعض أعمال التصرف كإجراء تحسينات في الإعلان أو بيع ما يكون معرضا للتلف أو ما يتكلف حفظه نفقات جسيمة .ويجب في جميع الأحوال أن يلتزم الحكم في بيان سلطة الحارس ، حدود الإجراءات التحفظية المؤقتة دون مساس بموضوع الحق .فإذا خلا الإتفاق أو الحكم من بيان سلطة الحارس وما عليه من إلتزامات وما له من حقوق ، فإن القانون قد تكفل ببيان ذلك ، والأصل هو تطبيق أحكام الوديعة وأحكام الوكالة ، مع عدم الإخلال بالأحكام التي أوردها في نصوص سيأتي ذكرها .ويمكن أن

مادة [733]

يستخلص من هذه النصوص ، ومن أحكام الوديعة والوكالة أن الحارس يلتزم بما يلتزم به المودع عنده وبما يلتزم به الوكيل ، وهذه الإلتزامات هي التي تحدد في الوقت ذاته سلطته ، وللحارس حقوق المودع عنده وحقوق الوكيل .

(الوسيط-7-1 - للدكتور السنهوري- المرجع السابق- ص918 ومابعدها)

2- حدد المشرع إلتزامات الحارس وسلطته بنصوص صريحه واضحه لانظير لها فى التقنين القديم . ويتضح من المادة 733 من التقنين المدنى الجديد ان مهمة الحارس مزيج بين مهمتى الوديع الوكيل فهو مكلف بحفظ المال كالوديع وبإدارته كالوكيل على أنه يتعين تغلب أحكام الوديعة على أحكام الوكالة فلا يعامل الحارس معامله الوكيل إلا فى الحدود التى تتطلبها المحافظة على الأموال المعهودة إليه حراستها وعلى حقوق أصحاب الشأن فيها .

(التقنين المدني -للدكتور محمد علي عرفة المرجع السابق- ص 533)

من أحكام القضاء الحديثة :

1- متى قضى بإقامة حارس قضائى على أعيان وقف وخوله الحكم الذى اقامه إدارة هذه الأعيان فإنه يصبح بمثابة ناظر مؤقت ويكون هو صاحب الصفة فى تمثيل الوقف أمام القضاء ولا يملك التحدث فى شئون إدارة الوقف سواء - ويترتب على مجرد صدور حكم فى مواجهة النظر بإقامة حارس على نصيبه فى الوقف ان تغل يده عن إدارة هذا النصيب دون حاجة إلى اى إجراء آخر وإذن فمتى كان الواقع فى الدعوى هو الطعن استاجر من النظر السابق حصته فى الوقف بعد قضى فى مواجهة هذا الأخير بوضعها تحت الحراسة القضائية ولما لم يتمكن الطاعن من وضع يده على العين الموجرة نظرا لوجودها فى حيازة آخرين مستأجرين من الحارس أقام دعواه على المؤجر بصفته ناظراً لوقف يطالبه بالمبلغ الذى قبضه منه من الإيجار وبالتعويض المنصوص عليه فى العقد وقد إنتهت هذه الدعوى بتحرير محضر صلح بين الطاعن وبين الناظر صدقت عليه المحكمة وتعهد فيه المؤجر بصفته ناظراً على الوقف بأن يدفع للطاعن المبلغ المطلوب وفوائده وكان ذلك أثناء الحراسة القضائية على الواقف فإن هذا الصلح لايعتبر حجة على الوقف ومن ثم يكون إعتبار الحكم المطعون فيه الوقف أجنبياً عنه ولا يحتاج به هو إعتبار صيحح لايخالفه فيه القانون .

(نقض - جلسة 1951/4/19- مجموعة القواعد - 25 عاما- 15- ص 518)

2- متى كان الواقع فى الدعوى ان المطعون عليه الثانى أودع بمحلج المطعون عليه الأول أقطانا ثم اوقع الطاعن حجزاً تحفظياً على هذه الأفطان وعين المحضر أجنبياً حارساً عليها وأقام الطاعن دعوى مستعجلة حكم فيها بتعيينه حارسا متضما على الافطان المشار إليها ثم إستصدر أمر بنقل الأفطان المحجوز

مادة [733]

عليها ورفع المطعون عليها إشكالاً أمام قاضى الأمور المستعجلة بطلب وقف تنفيذاً الأمر المذكور فدفع الطاعن بعدم قبول الإشكال لرفعه بعد تمام التنفيذ للحكم الصادر بإقامته حارساً منضماً وكأى الحكم المطعون فيه إذا قضى برفض هذا الدفع قد أسس قضاءه على أن الإشكال موجه إلى أمر النقل لا إلى حكم الحراسة وأن هذا الأمر إجراء مستقل عن ذلك الحكم لأن تنفيذ حكم الحراسة لا يستلزم حتماً نقل المحجوزات مكانها رغم تعيين الطاعن حارساً منضماً لعيها وأن أمر النقل المستشكل فيه لم يتم تنفيذه بعد وقد صدر فى غير مواجهة المستشكل (المطعون عليه الأول) فيعتبر بالنسبة إليه من الغير فإن النعى عليه بمخالفة القانون يكون على غير أساس .

(نقض- جلسة 1951/6/2- المرجع السابق- 42- ص 902)

3- متى كان الحكم المطعون فيه إذا قضى بعدم قبول دعوى الطاعن الأول قد اسس قضاءه على ان صفته كحارس قد زالت بعد رفع الدعوى تبعاً لإنتهاء الحراسة وعلى أن العقار المطلوب ريعه قد وقع بمقضى حكم القمة فى حصة الطاعن الثانى وأنه لذلك يعتبر مملوكاً له إبتداء من قيام حالة الشيوع فله دون غيره حق المطالبة بريعه عن تلك المدة فإن هذا الحكم يكون قد أخطأ فى تطبيق القانون ذلك لأن الطاعن الأول كان يطالب بريع هذا العقار عن المدة التى كان معيناً فيها حارساً على أعيان التركة وأن صفته فى رفع الدعوى لم تكن محل نزاع من أحد طرفى الخصومة بل قرر المطعون فى عريضة إستئنافه أن فى ذمته للطاعن الأول بهذه الصفة مبلغاً من النقود عن ريع العقار الذى كان يشغله مدة الحراسة ولأن الطاعن الثانى وهو الذى الت إليه بمقتضى القسمة ملكية هذا العقار قد تدخل فى الدعوى منضماً إلى الطاعن الأول فى طيالـه اما وقوع هذا العقار فى نصيب الطاعن الثانى بمقتضى القسمة فليس من شأنه ان يحول دون مطالبه الطاعن الأول للمطعون عليه بالريع مقابل إنتفاعه بالعقار فى مدة الحراسة لان الحارس مسئول عن تقديم الحساب عن إدارة لأعيان التركة بما فيها هذا العقار عن مدة حراسته .

(جلسة 1952/10/30- مجموعة المكتب الفني – السنة 4-مدني -13-ص630)

4- لما كان الجرد إجراءا تحفيظاً، الغاية منه المحافظة على حقوق الطرفين المتنازعين إثبات ما تكلف عنه لوارق الشركة وما هو ثابت فى السجلات العامة من حقوق أو ديون أو ما يصل إلى علم الحارس من اى طريق كان لمعرفة الحقوق المالية التى تصلح عنصرا للتصفية وليس من شأنه الاضرار باى الطرفين اذ انه لا يقتضى البحث فى سند حق كل مهما وكان الحكم قد اثبت من مظاهر عقد تصفيه الشركة أو كافة الديون والذمامات غير الواردة فى الكشف

مادة [733]

الملحق بالعقد والتى قد أظهر فى المستقبل هى من الحقوق الشركة ولا ينفرد بها الطاعن لما كان ذلك كل ما يعيبه الطاعن على الحكم إذا طلب الحارس بجرد أموال الشركة والبحث عن أموالها وهو إجراء تحفظى بحث على غير أساس .

(نقض - جلسة 1953/4/26- مجموعة القواعد - 25عاماً - ص520)

5- لما كان الحكم المطعون فيه إذا قضى برفض الإشكال فى تنفيذ حكم الحراسة قد اقام قضاءه على أسباب جاءت قاصرة فى الرد على ما تمسكت به المستشكلة حيازتها لجزء من الأطيان موضوع الحراسة بمقتضى عقد إيجار صحيح وعلى ماتمسكت به من أن الحارس القضائى لا يجوز له أن ينزع هذه الأطيان من تحت يدها تنفيذ الحكم الحراسة بل كل مايخوله هذا الحكم من حقوق قبلها هو أن يستولى منها على الأجرة المتفق عليها فى مواعيد إستحقاقها وكما قرره الحكم المطعون فيه من أن حكم الحراسة يعتبر حجة عن المستشكلة بوصفها مستأجرة وأنها كانت ممثلة فى دعوى الحراسة فى شخص المؤجر لها وأن ما ترمى إليه من وراء الإشكال إنما هو إحترام عقد الإيجار الصادر لها من احد خصوم دعوى الحراسة وأن هذا لا يجوز أن يقف فى طريق تنفيذ حكم الحراسة بإستلام الأطيان لإدارتها وإستغلالها فى حدود منطوق ذلك الحكم لأن إدارة الحارس للأطيان لايضيع على المستشكلة أى حق لها - هذا القول لا يبرر القضاء برفع يد المستشكلة عن الأطيان المؤجرة لها تنفيذاً لحكم الحراسة ذلك أن صفة الحارس فى قبض الأجرة من المستشكلة لم تكن محل نزاع منها فى الدعوى وأن تنفيذ حكم الحراسة عليها برفع يدها عن الأطيان المؤجرة لها لا يصح إلا إذا تراءى لمحكمة الإشكال من ظاهر المستندات المقدمة فى الدعوى ترجيح مظنة صورية عقد الإيجار الذى تتمسك به ، وكان الحكم المطعون فيه لم يتعرض لهذا البحث الذى كان مدار النزاع بين الخصوم فى الدعوى لما كان ذلك فإن هذا الحكم يكون قاصر البيان قصوراً يستوجب نقضه .

6- للحارس على مال موقوف من السلطة فى إدارة شئون الوقف ما لناظره فهو يملك التحدث عن شئون الوقف إلا أن يحدد الحكم الذى أقامه من مهمته وإذن فمتى كان الحكم قد قرر أن عقد الإيجار الصادر من ناظر الوقف بعد إقامة حارس عليه لا يحاج به الوقف فإن ما قرره هذا الحكم لا يخالف القانون .

(نقض - جلسة1954/14/15- المرجع السابق- 13- ص158)

7- تنص المادة 733 من القانون المدنى على انه : يحدد الإتفاق أو الحكم القاضى بالحراسة ماعلى الحارس من إلتزامات وماله من حقوق وسلطة والا فتطبق أحكام الوكالة ....." كما ان مؤدى نص المادة 3/707 من ذات القانون أن الوكلاء إذا كانوا متعددين ولم يرخص فى إنفرادهم بالعمل كان عليهم ان

مادة [733]

يعلموا مجتمعين الا إذا كان العمل مايحتاج فيه إلى التبادل رأى - فإذا كانت الخصومة قد انعقدات بين الطاعنين والمطعون عليهما فى النزاع المائل بوصف هذين الآخرين حارسين على محلج وكانت المحكمة قد كلفتهما بتقديم صورة من سند الحراسة للوقوف على مدى سلطة كل منهما لم يقدما مايدل على جواز إنفراد أى منهما بالعمل وكان إختصام أحد الحارسين دون الآخر لا يعتبر إختصاماً صحيحاً للمحكوم له فان إعلان المطعون عليه الأول فى الطعن بصفته حارساً على الحلج يكون لازماً لقبول الطعن - وإذا كان إعلانه بتقرير الطعن قد وقع باطلاً - فإن ذلك يستتبع بطلان تقرير الطعن بالنسبة للمطعون عليه الثانى ومن ثم يكون الدفع بعدم قبول الطعن فى محله.

(جلسة 1959/6/25مجموعة القواعد المكتب الفني- السنة-10 مدني - ص 540)

8- نيابة الحارس تحددها نصوص القانون سلطته يحددها الحكم الصادر بتعيينه تجاوز الحارس هذا النطاق أثره المادتان 2/707 ,733مدنى .مؤدى نص المادتين 733, 2/707 من القانون المدنى أن نيابة الحارس تتحدد بما ينص عليه القانون من أحكام فى هذا الصدد وأن سلطة الحارس يضيق أو تتسع بالقدر الذى يحدده الحكم القاضى بتعيينه وأنه إذا جاوز الحارس هذا النطاق المحدد فى الحكم أو فى القانون فإنه يكون قد خرج عن حدود نيابته .

(الطعن 788 لسنة 56ق - جلسة 1991/12/19س42ص1934)

9- تعيين الحكم أكثرمن حارس مع حظر إنفراد احدهم بالعمل مؤداه تأجير احدهم الأعيان المشمولة بالحراسة عدم تحمل جهة الحراسة نتيجته ولو كان المستأجر حسن النية .إذا عين الحكم أكثر من حارس على الأعيان المشمولة الحراسة وحظر عليهم ان ينفرد أيهم باى عمل ثم أجر احدهم هذه الأعيان فإن جهة الحراسة لا تتحمل عمل هذا الحارس ولو كان المستأجر حسن النية.

(الطعن 788 لسنة 56ق جلسة 1991/12/19س42ص1934)

10- محكمة القيم إختصاصها قصره إستثناء على المسائل المنصوص عليها بالمادة 34ق 59لسنة 1980 دون غيرها من المنازعات التى تنشا بين الافراد وجهة الحراسة تعلق النزاع بمسئولية المدعى العام الإشتراكى عن تعويض الضرر الناجم عن خطاه فى إدارة الأموال المعهوده إليه حراستها والإخلال بواجبات الحراسة أو المسئولية التقصيرية المواد 733, 734, 163 مدنى خضوعه لإختصاص القضاء العادى دون محكمة القيم .مفاد نصوص المواد من 27 إلى 58 من قانون حماية القيم الصادر بالقانون 59 لسنة 1980 والمادة 34منه والإختصاصات المبينه بالقانون 141, 154 لسنة 1981والمادة العاشرة

مادة [733]

من القانون 34 لسنة 1971 ان المشرع قصر نزع الإختصاص من المحاكم العادية - ذات الولاية العامة - واسنادة إلى محكمة القيم ذات الإختصاص الإستثنائى على المسائل التى نصت عليها المادة 34 من القانون 95 لسنة 1980 المشار إليه دون غيرها من المنازعات التى تنشا بين الأفراد وبين جهة الحراسة مما لم يتناوله النص المذكور ومن ثم فإنه إذا ما تعلق النزاع بمسئولية المدعى العام الإشتراكى من تعويض الضرر الناجم عن الخطا المنسوب إليه التمثل فى إساءة إدارة الأموال المعهود إليه حراستها وإخلاله بواجبات الحارس المنصوص عليها فى المادتين 733, 734 من القانون المدنى أو وفقاً لأحكام المسئولية التقصيرية المبينه بالمادة 163 من ذات القانون وهى مسئولية شخصية قوامها الفعل الضار الواقع منه أبان إدارته للمال المفروض عليه الحراسة فإن هذا النزاع بحسب طبيعته - لا يدخل فى نطاق الإختصاص المحدد إستثناء لمحكمة القيم وتختص دائما به المحاكم العادية بحسب الأصل العام المقرر فى القانون .

(الطعن 3556 لسنة 61ق جلسة 1993/2/7س44ص515)

11- تعدد الوكلاء غير المأذونين بالإنفراد بالوكالة . الأصل أن يعملوا مجتمعين . الإستثناء . أن يكون العمل مما لا يحتاج فيه إلى تبادل الرأي . وفاة أحدهم . مؤداه . إنتهاء وكالته وحده وبقاء وكالة الباقين موقوفة فيما يحتاج إلى العمل مجتمعين ونافذة فيما لا يحتاج الرأي إلى أن يقرر القاضى ما يراه بشأنهم .

(الطعن رقم 2718 لسنة 71ق - جلسة 2005/5/25)

مادة [734]

مادة [734]

(1) يلتزم الحارس بالمحافظة على الأموال المعهودة إليه حراستها وبإدارة هذه الأموال ويجب أن يبذل فى كل ذلك عناية الرجل المعتاد.

(2) ولايجوز له بطريق مباشر أو غير مباشر أن يحل محله فى أداء مهمته كلها أو بعضها أحد ذوى الشأن دون رضاء الآخرين .

النصوص العربية المقابلة :

هذه المادة تقابل فى نصوص القانون المدنى بالأقطار العربية المواد التالية : مادة 734 ليبى و700سورى و 1/722 لبنائى و6010 سودانى .

الأعمال التحضيرية :

يلتزم الحارس بالمحافظة على الأموال وإدارتها إدراة حسنة فيطلب منه ان يبذل عناية الرجل المعتاد (المادة 1020 فقرة اولى) ولا يكتفى منه بالعناية التى يبذلها عادة فى شئونه الشخصية إذا كانت دون المتوسط كما فى - الوديعة والوكالة وذلك لأن ظروف المتنازعين هى التى فرضته إلى حد ما عليهما فلم يملك كل منهما ملء حريته فى وضع المال تحت الحراسة وفى تعيين شخص الحارس .

(مجموعة الأعمال التحضيرية للقانون المدني -الجزء 5-ص290)

رأى الفقه :

1- يبدأ الحارس بتسلم المال من يد حائزة بعد إعلان حكم الحراسة إلى الحائز وتكيلفه بالتسليم عن طريق التنفيذ الجبرى عند الحاجة .ويقوم بجرد المال وتواجه المنصوص فى الحكم على فرض الحراسة عليه .

ولما كانت الحراسة لاتنقل ملكية المال إلى الحارس بل يبقى المال ملكا لصاحبه أو لمن سيحكم له بالملك بعد حسم النزاع فان تبعة هلاك المال التسليم تكون على المالك (كما فى الوديعة) .

ويلتزم الحارس بالمحافظة على المال الذى تسلمه وكإلتزام المودع عنده إلتزام ببذل عناية ويجب أن يبذل فى ذلك عناية الرجل المعتاد (م 734 مدنى) وفى تحديد معيار العناية تختلف الحراسة عن الوديعة حيث التمييز بين ما إذا كانت الوديعة بغير أجر فيجمع بين المعيارين الشخصى والعادى ويكون المودع عنده ملزماً بأن يبذل من العناية فى حفظ الشىء مايبذله فى حفظ ماله دون أن يكلف فى ذلك ازيد من عناية الرجل المعتاد وبين ما إذا كانت الوديعة بأجر فيكون المعيار مادياً ويجب على المودع عنده أن يبذل من العناية مابذله الرجل المعتاد أما هناك فى الحراسة فالمطلوب من الحارس فى جميع الأحوال - أى

مادة [734]

سواء كان الحارس بأجر كما هو الغالب أو كان بغير أجر كما يقع فى بعض الأحيان - هو أن يبذل عناية الرجل المعتاد - فإذا لم يبذل هذه العناية حتى يثبت أن العناية الاقل التى يبذلها فعلاً هى العناية التى بذلها فى حفظ مال نفسه كان مع ذلك مسئولاً لأنه ملزم ببذل عناية الرجل المعتاد ولو كانت هذه العناية تزيد على عنايته الشخصية ومن هنا نرى ان مسئولية الحارس فى المحافظة على المال تزيد فى مجموعها عن مسئوليته المودع عنده ويظهر ذلك فيما إذا كان الحارس غير مأجور وكانت عنايته الشخصية تقل عن عناية الرجل المعتاد ويعلل ذلك مادة بان الحارس قضائيا كان اوإتفاقيا بخلاف المودع عنده مفروض إلى حد ماعلى طرفى النزاع بحكم الظروف المنازعة فليس لهذين الحرية الكاملة فى وضع المال تحت الحراسة ولا فى إختياره ومن ثم تشدد المشرع فى مسئوليته .

وتطبيقاً لذلك يلتزم الحارس بصيانه المال الموضوع تحت حراسته ويجب الا يقتصر فى الحفظ على الأعمال المادية بل يجاوز ذلك إلى إتخاذ الإجراءات القانونية اللازمة للمحافظة على المال فيقطع التقادم ويقيد الرهن ويجدد القيد ويوقع الحجوز التحفظية ويرفع الدعاوى المستعجلة ودعاوى الحيازة ويدافع فى القضايا التى رفع على الحراسة وإذا تصرف الحارس المال الموضوع تحت حراسته أو فى ريعه اعتبر مبددا وعوقب بالمادة 341 من قانون العقوبات وإذا نزل عن عناية الرجل المعتاد فنجم عن ذلك ضرر كان مسئولاً عن التعويض لمن يثبت له الحق فى المال بعد حسم النزاع .

ويأخذ الحارس النفقات اللازمة للمحافظة على المال على الوجه السالف الذكر من نفس المال أو من ريعه وإذا لم يوجد فى يده نقد للصرف منه ولم يمده اصحاب الشئ بالنقود اللازمة جاز له الإفتراض بغير فائدة أو بفائدة ويشترط فى جميع الأحوال ان يراعى القصد فى الإتفاق فلا يغالى فيه.

ويخلص من نص الفقرة الثانية من المادة 734 مدنى أنه لا يجوز للحارس أن ينزل عن مهمته فى حفظ المال لأحد من طرفى النزاع ولايجوز له ان يودع هذا المال أحد منهما، وذلك مالم يرصد الطرف الآخر فان فى تسليط أحد طرفى النزاع على حيازة المال أو على أعمال حفظه وصيإنته دون رضاء الطرف الآخر قبل الفصل فى موضوع النزاع خطراً على مصالح الطرف الآخر وهو نفس الخطر الذى أريد تفاديه بوضع المال تحت الحراسة، فلا يجوز للحارس أن يأتى عملاً يتعارض مع الفرض الأساسى من الحراسة .

أما إذا كان من يكل إليه الحارس حفظ المال أو بعضه ليس احدا من طرفى النزاع فإن نص المال 2/734 مدنى لايشمل هذا الفرض فوجب الرجوع إلى أحكام الوديعة فى ذلك كما نصت المادة 721 مدنى فى هذا الصدد على أنه

مادة [734]

: ليس للمودع عنده أن يحل غيره محله فى حفظ الوديعة دون إذن صريح من المودع إلا أن يكون مضطراً إلى ذلك سبب ضرورة ملجئة عاجلة " فلا يجوز إذن للحارس أن ينيب عنه أجنبياً من غير ذوى الشأن حفظ المال الا بموافقة ذوى الشأن جميعاً أو إلا إذا إضطر إلى ذلك بسبب ضرورة ملجئة عاجلة " .

وجميع الدعاوى التى تنشأ عن أعمال الحفظ يكون الحارس وحده هو ذو الصفة فى رفعها منه لو رفعها عليه لا يجوز رفعها من مالك المال ولا عليه لإنعدام صفته وهذا الحكم مستخلص من معنى الحراسة إذ الحراسة غل ليد المالك فيما هو من شئونها ومن أهم هذه الشئون حفظ المال، فيكون للحارس وحدة دون المالك الولاية على هذا الحفظ .

ويؤكد ذلك انه لايجوز للحارس ان يعهد لاحد من ذوى الشأن فى القيام باى عمل من اعمال حفظ المال وصيإنته .

(الوسيط- جزء7-1- للدكتور السنهوري-المرجع السابق- ص921ومابعدها)

2- إقتضت المادة 734 من التقنين المدنى من الحارس أن يبذل فى المحافظة على الأموال موضوع الحراسة عناية الرجل المعتاد دائما لو تنازل عن حقه فى تقاضى أجر على الحراسة لأن ظروف المتنازعين هى التى فرضته عليهما فلا يكتفى منه العناية التى يبذلها فى شئونه الخاصة إذا كانت دون المتوسط .

ولما كان إختيار الحارس ملحوظا فيه إعتبارات خاصة بشخصه، كنزاهته أو كفاءته فلا يجوز له ان يكل الأمر إلى سواه والا أصبح مسئولاً عن هلاك الشئ أو تلفه ولو بقوة قاهرة ولا يجوز له من باب أولى أن يمكن احد ذوى الشأن من حفظ المال أو إدراته لإن فى ذلك إخلال بالغرض الأساسى من الحراسة وهو رفع يد المتنازعين جميعاً عن هذه المال (2/734مدنى).

ولا يقتصر سلطة الحارس على مجرد اعمال الحفظ بل تتجاوز ذلك إلى أعمال الإدارة التى تقضيها طبيعة الأموال الموضوعية تحت الحراسة وقد صرحت بذلك المادة 734 مدنى فقضت بذلك على الخلاف القائم فى هذا الشأن فى الفقه فيجوز للحارس عقد الإيجارات التى لا تزيد مدتها على ثلاث سنوات وإتفاق المصاريف اللازمة لصيانه الأموال وأن يتقاضى بإسمه فى الدعاوى المتعلقه بالإدارة فقط وأن يتخذ الإجراءات الكفيلة بالمحافظة على حقوق ذوى الشأن لفقطع التقادم وتجديد الرهن ...الخ .

(التقنين المدني – للدكتور محمد علي عرفة-المرجع السابق- ص533و534)

3- نلاحظ أن المعنى الذى اورده الشارع فى المادة 178 من التقنين المدنى للحراسة يغاير معنى الحراسة فى عقد الحراسة الذى أفرد له التقنين المدنى المواد من 729 إلى 738 وعلى الأخص فى المادة 734 التى نصت على انه :"

مادة [734]

يلتزم الحارس بالمحافظة على الأموال المعهود إليه على الأموال المعهود إليه حراستها .."

فإلتزام الحراسة الذى يفرضه هذا النص ليس هو الإلتزام بدوره الضرر عن الشئ بل هو إلتزام يمنع الشئ عن إحداث الضرر بالغير وعلى هذا فإذا أخل الحارس بالإلتزام الواقع على عاتقه وفقاً لمادة 178 مدنى فإن المسئولية المترتبة عليه هى مسئوليه تقصيرية .

وقد تصادف فى الحالات العملية حالات فيها الحارس (او الحفيظ على الشئ على وجه العموم) ملزماً قبل العاقد لآخر من ناحية بتعويض الضرر الذى ملحق الشئ موضوع عقد الحراسة وملزماً قبل الغير الذى لحقه من جراء الشئ ضرر من ناحية اخرى وذلك إذا ما أضر الشئ أو الجماد بالغير ولحقه التلف من جراء الحادث فى آن واحد وقد تصادف فى بعض الحالات العملية الآخرى الحارس فى عقد الحراسة مسئولاً قبل الغير وحده عما لحقه من ضرر مسئوليه تقصيريه دون أن تعرض مسئوليته التعاقدية قبل الطرف الآخر من العقد بصفه أصلية بل قد لا يوجد ثمة محل لاثارة المسئولية التعاقدية بالنسبة للحارس فى عقد الحراسة وقد تصادف أيضاً حالات لاترى فيها ذلك الحارس إلا مسئولية تعاقدية قبل صاحب الشئ عما اصابه من تلف .

ومن ثم فان عقد الحراسة يولد بالنسبة للحارس إلتزامات بحراسة الشئ obligations de gardere de-al shase إلا أن هذه الحراسة ليست هى الحراسة المنوه عنها فى المادة 178 مدنى .

(تحديد مدلول الحراسة - مقال- للاستاذ نعيم عطية - المحاماه - السنة 35- العدد 3-ص 596 ومابعدها)

من أحكام القضاء الحديثة :

1- إذا كان المالك قد تمسك بأن الحارس قد تأخر في جني القطن إلي أن نزل ثمنه وأيد قوله هذا بالمستندات التي قدمها ربما قرره الخبير المعين في الدعوى، ومع ذلك إعتمدت المحكمة السعر الذي باع به الحارس القطن دون أن ترد علي ما تمسك به المالك ، فإن حكمها يكون قاصراً في بيان الأسباب التي أقيم عليها .

(جلسة 1954/6/8- مجموعة المكتب الفني - السنة 4- مدني - ص 403)

2- استحدثت المادة 1/724 من القانون المدني بما أوجبته علي الحارس - مأجورا كان أم غير مأجور- من أن يبذل عناية الرجل المعتاد في المحافظة علي أموال الحراسة وفي إدارتها حكمها جديداً ، لم يكن له مقابل في القانون المدني القديم ، إذا لم يتضمن هذا القانون نصوصا تنظم سلطة الحارس وإلتزاماته

مادة [734]

تنظيما كاملا ولم يورد في شأن الحراسة غير مادتين مقتضتين تخللنا النصوص المتعلقة بالوديعة .

وإذا كان الحارس منوطا به حفظ الشئ كالوديع وإدارته كوكيل ، فإنه لذلك يسري علي الحراسة في ظل القانون المدني القديم أحكام الوديعة وأحكام الوكالة في ذلك القانون بالقدر الذي يتفق مع طبيعة الحراسة . ومن هذه الأحكام ما كانت تقرره المادتان 485و251 من أن كلا من الوديع والتوكيل إلا عن تقصيره الجسيم إذا كان بغير أجر ، أما إذا كان مأجوراً فيسأل عن تقصيره اليسير . ومن ثم فإن الحارس غير المأجور لا يكون مسئولاً في حكم القانون المدني القديم إلا عن تقصيره الجسيم .

(نقض - جلسة 1964/5/7- مجموعة المكتب الفني - لسنة 15- مدني ص 647)

3-الحارس القضائى يلتزم إعمالاً لنص المادة 734 من القانون المدنى بالمحافظة على الأموال المعهودة إليه حراستها وبإدارة هذه الأموال بمراعاة طبيعتها والظروف المحيطة بها وما تتطلبه من أعمال لرعايتها باذلاً فى ذلك عناية الرجل المعتاد إلا أن العبرة فى محاسبته أنه لا يسأل إلا عما قبضه بالفعل من ريعها أو قصر فى قبضه .

(الطعن رقم 87 لسنة 54 جلسة 1991/3/31)

4-فرض الحراسة الإدارية على أموال الأشخاص أثره . إعتبار الحارس العام نائباً قانونياً عنه فى إدارة أمواله وتمثيله أمام القضاء إستمرار صفته هذه بعد إنتهاء الحراسة وحتى تسليم الأموال فعلاً لصاحبها .

(الطعن رقم 3647 لسنة 58 ق جلسة 1993/10/6)

5-فرض الحراسة على أموال أحد الأشخاص يترت عليه إعتبار الحارس العام نائبا قانونيا عنه فى إدارة أمواله وتمثيله أمام القضاء إلى أن تنتهى الحراسة بتسليم أمواله إليه ومقتضى ذلك أن حيازة الحارس العام على الأموال تعتبر حيازة لحساب الاصيل المفروض عليه الحراسة وله ان يستند إليها عند حاجة .

(الطعن 133 لسنة 36 ق جلسة 1970/6/9س21ص998)

(الطعن 552 لسنة 45 ق جلسة 1978/5/4س29ص1171)

(الطعن 76 لسنة 47ق جلسة 1979/6/2س30ص523)

(الطعن 1169 لسنة 48 ق جلسة 1983/11/14)

(الطعن 3647 لسنة 58ق جلسة 1993/10/6)

6-الحراسة ماهيتها سلطة الحارس القضائى نطاقها المادتان 734, 735 مدنى الإستمرار فى مباشرة إجراءات المنازعة فى ربط الضريبة المرفوعة قبل لفرض الحراسة لذوى الشأن الإستمراار فى مباشرتها بانفسهم لايغير من ذلك تعيين

مادة [734]

حارس قضائى أثناء مباشرتهم هذه الإجراءات قيام اللجنة بالفصل فى الطعن الضريبى دون إخطار الحارس القضائى للمثول أمامها صحيح .

النص فى المادة 743 من القانون المدنى على ان " يلتزم الحارس القضائى بالمحافظة على أموال المعهودة إليه حراستها بإدارة هذه الأموال ... " وفى المادة 735 على انه " يجوز للحارس فى غير اعمال الإدارة ان يتصرف الابرضاء ذوى الشأن جميعا أو ترخيص من القضاء " يدل على ان الحراسة مجرد إجراء تحفظى مؤقت ينوب فيه الحارس عن ذوى الشأن فى مباشرة اعمال حفظ الأموال المعهودة إليه حراستها وأعمال إدارة هذه الأموال وما يستتبعه من اعمال التصرف المحدودة التى تلحق بها بالضرورة بحيث يكون له وحده - دونهم - الصفة فى مباشرة والتقاضى بشأنها اما ما يجاوز هذه الحدود من اعمال التصرف الآخرى وما فى حكمها التى تعلو عن مستوى اعمال الحفظ والادراة لتعلقها بأصل تلك الأعمال ومقوماتها أو لما قد يرتب عليها من اخراج جزء من المال فلا يكون للحارس صفة فى مباشرتها أو فى رفع الدعاوى منه أو عليه بشأنها بل تظل لذوى الشأن وحدهم اهليتهم كاملة فى القيام بها ما لم يتفقوا على غير ذلك أو يصدر به ترخيص من القضاء لما كان ذلك وكان الإستمرار فى مباشرة إجراءات المنازعة فى ربط الضريبة المستحقة على المنشأة المملوكة للطاعنين المرفوعة قبل فرض الحراسة عليها من الأعمال التى تعلة على مستوى أعمال الحفظ والإدارة لتعلقها بعناصر المنشأة ومقوماتها وتقدير أصولها وخصومها قبل فرض الحراسة عليها فإنه يبقى لذوى الشأن الإستمرار فى مباشرتها بأنفسهم ولا يغير من ذلك تعيين حارس قضائى على المنشاة أثناء مباشرتهم هذه الإجراءات وإذا كان الثابت بالأوراق أن الطاعن ومورث باقى الطاعنين وبعد فرض الحراسة القضائية على المنشاة المملوكة لهما فى 1976/3/15 قد إستمر فى مباشرة طعنها أمام لجنة الطعن بحضور وكيل عنهما بجلسة 1978/1/5 كما قدم مذكرة لدفعهما وردت للجنة فى 1978/10/21 فإنه لا على اللجنة أن هى فصلت بعد ذلك فى طعنهما دون إخطار الحارس القضائى للمثول أمامها ويكون قرارها صحيحاً من حيث صدوره فى مواجهة الخصوم الحقيقيين الممثلين تمثيلاً صحيحاً فى الطعن .

(الطعن 615 لسنة 57 ق جلسة 1994/3/7 س45ص470)

7-الحارس القضائى نيابته عن ذوى الشأن فى مباشرة اعمال الإدارة مباشرته لاعمال التصرف شرطه المادتان 734, 735 مدنى إقتصار مهمة الحارس على إدارة العقار الموضوع تحت الحراسة اثره إنعدام صفته فى مباشرة دعوى فسخ عقد بيع احدى وحداته .

مادة [734]

مؤدى المادتين 734و 735 من القانون المدنى أن الحارس القضائى ينوب عن ذوى الشأن فى مباشرة اعمال حفظ الأموال المعهودة إليه حراستها وأعمال إدارة هذه الأموال وما تستتبعه من أعمال التصرف المحدودة التى تلحق بها بالضرورة فيكون له وحده الحق فى التقاضى بشأنها أما ما يجاوز تلك الحدود من أعمال التصرف الآخرى والمتعلقة بأصل تلك الأموال ومقوماتها فتظل لذوى الشأن وحدهم أهليتهم كاملة فى القيام بها والتقاضى بشأنها مالم يتفقوا على غير ذلك اويصدر به ترخيص من القضاء لما كان ذلك وكان الثابت من الحكم الصادر فى الدعوى 2621 لسنة 1990 مدنى مستعجل الإسكندرية بفرض الحراسة على العقار الذى يقع به شقة النزاع انه قصر مهمة الحارس على ادارته ولم يرخص له باى عمل من اعمال التصرف واذ كانت الدعوى المقامة من المطعون ضده على الطاعن بفسخ عقد بيع شقة النزاع تهدف إلى زوال التصرف المعقود بينهما فانها تخرج عن نطاق المهمة المنوطة بالحارس القضائى لتعلقها بأصل الأموال الموضوعية تحت الحراسة ومن ثم لا تتوافر الصفة فى مباشرتها لغير المطعون ضده بإعتباره من ملاك العقار وإذا إلتزم الحكم المطعون فيه هذا النظر فانه يكون قد أصاب صحيح القانون .

(الطعن 6092 لسنة 64ق جلسة 1995/12/12س46ص1368)

8-ثبوت صفة الحارس القضائى وتحديد سلطته بمقتضى الحكم الصادر بتعيينه المواد 732و 734 مدنى .

ان مفاد نصوص المواد 732و 733و 734 من القانون المدنى ان الحارس القضائى يصبح بمجرد تعيينه وبحكم القانون نائباً عن صاحب الحق فى المال الموضوع تحت الحراسة وتغدو المحافظة على هذا المال من اهم إلتزاماته وان سلطته تضيق أو تتسع بالقدر الذى يحدده الحكم القاضى بتعيينه.

(الطعن 7092 لسنة 64ق جلسة 1995/12/12س46ص1368)

9- تحديد مهمة الحارس القضائى فى إدارة العقار الواقعة به العين محل النزاع وتحصيل ريعه وإيراداته وتوزيعها على الشركاء اثره ذمة مشتريها إذا اوفى للحارس أقساط ثمنها المستحقة .

لما كانت الثابت من الحكم الصادر فى الدعوى 263 لسنة 1990 مدنى مستعجل الإسكندرية بفرض الحراسة القضائية على العقار الذى به شقة النزاع انه إستند فى قضائه بتوافر الخطر الموجب للحراسة على ان المطعون ضده يضع يده على العقار وباع وحداته ويستاثر بايراداته دون محاسبة باقى الشركاء وقد حدد منطوق الحكم مهمة الحارس بإدارة العقار وتحصيل ريعه وإيراداته وتوزيعها على الشركاء بما يصيد بطريق اللزوم انه ناط به إستيفاء أقساط الثمن المستحقة

مادة [734]

من ثمن الشقق التى باعها المطعون ضده واذ كان الثابت بالأوراق ان الحارس بصفته إستوفى من الطاعن الأقساط المستحقة عليه من ثمن شقة النزاع حتى شهر مايو 1994 بموجب إيصالات موقعة منه فان ذلك الوفاء يبرى ذمة الطاعن وينتفى موجب أعمال الشرط الصريح الفاسخ الوارد بعقد البيع سند الدعوى وإذ خالف الحكم المطعون فيه هذا النظر فانه يكون قد أخطأ فى تطبيق القانون .

(الطعن 7092 لسنة 64 ق جلسة 1995/12/12س46ص1368)

10-سلطة الحارس القضائى بطاقها عدم جواز تمكينه لأحد ذوى الشأن من حفظ المال محل الحراسة اوادارته كله أو بعضه بطريق مباشر أو غير مباشر إلا برضاء سائر ذوى الشأن على ذلك النص فى المادة 734 من القانون المدنى على ان " 1- يلتزم الحارس بالمحافظة على الأموال المعهودة إليه حراستها وبإدارة هذه الأموال ....2- ولايجوز له بطريق مباشر أو غير مباشر ان يحل محله فى أداء مهمته كلها أو بعضها أحد ذوى الشأن دون رضاء الآخرين " يدل وعلى ما أفصحت عنه المذكرة الإيضاحية على انه لا يجوز للحارس أن يمكن احد ذوى الشأن من حفظ المال محل الحراسة أو إدارته كله أو بعضه سواء كان ذلك بطريق مباشر كالتنازل إليه عن الحراسة أو إيداع المال لديه أو بطريق غير مباشر كالتأجير إليه إلا إذا كان برضاء سائر ذوى الشأن إعتبار أن تسليط أحد طرفى النزاع على حيازة المال أو حفظه أو إدارته دون رضاء الطرف الآخر قبل الفصل فى موضوع النزاع امر يتعارض مع الغرض الأساسى من فرض الحراسة لما كان ذلك وكان الواقع فى الدعوى ان المطعون ضدهن الأربعة الأوائل ابرهن الإتفاق المؤرخ 1989/5/22 المتضمن تأجير شقة النزاع إلى المطعون ضدها الرابعة بعد صدور الحكم فى الدعوى 4111 لسنة 1987 مستعجل القاهرة بتاريخ 1988/5/31 بفرض الحراسة القضائية على العقار الكائنة به عين النزاع والمملوك للطرفين على الشيوع وهو ما يقتضى غل يد الملاك على إدارة المال الشائع وأن تخلص إدارته للحارس القضائى وإذا كان الحارس لا يملك إبتداء تأجير شقة النزاع إلى المطعون ضدها الرابعة الشريكة على الشيوع إلا برضاء سائر الشركاء فإنه بالتالى لا يملك إجازة الإيجار الذى عقدته المطعون ضدهن الأربعة الأوائل بعد فرض الحراسة إلى الأخيرة منهن بغير موافقة باقى الشركاء على الشيوع فى العقار المذكور وإذ خالف الحكم المطعون فيه هذا النظر فانه يكون قد خالف القانون .

(الطعن 5869 لسنة 62ق جلسة 1996/11/18س47ص1305)

مادة [734]

11-الحكم بتعيين حارس أو لجنة من الحراس القضائيين على النقابة أثره للحارس صفة النيابة عنها عدم قابلية هذه الصفة للتجزئة أو الإحتجاج بها قبل بعض أعضاء النقابة دون البعض الآخر إعتبار هؤلاء الأعضاء من الخصوم حكما جواز طعن كل ذى مصلحة منهم فى الحكم الصادر بتعيين الحارس ورفع دعوى بعزله أو بإستبداله علة ذلك .

الحكم بتعيين حارس أو لجنة من الحراس القضائيين على النقابة يخلع على الحارس صفة النيابة عنها وهى صفة لا تقبل التجزئة ولا يصح أن تكون قلقة مضطربة بحيث يحاج بها بعض أعضائها دون البعض الآخر لإتصالها إتصالاً وثيقاً بإنتمائهم إلى المهنة وبالمصالح الجماعية لهم فضلاً عن أن الحكم ينشئ خالة مدنية جديدة شأنه فى ذلك شأن الحكم بتعيين وصى أو قيم أو ناظر وقف أو سنديك ومن ثم فإن هؤلاء الأعضاء يعتبرون من الخصوم حكما ولذلك أجاز القانون لكل ذى مصلحة منهم ان يطعن فى الحكم الصادر بتعيين الحارس وان يرفع دعوى بعزله أو بإستبداله .

(الطعنان رقما 855و 1658 لسنة 68ق جلسة 1998/11/24 لم ينشر بعد)

مادة [735]

مادة [735]

لا يجوز الحارس في غير أعمال الإدارة أن يتصرف إلا برضاء ذوي الشأن جميعاً أو بترخيص من القضاء .

النصوص العربية المقابلة :

هذه المادة تقابل في نصوص القانون المدني بالأقطار العربية ، المواد التالية :مادة 735 ليبي و 701 سوري و 722 لبناني 611 سوداني .

الأعمال التحضيرية :

يجب أن يقتصر الحارس علي أعمال الحفظ والإدارة كالإيجارات التي لا تزيد علي ثلاث سنوات ومصاريف الصيانة . فإذا اقتضت الظروف القيام بأعمال تجاوز أعمال الإدارة ، أو أي الحارس فائدة من القيام بمثل هذه الأعمال ، كإجراء تحسينات في العين أو بيع ما يكون معرضاً للتلف أو غير ذلك ، وجب علي الحارس أن يحصل في شأن ذلك عن موافقة ذوي الشأن جميع أو علي ترخيص من القضاء .وعلي كل حال لا يجوز للحارس أن يمكن أحد ذوي الشأن من حفظ المال أو إدراته كله أو بعضه ، سواء أكان ذلك بطريق مباشر كالتنازل إليه عن الحراسة أم إيداع المال لديه ، أو بطريق غير مباشر كالتأجير إليه ، إلا إذا كان ذلك برضاء سائر ذوي للشأن.

(مجموعة الأعمال التحضيرية للقانون المدني – جزء 5-ص292)

رأي الفقه :

1- يخلص من نص المادتين 734و735 من القانون المدني أن الحارس يلتزم بإدارة المال ، وأن هذا الإلتزام هو في الوقت ذاته سلطة ، فللحارس سلطه واسعة في الإدارة ، وسلطة محدودة في التصرف ، وهو لا يستطيع أن ينزل عن سلطته لأحد ذوي الشأن دون رضاء الآخرين ، ويكون له وحده دون المالك الصفة في مباشرة ما يدخل في سلطته .فالحارس ، قضائياً كان أو إتفاقياً ، نائب عن صاحب المال في أعمال الإدارة ، وسلطته في هذه الأعمال هي سلطة أو وكيل وكالة عامة (م701 مدني) .ففي الصدر من أعمال الإدارة التي يقوم بها الحارس الإيجار لمدة لا تزيد عن ثلاث سنوات في حالة سكوت الحكم أو الإتفاق عن تعيين المدة ، مع أنه يجوز التضييق أو توسع هذه السلطة بالحكم القاضي بالحراسة أو بإتفاق (يراجع نص المادة 599 مدني والتعليق عليها) .ومادام الحارس يملك سلطة التأجير . فإنه يملك تبعاً لذلك سلطة قبض الأجر وإعفاء المخالصة بها ، ورفع الدعوى ضد المستأجر لمطالبته بها ولإخراجة من العين المؤجرة ، ولغير ذلك من الأمور التي تستند إلي عقد الإيجار ، ولكن لا يجوز للحارس أن يبرم صلحا مع المستأجر ، أو أن ينزل عن جزء من الأجرة ، لأن

مادة [735]

هذه من أعمال التصرف لا من أعمال الإدارة ، فتنقضي موافقة ذوي الشأن أو إذن المحكمة . ويدخل بعض أعمال التصرف في سلطة الحارس بطريق التبعية لأعمال الإدارة ، فيجوز له أن يشتري البذور والسماد والمواشي والآلات اللازمة لزراعة كما يجوز له أن يبيع المحصول . ويدخل في سلطة الحارس كعمل من أعمال الإدارة ، إستيفاء الحقوق وإعطاء المخالصات ، ورفع الدعاوي ، إتخاذ الإجراءات اللازمة ومنها توقيع الحجوز المختلفة .ويدخل في اعمال الإدارة أيضاً التأمين من الحريق ومن السرقة وغير ذلك من ضروب التأمين التي جري العرف بأن تعتبر من أعمال الإدارة اليقظة .وللحارس أن يستعين بالموطفين والعمال الذي يحتاج إليهم في أعمال الإدارة ، وكما يجب علي الحارس أن يبذل عناية الرجل المعتاد في المحافظة علي المال ، كذلك يجب عليه بذل نفس العناية في إدارته ، وتستوي في ذلك أن يكون الحارس مأجوراً أو غير مأجور .وتطبقاً للمادة 735 مدني أن أعمال التصرف التي لا يدخل بطريق التبعية في أعمال الإدارة ، وهذه لا يجوز للحارس أن يباشرها إلا بموافقة ذوي الشأن أو بإذن المحكمة التي عينت الحارس ، وإلا كان التصرف مجاوز لحدود النيابة ، ولا يسري في حق صاحب المال إلا إذا أقره . فلا يجوز إذن الحارس أن يهب المال الموضوع تحت الحراسة ، ولا أن يبيعه أو يقايض عليه أو يرهنه أو يشارك به أو يقرضه أو يصالح عليه أو ينزل عن جزء من الحق . ولكن يجوز له أن يصالح المستأجر علي الأجرة بإذن من القضاء أو موافقة ذوي الشأن إذا كان في الصلح مصلحة . كما يجوز له بإذن من القضاء أو موافقة ذوي الشأن أن يقرض المال بفائدة إذا كان هذا العمل يعود بالمنفعة ، أو يجري تحسينات في الأعيان ، أويبيع المحصول المعرض للتلف أو يبيع المنقول المعرض لتقلب الأسعار خشية أن ينزل سعره ، أو يبيع المنقول الذي يكلف حفظه نفقات كبيرة ، ونري من هذا أن التصرف الذي يؤذن للحارس في مباشرته يجب ألا يمس أصل الحق ، ويجب في الوقت ذاته أن يكون ذا طبيعه تحفظيه حتي ينسجم مع مهمة الحارس .وكما في إلتزام الحارس بالمحافظة في المال ، لا يجوز للحارس أن يمكن أحد ذوي الشأن من إدارة المال كله أو بعضه بطريق مباشر أو غير مباشر إلا إذا كان ذلك بموافقة الباقين .وإذا أناب الحارس أجنبياً من غير ذوي الشأن في الإدارة ، فإنه يجب الرجوع في ذلك إلي أحكام الوكالة سلفة الإشارة .وكما في أعمال الحفظ يكون الحارس القضائي وحده دون المالك هو ذو الصفة في مباشرة جميع أعمال الإدارة وأعمال التصرف الداخلة في سلطته ، فهو وحده الذي يتولاها دون المالك ، ولا يجوز للمالك أن يتولاها ، فقد غلت يده عنها بسبب الحراسة ، وإذا قام بعمل منها كان العمل باطلاً ، ويترتب علي ذلك أن

مادة [735]

جميع الدعاوى التي تنشأ من أعمال الإدارة والتصرف التي تدخل في سلطة الحارس ، يكون الحارس وحده هو ذو الصفة في رفعها منه أو رفعها عليه ، ولا يجوز رفعها علي المالك أو عليه لإنعدام صفته ، كما تقرر – سالفا- في أعمال الحفظ .أما غير ذلك من الأعمال التي لا تدخل في سلطة الحارس ، فليست للحارس صفة في مباشرتها وتكون للمالك أهليته الكاملة في مباشرتها ، فللمالك جميع أنواع التصرف في المال من رهن وهبة وبيع ونحوها ، فللحارس أن يدفع بعدم قبول دعوى الإستحقاق التي ترفع عليه لإنعدام صفته ، والحكم الذي يصدر عليه فيها لا يحاج المالك به .

(الوسيط-7-1 – للدكتور السنهوري- المرجع السابق – ص 927 ومابعدها)

2- تطبيقا لنص المادة 725 من التقنين المدني يكون الحارس ممنوعاً من مباشرة أي عمل من أعمال التصرف ، كتقرير الحقوق العينية عن الأعيان الموضوعة تحت الحراسة ، أو رفع الدعاوى المتعلقة بالملكية ، أو الدفع بدفوع تتعلق بأصل الحق (كبطلان عقود البيع أو الرهون الواردة علي الأعيان محل الحراسة) ، ومع ذلك فمن الجائز أن يتجاوز سلطة الحارس أعمال الإدارة إذا رضي بذلك ذوو الشأن جميعاً ، أو رخص له القاضي في ذلك ويجب في هذه لحالة أن تفسر السلطة المرخص فيها للحارس تفسيراً ضيقا .

(التقتين المدني – للدكتور محمد علي عرفة – المرجع السابق ص 534)

من أحكام القضاء الحديثة :

1- للحارس عن مال موقوف من السلطة ما للناظر عليه ، فهو يملك التحدث عن شئون الوقف ، إلا أن يحد الحكم الذي إقامة من مهنة فإذا كان الحكم الذي أقام الحارس لم يقيده في الإدارة ، فإنه يكون له – كناظر الوقف- سلطة الترخيص بغير إذن من القاضي في إحداث بناء في الوقف ليكون جهة الوقف متي كان في ذلك مصلحة تعود علي الوقف أو علي المستحقين .

(نقض – جلسة 1950/1/9- مجموعة المكتب الفني – السنة 1- مدني ص 189)

2- متي قضي بإقامة حارس قضائي علي أعيان لوقف ، وخوله الحكم الذي إقامة إدارة هذه الأعيان ، فإنه يصبح بمثابة ناظر مؤقت ، ويكون هو صاحب الصفة في تمثيل الوقف أمام القضاء ، ولا يملك التحدث في شئون إدارة لوقف سواه .

(نقض – جلسة1951/4/19- المرجع السابق – السنة 2-ص721)

3- يترتب علي مجرد صدور حكم في مواجهة الناظر بإقامة حارس علي نصيبه في الوقت أن تغل يده عن إدارة هذا النصيب دون حاجة إلي إجراء آخر .

(نقض – جلسة 1954/1/15- المرجع السابق- السنة 5-ص761)

مادة [735]

4- متي كان الحكم المطعون فيه إذ قضي بعدم قبول دعوى الطاعن الأول قد أسس قضاءه علي أن صفته كحارس قد زالت بعد رفع الدعوى تبعا لإنتهاء الحراسة ، وعلي أن العقار المطالب بريعه قد وقع بمقتضي حكم القسمة في حصة الطاعن الثاني وأنه لذلك يعتبر مملوكا له إبتداء من قيام حالة الشيوع ، فله دون غيره حق المطالبة بريعة عن تلك المدة ، فإن هذا الحكم يكون قد أخطأ في تطبيق القانون ذلك لأن الطاعن الأول كان يطالب بريع هذا العقار عن المدة التي كان معيناً فيها حارساً عن أعيان التركه ، وأن صفته في دفع الدعوى لم تكن محل نزاع من أحد طرفي الخصومة ، بل قرر المطعون عليه في عريضة إستئنافه أن في ذمته للطاعن الأول بهذه الصفة مبلغا من النقود عن ريع العقار الذي كان يشغله مدة الحراسة ، ولأن الطاعن الثاني وهو الذي آلت إليه بمقتضي القسمة ملكية هذا العقار قد تدخل في الدعوى منضماً إلي الطاعن الأول في طياته . أما وقوع هذا العقار في نصيب الطاعن الثاني بمقتضي القسمة ، فليس من شأنه أن يحول دون مطالبة الطاعن الأول للمطعون عليه بالريع مقابل إنتفاعه بالعقار في مدة الحراسة لأن الحارس مسئول عن تقديم الحساب عن إدارته لأعيان التركة بما فيها هذا العقار عن مدة حراسته .

(نقض - جلسة 1952/3/6 - المرجع السابق - السنة 3-ص591)

5- لما كان الحكم المطعون فيه إذ قضي برفض الإشكال في تنفيذ حكم الحراسة أقام قضاءه علي أسباب جاءت قاصرة في الرد علي ما تمسكت المستشكلة من حيازتها لجزء من الأطيان موضوع الحراسة بمقتضي عقد إيجار صحيح وعلي ما تمسكت به من الحارس القضائي لا يجوز له أن ينزع هذه الأطيان من تحت يدها تنفيذاً لحكم الحراسة ، بل كل ما يخوله هذا الحكم من حقوق قلها هو أن يستولي منها علي الأجرة المتفق عليها في مواعيد إستحقاقها ، وكان ما قرره الحكم المطعون فيه من حكم الحراسة يعتبر حجة علي المستشكلة بوصفها مستأجره وأنها كانت ممثلة في دعوى الحراسة في شخص المؤجر له ، وأن ما ترمي إليه من وراء الإشكال إنما هو إحترام عقد الإيجار الصادر لها من أحد خصوم دعوى الحراسة ، وأن هذا لا يجوز أن يقف في طريق تنفيذ حكم الحراسة بإستلام الأطيان لإدارتها وإستغلالها في حدود منطوق ذلك الحكم . لأن إدارة الحارس للأطيان لا يضيع علي المستشكلة عن الأطيان المؤجرة تنفيذاً لحكم الحراسة ، ذلك للأطيان لا يضيع علي المستشلكة عن الأطيان المؤجرة تنفيذا لحكم الحراسة ، ذلك أن صفة الحارس في قبض الأجرة من المستشكلة لم تكن محل نزاع منها في الدعوى ، وأن حكم الحراسة عليها رفع يدها عن أطيان المؤجرة لها لا يصح إلا إذا ترامي لمحكمة الإشكال من ظاهرة المستندات

مادة [735]

المقدمة في الدعوى ترجيح مظلة صورية عقد الإيجار الذي تتمسك به ، وكان الحكم المطعون فيه لم يتعرض لهذا البحث الذي كان مدار النزاع بين الخصوم في الدعوى – لما كان ذلك فإن هذا الحكم يكون قاصر البيان قصوراً يستوجب نقضه .

(نقض – جلسة 1953/1/16- المرجع السابق- السنة 4-ص808)

6- للحارس علي مال موقوف من السلطة في إدارة شئون الوقف مالناظره ،فهو يملك التحدث عن شئون الوقف ، إلا أن يحد الحكم الذي أقامه من مهمته ، وإذن فمتي كان الحكم قد قرر أن عقد الإيجار الصادر من ناظر الوقف بعد إقامة حارس عليه لا يحتاج به لوقف فإن ما قرره هذا الحكم لا يخالف القانون .

(نقض – جلسة 1954/4/15- المرجع السابق – السنة 5-ص761)

7- الحراسة إجراء تحفظي والحكم الصادر فيها ليس قضاء بإجراء يحتمل التنفيذ المادي في ذاته ، إنما هو تقدير بتوافر صفة قانونية للحارس لأداء المهمة التي تناط به في الحد الذي نص عليه الحكم وإبراز هذه الصفة ووضعها موضع التنفيذ بالنسبة للعقار ليس إلا عملا حكميا ليس له كيان مادي ، فلا يجوز للحارس تنفيذ الحكم بطرد واضع اليد علي العقار مادام مستأجراً بعقد لا شبهة في جديته لبعض الأعيان الموضوعة تحت الحراسة من قبل ، بل يحق فقط تحصيل الإيجار المستحق من المستأجر.

(نقض – جلسة 1955/10/10- المرجع السابق- السابق – السنة 6-ص652)

8- أن المادة الثانية من القانون 27 لسنة 1953 بشأن النظر علي الأوقاف الخيرية تنص علي أنه إذا كان الوقف علي جهة بر ، كان النظر عليه بحكم القانون لوزارة الأوقاف ، ما لم يشترط الواقف النظر لنفسه أو المعين بالإسم ، كما تقضي الفقرتان الثانية والثالثة من المادة الرابعة من القانون المذكور بأن علي من إنتهت نظارته أن يسلم أعيان الوقف للوزارة خلال ستة أشهر من تاريخ إنتهاء نظارته ، وبان نظرلوقف يعد حارسا عليها حتي يتم تسليم أعيانه ، وإذن فمتي كان الطاعن لم يعين بالإسم في كتاب لوقف ناظراً عليه ، فقد زالت صفته كناظر للوقف وإن بقيت له صفة الحراسة طالما أنه لم يثبت بالأوراق قيامة بتسليم أعيان الوقف لوزارة الأوقاف . وهذه الصفة تخول له حق الطعن بالنقض .وفي الحكم الصادر ضد الوقف لما في إتخاذ هذا الإجراء في ميعاد معين من دفع ضرر يحيق بالوقف ، ولكن ورثة هذا الحارس لا تنتقل إليهم صفة الحراسة.

(نقض – جلسة 1961/12/28- المرجع السابق – السنة 12- ص853)

9- متي كان مفاد نص المادة 735 من القانون المدني أنه يجوز للحارس أن يجري أعمال التصرف برضاء ذوي الشأن ، فإن تدخل المستحقين في الوقف

مادة [735]

منضمين إلي الحارس القانوني علي الوقف في طلباته في دعوى تثبيت الملكية التي أقامها بصفته من شأنه أن يزيل العيب الذي شاب تمثيله له وبزواله تصبح إجراءات التقاضي صحيحة ومنتجة لآثارها في حق الخصوم علي السواء منذ بدايتها .

(نقض - جلسة 1968/11/26- المرجع السابق - السنة 19-ص1408)

10- الحراسة القضائية هى وضع مال يقوم فى شأنه نزاع أو يكون الحق فيه غير ثابت ويتهدده خطر عاجل فى يد أمين يتكفل بحفظه وإدارته ورده مع تقديم حساب عنه إلى من يثبت له الحق فيه وهى- وعلى ماجرى به قضاء هذه المحكمة إجراء وقتى تدعو إليه الضرورة ويستمد وجوده منها وتحتلف فيه مهمة الحارس عن مهمة المصفى ولا تتعارض معها لمغايرة سلطة كل منهما فى جوهرها لسلطة الآخر .

(الطعن 1053 لسنة 58 ق جلسة 1990/5/28س41ص217)

مادة [736]

للحارس أن يتقاضي إجراً ما لم يكن قد نزل عنه .

النصوص العربية المقابلة :

هذه المادة تقابل في نصوص القانون المدني بالأقطار العربية ، المواد التالية :

مادة 736 ليبي و 702 سوري و721 لبناني و 613 سوداني .

الأعمال التحضيرية :

1- تقابل إلتزامات الحارس السابقة الذكر حقوق مقررة فقد نصت هذه المادة علي حق الحارس في أن يتقاضي أجراً مالم يكن قد تنازل عن ذلك "مخالفة بهذا نص المادة 92" من التقنين الحالي الذي يقرر أن إيداع الأشياء المتنازع فيها يجوز أن يكون بمقابل ، وقد أراد المشروع بذلك أن يعتمد ما غلب وقوعه في العمل ، وما قررته المحاكم من أن الأصل في الحراسة أن تكون بأجر (إستئناف أهلي 20 مارس سنة 1907 ، المحاكم 18ص4000 رقم 114) .

2- وكذلك نصت هذه المادة علي أن الحارس أن يسترد ما أنفقة من مصروفات علي حفظ المال الموجود في حراسته وعلي إدارته ، فإذا كان من البديهي أن الإدارة تستلزم مصروفات ، وأن للمدير أن يخصم المصروفات من الإيرادات أولا بأول ، فأنه من الممكن أيضاً أن يتصور الحالة التي يحتاج فيها الحارس إلي المطالبة برد هذه المصروفات إليه ، وهي الحالة التي تنتهي فيها الحراسة بعد أن يكون الحارس قد أنفق هذه المصروفات ، وقبل أن يحصل من الإيرادات علي ما يفي بسدادها .

3- وقد قررت الفقرة الثاني من هذه المادة للحارس الحق في حبس الأموال الموضوعة تحت الحراسة إلي أن يستوفي أجره وما يجوز له إسترداده من المصروفات التي ينفقها ، وتعتبر هذه الفقرة تطبيقا للقاعدة العامة التي قررتها المادة 211 بشأن حق الحبس ، ويطبق عليه ما إقتناه بشأن حق الحبس في الوديعة (أنظر المذكرة علي المادتين 1005و 1006 من المشروع) ، فأما أن تبقي ، وإما أن تحذف إكتفاء بالقاعدة العامة .

(مجموعة الأعمال التحضيرية للقانون المدني - الجزء 5- ص293و294)

رأي الفقه :

1- الأصل في الحارس بخلاف الوكيل والمودع عنده أن يكون بأجر ، حق لو لم يشترط ذلك ، فإذا سكت الحارس كان مأجوراً ، ولا يكون غير مأجور إلا إذا نزل صراحة أو ضمنا عن الأجر ، وعكس ذلك في الوكيل والمودع عنده ، فكلاهما لا يكون مأجوراً إلا إذا إشترط الأجر ، وقد أراد المشرع بذلك "أن يعتمد

مادة [736]

كما يقول المذكرة الإيضاحية للمشروع التمهيدي - ما أغلب وقوعه في العمل ، وما قررته المحاكم من أن الأصل في الحراسة أن تكون بأجر " .

يقدر الأجر الإتفاق إذا كانت الحراسة إتفاقية . فإذا سكت الإتفاق عن تعيين الأجر أو كانت الحراسة قضائية تكفل القاضي بتعيين الأجر ، ويراعي في ذلك الجهد الذي بذله الحارس ، وأهمية العمل الذي قام به ، والنتيجة التي وصل إليها في إدارته والمسئوليات التي تعرض لها ، وكفايته الخاصة في الإدارة وغير ذلك من العناصر التي تعين علي تقدير الأجر المناسب للحارس.

ويقدر الأجر بأمر علي عريضة من رئيس المحكمة التي عينت الحارس ، أو قاضي الأمور المستعجلة أو رئيس المحكمة التي استؤنف أمامها حكم قاضي الأمور المستعجلة بحسب الأحوال .

وإذا كانت دعوى الموضوع لا تزال منظورة ، رجع الحارس بأجرة علي طالب الحراسة ، وهذا يرجع بها علي من يكسب دعوى الموضوع إذا لم يكن هو الذي كسبها ، أما إذ كانت دعوى الموضوع قد فصل فيها ، فإن الحارس يرجع بأجرة علي من كسب الدعوى أو علي من حكم بالمصروفات.

وتقضي القواعد العامة بأن يسترد الحارس ما أنفقة من مصروفات ضرورية في حفظ المال وفي إدارته . كمصروفات الترميمات الضرورية ومصروفات الزراعة من بذور وسماد ومواشي وآلات ومبيدات للحشرات وأجور العمال والمستخدمين الذين يستعين بهم الحارس في أداء مهمته . وكذلك يسترد ما أنفقه من مصروفات نافعة وللحارس ، شأنه في ذلك شأن المودع عنده والوكيل ، الرجوع بالتعويض عما يصيبه من ضرر يكون سببه المباشر قيامه بمهمته دون أن يكون في جانبه أي خطأ .

وتقدر مصروفات الحارس والتعويض المستحق له علي صاحب المال عن طريق دعوى موضوعية وليس بأمر علي عريضة . والحارس أن يخصم المصروفات والتعويض والأجر من ريع المال الموضوع تحت حراسته عند تقديم الحساب ولقاضي الأمور المستعجلة أن يأمر في حكم الحراسة ، أو في أمر علي عريضة لاحق للحكم بإيداع مبلغ من ريع المال يخصص للحارس بإمتياز علي سائر الدائنين يستعين به في أداء مأموريته . وما يقمه الخصم للحارس للصرف منه يكون ممتازاً إمتياز المصروفات القضائية .

وللحارس - وفقاً للقواعد العامة - الحق في حبس الأموال الموضوعة تحت الحراسة حتي يستوفي في الحقوق التي تخوله إياها هذه المادة ، وذلك دون إخلال بما يقرره هذا القانون له من حق إمتياز .

مادة [736]

والقواعد العامة المقررة في الحبس تقضي بأن يكون للحارس حبس المال الموضوع تحت حراسته حتي يسترد أجره والمصروفات والتعويض(م246 مدني ومابعدها) ، ولا يؤثر في حق الحبس أن الأجر والمصروفات والتعويض مبالغ غير معينة المقدار ، مادامت محققه للوجود .

وللحارس حق إمتياز بالمبالغ التي صرفها لصيانة المنقول الموضوع تحت حراسته (م1140 مدني) .

وإذا إلتزم الخصوم المتعددون نحو الحارس بالأجر أو بالمصروفات أو بالتعويض ، كانوا متضامنين نحوه في هذا الإلتزام ، تطبيقاً لأحكام الوكالة حيث تقضي بتضامن الموكلين المتعددين .

(الوسيط-7-1- للدكتور السنهوري - المرجع السابق - ص947 ومابعدها)

2- قضت المادة 736 من التقنين المدني بأن الأصل في الحراسة أن تكون بأجر ، ما لم يصرح الحارس باستعداده للقيام بمهنة مجانا . وهذا النص أفضل من نص التقنين القديم ، لأنه مطابق لما إستقر عليه القضاء من أن إشتراط الأجر يعتبر من طبيعة عقد الحراسة ، فلا يلزم بالتصريح به عند قبول الحراسة ، ويكون تقدير الأجر من إختصاص المحكمة التي عينت الحارس ، ويصح أن يقدر الأجر بأمر علي عريضة .

أما حق الحارس في إسترداد ما أنفقه من مصروفات ، وفي حبس الأموال الموضوعية تحت الحراسة حتي يستوفي في الحقوق المقررة له ، فيرجع في شأنها إلي الأحكام الواردة بصدد الوديعة .

(التقنين المدني - الدكتور محمد علي عرفة- المرجع السابق -ص 534و535)

3- نص القانون المدني في المادة 736 علي أن " للحارس أن يتقاضي أجراً مالم يكن قد نزل عنه" ، مخالفا بذلك نص القانون المدني القديم ، وقد أراد المشرع بهذه المخالفة أن يعتمد ما غلب وقوعه في العمل وما قررته المحاكم من أن الأصل في الحراسة أن تكون بأجر . علي أنه إذا لم يوجد إتفاق صريح علي الأجر ، فإن القضاء هو الذي يتولي تقدير أجر الحارس .

ولا يوجد نص في القانون يحدد أجر الحارس القضائي ، ولا يمكن تحديده طبقاً لتعريفة رسوم خاصة أو وفقاً للعرف ، لأن الحارس القضائي ما هو إلا نائب قضائي ، والذي يقدر أتعابه هو القضاء ، وهذا التقدير يجب أن يراعي فيه أهمية الخدمات التي يكون قد أداها الحارس القضائي ، والعمل الذي يبذله وقيمة المبالغ التي حصلها ، والصعوبات التي ذللها ، وكذلك الإخطار

مادة [736]

والمسئوليات التي يتعرض لها ، وفي مقدمة العناصر التي تساعد علي تعيين مقدار أجر الحارس كفاءته الخاصة في الإدارة .

(الحراسة القضائية – للدكتور عبد الحكيم فراج – رسالة السابقة – ص 358 ومابعدها)

من أحكام القضاء الحديثة :

1- أجر الحارس القضائي الذي يقرر سواء بحكم أو بإتفاق بين اصحاب الشأن يظل ساريا حتي يلغي أو يعدل بحكم و بإتفاق جديد .

من الحائز أن يكون تقرير أجرة الحراسة القضائية بإتفاق بين أصحاب الشأن لاحق للحكم القاضي بفرضها حتي ولو كان هذا الحكم قد نص علي أن تكون بغير أجر ، ذلك أن للخصوم في الأحكام الصادرة في المواد المدنية أن يتفقوا علي خلاف ما قضت به .

(نقض- جلسة 1952/1/24- مجموعة القواعد – 25 عاما- 28و29ص521)

2- من الجائز أن يكون تقرير أجره الحراسة القضائية بإتفاق بين أصحاب الشأن لاحق للحكم القاضي بغرض الحراسة ، حتي لو كان هذا الحكم قد نص علي أن تكون بغير أجر . ومن ثم فإذا كانت عبارة الإقرار الصادر من المستحقين في الوقف واضحة الدلالة علي كيان أجرة الحراسة مادامت الطاعنة قائمة بإدارة الوقف بوصفها حارسة عليه وليس فيها أي نص يفيد توقيت الأجرة لمدة معينة قبل إنقضاء هذه الحراسة ، فإن إعتبار المحكمة هذا الإقرار غير ملزم للموقعين عليه طوال مدة الحراسة ، ذلك يكون خطأ في تطبيق قانون العقد لما فيه من تحريف لعبارته الواضحة وخروج عن ظاهر مدلولها .

(جلسة 1951/6/7 – مجموعة المكتب الفني- السنة 5 مدني – ص390)

مادة [737]

مادة [737]

(1) يلتزم الحارس بإتخاذ دفاتر حساب منتظمة ويجوز للقاضي إلزامه بإتخاذ دفاتر موقع عليها من المحكمة .

(2) ويلتزم أن يقدم لذوي الشأن كل سنة علي الأكثرحسابا بما تسلمه وبما أنفقه ، معززاً بما يثبت ذلك من مستندات وإذا كان الحارس قد عينته المحكمة وجب عليه فوق ذلك أن يودع صورة من هذا الحساب قلم كتابها .

النصوص العربية المقابلة :

هذه المادة في نصوص القانون المدني بالأقطار العربية ، المواد التالية : مادة 737 ليبي و 703 سوري و622 سوداني .

الأعمال التحضيرية :

يجب علي الحارس أن يؤدي حسابا عن إدارته إلي ذوي الشأن ، وقد حدد المشروع هذا الإلتزام ونظمة حتي يكون يكون له أثر فعال في ضمان الرقابة علي إدارة الحارس فالزام الحارس أولا بإتخاذ دفاتر حساب منظمة موقع عليها من المحكمة كما هو شأن التجار فيما يجب عليهم إتخاذه من دفاتر ، حتي يمتنع بذلك أو يقل إمكان التلاعب في الحسابات .ثم ألزمه بأن يقدم كل سنة علي الأكثرحساباً صحيحاً بما تسلمه وبما أنفقه ، وحتم عليه أن يعزز حسابه بما يؤيده من مستندات وكلفه بتقديم هذا لكل من ذوي الشأن وبإيداع صورة منه بقلم كتاب المحكمة التي عينته إذا كان تعيينه بحكم ، حتي يسهل علي ذوي الشأن وعلي المحكمة مراجعة الحسابات والتحقق من حسن الإدارة .

(مجموعة الأعمال التحضيرية للقانون المدني - الجزء 5-ص296)

رأى الفقه :

1- يلتزم الحارس - كنائب عن صاحب المال - بتقديم الحساب فلا قبل إلتزام الوكيل بتقديم الحساب للموكل من إيرادات ومصروفات ونفقات فيدرج كل هذا فى حساب واحد لايتجزا مكون من أصول وخصوم والرصيد بعد استنزال الخصوم من الأصول هو الذى يجب الوفاء به للموكل كما هو الأمر فى الحساب الجارى وتفنى ذاتيه هذه المبالغ وهى مدرجة فى الحساب فلا تكون حقوقا أو ديوناً مستقلة بعضها عن بعض ولا ينتج أى منها ولا ينتج أى منها فوائد مستقلة بل الذى ينتج الفوائد هو رصيد الحساب . ولا نقع المقاصة بين مبلغ وآخر على وجه الإستقلال بل يقع بين مجموع الأصول ومجموع الخصوم لأن الحساب لا يتجزأ. على ان المادة 727 مدنى بعد أن قضت بأن يقدم الحارس (حساباً بما تسلمه وبما أنفقه معززاً بما يثبت ذلك من مستندات نظمت هذا الإلتزام تنظيما دقيقا على وجه الاتى :

مادة [737]

(1) ألزمت الحارس ان يتخذ دفاتر حساب منتظمة، بل اجازت للقاضى ان يلزم الحارس بإتخاذ دفاتر موقع عليها من المحكمة إذا كانت أهمية المال الموضوع تحت الحراسة تقتضى ذلك .

(2) الزمت الحارس ان يقوم الحساب لذوى الشأن كل سنة على الأكثر ولو قبل إنتهاء الحراسة ويجوز ان يلزم ان الإتفاق أو حكم الحراسة الحارس ان يقدم الحساب فى السنة أكثرمن مرة فى السنة وعن كل حال يجب على الحارس ان يقدم حسابا أخيراً عند إنتهاء مهمته ولو قبل إنتهاء السنة.

ألزمت الحارس إذا كانت المحكمة هى التى عينته سواء كان حارساً قضائياً أو حارساً إتفاقياً أن يودع صورة من الحساب قلم كتاب المحكمة ليتيح للمحكمة فرصة مراجعته وتنبسط بذلك رقابة المحكمة على إدارة الحارس .

(الوسيط-7-1 للدكتور السنهوري-المرجع السابق- ص940 ومابعدها)

2- حتى تتحقق الرقابة على اعمال الحارس، قضت المادة 737 من التقنين المدنى بإلزامه بإتخاذ دفاتر حساب منظمة دائما كما يجوز إلزامه بإتخاذ دفاتر موقع عليها من المحكمة وهو أمر جوازى يترك للقاضى تقديره بحسب ظروف كل حالة ويلتزم الحارس بأن يقدم لذوى الشأن حساباً عن إدارة أعماله وأن يعززه بما يثبت صحته من مستندات وإذا كان الحارس قضائيا تعين عليه إيداع صورة هذا الحساب قلم كتاب المحكمة التى عينته وعلى الحارس تقديم هذا الحساب كل سنة على الأكثر فإذا إنتهت مهمته باقالته أو بإستبدال غيره به قبل مضى السنة وجب عليه تقديم الحساب فورا إلى من يخلفه فى الحراسة .

(التقنين المدني – للدكتور محمد علي عرفة – المرجع السابق- ص 534)

3- تقديم الحارس الحساب إلى ذوى الشأن – وفقاً لنص المادة 2/737 مدنى – يكون كل سنة على الأكثر إلا أنه يجوز لذوى الشأن أو الحكمة أن يكلفوا الحارس بتقديم الحساب فى فترة أقل من سنة خصوصاً إذا كانت أهمية الأموال الموضوعه تحت الحراسة وظروفها تتطلب تقصير مدة تقديم الحساب لتكون الرقابة أفعل أثراً .

ولقد الزم المشرع الحارس بان يعزز حسابه بما يثبته من مستندات وكلفه بتقديم ذلك لكل من ذوى الشأن وبإيداع صورة منه بقلم كتاب المحكمة التى عينته حتى يسهل على ذوى الشأن وعلى المحكمة مراجعة الحساب والتحقق من صحته وحسن إدارة الحارس . وحتى يكون للإلتزام بتقديم حساب الأثر الفعال فى ضمان الرقابة على إدارة الحارس ألزمت الفقرة الأولى من المادة 737 من القانون المدنى الحارس بإتخاذ دفاتر حساب منتظمة فالزم الحارس بإتخاذ دفاتر

مادة [737]

حساب منظمة هو وفقاً لنص الفقرة الأولى من المادة 737 من القانون المدنى إلتزام مطلق يلتزم به الحارس فى جيمع الأحوال أما إلزامه دفاتر موقع عليها من المحكمة فهو أمر جوازى يترك للقاضى يقدره بحسب ظروف كل حالة .على أن إلزام الحارس بتقديم حساب وبإتخاذ دفاتر منظمة لايوتى ثمرته، ولا ينتج أثره إلا إذا إقترن ذلك بنظام دقيق يكفل حسن إختيار الحراس القضائيين ويفرض عليهم من الضمانات ما يتحقق بها حسن أدائهم لأعمالهم ويكون فى قيامهم لهذه الأعمال خاضعين لرقابة قضائية فعالة مباشرة دائمة مستمرة .

(الحراسة القضائية- للدكتور عبد الحكيم فراج- الرسالة السابقة – ص 350- ومابعدها)

من أحكام القضاء الحديثة :

1- إلتزام الحارس القضائى بحفظ المال المعهود إليه حراسته وإدارته ورده لصاحب الشأن عند إنتهاء الحراسة وبتقديم حساب عن ادارته هذه الإلتزامات جميعا مدوما القانون فلا تتقادم إلا بمضى خمس عشرة سنة طبقاً للأصل العام المنصوص عليه فى المادة 208 من القانون المدنى القديم ولا تخضع للتقادم الثلاثى المنصوص عليه فى المادة 172 من القانون المدنى القائم وإذا كانت الدعوى بطلب إلزام الحارس القضائى بتقديم حساب عن مدة الحراسة وبإلزامه بدفع فائض ريع العين التى كانت تحت الحراسة فإن إلتزامه بذلك لا يتقادم إلا بإنقضاء خمس عشرة سنة .

(جلسة 1968/10/24- مجموعة المكتب الفني – السنة 19- مدني- ص1268)

إلتزام الحارس القضائى بأن يقدم إلى ذوى الشأن كل سنة على الأكثرحساباً بما تسلمه وبما أنفقه معززاً بما يثبت ذلك من مستندات م 737 مدنى مؤداه محاسبة الحارس عن ريع الأعيان المعهود إليه بإدارتها العبرة فيه بما تسلمه فعلاً من هذا الريع وأنفقه من مصروفات .إن المادة 737 من القانون المدنى إذ ألزمت الحارس بأن يقدم إلى ذوى الشأن كل سنة على الأكثر حساباً بما تسلمه وبما أنفقه معززاً بما يثبت ذلك من مستندات فقد دلت على أن العبرة فى محاسبة الحارس عن ريع الأعيان المعهود إليه بإدارتها إنما هى بما تسلمه فعلاً من هذا الريع وبما أنفقه من مصروفات .

(الطعن 2579 لسنة 70ق جلسة 2001/5/8لم ينشر بعد)

مادة [738]

مادة [738]

(1) تنتهى الحراسة بإتفاق ذوى الشأن جميعاً أو بحكم القضاء وعلى الحارس حينئذ أن يبادر إلى رد الشئ المعهود إليه حراسته إلى من يختاره ذوو الشأن أو من يعينه القاضى .

النصوص العربية المقابلة :

هذه المادة تقابل فى نصوص القانون المدنى بالأقطار العربية المواد التالية : مادة 738 ليبى و704سورى و 724 لبنانى و604سودانى .

الأعمال التحضيرية :

إذا أنفق ذوو الشأن جميعاً على إنهاء الحراسة، أو لم يتفقوا على ذلك وحكم به القضاء إنتهت الحراسة وإنتهت مأمورية الحارس .

ولكن ليس هناك مايمنع من ان يتفق ذوو الشأن على إستمرار الحراسة، وإنهاء مأمورية الحارس بان يعينوا حارساً جديداً بدلاً منه ولا يمنع القاضى من أن يأمر بإستمرار الحراسة وعزل الحارس الأول وإبدال غيره به سواء كان ذلك بناء على إتفاق الخصوم أو بناء على طلب بعضهم وبعد سماع البعض الآخر .

ومتى إنتهت مأمورية الحارس بهذا الشكل أو بذاك وجب عليه رد الشئ المعهود إليه حراسته وفقاً للمادة 1024ومتى إنتهت مأمورية الحارس سواء باقالته منها أو بإنتهاء الحراسة ذاتها وجب عليه ان يبادر برد الشئ المعهود إليه حراسته مع حساب أخير سواء إلى من يخلفه فالحراسة أو إلى من يثبت حقه فى ذلك الشئ أو إلى من يختاره ذوو الشأن أو من يعينه القاضى لذلك (المادة 1024 فقرة 2)

(مجموعة الأعمال التحضيرية للقانون المدني - الجزء 5- ص268 و299)

رأى الفقه :

1- يلتزم الحارس برد المال الموضوع تحت حراسته إلى من يختاره ذوو الشأن أو من يعينه القاضى (م738/2 مدنى) وتسرى أحكام إلتزام المودع عنده بالرد على إلتزام الحارس بالرد وقد صرح بذلك تقنين الموجبات والعقود اللبنانى فى المادة 724 (المقابلة) وهو مفهوم من طبيعة مهمة للحارس فهو وكيل أو نائب فيما يتعلق بإدارة المال وبتقديم حساب عنه ومودع عنده فيما يتعلق بتسلم المال وبحفظه وبرده .

وعلى ذلك تسرى هنا أحكام إلتزام المودع عنده برد الشئ المودع فى رد المال الموضوع تحت الحراسة عيناً أو بمقابل وفى رد الثمار وفى مكان الرد ومصروفات وفى جزاء الإخلال بإلتزام الرد .

مادة [738]

ولكن الحارس يختلف عن المودع عنده فى موعد الرد ولمن يكون فيكون الرد اما عند إنتهاء الحراسة واما عند إنتهاء مدة الحراسة .

ويكون الرد إلى من يختاره ذوو الشأن فى الحراسة الإتفاقية اوالى من يثبت له الحق فى الشئ أو من يعينه القاضى فى الحراسة القضائية فى حالة إنتهاء الحراسة فى ذاتها أما فى حالة إنتهاء مهمة الحارس قبل إنتهاء الحراسة فى ذاتها فيكون الرد للحارس الجديد الذى يختلف الحارس الأول فى مهمته .

ووفقاً لنص الفقرة الأولى من المادة 738 مدنى فإن الأصل فى الحراسة الإتفاقية انها تنتهى بثبوت الحق لاحد طرفى الخصومة وهذا مستفاد من تعريف هذه الحراسة المنصوص عليه فى المادة 729 مدنى ويخلص من نص هذه المادة الأخيرة أن الحراسة الإتفاقية تدوم بموجب الإتفاق عليها مادام الحق غير ثابت لاحد طرفى الخصومة فإذا ثبت هذا الحق لاحد الطرفين إنتهت الحراسة من تلقاء نفسها ووجب على الحارس أن يسلم المال إلى من ثيت له الحق فيه .

وتجوز للطرفين أن يتفقا على إنهاء الحراسة قبل ثبوت الحق لاحدهما فهما اللذان أقاماها بإتفاقهما ويستطيعان - بداهة أن ينهياها بإتفاقهما كذلك .

أما الحراسة القضائية بأحد أمور ثلاثة :

(1) بإتفاق ذوى الشأن جميعاً على إنتهائها لأنها فرضت مراعاة لمصالحهم جميعا .

(2) بحسم النزاع الموضوعى وثبوت الحق لأحد الطرفين .

بحكم القضاء ولو قبل حسم النزاع الموضوعى ويكون ذلك إذا تغيرت الظروف التى إستدعت فرض الحراسة بحيث لايعود لها مقتض .

(الوسيط-7-1 للدكتور السنهوري-المرجع السابق- ص944 ومابعدها)

2- إذا إنتهت مهمة الحارس لاى سبب كان وجب عليه أن يبادر برد المال المعهود إليه حراسته إلى من ثبت له الحق فيه بحكم نهائى أن كانت مهمته قد إنتهت بحسم النزاع أو إلى من يعينه القاضى أو يتفق ذوو الشأن جميعاً وتتحدد مسئولية الوديع ، مع ملاحظة ان الحارس مطالب دائماً بعناية الرجل المعتاد فلا يغتفر له التقصير الجسيم أصلاً ولو كان قد نزل عن الأجر .

(التقنين المدني - للدكتور محمد علي عرفة - المرجع السابق-ص536)

من أحكام القضاء الحديثة :

1- متى كان الواقع هو الطاعنين الثلاثة الأولين اقاموا الدعوى يطلبون عزل المطعون عليه من الحراسة على السيارة موضوع النزاع تأسيساً على انه خالف الحكم القاضى بتعيينه إذا إنفرد بقبض بعض مبالغ من إيراد السيارة وإستباحها لنفسه وكان الحكم المطعون فيه إذا إستبعد البحث فى الأوراق المقدمة من

مادة [738]

المطعون عليه والتى طعن أحد هؤلاء الطاعنين فيها بالتزوير قرر أن الدعوى خلو من الدليل المثبت لها مع أنه بإستبعاد هذه الأوراق يبقى فى الدعوى ما يؤسسها عليها الطاعنون من أن المطعون عليه قبض مبالغ من الشركة المستغلة للسيارة ولم يوزعها على أصحاب الحق فيها مستدلين على ذلك بالكشف الصادر من هذه الشركة وهو ما أخذ به الحكم الإبتدائى دخلا الحكم المطعون فيه من التحدث عنه، فإن هذا الحكم يكون قاصرا فصورا بستوجب فقه اذ هو اطرح الدليل الذى إعتمد عليه الطاعنون دون ان يبين سبب هذا الاطراح مع لزوم هذا البيان .

(نقض- جلسة 1951/6/2- مجموعة 25 عاماً -27-ص521)

2 متى كانت المحكمة إذ لم تعول على الطاعن التى وجهها الطاعن إلى الحارس أقامت قضاءها على أسباب من شأنها أن تؤدى إلى النتيجة التى رتبتها عليها إذا لم تجد فى حدود سلطتها الموضوعية وبالقدر اللازم الفصل فى الدعوى ما يبرر إستبدال الحارس الذى عينته محكمة الدرجة الأولى بإتفاق أصحاب النصيب الأوفى فى الشركة فإنه لا محل النعى على حكمها بالقصور فى هذا الخصوص .

(نقض -جلسة 1953/10/30-المرجع السابق - 26-ص521)

3- إن الحراسة إجراء تحفظى وقتى تدعو إليه الضرورة فهو يوقت بها ويستمد منها سبب وجوده وإذن فمتى كان الحكم قد بين مأمورية الحارس وهى تسليم وجرد أموال الشركة بحضور طرفى الخصوم وكان لازم ذلك انها تنتهى بمجرد إنتهاء العمل الموكول إلى الحارس وكانت مأمورية الحارس تختلف عن مهمة المصفى ولا تتعارض معها، إذا سلطة كل منهما تغاير فى جوهرها سلطة الآخر، فإن ما يعيبه الطاعن على الحكم من انه لم ينص فى منطوقه على توقيت الحراسة أو أمر بهذا الإجراء مع قيام التصفية لا مبرر له قانوناً .

(جلسة 1952/10/30- مجموعة المكتب الفني - السنة 4- مدني ص63)

4- لا يترتب على وفاة الحارس الأصلى سقوط حراسة الحارس، المنضم بل يبقى الحارس المنضم إلى أن يثبته القاضى أو يعزله .

(نقض - جلسة 1955/12/29- المرجع السابق- السنة 6ص1613)

5- متى كان مثار النزاع هو تنحية الحارس المنضم بوصفه حارساً وتعيين بدله فى الحراسة بسبب ماوجه إلى إدارته من مطاعن والى شخصيه من تجريح، فيكون لذلك صاحب صفة ومصلحة فى إستئناف الحكم الصادر بإنتهاء حراسته ولا يقدح فى ذلك ان يكون الحكم المستانف لم يتعرض للاتهامات المسندة إليه مادام انه لم ينفها عنه .

(نقض - جلسة 1972/12/29- مجموعة 25عاماً -103ص199)

مادة [738]

6- العبرة في تكييف الـدعوى ليسـت بمـا يصفه بهـا الخصوم، بل بمـا تتبينـه المحكمة من وقائع الدعوى من تطبيق القانون عليها فإذا كان النزاع الـذى فصل فيه الحكم لم يكون حـول إنتهـاء أو قيـام الحراسة بوصفها إجـراء لازمـاً لصون حقوق الخصوم إنما كان مثار النزاع هو تنحية الحارس بوصفه حارسا وتعيين بدله في الحراسة بسبب ما وجه إلى إدارته من مطاعن والى شحصه مـن تجريح فلا يعيب الحكم في الدعوى كما إنتهى إليها المدعيان، لم تعد طلب عزل الحارسين بل إعتبار الحراسة شاغرة بوفاة الحارس الأصلى وسقوط حراسـة الحارس المنضم بعالها .

(نقض – جلسة 1955/12/19- المرجع السابق- 14-ص628)

إنتهاء الحراسة بإتفاق ذوي الشأن جميعاً أو بحكـم القضـاء . م 738 مدني . الإتفاق علي إنهاء الحراسة قد يكـون صريحاً أو ضـمنياً يسـتخلص مـن ظروف الدعوى وملابساتها .

مفاد نص المادة 738 مـن القـانون المـدني أن الحراسـة تنتهـي بإتفاق ذوي الشأن جميعاً أو بحكم القضاء وإتفاق ذوي الشأن علي إنهاء الحراسة قـد يكون صريحاً وقد يكون ضمنياً يستخلص من ظروف الدعوى وملابساتها .

(الطعنان 3740 لسنة 59ق ، 157 لسنة 60ق- جلسة 1994/4/7 س45ص651)

مادة [739]

الباب الرابع

عقود الغرر

الفصل الأول - المقامرة والرهان

مادة [739]

(1) يكون باطلاً كل إتفاق خاص بمقامرة أو رهان .

(2) ولمن خسر فى المقامرة أو رهان أن يسترد ما دفعه خلال ثلاث سنوات من الوقت الذى أدى فيه ما خسره ولو كان هناك إتفاق يقضى بغير ذلك وله أن يثبت ما أداه بجميع الطرق.

النصوص العربية المقابله :

هذه المادة تقابل فى نصوص القانون المدنى بالأقطار العربية المواد التالية :مادة 739ليبى و 705 سورى و 975 عراقى و 1024 لبنانى و615 سودانى و1452 تونسى ومابعدها حتى المادة 1456.

الأعمال التحضيرية :

1- المقامرة والرهان يتوقفان على الحظ لذلك كان الإتفاق الخاص بهما باطلاً لمخالفته للأداب وللنظام العام والبطلان مطلق لا ترد عليه الأجازة وإستثناء من القاعدة التى تقضى بأنه لا يجوز لمن وفى بإلتزام للأداب ان يسترد ما دفعه إلا إذا كان هو فى إلتزامه لم يخالف (م 201 فقرة 2 من المشروع)، أجاز المشروع توثيقاً فى تحريم المقامرة أن يسترد الخاسر مادفعه للرابح فى خلال سنة من الدفع، وتسهيلاً لإستعمال هذا الحق أجاز المشروع أيضاً ان يكون إثبات الدفع بجميع الطرق بما فى ذلك البينه والقرائن، حتى لو كان المبالغ المدفوع يزيد على عشرة جنيهات والقاعدة التى تقضى بجواز الإسترداد تعتبر من النظام العام فلا يجوز الإتفاق على ما يخالفها وبذلك قد المشروع الطريق على التحايل إذ أجاز الإسترداد وحرم الإتفاق على عدم جوازه وإثبات الدفع بجميع الطرق .

2- وغنى عن البيان أن الحق فى الإسترداد ينتقل إلى الورثة فإذا مات الخاسر بعد أن أدى ما خسره ولم يمض على الدفع جاز للورثة أن يستردواهم ما دفعه مورثهم وإستعمال الورثة لهذا الحق بعد موت مورثهم أكثر إحتمالاً من إستعمال المورث للحق حيال حياته (لذلك يحسن أن تطال مدة الإسترداد إلى ثلاث سنوات حتى يفسخ الوقت أمام الورثة)

(مجموعة الأعمال التحضيرية للقانون المدني - الجزء 5-ص301و302)

رأى الفقه :

1- وفقاً للفقرة الأولى من المادة 739 مدنى فإن عقد المقامرة أو الرهان عقد باطلاً بطلاناً مطلقاً لمخالفته للأداب والنظام العام هو مخالف للأداب لان المقامرة

مادة [739]

أو المتراهن يقوى فى نفسه الإثراء لا عن طريق العمل والكد بل عن طريق المصادفة ثم أن عقد المقامرة أو الرهان مخالف للنظام العام فان الثروات التى يتداولها المقامرون والمتراهنون وكثيرا لها ينجم عن تداولها خراب بيوت عامرة والعصف بأمر آمنه تلقى فى الحضيض من وهدة الفقر فالمقامر ينصرف عن العمل المنتج، وتتأصل فى نفسه كالمرابى غريزة الجشع وإذا كان المرابى يعتمد على إستغلال حاجة الناس، فإن المقامر يعتمد على حسن طالعه ومواتاة الخط له.

ويترتب على بطلان عقد المقامرة أو الرهان جزاء مدنى وجزاء جنائى :

(أ) فيترتب على بطلان العقد المذكور جراء مدنى، وهو ألا ينتج العقد أثراً وذلك من ناحيتين (1) أن من خسر فى مقامرة أو رهان لا يلتزم بشئ فلا يجبر على دفع الخسارة لمن فاز وإذا رفع هذا الأخير عليه دعوى يطالبه بالوفاء، كان له أن يدفع هذه الدعوى ببطلان العقد وهذا ما يسمى بدفع المقامرة (2) أن من خسر لو أنه دفع خسارته طوعاً عن بينه وإختيار كان له مع ذلك أن يسترد ما دفع إذا أن عقد المقامرة أو الرهان باطل لا يلزمه بشئ فيكون قد دفع ما هو غير مستحق فى ذمته فيسترده بدعوى إسترداد مادفع بغير حق .

(ب) لم يقتصر القانون على الجزاء المدنى بل جاوزه إلى العقوبة الجنائية سواء فى تقنين العقوبات أو فى اللوائح الإدارية :

(1) ففى قانون العقوبات عقد باباً خاصاً بألعاب القمار والنصيب والبيع والشراء بالثمرة المعروف باللوتيرى فى المادتين 352و 353 عقوبات .

ويلاحظ أن من تعاقبه المادة 352 عقوبات ليس هو المقامر نفسه بل هو من يدير محلاً عاماً للمقامرة أما المقامر فعليه الجزاء المدنى المتقدم إلى جانب مصادرة النقود الجارى عليها المقامرة لجانب الحكومة أما لمن تعاقبه المادة 353 عقوبات فهو من بيع شيئاً بطريق النصيب ويتراهن الناس على هذا الشئ يدفع كل منهم مبلغاً صغيراً من المال ويأخذ الفائز الشئ بهذا المبلغ الصغير ويخسر الباقون مادفعوه من المال وجمهور المتراهنين فيعاقبون حتى من فاز منهم بالشئ ولكن تصادر أموالهم التى قدموها للرهان كما يصادر الشئ ذاته .

(2) أما اللوائح العمومية فما تضمنه القانون لسنة 1941 بشأن المحال العمومية والقانون 98 لسنة 1985 المعدل بشأن المتشردين والمشبته فيهم من أحكام .

ولما كانت المقامرة والرهان مخالفين للأداب والنظام العام، فإن القرض فى هذه الحالة يكون سببه غير مشروع ومن ثم يكون هو أيضاً باطلاً كالمقامرة والرهان ولا يكون المقرض ملتزماً بإعطاء المقامر أو المتراهن مبلغ القرض إذا إعطاء إياه حائز له أن يسترده منه فى الحال دون مراعاة لأجل القرض ويسترده

مادة [739]

لا بموجب عقد القرض فإن هذا العقد باطل ولكن بموجب قاعدة إسترداد ما دفع دون حق .

ولكن يجب لبطلان القرض أن يكون المقرض عالما على الأقل بسبب القرض وهو تمكين المقترض من المقامرة أو الرهان فإذا لم يكن عالماً بذلك كان القرض صحيحاً، إذ أن السبب غير المشروع لا يبطل العقد الا إذا كان معلوماً أن ينبغى أن يكون معلوماً من كل من المتعاقدين والرد فى حالة الصحة لا يكون بموجب قاعدة إسترداد ما دفع بغير حق بل بموجب عقد القرض ذاته .

أما إذا كان القرض عالماً بسبب القرض إنما إقترض ليتمكن من المقامرة أو الرهان يكون باطلاً لعدم مشروعية السبب .

ولما كان عقد المقامرة أو الرهان باطلاً فإن من خسر لا يلتزم بالخسارة ولايجبر عل دفعها إذ العقد الباطل لا يولد إلتزاماً ولا يترتب عليه اثر ويستطيع من خسر أن يرفع دعوى ببطلان العقد اوان يدفع بدفع المقامرة فى دعوى المطالبة ويتمسك بأن الدين دين المقامرة أو رهان ومن ثم لا يلتزم بدفعه لبطلان العقد .

وسواء رفع الدعوى البطلان أو تمسك فى دعوى المطالبة بدفع المقامرة فإن له أن يثبت دعواه أن دفعه وأن الدين دين المقامرة أو رهان بجميع الإثبات ومنها البينه والقرائن ولو زادت الخسارة عن عشرين جنيها لان العقد غير مشروع لمخالفته للأداب والنظام العام حتى ولو قدم خصمه ورقة مكتوبة بالدين ولم يذكر فيها سببه أو ذكر فيها سبب آخر مشروع كقرض فيجوز له أن يثبت أن السبب الحقيقى للدين هو المقامرة أو الرهان بجميع الطرق ولا يتعرض عليه بأن الدين يزيد على عشرين جنيهاً ولا بأنه لا يجوز إثبات عكس ما بالكتابة مثلها وذلك لان السبب غير مشروع .

ولما كان دفع المقامرة من النظام العام فإنه يترتب على ذلك -

(1) أنه يمكن التمسك به فى أية حالة كانت عليها الدعوى ويمكن التمسك به لاول مرة أمام محكمة الإستئناف وأمام محكمة النقض ويجوز أن تقضى به المحكمة من تلقاء نفسه .

(2) أنه يجوز أن يتمسك بالبطلان وبدفع المقامرة كل من له مصلحة فى ذلك فيجوز هذا المقامر أو المتراهن الذى خسر وخلفه العام من وارث وموصى له بجزء من التركة وخلفه الخاص إذا كانت الخسارة واردة على عين انتقت ملكيتها إلى خلف خاص ويجوز ذلك أيضاً لدائن المقامر أو المتراهن الذى خسر لا لحسب بموجب الدعوى غير المباشرة بل أيضاً بطريق مباشر حتى يقرر بطلان العقد فلا يزاحمه من كسب فالتنفيذ على أموال المدين .

(3) أنه لا يجوز النزول عنه ولا الإتفاق على مايخالفه .

مادة [739]

(4) أنه لا تلحق العقد الإجازة لأن الإجازة لا تلحق العقد الباطل والإجازة فى أية صورة من صورها - إقرار كانت أو تعهداً بالدفع أو تحرير كمبيالة أو سند إذن أو شيك - لا تصح .

والصلح الواقع على دين مقامرة أو رهان باطل (م 551مدنى) وكالصلح التحكيم فالتحكيم فى دين مقامرة أو رهان باطل .

وطبقاً للفقرة الثانية من المادة 739 مدنى يجوز للخاسر فى مقامرة أو رهان ان يسترد ما دفعه خلال ثلاث سنوات من الوقت الذى ادى فيه ما خسره ولو كان هناك إتفاق يقضى بغير ذلك ولو أن يثبت ما اداه بجميع الطرق وليس فى هذا إلا تطبيق سليم لأحكام البطلان والقاعدة إسترداد مادفع دون حق ويترتب على بطلان عقد المقامرة أو الرهان أنه لا يتنج أى أثر فإذا دفع الخاسر ما خسره يكون قد دفع ماهو غير مستحق فى ذمته فيكون له الحق فى إسترداد مادفع دون حق ولا يمكن أن يكون هناك إلتزام طبيعى فى ذمة الخاسر لأنه لا يجوز أن يقوم إلتزام الطبيعى يخالف النظام العام (م200مدنى)

والحكم يجوز فى الإسترداد يتمشى أيضاً مع قاعدة إسترداد مادفع دون حق (م 1/327 مدنى)

وجواز إسترداد الخاسر ما دفعه من خسارة مقرر للنظام العام ويترتب على ذلك أنه لا يجوز الإتفاق على ما يخالف قاعدة جواز الإسترداد طبقاً لصريح القانون (م 2/739مدنى).

وهكذا تتأكد فكرة الإسترداد ، إذ أحاطها القانون بضمانات ثلاثة تسد الطريق علي التحايل : فهو قد أجاز الإسترداد صراحة ، وحرم الإتفاق علي عدم جوازه ، وأباح ثبات الدفع بجميع الطرق .

وتتقادم دعوى الإسترداد بإنقضاء ثلاث سنوات من الوقف الذي أدي فيه الخاسر ما خسره (م2/739 مدني) .

وبذلك إتسقت أحكام إسترداد دين المقامرة أو الرهان مع الأحكام العامة المقررة دفع غير المستحقين ، إذ مدة الإسترداد طبقاً لهذه الأحكام العامة هي ثلاث سنوات (م187 مدني) .

(الوسيط-7-1 للدكتور السنهوري-المرجع السابق- ص991 ومابعدها)

2- لم ينص التقنين المدني القديم للمقامرة أو الرهان ، فلم ينص علي إجابتها أو بطلانها ، وإن كان من المقرر إعتبارها باطلة لمخالفتها لحسن الأداب .

فآثر المشرع أن يعرض لحكم هذين العقدين بنصين صريحين (م 729 و 740 مدني) ، قضي في أولهما ببطلان كل إتفاق علي مقامرة أو رهان ، وجعل لمن خسر فيهما أن يسترد ما دفعه دائماً ، دون حاجة إلي إثبات صدور

مادة [739]

غش من الطرف الآخر ولطالب الإسترداد أن يثبت الـدفع بجميـع الطـرق ، ولكن الحق في الإسترداد ينقضى بإنقضاء ثلاث سنوات من وقت الـدفع ، وهـذا البطلان من النظام العام فلا يجوز التنازل عنه .

وطبيعي أن ينتقل الحق في الإسترداد إلي ورثة الخاسر ، إذا مـات قبل مضي ثلاث سنوات علي الدفع .

(التقنين المدني – للدكتور محمد علي عرفة – المرجع السابق ص573)

من أحكام القضاء الحديثة :

1- إذا كان الحكم قد أقام قضاءه برفض إعمال نظرية الحوادث الطارئة على أن عقود بيع القطن الآجلة "الكونتراتات" تقوم بطبيعتها على فكرة المخاطرة والمضاربة على المستقبل وأنه يتعين على المتعاقد أن يتوقع فيها جميع الإحتمالات والحوادث الطارئة التي قد تؤثر في إلتزامه سواء كانت متوقعة أو غير متوقعة فإنه لا يكون قد خالف صحيح القانون ويحمل الرد على ما أثاره الطاعن من بطلان العقد لإنطوائه على مقامرة ذلك أنه ما دام العقد بطبيعته من شأنه أن يعرض أحد المتعاقدين لخسارة جسيمة أو مكسب كبير فإنه لا يجوز إبطاله لمجرد انطوائه على المقامرة أو المضاربة كما لا يجوز إعمال نظرية الحوادث الطارئة في شأنه لأن المتعاقد يعلم سلفاً أنه يتعاقد بعقد إحتمالي مبناه فكرة المخاطرة.

[الطعن رقم 117 - لسنة 31 ق - تاريخ الجلسة 15 / 02 / 1966]

مادة [740]

يستثني من أحكام المادة السابقة الرهان الذي يعقده فيما بينهم المتبارون شخصياً في الألعاب الرياضية ، ولكن للقاضي أن يخفض قيمة هذا الرهان إذا كان مبالغاً فيه .

وتستثني أيضاً ما رخص فيه قانوناً من أوراق اليانصيب .

النصوص العربية المقابلة :

هذه المادة تقابل في نصوص القانون المدني بالأقطار العربية ، المواد التالية :

مادة 740 ليبي و706 سوري و 976 عراقي و1025 لبناني و 616 سوداني و 1457 تونسي .

الأعمال التحضيرية :

لم يستثن المشروع من تحريم المقامرة والرهان إلا حالتين :

1- إذا كان الأمر متعلقا بمباراة في الألعاب الرياضية ، أو في ألعاب يكون من شأنها تقوية الجسم ، وإستكمال أسباب الصحة ، بشرط أن يكون عقد الرهان بين المتبارين أنفسهم في هذه الألعاب ، حتي يكون هذا وسيلة لتشجيعهم ، أما الرهان من غير اللاعبين ، إذا كان مبالغاً فيه ، يجوز للقاضي تخفيضه بالقدر الذي تتحقق به فكرة التشجيع دون زيادة .

2- ما رخص فيه القانون من ألعاب المقامرة ، ويشمل هذا أوراق النصيب وسباق الخيل ، توخيا لتحقيق بعض الأغراض الخيرية التي تقوم علي اقتطاع جزء من الكسب الذي تدره هذه الألعاب .

(مجموعة الأعمال التحضيرية للقانون المدني - جزء 5-ص303و304)

رأي الفقه :

1- يتبين من نص المادة 740 مدني أن للقاعدة التي تقتضي ببطلان عقد المقامرة أو الرهان إستثناءين- منصوصاً عليها في هذا النص صراحة - يكون العقد فيها صحيحاً ملزماً المتعاقدين ، هما : المباراة في الألعاب الرياضية - وألعاب النصيب ، ويضاف إليها إستثناءان آخران ، هما : سباق الخيل والرماية - والبيوع الأجلة في البورصة .

ويمكن بحث هذه الإستثناءات الأربعة فيما يلي :

(1) المباراة في الألعاب الرياضية - الألعاب التي تقوم علي المهارة ورياضة الجسم تعد من الألعاب الرياضية ، فيدخل فيها - وتكون المبارة فيها مقابل جعل مشروعة - جميع ألعاب الجمباز والألعاب السويدية ، والكرة ، والتنس وتنس

مادة [740]

الطاولة ، والجري ، والقفز ، وسباق الخيل ، والجولف ، والركيت ، والمصارعة والملاكمة ، والمبارزة والشيش ، والبلياردو ، والسباحة ، والتجديف ، والرماية ، وكل لعبة أخري تقوم علي المهارة ورياضة الجسم .

ولا يدخل في الألعاب الرياضية ، فتكون المباراة فيها يجعل مقامرة غير مشروعة ، كل لعبة لا تقوم علي رياضة ، ولو إعتمدت علي المهارة الفكرية ، كالشطرنج وجميع ألعاب الورق سواء كان للحظ فيه النصيب الأكبر أو كان النصيب الأكبر للمهارة ، ويدخل في ذلك البريدج والبوكر والكونكان وغيرها من ألعاب الورق المعرفة . كذلك لا يدخل في الألعاب الرياضية كل لعبة أخري ولو لم تكن من ألعاب الورق ، ولو إعتدت علي المهارة ، ما دامت لا تقوم علي رياضة الجسم ، وذلك كالطاولة والدومينو ، ومن باب أولي لو إعتمدت علي مجرد الحظ كالروليت .

وتكون المباراة في الألعاب الرياضية مشروعة لتشجيع هذه الألعاب وإيجاد حافز عن الكسب للإقبال عليها ، لأنها ألعاب من شأنها تقوية الجسم واستكمال أسباب الصحة .

ويشترط ، حتي تكون مشروعة ، أن يكون العقد قد تم بين المتبارين أنفسهم (م1/740 مدني) ، وعلي ذلك لا يكون العقد صحيحا ، بل يكون رهاناً غير مشروع ، إذ تراهن النظارة أو غير المتبارين أنفسهم علي فرز أحد المتبارين ففي سباق الخيل ، مثلاً إذا تم العقد بين المتسابقين أنفسهم كان صحيحا ، أما إذا تراهن غير المتسابقين عن من يفوز من المتسابقين ، فإن العقد يكون رهان غير مشروع .

ويشترط أن يكون لكل من المتبارين أهلية التصرف في المبالغ الذي يدفعه عند الخسارة ، كذلك يجب أن يكون التراضي علي المبارة خالياً من عيوب الغلط والتدليس والإكراه ، وليس ذلك إلا تطبيقاً للقواعد العامة .

وإذا إتفق المتباريان علي مبلغ يزيد كثيرا عما تقتضيه أهمية المباراة ، أو يجاوز حدود ما تفرضه حالة المتبارين أو ما تفرضه ثروة كل منهما ، اعتبر هذا مضاربة ، وكان الجزاء أن يخفض القاضي المبلغ إلي الحد المناسب ، ويحكم بالمبلغ المخفض لمن فاز في المباراة - وإذا دفع الخاسر كل المبالغ ، فله أن يطلب من المحكمة تخفيضة وأن يسترد الفرق ممن كسب (م1/740 مدني)

(2) ألعاب النصيب - لعبة النصيب لعبة يساهم فيها عدد كبير من الناس ، كل ينتفع مبلغا صغيرا ابتغاء كسب النصيب ، ويكون لكل مساهم رقم معين ويسحب من بين هذه الأرقام عن طريق محض الحظ الرقم أو الأرقام الفائزة ولعبة النصيب علي هذا الوجه تعتبر مراهنة ، فكل مساهم فيها يساهم علي أن رقمة

مادة [740]

والفائز ، فإن صدق قوله فاز بالنصيب ، وإن لم يصدق خسر المبلغ الذي دفعه ومحض الحظ هو الذي يتحكم في تعيين من هو الفائز . لذلك يكون الأصل أن جميع ألعاب النصيب محرمة بإعتبارها مراهنات غير مشروعة . فتكون المراهنة باطلة ، ويجوز لكل مساهم أن يسترد ما دفعه ويسترد من الفائز ما كسب .

هذا ، فضلاً عن الجزاء الجنائي المنصوص عليه في المادة 353 عقوبات .

غير أن الفقرة الثانية من المادة 740 مدني علي إستثناء ما رخص فيه قانونا من أوراق النصيب ، توخياً لتحقيق بعض الأغراض الخيرية التي تقوم علي إقتطاع جزء من الكسب الذي ترده هذه الألعاب .

والقانون الذى ينظم ألعاب النصيب ويحرمها فى الأصل مـع جـواز الترخيص فى بعضها لأغراض خيرية هو القانون رقم 10 لسنة 1905 الصادر فى 7 مارس سـنة 1905 وتقرر المادة 3 منه المعدلة بالقانون 12 لسنة 1911 الجزاء الجنائى عـلى من يخالف أحكام القانون وهى الغرامة التى لا تجاوز مائـة وفى حالـة صـدور الحكم مرة تجوز للقاضى أن يحكم فوق الغرامة بعقوبة الحبس لمدة لا تجـاوز أسبوعاً وفى جميع الأحوال يأمر القـاضى بمصادرة الأوراق والأشياء التى جـرى إستخدام فى إرتكاب المخالفة ويجوز له أيضاً أن يأمر أيضاً بإغلاق المحـال التـى جرى إستخدامها بصفة مكاتب لأعمال النصيب .

(3) سباق الخيل والرماية ـ يعتبر سابق الخيل والرماية من الألعاب الرياضية التى تقوم على رياضة الجسم ومـن ثـم تجوز المباراة فيها بشرط أن يكون التعاقد بين المتبارين أنفسهم أما إذا كان الرهـائن مـن غـير المتبارين فهـذه مراهنة غير مشروعه وتكون باطلة ويجوز لمن دفع الرهان أن يسترد ما دفع ذلك يجوز إسترداد الجائزة من الفائز .

وإلى الجزاء المدني جزاء جنائى نصت عليه المـادة الأولى مـن القانون رقم 10 لسنة 1923 فى شأن المراهنة على سباق الخيل ورمى الحمام وغـيرهما من أنواع الألعاب وأعمال الرياضة وهى المادة المعدلة بالقانون رقم 135 لسنة 1947 يقضى بعقوبة الحبس مـدة لا تقل عـن سنة ولا تجـاوز ثـلاث سـنوات وبغرامة لا تقل عن ثمنمائة جنية ولا تزيد على ألف جنية وفى جميع الأحـوال تضبط النقود الأوراق والأداوات المستعملة فى الرهان ويحكم بمصادرتها لجانب الحكومة .

(4) البيوع الأجله فى البورصة ـ يتعاقد المتعاملون فى البورصة فى الأوراق المالية المسعرة أو فى البضائع فـلا يلتـزم البـائع بالتسـليم الناقـل للملكيـة ولا يلتـزم

مادة [740]

بدفع الثمن إلا بعد أجل يحل فى يوم معين يسمى بيوم التصفية وهذا ما يسمى بالبيع الأجل .

(الوسيط-جزء7-2- للدكتور السنهوري-المرجع السابق- ص1018ومابعدها)

2- ولم يستثن المشرع من تحريم المقامرة والرهان إلا حالتين وردتا بالمادة 740 من التقنين المدنى على سبيل الحصر :

(أ) إذا كان الرهان متعلقاً بمباراة رياضية ككرة القدم أو الملاكمة ونحوها بشرط أن يكون عقد الرهان بين المتبارين انفسهم فى هذه الألعاب ليكون هذا وسيلة لتشجيعهم وحتى فى هذه الحالة يجوز للقاضى تخفيض الرهان المبالغ فيه بالقدر الذى تحقق فيه فكرة التشجيع أما الرهان على هذه المباريات من غير اللاعبين فيكون محرماً وبالتالى باطلاً مطلقاً فيسرى عليه حكم المادة 739 من التقنين المدنى .

(ب) مارخص فيه القانون من أوراق النصيب توخيا لتحقيق بعض الأغراض الخيرية اما المقامرة على أوراق النصيب غير المرخص فيها قانوناً فحكمه البطلان وتسرى عليه بالتالة الأحكام المقررة بالمادة 739 من التقنين المدنى وقد إقترحت اللجنة التحضيرية لمشروع التنقيح استثاء سباق الخيل أيضاً (م 1046) على أن يكون هذا الإستثناء محل نظر فخذف من المشروع الحكومة (م772) مما يجعل هذا الرهان باطلاً رغم الترخيص به قانوناً .

(التقنين المدني – للدكتور محمد علي عرفة المرجع السابق- ص537و538)

من أحكام القضاء الحديثة :

1- إن بورصة القطن إنما إنشئت لتأمين مراكز التجار وتحديد أسعار القطن على أساس المنافسة الحرة القائمة على العرض والطلب الخاليين عن عوامل الإصطناع، وفى تحقيق هذا الغرض وضعت البورصة نظما ولوائح تسير على مقتضاها المضاربات العادية فكل إنحراف أو خروج على هذا النظم يعد خروجا على القانون يهدد الصالح الخاص والصالح العام على السواء وفى الواقع من الأمر لم تكن عمليات (الكورنو) إلا إنحرافا عن المضاربات الغير المشروعه والكورنو فى حالتنا هذه كل إتفاق بين قلة من التجار للحصول على إحتكار صنف القطن الأشمونى أو معظمه خفيه وفى غفلة من سائر التجار بقصد الإستيلاء على ربع غير مشروع فيعمل هؤلاء المحتكرون على رفع الأسعار رفعاً مصطنعاً مستندين فى ذلك إلى عمليات صورية وهمية للحصول على فروق باهظة هى وليد المقامرة ودليل الإصطناع يؤيده الأمر الواقع، إذ بينما وصل سعر الأشمونى إلى 154 ريالاً داخلياً صدره المحتكرون لروسيا سعر 63 ريالاً وليوغوسلافيا بسعر 76 ريالاً وكان السعر الداخلى الأشمونى اعلى من سعر

مادة [740]

الكرنك على خلاف المعتاد فلم تعد هذه الأسعار تمثل الحقيقة حتى تؤخذ أساساً فى المعاملات وكل من اثر ذلك ان إضطرب السوق وتوقفت المعاملات الإتفاقات التى تهدف إلى الإحتكار ورفع الأسعار إلى حد باهظ تعتبر باطلة من الناحية القانونية سواء وقعت هذه الإتفاقات تحت طائلة القانون الجنائى أم لم توقع إذ أنها بطبيعتها ترمى إلى أغراض غير مشروعة ما دامت تقيد من حرية التجارة بوجه عام وتقضى على المنافسة الإقتصادية المشروعة وقد ثبت أن التعامل فى سوق القطن على صنف الأشمونى كان قائماً فى موسم 1949/ 1950 على اسس إحتكاريه ومضاربات على السعود غير المشرعة وأسعار مصنعة، فتكون جيمع العمليات التى قامت فى ذلك العهد خاصة بهذا الصنف مبنيه على المقامرة ومن ثم تعتبر قانوناً .

(محكمة القضاء الإداري- جلسة1953/4/31- المحاماه- السنة35-رقم 902- ص1702)

2- أن لعبة الطمبولا تدخل فى أى من الألعاب والأعمال الرياضية بالمعنى الوارد فى القانون رقم 10 لسنة 1922 المعدل بالقانون رقم 125 لسنة 1947 بشأن المراهنة على سباق الخيل والرمى وغيرها من أنواع الألعاب والأعمال الرياضية وليست أيضاً من أنواع القمار المحظور مزاولتها فى المحال العامة بمقتضى المادة 19 من القانون رقم 38 لسنة 1941 قبل صدور قرار وزير الداخلية فى 1955/2/10 بإعتبار بعض الألعاب من ألعاب القمار من بينها الطمبولا وأنها لم تكن تعدو وقتذاك عملاً من أعمال اليانصيب فيما يندرج تحت أحكام القانون رقم 10 لسنة 1905 بشأن أعمال اليانصيب .

(جلسة 1956/5/22-جنائي- المحاماة- السنة37-رقم479 ص 1088)

3- إذا استبانت محكمة الموضوع أن البيع وارد على صفقة من القطن كانت مزروعة فى ارض الطاعنين ووقع البيع خارج البورصة ولم يكن معقوداً بين طرفين من التجار ولا على سبيل المقامرة – وخلصت فى قضائها ان العقد لاينطوى على أعمال المضاربة المكشوفة – التى يقصد بها مجرد الإفادة من فرق السعر فأعمت الشرط الإضافى فى عقد البيع وأوجبت تنفيذه عينا بتسليم كمية القطن المتفق عليها أو دفع فروق الأسعار عن الجزاء الذى لم يسلم منها فإنه لا محل للتحدى بالفقرة الثانية من المادة 73 تجارى التى تنص على أنه لا تقبل أى دعوى أمام المحاكم بخصوص عمل يؤول إلى مجرد دفع فروق إذا إنعقد على ما يخالف النصوص المتقدمة .

(جلسة 1955/11/12- مجموعة المكتب الفني – السنة 10- مدني-ص641)

مادة [741]

الفصل الثانى

المرتب مدى الحياة

مادة [741]

(1) يجوز للشخص أن يلتزم بأن يؤدى إلى شخص آخر مرتباً دورياً مدى الحياة بعوض أو بغير عوض .

(2) ويكون هذا الإلتزام بعقد أو وصية .

النصوص العربية المقابلة :

هذه المادة تقابل فى نصوص القانون المدنى بالأقطار العربية المواد التالية :

مادة 741ليبى و 708 سورى و 917عراقى و 1028لبنانى .

الأعمال التحضيرية :

يتقرر المرتب مدى الحياة بعقد أو وصية قد يكون معاوضة أو تبرعاً فيصح أن يبيع شخص منزلاً بثمن هو مرتب يؤدى له مدى حياته أو يقرض مبلغا يسترده إيرادا مرتباً مدى الحياة كما يصح أن يلتزم شخص على سبيل التبرع ، من طريق الهبة أو الوصية بمرتب يؤديه مدى الحياة المتبرع له ولا يوجد للإيراد المرتب مصدر آخر غير العقد أو الوصية .

(مجموعة الأعمال التحضيرية للقانون المدني- الجزء5- ص306)

رأى الفقه :

1- المرتب مدى الحياة مبلغ من المال على أقساط إيراداً دورياً لشخص مدى الحياته أو مدى حياة شخص آخر.

ويتفق المرتب مع الحياة والدخل الدائم فى أن كلا منهما يصح أن يكون مصدره عقداً من عقود المعاوضة أو من عقود التبرع كما يصح أن يكون بوصية .

ويختلفان من وجوه عدة أهمها :

(1) ان المرتب مدى الحياة لايبقى إلا مدى حياة من رتب الإيراد على حياته فإذا مات هذا إنقضى المرتب أما الدخل الدائم فهو إيراد دورى دائمى لا يقضى بموت أحد فإذا مات المستحق الدخل إنتقل إلى ورثته ثم إلى ورثة ورثته وهكذا .

(2) ان المرتب مدى الحياة غير قابل للإستبدال أما الدخل الدائم فهو قابل للإستبدال فى اى وقت شاء الملتزم .

مادة [741]

(3) ان المرتب مدى الحياة يصح أن يكون الملتزم به شخصاً طبيعياً أو شخصا معنوياً أما الدخل الدائم فيكون الملتزم به شخصاً معنوياً ويكون غالباً الدولة ذاتها أو أحد الأشخاص المعنوية العامة أو إحدى الشركات .

(4) أن المرتب مدى الحياة يجوز أن يزيد على سعر الفائدة القانونية أو الإتفاقية اذ هو ليس كله فائدة لرأس المال بل جزء منه هو الفائدة والجزء الآخر فى مقابل إستهلاك رأس المال شيئاً فشيئاً ويتم الإستهلاك كاملاً بإنقضاء المرتب أما الدخل الدائم فكله فائدة لرأس المال ولا يستهلك من رأس المال شئ بل يجب رده بكامله عند الإستبدال ومن ثم وجب إلا يزيد الدخل الدائم على السعر الإتفاقى للفائدة .

(5) المرتب مدى الحياة لا ينشئه إلا تصرف شكلى (م 743مدنى) أما الدخل الدائم فلم يشترط القانون الترتيبه شكلاً خاصاً ومن ثم يجب إتباع شكل التصرف القانونى الذى رتبه .

والتصرف الذى يتشئ المرتب مدى الحياة أو كان ثلاثة شأنه فى ذلك شأن سائر التصرفات ـ هى التراضى ـ والمحل ـ والسبب .

فالتراضى هو المصدر الذى ينشئ المرتب وتتنوع هذه المصادر والمحل هو المرتب نفسه ويخضع لقواعد واحدة أيا كان مصدره والسبب ـ فى الرأى الغالب هو الإحتمال الذى يتعرض له طرفاً التصرف فكل منهما معرض للكسب والخسارة بحسب طول أو قصر الحياة من انشئ المرتب على حياته .

فالأصل أن المرتب مدى الحياة ينشأ عن تصرف قانونى ولكنه مع ذلك قد ينشا من واقعة مادية (اصابة عمل ـ والتعويض من عمل غير مشروع).

وفى الكثرة الغالبة من الأحوال يكون الملتزم بالمرتب والمستحق له هما طرفاً التصرف ويكون التصرف فى هذه الحالة أما معاوضة وأما تبرعا (م741مدنى)

فالعقد والوصية هما المصدران الرئيسيان للإلتزام بالمرتب ومن ثم تنقسم مصادر الإلتزام بالمرتب على تنوعها إلى معاوضات وتبرعات .

وأبرز التبرعات : الهبة والوصية :

(2) أورد التقنين المدنى القديم أحكام المرتب مدى الحياة فى شئ من الإضطراب فعالج المشرع هذا العيب ووضح المبهم من هذه الأحكام وزاد أحكاما جديدة .

والمادتان 741و 742 من التقنين المدنى توضحان مصدر المرتب مدى الحياة وسببه أما مصدره فإما أن يكون عقداً بعوض أو بغير عوض أو وصية وذلك كمن يبيع منزلاً فى مقابل ثمن هو مرتب يؤدى له مدى حياته أو يقرض

مادة [741]

مبلغاً يسترده على النحو المتقدم فيكون ترتيب الإيراد على سبيل المعاوضـة ويصبح ان يتبرع الشخص بالإيراد عن طريق الهبة اوالوصية .

(التقنين المدني – للدكتور محمد علي عرفة- المرجع السابق- ص539)

من أحكام القضاء الحديثة :

1- متى كان عقد استخدام العامل خالياً من النص على تقرير مكافأة له أياً كان نوعها في حالة فصله ولم يقدم دليلاً لدى محكمة الموضوع على قيام عرف في المؤسسة التي يعمل بها يقضي بمنح من هم في مثل حالته مكافأة خاصة تكفل لهم معاشاً مدى الحياة أو منحهم مكافأة تبلغ مرتب شهر عن كل سنة من سنين الخدمة فإن الحكم إذ أقر تقرير مكافأة لهذا العامل تعادل مرتب ستة أشهر لم يخالف القانون.

[الطعن رقم 92 - لسنـة 21 ق - تاريخ الجلسة 28 / 10 / 1954]

2- إذ خلصت محكمة الموضوع إلى أن نية العاقدين قد اتجهت في العقد إلى التنجيز ونقل الملك الفوري إلى الورثة المشترين على أساس البيع أو الهبة، ودلل الحكم على ذلك بأدلة سائغة من شأنها أن تؤدى إلى ما رتبه الحكم عليها، ومن ثم فلا يقبل من الطاعنات القول بأن الحكم أخطأ في تكييف العقد استناداً إلى سبق إقرار المورث في صحيفة دعوى أخرى أو طلب شهر عقاري بأنه قصد من التعاقد الوصية دون غيرها من التصرفات بدليل احتفاظه لنفسه في العقد بحق الانتفاع بالعقار مدى الحياة، ذلك لأن احتفاظ البائع بحقه فى الانتفاع بالمبيع مدى حياته لا يتحتم معه وجوب اعتبار التصرف وصية ولا يتعارض مع تنجيز التصرف، متى كانت أدلة الدعوى تفيد هذا التنجيز. ولا وجه للتحدي بالإقرار الصادر من المورث في شأن تكييف التصرف الصادر منه إلى المطعون عليهم - الورثة المشترين - والقول بأن هذا الإقرار ملزم لهم باعتبارهم من ورثته، ذلك أنهم في خصوص هذا التصرف لا يعتبرون ورثة أو خلفاء عامين للمورث بل هم خلف خاص له، فلا حجية لإقراره في حقهم.

[الطعن رقم 560 - لسنـة 35 ق - تاريخ الجلسة 26 / 02 / 1970]

مادة [742]

مادة [742]

(1) يجوز أن يكون المرتب مقرراً مدى حياة الملتزم له أو مدى حياة الملتزم أو مدى حياة شخص آخر .

(2) ويعتبر المرتب مقرراً مدى حياة الملتزم له إذا لم يوجد إتفاق يقضى بغير ذلك .

النصوص العربية المقابلة :

هذه المادة تقابل فى نصوص القانون المدنى بالأقطار العربية المواد التالية :

مادة 742 ليبى و708سورى و 978عراقى و 1029لبنانى .

الأعمال التحضيرية :

خاصية المرتب أن يكون معقوداً بحياة شخص معين هو الدائن غالبا وقد يكون هو المدين فإذا مات الدائن قبله إنتقل المرتب إلى الورثة وقد يكون أجنبياً غير الدائن والمدين فإذا مات المدين قبل الأجنبى إنتقل المرتب إلى الورثة كذلك وقد يكون الإيراد مرتباً لأقصر الحياتين حياة المدين فيقضى بموت أحدهما ولا ينتقل إلى الورثة والمفروض فيما يقدم من الصور أن الإيراد مرتب مدى الحياة شخص واحد ولا يوجد ما يمنع من أن يرتب مدى حياة أشخاص متعددين لكل منهم نصيب فيه، سواء آل هذا النصيب بعد موته إلى من بقى حياً من الأشخاص الآخرين أو لم يؤل على ان الصورة الغالبة من هذه الصور جميعا هى تقرير المرتب مدى حياة الدائن لذلك كانت هى الصورة التى تفرض إذا لم يوجد إتفاق خاص على غير ذلك .

(مجموعة الأعمال التحضيرية للقانون المدني -الجزء5-ص309)

رأى الفقه :

1- يتبين من نص المادة 742 مدنى ان المرتب يدوم مادامت حياة الإنسان الذى علق المرتب على حياته فهو يستغرق دائماً حياة الإنسان .

والأصل ان يقرر المرتب مدى الحياة المستحق له فيتقاضى المستحق أقساط المرتب ما دام حياً وهذه هى الصورة الغالبة فى العمل ولذلك غلبها القانون على جميع الصور الآخرى وإفترض انها هى المقصودة حتى لو لم يصرح بها المتعاقدان أو الوصى فإذا أريدت صورة اخرى وجب التصريح بها وفقاً لما تنص عليه الفقرة الثانية من المادة 742مدنى وقد يتعدد المستحقون للمرتب كما إذا تقرر المرتب لرجل وزوجته ويكون معلقاً على حياتهما فيتقاضى الزوجان أقسام المرتب ما دام حيين فإذا مات أحدهما قبل الآخر يتقاضى الزوج الباقى جميع أقساط المرتب إلى ان يموت وهذه هى الأيلولة مالم يشترط عكس

مادة [742]

ذلك فتستبعد الايلولة ولا يعتبر نصيب الذى يموت أولاً قابلاً للإنتقال إلى من يبقى وقد يقرر المرتب لامدى الحياة المستحق بل مدى حياة الملتزم (كتقريرمرتب لخادم امين) فيتقاضى المستحق (الخادم) المرتب ما دام الملتزم حيا فإذا مات المستحق قبل وفاة الملتزم إستحق ورثة الأول المرتب وإذا مات الملتزم قبله إنقضى المرتب .

وقد يتقرر المرتب لامدى حياة المستحق ولا مدى حياة الملتزم بل مدى حياة شخص ثالث وهذا نادر .

ويكون المرتب عادة من النقود فيؤدى أقساط دورية للمستحق .

ويقع نادراً أن الملتزم بدلاً من أن يؤدى للمستحق أقساطاً دورية من النقود يتعهد بان يؤديه ويطعمه ويكسوه ويعالجه ويقوم بأدوه بحيث يكفيه جميع نفقات المعيشة ويكون هذا إلتزاماً بعمل ولم يرد نص فى هذا المعنى فى التقنين المدنى المصرى ولا فى التقنين المدنى الفرنسى ولكن هذا العقد معروف فى القانون الفرنسى بإسم عقد الإبراء أو الإطعام bail a nourritare.

ومقدار المرتب غير معروف مقدما وإنما المعروف هو الأقساط ويجرى التساؤل عما إذا كان الإحتمال فى المرتب تعدى الحياة محل أو سبب فيذهب الأستاذ السنهورى إلى إعتبار أن الإحتمال فى المرتب مدى الحياة هو محل المتلزم بالمرتب فهو قد إلتزم وجعل محل إلتزامه مرتباً ينطوى على عنصر الإحتمال فإذا خلا المرتب من هذا العنصر إنعدم المحل وصار التصرف باطلاً لإنعدام المحل لا لإنعدام السبب فقد قرر سيادة (الوسيط – فقرة 293 و 294) عند الكلام فى نظرية السبب أن السبب هو الدافع الرئيسى للتعاقد ولا يوجد له إلا شرط واحد هو ان يكون مشروعاً أما أن هناك إلتزام دون سبب فهو فرض لا يتصور .

غير ان الرأى الغالب فالفقه والقضاء الفرنسيين هو إعتبار الإحتمال فى المرتب مدى الحياة هو السبب لا المحل فإذا إنعدم هذا الإحتمال انعدم السبب وصار التصرف باطلاً لإنعدام السبب لا لإنعدام المحل .

ومهما يكن من امر فان المتفق عليه انه إذا إنعدام الإحتمال فى المرتب مدى الحياة كان التصرف باطلاً أما لإنعدام المحل واما لإنعدام السبب .

(الوسيط-7-2- للدكتور السنهوري-المرجع السابق- ص1056 ومابعدها)

2- يجوز ان يكون الإيراد مرتبا مدى الحياة واحد من الأشخاص المذكورين فى المادة 742 من التقنين المدنى على ان الصورة الغالبة هى تقرير مرتب مدىالحياة الدائن (الملتزم له) لذلك كانت هى الصورة التى تفرض إذا لم يوجد إتفاق عن غيرها ، وفى هذه الصورة ينقضى المرتب بوفاة الدائن اما إذا ربط

مادة [742]

المرتب بحياة الملتزم أو شخص آخر ومات الدائن قبله إنتقل الحق فى المرتب إلى ورثته وربط المرتب بحياة الإنسان هو الذى يجعل إحتماليا وهذا الإحتمال هو السبب فى العقد كما هو الأمر فى سائر عقود الغرر .

ولذلك لا يخضع المرتب لقيد الحد الأقصى المسموح به فى الفوائد الإتفاقية كما أن ترتيب الإيراد لمدة معينة ينفى عن العقد خاصة الإحتمال فلا تسرى عليه الأحكام الواردة فى هذا الفصل .

(التقنين المدني- للدكتور محمد علي عرفة – المرجع السابق- ص539)

من أحكام القضاء الحديثة :

1- تنص المادة 60 من المرسوم التشريعي رقم 34 الصادر في 27 من نيسان (أبريل) سنة 1949 تنص على أن "خدمات المستفيدين من التشريع السابق وحقوقهم عن المدة السابقة لتاريخ نشر هذا المرسوم التشريعي تقبل ضمن الشروط وبمقتضى الأحكام التي كانت سارية عليهم". ومفاد هذا النص أن مدة خدمات المستفيدين من تشريع سابق تحسب لهم.

وفي 6 من يوليه سنة 1929 صدر قرار مجلس الوزراء ذو الرقم 1242 ثم صدر المرسوم التشريعي رقم 161 في 4 من نوفمبر سنة 1935 وتقرر المادة 10 من القرار الأول إستفادة من خدم الدرك من معاش التقاعد وتقرر المادة 31 من الثاني إستفادته كذلك إذ يجري نصها كما يلي: "أن الوكلاء وأفراد الدرك الذين بلغت خدمتهم عشرين عاماً يستفيدون من راتب تقاعد شهري مدى الحياة على ألا ينتقل للورثة بعد وفاة صاحبه الخ".

وقد عدل النص السابق بالمرسوم التشريعي رقم 119 الصادر بتاريخ 30 من أبريل سنة 1942 وأصبح النص الجديد كما يلي "يستفيد الدركيون المحترفون والرقباء والوكلاء من معاش تقاعد يحسب عن مجموع خدماتهم ضمن الشروط الآتية:- الأفراد الذين لم يكونوا خاضعين لحسميات التقاعد يخضعون لها إعتباراً من أول يناير سنة 1940 فيؤدون العائدات التقاعدية بنسبة 7% وتقبل في التقاعد خدماتهم المؤداة بداء من هذا التاريخ على أساس جزء من ستين من راتب الرتبة المتخذة أساساً لحساب التقاعد.

أما خدماتهم التي أدوها قبل تاريخ أول يناير سنة 1940 دون أن يؤدوا عنها العائدات التقاعدية فتحسب في التقاعد على أساس جزء من مائة من نفس الراتب".

على أن هذا المرسوم وإن لم ينطبق على المطعون ضده إذ المادة 9 منه تنص على أن أحكامه تطبق على الموجودين على رأس العمل حين نشره إعتباراً من واحد من كانون الثاني سنة 1942 إلا أنه مع ذلك لم يلغ نظام التقاعد السابق

مادة [742]

على هذا المرسوم بل أخضع لحسميات التقاعد طائفة أخرى لم تكن فيما مضى خاضعة لها - ولم يلغ أيضاً ضم مدد الخدمة السابقة إلى المدد اللاحقة لصدور القانون المذكور في حساب الحقوق التقاعدية للموظف.

فإذا بان مما تقدم أن المطعون ضده كان خاضعاً لقانون يعطيه الحق في راتب تقاعدي عن مدة خدمته السابقة فيما لو أكمل عشرين عاماً ولكنه إذا كان لم يكمل المدة المطلوبة بسبب المرض الذي طرأ عليه والذي كان من أثره فصله من العمل سنة 1936 فإن ذلك لا يفقده حقه في حساب مدة خدمته السابقة عند تسوية حقوقه التقاعدية ما دام أن هذه المدة كانت بحسب التشريع السابق من المدد التي تدخل في حساب حقوقه التقاعدية ومن ثم فهو من المستفيدين من التشريع السابق وبالتالي يكون له الحق في حسابها في تسوية هذه الحقوق إذا ما قام بالإلتزام الذي وضعته على كاهله المادة 32 من المرسوم رقم 34 لسنة 1949 إذ تنص هذه المادة على ما يأتي "يترتب على كل موظف تقاضى تعويض تسريح ثم أعيد إلى خدمة مؤهلة للحقوق التقاعدية أن يعيد إلى الخزينة التعويض كاملاً".

[الطعن رقم 87 - لسنة 2 ق - تاريخ الجلسة 13 / 05 / 1961]

2- من المقرر أن عقد التأمين الجماعي على الحياة الذي يبرمه رب العمل لصالح العاملين لديه إما أن يكون تأميناً مؤقتاً لحالة الوفاة يكون معه لورثة المؤمن له الحق في مبلغ معين إذا مات أثناء المدة التي يعمل فيها عند رب العمل وقبل أن يعتزل عمله أو تأميناً لحالة البقاء يتحصل بمقتضاه عند اعتزال العمل لبلوغ سن المعاش على رأس مال دفعة واحدة أو بإيراد مرتب مدى الحياة فإن هذا العقد بصورتيه ليس إلا تطبيقاً من تطبيقات الاشتراط لمصلحة الغير يلتزم فيه رب العمل المستأمن بدفع أقساط التأمين إلى شركة التأمين ويكون لعماله أو ورثتهم حق مباشر قبل الشركة المؤمنة دون أن يدخل العامل طرفاً في عقد التأمين وبالتالي يكون لهذه الشركة أن تتمسك قبل المستفيدين بالدفوع التي تستطيع أن تتمسك بها قبل طالب التأمين إعمالاً لنص عجز الفقرة الثانية من المادة 154 من القانون المدني حيث يجرى على أن:ـ ".... ويكون لهذا المتعهد أن يتمسك قبل المنتفع بالدفوع التي تنشأ عن العقد" فإذا تأخر طالب التأمين في دفع قسط التأمين جاز للمؤمن أن يوقف سريان التأمين قبل المستفيد.

[الطعن رقم 3279 - لسنة 66 ق - تاريخ الجلسة 13 / 11 / 1997]

مادة [743]

مادة [743]

العقد الذى يقرر المرتب لا يكون صحيحاً إلا إذا كان مكتوباً وهذا دون إخلال بما يتطلبه القانون فى شكل خاص لعقود التبرع.

النصوص العربية المقابلة :

هذه المادة تقابل فى نصوص القانون المدنى بالأقطار العربية المواد التالية :

مادة 743ليبى و 709سورى و 979عراقى .

الأعمال التحضيرية :

لايكون العقد الذى يقرر المرتب الا ورقة مكتوبة والكتابة ركن للإنعقاد لا طريقة للإثبات وقد إشترط المشرع الكتابة لأن العقد مقدر له البقاء مدى الحياة إنسان ما وقد تطول فوجب أن يكون مكتوباً وإذا كان العقد هبته وحب ان تكون بورقة رسمية وفقاً لقواعد الهبة .

(مجموعة الأعمال التحضيرية للقانون المدني-الجزء 5-ص311 و312)

رأى الفقه:

1- يتبين من نص المادة 743 مدنى أنه إذا كان التصرف الذى ينشئ المرتب مدى الحياة تبرعا – هبة أو وصية فانه يجب إتباع الشكل الواجب لهذا التصرف التبرعى طبقاً للقواعد المقررة فى التبرعات .

أما إذا كان التصرف معاوضة – بيعا أو قرضا فانه لايبقى تصرفا رضائياً كما فى البيع القرض بصورتيهما المألوفتين بل ينقلب إلى تصرف شكلى فلا ينعقد إلا بالكتابة ذلك أن المرتب الذى ينشئه هذا التصرف مقدراً له أن يدوم طول حياة الإنسان وقد تطول هذه الحياة، فرأى المشرع أن يحتاط وأوجب الكتابة حتى يوفر لطرفى التصرف طوال مدة بقاء المرتب السند اللازم الذى يقرر حقوق كل منهما .

والكتابة هنا للإنعقاد لا للإثبات فإذا لم يكتب التصرف فى ورقة كان باطلاً حتى لو اقر به الخصم أو نكل عن اليمين .

(الوسيط-7-2-للدكتور السنهوري- المرجع السابق- ص1054 ومابعدها)

2- أوجبت المادة 743 من التقنين المدنى أن يكون العقد الذى يقرر المرتب مكتوبا والكتابة هنا ركن للإنعقاد لا طريقة للإثبات وإذا كان العقد هبة وجب أن يفرغ فى الشكل الرسمى .

(التقنين المدني- للدكتور محمد علي عرفة- المرجع السابق- ص540)

مادة [744]

مادة [744]

لا يصح أن يشترط عدم جواز الحجز على المرتب إلا إذا كان قد قرر على سبيل التبرع .

النصوص العربية القابلة :

هذه المادة تقابل فى نصوص القانون المدنى بالأقطار العربية المواد التالية:

مادة 744ليبى و 710سورى و980عراقى و 1033لبنانى .

الأعمال التحضيرية :

الأصل أن شرط عدم جواز التصرف ويلحق به شرط عدم جواز الحجز لا يصح إلا إذا كان لمدة معقولة والحماية مصلحة مشروعة وقد يكون المدة المعقولة مدى الحياة إنسان (انظر 1191 من المشروع) ويترتب على ذلك أنه يصح إشتراط عدم جواز الحجز على المرتب إذا كان تقرر على سبيل التبرع بهبة أو وصية فان الشرط فى هذه الحالة يكون لمدة معقولة هى حياة شخص معين ولحماية مصلحة مشروعة هى مصلحة الدائن (انظر م330 حرف هـ من المشرع) أما إذا تقرر المرتب معاوضة كان باع شخص منزلاً فى مقابل إيراد مرتب مدى حياته وإتفق الطرفان على عدم جواز الحجز على هذا المرتب فإن البائع يكون بذلك قد أخرج مالاً له عن متناول دائنه يجعله الإيراد غير قابل للحجز عليه وهذه مصلحة غير مشروعه .

(مجموعة الأعمال التحضيرية للقانون المدني - الجزء 5-ص313)

رأى الفقه :

1- تبين من نص المادة 744 مدنى ان الأصل فى المرتب ان يكون قابلا للحجز عليه من دائنى المستحق ولتحويله من المستحق إلى الغير شأن المرتب فى ذلك شأن أموال المستحق ويستوى فى ذلك أن يكون مايحجز عليه أو يحول هى الأقساط التى حلت أو الأقساط التى ستحل أو أصل المرتب ذاته .

ويبقى المرتب قابلاً لحجز عليه وللتحويل حتى لو إشترط عدم قابليه للحجز والتحويل إذا كان قد تقرر معاوضته ذلك أن المستحق قد أخرج من ذمته مالاً كان ضمانا لدائنيه فى مقابل المرتب فإذا حل المرتب محل هذا المال وجب أن يكون قابلاً للحجز والتحويل وإلا كان فى هذا إضرار بالدائنين ويكون شرط عدم القابلية للحجز باطلاً لمخالفته للنظام العام وهو ما تقول بمعناه مذكرة المشروع التمهيدى.

أما إذا تقرر المرتب تبرعا فإنه يدخل فى مال المستحق دون عوض يخرج من ماله وكان التبرع يستطيع ألا تبرع به أصلا فاولى ان يستطيع التبرع

مادة [744]

مع إشتراطه عدم جواز الحجز مراعاه لمصلحة المستحق نفسه فقد أراد المتبرع ان يكفل المستحق حاجات المعيشه بهذا المرتب وللاستيثاق من ذلك إشترط الايجوز لدائنى المستحق الحجز عليه فيكون الشرط صحيحا لانه مبنى على باعث مشروع ومقصور على مدة معقولة وليس هذا تطبيقا للمادة 823مدنى فى المنع من الصرف ويتضمن المنع من الحجز ومن ثم تكون المادة 744 مدنى تطبيقا للمادة 723 مدنى .

وغنى عن البيان انه إذا لم يشترط الملتزم بالمرتب عدم جواز الحجز على المرتب أو عدم جواز تحويله كان المرتب قابلا للحجز عليه والتحويل حتى لو كان الملتزم قد تبرع بالمرتب فقد تقدم أن الأصل هو عدم جواز الحجز والتحويل مالم يشترط عدم الجواز فى مرتب تقرر على سبيل التبرع.

لقد تقدم أن من الفروق الأساسية بين الدخل الدائم والمرتب مدى الحياة ان الدخل الدائم قابل للإستبدال فى أى وقت أما المرتب مدى الحياة فلا يقبل الإستبدال .والقاعدة التى تقضى قابلية المرتب للإستبدال ليست من النظام العام فيجوز للملتزم بالمرتب أن يشترط جواز تخلصه من المرتب برد المقابل الذى أخذه إذا كان المرتب قد تقرر معاوضه أو برده رأس مال معين المقدار إذا كان قد تقرر تبرعاً .

(الوسيط-7-2- للدكتور السنهوري- المرجع السابق- ص1069 ومابعدها)

2- تجيز المادة 744 من التقنين المدنى إشتراط عدم الجواز الحجز على المرتب إذا كان قد تقرر على سبيل التبرع بهبة أو وصية لأن الشرط فى هذه الحالة يكون صحيحاً وفقاً لأحكام المادة 823% من التقنين المدنى التى تجيز شرط المنع من التصرف ويلحق به شرط جواز الحجز إذا كان لمدة حياة شخص معين ولحماية مصلحة مشروعة وهى هنا مصلحة الدائن بالمرتب .

ولكن هذا الشرط يقع باطلاً إذا كان المرتب قد تقرر على سبيل المعاوضة كان باع شخص عقاراً فى مقابل مرتب مدى الحياته وإتفق الطرفان على عدم جواز الحجز على المرتب فيبطل هذا الشرط ولا يحتج به على دائنى البائع لأنه يكون قد أخرج من الضمان العام مالاً وأبدل به مرتبا غير قابل للحجز عليه وهذه مصلحة غير مشروعه فلا يحميها القانون .

(التقتين المدني – للدكتور محمد علي عرفة- المرجع السابق- ص540)

مادة [745]

مادة [745]

(1) لا يكون للمستحق حق فى المرتب إلا عن الأيام التى عاشها من قرر المرتب مدى حياته .

(2) على أنه إذا إشترط الدفع مقدماً كان للمستحق حق فى القسط الذى حل .

النصوص العربية المقابلة :

هذه المادة تقابل فى نصوص القانون المدنى بالأقطار العربية المواد التالية :

مادة 745ليبى و 711سورى و 981عراقىو 1023لبنانى .

الأعمال التحضيرية :

يبقى المرتب ما عاش الشخص الذى تقرر المرتب مدى حياته وينقطع فاليوم الذى يموت فيه . وإذا حل قسط وجب دفعه يوم حلوله ولا يرد منه شئ حتى لو مات هذا الشخص قبل حلول القسط المالى هذا مالم يتفق على ان المرتب لا يكون مستحقاً إلا بقدر الايام التى عاشها من تقرر المرتب مدى حياته .

(مجموعة الأعمال التحضيرية للقانون المدني-الجزء5-ص314و315)

رأى الفقه :

1- يتبين من نص المادة 745 مدنى ان المستحق يكسب المرتب يوما يوما طوال حياة الشخص الذى ربط المرتب بحياته ويبدا الوقت الذى تؤدى فيه أقساط المرتب المستحق من يوم تمام العقد الذى أنشأ المرتب فإذا كان التصرف الذى أنشأ المرتب وصية فمن يوم موت الموصى وقد يعين المرتب الذى أنشأ المرتب يوماً آخر كبداية الوقت الذى تؤدى فيه أقساط المرتب كما إذا إتفق على أن المرتب لايؤدى الامن يوم ان يسلم المستحق للملتزم القابل المرتب من رأس مال اوعين وتسمر تادية أقساط المرتب للمستحق إلى اليوم الذى يموت فيه من ربط المرتب بحياته ويكون غالبا هو نفس المستحق ولما كان يوم الوفاة هو أيضاً يوم ناقص بطبيعته فان المرتب لا يكون مستحقاً عنه ويستحق إلى نهاية اليوم السابق .

ويغلب ان تؤدى أقساط المرتب مقدما كل شهر أو كل ثلاثه اشهر أو كل سته أشهر أو كل سنة فيدفع القسط فى بداية الشهر أو بداية المدة التى حددت للقسط وذلك لأن هذا القسط يكون غالباً هو المورد الرئيسى الذى يعيش منه المستحق فإذا لم يوجد شرط فى هذا المعنى أدى القسط فى نهاية المدة التى حددت له لا فى بدايتها .

مادة [745]

ويجوز أن يشترط الدفع مقدماً ويشترط في الوقت ذاته أن المرتب لا يكون مستحقاً إلا بقدر الأيام التى عاشها من تقرر المرتب مدى حياته .

والمستحق هو الـذى يحمـل عـبء إثبـات أن الشخص ربط المرتب بحياته لا يزال حياً حتى يكون مستحقاً لما حـل مـن أقسـاط المرتب لما كان الغالب ان الشخص الذى ربط المرتب بحياته هـو نفس المستحق فعلى هذا الأخير ان يقدم شهادة إثبات وجود على قيد الحياة بالطرق المعتاده .

2- تقرر المادة 745 من التقنين المدنى – ولا نظير لها فى التقنين المدنى القـديم – أن المرتب يبقى مستحقاً طوال حياة الشخص الذى تقرر المرتب مـدى حياتـه ، وينقطع من يوم وفاته ولكن إذا كان المرتب واجب الدفع مقدماً ،وجل ميعاد الدفع أثناء حياة من تقرر المرتب مدى حياته ولكنه مات فاليوم التالى لحلـول ميعاد الوفاء بالقسط مثلاً فإن القسط الذى حل يستحق بتمامه مـا لم يتفق على أن المرتب لا يكون مستحقا إلا بقدر الأيام التـى عاشـها مـن ربـط ترتيبـه بحياته .

(التقنين المدنى – للدكتور محمد علي عرفة- المرجع السابق-ص541)

مادة [746]

مادة [746]

إذا لم يقم المدين بإلتزامه كان للمستحق أن يطلب تنفيذ العقد فإن كان العقد بعوض جاز له أيضاً ان يطلب فسخه مع التعويض ان كان له محل .

النصوص العربية المقابلة :

هذه المادة تقابل فى نصوص القانون المدنى بالأقطار العربية المواد التالية : مادة 746 ليبى و 712سورى و 982عراقى و1031لبنانى .

الأعمال التحضيرية :

ينص التقنين المصرى (م480فقرة 2 588/3) على أنه يجوز لصاحب الإيراد فى حالة عدم الوفاء أو عدم أداء التامنيات أو إعدامها أو إظهار إفلاس المدين بالإيراد أن يتحصل فقط على بيع أموال هذا المدين وتخصيص مبلغ من أثمانها كاف لأداء المرتبات المتفق عليها ومعنى ذلك أن الدائن لا يستطيع طلب الفسخ ويقال فى تعليل ذلك أن الفسخ معتذر إذ الفسخ يرجع المتعاقدين إلى ما كان عليه فلو باع شخص منزلاً بإيراد مرتب مدى الحياة وقبض بعض الأقساط ثم جد ما يجيز الفسخ فإذا رد ما قبضه من الأقساط وإسترد المنزل فإنه لا يمكن القول بان ريع المنزل فى المدة التى بقى فيها العقد قائما يعدل فوائد الأقساط التى ردت .وظاهر ان هذه الحجة لا تقوم دون الفسخ وقد قرر المشروع انه إذا لم يقم بإلتزامه كان للدائن أن يطلب تنفيذ العقد أو فسخه مع التعويض كان له محل فى حالتى التنفيذ والفسخ فإذا أراد الدائن الفسخ رد الأقساط وإسترداد المنزل وأخذ على سبيل التعويض والفرق مابين ريع المنزل وفوائد الأقساط هذا غير ما يستحقه من التعويض لأسباب اخرى .

(مجموعة الأعمال التحضيرية للقانون المدني - الجزء 5-ص316)

رأى الفقه :

1- يتبين من نص المادة 746 من القانون المدنى ان الملتزم بالمرتب إذا لم يوده المستحق كان لهذا الأخير طبقاً لقواعد العامة ان يطلب التنفيذ العينى أو الفسخ مع التعويض فى الحالتين إن كان له مقتض.وإذا تأخر الملتزم فى دفع قسط من أقساط المرتب أن يطالب بالتنفيذ العينة وذلك سواء كان تقرير المرتب معاوضة أو تبرعاً وله فرق ذلك ان يطلب تعويضا عما أصابه من الضرر بسبب هذا التأخر وإذا تبين للقاضى ان الملتزم مستمر فى الإمتناع عن دفع الأقساط المستحقة جاز أن يحكم بالحجز على أمواله وبيعها بحيث ينتج من البيع مبلغ كاف لأداء أقساط المرتب مدى الحياة .أما التقنين المدنى الجديد فقد وضع الأمور وضعها الصحيح ، وأجاز الفسخ بنص صريح (م 746مدنى) وتبين من نص المادة 746 مدنى أنه يجب التميز بيم ما إذا تقرر تبرعاً أو تقرر بعوض فإذا

مادة [746]

كان قد تقرر بعوض فلا معنى لأن يطلب المستحق الفسخ إذا توقف الملتزم عن دفع الأقساط لأنه لا يسترد بالفسخ شيئاً ويخسر به المرتب أما إذا كان المرتب قد تقرر بعوض وتوقف الملتزم عن دفع الأقساط أو تخلف عن تقديم التأمينات أو أضعفها فإنه يجوز للمستحق وفقاً للقواعد العامة، أن يطلب الفسخ وأن يطلب التعويض إذا كان له مقتض.

وإذا طلب الفسخ وقضى به وجب إعادة كل شئ إلى أصله فيرد المستحق مجموع الأقساط التى قبضها مع فوائدها القانونية من وقت قبض كل قسط منها ويرد الملتزم رأس المال الذى أخذه من المستحق مع فوائد القانونية من وقت أن أخذه أو برد العين الذى أخذها مع الريع الذى حصل أو كان يجب أن يحصل عليه ولما كانت فوائد رأس المال أو ريع العين يزيد عادة على فوائد الأقساط فإن المقاصة تقع بين فوائد الأقساط وفوائد رأس المال أو ريع العين فيبقى قائض من فوائد رأس المال أو ريع العين يدفعه الملتزم للمستحق وينتهى الأمر أن المستحق يرد الأقساط التى قبضها، ويرد الملتزم رأس المال أو العين مع الفرق ما بين فوائد رأس المال أو ريع العين وبين فوائد الأقساط .

(الوسيط -7-2- للدكتور السنهوري- المرجع السابق- ص1073 ومابعدها)

2- تجيز المادة 746 من التقنين المدنى الفسخ فالعقد الذى يقرر المرتب إذا قام سببه وفى هذا تختلف عن التقنين القديم الذى لم يكن يجيز للدائن طلب الفسخ إذا لم يقم المدين بالمرتب بتنفيذ ما إلتزم به بحجة عدم امكان رد حالة المتعاقدين إلى ما كانت عليه قبل ترتيب المرتب .ولكن هذه الحجة لم ترق للمشرع فقرر ان للمستحق فى عقد المرتب مدى الحياة الخيار بين التنفيذ العينى والفسخ، إذا لم يقم المدين بالوفاء بما تعهد به، شأنه فى ذلك سائر العقودالآخرى فإذا إختار الدائن الفسخ رد ماقبضه من الأقساط وإسترد ما أعطاه فى مقابل ترتيب الإيراد وأخذ على سبيل التعويض الفرق بين ريع ما أعطاه من عقار أو منقول وفوائد الأقساط مقدرة بالسعر القانونى وهذا غيرها ما يستحقه من التعويض بسبب الضرر الذى لحقه من جزاء التخلف عن التنفيذ وهذا الوضع أفضل – فى تقدير الدكتور محمد على عرفه – من ذلك الذى نقله التقنين القديم من التقنين الفرنسى، والذى كان يقصر حق الدائن على التنفيذ العينى ويحرمه من طلب الفسخ .

(التقنين المدني- للدكتور محمد علي عرفة- المرجع السابق- ص541و542)

فهرس (الجزء الخامس)

فهرس الجزء الخامس

المادة	المـوضــــوع	الصفحة
	مقدمة	9
مادة (627)	التزامات المؤجر عند انقضاء المزارعة قبل مدتها	10
	الأعمـال التحضـرية	10
	رأى الفقــة	10
	أحكـام القضـاء الحديثـة	11
	إيــجار الـوقــف	13
مادة (628)	ولاية إيجار الوقف	13
	الأعمـال التحضـرية	13
	رأى الفقــة	13
	أحكـام القضـاء الحديثـة	14
مادة (629)	ولاية قبض الأجرة	15
	الأعمـال التحضـرية	15
	رأى الفقــة	15
مادة (630)	نطاق ولاية ناظر الوقف فى الإيجار	16
	الأعمـال التحضـرية	16
	رأى الفقــة	16
	أحكـام القضـاء الحديثـة	17
مادة (631)	الغبن الفاحش فى إيجار الوقف	18
	الأعمـال التحضـرية	18
	رأى الفقــة	18
	أحكـام القضـاء الحديثـة	19
مادة (632)	تقدير أجر المثل فى إيجار الوقف	21
	الأعمـال التحضـرية	21
	رأى الفقــة	21
	أحكـام القضـاء الحديثـة	23

فهرس (الجزء الخامس)

مادة (633)		24
	الأعمال التحضرية	24
	رأى الفقــة	24
	أحكـام القضاء الحديثة	25
مادة (634)	تطاق سريان أحكام الإيجار الوقف	26
	الأعمـال التحضرية	26
	أحكـام القضاء الحديثة	27
	باب خاص	
	في قضاء النقض الحديث في	29
	إيجار الأماكن - إيجار الأراضى الزراعية	
	الفصل الأول	29
	مبادئ النقض في إيجار الأماكن	
	الفصل الثاني	55
	مبادئ النقض في إيجار الأراضى الزراعية	
	الفصل الثاني	61
	العــارية	
مادة (635)	تعريف العارية	61
	الأعمال التحضرية	61
	رأى الفقــة	61
	أحكـام القضاء الحديثة	63
	إلتزامات المعير	64
مادة (636)	التزام المعير بالتسليم وبعدم التعرض	64
	الأعمال التحضرية	64
	رأى الفقـة	64
	أحكـام القضاء الحديثة	65
مادة (637)	التزام العير برد ما أنفقته المستعبر المصروفات النافعة	67
	الأعمال التحضرية	67
	رأى الفقـة	67

فهرس (الجزء الخامس)

مادة (638)	ضمان الاستحقاق والعيوب الخفية	68
	الأعمال التحضرية	68
	رأى الفقــة	68
	إلتــزامات المستعير	70
مادة (639)	استعمال الشيء المعار	70
	الأعمال التحضرية	70
	رأى الفقــة	70
	أحكام القضاء الحديثة	72
مادة (640)	التزام المستعير بنفقات الاستعمال	73
	الأعمال التحضرية	73
	رأى الفقــة	73
مادة (641)	الالتزام بالمحافظة على الشيء	75
	الأعمال التحضرية	75
	رأى الفقــة	76
مادة (642)	التزام المستعير بالرد - دعوى رد العارية	79
	الأعمال التحضرية	79
	رأى الفقــة	79
	إنتــهاء العــارية	81
مادة (643)	انتهاء العارية بانقضاء مدتها	81
	الأعمال التحضرية	81
	رأى الفقــة	81
	أحكام القضاء الحديثة	83
مادة (644)	الحالات التى يجوز فيها للمعير استرداد الشيء	84
	الأعمال التحضرية	84
	رأى الفقــة	84
	أحكام القضاء الحديثة	86
مادة (645)	انتهاء العارية بموت المستعير	87
	الأعمال التحضرية	87
	رأى الفقــة	87

فهرس (الجزء الخامس)

	أحكام القضاء الحديثة	88
مادة (646)	تعريف المقاولة وأركانها	89
	الأعمال التحضرية	89
	رأى الفقة	89
	أحكام القضاء الحديثة	96
	إلتزامات المقاول	100
مادة (647)	تقديم المقاول العمل دون المواد	100
	الأعمال التحضرية	100
	رأى الفقة	100
	أحكام القضاء الحديثة	101
مادة (648)	تقديم المقاول العمل والمواد	102
	الأعمال التحضرية	102
	رأى الفقة	102
	أحكام القضاء الحديثة	104
مادة (649)	مسئولية المقاول عن استعمال المواد المقدمة من رب العمل	105
	الأعمال الضرية	105
	رأى الفقة	105
	أحكام القضاء الحديثة	107
مادة (650)	تنفيذ المقاولة على وزجه معيب	110
	الأعمال التحضرية	110
	رأى الفقة	110
	أحكام القضاء الحديثة	111
مادة (651)	ضمان المهندس المعمارى والمقاول	113
	الأعمال التحضرية	113
	رأى الفقة	114
	أحكام القضاء الحديثة	117
مادة (652)	نطاق مسئولية المهندس المعمارى	120

فهرس (الجزء الخامس)

	الأعمـال التحضـرية	120
	رأى الفقـــة	120
	أحكـام القضـاء الحديثـة	123
مادة (653)	بطلان إعفاء المهندس والمقاول من المسئولية	124
	الأعمـال التحضـرية	124
	رأى الفقـــة	124
	أحكـام القضـاء الحديثـة	128
مادة (654)	الالتزام بتسليم العمل	129
	الأعمـال التحضـرية	129
	رأى الفقـــة	129
	أحكـام القضـاء الحديثـة	132
	إلتـــزامـات رب العـــمل	133
مادة (655)	...	133
	الأعمـال التحضـرية	133
	رأى الفقـــة	133
	أحكـام القضـاء الحديثـة	136
مادة (656)	التزام رب العمل بدفع أجر المقاولة	137
	الأعمـال التحضـرية	137
	رأى الفقـــة	137
	أحكـام القضـاء الحديثـة	138
مادة (657)	إخطار رب العمل بالمجاوزة المحسوسة للمقايسة	140
	الأعمـال التحضـرية	140
	رأى الفقـــة	140
	أحكـام القضـاء الحديثـة	143
مادة (658)	الإنفاق على الأجر الإجمالى على أساس تصميم معين	145
	الأعمـال التحضـرية	145
	رأى الفقـــة	146
	أحكـام القضـاء الحديثـة	150

فهرس (الجزء الخامس)

مادة (659)	زيادة الأجر بتعديل التصميم	151
	الأعمال التحضرية	151
	رأى الفقـــة	151
	أحكام القضاء الحديثة	152
مادة (660)	أجر المهندس المعمارى	153
	الأعمال التحضرية	153
	رأى الفقـــة	153
	أحكام القضاء الحديثة	155
	المـــقاولة مـــن البـــاطن	157
مادة (661)	التنازل عن المقاولة	157
	الأعمـال التحضرية	157
	رأى الفقـــة	157
	أحكـام القضاء الحديثة	161
مادة (662)	رجوع العمال والمقاول من الباطن مباشرة على رب العمل	164
	الأعمـال التحضرية	164
	رأى الفقـــة	164
	أحكـام القضاء الحديثة	170
	إنقـــضاء المـــقاولة	171
مادة (663)	تحلل رب العمل قبل إتمام العمل	171
	الأعمـال التحضرية	171
	رأى الفقـــة	172
	أحكـام القضاء الحديثة	178
مادة (664)	انقضاء المقاولة باستحالة تنفيذها	180
	الأعمـال التحضرية	180
	رأى الفقـــة	180
	أحكـام القضاء الحديثة	182
مادة (665)	تبعة الهلاك قبل تسليم العمل	183
	الأعمـال التحضرية	183
	رأى الفقـــة	183

فهرس (الجزء الخامس)

	أحكام القضاء الحديثة	185
مادة (666)	مناط انقضاء المقاولة بموت المقاول	186
	الأعمال التحضرية	186
	رأى الفقة	186
مادة (667)	التزام رب العمل عند انقضاء المقاولة بموت المقاول	190
	الأعمال التحضرية	190
	رأى الفقة	190
	إلتزام المرافق العامة	192
مادة (668)	عقد التزام المرافق العامة	192
	الأعمال التحضرية	192
	رأى الفقة	192
	أحكام القضاء الحديثة	197
مادة (669)	التزامات ملتزم المرافق العامة	199
	الأعمال التحضرية	199
	رأى الفقة	199
	أحكام القضاء الحديثة	200
مادة (670)	الالتزام بتوفير المساواة بين عملاء المرفق	201
	الأعمال التحضرية	201
	رأى الفقة	202
	أحكام القضاء الحديثة	204
مادة (671)	الالتزام بتعريفة الأسعار	205
	الأعمال التحضرية	205
	رأى الفقة	205
	أحكام القضاء الحديثة	206
مادة (672)	تصحيح الأخطاء عند تطبيق تعريفة الأسعار	207
	الأعمال التحضرية	207
	رأى الفقة	207
	أحكام القضاء الحديثة	208
مادة (673)	تحمل عميل المرفق للأعطال المألوفة	209

فهرس (الجزء الخامس)

	الأعمال التحضرية	209
	رأى الفقــة	209
مادة (674)	عناصر عقد العمل	211
	الأعمال التحضرية	211
	رأى الفقــة	212
	أحكام القضاء الحديثة	218
مادة (675)	التنازع بين القانون المدنى وقوانين العمل	220
	الأعمال التحضرية	220
	رأى الفقــة	221
	أحكام القضاء الحديثة	226
مادة (676)	سريان عقد العمل على الطوافين ومندوبي التأمين والوسطاء	227
	الأعمال التحضرية	227
	رأى الفقــة	227
	أحكام القضاء الحديثة	229
	أركـان العـــقد	230
مادة (677)	لا يلزم شكل خاص فى عقد العمل	230
	الأعمال التحضرية	230
	رأى الفقــة	230
	أحكام القضاء الحديثة	232
مادة (678)	مدة عقد العمل	233
	الأعمال التحضرية	233
	رأى الفقــة	234
	أحكام القضاء الحديثة	237
مادة (679)	انتهاء مدة العقد المعين المدة	239
	الأعمال التحضرية	239
	رأى الفقــة	240
	أحكام القضاء الحديثة	242
مادة (680)	انتهاء العقد المبرم لتنفيذ عمل معين - مادة	245

فهرس (الجزء الخامس)

		680
	الأعمـال التحضـرية	245
	رأى الفقــة	245
	أحكـام القضـاء الحديثـة	248
مادة (681)	قرينة استحقاق الأجر في عقد العمل	249
	الأعمـال التحضـرية	249
	رأى الفقــة	249
	أحكـام القضـاء الحديثـة	250
مادة (682)	تحديد الأجر عند عدم النص عليه	250
	الأعمـال التحضـرية	252
	رأى الفقــة	252
	أحكـام القضـاء الحديثـة	253
مادة (683)	عناصر الأجر	254
	الأعمـال التحضـرية	254
	رأى الفقــة	255
	أحكـام القضـاء الحديثـة	257
مادة (684)	مناط اعتبار الوهبة جزءا من الأجر أو أجرا	260
	الأعمـال التحضـرية	260
	رأى الفقــة	260
	أحكـام القضـاء الحديثـة	262
	أحكـــام العقـد إلــتزامات العـــامل	263
مادة (685)	التزامات العامل	263
	الأعمـال التحضـرية	263
	رأى الفقــة	263
	أحكـام القضـاء الحديثـة	265
مادة (686)	الالتزامات بعدم المنافسة	266
	الأعمـال التحضـرية	266

	رأى الفقــة	266
	أحكـام القضـاء الحديثـة	271
مادة (687)	مناط أعمال الشرط الجزائي فى حالة المنافسة	272
	الأعمـال التحضـرية	272
	رأى الفقــة	272
	أحكـام القضـاء الحديثـة	273
مادة (688)	الحق فى اختراعات العامل	275
	الأعمـال التحضـرية	275
	رأى الفقــة	275
	أحكـام القضـاء الحديثـة	277
مادة (689)	الالتزامات الواردة بقوانين خاصة	278
	الأعمـال التحضـرية	278
	رأى الفقــة	278
	أحكـام القضـاء الحديثـة	278
	إلتـــزامـات رب العــمل	280
مادة (690)	الالتزام بدفع الأجر	280
	الأعمـال التحضـرية	280
	أحكـام القضـاء الحديثـة	280
	أحكـام القضـاء الحديثـة	282
مادة (691)	استبدال جزء من الأرباح أو نسبة من الإيراد بالأجر	284
	الأعمـال التحضـرية	284
	رأى الفقــة	284
	أحكـام القضـاء الحديثـة	286
مادة (692)	مناط حق العامل فى الأجر رغم عدم مزاولته العمل	287
	الأعمـال التحضـرية	287
	رأى الفقــة	287
	أحكـام القضـاء الحديثـة	288
مادة (693)	الالتزامات الواردة بقوانين خاصة	289
	الأعمـال التحضـرية	289

289	رأى الفقـــه	
292	أحكــام القضـاء الحديثـة	
294	إنتــهاء عقـد العمـل	
294	انقضاء العقد بانتهاء مدته أو بإنجاز العمل	مادة (694)
294	الأعمـال التحضـرية	
295	رأى الفقـــه	
298	أحكـام القضـاء الحديثـة	
300	إنهاء العقد غير المعين المدة	مادة (695)
300	الأعمـال التحضـرية	
302	رأى الفقـــه	
305	أحكـام القضـاء الحديثـة	
307	التعويض عن الفصل التعسفى	مادة (696)
307	اعمـال التحضـرية	
307	رأى الفقـــه	
310	أحكـام القضـاء الحديثـة	
312	مناط فسخ العقد بوفاة رب العمل أو العامل	مادة (697)
312	الأعمـال التحضـرية	
313	رأى الفقـــه	
315	أحكـام القضـاء الحديثـة	
316	تقادم الدعاوى الناشئة عن عقد العمل	مادة (698)
316	الأعمـال التحضـرية	
316	رأى الفقـــه	
318	أحكـام القضـاء الحديثـة	
327	الفصل الثالث الوكالة 1 - أركان الوكالة	
327	أركان الوكالة	مادة (699)
327	الأعمـال التحضـرية	
327	رأى الفقـــه	
331	أحكـام القضـاء الحديثـة	
341	الشكل فى الوكالة	مادة (700)

فهرس (الجزء الخامس)

	الأعمال التحضرية	341
	رأى الفقة	342
	أحكام القضاء الحديثة	344
مادة (701)	الوكالة العامة تتصرف لأعمال الإدارة .	348
	الأعمال التحضرية	348
	رأى الفقة	348
	أحكام القضاء الحديثة	350
مادة (702)	الوكالة الخاصة من غير أعمال الإدارة	352
	الأعمال التحضرية	352
	رأى الفقة	353
	أحكام القضاء الحديثة	356
	2 - الوكالة	361
مادة (703)	التزام الوكيل بحدود الوكالة الخروج عن حدود الوكالة	361
	الأعمال التحضرية	361
	رأى الفقة	361
	أحكام القضاء الحديثة	363
مادة (704)	العناية المقررة فى تنفيذ الوكالة	367
	الأعمال التحضرية	367
	رأى الفقة	367
	أحكام القضاء الحديثة	370
مادة (705)	التزام الوكيل بتقديم حساب للموكل	372
	الأعمال التحضرية	372
	رأى الفقة	372
	أحكام القضاء الحديثة	373
مادة (706)	ليس للوكيل استعمال مال الموكل لصالح نفسه	376
	الأعمال التحضرية	376
	رأى الفقة	377
	أحكام القضاء الحديثة	378
مادة (707)	مناط التضامن بين الوكلاء المتعددين	380
	الأعمال التحضرية	380

فهرس (الجزء الخامس)

	رأى الفقــة	380
	أحكـام القضـاء الحديثـة	382
مادة (708)	إنابة الوكيل عنه غيره فى تنفيذ الوكالة	384
	الأعمـال التحضـرية	384
	رأى الفقــة	385
	أحكـام القضـاء الحديثـة	388
مادة (709)	الأصل فى الوكالة أنها من أعمال التبرع الاتفاق على أجر الوكيل	390
	الأعمـال التحضـرية	390
	رأى الفقــة	390
	أحكـام القضـاء الحديثـة	394
مادة (710)	التزام الموكل برد ما أنفقه الوكيل ، التزام الوكيل بإثبات ما أنفقه	397
	الأعمـال التحضـرية	397
	رأى الفقــة	397
	أحكـام القضـاء الحديثـة	399
مادة (711)	مسئولية الموكل عما يصيب الوكيل	401
	الأعمـال التحضـرية	401
	رأى الفقــة	401
	أحكـام القضـاء الحديثـة	403
مادة (712)	تضامن الموكلين قبل الوكيل	404
	الأعمـال التحضـرية	404
	رأى الفقــة	405
	أحكـام القضـاء الحديثـة	407
مادة (713)	علاقة الموكل والوكيل بالغير	408
	الأعمـال التحضـرية	408
	رأى الفقــة	409
	أحكـام القضـاء الحديثـة	415
	3 - إنتهاء الوكالة	420
مادة (714)	انتهاء الوكالة	420

فهرس (الجزء الخامس)

	الأعمال التحضرية	420
	رأى الفقة	420
	أحكام القضاء الحديثة	420
مادة (715)	للموكل إنهاء الوكالة فى أي وقت تعويض الوكيل لإنهاء الوكالة	423
	الأعمال التحضرية	423
	رأى الفقة	423
	أحكام القضاء الحديثة	425
مادة (716)	تنحى الوكيل . انسحاب المحامى من المرافعة	427
	الأعمال التحضرية	427
	رأى الفقة	428
	أحكام القضاء الحديثة	429
مادة (717)	التزام الوكيل بالاستمرار فى الأمور العاجلة رغم انتهاء الوكالة	431
	الأعمال التحضرية	431
	رأى الفقة	431
	أحكام القضاء الحديثة	433
مادة (718)	ما هية الوديعة	434
	الأعمال التحضرية	434
	رأى الفقة	434
	أحكام القضاء الحديثة	437
	1 - إلتزامات المودع عنده	439
مادة (719)	التزام المودع عنده بتسلم الوديعة وليس استعمال الوديعة	439
	الأعمال التحضرية	439
	رأى الفقة	439
	أحكام القضاء الحديثة	441
مادة (720)	العناية الواجبة فى حفظ الوديعة	443

فهرس (الجزء الخامس)

	الأعمال التحضرية	443
	رأى الفقــة	443
	أحكـام القضـاء الحديثـة	444
مادة (721)	ليس للمودع عنده إنابة غيره في حفظ الوديعة	447
	الأعمـال التحضرية	447
	رأى الفقــة	448
	أحكـام القضـاء الحديثـة	449
مادة (722)	التزام المودع عنده برد الوديعة قرار طلبها	450
	الأعمـال التحضرية	450
	رأى الفقــة	450
	أحكـام القضـاء الحديثـة	452
مادة (723)	بيع وارث المودع عنده الوديعة	453
	الأعمـال التحضرية	453
	رأى الفقــة	454
	أحكـام القضـاء الحديثـة	457
	2 - إلتزامات المودع	458
مادة (724)	أجر الوديعة	458
	الأعمـال التحضرية	458
	رأى الفقــة	458
	أحكـام القضـاء الحديثـة	459
مادة (725)	نفقات الحفظ والتعويض عن الأضرار	460
	الأعمـال التحضرية	460
	رأى الفقــة	461
	أحكـام القضـاء الحديثـة	462
	3 - بعض أنواع الوديعة	463
مادة (726)		463
	الأعمال التحضرية	463
	رأى الفقــة	463
	أحكـام القضـاء الحديثـة	465
مادة (727)	مسئولية أصحاب الفنادق في أمتعة المترددين	466

فهرس (الجزء الخامس)

466	الأعمال التحضرية	
466	رأي الفقه	
470	أحكام القضاء الحديثة	
471	سقوط الحق في الرجوع على صاحب الفندق	مادة (728)
471	الأعمال التحضرية	
472	رأي الفقه	
474	الفصل الخامس الحراسة	
474	الحراسة الاتفاقية	مادة (729)
474	الأعمال التحضرية	
474	رأي الفقه	
478	أحكام القضاء الحديثة	
481	الحراسة القضائية . الاختصاص بدعوى الحراسة	مادة (730)
481	الأعمال التحضرية	
482	رأي الفقه	
488	أحكام القضاء الحديثة	
492	الحراسة القضائية على الأموال المرفوضة	مادة (731)
492	الأعمال التحضرية	
493	رأي الفقه	
498	أحكام القضاء الحديثة	
499	تعيين الحارس - صفة الحارس	مادة (732)
499	الأعمال التحضرية	
499	رأي الفقه	
501	أحكام القضاء الحديثة	
503	تحديد التزامات وحقوق الحارس	مادة (733)
503	الأعمال التحضرية	
503	رأي الفقه	
504	أحكام القضاء الحديثة	
509	التزام الحارس بالمحافظة على الأموال	مادة (734)
509	الأعمال التحضرية	

فهرس (الجزء الخامس)

	رأى الفقــة	509
	أحكام القضاء الحديثة	512
مادة (735)	سلطة الحارس الإدارية	518
	الأعمال التحضرية	518
	رأى الفقــة	518
	أحكام القضاء الحديثة	520
مادة (736)	أجر الحارس	524
	الأعمال التحضرية	524
	رأى الفقــة	524
	أحكام القضاء الحديثة	527
مادة (737)	التزام الحارس باتخاذ دفاتر حساب منتظمة	528
	الأعمال التحضرية	528
	رأى الفقــة	528
	أحكام القضاء الحديثة	530
مادة (738)	انتهاء الحراسة اتفاقا أو قضاء	531
	الأعمال التحضرية	531
	رأى الفقــة	531
	أحكام القضاء الحديثة	532
مادة (739)	بطلان الاتفاق على المقامرة أو الرهان	535
	الأعمال التحضرية	535
	رأى الفقــة	535
	أحكام القضاء الحديثة	539
مادة (740)	الرهان فى المباريات الرياضية واليانصيب	540
	الأعمال التحضرية	540
	رأى الفقــة	540
	أحكام القضاء الحديثة	543
	الفصل الثاني	545

فهرس (الجزء الخامس)

	المرتب مدى الحياة	
مادة (741)	تقرير المرتب مدى الحياة	545
	الأعمـال التحضـرية	545
	رأى الفقـــة	545
	أحكـام القضاء الحديثة	547
مادة (742)	تقرير المرتب مدى حياة الملتزم به أو الملتزم	548
	الأعمـال التحضـرية	548
	رأى الفقـــة	548
	أحكـام القضاء الحديثة	550
مادة (743)	يجب أن يكون عقد المرتب مكتوبا	552
	الأعمـال التحضـرية	552
	رأى الفقـــة	552
مادة (744)	مناط اشتراط عدم جواز الحجز على المرتب	553
	الأعمـال التحضـرية	553
	رأى الفقـــة	553
مادة (745)	استحقاق المرتب	555
	الأعمـال التحضـرية	555
	رأى الفقـــة	555
مادة (746)	الرجوع على المدين لإخلاله بالتزامه فى الوفاء	557
	الأعمـال التحضـرية	557
	رأى الفقة	557

Printed in the United States
By Bookmasters